리걸플러스+ 145

국제항공법

제4판

리걸플러스+ 145

국제항공법

제4판

박원화 지음

1983년 소련 전투기의 대한항공 007기 격추 사건 당시 외교부 조약국 직원으로서 동 건을 담당한 것이 계기가 되어 항공·우주법에 인연을 갖게 된 필자는 캐나다 맥길 대학교에서 항공우주법을 공부한 후 1990년에 『항공법』과 『우주법』을 각기 출판(명지출판사)하였다. 그 뒤, 항공운송 관련 수십 년간 변동이 없었던 피해 배상과 관련하여 새로운 체제가 태동되는 것을 소개하기 위하여 1997년에 항공법만 제2판을 출판한 후로는 외교 현업에 종사하면서 한국인으로서는 최초로 동 분야의 학문을 제대로 공부하였다는 자부심을 증거 할 수 있는 학문 활동을 중단하였다.

인생항로는 예측 불허인지라, 30여 년간의 외교관 생활을 그만두고 2009년 봄 학기부터 교수로 재취업한 한국항공대학교에서 항공·우주법을 강의하면서 과거 본인의 저서를 최신화하는 가운데 향후 강의 참고와 국내 항공법 발전에 기여하겠다는 욕심으로 2009년부터 항공법과 우주법에 관련한 저서를 여러 권 발간하였다.

그리하여 항공법은 제4판에 해당하는 저서부터 『국제항공법』으로 명칭을 변경하여 2011년 제1판을 발간한 후 이제 제4판을 발간하게 되었다. 여기에는 항공기 소음과 배출규제에 관한 최신 내용, 항공운송사고 시의 배상책임에 관한 1999년 몬트리올 협약, 2010년 9월 중국 북경에서 채택된 국제항공범죄를 규율하는 북경 협약과 북경 의정서, 2001년 9/11 미국 테러 공격 여파로 탄력을 받아 채택된 항공 비행 시 제3자 피해 배상에 관한 2개의 2009년 몬트리올 협약, 2011년 국내 상법에 항공운송 편을 제6장으로 추가시킨 상법의 개정과 2014년 단행한 재 개정의 내용, 항공 안전과 보안, 무인항공기 문제, 1963년 동경 협약을 개정하여 기내 난동 범죄와 처벌을 규율한 2014년 몬트리올 의정서까지도 포함하면서 내용에 포괄성을 기하고 최근의 모든 동향도 포함함으로써 완전을 기하였다고 본다. 또 주요 조약문은 모두 부록으로 첨부하였다.

본 서를 계속 수정 보완하면서 간행함에 있어서 수정과 교정업무를 위하여 수고하여준 학생들이 여럿 있는 바, 시간 순서로 적는다면 한국항공대학교 항공우주법학과의 김주영 학생과 이한슬 학생, 김진우 학생, 정소연 학생, 그리고 대학원 생인 송제환 조교 등이다. 이들에게 감사한다.

한편 초창기 저서 발간 시 이용하였던 명지출판사는 보다 전문서적을 간행하는 한국학술정보(주)로 변경하면서 책 디자인의 향상을 도모하고 체계적인 출판의 단계를 거치게 되어 기쁜 마음이다.

2015년 12월

저자 박원화

목차

제2장 항공 공법과 항공 사법

제3장 항공행정과 국제협력

제6장 항공범죄에 관한 국제법과 국제협력

제7장 항공기

제11장 분쟁 해결

부록

국제 항공 공법 관련 조약

국제 항공 사법 관련 조약

약어표

AASL: Annals of Air and Space Law(Canada)

A.C.: Law Journal Reports, Appeal Cases

A.D.: New York Supreme Court, Appellate Division Reports(USA)

ADIZ: Air Defence Identification Zones

aff 'd: Affirmed

A.I.P.: Aeronautical Information Publication

Air & Space L.: Air & Space Law

AJIL: American Journal of International Law(USA)

AII E.R.: All England Law Reports(UK)

ANC: Air Navigation Commission(ICAO)

APEC: Asia Pacific Economic Cooperation

App.: Appendix

App. Div.: Appellate Division(USA)

ASQ: Airport Service Quality

ATA: Air Transport Association of America

ATCS: Air Traffic Control Service

ATS: Air Traffic Services

Avi.: Aviation Cases(Commerce Clearing House)(USA) 1822－

AWST: Aviation Week & Space Technology(USA)

C.A.: Court of Appeal; Cour d'appel

CAB: Civil Aeronautics Board(USA)

Can. S. C.: Supreme Court of Canada

Cass. civ. lre: Cour de Cassation, Première chambre civile ou première section civile(France)

Cas. civ. soc.: Cour de Cassation, chambre sociale(France)

C.D. Cal: US District Court, Central District of California

cert, den'd: Certiorari denied(USA)

Cir.: Circuit Court of Appeals(US federal)

CITEJA: Comité International Technique d'Experts Juridiques Aériens

Civ. Ct.: Civil Court(USA)

Ct. App.: Court of Appeal(English and other common law courts exceptUSA Courts)

Cty.S. Ct.: City Supreme Court(USA)

D: Recueil Dalloz(France)

DC: District of Columbia(USA)

D.C.N.M.: District Court of New Mexico(USA)

2e Ch Civ: Deuxième Chambre Civile(France)

D.L.R.: Dominion Law Reports(Canada)

D.S.: Recueil Dalloz—Sirey(France)

E.D. Pa.: District Court, Eastern District of Pennsylvania(USA)

Eur Tr L: European Transport Law

FAA: Federal Aviation Administration(USA)

F. 2d: Federal Reporter, Second Series(USA)

F. Supp.: Federal Supplement(USA) 1932—

FIC: Flight Information Center

FIR: Flight Information Service

IATA: International Air Transport Association

ICAO: International Civil Aviation Organization

ICJ: International Court of Justice

ILO: International Labour Organization

I.L.R.: International Law Reports

ITU: International Telecommunication Union

JALC: Journal of Air Law and Commerce(USA)

K.B.: King's Bench(English and other common law courts except USA courts)

Lloyd's Rep.: Lloyd's List Law Reports(UK)

N.Y. Ct. App.: New York Court of Appeal(USA)

N.Y. Sup. Ct.: New York Supreme Court(USA)

Q.B.: Queen's Bench(English and other common law courts except USA courts)

Qué. S.C.: Québec(Canada) Supreme Court

RFDA: Revue Française de Droit Aérien(France)

R.G.A.: Revue générale de l'Air(France)

RGAE: Revue générale de l'Air et de l'Espace(France)

rem'd: remanded

rev'd: reversed

R.I.A.A.: Reports of International Arbitration Awards

SDR: Special Drawing Right

S. Ct.: Supreme Court Reporter(USA)

Stat.: Statutes at large

T.G.I.: Tribunal de Grande Instance(France)

UPU: Universal Postal Union

US: United States Supreme Court Reporter(USA)

U.S.C.: United States Code

USDC: United States District Court

US Av. Rep.: United States Aviation Reports(USA and Canadian Aviation Reports)

USLW: United States Law Week(USA) 1933－

U.S.S.C.: US Supreme Court(USA)

WMO: World Meteorological Organization

ZLW: Zeitschrift Für Luft－und－Weltraumrecht(W. Germany)

제1장

항공법 역사

제1장

항공법 역사

1. 비행의 꿈과 실현

1.1. 날고 싶은 욕망

인간이 태어나서 새가 나는 것을 지각하는 때부터 새같이 날고 싶은 욕망을 가졌으리라 하는 것을 추측하는 것은 어렵지 않다. 이러한 인간의 날고 싶은 욕망은 인류의 역사와 함께 거슬러 올라간다. 그리스 신화에 의하면 손재주가 뛰어난 장인(匠人)인 Daedalus가 자기 아들 Icarus와 함께 크레타섬에 갇히는 신세가 되었는데 탈출을 꿈꾸는 아들을 위해 Daedalus는 새의 깃털을 밀랍으로 이어 붙여 날개를 만들어 주었다 한다. 이를 이용하여 탈출에 성공한 Icarus는 들뜬 마음에 하늘 높이 올라가다가 태양열에 밀랍이 녹는 바람에 떨어져 죽었다 한다.[1)]

중국인들은 불꽃놀이를 위하여 처음으로 화약을 사용하였다 한다. 그러나 이 화약은 유럽에 건너가서 무서운 무기가 되었다. 중국인들은 또한 예수탄생 200년 전에 연을 날릴 줄 알았으며 태국 샘(Siamese) 족들은 등을 날려서 놀이를 하였다 한다. 이러한 순진한 놀이는 유럽으로 건너가서 사람이 나는 시도로 연결되었다.

1.2. 처음의 비행들

날 수 있는 기계를 만들기 위한 과학적 연구는 매우 오래전부터 시작되었다. 초기에는 새의 모습과 움직임을 모델로 삼았으며 근대의 Plato라고 불리는 이태리 Taranto에 사는 Achitas는 느슨한 날개와 함께 나무로 비행기틀을 만들었다 하며, 기원후 60년 로마에서 열린 축제에서는 사람이 인공으

---

1) 이러한 그리스 신화는 약 3,500년 후인 1988.4.23. 그리스 자전거 선수인 Kanellos Kanellopoulos(30세)가 Daedalus 88로 명명된 무동력 비행기(날개길이 37m, 무게 33kg)를 페달로 운전하여 그리스 Crete로부터 Santorini 섬 앞바다까지의 119km를 비행함으로써 현대판 신화를 만들어 내었음(1988.4.24.자 몬트리올 발간 일간지 The Gazette, B-5).

로 만든 날개를 달고 날려다가 죽은 일이 있는 것으로 기록되고 있다. 역시 로마에서 나중에 비슷한 시도를 한 요술사 Simon이 다리를 다친 것으로 되어 있다.[2)]

기원후 850년경 아랍 학자인 Ibn Furnas가 비행에 관하여 깊이 있는 연구를 하였으며 10세기 말경 영국의 Benedict 수도원의 승려 Oliver de Malmesbury가 탑 위에서 뛰어내려 날려 하다가 요술사 Simon과 같은 부상을 당하였다. 12세기에는 흰 긴 옷 밑 부분을 버드나무 가지로 엮어서 날개 역할을 하도록 한 후 이 옷을 입고 비잔틴 왕국의 창제인 Emmanuel Comnenus 앞에서 날려 하였던 사라센 사람이 목숨을 잃었다.[3)]

날고자 하는 욕망과 시도로 목숨도 빼앗겼지만 이 중세기에 처음으로 학자와 신학자들이 나는 가능성에 관하여 글을 쓰기 시작하였다. 이들은 대개 주위에서 벌어지는 시험적인 비행의 이야기를 소재로 하여 글을 쓰기 시작하였는데, St. Thomas의 선생이며 철학가인 大 Albert(Albert the Great)는 "공기는 불 옆에 있을 때 날 수 있는 상태가 된다"라고 기술하였다.[4)] 같은 시대에 살았던 사람으로서 Admirable Doctor 칭호를 가졌던 Roger Bacon(1214~1294)은 *Desecretis operibus artis naturae*라는 그의 저서에서 새가 나는 방법과 같이 공기를 때리는 날개 형태의 시동핸들(starting－handle)을 사용하여 나는 기계를 만들 수 있다고 믿었다.

이 시동핸들은 Leonardo da Vinci에 의하여 처음으로 고안되었다. 우리에게 화가 또는 조각가로만 주로 알려진 그는 작가이며 엔지니어이기도 하였는바, 그에 의하여 역시 처음으로 사람이 바퀴를 돌려서 나선형(螺旋形)의 프로펠러를 움직이도록 하는 헬리콥터가 고안되기도 하였다. Leonardo da Vinci로부터 과학적 접근이 시작된 이래 1600년경에 이태리인인 Guidotti가 고래 뼈에 깃털을 붙여서 날개의 틀을 만들어 가지고 날았으나 실패하였다. 1600년에 영국인 Hook가 막대기(bat)와 비슷한 날개에 의하여 움직이는 기계를 만들었다.

1678년에 프랑스에서 자물쇠 제조업을 하는 Besnier가 오늘날의 행글라이더와 비슷한 기구를 만들어서 gliding하는 데 성공함으로써 처음으로 공중에서 비행하는 기록을 세웠다. 1709년에는 브라질의 승려이며, 포르투갈의 왕 Jean 5세의 성직자이기도 한 Bartholomeu Laurenço de Gusmaô가 꼬리 부분에도 날개를 단 새 형태의 틀을 발명한 후 이를 뜨거운 공기로 가득 채운 종이풍선에 부착시켜 날게 하는 데 성공하였다. 그는 나는 이 장난감을 그 뒤 리스본 왕궁에서도 실험하였다.

1742년에는 Bacqueville 후작(marquis)이 인조날개를 달고 파리의 Seine강을 나는 것을 시도하였으나 실패하였다. 1768년에는 Pancton이라는 자가 Leonardo da Vinci의 헬리콥터와 프로펠러의 아이디어를

2) N. M. Matte, Treatise on Air－Aeronautical Law(1981), p.17.

3) 상동.

4) 상동.

더욱 발전시켰다. 1772년에는 Desforge라는 프랑스의 한 수도원장이 나는 운송기구를 만들었으나 이를 날리는 데 성공하지 못하였으며 역시 프랑스인인 Blanchard가 같은 디자인으로 1780년과 83년 사이에 이를 시도하였으나 별 성과가 없이 끝났다.

지금까지는 수직 또는 수평으로 간단히 나는 것만이 시도되어 왔으나 1783년 11월 21일에는 처음으로 수평·수직이 가미된 9회 비행을 하는 데 성공하였다. 프랑스 Montgolfier 형제가 발명한 공기보다 가벼운 비행기구를 이용한 동 비행은 세계 최초 유인 비행으로 기록되는 바, Pilâtre de Rozier가 공기를 부풀린 발룬(balloon)을 타고 난 것이었다.

1.3. 첫 비행규제

1783년 Montgolfier 형제가 발명한 비행기구(balloon)를 타고 제대로 비행을 시작한 이래 국가 지도자와 행정관리들은 자국영토상에서 이러한 비행에 대한 규제 필요성을 느끼기 시작하였다. 이 중에서도 프랑스 파리경찰은 1784년 4월 23일 특별허가 없이 비행하는 것을 금지하는 규정을 처음으로 제정·공포하였다. 세계 최초의 항공법이 되는 동 규정은 발화물질을 부착하고 있는 발룬과 기타 비행기구를 제작하고 날리는 것을 범죄로 규정하고 기타 발룬도 허가 없이는 날려 보낼 수 없다고 정하였다. 이러한 국가의 간섭은 인간의 욕망과 활동을 제어하는 역할을 하였지만, 육상 및 해상에서 보는 바와 같이 제2단계에서는 국가 간 또는 국제기구 활동을 통해 국가가 비행활동을 장려하는 것으로 변한다. 상기 파리경찰이 발표한 규정과 같이 일부 지역적인 국가의 통제가 있었지만 국가는 아직도 배후에 서서 개인의 비행을 위한 각종 시도와 발명을 구경하고 있는 입장이었다. 그러나 1785년 Montgolfier 발룬(balloon)을 타고 프랑스의 Pierre Blanchard와 John Jeffries가 세계 첫 국제비행으로 간주되는 영·불 해협 횡단을 했을 때 영국은 자국이 더 이상 섬이 아니라는 사실을 실감하고 위협감을 느끼면서 자국함대에 의한 방어에 신경을 쓰게 되었다. 1819년에는 프랑스 Seine주가 비행안전을 위한 규정을 공포하였는바 동 규정은 안전의 관점에서 balloon에 의무적으로 낙하산을 비치하도록 한 것이었다.

1.4. 파이어니어 조종사와 발명가

De Bris가 제작한 글라이더를 이용하여 1855년에 처음으로 공기보다 무거운(heavier－than－air) 비행이 시작되었다. 1865년에는 Solomon Andrews에 의하여 세계 처음으로 뉴욕에서 항공회사가 설립되었다. 프랑스의 Montgolfier 형제(Joseph과 Etienne)가 1783년 자신들의 고향인 Avignon에서 hot air balloon을 파리로 가지고 와서 발룬 비행의 대부로 인식되어 있지만, 처음으로 발룬을 타고 사람이 비행을 시작한 사람은 전술한 바와 같이 J.-F. Pilâtre de Rozier이다.[5] 그러나 동인은 또한 첫 희생자로 기록되기도 하는데 이는 1785.6.15. 타고 있던 발룬이 불에 붙어 추락하면서 사망하였기 때문이다.

1884.8.9. La France로 명명된 비행기구가 처음으로 이미 정해진 비행일정에 따른 여행을 하였으며 1890년에는 프랑스인 Louis-Pierre Mouillard가 후일 공기보다 무거운 기구의 비행을 가능케 한 날개의 조작 원리를 발견하였다. 1880.10.9. 프랑스에서 Clément Ader가 동력기계를 이용하고 비행사를 태운 채 처음으로 지상을 활주하는 데 성공하였지만 그는 새로운 발명의 시대를 열었다기 보다는 19세기까지의 발명을 마감하는 인물로 보아야 할 것이다.

비행을 위한 기술적 발달이 계속됨에 따라 비행은 스포츠로서도 각광을 받기 시작하였다. 20세기 초 근대비행의 선구자인 Santos-Dumont, Voisin 및 Farman은 비행을 이상적인 공중스포츠로 생각하여 비행기계를 제작하였다. 이에 앞서 독일의 Otto Lilienthal도 같은 입장에서 이를 시도하였으나 1896년 비행 시 사망하였다.

1889년에는 프랑스 정부가 소집한 항공법에 관한 국제회의가 처음 개최되었고[6] 같은 해 영국에서 항공으로 인한 폐해에 관한 소송사건이 처음 보도되었다.[7] 1891년에는 항공법에 관한 첫 논문이 발간되었으며 8년 후인 1899년에는 제1차 헤이그 평화회의를 개최하여 발룬과 또는 기타 동종의 새로운 방법으로 투척물(Projectiles)을 투하하는 것을 금지하는 선언을 채택하였다.[8]

미국인 Wright 형제는 수차례 엔진비행을 실현하기 위한 노력 끝에 1903.12.17. 미국 North Carolina 주 Kitty Hawk의 황야에서 Wilbur Wright가 59초 동안 284미터를 비행하는 기록을 세웠다. 이때 프랑스에서는 Ferber가 동일한 성공을 거두었다.

Wright 형제의 비행은 공기보다 무거운(heavier-than-air) 기구를 타고 본격적으로 비행하는 데 성공하였으며 비행을 하면서 큰 각도로 비행방향을 조종(따라서 조그만 원을 그리는 비행이 가능하였으나 당시 비행은 거의 직선적 비행 때문에 큰 원을 그리는 비행만이 가능)할 수 있었다는 데 그 의미가 크다. Wright 형제는 동 비행을 위하여 비행기의 풍속에 대한 반응을 지상건물 내에서 실험하였다 한다. 요즈음 새로운 모델의 비행기 제작 시 필수적인 실험사항의 하나가 풍속반응 실험인

5) F. Lyall & Larsen, Space Law, A Treatise, Ashgate(UK), 2009, p.156.

6) J. D McClean, (ed), Shawcross and Beaumont Air Law, Issue 112, June 2008(이하 Shawcross), I(1).

7) Scott's Trustees v. Moss 1889 17 R 32(상동).

8) 1907년 제2차 헤이그 평화회의는 여사한 선언을 다시 채택(renew)하는 데 실패하였음.

데 이를 이미 착안·실시하였다는 점은 참으로 놀라운 일이다.

이미 언급한 브라질인 Santos－Dumont은 프랑스 Bagatelle에서 1906.10.12. 비행하여 공식적으로 기록된 첫 비행을 하였으며 이 사건은 인간이 지상으로부터 이탈할 수 있는 전환점을 마련한 것으로서 큰 의미를 갖는다.

1909년에 프랑스의 Lambert 백작은 처음으로 파리상공을 비행하였으며 같은 시대에 독일의 Zeppelin은 비행선(airship)을 완전한 모습으로 제작하여 큰 관심을 끌었다. 같은 해인 1909년 프랑스 사람 Blériot는 원시적인 단발 동력기를 장착한 비행기구를 탄 채 이보다 앞선 1785년 Blanchard가 순풍으로 영·불 해협을 건넌 것과는 달리 역풍을 받으면서 비행기를 조종하여 영국에 착륙함으로써 영국민에게 큰 충격을 주었다. 이 비행선의 현대식 제품을 이용하여 독일인인 Dr. Wekener가 1929년 첫 세계여행을 실시하였다. 1910년 프랑스 Marseille에서 Fabre가 첫 수상비행기(hydroplane)를 발명하였으며 같은 해 8월에는 처음으로 마을과 마을을 연결하는 비행여행이 시작되었다. 1911년에는 유럽의 주요 수도를 잇는(파리－마드리드 간 1,700km, 파리－로마 간 1,495km 등) 첫 유럽 비행대회가 개최되었으며 미국에서는 뉴욕과 로스앤젤레스를 연결하는 대륙횡단 5,000km 비행이 있었다. 1915년에는 시속 200km 속도를 돌파하는 비행이 가능하였고, Pégoud는 공중곡예 비행을 시작하였다.

제1차 대전 중 프랑스는 전쟁 발발 시 소유하고 있던 1,000대의 항공기를 비롯해 추가로 항공기 대량생산에 들어갔으며 여사한 국가의 자본개입으로 소규모공장은 대규모 항공기 제작공장으로 대체되기 시작하였다.

1918년 2월에 처음으로 항공우편이 시작되었으며 1919.2.8. 파리와 런던 간 첫 정기 국제선이 개설되었다. 1919년 이후 상업비행이 점차 확립되었고 서서히 정기 항공사의 중요도가 높아지게 되었다.

1919.6.18. 프랑스와 아프리카를 잇는 대륙 간 항공 연결이 실현되었고 영국은 카이로－케이프를 연결하는 아프리카 종단정책에 성공한 후 흑아프리카의 여행을 시작하였다. 이에 대하여 프랑스는 1931년에 프랑스와 마다가스카르를 연결하는 정책으로 응하였다. 1930년 이후에는 항공편으로 아시아 방문이 시작되었다.

1926년에 Franco라는 조종사가 카나리 섬, 케이프베르데 및 Fernando Norenha 섬에 중간 기착한 후 처음으로 남대서양 횡단비행을 하였다. 이에 앞서서 2명의 영국인인 John Alcock 경과 Arthur Whitten Brown 경은 1919년 Nova Scotia와 Ireland 사이를 비행하여 첫 북대서양 횡단비행에 성공하였다. 1927년에는 Lindberg가 37시간 만에 Spirit of St. Louis로 명명된 비행기를 혼자 탄 채 북미대륙과 유럽대륙 사이를 횡단한 후 프랑스 파리 Le Bourget 공항에 도착하여 개선장군의 환영을 받았다. 1928년에는

Zeppelin 비행선이 유럽으로부터 대서양을 횡단하여 북미에 도착하는 기록을 세웠다. 1933년에는 Balbo 장군을 선두로 한 이태리인 그룹이 24대 수상비행기로 북대서양 횡단을 하였으며 이후 정기적으로 대서양을 횡단하는 비행이 증가되기 시작하였다.

태평양 횡단은 1927년에 시도된 후 1935년 Amelia Earhart가 하와이에서 캘리포니아로 비행하는 데 성공하였으며, 캘리포니아와 홍콩 간 정기 여객비행이 1938년에 시작되었다.

세계일주 비행은 1924년 미국인에 의하여 처음 실현된 후 또 다른 미국인인 Brock와 Schlee가 1927년에 42일에 걸친 세계일주 비행시간을 기록하였다. 그 뒤 세계일주 비행은 1928년에 Collyer와 Means라는 미국인에 의하여 그리고 1931년에 Willey Post와 Gatty라는 미국인에 의하여 계속되었다. 특히 후자 그룹은 처음으로 완전한 세계여행을 북위 60도 상공에서의 비행으로 8일 15시간 만에 완료하는 기록을 세웠다.

Willey Post는 자신의 기록향상을 위하여 1933년에 다시 세계일주 비행에 나섰는데, 이때 7일 18시간 51분의 기록을 세웠다.

제2차 세계대전을 앞둔 1938년 Howard Hughes는 시속 266km의 속도로 3일 19시간 17분 만에 뉴욕을 출발하여 다시 뉴욕에 도착하는 세계일주비행의 기록을 세웠다.

1897년에 스웨덴인 André가 발룬(balloon)으로 북극에 도달하려고 시도하였으나 실패하였고 1925년에 노르웨이인 Amundsen 역시 북극 도달에 실패한 후 다음 해인 1926년 미국인 Byrd가 북극을 비행하는 데 성공하였다. Byrd는 1929.11.28. 남극도 비행하였다.

1986년 중간에 기착하지 않고 재급유도 받지 않은 채 세계를 일주한 비행이 이루어졌다. 미국인 Dick Rutan과 Jeana Yeaga가 가벼운 재질로 제작된 Voyager호를 타고 캘리포니아에서 출발하여 서쪽 방향으로 9일 만에 지구를 한 바퀴 도는 비행을 하는 데 성공하여 당시 큰 화제가 되었다.

한편 우리나라의 상황을 볼 때 일본에서 항공조종교육을 받은 안창남이 한국의 최초 비행사이다. 안창남이 귀국하여 '금강호'로 명명된 항공기로 여의도 간이 비행장에서 이륙한 후 서울과 인천상공을 선회 비행한 1922.12.10. 약 5만 명의 인파가 운집하였으며 안창남의 비행을 보기 위하여 서울과 인근 학교가 수업을 중단하였다 한다.

안창남은 1900년생으로 일본 동경 오쿠리 비행학교를 졸업한 후 위와 같이 '고국방문 대비행'을 한 후 1925년 중국으로 망명하여 독립운동을 하다가 1930년 비행기 추락사고로 사망한 애국지사이기도 하다.

1.5. 대중교통 시대

1950년까지 항공수송은 부유한 계층이 이용하는 호사에 속하였다. 그러나 jet 비행기의 상용화가 된 후 항공여행은 점차적으로 일반대중에게 개방되었으며 이는 대형 비행기 등장에 연유하기도 한다. 점보라고 부르는 보잉747 비행기는 약 500명의 승객까지 운송할 수 있는 대중교통수단이 되었으며 이는 1978년 이후 미국의 항공업계에 대한 규제해제 조치(deregulation)의 세계적 확산으로 더욱 가능하게 되었다. 1970년 후반에 시작된 Skytrain은 영국인 Freddie Laker가 실시한 대표적인 대중항공여행을 실현하는 것으로서 최소한의 요금으로 최대한의 승객을 운송하는 데 기여하였다.

위와는 방향을 달리하여 파리 또는 런던과 뉴욕을 연결하는 구간과 같이 항공수요가 많은 황금노선에는 초음속 여객기를 취항시킴으로써 비싼 항공료를 부담하는 데 지장이 없는 비즈니스맨의 신속한 수송을 도맡게 되었다. 동 수송은 Air France가 British Airway와 합작으로 초음속 여객기인 Concorde를 개발하여 런던－바레인, 런던－워싱턴, 파리－워싱턴에 이어 파리－리오 등의 구간에도 Concorde를 취항시키면서 실용화되었으나 일반대중이 이용하기에는 요금이 비싼 것이 흠인 가운데 이제는 운항되지 않는다.

1969년 시험비행 후 1976년 취항하였던 Concorde는 대서양 횡단 노선에 투입되어 일반 항공기의 운항시간을 절반으로 단축한 3시간에 유럽대륙과 미국을 연결하였다. 그런데 20대만 건조되어 개발경비를 회수할 여지가 없었던 Concorde는 2000년 추락사고가 발생하고 2001년 9/11테러(후술)로 인한 여행경기 침체 여파로 2003년 최종 비행을 하고 운항을 종료하였다.

현재 세계의 2대 항공기 제조회사인 미국의 보잉사[9]와 유럽의 에어버스사[10]는 초음속 민간항공기보다는 대형 여객항공기 제작으로 계획을 변경하였다. 에어버스는 슈퍼점보로 불리는 A380 거대항공기(좌석 525개, 최대 이륙중량 590톤)를 2002년 제작 완료한다는 계획으로 개발을 시작하였지만 수차 지연되어 2005년 실험비행을 하고 2007년에야 주문고객 항공사에 인도되었다. 이에 대응하여 보잉사는 2005년 500명의 승객을 태우고 16,000km를 비행하는 747－8 항공기를 개발하기로 결정하였으나 제작완료 시점을 수차 연기한 후 2011년에야 주문고객에게 인도하였다. 또한 보잉사는 최신형 항공기 개발에도 전력하고 있다.[11]

---

9) 미국 시카고에 본부를 둔 세계 최대 항공기 제조회사(항공기 판매 수입, 주문과 인도 기준)이며 세계 최대의 항공우주방산 사업체임. 1997년 미국의 McDonnell Douglas 항공기 제조회사를 합병한 후 최대 규모가 되었음.

10) EADS(European Aeronautic Defence and Space Company)의 자회사로서 프랑스 Toulouse에 본사가 있는 유럽 최대 항공기 제조회사임. 세계 제트 민간항공기의 약 절반을 생산하고 있음. 유럽연합(EU)의 4개국(독일, 프랑스, 영국, 스페인)의 16개 장소에서 분산 제작되어 프랑스 Toulouse에서 조립되는데 2009년부터는 중국의 천진에서도 부품이 제공되고 있음. Airbus SAS사는 1970년 프랑스, 독일, 영국, 스페인 4개국 회사의 컨소시엄으로 창설되었으나 미국의 보잉과 맥도널 다글라스 항공기 제조회사의 합병에 대응하며 독일의 DASA, 프랑스의 Aérospatiale－Matra, 스페인의 CASA가 2001년 EADS라는 하나의 회사로 통합하여 에어버스의 80% 지분을 보유하고 영국의 참여회사인 BAE Systems는 20%의 지분을 가지고 있다가 2006년 EADS에 매도한 것으로 알려져 있음.

2. 학문으로서의 항공법

2.1. 비행의 국제적 성격

일정한 지구의 공간에서 고속으로 나는 비행기는 인공적으로 경계가 지어진 국가의 영역을 초월하여야만 제대로의 비행효과를 얻을 수 있다. 좁은 유럽 영토 위에서, 가령 예를 들어서 브뤼셀을 출발하여 비행을 할 경우 몇 분 후면 인근 국가인 프랑스, 룩셈부르크, 네덜란드 등의 상공으로 진입하게 된다. 이러한 상황에서 국가 간 경계를 강조하여 타국 영공 비행이 거절된다면 항공 산업은 적어도 이 지역에서는 발달할 여지가 없을 것이다. 따라서 비행 자체가 국제적인 성격을 갖고 있는 바, 이는 다음과 같은 이유 때문이다.

① 사용상 특성: 비행이 국가 간 경계 내에서만 이루어지기에는 국가 간 영역이 너무 협소하다. 따라서 비행기가 여객, 수하물, 항공화물 또는 우편물 수송 등을 위한 상업적 기능을 발휘하기 위해서는 국가 간 경계를 초월하지 않을 수 없다.

② 비행 목적지와 착륙장소: 기차, 차, 선박 등은 국경을 통과할 때마다 정지하여 국경통과 절차를 밟는다든지 또는 입국한 국가의 운송수단으로 바뀌어 탄다든지 할 수 있으나 비행기는 목적지에 설치된 비행장에 착륙할 때까지는 국경을 단위로 하여 중간 기착할 수 없다.

③ 영공의 일반성: 선박수송에 있어서 해안에 인접한 국가는 선박소유 및 운항 등에 있어서 내륙국가보다 큰 혜택을 받고 있다. 또한 내륙 국가는 이러한 불리한 여건상 선박운항 및 해상활동에 참가하지 않을 수 있으며 이러한 만큼 국제사회에서 해양법 질서에 참여하는 국가 수는 줄어들게 된다. 그러나 어떤 나라든지 영공은 소유하기 때문에 항공의 질서는 모든 국가의 1차적인 참여여건이 구비된 완전한 국제질서를 이룬다.

④ 비행기의 속도: 이미 설명한 바와 같다. 통상 시속 800km인 제트 여객기가 유럽에서 순식간에 수개 국 영토를 통과하는 데서 오는 비행의 국제성을 이해하는 것은 어렵지 않다.

⑤ 항공운항의 위험에서 오는 통일의 필요성: 비행하는 조종사가 사전에 착륙 예정지의 비행장 시설, 기상조건, 신호등의 사용방식 등을 이해하고 있어야 사고의 위험을 방지하게 된다. 이러한 업무를 각국이 모두 저마다 다른 내용으로 추진하지 않는 것이 바람직함은 물론이다. 따라서 모든 국가가 비행 관련 규칙을 통일적으로 시행함이 필요하다.

---

11) 보잉사는 중형 크기의 쌍발엔진 Wide-body 제트 민항기를 별도로 개발 중에 있는데 7E7로 검토되었던 동 항공기는 2005년 787로 명명된 후 2007년 시험비행을 하였음. 250명의 승객을 태울 동 항공기는 복합재료를 사용하여 연비 등 성능도 좋아 Boeing 787 Dreamliner라고도 호칭되면서 2010년 9월 기준 847대가 주문되는 기록을 세웠음. 2008년 취항을 목표로 한 본 항공기는 2010년 11월 시험비행 시 사고가 발생하여 원래 계획보다 3년이 지연된 2011년에야 주문고객 항공사에 인도되었음.

2.2. 비행의 중요성

비행의 중요성은 정치, 경제, 사회 심리적 면에까지 다양한 형태로 인간의 생활에 영향을 미친다. 비행기는 거리를 단축하여 생활영역을 넓혀 주며, 국경을 제거하며, 관습법이 형성될 시간을 주지 않은 채 새로운 법의 형성을 가속화시키며, 국제사회의 상호 의존성을 더욱 강화시켜 준다. 이를 부문별로 좀 더 기술하자면 다음과 같다.

① 정치부문: 철도가 국가의 통일과 독립에 기여했다면 비행기는 오늘날 활용 증대로 인하여 국가의 통일과 독립을 오히려 저해할 수 있다. 항공법 학자 Maurice Lemoine는 일찍이 이러한 점을 꿰뚫어 보아 "…특히 여러 국가로 나누어진 우리의 조그마한 유럽에서 이것(조그마한 나라로 나눠진 것)이 바로 질식시키는 것이나 다름없다. 유럽의 활력은 긴 비행을 가능하게 하는 넓고 개방된 공간을 필요로 한다"라고 말하였다.[12)]

그러나 큰 영토의 나라는 처음부터 비행기의 사용으로 통일과 통제를 강화할 수 있다. 반면에 조그마한 영토의 나라들은 큰 나라의 항공회사 경쟁으로부터의 자체 방어를 목적으로 역내 국가들의 결속을 더욱 강화하게 하는 경향을 가져왔다. 이러한 결속은 국가 간의 장벽을 제거하고 국가 간 이해증진에 도움을 준다. 최근 유럽이 미국의 대규모 항공회사인 보잉사에 대항하여 에어버스사를 통해 상호 결속을 추진하고 있는 것이 좋은 예이다.

한편 항공교통에 있어서의 불가결한 국가 간 협력은 국가의 대소 또는 빈부를 막론하고 상호 이해와 접촉을 용이하게 한다. 이는 국제기구의 설립을 통하여 영구 또는 상시적으로 제도화되고 있다.

② 경제부문: 국가는 항공교통의 발달이 가져오는 상호 의존에 따라 제기되는 다음 사항에서 대처 또는 활용하여야 한다. 첫째는 교역의 증가이다. 물품 이동에 있어서 항공수송이 차지하는 양은 계속 증가하고 있다. 둘째, 비행기를 지역의 탐사용으로 활용할 수 있다. 어떠한 국가는 국가의 명예를 위하여 국적기를 구입하기도 하는데 이 경우 비행기 활용방안을 더욱 강구하여야 한다. 셋째, 자본의 집중이다. 항공 산업 초창기에는 일부 개인이 비행활동에 주로 관여하였지만 대규모 시설과 자본, 그리고 국가 간 협력을 필요로 하는 항공교통에 있어서 국가의 관여는 직접적 또는 간접적으로 필수불가결하다. 한 국가의 능력으로 항공회사를 설립 운영하기 곤란할 때에는 몇 개의 국가가 공동으로 참여한다.[13)] 넷째, 상품의 신속한 수송으로 과거와

---

12) Matte의 저서 p.33.

13) Air Afrique(1960년에 등록된 후 프랑스의 과거 아프리카 식민지 13개 국가가 주주로 참여하였다가 2002년 재정난으로 폐쇄), SAS(Scandinavian Air System) 등이 그 예임.

같은 대규모의 상품재고(在庫) 문제가 없어졌다는 점이다. 상인은 필요한 물품을 전자메일 등으로 주문하여 단시일 내에 송달받을 수 있는 이점을 갖게 되었을 뿐만 아니라 항공운송의 제반 경비가 다단계의 절차를 밟는 데서 오는 해상수송의 경비(창고비 포함)보다도 총액으로 계산하여 오히려 싸게 되는 물품이 상당수 있다는 사실에 주의할 필요가 있다.[14)]

③ 사회적·심리적 부문: 비행은 국제적 생활, 여행, 다른 사람과 다른 생활방식에 대한 이해를 촉진한다. 따라서 다른 국가의 생활양식과 발전상을 신속히 접할 수 있다는 것은 한 나라의 지도자가 오직 자국민의 통치를 용이하게 하기 위하여 자국의 법을 임의로 변경 또는 제정하는 것을 제어하는 효과를 준다.[15)]

정보 및 문화의 상호 의존으로부터 국제적 중요성을 갖는 집단심리가 발생할 수 있으며, 국가 지도자들은 이러한 국민심리 동향에 어느 정도 주의를 기울이지 않을 수 없게 되었다.

2.3. 항공법의 성격

항공법이 한 국가 내에서만 적용된다면 국내 항공법이겠으나 국가 간에 적용된다면 국제항공법이다. 국제항공법은 후술하는 바와 같이 국제적으로 적용하는 항공 공법(public air law)과 항공 사법(private air law)을 총칭하는 것이다. 이 국제항공법은 다음 2가지 예[16)]에서 보는 바와 같이 국제 민간항공에 있어서 적용규정을 제공함으로써, 국가 항공법 사이의 충돌과 불편을 제거하는 것을 주요 목적으로 한다.

[예 1] 한 독일 여행자가 영국에 등록된 비행기를 타고 벨기에에서 사망하였다. 여행자가 소지한 표는 폴란드에서 독일을 경유하여 미국으로 여행하는 일정이 적혀 있는 것으로서 폴란드에서 구입된 것이다. 동인의 미망인이 영국법정에서 남편의 사망에 따른 보상소송을 제기한다. 이러한 소송은 국제 사법[17)]을 포함한 영국법의 일반규칙에 따라 제기될 수 있으나 영국법정은 독일법, 폴란드법, 벨기에법, 미국법, 그리고 영국법 사이에 거미줄처럼 얽혀 있는 각국 법 간의 상충문제를 해결해야 한다. 불가능에 가까울 동 문제는 규칙의 국제적 통일을 위한 목적으로 체결된 다자조약 덕택에 국가 간의 상이한 법의 상충문제가 어느 정

14) J.-L. Magdelénat, Air Cargo: Regulations and Claims(1983), p.6.

15) 인권문제가 세계적인 관심사가 되어 있는 것도 교통·통신의 발달에 연유하고 있으며, 이 때문에 국내 문제 불간섭을 주장하는 측과 인권옹호론자 측의 대립이 더욱 부각되고 있음.

16) Shawcross, I (35).

17) 국제 사법은 국제 항공 사법과 전혀 다른 뜻임. 국제 사법(private international law 또는 conflict of laws)은 섭외 사법이라고도 하는 것으로서 여러 국가에 걸친 사건이 발생하였을 때 어떤 나라의 법규를 적용하여야 하는지에 관하여 규정한 국내법 내용을 말함. 여기에서 여러 국가에 걸친 사건은 개인의 권리·의무 및 계약관계(혼인, 이혼, 채무이행 등)등에 관한 사건임.

도 제거되어 미망인은 영국 또는 다른 관련 지역에서 소송을 제기하더라도 비슷한 결과를 얻게 된다.[18]

[예 2] 영국에 등록된 한 비행기가 벨기에와 네덜란드 상공을 지나 스웨덴으로 비행하는 도중에 스웨덴의 인접국에 불시 기착한다. 이는 여러 점에서 인접 각국의 법을 위반하였다고 볼 수 있다. 비행기 조종사가 부주의하게 비행규칙과 관습법을 위반하였을 수 있으며 또한 타국상공을 비행하였다는 자체가 침해(trespass)행위에 해당되기 때문에 범죄행위를 범하였다 할 수도 있다. 반대로, 어떠한 국가는 항행시설과 항공관제 서비스를 제공하지 않음으로써 비행의 안전을 저해할 수도 있다. 실제적으로 국제 민간항공에 대한 이러한 위협은 수개국가 간에 체결되는 다자 및 양자협정을 통하여 제거되고 있다.

그러나 [예 2]에서 적용되는 국제 항공 공법(公法)은 [예 1]에서 보는 바와 같은 사법에 관한 사항보다 그 규율의 범위가 넓다. 공법은 국제협정에 의하여 사법(私法)규칙을 통일 또는 조정할 뿐만 아니라 특정 국제기구가 '표준'(standards)과 '권고방식'(recommended practices)을 통하여 항공의 안전, 비행기의 감항성(堪航性), 사고조사, 비행장, 공중규칙 및 국제 민간항공의 촉진에 대하여 일반적인 규율을 할 수 있도록 한다.

국제항공법이 국가 간 항공법 사이에 일어나는 모든 법률적 상충문제를 제거한 것은 아니다. 더구나 모든 국가가 이러한 국내법의 통일을 가져온 국제협정의 당사국이 아니다. 한편 모든 문제가 다 국제협정의 규율사항이 되는 것도 아니다. 국가가 언제나 자국 국내법을 '표준'(또는 국제표준)과 '권고방식'에 부합하도록 보장하지는 않지만 국제 민간항공에서 상호 협력하는 것은 국가 상호간에 이익이 되며, 실제로 이러한 협력의 정도는 놀랄 정도로 높다.

2.4. 국제항공법의 법원

항공법을 구성하는 내용들을 다음과 같이 정리할 수 있다.

- 다자조약
- 양자협정
- 국제법의 일반원칙
- 국내법
- 법원 판결

---

18) 대표적인 예가 '국제 항공운송에 있어서의 일부 규칙의 통일에 관한 협약'(제9장에서 상술하는 1929년의 바르샤바 협약과 이를 전면 개정 보완한 1999년 몬트리올 협약)임.

- 지역적 합의내용(European Union, 즉 구주연합에서 적용되는 법률 등)
- IATA 등 국제 민간기구의 규정
- 항공사들 간의 계약, 항공사와 승객 간의 계약, 기타 항공운송과 항행에 관련한 관계 당사자들 간의 계약

그러나 항공법을 구성하는 가장 중요한 내용은 다자조약인바, 항공법은 그 성격상 태동 시부터 국제성을 띨 수밖에 없기 때문이겠다. 가령 1919년 파리와 런던 사이에 세계 최초로 정기 항공운항이 시작된 해에 세계 첫 항공 관련 다자조약인 파리 협약이 채택된 것을 보아도 그러하다. 또 항공의 급속한 발달에 보조를 같이하여 온 항공법은 많은 경우 법원(法源)으로서 관습법을 추월하게 되었으며 그 결과 오늘날 항공법은 거의 다 성문법(written law)으로만 존재하고 있다.

한편 분쟁 발생 시 적용되는 바를 가지고 항공법의 법원을 살펴보는 것도 가능하다.

국제사법재판소(ICJ) 규정 제38조 (1)항은 법원이 분쟁을 해결하는 데 있어서 적용할 사항으로서 다음 4가지를 열거하였다.

(a) 분쟁국이 명시적으로 인정한 규칙을 규정하는 일반 또는 특수 국제협약.

(b) 법으로 수락된 일반 관행으로서의 국제관습.

(c) 문명제국에 의하여 인정된 법의 일반원칙.

(d) 본 규정 제59조[19]의 규정에 따른, 법의 규칙 결정 보조수단으로서의 여러 국가의 사법적 결정 및 유수한 국제법 학자의 학설.

상기 조문은 일반적으로 국제법 법원의 선언으로 간주된다.

국제항공법의 가장 중요한 법원(法源)은 다자 혹은 양자의 형태를 불문하고 조약[20]이다. 가장 일반적 의미의 법원은 다자간 법 제정 조약으로서 이러한 조약은 다수 국가가 이해하고 있는 법을 선언적으로 표시하며, 새로운 체제를 형성하며 또는 이 두 가지 기능을 겸하기도 한다. 양자조약은 두 당사국만을 위한 법원을 형성한다.

관습국제법은 더 이상 국제항공법의 주요 연원이 아니다. 그러나 조약이 규율하지 않은 국제항공법 부문에서 관습법은 적용규칙의 중요한 연원이 된다. 더구나, 조약 자체도 관습법의 연원이 될 수 있다.

사법적 결정이 법의 규칙을 정하는 데 있어서 '보조적 수단'이지만, 이는 국제법에서 상당한 중요

---

19) 재판소의 결정은 해당 사건과 해당 당사자에만 국한된다는 내용.

20) 협약, 협정, 의정서 등 명칭 여하를 불문하고 국가 간 또는 국가와 국제기구 사이 및, 국제기구들 상호 간에 채택된 합의문은 조약임[1969년 조약 법에 관한 비엔나 협약 제2조의 a) 및 1986.2.21 비엔나에서 채택된 국가와 국제기구 간 또는 국제기구 간 조약 법에 관한 협약 제2조 1항 (a) 참조]. 여러 가지 명칭의 조약에 대하여 본서는 한국 외교통상부가 사용하고 있는 바를 따르겠는바, 이에 따라 Treaty나 Pact는 조약, Convention 협약, Agreement 협정, Protocol 의정서, Covenant 규약, Constitution 헌장, Charter 헌장, Statute 규정, Memorandum of Understanding(MOU) 양해각서, Exchange of Notes 교환각서 등으로 표기하였음.

성을 갖는다. 예를 들면 1929년 바르샤바 협약의 용어를 해석하는 국내 법원의 결정은 지대한 영향을 끼쳤으며 중요한 법의 연원이 되고 있다.

2.5. 항공법의 정의: Air law와 Aeronautical law

일반적으로 공중항행에 관련된 모든 규칙을 항공법(air law)이라고 할 수 있겠으나 엄격히 말하여 이는 부정확한 표현이 되겠다. 왜냐하면 이는 항공법에 영향을 미치는 지상의 간접자본(비행장 시설 등)을 고려하지 않기 때문에 불충분한 개념이고, 반면 일반적으로 공중항행에 관련한 기술적 사항들이 항공법에 관련되기는 하지만 무선통신, 전화, 전기선 그리고 통신선 등에서 보는 바와 같이 이들이 모두 항공법에서 규율되기보다는 여타 협약에서 따로 규율되는 사항이기 때문에 전술한 항공법의 개념은 이 점에 있어서 너무 광범위하다. 따라서 항공법은 공중항행 자체에 관련된 현상을 취급한다기보다는 항행이 이루어지는 공간(medium), 즉 대기권(atmospheric medium)에 관련된 사항을 취급하는 Aeronautical law 또는 공중항행법을 지칭하게 되는데 이는 항공법의 개념으로 정확한 것이 아니다.

Henri−Coüannier는 일찍이 'air law'라는 명칭이 주는 불완전성을 지적하여 다음과 같이 말하였다.

> 우리는 단순히 공기의 법 또는 air law 범위 안에 전보, 무선 또는 원(遠)거리 통신공학이든지 간에 이러한 통신을 가능하게 하는 에테르(ether)의 진동에 바탕을 둔 과학의 적응을 이해하는 데 어려움이 있는 듯하다. 에테르의 범위는 공기의 범위보다도 훨씬 광범위한바, 이는 이 ether가 지상의 물질만 포함하는 것이 아니라 별들 사이의 공간 그리고 에테르의 활동범위를 이루며 전보의 송수신의 바탕도 제공하는 큰 구역임을 생각할 때 대기권이 이루고 있는 20km의 두께와는 비교도 되지 않기 때문이다. 공기는 공중항행의 조작에 필요한 기본이 된다. 그러나 우리는 이 기본으로부터 전보를 연상하지 않는다. 따라서 우리는 상호 관계가 없는 이 두 가지 개념에 대하여서 혼동하지 말아야겠으며, 우리가 air law라는 언어를 사용할 때 이 단어가 공중항행만을 뜻하는 것으로 사용하고 있다는 것에 유의하여야겠다.[21]

공중항행이 항공법의 유일한 규율문제라 하기는 어렵겠다. 점차 증가하고 있는 인류의 실험은 장래 에테르로의 여행을 가능하게도 할 것인바, 따라서 항공법의 정의는 공기의 한계에 국한될 수는 없다. 이는 항행을 가능하게 하는 지상항행시설, 비행기, 그리고 사람과 물건을 동반한다는 것을 감안할 때 더욱 그러하다.

Maurice Lemoine는 Ambrosini 교수 등이 air law를 정의하는 데에 있어서 공기만을 고려하는 것에 비판적이다. Lemoine는 항공법이 비행기의 소유제도 등에도 관련이 있기 때문에 공기만을 고려하는 것이 너무 협의적이라고 하면서 공중항행 즉 공기와의 관련에서가 아니고 비행기와 관련시켜서 항

21) Matte의 저서 pp.49~50.

공법을 정의한다. 동인은 air law라는 말은 그대로 쓰면서 그 개념을 "항행과 비행기 사용 및 동 관계에서 만들어지는 사항을 규율하는 법의 규칙과 행동을 규정하고 연구하는 법의 분야"라고 보았다.[22] 그러나 이 개념은 비행기 자체에만 너무 한정한 결함이 있다.

Eacalada 교수는 항공법이 다루는 것은 항행에 관련한 법과 제도의 총체임을 강조하면서 이를 명확하고 정확히 표현한다는 aeronautical law를 다음과 같이 정의하였다.

> 항공법(aeronautical law)은 공법과 사법, 국내와 국제적 성격의 양자를 포괄하며 항행활동 또는 동 활동으로부터 변경되어 나오는 것의 제도와 법적 관계를 규율하는 원칙과 규범의 총체이다.[23]

혹자는 aviation law 또는 law of aviation의 표현을 쓰기도 하나 이는 보편적으로 사용되는 용어가 아니다.

많은 학자와 법률가들은 air law 또는 aeronautical law 양자 중 하나를 택일하여 사용하면서, 제 나름대로의 타당성을 주장한다. 일반적으로 air law는 항행에 관련된 문제로서 현재는 물론 미래에 발생할 개념까지 모두 포괄할 수 있기 때문에 선호되는 듯하나, air law를 사용할 때 사실은 aeronautical law의 의미로 쓰는 경우가 많다.

양자 중 하나를 사용하는 데에서 오는 불편을 제거하기 위하여 Matte 교수는 air－aeronautical law로 표기한다.[24]

이렇게 air law와 aeronautical law를 구분하는 것은 이태리 학계, 특히 A. Ambrosini 교수에 의하여 사용되었다고 한다. Ambrosini는 일찍이 aeronautical law를 공중항행으로부터 일어나는 모든 관계(공적·사적, 국내적·국제적)를 연구하며 법적 규율을 연구하는 법의 한 분야로 정의하였다.

프랑스에서는 droit aeronautique(aeronautical law)라는 뜻으로 droit aérien(air law)이라는 용어를 쓰고 영국에서는 Air Law 또는 Aviation Law라 한다. 독일에서는 두 가지 표현, 즉 Luftrecht(air law)와 aeronautical law에 근접한 뜻으로의 Luftfahrtrecht를 다 쓴다.

한편 Cooper 교수는 항공법을 표기하는 데에 있어서 'Air Law'보다는 'Law of Space and Flight'가 더 정확한 개념임을 지적하였다.[25] 그 이유로 'air navigation', 'airspace' 또는 'aircraft'라고 표기할 때 모두가 'air'를 바탕으로 이루어지는 활동영역을 규율하는 것으로 한정이 되므로 적당하지 않다는 것이다. 오늘날 과학의 발달이 가져온 로켓과 미사일 발사는 공기(air)가 존재하는 환경(medium)을 넘어 외기권까지 비행을 하기 때문에 Air Law를 문맥 그대로 해석할 경우 Air Law의 적용영역 밖이

22) 상동 p.51.

23) F. N. V. Escalada, Aeronautical Law(1979). p.2.

24) 어떠한 용어로 항공법을 표현하였던지 간에 우리말로는 모두 항공법으로 지칭하면 됨.

25) J. C. Cooper, "Aerospace Law－Subject Matter and Terminology", Explorations in Aerospace Law(Vlasic ed., 1968) pp.43~44.

되는 모순이 생긴다는 것이다. 따라서 Cooper는 항공법이 규율하는 대상으로서 flight, flight-space, 그리고 세 번째 요소로서 동 양자의 존재와 사용에 부수하여 발생하는 개인 및 또는 국가 간의 모든 관계를 지적하였다.

Cooper의 설명대로 'air navigation', 'airspace', 'aircraft'는 각기 'flight', 'flight-space', 'flight instrument'로 대체함이 정확한 표현이 되겠으며 이 경우 flight 기구로는 balloon, dirigible(airship), airplane, rocket, guided missile 또는 space ship을 다 포함할 수 있으나 이미 정형화되다시피 한 용어의 통용을 감안할 때 필자는 air law의 사용에 동의한다. 실제적으로 오늘날 항공법의 규율 대상으로서의 기구는 airplane에 한정되며 space에 관한 사항은 우주법의 규율 대상으로 인식되고 있다.

다른 학문에서도 마찬가지이지만 모든 사람을 만족시키는 용어의 정의와 용어의 선정은 쉬운 일이 아니다. 어느 한 시기에 모든 사람이 동의하여 선정한 용어의 정의도 시대가 변천함에 따라 새로운 의미를 부여받기도 한다.

국제법은 초창기에 주권국가 간에 존재하는 관계를 규율하는 것으로 정의되었다. 그러나 요즈음 국제법은 개인과 단체의 권리의무 및 다국적 기업, 그리고 인권과 환경에 큰 관심을 보이고 있다. 항공법은 air law라는 용어를 간직함으로써 항공법 발전에 따른 여러 개념을 신축성 있게 수용할 수 있는 장점이 있다. 이는 air law가 협의의 뜻인 aeronautical law를 포괄하고 있는 광의의 뜻이기 때문이다.

결론적으로 air law는 비행기가 운항되는 환경(medium), 동 환경으로부터 파생되는 것, 그리고 동 환경에 의존하는 것의 법적 측면을 규율하는 학문을 말한다고 하겠으며 aeronautical law(또는 공중항행의 법)는 air law의 협의로서, 즉 공중항행(지상항행시설을 포함), 그리고 공중 운송되는 사람과 물건 및 공중운송수단에 관련된 법적 규범의 틀을 말한다. 그러나 이 모두 air law로 표현할 수 있으며 이렇게 표현되는 항공법은 한마디로 말하면 항공활동 또는 동 활동에 파생되어 나오는 법적 관계와 제도를 규율하는 국내 및 국제, 공법 및 사법의 원칙과 규범의 총체라고 할 수 있다.

3. 항공공간의 소유주

3.1. 문제의 제기

공중에서의 항행은 공기의 존재를 전제로 한다. 이는 적어도 현재의 기술발전 상황에서 그러하다. 이는 또한 수송의 다른 두 부문, 즉 육로수송과 해상수송이 육지와 바다를 필요로 하는 것과 같은 논리이다. 그런데 공중에서의 비행과 관련, 공기(air)가 어느 선에서 국가의 관할과 개인의 소유권 영역으로 구분되는가에 대하여 많은 논란이 있어 왔다.

공기(air)의 소유에 관한 법적 토론은 항공법이 성립되기 이전에 벌써 시작되었다. 그러면 공기는 과연 소유권의 대상이 될 수 있는 것인가?

3.2. 로마법상 Air(공기)와 *Coelum*(공간)

로마법은 공기의 정의에 많은 관심을 갖고, 여러 형식의 결론을 내렸는데 대부분은 공기가 *res communis*(공동 사용물) 또는 *res extra commercium*(상업의 대상이 되지 않는 물건)으로 보았다. 로마법에 의하면 공기는 개인 또는 국가의 재산범주에 들어갈 수 없는 것이었다.[26] 그러나 생물에게 절대적으로 필요하고 만물에 유용한 자연적 요소로서의 공기(air)가 *res communis*로 정의될지라도 로마사람들은 *coelum*(air space 또는 공간)을 공기와 같이 정의하지 않고 달리 보았다. 로마사람들은 *coelum*이 *res soli*(단순한 물건)로서 소유가 가능하다고 보았다. 따라서 로마법에서는 묘지 위로 이웃 건물이 튀어나와 있어 동 건물 지붕으로부터 묘지(tomb)에 빗물이 떨어진다면 이는 묘지 속에 죽어 누워 있는 사람에게 속한 *coelum*이 불법 침해당한 것으로 보았다. 일찍부터 공기와 생활환경으로서의 공간을 구분한 것은 놀라운 일이다.

3.3. 중세의 *Cujus Est Solum, Ejus Debet Esse Usque Ad Coelum* 법칙

중세에 들어와서 개인 소유권에 관한 원리가 더욱 구체화되었다. 동시대에 용어 수집 및 해석을 전문 직업으로 하고 있었던 Accursius가 '*Corpus Juris Civilis*'(Body of Civil Law)를 논평하면서 10만 개 이상의 용어를 수록하였는데 이 용어 중 동인이 Digest(동로마제국의 Justinian 황제의 지시에 따라 로마법을 집대성한 법전) Ⅷ, 2, 1의 구절을 인용한 것이 뒤이어 많은 학문적 논의와 법적 관할 여부의 논쟁이 되는 소재로 등장하였다. Accursius가 로마법이라고 잘못 소개한 이 법원칙의 구절은 *Cujus est solum, ejus debet esse usque ad coelum*(Whose is the soil, his it ought to be up to the heavens)이다.[27]

Cooper 교수가 동 법칙에 대하여 집중적인 연구를 한 결과 동인은 *Cujus est solum* 법칙이 Corpus Juris Civilis에 기록되지 않았고 또한 로마의 성문법도 아니나 로마법의 원칙일 것이라고 지적하였다.[28] 그러나 Cooper가 지적한 대로 동 법칙은 국가재산의 토지에 대한(예: 도로) 상공의 소유권이

26) Matte의 저서 p.53.

27) Matte의 저서 p.54.

국가에 귀속되듯 개인재산 토지상공에 대한 소유권도 개인 소유주에 속하여야(*debet esse*) 한다는 Accursius의 생각을 표현한 것이다.[29] 이러한 생각은 당시 로마의 법원칙을 반영한 것으로 보이나 개인의 소유권에 못지않게 공공이익의 보호도 중시한 로마법이 지상공간을 무한정으로 하여 토지 소유권자에게 소유권을 부여하였다고 보기 힘들다. 따라서 지상공간은 이용 가능한 상공(usable airspace)에 한정하는 것으로 해석함이 타당하겠다. 13세기에 Accursius가 소개한 지 3세기 후 영국의 Bury v. Pope 사건 판결(1586년) 시 '*debet esse*'(ought to be)가 '*est*'('is')로 변화가 되어 적용되었으나[30] 동 변화가 어떠한 연유로 발생하였는지 밝혀지지 않고 있다. 이는 아마도 동 법칙이 다른 나라에 보급 소개되는 과정에서 일어났을 가능성이 많다. 동 법칙은 각국 법에 수용되기 시작하였으며 이는 개인의 소유권을 전제로 한 개인 토지상공에 대한 주권을 역으로 도출하는 데 중요한 공헌을 하였다. 이제 주요 각국의 동 법칙 수용 상태를 간략히 살펴보겠다.

3.4. 영국법

Coke와 Blackstone 등의 법률가가 옹호한 토지의 소유권은 영국에서 절대적으로 인정되고 있는 개념이기 때문에 영국 법률가들은 *Cujus est solum*의 법칙을 새로운 것으로 생각하지 않는다. 따라서 영국 법은 이 법언에 의한 영향을 별로 받은 바 없다는 입장이다.

상기 토지 소유권 개념은 19세기에 들어와서 변화하기 시작하였다. 1815년 토지 소유권에 관련한 Pickering v. Rudd Case에서 공중으로 발사된 총알 또는 풍선의 무해통과는 사적 소유 토지 위를 지날지라도 동 소유권을 침해하는 것은 아니라는 내용의 판결[31]이 한 예이다.

3.5. 프랑스 민법

프랑스 관습법은 *Cujus est solum* 법칙을 거의 그대로 채택하였다. 모든 관습법을 집대성한 Coutume de Paris 제187조는 "누구든지 토지를 소유한 자는 지상, 지하에 대한 권리와 또는 지상, 지하에 건물을 지을 수 있으며 우물을 팔 수 있고 기타 어떠한 법적 행위도 할 수 있는바, 이에 반한 주장은 있을 수 없다"라고 명시하였다.[32] 동일한 뜻의 내용이 프랑스와 벨기에 민법에 규정되었다(프랑스

28) Cooper, "Roman Law and the Maxim 'Cujus est Solum' in International Air Law", Explorations in Aerospace Law(I. A. Vlasic ed., 1968) pp.84~85.

29) 상동 p.76.

30) 상동 p.85.

31) Matte의 저서 p.55.

32) 상동 p.56.

민법 제552조). 그러나 프랑스가 제1차 및 2차 대전 후 항공의 급속한 발전에 따른 법적 공백을 메우기 위하여 1957년 제정한 민간항공법(Code de l'aviation civile)을 L. 131－1은 공중에서의 통항권(right of passage)을 공적 규율 분야로 보았다. 단, 다음 조항인 L. 131－2에서는 상공 통과 비행권을 제한하여 동 비행이 토지 소유자의 권리 행사에 방해가 되지 않도록 행하여져야 한다고 규정하였다. 또한 동 조항은 통과비행 시 지상에 대한 모든 피해에 대하여서는 지상의 피해자 자신의 과실이 없는 한 비행기 운항권자가 책임을 지도록 명시하였다. 이러한 법적 책임은 오늘날 주요 문제로 등장하는 소음에 대하여서도 적용된다.

3.6. 미국의 판결경향

미국에서 있었던 1822년 Guille v. Swan 사건의 판결은 common law 국가에서의 항공에 관련한 첫 판례가 된다.[33] 1872년 뉴욕법원은 토지 소유권자의 지상 및 지하에 대한 권리(*cujus soli useque ad coelum et ad sidera*)를 계속 인정하였지만 토지로부터 직접 연결되지 않는 것에 대한 권리는 인정하지 않았다.[34]

1958.8.23. 제정된 연방항공법은 미국 상공에서의 상업비행의 통과자유를 규정하면서 동 통과의 고도를 대개의 경우 500 내지 1,000피트로 정하였다. 1983년 미국 고등법원은 번잡하지 않은 지역에서 지상 500피트 고도부터 비행 자유가 인정되는 항행 공간으로 보고 그 이하는 토지 소유권자의 권리를 보호하여 무단침해가 금지된다는 판결을 하였다.[35] 미국 관련 법령인 Civil Air Regulations, § 61.7400, 61-7401은 운송항공기의 주간 최소비행고도를 500피트로, 야간에는 1,000피트로 규정하고, § 60.350-60.3505에서는 여타 항공기의 경우 종류와 지형에 따라 300에서 1,000피트까지로 신축적으로 규제하게 하였다. 비행에 따른 지상에 대한 피해 구제와 관련하여 프랑스 법은 모든 책임을 비행운항권자에게 지우는 반면에 미국 법원은 비행운항권자의 책임과 공항의 책임을 구분하고 있다.[36]

---

33) Shawcross, I (1).

34) Matte의 저서 p.59에 인용된 Hoffman v. Armstrong 케이스.

35) Powell v. US, 17 Aviation Cases (이하Avi.) 17,988 (1983년 미 고등법원 판결). 1946.5.27 있었던 미국 대법원 판결 USA v. CAUSBY et ex. (66 S.Ct.1062)에서도 비행 고도 제한에 관한 내용을 다루었음.

36) 좋은 예는 Air France와 British Airways가 Concorde기를 뉴욕공항에 운항코자 하였으나 뉴욕공항 측은 콩코드기의 소음이 야기할 공항 주변주민의 피해 보상 청구 소송이 제기될 경우 공항 측이 동 보상책임을 져야 되는 것을 우려하여 동 운항에 반대하였음. 동 건은 1년 이상 끌다가 1977년 말에야 타결되어 콩코드 운항이 개시되었음. 1946년 미국 대법원은 US V. Cosby 판결에서 낮에는 500, 밤에는 1,000피트의 고도를 최소한의 항공기 운항 안전고도로 규제한 Civil Air Regulations를 인용하면서 83피트 고도를 비행하면서 닭 농장에 피해를 준 것에 대한 배상 판결을 하였음. 66 S. Ct. 1062.

3.7. 캐나다 판례

캐나다에서는 지상 상공에 대한 권리를 이론적으로만 논의하여 왔었다. 그러다가 몬트리올의 Dorval 공항 인근에 토지를 소유하고 있는 Jean Lacroix가 캐나다 법원에 제소한 사건에서 동 법원(Exchequer Court)은 공기(air)와 공간(space)은 소유의 대상이 될 수 없다고 1953년 판결하였다. 동 사건은 1942년 캐나다 정부가 Lacroix의 토지를 수용한 것에 대하여 동인은 토지와 토지상공에 대한 소유자로서 보상을 청구한 소송에서 동인의 토지상공(air space) 비행에 대한 캐나다 정부의 권리에 대하여 이의를 제기한 것이다. 상기 법원은 판결에서 Lacroix가 소유한 토지상공에 대하여 제한적인 권리를 인정하였으나 동 권리가 동인의 토지 이용을 위하여 소유 또는 점유할 수 있는 선에 국한된다고 하였다. 동 법원은 또한 상공 통과권은 Lacroix 소유의 재산을 박탈하는 것이 아니며 동 재산의 소유권에 반하는 것도 아니라고 판결하면서 캐나다 정부는 이와 같이 소유할 수 없는 성격의 것을 수용할 수 없다고 결론지었다.[37)]

상기 판결로 캐나다 법원은 공중(air)이 *res communis*임을 확인하였는바, 이는 공중(air)에 대한 Lacroix의 소유권을 국가의 주권으로 대체시키지 않고 공중 자유(freedom of the air)의 개념을 수용(受容)하였기 때문이다.

상기 판결은 시카고 협약이 채택된 지 9년 만의 일로서 항공교통의 발전에 부응하는 뜻있는 판결이기도 하다.

또 하나 특기할 만한 캐나다의 판결은 1977년 Manitoba 주 법원에 의한 것이다. Manitoba 주 정부가 Air Canada 항공사를 상대로 동 사 비행기가 동 주 상공을 통과할 시 동 비행기의 승객이 소비하는 주류를 포함한 용역과 재산에 대하여 세금을 부과하는 결정을 한 사건이 있었다. 이에 관한 소송에서 Manitoba 주 법원은 2심에 걸쳐 Manitoba 주 정부의 주장을 배격하였는바, 그 이유로 공중(air milieu)이 *res communis*임을 내세웠다.[38)] 동 결정은 1980년 캐나다 대법원에서 확인되었다.

3.8. Air Space의 법적 성격

공기가 농축되어 특정의 상품가치를 나타낼 수도 있기 때문에 소유가 가능하다고 하더라도 토지, 건물 또는 식물 위의 공간에 대한 소유를 무제한 인정할 수 있느냐 하는 것에 대해서는 각국이 부정적인 입장을 취하고 있음은 전술한 바와 같다. 이는 항공기술의 발전과 주권 개념의 형성에 영향

37) Matte의 저서 p.61.

38) Matte의 저서 p.62.

을 받은 결과이겠다.

공간에 대한 절대적인 소유개념을 뜻하는 *Cujus est solum* 법칙은 1815년 영국에서의 Pickering v. Rudd 판결에서부터 시작하여 약화되기 시작하였다. 1914년 프랑스 Seine 지방 민사법원은 지상에서의 강제 착륙에서 오는 지상 피해를 항공기 회사가 토지 소유자에게 변상하여야 한다는 판결을 하면서 개인 소유 토지상공에서의 비행은 금지하지 않았다.[39] 동 판결은 프랑스 민법 제552조가 규정한 "토지 소유권이 가져오는 지상에 대한 소유권은 건물 또는 식물에 관련하여 필요한 대기의 이동 가능한 높이까지만 허용되는 것이다. 따라서 동 높이 이상에서는 완전한 공중의 자유가 인정된다"라는 내용을 확인한 것이다. 이 판결은 개인의 법적 소유를 지상의 건물 또는 식물에 관련한 범위에 한정하여 제한한 의미를 갖는 것이며 이로써 *res communis*로서의 공중(air)에 관한 법적 의견을 제시한 것이다.

최근에 외국에서는 토지 소유권을 토지의 실제 사용에 관련한 침해가 있을 경우에만 이를 보호하고 저공비행 시는 일정한 항행 공간(navigable airspace) 이하를 비행할 경우에만 침해(nuisance)가 있다고 인정한다. 1983년 미국 고등법원은 번잡하지 않은 지역에서 지상 500피트 고도부터 비행자유가 인정되는 항행공간으로 보고 그 이하는 토지 소유권자의 권리를 보호하여 무단침해가 금지된다는 판결을 하였다는 것은 이미 살펴본바와 같다.[40]

Air space를 편의상 *res communis*로 전술하였다. air space는 소유의 대상이 될 수 없는 무주물, 즉 *res nullius*가 아니다. 그 이유는 res(thing)가 되기 위하여서는 물건의 두 가지 특성, 즉 배타성(exclusivity)과 영구성(perpetuity)이 있어야 하는데 개인의 소유권에 관련하여 air space에는 이 양자 중 어느 하나의 요소도 존재하지 않는다. 공간(space)은 시간(time)과 같이 인간의 감각 또는 소유의 대상이 될 수 없다. 따라서 공간을 어떠한 법적 제도의 틀, 즉 *res nullius* 또는 *res communis*로 정의하는 것은 불가하며 air space를 법적으로 정의할 수도 없다. 지구를 둘러싸고 있는 공간의 범위를 생각하여 볼 때 동 공간이 어느 선까지라고 말할 수 없는 것에서도 공간의 특별한 성격이 드러난다. 이러하기 때문에 물리적으로 한계가 그어지는 공해의 법적 성격을 공간과 유사한 것으로 보는 것은 잘못이다. 이 공간은 온 세계(universe)를 감싸고 있는 무한정의 것으로서 그 어느 기준으로도 측정이 불가능한 것이다.

이 공간 속에 air가 존재하며 air로 구성된 space의 구역을 air medium이라고 한다. 이 air medium은 지상으로부터 일정한 고도까지만 존재하고 그 이상의 고도에는 air가 존재하지 않으나 모두 무한정한 space 속에 존재한다.

39) Matte의 저서 p.58.

40) 본문 3.6항 미국의 판결경향 내용.

제 2 장

항공 공법과 항공 사법

제2장

항공 공법과 항공 사법

1. 항공 공법과 항공 사법

국가가 주체로 되어 행하는 대부분의 사항은 공법의 범주에 들어간다. 항공 공법은 영공에서의 비행 허가, 국제노선의 개설, 항공안전을 위한 국가 간의 제반 협력, 항공기 등록, 소유권 또는 저당권의 상호 인정, 항공기 및 공항 등 항공시설에 대한 범죄인의 처벌 및 인도에 관한 사항 등 광범위하다. 반면 항공여객, 여객의 짐, 화물 또는 항공기 관리에 관련한 사고가 발생하여 이에 대한 항공기 운항자 또는 소유자의 책임을 논의하는 것은 항공 사법에 해당한다. 나라에 따라서는 항공기 운항자 또는 소유자가 직접 정부의 한 기관인 경우도 있으며 또는 국가의 감독을 받는 기업체가 항공기 운항·관리를 담당하기도 한다. 정부가 직접 항공기를 운항할 경우라도 영업을 목적으로 한 항공운송 시 사법의 적용을 받는 것이 당연하다.

국가는 공법의 주체가 될 뿐만 아니라 사법을 국제적으로 통일하는 조약체결의 주체이기도 하다. 또한 국가권력의 관여하에 사법의 적용과 통일이 보장되고 있다. 항공 사법의 모법이 되고 있는 1929년 바르샤바 협약과 후속 관련 조약, 그리고 2001년 케이프타운 협약 및 항공기 장비 의정서도 마찬가지이다. 또 항공기 운항 시 제3자 피해 배상에 관한 2009년 몬트리올 협약도 모두 국가가 당사자로 되어 있다. 단, 예외적으로 미국을 경유 또는 비행하는 항공사가 당사자로 되어 있는 1966년의 몬트리올 협정은 국가가 당사자로 되어 있지 아니한바, 사법의 상세한 것에 관해서는 제10장 '항공운송'에서 기술한다.

2. 항공 공법의 발달

2.1. 역사적 배경

1783년 몽골피에 발룬(balloon)의 비행 후 유럽 각국에서는 발룬의 제작과 비행이 확산되었다. 발룬의 비행은 국내뿐만 아니라 국제적으로 규제의 필요성을 인식시키기에 족한 소란을 야기하였다. 몽골피에 발룬의 비행이 있기 몇 달 전 프랑스 물리학자 Charles가 수소로 채운 발룬을 사람을 태우지 않은 채 띄워 올렸는바, 이 발룬이 상승 후 구름 밑으로 하강하여 Gonesse라는 조그마한 농촌 근처에 착륙한 것을 본 주민들은 하늘에서 괴물이 내려온 것으로 알고 농기구를 동원하여 발룬을 공격하여 갈기갈기 찢은 후 말에 묶어 끌고 다니면서 산산조각을 낸 사건이 있었다. 아마 이 사건이 가장 처음 발생한 항공기에 대한 불법방해(unlawful interference)가 아닌가 본다. 동 사건 후 약 200년이 지난 후 ICAO가 불법방해위원회(Committee on Unlawful Interference)를 구성하였다는 사실이 흥미롭다. 위와 같이 아무런 제어도 없이 방기된 발룬은 1784년에 영국, 이태리, 스페인, 그리고 미국에서도 나타난 현상이 되었다. 다음 해에는 사람을 실은 발룬의 비행이 벨기에, 독일, 네덜란드에서도 시행되었으며 이러한 비행은 유럽의 경우 특히 국경을 초월하여 이루어지기 십상이었다. 이에 따라 발룬의 출발 시는 물론 점차 발룬의 비행 목적에 대해서 의구심을 품는 정부 지도자가 많아지게 되었다. 섬이라는 지리적 여건상 대륙의 모든 동요에 영향을 받지 않는 것으로 생각하고 있던 영국인들은 1785년 Blanchard와 Jeffries가 발룬을 타고 순풍 방향으로 영국의 Dover에서 프랑스의 Calais로 비행, 영・불 해협을 건너간 데 대하여 경악하였다.

이러한 상황에서 유럽의 각국 법률가들은 무분별하게 이루어지고 있는 발룬의 비행에 대한 규제의 필요성을 느꼈으며 당시 저명한 사립단체인 국제법 협회(Institut du Droit International)는 1880년 영국 Oxford에서 개최된 모임에서 항공에 관한 문제를 의제로 채택하였다.[1] 또한 정부 간 차원에서 1889년 프랑스 정부가 만국박람회 개최와 때를 맞추어서 최초의 국제 항공회의를 파리에서 소집하였으며 동 회의에 브라질, 프랑스, 영국, 멕시코, 러시아, 미국 등이 참석하였다.

항공기의 등장은 무엇보다도 군사적 목적에서 큰 관심의 대상이 되기에 충분하였다. 정찰, 군인 및 군용물품의 수송, 기상관측, 통신, 수색・구조를 위한 항공기의 역할은 경이적이었다. 1870~1871년 프러시아・프랑스 전쟁 시 양국 모두 발룬을 이용한 것으로 나타난다. 이때 프러시아 군대가 파리를 포위하고 있던 중 Bismarck는 1870.11.19.자 프랑스 정부에 대한 외교서한을 통하여 프랑

1) D. W. Freer, "The roots of internationalism－1783 to 1903", ICAO Bulletin.(Mar.1986), p.32.

스 군대가 발룬을 타고 프러시아 점령지역(원 프랑스 영토)으로 비행할 경우 동 군대가 전선 배후에서 군사작전을 하는 것으로 간주하겠다는 경고를 전달하였다.[2] 이 경고는 air space에 대한 주권을 처음 주장한 것으로서 당시 법 인식으로는 납득하기 어려운 것이었다.

1899년 제1차 헤이그 국제평화회의가 발룬과 또는 유사한 항공기구로부터 총포류의 발사를 금지하는 선언을 조약으로 채택하였다. 1902년에는 국제법 협회의 요청에 따라 Fauchille이 처음으로 항공법을 기초하였다.[3]

1907년에 제2차 헤이그 국제 평화회의가 개최되었으나 이때는 1899년의 평화회의에서와 같은 열정을 다시 찾아볼 수 없었다.

한편 발룬의 국경침해는 계속되었는바, 프랑스 상원은 이를 우려한 나머지 1908년 11월 장시간 토의 끝에 월경이 가져오는 국방 및 국제 상업관계에 대한 연구를 계속하도록 결정하였다.[4] 이러한 일이 있은 직후 독일에 주재하는 프랑스 대사는 독일 정부에 프랑스 상원의 우려를 전달하였으며 독일 정부는 추후 프랑스 영토로 가는 발룬 비행을 줄이겠다고 약속하였다.[5] 연후 프랑스 정부의 관심이 계속되어 프랑스 정부는 1909년 12월 21개 유럽국가에 대해서 유럽에서의 항공규제를 논의하기 위한 1910년의 파리 외교 회의에 참석하도록 초청하였다. 또한 프랑스 정부는 계속되는 월경에 대처하기 위하여 1909년부터 프랑스 내로 날아오는 발룬을 억류하여 수입관세를 부과하고 동 발룬 비행의 구체적인 내용을 중앙정부에 전문(電文) 보고하도록 지방정부에 지시하였다.[6]

2.2. 1910년 파리 회의

러시아를 포함한 19개 유럽국가가 모인 파리 회의는 공 비행기와 사 비행기의 구분, 비행기 국적, 항행증명서, 등록, 승무원 자격, 이착륙 규칙 등을 토의하였으나 핵심의 문제인 타국 영토 위에서의 비행권리와 특권에 대해서 시원한 해답을 찾을 수 없었다. 동 핵심문제에 대한 각국의 반응은 추후 1919년의 파리 협약에 큰 참고가 되었는바 이 중 장래 항공법 발전분야를 예견한 몇 가지 점을 기술하겠다.

이태리는 군사지역에 타국 비행기가 착륙하여서는 안 된다고 주장하면서 영토국이 해양에서와 같이 배타적 주권을 행사할 수 있는 일정한 항공구간을 territorial zone으로 설치할 것을 제의하였

2) P. H. Sand, G. N. Pratt, J. T Lyon, A Historical Survey of the Law of Flight(1961), p.4.

3) Shawcross, I (1).

4) Freer, "An aborted take-off for internationalism-1903 to 1919", ICAO Bulletin(Apr, 1986), p.25.

5) 상동.

6) 상동.

다.[7] 프랑스는 자국 학자 Fauchille의 견해를 반영하여 국가와 국민의 안전이 손상되지 않는 한 모두에게 항행의 자유를 허용한다는 입장이었다. 당시 조종이 가능한 비행기구(dirigible)를 상업용으로 개발할 정도까지 항공에서 선두발전을 하고 있던 독일은 회의토의용으로 43조와 2개의 부속서로 구성한 협약안을 제시하면서 사용 가능 영공에 대한 영토국의 절대적 주권을 주장하였다.[8] 그러나 체약국이 타 체약국의 영토에서 이륙, 착륙 및 영공 통과 등의 소위 '무해통항'(innocent passage)의 권리를 허용하는 독일안은 프랑스 입장과 큰 차이가 없다고 보겠다. 한편 영국은 영공에 대한 완전한 주권을 주장하는 반면 평화 시 외국 비행기의 무해통항권은 원칙적으로 인정하는 입장이었다. 그러나 프랑스 및 독일과는 달리 영국은 국가안전상 국내 비행기와 외국 비행기를 동일하게 취급할 수 없다는 입장을 견지함으로써 회의는 좌절되었다.

5.18.부터 6.29.까지 계속된 동 파리 회의는 독일이 기초한 협약안을 중심으로 토의하였으나 영국이 국가보안상 외국항공기를 자국 민간항공기와 동일하게 취급할 수 없다는 입장을 고수함으로써 실패로 끝났지만 동 문제 조항만을 제외하고는 훌륭한 협약안을 성안하였으며 이는 후일 1919년의 파리 협약, 그리고 1944년 시카고 협약의 중요한 바탕을 제공하는 계기가 된 회의임에 유의해야겠다. 한편 각국은 이때까지 민간항공기의 자유비행을 허용하는 입장이었으나 양차 대전을 겪으면서 이러한 입장은 폐쇄적인 방향으로 정립되고 운영되기 시작하였다.

2.3. 전쟁과 항공규제

가장 빈번한 월경 비행지역인 프랑스와 독일은 1913.7.26. 다음 내용의 각서 교환을 통하여 양국 국경을 넘어 비행하는 항공기에 대한 규제에 동의하였다.[9]

① 군용기는 상대국 초청이 있을 때에만 동국 상공비행이 가능함.

② 민항기는 항공기와 여행목적에 관한 일정한 문서를 제시한 후 출국허가를 발급받아 비행할 것.

③ 각국은 비행금지구역을 자유로이 설치할 수 있음.

1913.8.15. 발효한 상기 각서는 국가 간 항공을 규제하는 첫 문서일 뿐만 아니라 주권원칙을 인정하였다는 데에 그 의의가 크다.

이 주권원칙은 전쟁의 발발을 전후하여 확고히 확립되기 시작하였다. 전쟁은 공중의 자유항행을

---

7) 상동 p.26.

8) 상동.

9) Matter의 저서 p.84.

저해하기 마련이었다.

한편 1909년 런던회의는 해전에 관련한 선언 제24조에서 전쟁 및 평화적 목적을 위한 비행기 사용을 허용하였다. 조종이 가능한 비행선과 비행기가 1911~1912년 터키와 이태리 사이의 트리폴리 전쟁에서 처음 사용된 이래 1914~1918년 제1차 대전에서의 비행기 사용은 획기적인 전과를 세우는 데 필수적이었다.

해군력의 제한에 중점을 두어 개최된 1921~1922년 워싱턴 군축회의에서는 군용기에 대한 제한은 실효성이 없고, 민항기에 대한 제한은 바람직하지 않다고 결론 내리는 데 그쳤으나 1923년 헤이그에서 개최된 전문가 회의는 항공전쟁에 관한 협약안을 작성하여 공중폭격에 각종 제한을 하는 성과를 거두었다.[10] 그러나 이 안은 실천에 옮기기에는 어려운 이상적인 안에 불과하였다.

뒤이어 1932년 제네바 군축회의가 개최되어 다음과 같은 항공 결의안을 채택하였으나 회의의 실패와 제2차 대전의 발발로 아무런 효과가 없었다.

> 회의는, 장래 분쟁 발생 시 공중폭격이 인류 문명을 위태롭게 할 것을 깊이 우려하여 이러한 위험에 대한 모든 조치를 취할 것을 결의하여 다음 결론에 이르렀다.
> ① 민간인에 대한 공중공격은 절대적으로 금지된다.
> ② 체약 당사국은 상호 간 모든 공중폭격이 없어지는 것에 동의하고, 동 실현을 위한 조치를 채택한다.[11]

이러한 가운데 인류 역사상 가장 참혹하였던 제2차 대전이 발발하였고 동 전쟁 중 무차별한 항공기 사용은 인류 살상을 극대화하였음은 다 아는 일이다. 전쟁 중 공중폭격 등 비행기 사용에 관련하여 적용할 실정법은 1949년 제네바 4개 협약과 1977년의 동 협약에 대한 2개 추가 의정서이나 현실적으로 분쟁에 동 국제법이 충실히 적용된다고 볼 수 없음은 물론이다.

2.4. 파리 협약(1919)[12]

2.4.1. 협약의 체결 배경

제1차 대전 중 많은 항공구간이 군사작전을 이유로 폐쇄되었다. 종전(終戰)과 함께 민간항공계는 폐쇄된 항공(*aer clausum*)이 조속히 개방되기를 희망하였다. 한편 전쟁 중에 눈부신 항공 산업의 발전이 있었으며 비행기 숫자가 엄청나게 증가함과 동시에 다목적으로 이용되었다. 예를 들면 1914년 전쟁 발발 시 12대의 군용기만을 보유하였던 영국이 1918년 11월 종전 시에는 22,000대의 비행기를

10) 상동 p.97.

11) Matte의 저서 pp.97~98.

12) 정식 명칭은 International Convention Relating to the Regulation of Aerial Navigation임.

보유하였다.[13)]

전쟁 중 영공주권에 대한 인식이 절대적으로 제고된 데다가 전승국과 패전국 간의 상호 불신은 전후 항행의 개방을 어렵게 하는 요소로 작용하였다. 이러한 분위기에서 영공의 절대적 주권을 파리 협약 제1조로 규정하는 데 아무런 이론이 있을 수 없었다. 영국은 지금까지의 주권원칙을 주장하여 온 입장을 바꾸어, 향후 영연방 간의 신속한 연결을 도모하기 위한 목적으로 공중의 자유를 주장하였으나 대다수 국가는 이에 반대하면서, 영국의 전전(戰前) 주권 존중 논리를 역으로 원용하였다.

전쟁 중인 1917년 4대국(미, 영, 프, 이)의 각 2명으로 구성된 '연합국항공위원회'(Inter-Allied Aviation Committee)는 각국 항공 산업 간의 교류, 항공기 종류, 엔진 및 기타 항공장비의 표준화 등 항공기 제작 문제를 다루었다. 동 위원회는 곧이어 주요 국제 경제문제를 다루는 상설기관으로서의 '평화회담 항공위원회'(Aeronautical Commission of the Peace Conference)로 변경되면서 일본 대표 2명과 벨기에, 브라질, 쿠바, 그리스, 포르투갈, 루마니아, 슬로베니아-세르보-크로아티아로부터 각 1명씩의 대표를 받아들여 위원회를 확대하였다. 동 위원회는 프랑스 제안에 따라 항공에 관련한 협약안을 기초하였으며 동 협약안은 추후 평화회담의 최고 위원회에 의하여 승인된 후 32개 전승연합국에 의하여 1919.10.13. 서명·채택되고 1922.7.11. 발효되었다.[14)] 제2차 대전 발발 시인 1939년 9월 34개 당사국으로 늘어난 동 파리 협약은 패전국과 중립국을 제외한 전승국만의 이해를 염두에 두고 작성된 것이라는 일부 비난을 받았다.[15)]

2.4.2. 협약의 중요성

파리 협약에 의하여 국가 간 항공문제가 처음으로 상설기구에서 취급되게 되었다. 동 협약은 추후 여타 지역의 항공에 관한 협약 체결을 촉진하면서 항공문제에 대한 세계의 관심을 고조시키는 역할을 하였다. 평등의 원칙에 입각한 국가대표제도는 중, 소(小) 국가의 활발한 참여를 가능하게 하였으며, 동 협약은 또한 제2차 대전 종료를 앞두고 체결된 1944년 국제민간항공협약의 모델이 되었다는 데에 그 의의가 크다. 동 협약은 A부터 H까지의 부속서를 협약 조문(총43조)과 동등하게 취급하면서 협약의 일체를 이루게 하였다. 항공에 관련한 제반 기술적 문제를 규율한 동 부속서는 각국의 항공규칙을 통일하는 규범이 되어 항공안전운항에 크게 기여하였다. 평화 시에 적용되는 동 협약의 주요 규정을 살펴본다.

---

13) Shawcross Ⅰ(3).

14) Matte 저서 p.104.

15) 상동.

2.4.3. 국경 밖으로의 비행자유(무해 항행권)

제1조에서 완전하고도 배타적인 주권이 영토국 상공, 즉 영공에 적용됨을 규정하였다. 협약 기초자들은 영공주권의 원칙은 이미 국제법 원칙으로 확립되었다고 확신하였기 때문인지 그 표현의 주체를 체약 당사국에 국한시키지 않고 모든 국가를 주체로 하였다. 즉 Every Power has complete and exclusive sovereignty over the air space above its territory가 그 표현이다. 여러 국제법 학자들은 같은 맥락에서 동 규정이 이미 확립된 국제법 원칙을 확인하는 선언적 효과(declaratory effect)를 갖는다고 논평하였다.[16] 그러나 영공주권이 명실상부하게 행사되기 위하여서는 자국의 영공을 보호하고 주시할 수 있는 능력이 있어야 하겠는바, 미국의 고속・고도 정찰기인 U－2기가 1960년에야 영공 침범을 이유로 소련에 의하여 격추된 것을 볼 때, 영공주권행사는 영토국의 효과적인 지배능력에 의존한다고 하겠다. 그렇다고 영공주권의 절대적인 원칙이 손상될 수는 없으며, 약소국의 영공주권 침해는 그 사실이 알려지는 대로 국제사회의 규탄을 받는 것도 동 원칙이 인정되기 때문이다.

협약은 제2조에서 체약 당사국 간 상호 무해 항행권을 부여한다. 따라서 협약 당사국이 아닌 국가의 항공기는 협약에 따른 무해 항행권 적용에서 제외함으로써 제1조의 영공주권이 협약 당사국 여부를 막론하고 모든 국가에 적용되도록 규정된 것과 대조를 이룬다.

파리 협약은 협약체결 후 여러 차례 개정이 되었다. 1929년 개정 시 협약 제3조는 평화 시 '예외적 경우'에 타국의 항공기가 자국영공을 비행하는 것을 잠정적으로 제한 또는 금지할 수 있다고 개정됨으로써 영공국의 권한이 강화되었다. 단, 이 경우 영공 비행을 제한하는 국가가 타국항공기를 국적에 따라 차별대우하지 말아야 하며, 동 결정(제한 또는 금지)은 즉각 공표되어 모든 체약 당사국에게 통보되어야 하며 협약창설 상설기구인 국제항행위원회(ICAN)에도 통보되어야 한다. 협약은 그러나 어떠한 경우에 '예외적 경우'(exceptional circumstance)가 존재하며 또 이를 누가 확인하느냐에 관해서는 함구하고 있다.

파리 협약은 제15조에서 타국항공기가 자국영공을 통과 비행할 시 지정항로를 비행하도록 하며, 국가안전을 이유로 항공기의 불시 착륙을 요구할 수 있게 하였다.

1929년 개정회의 시 독일대표의 제안에 따라 제15조를 확대 개정하여 타 체약 당사국의 무인항공기가 영공국의 허가 없이 비행하는 것을 금하였다.

제18조는 외국항공기가 상표 특허권을 위반하였을 경우 보증금 기탁을 전제로 동 항공기를 억류

16) Bin Cheng 교수는 영공주권원칙이 제1차 세계대전 후 국제법 원칙으로 인정된 보편화된 원칙이라고 말하였으며[Cheng, The Law of International Air Transport(1962), p.120.] D. H. N. Johnson은 영공주권을 언급한 1919년의 파리 협약 제1조는 관습법을 확인한 것이라 함[Johnson, Right in the Air Space(1965). p.33]. 또한 Cooper 교수도 영공주권이 비행 이전에 확립된 것이라 하였으며[Cooper "The International Air Navigation Conference", Explorations in Aerospace Law(Vlasic ed., 1968), p.102], Sand 등도 영공주권은 제1차 대전 이전의 국가관행을 인정한 것이라 하였음[Sand, Pratt & Lyon, A Historical Survey of the Law of Flight(1961). p.13].

하지 않은 채 무해 항행이 계속되도록 규정하였다.[17)]

제26조와 제27조는 외국항공기가 위험한 물건을 수송한다든지 또는 사진 촬영기구를 부착하여 비행한다든지 하는 것을 금지하고 있다.

파리 협약은 체약국이 자국영공에서의 비행규제를 함에 있어서 자국항공기와 외국항공기를 동일하게 취급하는 것을 전제로 출발하였다. 이는 제3조가 개정되기 전까지 자국적 항공기를 포함하여 일정한 구역의 상공비행을 금하도록 규정하였으며, 제28조의 운송물품 규제조치가 제29조에 의하여 내・외국 항공기에 차별 없이 적용되도록 규정한 것을 보아도 알 수 있다. 단, 제16조에서 자국 내 항공수송(cabotage)은 자국기 우선으로 허용하였다.

2.4.4. 착륙

파리 협약에는 공중의 제2의 자유인 착륙(제1의 자유는 통과)의 권리[18)]에 관하여 아무런 언급이 없다. 이는 영공에 대한 절대적인 주권을 명시한 결과이기도 하겠다. 제18조는 통과를 위하여 필요한 합리적인 착륙을 예견하였으나 무제한의 자유로운 착륙을 인정한 것은 아니다. 단, 조난 등 불가항력의 경우에는 제22조에 따라 착륙이 허용됨은 당연하다.

2.4.5. 국제항로의 설치

협약 제15조의 원래 규정은 "국제항로의 설치는 영공국의 동의를 얻어야 한다"로 되어 있다. 국제항행위원회(ICAN)는 동의를 요하는 사항으로서, 항공 연결구간(뉴욕과 파리 등), 항로설치(고도와 항로의 폭), 항로운항(운항 시간표와 운항 요금) 3가지를 들었다. 이에 대하여 체약 당사국 간에 이견이 발생하였는바, 벨기에는 국제 항공운송의 개설과 사용은 영공국의 허가 없이는 불가하다는 입장이었으며 영국은 협약 제2조가 규정하듯이 평화 시에 협약규정에 반하지 않는 한 항행의 자유는 보장되어야 하며 따라서 대중운송을 포함하는 항공운항에 대한 영공국의 동의는 당연히 부여되어야 한다고 주장하였다. 이러한 영국 입장에 대하여 미국, 영연방, 스웨덴, 네덜란드 등이 동조하였지만 다수 국가가 반대한 결과 1929년 협약 개정회의에서 동 15조는 "모든 체약 국가는 국제 항공의 개설과 자국영토에 대한 착륙 또는 비착륙을 불문하고 정기 국제 항행노선을 창설하고 운행하는 데에 대하여 자국의 사전허가를 전제로 할 수 있다"라고 개정되었다.

동 제15조의 규정은 물품운송을 규제하는 제26조와 제28조와 함께 상용의 항공수송을 자유로이

---

17) 파리 협약을 대체한 1944년의 시카고 협약 제27조는 보증금 기탁에 관하여 언급이 없음.

18) 항공법에서 말하는 우리말로의 권리는 영어 표기상 2가지를 포함하는바, right와 privilege임. Right는 공해상 비행자유와 동 비행 시 타국의 간섭을 받지 않을 권리를 말하나 Privilege는 타국 통과권 또는 착륙권 등에서의 권리로서 동 타국이 부여하여 준 결과 파생된 일종의 특권임.

허용하지 않는 것이다. 이와 같이 파리 협약은 상용의 자유를 배제하였는바, 이는 추후 항공운항에 반영되어 상용 운송은 당연히 해당 국가 간의 합의를 거쳐야 하는 사항이 되었다.

2.4.6. 파리 협약과 비체약 당사국

협약 초안 작성 시 제5조는 비체약 당사국의 항공기가 체약 당사국의 영공을 비행할 경우에는 체약 당사국의 특별한 잠정허가를 얻도록 성안되었는바, 이를 지득한 중립국(제1차 대전 시) 등 비체약 당사국은 강한 반발을 보였다. 덴마크, 핀란드, 스웨덴, 노르웨이, 네덜란드, 스페인, 스위스 대표는 1919년 12월 코펜하겐에서 모임을 갖고 동국의 참여 없이 기초된 파리 협약의 불합리성을 지적한 후 동 조항이 개정되지 않는 한 협약에 가입하지 않겠다는 의사를 표명하였다. 동 중립국들은 또한 협약 제34조에 의하여 창설된 협약 상설기구인 국제항행위원회의 의사 결정을 5개 전승국 위주로 하지 말고 모든 참가국의 동등한 투표권에 의할 것을 요청하였다.

파리 협약 당사국은 상기 중립국의 요청을 거의 수용하여 1922년 및 1923년 협약 개정의정서를 채택, 제5조와 34조를 개정하였으며 이에 따라 스웨덴, 덴마크, 네덜란드가 협약에 가입하였다.

한편 미국은 일부 유보와 함께 1920.5.31 협약 서명을 하였지만 미 상원에서 비준을 거부하는 바람에 협약 당사국이 되지 못하였다. 당시 국제 항공운항이라고 할 때 항공기술 수준이 대서양 횡단을 활성화할 수 없는 관계로 사실상 유럽대륙에 국한된 내용이었기 때문에 미국에서 파리 협약의 유용성이 적었겠지만 법적 측면에서의 구체적인 비준 거부 이유는 협약의 부속서를 협약의 조문과 동등하게 취급하면서 협약의 부속서의 개정은 후술하는 국제항행위원회(ICAN)에서 결정하도록 한 결과 ICAN에 백지수표를 위임한 형상이었기 때문이다.[19] 미국의 비준거부는 파리 협약의 중요성을 크게 저하시키는 것으로 작용하였다. 동 협약의 당사국이 된 국가 수는 모두 37개국이나 볼리비아, 칠레, 이란과 파나마는 당사국이 된 후 협약에서 탈퇴하였다.

2.4.7. 국제항행위원회(ICAN)

파리 협약 제34조는 부속서를 포함한 협약 개정, 이행 및 항행에 필요한 기상, 의학, 전신에 관한 정보를 수집하고 공용하는 업무를 전담할 협약상설기구로서 ICAN(International Commission for Air Navigation)을 설치하였다. 각 체약 당사국으로부터 2명을 초과하지 않는 대표로 구성되는 ICAN은 협약 제34조에 따라 국제연맹의 산하 기구로서 활동하도록 함으로써 전후 세계질서를 재편성하는 전승연합국의 이익에 반하지 않는 활동성격을 부여받았다.

---

19) M Milde, international air law and icao, 2nd ed., Eleven International Publishing, The Hague, 2012, p.11.

동 34조는 ICAN에게 파리 협약의 부속서 개정 권한을 부여하였다. 동 부속서 개정은 ICAN회의 참석위원의 3/4 찬성을 요하나 동 3/4은 재적 위원 2/3의 회의 참석을 전제로 한다. 이 경우 개정된 부속서는 의무적으로 모든 체약 당사국에 적용된다. 한편 협약조문의 개정은 협약 당사국의 개정발의가 있은 다음 ICAN 재적 위원 2/3 찬성을 얻고, 각 체약 당사국의 개별 채택이 있은 연후에야 협약조문의 개정을 한 체약 당사국에서 발효하게끔 규정함으로써(34조) ICAN의 부속서 개정을 협약 조문의 개정보다 신속 간편하게 처리하도록 하였다. 이러한 방법은 기술의 발전 속도를 고려한 법 제정 방법으로서 추후 '국제민간항공협약'(1944년) 제정 시 더욱 신축성 있게 원용되었다.

파리 협약 제37조는 ICAN에게 기술적 규정에 관련한 분쟁 해결 권한도 부여하였다. 따라서 ICAN은 기술적·행정적·자문적·입법적 역할 이외에 사법적 역할까지 겸하게 되었다.

2.5. 1944년 이전의 기타 조약들

2.5.1. 마드리드 협약(1926)

스페인은 제1차 대전 중 중립국으로서 1919년 파리 협약이 중립국에 불리한 규정을 한 것에 대하여 여타 중립국과 함께 반발하였음은 이미 설명한 바와 같다. 스페인인 조종사 Franco가 1926년 남대서양 횡단비행에 성공한 데 대하여 큰 자부심을 가지고 있던 스페인은 전 식민국인 중남미와의 보다 긴밀한 관계 형성을 염두에 두고, 다른 한편으로는 자국이 국제연맹으로부터 탈퇴한 이상 새로운 국제항공협약을 체결하여 당시 국제무대에서 독자세력을 형성하고자 하였다. 이러한 배경에서 1926년 10월 마드리드에서 스페인과 중남미 제국 등 도합 21개국 대표가 참석한 가운데 '항행에 관한 스페인·미주 협약'을 채택하였다. 체약 당사국이 기존 항공협약(파리 협약 등) 당사국을 겸하여도 무방하도록 한 마드리드 협약은 대부분 파리 협약규정을 모방한 것이었다. 단지, 마드리드 협약은 다음 몇 가지 점에서 파리 협약과 상이한바,

① 체약 당사국은 비체약 당사국 항공기가 자국영공을 비행하는 것을 허가하고 또는 금지하는 데에 대한 절대적인 결정권을 갖고(제5조)
② 파리 협약의 ICAN 대신 IACAN(Ibero－American Commission for Air Navigation)을 설치하고 국제연맹과의 관계를 단절(제34조)하며 IACAN위원의 동등한 투표권을 규정한 것이다. 같은 이유로 체약 당사국 간의 분쟁 해결은 상설국제법원(PCIJ)에 의뢰하지 않고 중재(仲裁)에만 의존하여 해결(제37조)하며
③ 파리 협약 부속서 중 F, G, H를 삭제하는 것이다.

IACAN 위원의 동등한 투표권 규정은 1929년 파리 협약 개정 시 ICAN에 반영되었다. 그러나 마드리드 협약에서 국제 항공운송에 기여하는 새로운 요소를 찾아보기 힘들다.

마드리드 협약은 아르헨티나, 코스타리카, 도미니카 공화국, 엘살바도르, 멕시코, 파라과이, 스페인 등 7개국에 의해서만 비준되었다. 그런데 ICAN의 동등한 투표권을 허용한 1929년의 파리 협약 개정이 1933년에 발효한 다음 스페인과 아르헨티나가 파리 협약에 가입함으로써 마드리드 협약은 발효도 되지 않은 채 사장되었다.

2.5.2. 하바나 협약(1928)

파리와 마드리드 협약은 상업항행의 구성에 대하여서는 규율하지 않은 채 제15조 말미에서 국제 항로 설치를 당사국 간 쌍무 또는 다자 조약으로 해결하도록 하였다.

파리 협약에 참가하지 않은 미국과 중남미 국가는 워싱턴 D.C.에서 1927년 5월 범미주위원회를 소집하여 상업항공에 관한 협약안을 준비하였다. 이 협약안은 1928.1.20. 쿠바 하바나에서 21개국에 의하여 채택되었는바, 동 하바나 협약은 파리 협약을 모방하였지만 중요한 새 규정을 상당수 포함하였다. 이는 다음과 같다.

① 제1조는 영공주권을 절대적으로 허용하였다. 그러나 식민지에도 영공주권이 적용되느냐에 관한 규정은 없다.
② 제5조는 체약 당사국 간 항행에 이용되는 내·외국 항공기를 동등하게 대우한다.
③ 제6조는 자국의 금지구역 상공을 비행하는 항공기의 착륙을 요구할 수 있되, 착륙공항은 국제공항이 되도록 하였다.
④ 제12조는 일 체약 당사국이 발행한 감항(airworthiness) 증명을 타 체약 당사국이 인정하지 않을 수도 있도록 하였다. 따라서 이 경우 체약 당사국은 문제가 되는 타 체약 당사국 항공기의 운항을 계속 금지할 수도 있다.
⑤ 제15조는 국제 상업항공에 사용되는 일 체약 당사국의 항공기는 타 체약 당사국이 지정한 공항에서만 승객과 짐을 하역시키며, 같은 체약 당사국 내 다른 지점으로 비행할 경우, 나머지 승객과 짐만을 하역할 수 있으며 새로 탑승하는 승객과 짐은 그 목적지가 타국일 경우에만 운송이 허용된다. 단, 타국을 목적지로 하는 승객과 짐의 운송은 탑승지 국가의 법령에 따라 행하여야 한다. 내·외국 국제 항공기 간 차별을 하지 않아야 하는 동 법령은 타 체약 당사국과 범미주연맹(Pan-American Union)에 통보되어야 한다(제21조).
  동 규정은 처음으로 항공교통의 자유와 국제 교역의 자유를 향한 내용을 포함하였다는 데에 그 의의가 크다. 그러나 동 항공의 자유는 국제민간항공협약을 탄생시킨 1944년 시카고 회의 시까지 구체화되지 않았다. 또한 미주의 두 대륙 간에 상이한 법령 내용과 상업항공에 대한 각 체약 당사국의 규제경향은 동 규정을 무력화하였다. 따라서 하바나 협약의 발효 후 체약 당사국 간 항공운항은 해당국 간의 개별 합의를 전제로 하였다. 그런데 하바나 협약은 협약 이행을 감시할 상설기구를 설치하지 않았기 때문에 우선 체약 당사국 간 정보교환을 위한 제도적 장치마저 결여되어 있었다. 이의 해결책으로 범미주연맹이 항공기 등록 등 협약 관련 사무 업무를 담당하게 되었다.
⑥ 적절한 규정의 부재 시 기장은 각국이 허용하는 한도 내에서 선박의 선장과 유사한 권리·의무를 행사한다.
⑦ 체약 당사국 간 분쟁의 해결은 분쟁에 이해관계가 없는 타국 정부가 중재인이 되는 중재결정에 의한다.

부속서를 가지지 않은 하바나 협약은 16개국(볼리비아, 브라질, 칠레, 코스타리카, 쿠바, 도미니카 공화국, 에콰도르, 과테말라, 아이티, 온두라스, 멕시코, 니카라과, 파나마, 미국, 우루과이, 베네수엘라)이 당사국으로 발효되었으나 1944년 시카고 협약(국제민간항공협약의 별칭)의 채택으로 적용이 중단되었다. 상기 16개 당사국 중 우루과이를 제외하고 파리 협약의 기존 당사국으로서 하바나 협약 당사국이 된 국가는 없다.

3. 항공 사법의 발달

3.1. 바르샤바 체제의 성립 배경

바르샤바 체제는 1929년에 채택된 '국제 항공운송에 있어서의 일부 규칙의 통일에 관한 협약'(Convention for the Unification of Certain Rules Relating to International Carriage by Air)을 기본으로 하고 연후 채택된 1955년 헤이그 의정서, 1961년 과달라하라 협약, 1966년 미국을 운항하는 항공사 간의 몬트리올 협정, 1971년 과테말라시티 의정서, 1975년 몬트리올 추가 의정서 4개(1, 2, 3, 4)를 지칭한다. 이 중 1971년 과테말라시티 의정서와 1975년 몬트리올 추가 의정서 3이 발효되지 않았다.

바르샤바 협약은 전술('항공법의 성격')한 바대로 국경을 넘나드는 항공운송에 있어서 법적 문제가 발생할 경우 적용할 법이 확실치 않아 법적용의 통일된 기준을 제시하여 주기 위하여 채택된 조약이다. 항공운송의 발전과 함께 당장 제기된 법의 충돌(conflict of laws) 문제는 CITEJA[20](Comité International Technique d'Experts Juridiques Aériens)의 주요 과제로 이미 논의되어 왔었다. 이 결과 1929년에 바르샤바 협약이 채택되었고 이로써 당시까지 승객과 화물소유인의 권한 및 항공운송자의 책임을 둘러싸고 어느 국가의 법을 적용하느냐에 관련하여 야기된 혼동과 불확실성이 제거되었다. 동 협약은 항공운송에 있어서의 여객과 화물소유자의 권한을 정의하고, 동 권한의 한계와 이행을 명시하며, 항공운송자의 책임을 규정하고 있다. 동 협약은 한마디로 거의 모든 사고의 경우에, 항공운송자의 책임을 전제로 하는 대신, '고의적 과실'(wilful misconduct)의 경우가 아닌 한 항공운송자의 책임한도를 일정한 금액으로 한정함으로써 항공운송사업의 발전에 크게 기여하였다. 이는 책임한도를 일정한 금액으로 한정하는 것이 항공운송사업자의 책임 발생 시의 배상액을 예상할 수 있게 하여 주며 동 배상액으로부터 역산하여 보험료, 항공요금 및 재투자 등 사업 전반에 대한 계획 수립을

20) '항공법 전문가 국제기술위원회'로서 후술함.

가능하게 함으로써 안정과 예측을 통한 항공운송산업의 발전이 가능할 수 있었기 때문이다. 이러한 항공운송산업에 대한 특별한 배려는 항공기 제작기술의 미숙에서 오는 항공안전의 불확실성과 초창기 항공기 운송 산업의 육성이라는 관점에 대하여 각 체약 당사국이 인식을 같이 하여 베푼 정책적 혜택이었다. 동 배상한도액은 협약 채택 후 상당한 기간이 경과하면서 산업 발전과 함께 많은 나라의 생활수준이 향상됨에 따라 승객 사망 배상금액 등의 인상조정이 필요하다는 판단 아래 1955년 헤이그에서 협약 개정의정서를 채택, 승객 사망 시 1인당 배상한도를 협약이 규정하는 금액의 배인 25만 프앙카레 프랑(1만 6,600불)으로 개정하였다.

헤이그 의정서는 바르샤바 협약 운용의 경험에서 발견된 몇 가지 문제점도 동시에 해결하였다. 이 헤이그 의정서에 거의 대부분의 바르샤바 협약 당사국이 비준 또는 가입하였으나 미국은 승객 배상금액이 작은 데에 불만을 표시하여 2003년까지 헤이그 의정서를 비준하지 않았다.

한편 항공운송 시 계약 운송자가 아닌 자에 의하여 운송이 되었을 경우의 법적 운송책임 관계를 규율할 목적으로 1961.9.18. 과달라하라(멕시코 소재 도시)에서 바르샤바 협약의 보충협약이 채택되었다.

승객 배상한도액 문제로 돌아와서 미국은 바르샤바 협약과 헤이그 의정서의 배상액이 미국의 기준으로 볼 때 사람의 가치를 터무니없이 낮게 평가한 것이라는 거센 국내 반발을 이유로 바르샤바 협약을 탈퇴하기로 결정한 후 협약 탈퇴를 1965.11.15.자로 통고하였다. 이로써 미국의 탈퇴는 통고 후 6개월 후인 1966.5.15. 발효하게 되었다. 동 사실에 접한 세계의 민간항공업계는 제1의 민간항공 운송실적(당시 세계의 약 40% 차지)을 차지하는 미국이 협약에서 이탈할 경우 바르샤바 체제가 붕괴할 뿐만 아니라 법 적용상 혼란이 야기될 것에 크게 긴장하였다. 따라서 각국은 미국의 협약 잔류를 설득하기 위한 모든 노력을 전개하였는바, 이때 '국제항공운송협회'[21](IATA)가 개입하여 미국의 협약 탈퇴 발효 하루 전인 1966.5.14. 미국이 탈퇴통고서를 철회토록 하는데 성공하였다.[22] IATA가 개입하여 주선한 내용은 미국을 출발점, 종착점 또는 경유지로 한 승객을 운항하는 항공사가 승객 사상 사고 시 1인당 7만 5,000미불을 배상한다는 것을 내용으로 한 협정을 수락하고 대신 미국은 바르샤바 협약 탈퇴를 철회한다는 것이다. 정부가 당사자로 되어 있지 않는 동 협정이 1966년의 몬트리올 협정이다. 이전의 배상금보다 그 한도가 훨씬 인상된 동 배상금액은 추후 세계의 많은 항공사가 미국으로의 비행에 관계없이 적용 지급하는 모델이 되었다.

미국의 계속적인 배상금 한도 인상 주장은 또 하나의 국가 간 조약을 요하게 되었는바, 이것이 1971.3.8. 채택된 과테말라시티 개정의정서이다. 21개국이 채택한 과테말라시티 의정서는 헤이그 의

21) 조직과 기능에 관하여 상세 후술함.

22) Matte의 저서 p.470.

정서에 의하여 개정된 바르샤바 협약을 다시 개정하는 것으로서 승객 사망 시 배상금액의 한도를 150만 프앙카레 프랑(약 10만 미불)으로 인상하며 사고 시 항공운항자의 절대적 책임(과실 여부를 불문한)을 부과함으로써 적어도 두 가지 면에서 승객사상 시 승객 측 배상청구 입장을 유리하게 하였다.

1975년에 몬트리올에서 또 한 번의 회의가 개최되어 추가 의정서 1, 2, 3, 4 등 모두 4개의 추가 의정서를 채택하였다. 제1 추가 의정서는 1929년 바르샤바 협약의 승객 및 화물 등의 배상금액표시를 SDR(Special Drawing Right)로 변경 표시하고, 제2 추가 의정서는 1955년 헤이그 의정서를 같은 방법으로, 제3 추가 의정서는 1971년 과테말라시티 의정서를 역시 같은 방법으로 규정한 것이다. 그러나 제4 추가 의정서는 1955년 헤이그 의정서의 배상금액을 SDR로 표기함은 물론, 항공화물의 문서와 책임문제 그리고 우편수송에 관한 본질적인 내용의 개정을 포함한 것으로 여타 추가 의정서와는 그 성격이 다르다.

이상 바르샤바 체제 성립 배경을 간략하게 설명하였는데 구체적인 내용은 최근 상황과 함께 제10장 '항공운송'에서 기술한다.

3.2. CITEJA의 작업

제1차 대전 후 각국은 각기 상이한 국내법이 국제 항공의 사법 분야에 적용될 경우 야기되는 혼란을 제거하기 위하여 통일된 법의 제정 필요성을 인식하고 있었다. 이러한 인식은 1922년 3월 국제연맹의 통신통과기술협의 위원회(Consultative and Technical Commission of Communications and Transit)에서 표명되었으며, 1923년 7월 런던에서 개최된 항공회의에서는 정부대표로 구성된 국제협의체를 구성하여 각국이 비준·채택할 수 있는 법안을 작성하도록 건의하였다. 이러한 상황에서 프랑스 정부는 동 문제에 큰 관심을 갖고 1923.8.17. 타국 정부에 서한을 발송하여 항공운송자의 책임에 관한 협약을 기초하고 항공분야의 사법에 관한 통일된 국제법을 계속 연구하는 것이 필요할지를 결정하기 위한 목적으로 개최하는 국제회의에 참석할 것을 초청하였다.[23] 동 프랑스 초청에 응하여 43개국 대표 70명이 1925.10.26.~11.4. 파리에서 개최된 제1차 항공 사법 국제회의에 참석하였다.

회의 참석자들은 추후 외교회의에서 조약으로 채택할 전반적인 국제 항공 사법을 기초하기 위한 목적으로 CITEJA(Comité International Technique d'Experts Juridiques Aériens)를 설치하였다. CITEJA는 1926년 파리 외무부에서 제1차 회의를 개최하였는바, 이때 28개국이 대표를 파견하였다.

---

23) G. F. FitzGerald, "The International Civil Aviation Organization and the Development of Conventions on the International Air Law(1947~1978)", III Annals of Air & Space Law(이하 AASL)(1978) 53.

CITEJA는 창설 시 그 임무로서 첫째, 항공 사법의 제반 문제를 다루는 활동계획의 수립, 둘째, 국제회의에서 다룰 법적 문제에 관한 국제협약안의 준비, 셋째, 단일 국제 항공 사법 법전의 점진적 형성을 위한 원칙 수립을 부여받았다. CITEJA는 작업의 방법으로 4개 위원회를 구성하여 각 위원회의 보고자(rapporteur)가 모든 전문가(CITEJA 위원)에게 질문서를 배포하고 응답 자료를 바탕으로 보고서를 작성하도록 하였다. 동 보고서는 경우에 따라 협약 기초 방향도 포함하는바, 해당위원회는 동 보고서를 바탕으로 충분한 토의를 한 후 협약안을 작성하여 위원회의 결론과 함께 CITEJA에 이송한다. 이를 접수한 CITEJA는 추가 검토를 위하여 해당 위원회에 반송하지 않는 한 채택을 위한 목적으로 협약기초 소위에 회부하며, 소위를 거쳐 CITEJA가 채택한 협약안은 프랑스 정부를 통하여 각국 정부에 송부된 후 협약 채택을 위한 국제회의 개최 순서를 밟는 것이다.[24]

CITEJA는 1926년 설치 시부터 1944년 시카고 협약이 발효한 1947년까지 16회기(sessions)를 개최하였다. 각 위원회는 제2차 대전 중의 기간을 제외하고는 대체로 연 2회 회의를 가졌으며 CITEJA는 연 1회 전체회의를 개최하였다. CITEJA의 여러 회기에 참가한 국가 수는 총 39개국에 이르나 전체회의 시 통상 15 내지 20개국의 대표가 참석하였다.

CITEJA가 성안한 협약은 다음과 같이 4개 협약과 1개 의정서이다.

- 바르샤바 협약(1929)
- 지상에서의 제3자에 대한 피해에 관한 일부 규칙의 통일을 위한 로마 협약(1933)
- 상기 로마 협약을 개정하는 브뤼셀 의정서(1938)
- 항공기의 압류(Precautionary Arrest)에 관한 특정 규칙의 통일을 위한 로마 협약(1933)
- 해상에서의 항공기 구조에 관한 특정 규칙의 통일을 위한 브뤼셀 협약(1938)

상기 이외에 CITEJA는 여러 항공법 문제에 관한 협약안과 보고서를 작성하였는데, 이는 1947년 소멸과 동시에 ICAO에 이관된 후 일부는 국제협약과 각국의 국내법 형태로 입법화되었다.

3.3. 영역의 확대

항공기 사고 시 항공운송자의 배상책임을 중심으로 규정한 바르샤바 체제는 여타 항공 사법의 발달을 자극하였다. 이에 따라 국제 항공 사법은 바르샤바 체제에서 규율범위를 확대하여 항공기 억류문제, 지상 제3자에 대한 피해문제 및 항공기에 대한 권리문제에서까지 법전화 되었다.

먼저 CITEJA가 성안한 1933년의 항공기 압류에 관한 로마 협약(Convention for the Unification of

24) 상동. pp.53~54.

Certain Rules Relating to the Precautionary Arrest of Aircraft, Rome, 1933)은 압류의 권리를 제한하고 규제하기 위하여 채택되었다. 미국과 영국을 제외한 22개국을 당사국으로 한 동 협약은 항공기 저당권자 또는 소유권자가 체약 당사국 내에서 채권 회수를 목적으로 항공기를 억류・처분하는 것을 규제한다.

항공기의 추락 또는 항공기로부터 물체가 떨어져 지상에서 발생하는 인적・물적 피해 보상액을 국제적으로 통일하기 위하여 채택된 1933년 항공기에 의한 지상 제3자의 피해에 관련한 특정 규칙의 통일에 관한 로마 협약(Convention on the Unification of Certain Rules Related to Damage Caused by Aircraft to Third Parties on the Surface, Rome, 1933)은 항공기 중량에 따라 배상한도를 달리하고 항공운송자의 책임을 확보하는 조치를 규정하고 있다. 동 책임 확보의 한 방법으로 보험의 요건을 상세히 기술하기 위한 목적으로 1938년 브뤼셀에서 의정서가 채택되었다. 그러나 로마 협약은 발효에 필요한 5개국에 의하여서만 비준이 되었고, 브뤼셀 의정서는 2개국[25] 비준에 머물러 사문화되었다. 로마 협약을 개정하면서 일부 새로운 규정을 포함한 것으로서 1952년의 로마 협약(Convention Relating to Damage Caused by Foreign Aircraft to Third Parties on the Surface, Rome, 1952)이 있다. 동 로마 협약은 2015년 12월 현재 49개국을 당사국으로 발효 중이다.[26] 이 로마 협약을 다시 한 번 개정한 것으로 1978년 몬트리올 의정서(Protocol to Amend the Convention on Damage Caused by Foreign Aircraft to Third Parties on the Surface, Rome, 7th October 1952, Montreal, 1978)가 있는데 2015년 12월 현재 12개국을 당사국으로 발효 중이다. 1933년의 로마 협약은 이렇게 2차례나 개정되어 지상 피해에 대한 보상액이 인상되었지만 서방 등 주요 항공대국의 기준으로는 미흡하기 때문에 호응을 얻지 못하고 있는데 최근 관련조약 채택동향과 함께 상세 후술한다.

같은 항공 사법의 범주에 들어가지만 협약이 채택된 후 발효에 필요한 비준국가 수가 충족되지 않은 관계로 방치된 조약으로 1938년 해상에서의 항공기의 또는 항공기에 의한 구조와 지원에 관한 특정 규칙의 통일을 위한 협약(Convention for the Unification of Certain Rules Relating to Assistance and Salvage of Aircraft or by Aircraft at Sea, Brussels, 1938)이 있다.

3.4. 공간적 적용의 불통일

본서는 제10장에서 국제 항공운송 시 보편적으로 적용되고 따라서 실생활에 상당한 영향을 주는 항공운송에 관련한 바르샤바 체제와 동 체제를 전면 수렴하여 개편한 1999년 몬트리올 협약을 비교

25) 이탈리아와 브라질.

26) 미국과 영국은 동 협약의 당사국이 아니며 캐나다는 1976년 협약에서 탈퇴하였음.

적 상세히 고찰하고자 한다.

현재 국제 항공 사법의 대헌장(Magna Carta)이라고 할 수 있는 1929년 바르샤바 협약은 2015년 12월 현재 152개국이 참여하여 보편화되어 있다. 이는 미국을 포함한 세계 유수 항공국이 모두 당사국으로 가입하고 있기 때문에 더욱 그러하다. 1933년에 발효된 동 협약은 전술한 바와 같이 1955년의 헤이그 의정서에 의하여 개정되었으나, 미국은 2003년까지 동 의정서를 비준하지 않고 대신 정부 간 조약이 아닌 항공사 간의 1966년 몬트리올 협정을 적용하다가 1996년부터는 IATA가 주선한 IIA/MIA[27] 및 IPA[28]를 대부분 적용 중이었다. 그러나 모든 국가가 모든 조약에 동시에 가입하고 있지 않는 이상 협약 적용은 항공기의 등록국과 항공권 판매처 소재국, 항공여행 시 목적지국이 바르샤바 조약(1929년 바르샤바 협약 또는 1955년 헤이그 의정서)에 가입하고 있는지, 구입한 항공권의 여정이 미국을 포함하는 외국여행이냐에 따라 달라진다. 예를 들어 같은 헤이그 의정서에만 가입한 국가 사이를 항공구간으로 하여 여행하다가 항공기 사고로 사망하였을 경우 받을 수 있는 배상금액은 1만 6,600달러에 불과하나 미국을 출발하여 한국으로 비행하는 항공기에 탑승한 승객은 IPA 규정이나 후술(제10장 4항)하는 1999년 몬트리올 협약에 따라 113,100 SDR을 배상받게 된다. 이때 미국의 일 지점을 출발하여 여행하는 승객이 미국의 타 지점으로 운항하는 국내 항공여행 시(가령 로스앤젤레스에서 하와이) 사고를 만나 사망하였을 경우 동 승객이 국제 여행 중 한 구간으로 항공권을 구입하였다면 IPA나 1999년 몬트리올 협약의 적용을, 그렇지 않고 미국 내 구간만의 국내 항공권을 구입하였을 경우에는 미국 국내법을 적용받아 수십만 달러 이상의 보상금을 받는 경우가 허다하다.[29] 반면 같은 국내 여행이지만 가난한 나라에서 항공여행을 하다가 사망하였을 경우 배상금은 8,300달러정도로 한정될 수 있겠다.

위와 같이 어느 지역에서 어느 구간(국내 또는 국제 등)의 항공권을 구입하여 여행하느냐에 따라서 배상금액은 엄청난 차이를 가져온다. 이는 현재 각국 생활수준이 1인당 국민소득 4만 달러에서 4백 달러까지의 차이를 보이는 것과 같은 현실로 이해할 수밖에 없다. 또한 이렇게 각기 다른 생활수준의 차이가 바르샤바 체제의 적용을 완전히 통일시키지 못하고 있는 원인이 되고 있음을 이해하는 데 어렵지 않다. 빈곤한 나라는 사망 배상금을 8,300달러에서 1만 6,600달러로 인상시킨 헤이그 의정서에도 가입을 못 하고 있는 실정인바, 이는 미국이 헤이그 의정서의 배상금액이 너무 약소하여 가입하지 않고 있었던 것과는 정반대의 경우이다.

이러한 이유로 항공 사법이 전 세계적으로 동일한 공간적 적용을 가져오지 못하고 있다.

---

27) 국제항공운송에 있어서 배상책임의 현대화를 합의.실천하는 IATA 회원항공사의 1995/1996년 협정 내용. 제10장 3.2항에서 상세 기술.

28) 상기 협정 내용을 미국에서 적용하는 항공사 간의 합의 문서. 제10장 3.3항에서 상세 기술.

29) 가령 LA-하와이-서울의 국제구간을 일정으로 한 항공권 소지자는 LA와 하와이 사이 비행 중에 항공기 사고가 나더라도 1966년 몬트리올 협정에 따른 보상금액을 적용받으나 LA-하와이 구간만의 표를 구입한 자는 미국 국내법에 따른 보상을 받게 됨.

3.5. 해석 적용의 문제

이상과 같이 여러 개의 후속 개정, 보완 의정서로 존재하는 바르샤바 체제를 하나의 문서로 정리하기 위하여 1999년 몬트리올 협약(제10장에서 상세 언급)이 채택되었다. 그러나 2015년 12월 현재 119개 당사국인 1999년 몬트리올 협약이 보편적으로 적용될 때까지 당분간 바르샤바 체제가 적용되는 경우를 무시할 수 없다.

바르샤바 체제의 조약은 크게 볼 때 3가지 요소가 작용하여 서로 달리 해석·적용될 수 있다.

첫째는 1929년 바르샤바 협약이 불어로 작성되었다는 점에 유의하여야겠다. 이에 따라 프랑스 법률용어가 영·미법에서 사용하는 법률용어의 개념으로 정확히 해석될 수 없는 문제가 나온다. 가령 불어의 *dol*이 영어의 wilful misconduct로 정확히 번역되었다고 할 수 없고, 대륙법상 계약의 개념이 대가를 받지 않고 하는 계약도 포함하는 반면 영·미법에서는 계약의 원인행위(consideration)에 무료라는 것은 인정이 안 되는 것 등이다. 위와 같이 대륙법과 영·미법의 차이 및 언어의 상이에서 오는 법률개념의 차이는 그대로 조약의 해석·적용에 반영될 수밖에 없다.

둘째, 국내법 차이에서 오는 문제이다. 이는 조약이 구체적인 특정내용을 소송이 제기된 국가의 국내법에 위임하는 경우가 있는데[30] 이때 국가에 따라 원고 또는 피고에게 유리한 또는 불리한 내용으로 국내법이 제각기 서로 다르게 규정되어 있기 때문이다. 바르샤바 협약은 또 소송을 제기할 수 있는 재판 관할지로 4개 장소를 지정하고 있다.[31] 이 4개 장소는 4개국이 될 수도 있는바, 이 경우 소송을 제기하는 원고는 자신에게 가장 유리한 판결을 하여 줄 국가의 법원에서 소를 제기할 것임은 당연하다.[32] 소송을 제기 받은 국가의 법원은 자국의 국내법 개념을 준거로 하여 조약을 해석함은 물론이거니와(이 경우 첫 번째와 유사한 문제가 발생) 조약이 위임하는 국내법은 소가 제기된 국가의 것으로 정해진다.

셋째, 시대가 달라짐에 따라 사람의 인식도 달라지듯이 같은 법률을 해석하는 것도 시대에 따라 달라지는 데서 오는 차이이다. 이러한 인식의 차이는 과거 원시시대의 농경생활에서 적용하는 법이 오늘날의 그것과 같을 수 없듯이 시대발전에 따라, 법이 추구하는 형평의 방법 역시 변화한다. 항공기 산업이 유치(幼稚)한 단계에 있을 때에는 산업 육성과 항공여행 증진의 관점에서 항공운송자와 여객을 동등한 입장으로 취급하였으나, 고도의 자본주의 사회인 오늘날 일 개인의 여객을 거대한

30) 예를 들어 바르샤바 협약 제28조 2항은 소송제기 시 절차 사항을 소송이 제기된 법원의 국내법에 의하도록 규정하고 있고 제25조 1항은 wilful misconduct와 이에 상응한 과실을 소가 제기된 국가의 국내법에 의하도록 규정하였음.

31) 바르샤바 협약 제28조 1항.

32) 유리한 판결을 얻을 수 있는 법원을 선택하는 것(이를 forum shopping이라 함)은 인명 피해를 고가로 보상 판결하는 미국의 법원을 관할 법원으로 택하고자 하는 결과를 가져옴.

기업과 일대일로 대결하게 할 수 없는 정책적 고려가 작용하고 있다. 또한 기업은 배상을 감당할 수 있는 영업기관이라는 점도 감안되어 항공기 사고로 불행한 처지에 있는 여객 또는 사망여객의 유족은 예전과 달리 유리한 판결을 받는 것으로 경향이 바꾸어진 것이 그 예이다. 따라서 항공운송자의 부주의(헤이그 의정서 제14조 'recklessly')를 광범위하게 해석하며 항공운송 시 발생하는 승객에 대한 피해(바르샤바 협약 제17조의 damage)를 과거와는 달리 정신적 피해까지 포함시키는 판례가 나온 것이다.

제 3장

항공행정과 국제협력

1. 국제민간항공협약(시카고 협약)과 국제민간항공기구(ICAO)
2. 정부 간 지역협력 국제항공기구
3. EUROCONTROL과 유사기구
4. 비정부 간 국제항공협력기구
5. 국내 항공 담당기구
6. 항공사 연합(Airlines' Alliance)

항공행정과 국제협력

1. 국제민간항공협약(시카고 협약)과 국제민간항공기구(ICAO)

1.1. 국제민간항공협약의 체결 배경

제2차 대전 중 항공기는 군사무기로서 그 효용이 크게 증가하였다. 항공기의 발전은 동시에 전후 평화유지를 위한 교통수단의 관점에서 당연히 주목을 받게 되었다.

1941년 8월 당시 미국 대통령 루스벨트와 영국 수상 처칠은 '대서양 헌장'을 서명하여 전후 정치, 경제 등 제반 세계질서를 평화롭게 유지하기 위한 대원칙을 천명하였다. 동 헌장의 제4원칙은 전후 설립될 국제연합을 통하여 모든 국가가 평등하게 경제 번영에 필요한 자연자원과 상업에 대한 자유를 향유할 수 있도록 하였으며 제6원칙은 두려움과 비참으로부터 해방된 모든 사람의 정상적인 평화를 보장하는 진정한 평화수립을 천명하였으며 제7원칙은 그러한 평화가 아무런 장애가 없이 대양을 건너서 모든 사람에게 허용되는 것이어야 함을 명시하였다.[1)]

자유로운 이동에 바탕을 둔 국제 교류의 자유는 제2차 대전 연합국의 일반적인 견해였다. 이러한 배경하에서 1944년 미국이 국제민간항공회의에 관한 회의를 미국 시카고에서 소집하였다. 1919년 파리 협약을 비준하지 않은 미국은 새로운 항공질서를 규율할 상설기구 설치를 희망하였는바, 이는 세계 제1의 대국으로 부상한 미국이 더 이상 과거와 같이 고립적인 태도를 취할 수 없었기 때문이다. 항공법전(Code of the Air)을 제정하기 위한 동 회의에 55개국이 초청되어 52개국이 참가[2)]하였다. 1944.11.1.부터 12.7.까지 계속된 동 시카고 회의는 동 회의 개최지명을 딴 통칭 시카고 협약 즉, 국제민간항공협약(Convention on International Civil Aviation)[3)]을 채택하였다.

동 시카고 협약은 원래 예정하였던 한 개의 총괄적인 협약이 되지 못하였는바, 이는 회의 중 상반

1) Matte의 저서 p.126.

2) 사우디아라비아는 초청에 응하지 않았고 소련은 자국과 외교 관계가 없는 포르투갈, 스페인 및 스위스가 동시에 참가 초청을 받았다는 이유로 마지막 순간에 불참 통고를 하였음(Matte의 저서 p.127 주(4)).

3) 1947.4.4. 발효. 2015년 12월 현재 191개 당사국. 협약문은 부록 참조.

된 2개의 견해가 대립된 결과로서 회의는 한 개의 협약 대신 다음과 같이 4개 협약을 채택하였다.

① 국제 민간항공에 관한 임시협정(The Interim Agreement on International Civil Aviation): 시카고 협약 발효 시까지를 규율.
② 시카고 협약: 항공 공법의 모법.
③ 국제항공통과협정(The International Air Services Transit Agreement):[4] 국제 정기 항공노선의 영공 통과와 영공 이·착륙권을 허용하는 일명 Two Freedoms Agreement.
④ 국제항공운송협정(The International Air Transport Agreement):[5] 항공의 5개 자유를 허용하는 일명 Five Freedoms Agreement.

회의 진행내용을 간략히 살펴보건대, 우선 회의 참석자들은 협약에 전후 민간항공업무를 전담할 상설기구로서 국제민간항공기구(International Civil Aviation Organization)를 설치하는 데 아무런 이의가 없었다. 시카고 협약은 ICAO의 설립헌장일 뿐 아니라 추후 체약 당사국 간 국제 항공운송에 관한 다자협약을 채택할 법적 근거도 마련하여 주었다. 시카고 협약은 국제 항공운송을 정기와 비정기로 엄격히 구분하여 비정기로 운항되는 국제 항공운송에 대해서는 타 체약 당사국의 영공을 통과 또는 이·착륙하도록 특정한 권리를 부여(제5조)하나 정기 국제 민간항공에 대해서는 이를 허용하지 않고 있다(제6조). 국제 민간항공기의 통과 및 이·착륙의 권리를 상호 인정할 것인지에 대하여 회의 참석자들은 의견 대립을 보였는바, 회의는 동 권리를 인정하지 않는 내용으로 시카고 협약을 채택한 다음 통과 및 단순한 이·착륙의 권리는 상기 ③ 국제항공통과협정에서, 승객 및 화물의 운송을 위한 이·착륙에 관한 권리는 상기 ④ 국제항공운송협정에서 따로 규율하여 이를 원하는 국가들 사이에서만 서명·채택되도록 하였다. 2015년 12월 현재 130개국이 국제항공통과협정의 당사국으로 되어 있어 동 협정은 상당히 보편화되어 있는 반면 국제항공운송협정은 미국 등 8개국이 탈퇴한 후 11개국만이 당사국으로 되어 있어 국제 항공에서 차지하는 의미가 없다.

국제 정기 민간항공의 운항을 확보할 수 있는 국제항공운송협정이 어떠한 형태로든지 간에 다수국이 지지하는 다자협정으로 탄생할 가망이 없다는 것을 안 시카고 회의 참가자들은 이를 추후 양국 간 협정으로 체결하는 데 도움을 주고자 양자협정의 모델을 작성, 시카고 회의 최종의정서(Final Act)[6]에 포함시켰다. 따라서 시카고 회의는 국제항공운송협정을 채택하였지만 동 협정의 실효성이 없을 것이라는 것을 이미 예상하였던 것인바 그 배경은 다음과 같다.

시카고 회의 당시 미국은 국제노선의 약 80%[7]를 운항할 정도로 항공 산업이 여타 국가에 비하여

4) 1945.1.30. 발효. 2015년 12월 현재 130개 당사국. 제5장에서 상세 기술함.

5) 1945.2.8. 발효. 2015년 12월 현재 11개 당사국. 제5장 기술 참조.

6) 최종의정서는 다자 국제회의, 특히 조약 채택을 목적으로 한 국제회의를 종료하면서 참석국가명단, 회의결과(조약 채택 시 동 조약문), 기타 합의된 내용(예: 채택된 조약의 조속한 비준을 촉구하는 결의문 채택 등)을 수록한 문서임.

7) Matte 저서 p.129.

월등히 앞서 있었다. 미국은 따라서 완전한 공중의 자유를 주장하면서 상업용 국제 항공운항에 관하여서는 양자협정에서 규율할 것을 제의하였다. 이에 반하여 영국은 지금까지(1919년 파리 협약 채택 이후) 주장하여 온 공중의 자유 입장을 변경하여 항공의 규제를 선호하면서 국제 상업항공을 관장・규율할 기관으로 상당한 권한을 가진 국제기구를 설치할 것을 제의하였다. 영국은 이러한 자국 입장에 대한 영연방의 지지를 획득하기 위하여 노력하였으나 실패하였다. 영국이 설치 제의한 국제기구는 법적・경제적 및 정치적 질서까지를 관장하는 것을 내용으로 하였다. 한편 호주와 뉴질랜드는 공동제안을 통하여 모든 국제 항공교통의 국제화를 주장하였다. 이는 모든 간선 국제선의 항공교통사업을 국제적인 소유형태로 운용하면서 이를 담당할 항공사는 세계 평화와 친선을 상징하는 독자적인 국제기(international flag)를 달도록 하자는 것이었다. 마지막으로 캐나다는 보다 강력하고 구체적인 세계 항공 규율방안으로서 12명으로 구성된 위원회를 구성하여 항공운송에 관한 경제적・기술적 및 정책문제까지를 담당토록 하는 것이었다. 동 위원회는 수개의 지역 위원회로 나누어져 지역 이사회의 의견이 반영되도록 하며 위원회는 지역위원회와 협의하여 기술적인 규제권한은 물론 항공요금, 국제노선에 운항할 국별 항공기의 운항횟수 및 국제항공법령의 제정임무를 부여받는다는 것이었다. 캐나다의 제안은 국제 민간항공노선의 항공기 운항을 조정하여 과도한 경쟁을 제어하는 데 그 목적이 있기 때문에 운항 항공사의 국제적인 소유를 주장한 뉴질랜드 및 호주의 공동제안과 구별된다.

위와 같이 상호 상이한 제안은 당초 계획하였던 하나의 협약안에 모두 포함시킬 수 있는 성질의 것이 아니었다. 따라서 그 해결책으로서 모든 회의 참석국이 수락할 수 있는 최대 공약수의 내용으로 시카고 협약안을 작성한 후, 영공 통과 및 이・착륙을 허용하는 국제항공통과협정안과 보다 중요한 공중의 자유를 보장하는 국제항공운송협정안의 3가지 협약안을 작성하여 각국이 원하는 대로 자유 선택하여 채택하는 방식을 취한 것이다.

한편 과거 파리 협약이 채택된 지 3년 후인 1922년에야 발효한 시간적 지연을 방지하기 위하여 금번 시카고 협약 채택 시에는 상기 ① 국제 민간항공에 관한 임시협정을 동시에 채택하였다. 동 임시협정은 1945.6.6. 발효되어 ICAO의 임시기구인 PICAO(Provisional International Civil Aviation Organization)를 가동시켰다.[8)] PICAO는 1946년 5~6월 캐나다 몬트리올에서 PICAO 총회를 한 번 개최하였으며 이때 몬트리올을 ICAO의 본부로 결정하였다.

시카고 협약은 26개국이 비준 또는 가입한 연후인 1947.4.4.부터 발효되었으며 이에 따라 PICAO는 ICAO로 명칭을 바꾸어 가동하기 시작하고, 협약 제80조에 따라 이전의 파리 협약과 하바나 협약

8) ICAO가 정식 가동하기 위한 시카고 협약의 발효까지 시일이 소요될 것을 감안하여, ICAO 역할을 잠정적으로 즉시 대신할 기구로서 탄생한 것이 PICAO임. PICAO는 1945.6.6. 가동하기 시작하여 시카고 협약의 발효로 ICAO가 설치된 1947.4.4.까지 존재하였음.

은 시카고 협약에 의하여 대체됨으로써 더 이상의 존재가치를 상실하였다.

1.2. 파리 협약과의 차이점

시카고 협약과 파리 협약과의 주요 차이점은 다음과 같다.

① 시카고 협약은 국가항공기(State aircraft)를 정의하는 데 있어서 우편물 운송에 이용되는 항공기를 국가항공기 범주에서 제외하였다.

② 시카고 협약은 정기 민간항공과 비정기 민간항공을 보다 엄격히 구분하였다.

③ 시카고 협약은 무인항공기를 규제하여 무인항공기가 허가 없이 영공을 비행하는 것을 금지하였다.

④ 시카고 협약은 전염병의 확산방지 조치를 포함하여 타 체약국의 항공기가 도착하고 출발하는 것에 관련한 규정을 두었다.

⑤ 파리 협약은 항공기의 국적을 바로 규율하였지만 시카고 협약은 항공기 국적에 관련된 등록 문제를 각 체약국의 국내법에 위임하였다.

⑥ 시카고 협약은 통관을 포함하여 항공의 편의를 증진시키는 규정을 포함하였다.

⑦ 시카고 협약은 사고조사 절차를 규정하였다.

⑧ 시카고 협약은 특정한 경우에 항공기를 압류하는 것을 금하였다.

⑨ 시카고 협약은 노선, 비행장, 비행시설, 공동 운항 항공사 등을 포함한 광범위한 항공 관련 규정을 두었다.

⑩ 시카고 협약은 분쟁 해결절차를 두었다.

⑪ 파리 협약과는 달리 시카고 협약은 주요한 용어 3개에 대한 정의를 포함시켰는바, 이는 국제항공(international air service), 정기 항공사(airline) 및 운수목적이 아닌 착륙(stops for non−traffic purposes)이다.

또 하나의 중요한 차이는 파리 협약이 부속서 A부터 H까지를 제정하여 협약조문과 일체를 이루도록 한 데 반하여 시카고 협약은 부속서를 협약조문과는 별도로 취급하여 부속서의 구속력을 약화시켰다. 파리 협약 부속서를 위반하는 것은 협약의 위반이지만 시카고 협약의 부속서를 위반하는 것은 일정한 사전통고를 하였을 경우 위법이 아니다. 그러나 실제적인 적용의 관점에서 볼 경우 모든 체약 당사국이 항공안전과 발전을 위하여 최대공약수로 집약한 시카고 협약의 부속서를 함부로 위반하는 일이 흔하지 않기 때문에 결과적으로는 큰 차이가 없다고 보아야겠다. 이는 상호 보다 긴밀한 관계를 유지하고 국가의 체면이 중시되는 국제사회에서 타국의 비난을 받는 행동을 최대한 자제하는 결과이겠다.

시카고 협약이 ICAO를 창설하고 ICAO 산하 기구로 법률위원회(Legal Committee)가 구성되어 과거 CITEJA의 기능을 대신하고 있지만 파리 협약 당시 CITEJA는 별도의 독립기구였다. 이 점에 있어서도 두 협약의 위치가 다르다.

1.3. 국제민간항공협약의 개정

1944년 시카고 협약이 채택된 후 2015년 12월 현재 15차례의 개정이 있었다. 아랍어와 중국어를 협약의 정본 문서로 하는 개정을 제외하고는 모든 개정내용이 발효하여 협약에 반영되었다. 그러나 개정내용이 발효되더라도 통상 약 10년 이상이 소요된다.

이렇게 발효가 지연되는 것은 협약 자체의 규정, 즉 제94조에 의거하여 개정 당시 총 체약국 수의 2/3가 개정의정서를 비준 또는 가입한 경우 개정이 발효하게끔 한 전통적인 엄격한 개정조건 때문이다.

개정의 주요 내용은 ICAO 이사회의 구성국 수를 증가시키기 위한 것이 4차례나 되며, 시대적 상황 발전에 따라 항공기의 임차, 차터 및 교환 시 항공기의 국적국이 가지는 법률적 책임과 권한을 임차 등으로 실제 항공기를 운항하는 회사 또는 국민의 국가가 부담하는 것으로 개정한 것과 1983년 9월 1일 소련 전투기에 의한 대한항공 007기의 피격 사건 이후 민항기의 안전을 보호하기 위한 개정 등이다.[9)]

1.4. ICAO 설립과 목적 및 조직

시카고 협약은 4개의 Part로 나누어져 있으며 Part Ⅱ는 ICAO를 설치·운영하는 문제를 규율한다. 시카고 협약은 ICAO를 설립한 헌장이기 때문에 시카고 협약에 가입하면 ICAO 회원국이 된다. 시카고 협약에 가입하지 않고 ICAO 회원국이 되는 방법은 없다.

총 96조의 시카고 협약 중 제43조부터 제66조까지(Part Ⅱ)가 ICAO의 기구, 총회, 이사회, 항행위원회, 인원, 재정, 기타 국제문제를 규율하고 있다. 동 협약 제44조는 ICAO의 목적을 다음과 같이 규정한다.

---

9) 제3조의 2로 1984.5.10. 개정하였으나 개정 발효에 필요한 102개국의 비준이 완료된 1998년 10월에야 발효하여 개정이 채택된 지 14년 만에 발효되었음.

이 기구의 목적은 국제 공중항행의 원칙과 기술을 발전시키며 국제 항공운송의 계획과 발달을 진작시킴으로써

① 전 세계에 걸쳐 국제 민간항공의 안전하고 질서 있는 성장을 보장하며
② 평화적 목적을 위한 비행기 디자인과 운항의 기술을 권장하며
③ 국제 민간항공을 위한 항로, 비행장, 항공시설의 발달을 권장하며
④ 안전하고, 정기적이며, 효율적임과 동시에 경제적인 항공운송을 위한 세계 모든 사람의 욕구를 충족하며
⑤ 불합리한 경쟁에서 오는 경제적 낭비를 방지하며
⑥ 체약국의 권리가 완전 존중되고 각 체약국이 국제 민간항공을 운항하는 공평한 기회를 갖도록 보장하며
⑦ 체약국 간 차별을 피하며
⑧ 국가 공중항행에 있어서 비행의 안전을 증진하며
⑨ 국제 민간항공 제반 분야의 발전을 일반적으로 증진한다.

ICAO이사회는 상기 목적을 충족하기 위하여 준입법 기능을 가지고 시카고 협약 부속서를 제정 또는 개정하며 또한 체약국 간 협약 해석·적용에 관련한 분쟁을 해결하는 준사법적 기능도 부여받았다. 그러나 이사회가 과거 준사법적 기능을 행사하는 것을 부담스러워하면서 스스로 동 기능을 포기한 행태를 보였으며, 이사회에 참석하는 각 이사국 대표의 법률적 자질과 이사국의 기존 태도를 감안할 때 이사회의 입법·사법적 기능에 내재적인 결함과 한계가 있다.

시카고 협약은 ICAO의 목적을 수행하기 위하여 동 기구 내에 총회, 이사회, 사무국 세 기관을 구성하였다. 또한 2015년 12월 현재 36개국으로 구성된 이사회의 산하 기관으로 협약은 항행위원회(Air Navigation Commission), 항공운송위원회(Air Transport Committee) 등의 설치를 명시하고 있다. 각 기관별 기능은 다음과 같다.

1.4.1. 총회

총회는 시카고 협약의 모든 체약국(2015년 12월 현재 191개국)으로 구성된다. 체약국은 분담금을 지불하지 않았다든지(협약 제62조) 또는 분쟁 해결에 관한 협약 제18장의 내용을 위반하였을 경우에 총회에서 투표권을 상실할 수 있는 것을 제외하고는 1국 1표의 동등한 투표권을 행사한다. 총회는 체약국의 과반수 참석으로 정족(quorum)이 되며 별도의 규정이 없는 한 참석자의 과반수 찬성으로 의사를 결정한다. 과반수 이상의 찬성을 요하는 경우는 협약 개정을 위한 2/3 찬성(94조 (a)), 제2차 대전 중 적국이었던 국가의 협약 가입 시 4/5의 찬성(93조) 및 ICAO 본부를 이전하기 위한 결정 시 재적 체약국 수의 2/3 찬성(45조) 세 경우이다.

총회는 현재 3년마다 통상 1회 개최되고 있지만 이는 원 협약 제48조 (a)가 매년 개최토록 한 것을 개정한 뒤의 일이다. 또한 이사회의 요청이나 전 체약국의 1/5 이상의 요청에 의하여 특별총회가 소집될 수 있다(제48조 (a)).[10)]

시카고 협약은 ICAO의 최고기관인 총회의 강제적 권한과 의무를 다음과 같이 규정하고 있다.

① 이사국 선출(제50~55조)
② 이사회의 보고서를 심의하고 적의 조처하며 이사회가 제기하는 모든 문제에 관하여 결정(제49조 (c))
③ 자체의사 규칙을 채택하며 필요시 보조기구를 설치(제49조 (d))
④ 예산안 투표 및 협약 제12장(제61~63조) 규정에 따른 ICAO의 재정분담 결정(제49조 (e)).
⑤ 기구(ICAO)의 지출을 심사하고 계정을 승인(제49조 (f))
⑥ 이사회 또는 자체 보조기구에 자체 심의안건을 이송하고, 이사회에 기구의 임무수행 권한을 위임 (제49조 (g), (h))
⑦ 기타 유엔 기구와의 협정 체결권 등을 규정한 협약 제13장(제64~66조)의 규정을 이행
⑧ 협약의 개정안 심의 및 체약국에 대한 동 권고(제94조)
⑨ 이사회에 부여되지 않은 기구 관할 사항인 모든 문제(제49조 (k))

상기 ③ 총회의 보조기구는 총회에 따라 편의상 행정위원회, 경제위원회, 법률위원회[11](Legal Commission) 및 기술위원회 중 1~2개 또는 전부를 설치하거나 또는 전부를 설치하지 않은 채 총회를 진행하기도 하는데 동 위원회들은 총회 개최 중에만 임시적으로 설치되는 총회의 보조기구이다. 아무런 위원회도 설치되지 않은 채 진행되는 총회도 빈번히 있는바, 이때 총회는 본회의(Plenary)와 집행위원회(Executive Committee)로 구성되어 집행위원회 회의에서 심의・채택한 안건을 본회의에서 최종 채택하는 형식을 취한다.[12]

1.4.2. 이사회

협약 제9장(제50~55조)에 따라 설치된 이사회는 의무적 기능(mandatory function)과 허여 기능(permissive function)을 갖는다. 이사회는 총회에 책임을 지는 상설기구로서 3종류의 다른 카테고리의 회원국을 대표하는 36개 이사국으로 구성된다. 매 3년 정기 총회 시마다 선출되는 36개 이사국은 항공운송의 주요국, 세계 민간항공시설에 큰 공헌을 하는 국가, 지역 대표 국가의 3카테고리로 나누어서 각기 11, 12, 13개국을 선출하고 있다. 이사국 대표의 유고로 공석이 되었을 경우 이사국은 다른 자국인으로 잔여임기를 채운다. 모든 이사국 대표는 ICAO 본부 건물에 사무실을 두고[13] 일 년에 3번의 회기(session. 한 회기 당 약 2개월 소요)로 열리는 이사회 회의에 참석한다. 이사회 대표는 자국으로부터 봉급을 받으면서 일하지만 어떠한 국제 민간항공사의 업무에 동업자로 또는 재정적으로 관여할 수 없다(제50조).

---

10) 특별 총회는 주로 시카고 협약 개정을 위하여 개최되었는바 1983년 대한항공 007기가 소련 전투기에 의하여 격추된 후 민간항공기 안전을 강화하는 내용으로 협약을 개정하기 위하여 1984년 소집된 제25차 ICAO 총회도 특별 총회임.

11) 이사회 산하 기구로 상설된 Legal Committee와는 별개의 기구임. 항공법 제정에 Legal Committee가 많이 관여하여 왔음. Legal Commission은 총회 개최 중 종종 구성되는 분과위원회 성격의 임시기구임. Legal Affairs and External Relations Bureau는 ICAO 사무국 중 한 국(局)으로서 상시기관임.

12) 국제기구의 다수 총회가 본회의와 집행위원회 회의로 양분하여 회의를 진행하며 집행위원회 회의는 규정상 그 참석 범위를 각 체약국의 수석대표와 고문으로만 한정하지만, 실제로는 한 회의장에서 각국의 모든 대표단이 그대로 앉은 채로 본회의와 집행위원회 회의라는 명칭만 달리한 채 회의를 진행함.

13) ICAO 소재국인 캐나다 정부는 이사국 대표의 사무실 임차료 중 2/3를 보조하여 주는 등의 혜택을 부여하고 있음.

이사회는 이사국 출신 인사인지에 관계없이 한 사람을 이사회 의장으로 선출한다. 의장은 투표권이 없다. 만약 이사국의 대표가 의장으로 선출될 경우 동 이사국은 다른 자국민을 대표로 임명한다. 이사회 의장은 3년 임기이다. 이사회는 통상 과반수 찬성으로 의결한다. 단, 분쟁에 관련한 표결을 할 경우 분쟁 당사국인 이사국은 투표를 할 수 없다. 어느 체약국이든지 자국의 이해에 관계되는 문제가 토의되는 이사회에 투표권 없이 옵서버로 참가할 수 있다. 이사회는 자체의사 규칙을 정한다. 이사회는 보조(또는 산하)기구로 항공운송위원회(Air Transport Committee)와 항행위원회(Air Navigation Commission)를 설치 · 운영하고 동 보조기구의 업무를 조정한다.

또한 이사회는 이사회의 보조 기구로서 상기 2개의 위원회 이외로 총회의 결정에 따라 항행공동지원위원회(Committee on Joint Support of Air Navigation Service), 재정위원회(Finance Committee), 불법방지위원회(Committee on Unlawful Interference) 및 법률위원회(Legal Committee) 등을 설치 · 운영 중이다. 이상 설명한 ICAO 이사회의 조직을 도표로 표시하면 다음과 같다.

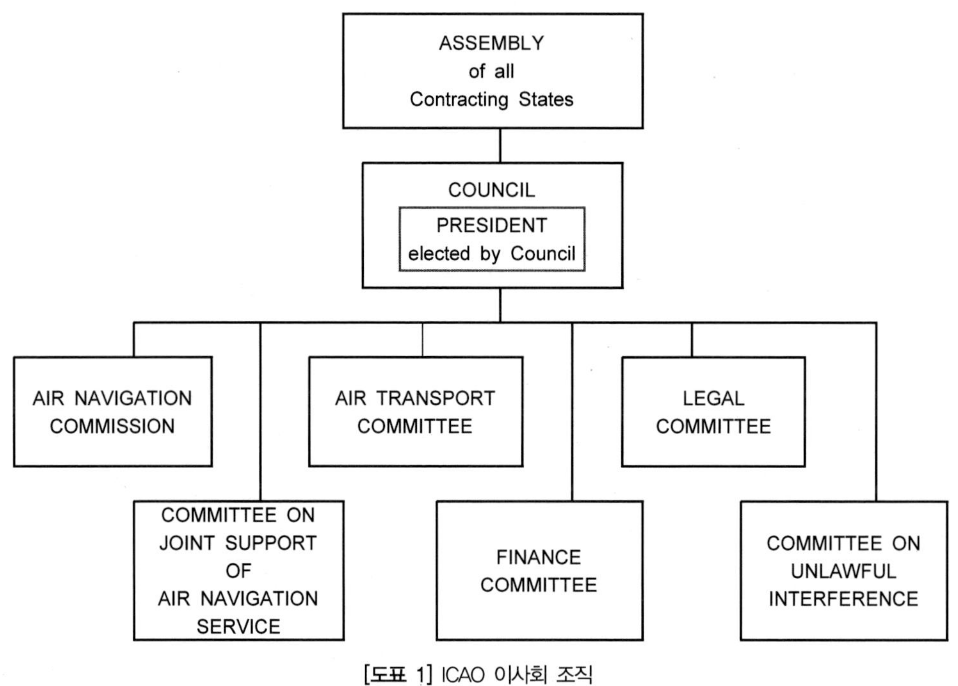

[도표 1] ICAO 이사회 조직

이사회의 권리와 의무를 기능별로 다음과 같이 구분할 수 있다.

① 일반적 기능
–총회에 연차보고서 제출(제54조 (a))
–총회의 지시를 이행하고 협약에 규정된 권리 · 의무를 수행(제54조 (b))

－체약국이 제기하는 협약에 관련한 모든 문제를 심의(제54조 (n))

② 국제 행정 및 사법 기능

－여타 국제기구와 협정 등을 체결(제65조)

－국제항공통과협정과 국제항공운송협정이 위임한 업무를 수행(제66조)

－공항과 여타 항행시설의 제공과 개선(제69조－76조)

－분쟁의 해결 및 협약 위반에 대한 제재(제84조－88조)

－협약의 위반 또는 이사회의 권고사항이나 결정의 위반을 총회와 체약국에 보고(제54조 (j)－(k))

③ 입법기능[14]

－항행의 안전, 질서 및 효율에 관련한 문제에 있어서의 '국제표준과 권고방식'(International Standards and Recommended Practices. 약하여 SARPS)을 수록하는 협약의 부속서를 채택하고 개정(제54조 (l), (m))

④ 정보교류기능

－항행과 국제 항공운항의 발전에 필요한 정보를 취합하고 발간(제54조 (i))

－체약국의 국제 항공사에 관련한 운송보고와 통계를 접수(67조)

－체약국이 당사자로 되어 있는 항공 관련 협정을 등록받고 발간(제81조, 83조)

⑤ 기구 내부 행정

－협약 제12장과 제15조의 규정에 따른 재정을 관리(제54조 (f))

－사무총장 등의 인선과 임무부여(제54조 (h), 58조)

⑥ 연구·검토

－국제적 중요성을 갖는 항공운송과 항행에 관련한 모든 부문에 대한 연구(제55조 (c))

－국제 항공운송의 기구와 활동에 영향을 주는 모든 문제를 검토하고 이에 대한 계획을 총회에 보고(제55조 (d))

－체약국의 요청에 따라 국제 공중항행의 발전에 지장을 줄 수 있는 모든 상황을 조사하고 이에 관하여 보고서를 제출(제55조 (e))

이사회의 산하 기관인 항행위원회는 체약국이 추천한 인사 중 이사회가 임명한 19명의 위원으로 구성된다. 항공학의 전문가로 구성되는 동 위원회는 항공운송의 발전과 안전을 위한 제반 기술적 문제에 대하여 이사회에 자문을 한다. 동 위원회는 기술적 항공문제에 관련한 시카고 협약의 부속서 제정 및 개정에 있어서 중요한 자문 역할을 수행한다.

항공운송위원회는 같은 이사회의 보조기관이지만 항행위원회와는 달리 협약에 그 구성과 임무가 명시되어 있지 않고 단지 이사회 회원인 각 이사국의 대표 중에서 택한다고만 되어 있다. 이사회가 지정하는 임무와 역할을 수행하는 동 위원회는 주로 국제 민간항공 운송에 있어서의 경제적 측면을 다루고 있다. 항행공동지원위원회는 제1차 ICAO 총회의 결의(A1－7)에 의하여 설치되었다. 동 위원회의 위원도 이사회 회원 중 일부가 겸하고 있다. 동 위원회는 국제 민간항공의 간접자본(infrastructure) 설치 및 유지를 위한 경제·기술적 원조를 담당하고 있는바, 북대서양을 비행하는 항공기의 안전운항을 위하여 ICAO가 덴마크 및 아이슬란드와 각기 협정을 체결하여 동국에 항공업무(관제, 통신, 기상 등) 제공 시설을 설치, 운영하는 일 등을 주요업무로 하고 있다.[15]

14) 시카고 협약 제12조는 ICAO 이사회가 공해상의 항행규칙을 제정하도록 규정함으로써 ICAO 이사회에 명백한 입법권을 부여하였음. 이사회의 동 입법기능에 관해서는 Jean Carroz, "International Legislation in Air Navigation over the High Seas", 26 Journal of Air Law and Commerce(이하 JALC)(1959) 158~172 참조.

재정위원회 역시 제1차 총회 시 채택된 결의(Al-58)에 따라 설치되어, 일부 이사회 회원이 위원을 겸임하면서 ICAO의 재정문제에 관한 이사회 업무를 보조한다.

불법방지위원회는 협약 제52조(이사회 회원으로 구성된 위원회에 이사회 업무를 일부 이양)에 따라 1969년 이사회가 설치한 것인바, 동 위원회는 점증하는 항공기 납치 및 테러행위방지를 목적으로 활동하고 있다. 동 위원회도 물론 이사회 회원 중 일부에 의하여 구성되어 운영되면서 이사회 업무를 보조한다.

기타 위원회로는 인사위원회, 기술위원회 및 1995.3.27. 신설된 통신·항행·감시 및 교통운영 이행위원회(Communications, Navigations and Surveillance/Air Traffic Management Implementation Committee)가 있다. 이사회 회원(이사국 대표)을 포함하는 모든 이사회 산하 위원회의 위원은 소속국으로부터 보수를 받는다.

이사회는 이상의 상설위원회와는 별도로 협약 제54조 (c)에 따라 working group 등의 임시기구를 설치하여 주요 항공문제에 대한 연구 검토를 진행시키고 있다. 1988.5.2.~20.간 ICAO 본부에서 개최된 제4차 FANS[16](Special Committee on Future Navigation Systems) 회의도 이러한 working group 중의 하나이다. FANS와 유사한 여러 panel group이 특정과제를 토의하기 위하여 수시 회합하면서 활동하고 있는바, 이러한 임시기구의 회의에는 어느 체약국도 자유롭게 참석할 수 있고 또한 동 panel(또는 working) group의 회원이 되어 적극적인 활동을 할 수 있다.

정부 대표 성격으로 구성되어 있는 이사회가 입법기능은 물론 시카고 협약의 해석과 적용에 관련하여 사법적 결정까지 할 수 있도록 한 것은 문제이다. 이러한 결과 이사회는 자신에게 제기되었던 여러 건의 사법적 사안들에 대하여 판정을 회피하는 것으로 일관하였다.

이사회 의장은 2006년 멕시코인 Roberto Gonzalez가 선출된 후 3선을 연임한 다음 2013년 나이제리아인 Olumuyiwa Benard Aliu가 선출되어 2014.1.1.부터 2016.12.31.까지 3년 간 재임 중이다.

1.4.3. ICAO 법률위원회

이사회의 산하 기관으로 표시된 법률위원회는 그 명칭 상 우리의 관심 대상이기 때문에 그 설립 역사와 기능을 알아볼 필요가 있다. 법률위원회는 1947년 제1차 ICAO 총회 시 채택된 결의(Al-46)에

15) 항행시설의 설치 및 유지를 위한 ICAO의 joint financing 업무 실적은 ICAO Doc 8900/2(2nd ed. 1977) Repertory-Guide to the Convention on International Civil Aviation, Chapter XV 참조.

16) 위성 통신 등 신기술을 이용하여 장래 25년에 걸쳐서 항공기의 운항안전과 효율을 도모하는 방안을 강구하기 위하여 설립된 FANS는 1984년부터 상기 1988년까지 4차례의 회의를 가진 후 회의 보고서를 제출한 제1단계 임무를 종료하였음. 연후 FANS는 ICAO CNS/ATM(Communication, Navigation, and Surveillance/Air Traffic Management) system으로 명칭을 변경하였음.

의하여 협약의 해석·개정 및 항공법의 연구와 이에 관한 자문을 할 목적으로 이사회를 보조하는 상설기구로서 설치되었다. 상기 법률위원회가 부여받은 항공법 연구의 임무는 국제 민간항공에 관련한 항공 사법도 포함하는바, 이 점에 있어서 법률위원회는 1926년 창설되어 국제 항공 사법을 연구하여 이를 발전시키고 법전화시켜 온 CITEJA의 기능도 대신한다.

법률위원회는 시카고 협약의 모든 체약국에 개방되어 있다. 따라서 법률위원회 회의에 참석을 희망하는 체약국은 누구나 참석할 수 있기 때문에 기구의 짜임새가 없어 보이지만 법을 성안하고 채택하는 데에 있어서 현실적으로 이에 관여할 수 있는 능력을 가지고 있는 국가의 대표가 참여하고 자신들의 의사를 반영시킨다는 점에 있어서는 인위적으로 참가국을 고정시키고 있는 여타 상설기구의 운영보다 더 효율적이라고 볼 수도 있다. 법률위원회의 이러한 운영방식이 일부 참석국가의 의사만을 반영시켜 다수 국가의 의견이 무시되는 내용으로 국제법을 성안시킬 수 있다는 비난도 있음직하나, 법률위원회는 성안하는 선에서 작업을 끝내고 성안된 특정한 국제법을 채택하느냐는 다시 한 번 모든 국가에게 참석이 개방된 외교회의에서 최종 채택 여부를 결정하기 때문에 비난할 여지가 적다고 본다.

법률위원회의 사무적 보조는 ICAO 사무국의 법률·대외 관계국(Legal Affairs and External Relations Bureau)에서 담당한다.

설립 후 약 60여년이 경과하는 동안 법률위원회는 23개의 항공법을 조약으로 채택하는 데 기여하였다. 이 중 첫 번째 것은 ICAO 총회에서 채택되고 나머지는 외교회의에서 채택되었는바 다음과 같다.

- 1948년 제네바 협약: 항공기 소유권 보호를 규정
- 1952년 로마 협약: 지상 제3자 피해 보상을 규정
- 1955년 헤이그 의정서: 1929년 바르샤바 협약 개정
- 1961년 과달라하라 협약: 운송계약 당사자가 아닌 실제 운송 항공사의 운송계약 관계를 규정
- 1963년 동경 협약: 항공기 선상의 범죄 규율
- 1970년 헤이그 협약: 항공기 불법 납치를 규율
- 1971년 몬트리올 협약: 항공기 및 항공시설에 대한 범죄를 규율
- 1971년 과테말라시티 의정서: 1955년 헤이그 의정서로 개정된 1929년 바르샤바 협약을 개정
- 1975년 몬트리올 추가 의정서 4개: 1929년 바르샤바 협약, 1955년 헤이그 의정서, 1971년 과테말라 의정서를 개정하여 배상금액을 SDR로 표시하는 제1, 제2, 제3 의정서와 국제화물운송에 관한 새로운 내용으로 헤이그 의정서를 개정한 제4 의정서
- 1978년 몬트리올 의정서: 상기 로마 협약을 개정
- 1988년 몬트리올 의정서: 1971년 몬트리올 협약을 개정, 공항 파괴행위도 범죄로 포함
- 1991년 플라스틱 폭약 표지 협약: 플라스틱 폭약 검색이 가능하도록 폭약 제조에 반영
- 1999년 몬트리올 협약: 당시까지의 바르샤바 체제를 하나의 조약문서로 통일
- 2001년 케이프타운 협약: 고가의 이동장비에 대한 담보권 보장

– 2001년 항공기 장비 의정서: 케이프타운 협약을 바탕으로 항공기 장비에 적용하는 조약
– 2009년 일반위험협약: 지상 포함 제3자 피해 배상 1978년 몬트리올 의정서를 현대화
– 2009년 불법방해 배상협약: 항공기를 무기로 사용한 테러행위 발생 시 제3자 피해 배상을 규율한 내용
– 2010년 북경 협약: 1971년 몬트리올 협약과 1988년 몬트리올 의정서를 개정한 새 조약
– 2010년 북경 의정서: 1970년 헤이그 협약을 개정
– 2014년 동경협약 개정 몬트리올 의정서: 1963년 동경협약을 개정하여 난동승객을 규율

법률위원회는 연 1회 개최를 상정하고 있다.[17] 그러나 실제로 평균 약 3년 만에 한 번씩 개최되고 있는 실정이다.[18] 법률위원회는 2000년 개최 제31차 회기에서 지상 제3자에 대한 외국항공기 유발 피해 관련 1952년 로마 협약의 현대화를 의제에 포함시킨 후 2001년 9/11사태를 계기로 국제사회의 관심이 제고된 제3자에 대한 민간항공기 유발 피해 관련 협약안을 2004년 개최 제32차 회기(session)에서 집중 심의하였다. 이 결과 로마 협약의 현대화가 필요하다고 결론 내린 후 1952년 로마협약의 현대화를 2개의 조약으로 나누어 성안하였다. 2007년 제36차 ICAO 총회는 이를 바탕으로 이사회로 하여금 법률위원회에서 심의토록 결정하였고 2008년 개최 제33차 법률위원회 회기에서 일부 수정된 2개의 조약안은 2009년 4월 몬트리올 개최 외교회의에서 정식 채택되었다. 이에 관하여 제9장 5항 제3자 피해 배상에서 설명한다. 또 항공의 안전에 대한 관심이 제고된 가운데 납치 방지에 관한 1970년 헤이그 협약과 민간항공 안전에 관한 1971년 몬트리올 협약을 강화하는 작업을 한 결과 이를 각기 개정하는 안을 제34차 법률위원회 회기(2009년 9월)에서 심의한 후 2010년 9월 북경개최 외교회의에서 북경의정서와 북경협약으로 각기 투표로 채택하였다. 법률위원회는 이에 그치지 아니한 채 항공기 내에서 발생하는 승객의 난동(unruly passengers)을 범죄화하는 내용으로 1963년 동경 협약을 개정하는 작업을 진행하였는바, 2013년 5월 제35차 회기(session)에서 성안된 협약안이 2014년 4월 몬트리올 개최 외교회의에서 채택되었다.

이상에서 ICAO 법률위원회의 최근 항공조약 제정 관련 작업내용을 보았는 바, 현 법률위원회는 제2차 세계대전 전까지 활약하였던 CITEJA와 비교할 때 전문성이 부족하여 큰 기여를 하지 못하고 있는 실정이다. 따라서 ICAO는 협약 성안 시 study group 또는 special group을 설치하여 활용하면서 형식적 절차로 법률위원회를 거치고 있다. 그러나 오늘날 법률위원회의 문제는 9/11사태 이후 테러의 주 피해국인 미국 등 일부 선진국이 주도하여 또는 IATA의 제안 하에 항공기 안전에 관한 조약의 기존 내용을 대폭 강화하는 방향으로 다수의 조약을 채택하고 있는 것인데, 이들 조약이 과도한 규정을 포함하면서 국제사회의 호응을 받지 못하고 사장될 위험에 있다는 것이다. 그러면서 ICAO

17) 법률위원회 의사규칙 제1조.
18) 1987년 개최된 법률위원회 제26차 회기부터 2013년 개최된 제35차 회기를 감안할 때 근 3년마다 한 번씩 개최되는 형편임.

법률위원회에 대한 국제항공사회의 신뢰도 저하하고 있다.

법률위원회의 안건을 예시적으로 살펴보기 위하여 2015.11.30.-12.3. 몬트리올 개최 법률위원회 제36차 회기의 안건을 보면 다음과 같다.[19)]

- 현존 항공법이 커버하지 않고 있는 행위 또는 범죄로서 국제 항공사회의 관심사항
- 이해 충돌에 관한 안내서 검토
- 경제자유화와 시카고 협약 제83조의 2의 안전 측면
- 무인항공기 관련 법적문제 검토
- 세계위성항법장치를 포함한 CNS/ATM 관련 입법 고려
- 국제항공법 조약 비준 증진
- 민항기와 군용기의 지위 확정

1.4.4. 사무국

시카고 협약은 사무국의 최고 책임자인 사무총장의 임명을 이사회에서 하도록 규정하였다. ICAO 사무총장은 임기 3년으로서 2009년 8월부터 프랑스인 Benjamin Raymond가 2015.7.31.까지 연임한 후 중국인 Fang Liu가 3년 임기로 재임 중이다.

ICAO 조직의 운영은 이사회 의장이 사실상 최고의 의사결정기관인 이사회의 장으로서 ICAO의 제1인자 역할을 하며 사무국은 이사회를 보조하는 사무적 역할을 하는 것으로 되어 있다.

이사회는 사무총장과 사무국 직원의 임명, 봉급, 연수, 근무조건 등을 결정할 권한을 가지고 있다(제54조 (h)와 58조). 협약은 사무국 직원이 국제공무원으로 근무할 수 있도록 동 직원이 소속국가 또는 기타 외부로부터 업무 관련 지시를 받지 못하도록 규정하였다(제59조). 한편 사무국 직원은 국제기구 직원으로서 특권과 면제를 부여받는다.

사무총장의 임무는 협약에 명시되지 않고 이사회에 의하여 정해지고 있다. 사무국의 통상업무로는 연구, 통계와 협정의 정리와 분석, 문서 발간, 기금의 취급과 전달, ICAO와 여타 국제기구 간 연락업무, 홍보 등이다. 이사회는 1973년 리비아 민항기가 이스라엘 전투기에 의하여 추락된 사건과 1983년 대한항공 007기가 소련 전투기에 의해 격추된 사건 및 1988년 페르시아 만에서의 미 함정에 의한 이란피격사건 등에 관련하여 사무총장에게 각기 사건조사를 지시하였다. 사무국은 이에 따라 조사단을 구성하여 사건을 조사한 다음 이사회에 보고서를 제출하였으며 이사회는 이 보고서를 근거로 각기의 사건을 심층 심의하였다.

사무국은 5개의 국(局), 즉 항행국, 항공운송국, 기술협력국, 행정서비스국, 법률대외국으로 구성되며 7개의 지역사무소와 1개의 지역 분사무소를 설치하고 있다. ICAO는 동 지역사무소를 통하여 체약국의 국제표준 및 권고사항(SARPS)의 이행에 있어서 충고와 원조를 해주며 지역 단위로 항공운

19) 제36차 ICAO 법률위원회 문서 LC/36-WP/1-1, 2/10/15.

항계획(노선 등)을 수립한다.[20] 2015년 현재 ICAO 사무국 조직은 다음 페이지와 같다.

1.5. ICAO 재정

시카고 협약은 ICAO의 재정문제에 관하여 제61～63조에 규정하고 있다. ICAO 이사회는 매년 ICAO 예산안을 총회에 제출하여 총회가 채택함으로써 확정되지만, 총회가 과거 매년 개최되다가 협약 개정 후 3년마다 한 번씩 개최되는 것으로 변경됨에 따라 총회에 제출하는 예산안도 3년분이 되도록 변경하였다. 이사회는 각 체약국의 분담금을 결정하는 데에 있어서 1인당 국민소득을 포함한 국가 경제력과 민간항공에서의 체약국의 능력을 반영하여 산출한다(총회결의 A 21－33).

체약국이 분담하는 금액은 모든 체약국이 분담하는 총금액을 100%로 보아 산정되는 각 체약국의 분담 배분치(scale of assessment)에 의하여 정해진다. 동 배분치는 최저 0.06%이며 최고 25%사이에서 결정된다. 2012년 ICAO의 수정예산은 94백만 캐나다 달러이었으며 2014-2016년 분담치로 미국은 22.07%, 우리나라는 2.18%를 분담하도록 결정되었다.[21] 분담금을 체납하는 국가에 대하여 총회는 동 체납국의 투표권을 정지할 수 있는 바, 가난한 후진국의 경우 이에 해당 된다.

1.6. 국제표준[22]과 권고

1919년 파리 협약은 항공기 운항에 관련하여 국제적 통일을 하는 것이 필요하다고 생각한 기술적 내용까지도 협약의 일체를 이루도록 하였음은 이미 설명한 바와 같다. 그러나 기술적 사항들은 과학기술의 발전과 기술의 실제 적용에서 오는 경험을 바탕으로 수시로 개선되기 마련인바, 동 개선을 반영하기 위하여 파리 협약은 계속 개정되어야만 하였다. 반면, 1928년의 하바나 협약은 기본원칙만을 협약에 규정한 결과 한 번도 개정할 필요가 없었다.

---

20) 우리나라는 방콕 소재 아시아・태평양 지역사무소가 관장함.

21) 2013년 9-10월 개최 제38차 ICAO 총회에서 2014-16 3년 간 예산을 286백만 캐나다 달러로 승인하고 ICAO 각 회원국의 분담치로 결정한 결의 A38-26 내용. 미국은 제1의 분담국이고 한국은 12번째 다액 분담금 국가임.

22) 시카고 협약은 '국제표준'(International Standard)이라 하나 ICAO 문서는 '국제표준'과 '표준'(Standard)을 혼용하고 있음. 본서도 두 용어를 같이 사용함.

STRUCTURE OF ICAO SECRETARIAT
1 June 2014

Secretary General

- **Director, Legal Affairs and External Relations Bureau**
  - Deputy Director
- **Director, Air Transport Bureau**
  - Deputy Director, Economic Development
    - Aviation Data and Analysis Section
    - Economic Regulatory Framework Section
    - Joint Financing Section
  - Deputy Director, Environment
    - Climate Change Section
    - Environmental Standards Section
  - Deputy Director, Aviation Security and Facilitation
    - Aviation Security Policy Section
    - Aviation Security Audit Section
    - Implementation Support and Development Security Section
    - Facilitation Section
- **Director, Air Navigation Bureau**
  - Deputy Director, Safety
    - Accident Investigation Section
    - Aviation Medicine Section
    - Operational Safety Section
    - Cargo Safety Section
    - Implementation Planning and Support Section
  - Deputy Director, Air Navigation
    - Airport Operations and Interoperability Section
    - Airspace Management and Optimization Section
    - AN Implementation Planning and Support Section
  - Deputy Director, Monitoring and Oversight
    - Oversight Audit Section
    - Oversight Support Section
- **Director, Technical Cooperation Bureau**
  - Deputy Director
    - Field Operations Section
    - Procurement Section
    - Field Personnel Section
  - Business Support Section
- **Director, Bureau of Administration and Services**
  - Deputy Director, Human Resources
    - Staff Employment and Administration Section
    - Policy, Organizational and Staff Development Section
    - Recruitment, Classification and Post Management Section
  - Deputy Director, Information Management and General Administrative Services
    - Information and Communication Technology Section
    - Conference, Security and General Services Section
    - Revenue and Product Management Section
    - Travel Unit
  - Deputy Director, Languages and Publications
    - Interpretation Section
    - French Translation Section
    - Russian Translation Section
    - Spanish Translation Section
    - Arabic Translation Section
    - Chinese Translation Section
    - Documentation, Planning and Management Section
    - Editorial Unit
    - Training, Administrative and Programme Support Unit
  - Assembly and Council Support Unit
- Regional Director Bangkok
  - Regional Sub-Office, Beijing
- Regional Director Cairo
- Regional Director Dakar
- Regional Director Lima
- Regional Director Mexico
- Regional Director Nairobi
- Regional Director Paris
- Chief, Finance Branch
  - Financial Services Section
  - Accounting Services Section
- Chief, Evaluation and Internal Audit Office
- Manager, Global Aviation Training Office
- Ethics Officer
- Communications Unit

시카고 협약의 기초자는 상기 파리 협약과 같은 폐단을 없애기 위하여 협약 자체에는 기본원칙만을 규정하고 국제적으로 통일 적용할 필요가 있는 기술적 사항은 부속서에 기술하여 기술적 사항의 수시 개정을 용이하게 하였다.

부속서는 '국제표준'(International Standards)과 '권고방식'(Recommended Practices)을 수록하고 있는데, 체약국은 최대한 동 부속서 내용을 준수할 의무가 있다. 이사회는 부속서를 채택하고 개정할 권한과 기능을 행사하면서 항공의 안전, 질서 및 효율에 관련한 국제질서를 수립하고 있다(협약 제54조 (l), (m)). 협약 제90조 (a)는 이사회가 부속서를 채택하는데 이사회의 2/3 찬성[23]을 요하도록 규정하고 부속서 개정에 관해서는 아무런 언급을 하지 않고 있다. 그러나 이사회는 협약의 합리적인 해석을 통하여 부속서 개정도 이사회의 2/3 찬성으로 처리하고 있다.[24] 2/3 찬성을 얻어 채택된 부속서의 내용은 각 체약국에 송부되는바, 체약국의 과반수가 이에 반대하지 않는 한 3개월 후에 발효한다.

동 부속서가 시카고 협약의 일체를 이루는 조약문이 아니지만 모든 체약국이 최대한 적용하는 규범을 이루고 있는 관계상 이러한 부속서를 제정하는 이사회는 Cheng 교수가 지적한 대로 준입법 기능을 보유한다.[25]

부속서는 필요한 대로 계속 추가 제정될 수 있다. 부속서 1부터 19까지의 목록은 다음과 같다.

Annex 1. Personnel Licensing
Annex 2. Rules of the Air
Annex 3. Meteorological Service for International Navigation
Annex 4. Aeronautical Charts
Annex 5. Unit of Measurement to be Used in Air−Ground Communications
Annex 6. Operation of Aircraft
Annex 7. Aircraft Nationality and Registration Marks
Annex 8. Airworthiness of Aircraft
Annex 9. Facilitation
Annex 10. Aeronautical Telecommunications
Annex 11. Air Traffic Services
Annex 12. Search and Rescue
Annex 13. Aircraft Accident and Incident Investigation
Annex 14. Aerodromes
Annex 15. Aeronautical Information Services
Annex 16. Environmental Protection

---

23) 동 2/3는 시카고 협약(제90조)상 명확하지 않지만 이사회는 1947.7.1. 재적 이사국 수의 2/3로 해석하였음.

24) 상동 문서 참조. 한편 이사회는 어느 한 부속서나 PANS(Procedures for Air Navigation Services. 본문에서 후술)를 1년에 한 번 이상 개정하지 않으며, 예외적 상황이 아닌 한 체약국이 1년에 2번 이상 국내 규정을 개정하지 않도록 SARPS(Standards and Recommended Practices의 두 문자로서 '표준'과 권고방식을 말함)와 PANS의 발효일자를 정한다는 원칙을 세웠음(총회 결의문 A 21−21, Appendix A, (8)).

25) Cheng 저서(제2장 주 16) p.54.

Annex 17. Security－Safeguarding International Civil Aviation against Acts of Unlawful Interference
Annex 18. Safe Transport of Dangerous Goods by Air
Annex 19 Safety Management

ICAO는 제1차 총회(1947년) 시 내부사용을 목적으로 하여 Standard와 Recommended Practice를 다음과 같이 정의하였다.[26)]

> Standard: 그 통일적 적용이 국제 항공의 안전과 질서를 위하여 '필요'(necessary)하다고 인정되고 회원국이 협약에 따라 준수할 물질적 특성, 형상, 물체, 행위, 인적 또는 절차에 관한 모든 구체적인 것(필자 밑줄).
> Recommended Practice: 그 통일적 적용이 국제 항공의 안전, 질서 또는 효율을 위하여 '바람직'(desirable)하고 회원국이 준수하고자 노력할 물질적 특성, 형상, 물체, 행위, 인적 또는 절차에 관한 모든 구체적인 것(필자 밑줄).

협약 제38조는 상기 표준과 권고방식에 대하여 각기 다른 의미를 부여하고 있다. 양자가 그대로 구속력 있게 적용되는 것은 아니지만 일정한 조건하에서는 구속력이 있다. 표준(또는 국제표준)과 자국의 국내규칙 사이에 차이가 있을 경우 체약국은 이를 즉각 ICAO에 통보할 의무를 진다. ICAO 표준의 개정내용이 자국규칙과 상이한 체약국은 자국규칙을 ICAO 표준에 부합하도록 개정하는 조치를 취하지 않는 경우 국제표준 채택으로부터 60일 이내에 ICAO 이사회에 통보할 의무가 있다. 국제표준과 자국의 규칙 사이의 차이점을 ICAO 이사회에 통보하지 않을 경우 국제표준이 구속력 있게 적용된다. 또 동 차이점과 관련하여 부속서 15(Aeronautical Information Services)는 국내의 규정과 방식(practices)이 ICAO의 표준 및 권고방식과 상이할 때 체약 당사국이 이를 항공간행물로 발간할 의무를 부과하였다.

한편 권고방식과 상이한 국내규칙에 관하여 통보할 의무는 협약에 규정되어 있지 않다. 따라서 표준이 권고방식보다는 규범성이 강한 내용으로서 이 표준내용에 대하여 더 강한 규범성을 부여한다면 이는 협약조문으로 포함시켜야 할 성질의 것이 되겠다. 권고방식과 국내에서 실시하는 규칙과의 상이점을 통보하는 것이 협약상의 의무는 아니나 ICAO 총회와 이사회는 결의문을 통하여 표준과 권고방식을 따르도록 권고하고 이것이 불가할 경우에는 표준은 물론 권고방식하고도 다른 국내규칙상의 차이점을 ICAO에 통보하도록 요청하고 있다.[27)] 동 차이점으로 ICAO에 통보할 내용의 기준은 다음과 같다.[28)]

> ① 아래 경우에서 체약국의 국내규칙이 자국영토(영공을 포함)에 있는 타 체약국 소속 항공기의 운항에 영향이 미칠 때, 즉

---

26) 제1차 총회 결의문 A1－31("Definition of 'International Standard' and 'Recommended Practice'"). 동 결의문은 약간의 수정을 가하여 제14차 총회 시부터 통합 결의문(consolidating resolution)으로 정기 총회 시마다 채택되어 오고 있음.

27) 이사회의 1950.11.21. 채택 결정.

28) 상동.

–부속서의 규정 범주에 들어가 있으나 ICAO 표준에는 포함되어 있지 않는 의무를 부과할 때.
–상응하는 ICAO 표준과는 성격이 다른 의무를 부과할 때.
–상응하는 ICAO 표준보다 과도한 것을 요구할 때.
–상응하는 ICAO 표준보다도 덜 보호적일 때.

② 타 체약국 영토에서 국제 운항되고 있는 자국항공기와 동 유지, 그리고 승무원에 적용하는 자국 국내규칙이
–상응하는 ICAO 표준과 상이할 때.
–상응하는 ICAO 표준보다도 덜 보호적일 때.

③ 체약국이 제공하는 국제 항행을 위한 시설과 업무가
–ICAO 표준 이상으로 안전요건을 부과할 때.
–추가의무를 부과하지는 않지만 상응하는 ICAO 표준으로부터 원칙, 형태 또는 제도가 다를 때.
–상응하는 ICAO 표준보다도 덜 보호적일 때.

ICAO 이사회는 표준과 권고방식 이외로 '항행업무절차'(Procedures for Air Navigation Services, 약하여 PANS)와 '지역 보충 절차'(Regional Supplementary Procedures, 약하여 SUPPS)를 채택하여 항공에 관련한 기술적 문제의 통일적 적용을 보조하는 규칙으로 활용하고 있다. 이 2가지 절차는 너무 구체적이고 또한 임시적인 성격 때문에 부속서 내용을 구성하지는 않으나, 동 절차를 적용한 결과 권고방식이나 표준으로 지위를 상승시킬 정도의 중요성이 인정될 경우 동 내용을 권고방식이나 표준으로 격상시켜 부속서에 포함시킨다.

ICAO 총회와 이사회는 결의문을 채택하여 각 체약국이 PANS와 상이한 자국규칙을 ICAO에 통보하고 자국의 항공정보 간행물에도 게재하도록 촉구하고 있다.[29)]

협약 제37조는 ICAO 이사회의 권능으로 국제표준, 권고방식 및 '절차'(Procedures)를 채택 또는 개정할 수 있도록 하였는데 제38조에서 이들과 상이한 국내규칙을 설명하면서 권고방식은 제외시켰다. 또 제38조 서두에서 국제표준과 같이 설명한 '절차'를 문장서두에는 언급하였지만 그 다음에 오는 기술에서는 누락하였기 때문에 '절차'를 언급한 의의가 다소 모호하게 되었다.

1.7. ICAO의 여타 국제기구와의 관계

ICAO는 1946년 UN과 협정을 체결(1947.10.3. 발효)하여 UN의 전문기구가 되었다. 동 협정은 특정 국가, 즉 제2차 대전 중 적국이었던 국가가 ICAO 회원국이 되고자 할 때(시카고 협약 제93조)에 이를 UN이 심사하여 회원국 가입을 거절할 수 있다고 규정하였다. 또한 협정은 UN이 ICAO에 권고하는 사항을 유의하여 실천에 옮기도록 노력하며, 정보의 문서 교환, 인사, 통계, 예산, 재정 문제에 관한 상호 협력을 기술하고 있다.

---

29) 총회 결의문 A21–21(제21차 총회의 21번째 결의문을 말함)과 1950.11.21.자 이사회 결정.

유엔은 상기 협정에 따라 Franco 스페인 정권을 제재하는 UN 총회 결의를 ICAO도 준수할 것을 요청하였다. 이때 UN 총회는 유엔전문기구에서 스페인의 회원자격을 정지시키는 결정을 하였으며 ICAO는 이러한 유엔총회의 결정을 이행하기 위하여 제1차 총회 때 시카고 협약을 개정, 제93조의 2(bis)를 신설하였다. 유엔이 유고슬라비아를 축출하였을 때 ICAO는 1992년 9월 또 한 번 유엔결정을 따라 동일한 결정을 하였다.[30]

유엔의 전문기구로서 ICAO는 UNDP(United Nations Development Programme) 사업을 포함하여 유엔과 긴밀한 협력을 하고 있다. ICAO 회원국이면서 UN 회원국인 국가는 항공에 관한 협정을 ICAO와 UN에 동시 등록할 의무가 있다. ICAO는 그 뒤 동 의무이행에 따른 국가 부담을 줄여 주기 위하여 ICAO에 등록된 협정은 ICAO가 UN에 대신 등록하여 주는 방안을 마련하였다.[31]

시카고 협약 제65조는 ICAO 이사회가 총회의 인준을 전제로 여타 국제기구와 ICAO 업무편의를 위한 협정을 체결할 수 있도록 규정하였다. 이에 따라 ICAO는 정부 간 국제기구 및 기타 비정부 간 국제기구와 협정을 체결하였다. 이에 따라 체결된 ILO(국제노동기구), UPU(만국우편연합), WMO(세계기상기구)와 협정이 체결되었는데 민간항공에 크게 관련되지는 않지만 이들 국제기구의 활동이 직간접으로 항공에 관련하고 있기 때문이다. 비정부 간 국제기구인 IATA(국제항공운송협회)와의 협력은 IATA의 업무가 항공업무를 다루고 있기 때문에 더할 나위 없이 긴밀함은 말할 필요가 없다. IATA의 활동에 관하여 후술하겠지만 IATA도 본부가 캐나다 몬트리올에 소재하여 ICAO와의 협력이 용이하다. 한편 항공정보 제공에 관여하는 SITA[32]도 ICAO의 협력 대상이다.

ICAO는 지역 국제 항공기구와도 긴밀한 협력을 하고 있다.

1939년 이전에는 국제항공회의(Les Conferences Aéronautiques Internationales 또는 CAI)와 다수 지역회의(Mediterranean Air Conference, the Baltic and Balcan Air Conference 등)가 국제 항공업무에서 중요한 역할을 하였다. 이들 회의기구는 국제 민간항공업무에 관련한 실제적인 문제를 집중 연구한 후 ICAN에 보고하여 파리 협약의 부속서를 개정하는 계기를 만들었다.

ICAO는 뒤에 탄생한 지역 국제항공기구의 활발한 활동을 원조하기 위하여서도 지역사무소를 개설・운영하고 있다.[33]

30) 1992.9.27. ICAO 총회는 결의 채택을 통하여 유고슬라비아 연방공화국(세르비아와 몬테네그로)이 구 유고슬라비아 사회주의 연방공화국의 지위를 자동 승계할 수 없으므로 유엔 등의 국제기구에 새로 가입하여야 한다는 유엔 결정을 답습하였음.

31) ICAO Doc 6685-C/767 및 동 개정에 관한 ICAO Doc 9128-C/1021(1975) 참조.

32) 1988년 5월부터 SITA(Sociéte Internationale de Telecommunications Aéronautiques)의 북미 본부 사무실이 뉴욕에서 몬트리올로 이전하였는바, 몬트리올이 차지하는 국제 항공 센터로서의 비중이 증가하고 있음. SITA는 세계 300여 항공사를 회원으로 하는 비영리 단체로서 항공업무에 관련한 제반 정보를 항공기와 지상 간 또는 지상 간 송・수신 처리하여 주는 민간기구로서 1949년 창설되었으며 본부는 파리 근교에 있음.

33) 2015년 8월 현재 ICAO가 설치 운영하고 있는 7개 지역사무소는 아시아・태평양(방콕), 동남아프리카(나이로비), 유럽・북대서양(파리), 중동(카이로), 북・중미・카리브(멕시코시티), 남미(리마), 중서아프리카(다카르) 사무소이며 2013년 6월 최초로 중국 베이징에 아시아・태평양 지역 분 사무소가 설립됨.

2. 정부 간 지역협력 국제항공기구

2.1. 유럽민항회의(European Civil Aviation Conference)

1953년 구주이사회(Council of Europe) 각료위원회에 이어 ICAO 이사회가 채택한 결의에 따라 1954년 프랑스 Strasbourg에서 ICAO 이사회 의장이 주재하는 유럽에서의 항공운송 협력에 관한 ICAO 회의가 개최되었다. 동 회의는 유럽 항공운송의 협력, 효율적인 이용 및 질서 있는 발전의 증진을 목적으로 하는 한편 동 항공분야에서 제기되는 모든 문제를 심의하기 위하여 유럽 민항회의(ECAC)를 상설기구로 설치할 것을 결정하였다. 동 결정에 따라 1955년 탄생한 ECAC은 자문기구로서 활동하면서 중요한 국제 항공문제에 있어서 회원국들 간의 공동보조를 도모하며 유럽의 항행안전과 표준통일에 기여하고 있다.

ECAC은 ICAO와 긴밀한 연락관계를 유지하고 있다. 동 ICAO와의 관계를 설정하는 데 있어서 첫째, ICAO로부터의 완전한 독립기구, 둘째, 시카고 협약 제55조 (a)가 예견한 바의 ICAO 부속기구, 셋째, 양자 중의 중간을 놓고 검토한 결과 세 번째 안을 택하였다. 파리에 본부를 둔 ECAC은 같은 파리에 소재한 ICAO의 구주 지역사무소를 사무국으로 이용하면서 동 이용에 따른 직접 경비만을 ECAC 회원국이 부담하고 있다.

ECAC은 1956년 파리에서 채택된 '유럽에서의 비정기 항공의 상업권에 관한 다자협정'의 산파역을 담당하였다. ECAC은 사전 차터기 예약 통제에서부터 기술적 사항의 권고에 이르기까지 국제 항공에서 매우 활발하게 활동하고 있다.

ECAC은 1989년 컴퓨터 예약제도(Computer Reservation System: CRS) 운영에 관한 행동지침을 채택하여 당시 미국의 대형 항공사 등이 시작하였던 CRS의 차별조치로 말미암아 문란하였던 유럽 내 항공시장에 질서를 수립하였으며 항공관제 및 바르샤바 협약체제의 장래문제 등 다방면의 항공업무에 관심을 가지고 기여한다.

소련 붕괴 후 1990년대 초 동구권 국가들이 가입하고 구소련 연방 국가들도 가입하여 2015년 12월 현재 44개국의 회원국을 거느리고 있는 ECAC은 1996년부터 2006년까지 회원국들이 자발적으로 자국 내에 착륙하는 모든 항공기에 대한 안전검사를 실시토록 한 결과 총 3만 6,000건 이상의 안전검사가 시행되어 SAFA(Safety Assessment of Foreign Aircraft) 데이터베이스에 수록하는 성과를 거두었다. 비행장에서 시행된 동 안전검사는 2007.1.1.부터 유럽연합(EU)의 집행위(European Commission)와 유럽항공안전청(European Aviation Safety Agency: EASA)으로 이관되었는바, 이관되기 전해인 2006년에만 34개 회원국이 127개국으로부터의 812개 항공사가 운항하는 210개의 상이한 종류의 항공기를 7,461회 검사하면서 유럽으로 취항하는 모든 외국항공기의 안전 확보에 노력하였다.

ECAC 회원국들은 유럽 항공관제시스템에 관한 교통장관회의(MATSE)를 설치하여 유럽 상공의 교통흐름의 효율과 비행공역 증대를 위한 조치 등에 합의하였다. 첫 번째 조치는 1988년 CFMU(Central Flow Management Unit)라는 중앙흐름 관리단을 창설함으로써 과거 각 회원국이 각기 운행하였던 항공관제를 통합하여 항공운항의 효율을 증대시킨 것이며 두 번째 특기할 조치로는 2002년 수직 고도 분리간격 축소(Reduced Vertical Separation Minimum: RVSM)를 도입한 것이다. RVSM는 북대서양 상공에서 일부 실시되고 있지만 유럽 상공 전체적으로 대규모 실시된 것은 처음이었는바, 고도 290(2만 9,000피트로서 9,500m 상공)에서 410(약 1만 2,500m) 사이의 비행 간격을 과거 2,000피트(660m)에서 1,000피트(330m)로 줄인 것이다. 이에 따라 비행고도가 6개 증가한 13개가 되어 포화상태의 비행공역을 해소시키면서 20% 공역 증가효과를 가져오고 항공사가 연간 39억 유로를 절약한 것으로 추산되었다.

2.2. 아랍민항위원회(Arab Civil Aviation Commission)

아랍국민항이사회(Civil Aviation Council of Arab States: CACAS)는 아랍연맹협약 제2조에 명시한 항공분야에서의 협력을 실현하기 위하여 1965년에 체결된 아랍국 사이의 관련 협정[34]에 따라 1967년에 창설되었다. CACAS는 아랍연맹의 본부가 있는 모로코 라바트에 설치되어 있으며 아랍 연맹구성국과 동국의 2/3가 찬성하여 가입하는 여타 아랍국을 회원국으로 하고 있다. 동 이사회는 국제 분야에 있어서의 아랍국의 항공수송을 육성하고 항공수송에 관련한 원칙, 기술 및 경제 증진을 목적으로 하고 있다. 동 이사회는 동 목적 수행을 위하여 ICAO와 상호 협력하고 있으며 ICAO의 '표준'과 '권고방식'을 연구・검토하여 아랍국에 이익이 되는 내용을 실시하도록 권장하고 있다. 이사회는 또한 아랍국 내에서의 절차와 입법을 통일시키는 노력을 하고 있다.

회원국은 각기 1표의 투표권을 행사하며 이사회의 결정은 통상 과반수로 정한다. 상설 사무국은 이사회의 안건과 기술적 업무를 준비한다. 이사회를 창설한 협정은 또한 회원국 상호 간 협정의 해석과 적용에 관한 분쟁 해결 규정을 두고 있으며, 분쟁 해결 결정에 이의가 있는 회원국은 아랍 법원[35]에 항소하되 아랍 법원 설립 시까지는 아랍국 연맹 이사회에 항소하도록 규정하였다. CACAS의 업적으로는 시카고 협약을 아랍어로 반영 발간토록 한 것과 아랍 통과 협정(Arab Services Transit Agreement) 및 아랍 항공사(Pan Arab Airways) 설립에 관한 협정 체결을 들 수 있다. CACAS는 ACAO

34) 2013년 1월 현재 졸단, 튀니지, 알제리, 수단, 이라크, 사우디아라비아, 시리아, 예멘, 쿠웨이트, 레바논, 리비아, 모로코 등 12개 당사국.

35) 아직까지 설립되어 있지 않음.

(Arab Civil Aviation Organization)로 대체되었다가 1996년 6월 다시 ACAC(Arab Civil Aviation Commission)[36]로 대체되었다.

2.3. 라틴아메리카민항위원회(Latin American Civil Aviation Commission)

다수 라틴아메리카 국가는 1973년 멕시코시티에서 라틴아메리카민항위원회(Commission Latino-americano de Aviation Civil)를 설치하였다. 동 기구가 LACAC으로서, 동 기구의 모든 결정은 각 회원국의 승인을 요한다. 중·남미 및 카리브 해 소재 국가에 개방된 동 기구는 역내 국가 간의 제반 항공문제를 상호 협의하고 조정하는 것을 목적으로 하고 있다. LACAC은 이러한 목적을 수행하기 위하여 연구, 통계자료 교환, ICAO 표준과 권고방식의 적용 권고 및 연수와 기술지원, 지역개발 등을 위한 활동을 하고 있다.

2.4. 아프리카민항위원회(African Civil Aviation Commission)

AFCAC은 1969년에 설치되었는바, 설치 헌장은 아프리카경제위원회(Economic Commission for Africa) 또는 아프리카통일기구(Organization for African Unity)의 회원국을 구성 대상으로 함으로써 설치 당시 아프리카 대륙의 국가 중 제1강대국인 남아프리카공화국만을 제외시켰다.[37] 동 기구의 목적은 아프리카 항공수송제도가 순조롭게 발전되고 효율적으로 운영될 수 있도록 역내 민간항공 당국 간의 협력과 조정을 수립·시행하는 데에 있다.

동 기구의 사무국은 세네갈 다카르에 있으며 총회는 통상 2년마다 한 번씩 개최되면서 차기총회 안건을 미리 확정한다.

이상과 같이 4개의 지역별 정부 간 항공관계 국제기구를 간략히 살펴보았다. 이들 지역기구는 ICAO 총회나 기타 주요한 항공문제를 토의하는 국제회의가 개최되기 전에 역내 의견을 조정하여 국제회의에서 지역별 그룹으로서 통일된 입장을 취하고 자기 지역의 이익을 반영하는 큰 세력을 형성한다. 이에 반하여 유독 아시아 지역은 워낙 광범위한 지역에 이질적인 요소가 뒤섞여 있는 것이 이유이긴 하겠지만 아시아 지역 내 국가 간의 공동보조가 없는 형편이다. 따라서 아시아 국가 이익의 전체적인 대변이 없으며 아시아 지역에서의 역내 기구 발전도 타 지역에 비하여 뒤떨어져 있다.

---

36) 2011년 현재 18개 회원국으로 구성되어 있으며 본부는 모로코 라바트에 소재함.

37) 남아프리카공화국이 소수 백인 통치에서 흑인 만델라 대통령으로 평화적 정권교체가 이루어진 1994년 남아프리카 공화국도 회원국으로 가입하였음.

항공문제가 지역 내 협의로서 해결되지 못할 경우 ICAO를 무대로 하여 해결책이 모색된다. 민간항공의 정책에 관련된 주요한 항공문제는 그간 5차에 걸쳐 ICAO의 주관하에 개최된 특별항공운송회의(Special Air Transport Conference)에서 논의되었다.[38] 1977년, 1980년, 1985년, 1994년 및 2003년 각기 몬트리올에서 개최된 동 회의는 정기 및 비정기 항공노선 취항 허가문제, 한 나라의 일방적인 조치(가령 소음규제 등)가 국제민항에 미치는 영향, 컴퓨터 예약제도, 항공권 판매대금의 외화 송금, 체크인 짐의 상이한 규제[39]의 통일 등을 논의하였으나 뚜렷한 해결책이 없이 ICAO 이사회가 계속 연구・검토할 것을 권고하는 결의안을 채택하는 것으로 종료하였다.

국제 항공문제의 지역 간 기술적 협력을 위해서 현재 2가지 채널이 존재하는바, 첫째는 바로 다음 항에서 기술하는 지역 내 관제통신 업무의 공동제공이며, 둘째는 ICAO의 지역사무소가 관여하여 개최하는 지역항행회의(Regional Air Navigation Meeting)이다. 이 지역항행회의에서의 토의 안건은 전반적인 지역 내 협의사항이 될 수도 있고 또는 특정한 항공기술문제(예: 통신)에 관한 사항만을 토의하는 회의가 되기도 한다. 동 지역항행회의의 결정사항은 ICAO 항행위원회(ANC)의 심의를 거쳐 이사회의 승인을 받아야 한다.

3. EUROCONTROL과 유사기구

ECAC 등의 지역협력기구가 지역 내 항공문제에 관하여 역내 국가 간 정책적인 문제를 놓고 보조를 같이 하는 목적을 갖고 있다는 것은 앞서 설명한 바다. 이러한 정책적 협력보다는 범위를 좁혀서 보다 구체적인 관제통신 등의 업무를 제공하기 위한 국가 간 협력이 지역별로 진행 중에 있다. 유럽과 같이 조그마한 영토의 국가가 밀집되어 있는 지역에서 국가마다 자국영공을 비행하는 항공기에 대한 관제업무[40]를 각기 제공하는 것은 비경제적일 뿐만 아니라 혼선을 가져오는 일이 된다. 이 점에 착안하여 유럽 등 일부 지역에서는 관제통신을 공동으로 제공하고 이에 따른 경비는 국가 간에 부담하는 방법을 취하고 있는바, 가장 대표적인 것이 유럽에서의 EUROCONTROL이다. 유사한 지역기구로 중미의 COCESNA와 서부 아프리카의 ASECNA가 있는바, 다음에 기술한다.

---

38) 1994년 11~12월 ICAO가 개최한 회의는 세계항공회의(Worldwide Air Transport Conference)라는 제하로 항공 자유화와 경쟁을 주요 의제로 다루었음. 여사한 회의는 규범을 정하는 외교회의의 성격을 갖는 것이 아니고 참가국 대표 간에 당시 관심사인 국제 항공문제를 자유 토론하는 장으로 이용되어 왔음.

39) 유럽・아시아 지역에서는 이코노미 승객 1인당 20kg부터 25kg까지 무료 짐의 check-in을 허용하나 대서양과 태평양을 횡단하여 미국과 캐나다를 연결하는 항공기에 탑승하는 승객은 economy 승객 1인당 2개(대한항공의 경우 개당 23kg까지)의 짐을 허용하기 때문에 어느 지역을 여행하느냐에 따라서 허용하는 check-in 짐의 무게가 다름. 남미 행은 북미를 경유할 경우는 개수로, 경유하지 않을 시 무게를 적용함.

40) 항공기의 공중충돌을 방지하고 신속하고 질서 항행을 도모하기 위하여 제공되는 통신 업무를 말함.

3.1. EUROCONTROL[41)]

EUROCONTROL(European Organization for the Safety of Air Navigation)을 설립하는 협약(Convention Relating to Cooperation for the Safety of Air Navigation)은 1960년 브뤼셀에서 채택된 후, 1963.3.1. 서독, 벨기에, 프랑스, 영국, 룩셈부르크, 네덜란드 등 6개국을 대상으로 우선 발효되었다. 동 협약은 협약 종료를 앞두고 1981년 채택한 브뤼셀 의정서에 의하여 그 효력이 연장되고 또 개정된 후 1997년 모두를 하나로 통합하는 의정서(Consolidated Protocol)를 채택한 바, 2015년 현재 40개 유럽국가가 가입하고 있다.

EUROCONTROL 협약은 그 뒤 수차례 개정되었다. 1986년에 발효된 개정협약은 기존 협약에서 각 회원국의 공역을 포기토록 하여 일정 고도 이상 상공에서 공동 항공관제를 실시한다는 목표를 수정하여 유럽 내에서의 협력에 중점을 두는 것으로 현실화하였다. 동 협약은 1997년에 또 개정되어 비행 상공에서만의 관제협조와 통일이 아니고 gate－to－gate 개념을 도입하여 공항 택시웨이와 활주로(runway) 등을 포함한 지점으로까지 적용 대상을 확대하였다. 상기 개정 시 CEATS(Central European Air Traffic Services) 설립 협정도 체결하였는바, 이에 따라 오스트리아, 보스니아헤르체고비나, 크로아티아, 체코공화국, 헝가리, 슬로바키아, 슬로베니아, 그리고 이태리 북동부지역의 상공을 공동 관제구역으로 하고 관제구역 센터(Upper Area Control Center)는 오스트리아 비엔나에 소재키로 하였다. 그 결과 공동 관제 구역은 벨기에, 네덜란드, 룩셈부르크, 그리고 일부 독일의 상공을 대상으로 이미 설치된 MAS UAC(Maastricht Upper Area Control Center)와 함께 유럽에 2개의 UAC가 존재하며 관제 업무 제공으로 얻은 수입은 참가 국가가 나누어 가진다.

동 협약이 설치한 EUROCONTROL은 본부를 브뤼셀에 두고 각 협약 체약국의 국내법상 법인격을 향유한다. 동 기구는 항행안전위원회(Permanent Commission for the Safety of Air Navigation)와 항공교통업무청(Air Traffic Services Agency)으로 구성되어 있다. 위원회는 각 체약국의 대표로 구성되어 동 기구의 정책 결정 및 입법기관 역할을 한다. 항공교통의 원활한 유통과 항행안전을 위한 시설 설치 등의 조치를 채택하는 업무를 동 위원회가 담당한다. 동 위원회의 업무를 상술하면 다음과 같다.

① ICAO의 표준과 권고방식을 바탕으로 국가항공교통규칙과 항공교통 운항을 연구하고 각 체약국의 기술발전 수준을 감안하여 항행업무와 시설에 관한 연구를 조정하고 증진함.
② 무선, 텔레커뮤니케이션 및 이에 상응하는 체공(airborne) 안전 기구에 대한 공동방안을 증진함.
③ 체약국의 요청에 따라 동국의 하부 영공[42)]의 항공교통업무를 EUROCONTROL 또는 여타 체약국

41) 관련 협약문을 포함한 동 건 상세기술은 S. B. Rosenfield, The regulation of international commercial aviation(1984), pp.3~115 참조.

42) 항공교통관제 편의상 영공의 일정한 고도를 기준으로 상, 하로 나누어 상부는 고속 비행용으로 하부는 기타 비행구역 등으로 구분할 때의 하층 공역을 말함.

에 의뢰할지를 결정함.

④ 항공교통업무청이 제공하는 업무에 대한 수입금 처리 방침을 정하고 업무의 사용료 및 사용조건을 승인하며 재정방침을 정함.

⑤ 항공교통업무청 활동에 대한 전반적인 감독을 행사함.

항공교통업무청은 EUROCONTROL의 집행기관으로서 EUROCONTROL 설립 협약이 정한 범위의 공역에서 항공교통업무를 제공한다. 동 업무청은 필요에 따라 건물과 시설을 건축하고 자체에 위임된 항공교통업무를 직접 수행하기도 한다. 동 업무청은 또한 항공교통관제업무상 체약국의 국내규정을 적용하는 데 문제가 있을 때에는 위원회에 동 문제를 제기하여 해결토록 한다. 체약국의 상공을 비행하는 항공기의 기장은 업무청이 지시하는 사항을 의무적으로 따라야 하며 항행규칙의 위반은 업무청에 보고된다. 업무청은 자체 인원충원과 업무요율을 결정(위원회의 승인을 전제로)하며, 체약국의 기술부서와 관계를 유지하면서, EUROCONTROL을 대표하여 행정, 기술, 상업적인 계약을 체결할 수 있다. 동 업무청은 체약 당사국의 영공 진입, 비행 및 안전에 관한 국제협정과 국내 규정의 적용을 받는다.

EUROCONTROL이 국제 항공협력의 발전 모델을 제시하고 있기는 하지만 역내 지역별로 상이한 기준을 허용하는 위원회의 결정 때문에 기대하였던 대로의 효율성을 제고하지 못하고 있는 것으로 평가되고 있다. 여기에 덧붙여 주권국가의 결정사항인 영공 방어의 개념과 효율적인 영공 사용 문제가 상충하여 EUROCONTROL의 활동영역이 그만큼 축소되고 있다. 구주연합(EU)의회는 1973년 공동 운송정책에 관한 결의문을 채택하여 모든 EUROCONTROL 체약국의 영공을 공동 활용하여 상부 및 하부영공의 관제를 표준화하고 공통적인 입장을 취할 것을 요청하였다.

현재 EUROCONTROL은 EU와 협력하면서 활발한 활동을 하고 있다. 이는 1997년 EUROCONTROL 관련 통합 의정서의 채택으로 유럽공동체(European Community)가 2002년 협약 당사국으로 참가할 수 있었기 때문이기도 한 바, 양 기관은 유럽의 상공을 하나의 비행공간으로 단일화 하는 단일유럽하늘(Single European Sky: SES)이라는 구주집행위(European Commission)의 사업[43]을 1999년 시작하여 2004년 말 실시한 데 이어 최근 유가 인상과 환경의 중요성을 반영한 SES Ⅱ라는 제2단계 사업을 추진하면서 항공교통관리(Air Traffic Management: ATM) 개선을 통한 저렴한 비용과 많은 공역 이용을 목표로 하고 있기 때문이다.[44] 이들은 또한 2020년 시행을 목표로 Europe ATM(Air Traffic Management) Master Plan[45]을 진행 중에 있는 바, SES 사업은 동 일환이기도 하다. 2014년 현재 40개

43) Single European Sky를 구축하는 조치가 구체적으로 2001.10.10. EU 집행위의 제반 ATM 방안 패키지로 채택되어 확정된 후 2004.3.10. 구주의회와 구주이사회의 Regulation(EC) No 551/2004로 법제화되었음. 동 규정은 공역을 상부와 하부로 구분하고 고도 285(8,700m) 이상의 상부 공역은 통과 비행을 위한 용도로, 하부공역은 공항 접근 비행용도로 목적을 구분하였음.

44) 2011.7.7.자 Commission Regulation (EU)No.677/2011은 ATM 네트워크 기능을 이행하기 위한 구체적인 내용을 기술하면서 이를 담당할 Network Manager를 신설하였는바, EUROCONTROL이 Network Manager 역할을 하게 됨.

45) EU 이사회는 2009.3.30. Decision 2009/320/EC를 통하여 European Air Traffic Management Plan of the Single European Sky ATM Research(SESAR)

유럽국가가 SES 사업에 참여하고 있다.[46)]

작은 영토의 여러 나라들로 구성되어 있는 유럽에서는 2010년 하루 2만 6,000회의 비행으로 공역의 혼잡과 효율문제가 제기되고 있다. 게다가 2020년에는 항공기 운항이 2배 증가할 것으로 예측되면서 유럽공역의 이용체제를 전폭 개선하여야 한다는 필요가 제기되었다. 비슷한 미국의 공역과 비교할 때 항공교통관제를 하면서 항공교통업무를 제공하는 구역관제센터(Area Control Center: ACC)가 미국에는 8개에 불과하지만 유럽에는 66개나 되면서 좁은 영토에서 항공 업무를 제공하는 기관이 국경을 위주로 불필요하게 과다하게 존재한다.[47)] 이에 따라 유럽의 항공교통관리(Air Traffic Management: ATM)를 위하여 매년 20~30억 유로가 더 소요[48)]된다는 분석결과도 나와서 이를 시정하는 작업을 하는 것이 SES 사업이다.

SES 사업의 핵심은 ATM의 효율을 위하여 2004년 유럽의 공역을 기능공역(Functional Airspace Block: FAB)으로 단순화시켜 작게는 2개국(영국-아일랜드)으로 구성된 UK-IR, 많게는 6개국(7개의 민간관제업무제공기관과 3개의 군 기관)이 통합된 FABEC(FAB Europe Central로서 프랑스, 베네룩스 3국, 스위스, 독일 등의 공역으로 구성) 등 9개의 FAB로 축소하는 작업을 2012년 완료하는 것이었다.[49)] 그러나 FAB가 원래 계획대로 2012.12.4.까지 완전 가동하는 것은 불가능 하였다. 이는 국가를 달리하면서 다양한 요금체제와 업무패턴을 가지고 있는데다가 군 기관과 민간의 항공교통관제서비스 제공방식도 상이하였던 것이 문제였지만 이보다는 관련 기관이 영공의 관제 효율보다는 주권이라는 미명하에 기득권 수호의 욕심이 작용한 약한 결과로 보인다. 그리고 관제용역의 제공을 하는 가운데 사고가 발생할 경우 EUROCONTROL의 업무일 경우 먼저 배상을 한 후 과오를 저지른 국가가 있을 경우 동 국가를 대상으로 구상권을 행사하는 것이지만 FAB의 경우 각 FAB마다 적용하는 조약이 명확한 책임 구분을 하지 않는 가운데 사고 발생 국가가 먼저 배상을 하고 추후 관제용역을 제공한 국제기관을 상대로 구상권을 행사하도록 되어 있는데 그 규정이 모호하고 미비하다는 문제점이 있다.[50)]

9개의 FAB가 유럽에서 제대로 가동될 경우 항공교통관제가 원활한 가운데 유럽공역의 효율도 높아지면서 더 많은 항공기 운항이 가능할 것이며, 항공관제요금도 하향될 뿐만 아니라 항공안전도 강화될 것으로 예상된다. 이 사업이 성공적으로 정착될 경우 현재 국경 위주로 구획되어 있는 FAB

사업을 승인하였음.

46) 유럽 항공공역의 관제일원화와 규범통일을 위한 최근 동향과 문제점은 F Schubert, "The Regulation of Air Navigation Services in the Single European Sky - The Law of Increasing Complexity", AASL, XXXVII(2012) 125-168참조.

47) I. H. Ph. Diederiks-Verschoor, An Introduction to Air Law, 9th Ed., Wolters Kluwer, the Netherlands, 2012, p.123.

48) 2014.7.17 방문 EUROCONTROL website(http://www.eurocontrol.int)의 Single European Sky 설명 내용.

49) 2012.3.12.자 AWST pp.37~39. 9개의 FAB 설치를 위한 EU의 SES Airspace Regulation No. 551/2004와 Regulation No. 1070/2009참고.

50) D Defossez, The Single European Sky: What about the Liability Aspect?, 40 Air & Space Law(2015) 209-229.

들 간의 경계는 항로 흐름을 감안한 경계로 변경될 뿐만 아니라 보다 작은 숫자의 FAB로 재편될 수 있겠지만 2015년 현재 2개의 FAB[51]만 제대로 가동되는 실정을 감안할 때 쉬워 보이지 않는다.

3.2. COCESNA

중미에서 인접한 수 개국 사이에 항공교통관제업무를 제공하여 안전하고 효율적인 항공기 운항을 도모하기 위한 목적으로 1960년 온두라스 Tegucigalpa에서 코스타리카, 엘살바도르, 과테말라, 온두라스, 니카라과 5개국 간 중미항행업무공사(Central American Air Navigation Services Corporation)를 설치하는 협약이 채택되었다. 1996년에 벨리스가 가입한 COCESNA는 EUROCONTROL과 같이 자립운영을 하는 단계에 미치지 못한 상황에서 ICAO 등의 지원을 받고 있는 중이다. 동 협약은 1961년에 발효되었고 15년간 유효하며 그 뒤부터는 5년 단위로 자동 갱신된다(협약 제28조). 동 협약은 또한 협약문서의 수탁기관으로 ICAO를 지정하였다(협약 제32조).

3.3. ASECNA

동일한 목적으로 아프리카에서는 ASECNA(L'Agence Pour la Sécurite de la Navigation en Afrique et à Madagascar)가 설립되었다. 프랑스의 전 식민지 국가인 아프리카 국가와 프랑스와의 협상결과 1959년 '아프리카와 마다가스카르에서의 항행을 위한 시설과 업무를 관리할 사무소 설립에 관한 협약'을 채택하였다. 동 협약은 1974년에 완전 개정되어 협약이 설치한 ASECNA 사무소를 프랑스 파리에서 세네갈 다카르로 이전하였다. 이 신 협약 채택에 참가한 국가는 2015년 1월 현재 카메룬, 중앙아프리카, 콩고, 코트디브아르, 베냉, 프랑스, 가봉, 부르키나파소, 모리타니아, 마다가스카르, 말리, 니제르, 세네갈, 차드, 토고, 기네비싸우, 코모르, 적도기네 등 18개국이다.

동 협약은 COCESNA와는 달리 ICAO의 도움을 받지 않고 협약문안이 작성되었으며 또한 ICAO와 ASECNA와의 협조관계를 명시하지 않고 있다. 동 협약은 또한 ASECNA의 설치와 운영에 관해서는 부속서에서 상세히 규정하는 형식을 취하였다.

51) FABEC과 UK-IR FAB. 상동 p.217.

4. 비정부 간 국제항공협력기구

4.1. 국제항공운송협회(IATA)

IATA(International Air Transport Association)는 영어로 동일한 두문자(頭文字)를 가진 국제항공교통연합(International Air Traffic Association)으로부터 발전된 비정부 간 국제기구이다. 후자 기구는 1919년에 설립되어 국제 정기 민간항공사의 결속을 도모하는 역할을 하였다.

IATA의 설립은 1944년 시카고 회의와도 관련이 있다. 동 회의가 국제 상업항공의 경제적 측면에 대한 어떠한 합의 도달에도 실패하자 이로 인한 무질서를 우려한 나머지 민간항공업체가 상호 협의에 의하여 경제적 문제를 통일적으로 규율할 것을 목적으로 1944년 12월 IATA를 캐나다 국회의 특별법에 의하여 법인으로 등록함과 동시에 캐나다 몬트리올에 본부 사무실을 설치하였다.

IATA는 경제적 측면, 즉 국제 항공요율 책정 기능을 행사하는 데 주안을 두었다. 한편 시카고 회의가 보다 광범위한 항공교통 경제적 기능에 관한 합의에 실패한 이후 경제적 측면은 쌍무 국가 간의 항공협정에서 규정하고 있다. 그런데 이 쌍무 항공협정이 복잡한 국제항공요금체제를 정하는 데 있어서 IATA의 요율을 참조하기 때문에 요율 책정에 관한 IATA의 기능은 1945년 이래 한동안 강화되어 왔다. 따라서 IATA는 일반인에게 동업자 모임(trade association)의 기능보다는 국제 항공요금을 책정하는 권한을 행사하는 카르텔(Cartel)로 인식되어 왔다.[52)]

그러나 위와 같은 IATA의 권한은 미국이 1978년 이래 시행하고 있는 항공 자유화(deregulation) 조치에 따라 큰 영향을 받았다. 이에 따라 IATA는 지금까지 회원국이 요율 책정에 의무적으로 참여토록 한 것을 1979년부터는 회원국의 자유의사에 맡기는 것으로 IATA 설립법을 개정하였다.

IATA 기능의 변화는 1970년대 초 북대서양 횡단을 중심으로 한 국제 차터 비행의 요금이 대폭 인하되면서 정기 민간항공사가 동 가격경쟁을 감당하기 어려운 데서부터 시작된다. 정기 민간항공의 항공사를 회원으로 하는 IATA는 정기 국제 항공요금을 규율 · 책정하지만 비정기로 운항되는 차터 항공기의 항공요금 책정은 자신의 관할 밖 사항으로 되어 있다. 따라서 저렴한 차터 요금을 받고 운항하는 차터 항공은 정기 항공사의 무서운 경쟁자로 등장하였다. 이에 대응하여 IATA 항공사는 정기요금을 다양한 형태로 할인하는 방안들을 강구해야 했으나 IATA 회원국 간의 의견일치가 되지 않아 효율적으로 대처하지 못하였다. 이러한 상황에서 IATA는 미국의 항공 자유화 조치가 조성한 분위기에도 영향을 받아 미국 민항국[53)](Civil Aeronautics Board), 학계, 소비자 그룹으로부터 Cartel 단

52) IATA의 요율(tariff) 책정은 운송회의(traffic conference)에서 이루어짐. IATA는 동 요율 책정기능과 동업자 협회로서의 두 가지 기능을 가지고 있음.

53) 미국에서 운항하는 항공기의 요율(tariff)을 규율하는 미국 정부의 강력한 통제기관이었으나 미국의 deregulation 여파로 1985.1.1.부터 소멸되고 대부분의

체라는 거센 비난을 받기 시작하였다. IATA는 이에 대처하여 1974년 제30차 연차 총회 시 회원국 가입을 개방하고 비정기 항공사의 제한적인 참여도 가능하도록 결정하였다. 그러나 IATA의 개방조치는 필요한 관련 국가의 승인을 받지 못하였고 차터 항공사는 IATA에의 가입에 별 관심이 없었다. IATA는 또 하나의 대처방안으로 북대서양을 운항하는 차터 항공사와 북대서양 횡단 최저요금을 정하는 잠정협정을 체결하려고 노력했으나 이 역시 실패로 끝났다.

IATA에 대한 상기 시련이 한동안 계속된 후 1978년 미국 민항국(CAB)은 IATA의 요율 책정활동에 대한 지금까지의 반 트러스트 적용 배제 혜택을 박탈할 수 있는 Show Cause Order 절차를 발동하였다.[54] Show Cause Order는 1978년 당시 미국 CAB의 국장인 Kahn이 IATA의 항공요금 책정기능을 검토한 결과 동 기능이 더 이상 현실(차터기 운항으로 저렴한 항공요금의 대중화 등)에 맞지 않음을 지적한 후, IATA 산하 운송회의(Traffic Conference)가 결정하는 요금이 더 이상 공중 이익과 합치하지 않기 때문에 CAB는 IATA가 결정하는 요금에 대한 승인을 철회한다는 잠정적인 결론을 내리면서 CAB의 동 잠정결론이 잘못되었다고 생각한다면 그 이유(Cause)를 제시(Show)하도록 IATA와 관계당사자에게 요청하는 것이었다. 아울러 CAB는 만약 그럴듯한 반대 논거가 없는 한 1946년 이래 IATA에게 부여해 오고 있던 반 트러스트 법 적용 배제 혜택을 철회하겠다고 발표하였다.

Show Cause Order가 발동된 지 얼마 안 되어 IATA는 즉각 특별총회를 개최하여 자체 운송회의의 절차와 목적을 변경하였으며 동 회의의 항공요금 책정에 대한 회원항공사의 참여를 각 회원의 자유에 일임하는 대변혁을 단행한 후 동 결과를 1978.11.2. CAB에 통보하였다. CAB는 이에 만족하여 IATA에 대한 반 트러스트 면제 혜택의 박탈을 보류하였다.

상기 Show Cause Order(SCO)는 국제 항공사회에 소용돌이를 불러일으킨 일대 소동이었다. SCO가 발동된 후 각국은 Bogota, Brussels, Nairobi에서 각기 역내 국가별로 회합을 갖고 대책을 협의하였다. 각국이 이에 큰 관심을 갖지 않을 수 없는 이유는 세계 다수 국가의 다수 항공사가 IATA에 가입하여 IATA가 정하는 항공요금을 적용하면서 미국에 취항하고 있는데 만약 미국 정부가 IATA 요금 책정을 트러스트 행위로 규정할 경우 아무런 대안도 마련되지 않은 상태에서 세계의 항공요금체제가 붕괴되는 것을 뜻하는 것이기 때문이다. 이러한 각국의 우려는 미국 행정부에 전달되었으며 미국은 이미 항공요금체제가 붕괴[55]되어 있는 북대서양 항공요금을 책정하는 IATA 운송회의에 미국 항공사가 참여하지 말 것과 CAB와 ICAO의 대표가 IATA의 운송회의에 참가할 것 등 조건을 내세워

기능이 FAA(Federal Aviation Administration)로 이관됨.

54) P. P. C Haanappel, Pricing and Capacity Determination in International Air Transport(1984), p.62. 동서는 미국의 deregulation과 이에 따른 IATA의 기능 변화 등을 상세 기술하고 있음.

55) 1970년대 초부터 북대서양 횡단 항공기의 요금이 자율화되어 영국인 사업가 Freddie Laker의 Sky train이 등장하는 등 항공여행의 대중화에 크게 기여하였음. 이에 따라 항공사마다 북대서양 횡단 항공요금을 경쟁적으로 책정하였는바, 통상 정기 항공요금보다 여러 배 싼 가격으로 여행이 가능하였음. 이는 이전에 적용되었던 IATA 협정 요금만이 적용되어 오던 요금체제가 붕괴한 것을 말함.

IATA에 대한 반트러스트 면제 혜택을 계속 부여하고 있다.

이제 다음에서 IATA의 변혁기인 1978년 이후의 IATA 조직과 운영 등을 살펴본다.

4.1.1. 조직 및 기능

IATA의 기본이 되는 조직구조는 법인체 설립법(Act of Incorporation)과 정관(Articles of Association)의 2개 문서에 의하여 정해져 있다. 후자의 문서는 1945년 쿠바 하바나에서 국제 항공운송자 회의 시 채택된 것이며 전자는 1945년 가을 캐나다 국회에서 통과한 법으로 확정된 것이다. 후자는 그 뒤 수 차 개정되었지만 전자는 1974년 차터 항공사를 정회원으로 가입시키기 위한 목적으로 air service와 air transport enterprise를 확대 해석하는 내용으로 한 번의 개정이 있었을 뿐이다.[56] 1978년 IATA의 대변혁은 이상의 2개 문서와는 별도로 'IATA 운송회의의 이행 규정'(Provision for the Conduct of the IATA Traffic Conferences)을 변경한 데 따른 것이다.

IATA의 주요 기관으로 다음이 있다.

① 총회(Annual Assembly Meeting): 매년 개최하는 IATA의 최고 의사 결정기구임.
② 이사회: 총회에서 선출되는 30개 사 대표로 구성된 IATA의 집행 이사회(Board of Governors)임.
③ 상임이사회: 화물, 운송(승객), 재정, 기술의 4개 위원회가 있으며, 동 위원은 이사회가 지명한 뒤 총회가 인준하여 선출됨. 상임위원회는 이사회의 감독 하에 이사회 업무를 보좌함. 운송위원회는 또한 후술하는 요율조정회의 시 정책 자문 역할을 함.
④ 사무총장(Director General): 이사회가 지명한 자를 총회가 인준하여 임명되는 자로서 사무국의 최고 책임자임. 사무국은 이상의 3개 기관 활동을 보좌함.

앞서 본 변화에 따라 1979년부터 IATA는 모든 회원사가 참가하는 동업자 모임(Trade Association)으로서의 기능과 원하는 항공사만 참여하는 요율[57] 조정(Tariff Coordination)기관으로서의 기능을 가지는 2원 체제로 운영되고 있다.

동업자 모임의 기능으로서 IATA는 항공절차와 관행의 표준화, 국가 또는 국제기구를 상대로 한 항공사 입장 대변 등의 역할을 한다. 표준화 업무로서 IATA는 항공 및 대리점 회의(Services and Agency Conferences)를 개최하는데, 이 양자 회의를 칭하여 절차회의(Procedures Conferences)라고도 한다. 그리고 요율 조정기능으로서 IATA는 여객요율조정회의(Passenger Tariff Coordinating Conferences)와 화물요율조정회의(Cargo Tariff Coordinating Conferences)를 개최하여 자발적으로 참여한 회원사가 적

---

56) 차터 항공사를 회원으로 가입시키려는 IATA의 배려는 실패로 끝났음. 현재 IATA는 정기 국제 운항 항공사를 정회원으로, 정기 국내 운항 항공사를 준회원으로 구성되어 있음.

57) 우리말로는 구분이 안 가지만 영어표현으로는 구분이 되는 용어 중에 tariff와 fare 또는 rate가 있음 tariff는 여객 또는 화물 요금 등을 모두 지칭함과 동시에 동 여객 또는 화물의 운송조건, 즉 conditions까지를 포함하는 용어이고 일부 국가에서는 여사한 요금과 조건들을 담고 있는 문서까지도 포함하는 뜻으로 사용함. 일반적으로 fare는 승객운송에 있어서의 tariff를 말하고 rate는 화물운송에 있어서의 tariff를 말함. ICAO Doc 9626, Manual on the Regulation of International Air Transport(2nd ed., 2004), 4.3 Air Carrier Tariff 참조.

용할 요율을 정한다.

IATA는 이사회의 요청 또는 정회원 1/3 이상의 요청으로 특별 총회를 개최할 수 있다. 총회에서는 정회원인 항공사의 대표 중에서 IATA 회장을 선출하는데, 동 회장은 매년 돌아가면서 각 항공사 사장이 겸임하고 있다. 이사회는 30명의 위원으로 구성되고 3년 임기이며 매년 총회 시마다 1/3이 개선된다. 동 위원도 역시 항공사 대표가 겸임한다. 이사회 의장은 30명의 이사 중 1인을 1년씩 교대로 선출한다. 총회는 또한 전년도 예산 지출과 익년도 예산안을 승인한다. 수입예산은 예전과 달리 회원항공사의 분담에 의하여 충당되는 비율이 낮아지고 컨설팅 등의 분야가 큰 비중을 차지한다. 이는 2007년부터 요율조정회의에 참가하는 항공사가 더 이상 회비를 내지 않도록 변경한 데에도 기인한다. IATA 정책 수행 업무를 담당하는 이사회는 연차 총회 전후로 연 2회 정기 회합을 갖는다.[58] 사무총장은 이사회 동의하에 여러 특별위원회를 구성하여 중요 문제를 연구・검토한다.

사무국의 운영은 사무총장과 이사회가 맡고 있다. 사무총장은 실제적으로 대부분의 주요 사무국 인사를 임명한다. 그러나 1978년까지 카르텔 성격의 기구로서 독점적인 항공요율의 이행을 감시하기 위한 사무국의 기능과 하부조직은 거의 소멸하였다. 이에 불구하고 IATA의 항공요율은 많은 경우 아직도 양국 간 항공협정에서 적용하는 기준에 참고가 되고 있는바, 이는 각국 항공 당국이 IATA의 전문성에 자발적으로 의존하는 결과이겠다. 이전에는 또한 IATA의 합의사항(항공요금 등) 이행 여부 감독만을 담당하는 사무국 산하 부서로서 이행감독처(enforcement office)가 있었으며 동 부서는 전 세계에 걸쳐 활동하고 있는 조사관의 보고에 크게 의존하였다. 그러나 IATA는 기존 이행감독제도를 크게 완화하여 공정거래감독제도(Fair Deal Monitoring Programme)로 대체하였으나 이마저 소멸되었다.[59] 사무국은 정부・산업, 인력, 법률・기업, 기업통신, 운송, 산업자동화・재정, 기술, 기업재정・행정, 기업 프로젝트의 부서로 slim화되는 등의 큰 변화를 겪고 있다.[60] IATA는 몬트리올에 본부 사무소를 소재시키면서 제네바, 런던 및 싱가포르에도 사무소를 두고 16개소(암만, 아테네, 방콕, 다카르, 홍콩, 자카르타, 제다, 쿠알라룸푸르, 마이아미, 나이로비, 뉴욕, 푸에르토리코, 리우데자네이루, 산티아고, 바르샤바, 워싱턴 D.C.)에 지역사무소를 두고 있다.

IATA 사무국은 의사결정 기구가 아니지만 사무국 직원의 경험과 전문지식은 사실상 사무국의 의사결정 참여를 가능하게 하고 항공문제에 관한 ICAO 등의 국제회의에서는 옵서버로 참석하는 IATA 사무국 직원의 의견이 경청되고 있다.

IATA의 조직과 기능 중 가장 논란이 되고 있는 것은 역시 요율 조정이다. 요율조정회의는 현재

---

58) Haanappel의 저서 p.68.

59) 상동 p.71. 이행 감독처는 1986년에 소멸하였으며 1979년 이래 IATA의 요금 결의 이행과 준수는 도전받아 왔음.

60) IATA 발간 Membership Services Directory p.40(IATA Secretariat Administration effective August 1994).

크게 3개의 지역별로 나누어 회의를 개최하는바, 대략 미주가 제1지역, 유럽 및 중동・아프리카가 제2지역, 나머지 아시아와 호주, 뉴질랜드가 제3지역을 구성하고 있다.

이 지역은 각기 다시 세분된다.

이 요율조정회의에서 항공요율(tariff)을 정하는데, 전술한 바와 같이 1979년 이래로는 IATA 회원 항공사가 더 이상 의무적으로 동 요율조정회의에 참가하지 않아도 되므로 회원항공사가 원한다면 동 회의에 참가하지 않고 IATA가 결정하는 요금에 구속되지 않아도 된다.

요율조정회의(Tariff Coordinating Conferences)는 여객과 항공, 그리고 지역별 또는 지역 간 합동회의를 총괄하여 다음 14개 회의체로 나누어진다.

① Passenger Tariff Conference 1
② Passenger Tariff Conference 2
③ Passenger Tariff Conference 3
④ Cargo Tariff Conference 1
⑤ Cargo Tariff Conference 2
⑥ Cargo Tariff Conference 3
⑦ Passenger Tariff Conference 1/2
⑧ Passenger Tariff Conference 2/3
⑨ Passenger Tariff Conference 3/1
⑩ Passenger Tariff Conference 1/2/3
⑪ Cargo Tariff Conference 1/2
⑫ Cargo Tariff Conference 2/3
⑬ Cargo Tariff Conference 3/1
⑭ Cargo Tariff Conference 1/2/3

상기 조정회의는 항공기 운항비용을 분석한 후, 여객과 화물요금 및 동 운송조건, 체크인 짐의 허용한도, 대리점의 수수료 등을 결정한다. 동 회의 역시 전원일치로 의결하기 때문에 일개 회원이라도 반대한다면 의결사항이 의무적으로 시행되지 못하고 권고사항(recommended practice)으로만 채택된다. IATA는 매년 크고 작은 Tariff 조정회의를 다수 개최하지만 일부 노선 요금과 체크인 짐의 통일 등 아직 합의 보지 못한 사항이 많이 있다.

대한항공사를 포함하여 117개국의 256개 항공사가 IATA 회원사로 가입하고 있으나 요율조정회의에 참가하고 있는 항공사는 2015년 현재 118개 항공사에 불과하다. 이 중 70개 항공사가 여객과 화물 요율조정회의에 공히 참석하고 44개 항공사는 여객요율조정회의에만, 미국의 Federal Express 등 4개 항공사는 화물요율조정회의에만 참석하고 있다. 여객요율조정회의는 매년 개최되는 반면 화물요율조정회의는 격년제로 개최되고 있다.

공통 요금과 이에 바탕을 두고 있는 interlining은 그 편의성 때문에 과거 50년 이상 모든 정부에서 유용한 것으로 인정하면서 경쟁법 적용에서 제외하여 주는 특별대우를 하여 왔다. 그러나 항공 자유화 바람이 불면서 미국과 유럽연합(EU) 및 호주가 반독점법(antitrust) 적용면제 구간을 축소하면서 다음구간에서는 항공사들 간의 요율합의가 적용되지 않도록 완전 자유화하였다.61)

- 2006년 말부터 EU 내
- 2007년 6월 말부터 EU와 미국 사이 및 EU와 호주 사이
- 2007년 10월 말부터 EU와 기타 지역 사이
- 2008년 6월부터 호주를 도착하고 출발하는 모든 항공

항공요금 결정에 있어서 또 하나의 획기적 사건은 지금까지 얼굴을 맞대고 하는 회의를 통하여 일하는 대면회의 방식을 2008년부터 변경하여 컴퓨터상 온라인 투표를 하는 것으로 대체한 것이다. 이는 국제선 항공운임이 IATA의 지역별 회의(연 1회)를 통해 결정되어 왔는데 미국과 EU 등이 대면 형태의 IATA 운임 조정회의 방식이 공정거래 측면에서 카르텔 독점 성격의 요율을 제시하게 된다는 문제점을 지적한 결과 Flex Fare가 2007.1.15. 유럽 내에서 시행된 데 이어 2011.4.1. 중동, 아프리카까지 적용 중이나 단, 요율 승인에 정부가 개입하는 노선은 적용되지 않는다.62)

Flex Fares는 공표된 항공사 운임(carrier fares)을 기반으로 도출된 연계 운임(interlineable fares) 으로서 해당 노선의 객실 등급별 항공사 운임의 평균(base fare)에 연계 프리미엄(interline premium)을 부가하여 도출된다. 동 IATA의 Flex Fares는 e－Tariff와 결합하여 운영되는데, e－Tariff는 기존의 항공사들 간 대면(face to face) 협상이 아닌 인터넷 기반으로 IATA와 항공사 간 협상을 하고 운임규정에 대한 전자투표를 실시하는 것을 의미한다.63)

IATA의 또 하나 중요기능인 Procedures Conferences는 다음 4개로 나누어져 여객과 화물의 운송에 관련한 절차, 문서, 예약, 항공권 판매, 일정 항공사와 여행사 또는 항공화물 대리점과의 관계, 화물 취급 및 절차, 동물 수송 규정 등 제반 업무를 회원항공사 간에 통일적으로 적용하고 문제점을 해결하는 기능을 행사한다.

① Passenger Services Conference
② Passenger Agency Conference
③ Cargo Services Conference
④ Cargo Agency Conference

모든 회원항공사 대표가 찬성으로 의결하는 Procedures Conferences의 중요 역할은 첫째, 항공사 간의 약속으로 여행객이 어느 곳에서 표를 구입한 것에 관계없이 소속 항공사가 다른 항공기를 바꾸

61) 2012.6.15. 방문 IATA website http://www.iata.org/pressroom/facts_figures/fact_sheets/Pages/flex－fares.aspx

62) 2012.6.15. 방문 상동 웹 상의 Flex Fares Update 내용.

63) 한국교통연구원 수시연구 2008－01. 김민정 · 안미진. IATA Flex Fare 도입에 따른 항공운송시장 영향 분석 및 대응 방안. xiv쪽.

어 타면서 여행할 수 있도록 한 Interlining 제도와 둘째, 항공권 판매 대리점과 항공화물 대리점을 규제하는 Agency Programmes이다. 첫째와 관련한 Multilateral Interline Traffic Agreements에는 2015년 1월 현재 480개 이상의 항공사와 준 회원사(associates)가 참여하고 있는데 이는 국제 정기운송의 93%를 차지하는 주요 여객 및 화물 항공사가 참여하는 것을 말한다. 이 Interlining이야말로 가장 중요한 IATA의 존재이유가 되겠다. 이는 물론 여객 항공권에만 적용되는 것이 아니고 화물수송에도 적용되는 것인바, Interlining 제도가 없는 항공운송은 혼란 그 자체이겠다. 둘째, Agency Programme은 IATA 회원항공사가 여객 또는 항공운송 대리점과의 영업 결과 커미션을 지불하는 데 있어서 IATA로부터 허가받은 대리점만을 상대하여 지불하도록 함으로써 결국은 IATA 회원항공사는 IATA가 허가한 대리점하고만 영업을 하도록 규제하는 카르텔 성격의 내용이다. 그러나 이 규제는 1985년부터 미국에서는 실시되지 않고 있다. 그 대신 미국에서는 IATA가 소유하는 비영리업체로서의 IATAN(Passenger Network Services Corporation)이 여객 대리점을, CNS(Cargo Network Services Corporation)가 화물 대리점을 회원으로 가입시켜 정보 제공과 명단 등 제 업무를 담당하고 있다.

전 세계 210국에 약 79,000개의 IATA 인가 항공 대리점이 영업 중에 있으며 2014년 5월 집계로 이들 대리점에서 판매하는 금액은 연간 약 2,591억불에 이른다.[64] 그리고 이는 항공사 총 매출의 80%이상을 차지한다.

4.1.2. 요금 청산 기능

Interlining에 따른 각 항공사의 항공료 배분문제가 해결되어야 한다. 즉 한 여객이 서울에서 몬트리올로 여행하는 항공권을 구입할 때 서울에서 몬트리올로 직접 비행하는 항공기는 없으므로 통상 서울－뉴욕－몬트리올 또는 서울－밴쿠버－몬트리올의 일정으로 여행하게 된다. 전자에 있어서 서울－뉴욕을 대한항공으로 여행하고 뉴욕－몬트리올은 에어캐나다(Air Canada) 항공기를 이용하였을 경우 동 여객이 항공권 구입 시 지불한 요금은 대한항공뿐만 아니라 에어캐나다에도 배분되어야 하는데 이 배분, 즉 각 관련 항공사의 몫을 청산하여 주는 제도가 Clearing House 제도이다. 배분의 기준은 통상 일정구간에서 여객 또는 화물을 운송한 각 항공사의 운송거리 비율이다.

이사회와 상임위원회 중 재정위원회가 관여하고 있는 Clearing House는 1947년 1월 런던에 설치되었지만 그 후 제네바로 이전[65]하여 참여 항공사 간 상호 발생하는 채권채무를 IATA의 Clearing House 규정에 따라 매달 결제한다. IATA 회원국이 아닌 항공사도 포함하여 400개 이상의 항공사가 Clearing House를 통해 2014년 결제한 금액은 총 578억 달러로서 월 평균 약 48억 달러에 달한다.[66]

---

64) 2014.7.17 방문 IATA website http://www.iata.org/pressroom/facts_figures/fact_sheets/Pages/agency.aspx.

65) IATA는 비용 절감을 위하여 다시 몬트리올로 Clearing House를 이전하였음(1997.1.27.자 AWST, p.19).

동 결제는 매월 가능한 한 실제적인 금전거래를 피하며 장부상 결제로 진행한다. IATA의 동 기능은 Interlining과 함께 항공여행의 편의를 뒷받침하는 매우 유용한 것이다. IATA의 Clearing House는 1948년 5월 미국의 Clearing House인 Airlines Clearing House Inc.와 Interclearance Agreement를 체결하여 세계 제1의 항공시장인 미국을 세계 청산제도에 연계시켰다.[67]

4.2. 기타 비정부 간 협력기구

IATA가 국가 간의 차터 비행을 하는 비정기 항공사를 회원 또는 준회원으로 받아들이는 것으로 개방하였지만 동 비정기 운항 항공사는 자체의 동업자 모임인 NACA(National Air Carrier Association)나 IACA(International Air Carrier Association)를 구성하고 있다. NACA는 미국 내 항공노선 중 주로 지선(支線)운항을 정기 또는 비정기로 하는 16개 항공사를 회원으로 하고 있다. IACA는 미국과 유럽 및 카리브지역을 대상으로 레저승객을 수송하는 34개 항공사들을 회원으로 하고 있다. 이들 동업자 모임조합은 IATA보다 뒤늦게 탄생하였으며 IATA가 범세계적인 단체라 하면 이들 차터 항공사들의 모임은 일부 지역의 조합에 불과하다. 양자 간의 가장 큰 차이는 무엇보다도 IATA가 국제 정기 항공노선의 운임을 결정하는 데 반하여 차터 항공사들의 단체에서는 차터 항공료를 결정하지 않는다는 것이다.

지역범위를 더 넓혀 볼 때 각 지역의 항공사 모임으로 정기 항공사를 회원으로 하는 AACO(Arab Air Carriers Organization), AAFRA(Association of African Airlines), AEA(Association of European Airlines), AITAL(International Association of Latin American Air Transport), A4A(Airlines for America), ATAC(Air Transport Association of Canada), ATAF(Association des Transporteurs Aériens de la Zone Franc), 그리고 OAA(Orient Airlines Association)에서 1996년 AAPA(Association of Asia Pacific Airlines)[68]로 개명한 지역협력기구가 있다. A4A는 미국 내 정기 항공사의 모임으로서 미국 내 노선의 요금 결정에 직접 관여한다. AACO, AITAL, ATAF는 IATA와 연계하여 자체관할지역 내의 항공요금 결정에 관여한다. 이들 지역모임단체는 IATA 회원 또는 비회원으로 구성되어 있으며 IATA의 노선 요금 결정을 앞두고 자체 지역 내의 항공요금결정에 대한 공동보조를 모색한다.

이들 지역 항공사 모임은 interline의 협조, 항공기 수선과 이용, 원거리 통신, 공동 컴퓨터 예약제도 및 승객에 대한 책임한도 등에 관하여 서로 협조하고 공동보조를 취하는 것을 주목적으로 활동

66) 약 160개국이 동 결제제도를 이용하면서 국가별로 창구역할을 하는 은행이 있는바, 한국에서는 외환은행이 그 역할을 하고 있음. 그리고 어느 국가에서의 결제를 막론하고 대금결제는 2주를 넘기지 않도록 신속 처리되고 있음.

67) IATA의 회원사와 연합사(Associates)가 총 약 350개이나, 미국과 연계된 결과 약 450개사가 IATA Clearing House를 통해 매월 결제청산을 하고 있음.

68) 2015년 10월 현재 한국의 2개 대형 항공사를 포함하여 16개 항공사가 가입하고 있는 AAPA의 사무소는 말레이시아 쿠알라룸푸르에 소재함.

하고 있다.

이상의 항공사 모임과는 성격이 다르지만 항공에 관련한 정부 간 국제기구로 UN WTO(World Tourism Organization)가 있고 비정부 간 기구로서 민간항공관제서비스를 제공하는 기관 또는 업체 86개사가 회원으로 있는 CANSO(Civil Air Navigation Services Organization), 공항들이 회원으로 참여하는 ACI(Airports Council International), ICC(International Chamber of Commerce), UFTAA(Universal Federation of Travel Agents' Associations), FIATA(International Federation of Freight Forwarders' Associations), IBTA(International Business Travel Association), AACC(Airport Associations Coordinating Council), ACAP (Aviation Consumer Action Project)가 있다. 이 중 ACAP는 소비자 보호단체로서 워싱턴 D.C.에 본부를 두고 있는데 저명한 소비자 보호 운동가인 Ralph Nader가 1971년 설립한 단체이다. 조종사들의 모임인 IFALPA (International Federation of Air Line Pilots' Associations)는 약 100개 국가에서 결성된 국별 조종사협회(association)의 세계 연맹을 말하는 것으로서 10만 명 이상의 조종사들이 회원으로 가입하고 있다. IFALPA는 비정치적, 비영리 단체로서 전 세계 항공안전의 최고 표준 달성을 목적으로 하고 있다.

5. 국내 항공 담당기구

5.1. 국토교통부

김영삼 대통령시절 작은 정부 실천 방안으로 1994년 말 기존 건설부와 교통부를 통합함에 따라 탄생한 건설교통부는 2008년 출범한 이명박 정부 하에서 다시 해양수산부를 통합하여 국토해양부라는 거대부서로 탄생하였는바 항공정책실에서 우리나라의 국내외 항공 업무를 주관한다. 국내업무로는 항공사 면허 및 감독, 항공기 등록, 조종사 면허, 항공안전감독, 항공기 사고 조사, 항공관제, 공항관리, 항공 화물 대리점 인가, 상업서류 송달업 허가 등을 들 수 있고 국제 업무로는 국제항공노선 설정과 양자 및 다자간의 항공관련 협정체결, 국제민간 항공기구(ICAO) 업무 등이 있다. 항공정책실에 항공정책관, 항공안전정책관, 공항항행정책관 등 3개국(局)이 전술한 여러 국내외 항공 업무를 분장하고 있다. 국토해양부는 2013년 2월 출범한 박근혜 대통령 정부에서 국토교통부로 명칭을 변경하고 5년 전 흡수되었던 해양수산부는 분리되었다.

세계 다수 국가가 항공 업무를 취급하는 부서를 독립시켜 광범위한 항공관련 업무를 담당하고 있다. 우리나라는 세계 8번째[69]의 항공대국이나 독립된 항공청이 없으며 그간 '항공안전본부'로까지 성장한 조직이 2009년 초 정부조직 축소방침에 따라 국토교통부의 항공정책실로 축소되었다. 일반적인 이야기이지만 아직까지 우리나라의 정부조직과 기능은 전문성이 떨어지고 공무원의 잦은 보직이동으로 어느 정도 축적되었던 전문성마저 상실하는 형편이니 시행착오가 많은 실정이다. 따라서 정부정책을 입안하는 과정에서 외부 전문가에게 용역을 주어 이러한 단점을 보완하고자 하나 용역발주를 하는 공무원 조직이 어느 정도 전문성을 가지고 있어야 용역 수주기관이 제대로 된 품질의 용역산업을 하는지 여부를 판단할 수 있을 터이니 정책품질에 문제가 있을 수 있다.

5.2. 공항공사

정부는 1979년 국제공항관리공단법을 제정하여 국제공항관리공단을 설립하였다. 이는 공항시설을 효율적으로 관리·운영함으로써 항공 수송의 원활화를 도모하고 항공의 종합적인 발전에 기여함을 목적으로 하고 있다. 여기에서 공항시설은 공항의 여객청사, 화물청사, 활주로, 계류장, 주차장, 관제통신 및 항공 보안시설과 그 부대시설 및 지원시설을 말한다.

공항은 시카고협약 부속서 14 비행장(Aerodromes)에 관한 기준에 맞게 건설되어야 하며 부속서 9 출입국 간소화(Facilitation)에 따른 기준에 부합되게 운영되어야 하지만 공항설치와 운영에 관한 정부 간 협의기구는 ICAO를 제외하고는 없고 국제사회의 주요 이슈도 아니다.

1988년 서울 올림픽 개최이후 한국의 경제성장의 결과와 맞물려 국제 여객이 대폭 증가함으로써 주요 항공 관문인 김포 국제공항의 시설로는 수요를 충족할 수 없다고 판단하여 정부는 인천 영종도에 대규모 첨단 국제공항건설을 1992년 시작한 후 2001년 개항하였다. 5조 6천억원의 사업비로 연 여객 3천만 명, 화물 270만톤의 처리 능력을 갖는 공항을 건설한 후 약 3조원이 소요되는 제2단계 공항시설 공사(2002-2008년)를 통하여 여객 1천4백만명, 화물 180만톤의 처리 능력을 추가시켰다. 하지만 꾸준히 증가하고 있는 항공수요로 인해 2017년경엔 현재 운영 중인 여객터미널과 계류장이 포화 상태에 이를 것으로 판단되는 바, 정부는 총 사업비 4조 9천억 원을 추가로 투입하여 제2여객터미널 신설 및 연결 교통시설을 확충하는 제3단계 공항시설 공사(2009-2017)를 진행 중이다.

인천공항 건설을 위하여 설치된 수도권신공항건설공단이 1999년 인천국제공항공사로 명칭을 변

69) ICAO는 매년 전 회원국의 항공운송실적을 집계하여 발표함. 가장 최근 통계인 2014년 191개 모든 회원국들의 항공운송실적은 7,685억 RTK (Revenue-Ton-Kilometers)로서 승객, 화물, 우편 등 요금을 받고 국내외를 막론하고 운송한 모든 회원국들 소속 항공사들의 운송실적 총합)임. 이중 미국이 1,656억 RTK로서 21.5%를 차지, 1위를 점하며 중국(홍콩과 마카오 포함), UAE, 영국, 독일, 프랑스, 일본, 한국, 러시아 , 싱가폴 순서로서 한국은 세계에서 8번째의 항공운송대국임. 한국은 그중에서도 화물에서의 실적이 큰 바, 2014년 총 FTK (Freight-Ton-Kilometers)통계에서 미국, 중국, UAE, 한국 순서로 실적이 큼. 이는 국제 화물운송에서 차지하는 비중이 크기 때문임. 2014년 총 1,940억 FTK 중 미국이 382억, 중국이 178억, UAE가 156억, 한국이 110억 FTK로서 전 세계 화물운송의 5.7%를 담당하면서 세계 화물운송실적 4위를 기록하였음. 2015.9.27. 방문 ICAO website http://www.icao.int/annual-report-2014/Documents/Appendix_1_en.pdf.

경하여 독립운영을 하는 인천공항은 김포공항을 포함하여 기존 공항을 전담・운영하는 한국공항공단(2002년 한국공항공사로 명칭을 변경)과 함께 한국의 15개 공항 모두를 관리 운영하고 있다. 그러나 여러 국내 공항이 수요도 없는데 정치권의 논리와 지역여론에 의해 설립되어 2015년 현재 대부분 적자로서 일부 공항은 기능을 변경하여야 하는 결과가 되었다.[70)]

5.3. 국방부

국방부와 공군에서는 군사작전상 그리고 주요 국가시설 보호의 관점에서 일정한 구역의 상공을 설정하여 비행을 규제 또는 금지하고 있다. 시카고 협약 제9조는 체약 당사국이 자국 항공기와 타국 항공기를 차별하지 않고, 동 비행규제가 합리적(reasonable)이며 불필요하게(unnecessarily) 항행을 방해하지 않는 한 동 규제를 할 수 있도록 규정하고 있다.

시카고 협약은 제3조(a)에서 동 협약이 민간 항공기에만 적용되고 국가항공기에는 적용되지 않는다 하였고, 동조(b)에서 국가 항공기(State aircraft)를 정의하여 기능상, 군사, 세관, 경찰용으로 사용되는 항공기라고 규정하였다.[71)] 이는 또한 민간 항공기의 안전운항과 발전을 위한 ICAO 등의 국제협력이 각국의 국가항공기 운항에는 적용될 수 없는 것을 말하나 각국은 가능한 범위내에서 군사항공과 민간항공의 협력체제를 수립하고 있다. 우리나라는 특히 공항 시설의 이용에 있어서 민간 항공이 군에 의지하는 바 크다 하겠다.

5.4. 외교부

국가 간의 교섭문제인 양자 또는 다자간 항공회담에 대외업무 주무부처로서의 외교부가 관여한다. 2013년 2월 출범한 박근혜 정부에서 기존의 외교통상부를 외교부로 명칭을 변경하면서 통상교섭본부업무는 산업통상자원부로 이관되었다.

국제 항공 업무 중 ICAO기구 업무는 외교부 조약국에서 담당하고 양자 간 항공협정 등 대부분 항공 업무는 국제경제국에서 담당하고 있다. 아직 전문화가 제대로 이루어지지 않았기 때문에 항공업무를 전문적이고 충실하게 담당하여 나가는 것을 기대하는 것은 무리이다. 제1의 항공대국인 미

---

70) 14개 공항 중 김포, 김해, 제주 등 3곳만 흑자이고 나머지 11개 공항은 5년 연속 적자를 보고 있는 바, 2011년 11개 공항에서 560억원의 적자를 냈음. 3,000억원을 투입하여 2007년 개장한 무안공항은 연 519만명 수용능력을 갖추고 있지만 2011년 9만명의 승객을 처리하여 2%의 가동을 하고 있으며 1,300억원을 투입하여 2003년 완공한 울진공항은 개장도 못하고 2010년 비행교육훈련센터로 용도를 변경하였음.(2012. 11.1자 "지방 공항들 여전히 고전..14곳 중 11곳 5년 연속 적자" 제하 조선일보 기사).

71) 국군 통수권자로서의 대통령이 탄 항공기는 민간 항공기 마크를 하고 있더라도 국가 비행기에 해당됨. 이는 시카고 협약 제3조(a)가 항공기의 기능을 기준으로 하여 어떠한 종류의 항공기인지를 정의하고 있기 때문임.

국의 경우 항공 업무를 담당하는 정부조직으로 교통부, 미연방항공청(FAA), 미연방교통안전위원회(NTSB) 및 국무성 내 항공담당부서가 있다. 우리가 미국과 같은 대국과 수평 비교할 수는 없으나 행정조직을 융통성 있게 운영하는 기법, 즉 직제에 따른 업무 배정보다는 개인의 전문지식에 따른 업무배정과 전문가를 계약직으로 영입하여 그 전문적 일에만 장기 봉직토록 하며 동인의 전문지식을 존중한다는 등의 행정개혁은 어느 정도 도입할 수 있는 내용이겠다.

통상 항공관련 국제회의에는 외교부와 국토교통부 직원으로 혼합 구성된 대표단이 참가한다. 경우에 따라서는 대한항공과 아시아나 항공사가 자사의 이익에 관련되는 항공회의의 한국 대표단에 고문 자격으로 참석한다.

5.5. 항공사

항공 업무를 영업으로 하는 항공사로서의 대한항공은 항공에 관련한 모든 국제회의, 특히 양자협정에 직접적인 이해관계를 가지고 있다. 국내 제2민항인 아시아나가 설립되기 전에는 우리나라의 유일한 국적항공사(flag carrier)로서 대한항공이 일종의 특권적 지위를 부여받아 정부 관서로부터 많은 배려를 받아온 것도 사실이다.

대한항공은 현재 거대한 회사로서 상당한 수준에까지 전문화가 이루어져 있어 많은 경우에 항공담당 정부 관서인 외교부와 국토교통부에 전문지식을 제공하고 자사의 이익에 합치되는 방향으로 정부정책이 형성되도록 영향력을 행사할 수 있는 위치에까지 왔다.

국제회의 관련 업무는 항공사의 국제업무실에서, 소송 등 법률적인 문제는 법무실에서 담당하고 있다.

세계 8번째 민간항공대국으로까지 우리나라의 국제지위를 부상시켜 준 대한항공과 아시아나는 그 공로가 크다 하겠다. 이러한 국내 항공사 발전을 볼 때 우리나라 정부의 능력이 항공사 업무 수준보다는 뒤지지 말아야 할 터인데 앞서 말한 우리나라 정부 행정능력 중 문제되는 바가 있다. 또한 한국에 5개(제주항공, 에어부산, 진에어, 이스타항공, 티웨이항공)나 되는 저가항공사가 공존하면서 국내공항 이용이 근 절반에 이르고 국제운항도 한다는 것은 항공시장의 역동성을 말하는 것이다.

한편 세계항공시장은 항공 자유화 방향으로 계속 나아가면서 합병 · 통합(M&A)을 통해 거대 유수 항공사로 재편되고 있는 바, 우리나라 항공사들은 계속 합리적 운영을 통해 완전 자유 경쟁시대에 살아남을 수 있는 체질이 되도록 노력하여야 할 것이다.

6. 항공사 연합(Airlines' Alliance)

1992년 미국과 네덜란드간의 항공 자유화협정(Open Skies Agreement)체결을 시작으로 세계도처에서 항공 자유화협정 체결이 확산 중에 있다. 이는 전통적인 항공협정에서 엄격히 제한하고 있던 항공운항 조건을 철폐하여 항공사간 경쟁체제를 유발하는 것으로서 1978년 미국의 규제완화(deregulation) 여파에 이은 또 하나의 자유경쟁 여파를 가져오는 것이다.

상기 자유화협정 여파로 무한경쟁에서 생존하기 위한 방안으로 대형항공사들 간의 제휴가 시작된 바, 이를 통하여 제휴 항공사간 노선 망 확장효과와 항공편 수의 증가를 가져오면서 영업범위 확대가 가능하여졌고 고객으로서는 여러 항공사의 항공기를 이용하는 것보다는 하나의 항공사의 항공기를 계속 이용하는 효과를 보면서 여행의 편의를 보고 제휴항공사간 공유하는 마일리지 혜택도 누릴 수 있는 효과를 갖는 것이다.

1997년 최초로 전 세계적 규모의 global alliance가 탄생하여 오늘날 항공 산업을 주도하는 핵심주체로 자리 잡은 항공사간 연합을 그 목적, 형태, 효과 그리고 현 연합체 구성내용 순서로 살펴본다.

6.1. 목적

첫째는 시장 경쟁력 확보이다.

동 연합은 대형항공사들이 이미 확보하고 있는 시장에서 경쟁력을 계속 유지하기 위한 목적을 갖고 있다. 1978년 시작된 미국의 항공규제 완화조치로 항공업계에서는 제휴를 활발히 전개한 대형항공사들이 생존하였지만 대부분의 신규 항공사들은 소멸한 결과를 가져왔다. 이는 곧 대형항공사들의 운송네트워크와 서비스공급능력의 강화, 그리고 마케팅의 효율화에 힘입은 바 큰 바, 이를 세계적 차원에서 체계적으로 구축하고자 하는 것은 당연하다.

둘째, 비용절감을 위한 것이다.

항공사 연합은 규모의 경제, 비용의 시너지, 인건비, 공동구매 등의 네 가지 방법으로 비용절감에 영향을 미친다. 규모의 경제를 통해 항공사는 보다 큰 항공기를 이용할 수 있고, 공항 시설이나 영업사무실 등의 자산을 보다 효율적으로 활용함으로써 궁극적으로는 상품 생산의 원가를 절감할 수 있다. 또한 보유항공기의 기종을 제휴 항공사간에 표준화하여 항공기와 승무원, 정비 및 지상조업 시설을 상호 교환함으로써 비용을 절감할 수 있다.

셋째, 과도한 경쟁을 회피하고자 하는 것이다.

항공사 연합도 소비자에게 시장의 경쟁을 왜곡하는 불이익을 줄 수 있으나, 연합에 참여한 항공사들로서는 독자적으로 행동할 때 모든 항공사들이 경쟁대상이 되는 것을 적어도 연합에 참여하는 항공사들 간에는 피할 수 있다. 이에 따라 개별노선이나 지역시장에서 항공사연합은 항공사간에 운송력을 조정함으로써 경쟁을 제한하는 효과적 수단이 되며, 장거리 노선에서 경쟁항공사의 허브 공항을 경유하는 경우에도 같은 연합체 회원사들 간의 협력 방식에 따라 과도한 경쟁을 억제하게 된다.

위와 같은 내용은 결과적으로 노선망의 확장, 수송량 증대, 서비스 품질의 향상, 운항 스케쥴의 증가, 컴퓨터 예약체계(Computer Reservation System : CRS)에서의 경제적 우위 확보를 가져온다.

6.2. 형태

6.2.1. 코드쉐어링(code-sharing)

코드쉐어는 연합의 가장 대표적인 마케팅 방법이다. 이는 단일항공노선을 운항하고 있던 한 항공사가 제휴 항공사의 항공기를 자사의 항공기처럼 좌석 판매를 할 수 있는 것을 말한다. 이는 같은 항공기가 원 소속 항공사의 비행번호(xx-ooo)를 가지는 동시에 제휴항공사의 비행번호(yy-HHH)로도 표기되도록 하는 것이다. 제휴 항공사들이 공유하는 CRS운용을 통해 여러 항공구간의 예약 시 제휴항공사들의 운항편이 우선적으로 화면에 뜨도록 하면서 여행기간 동안 발권, 수하물 점검 등 보다 광범위한 서비스를 제공한다. 그리고 같은 제휴 항공사 중 무명의 항공사는 지명도 있는 항공사의 브랜드를 이용할 수 있다. 역사적으로 Air Malta가 1970년 Alitalia와 함께 이태리 Catania와 Malta사이의 비행구간에 대해 처음으로 코드 쉐어링을 실시한 것으로 알려져 있다.

6.2.2. 주식 지분 제휴(equity alliance)

제휴항공사가 서로의 협력관계를 공고히 하고 장기간 상호 신뢰를 확보할 수 있는 가장 강력한 제휴형태이다. 이는 주식공유(equity stake)와 주식교환(equity exchange)으로 이루어지는데 항공사간의 강력한 연대관계가 형성됨에 따라 공동요금, 좌석공유, 상용고객우대 프로그램, 좌석 관리 등을 위한 모든 업무협조를 가능하게 해주는 장점을 가진다.

대형 항공사들 중 제일 먼저 이러한 제휴를 시도한 항공사는 노스웨스트와 KLM이며, 두 항공사의 제휴내용은 미국 국내지역과 유럽지역에서 북태평양 노선에 대한 운항편명 공동사용 및 광범위한 마케팅, 즉, 공동운항, 상용고객우대, 지상조업, 판매, 기내식, 정보서비스 및 정비, 공동구매 등이 포함되어 있다. 1993년 영국항공(BA)과 호주의 Qantas간 자본제휴에는 상용고객 우대 및 공항라운지, 판매사무소 공동운영, 국제선 운임조정, 상호지상조업, 기내식, 범세계적 화물협약 등이 있다.

6.2.3. 마케팅 제휴(joint marketing)

항공사마다 주요노선과 영업지역이 다르다. 그러므로 제휴 항공사들은 서로의 지식과 경험을 공유할 수 있으며, 이는 전 세계를 대상으로 한 네트워크 또는 단일 항공노선에서 서로 다른 형태의 제휴 중의 하나와 결부하여 강한 효과를 발휘할 수 있다. 미국의 노스웨스트 항공과 중국의 에어차이나간 공동마케팅 제휴는 서로의 지식과 경험 공유, 영업지역 정보제공 등에서 긴밀히 협력하는 것이다. 미국의 UA와 호주의 Ansett Australia간 호주 내 지정된 도시에 대한 공동마케팅 제휴 등은 서로의 이해관계에 따라 마케팅의 범위가 달랐다.

1980년대 CRS를 이용하여 주요 항공사들이 각기 연합하면서 주요 마케팅 수단으로 치열하게 경쟁한 적이 있었다. Amadeus, Galileo, Worldspan, Topas 또는 Sabre가 대표적인 CRS인 바, 같은 CRS에 속한 항공사들은 마케팅 제휴를 한 것이다.

6.2.4. 요금협력(joint fares)

항공사간의 요금담합은 당국으로부터 강력한 규제를 받게 된다. 그러므로 당국이 허용하는 범위 내에서 제휴항공사는 서로의 노선에 대한 요금과 요금구조를 제공하는데 이는 보통 공동마케팅과 함께 이루어진다.

6.2.5. 프랜차이즈 협정(franchise agreement)

제휴 항공사가 자신의 브랜드를 협력 항공사가 이용, 영업할 수 있게 하는 것이다. 가장 발전된 단계로서 제휴사의 기내 승무원, 유니폼, 그리고 제반 서비스의 협력이다. 제휴항공사는 제휴사의 자원, 마케팅, 정보기술, 훈련과 연료의 구입, 그리고 보험에 이르기까지 다양한 혜택을 공유할 수 있다.

6.2.6. 상용고객우대(frequent flyer program)

항공제휴사들이 계약된 구간 또는 전 구간에 대하여 승객의 마일리지를 상호 인정하고 제휴 승객이 공항 라운지를 공동 이용하게끔 하며, 서로의 주력 고객 프로그램을 상호 이용할 수 있게 하는 것을 말한다.

6.3. 효과

목적과 일부 중첩되는 내용이다.

첫째, 시장과 공급력 확보를 가져온다. 이는 세계적인 노선망 구축이 가능해지기 때문이며 코드쉐어링은 그 중추 역할을 하게 된다.

둘째, 수익성이 증대된다. 규모의 경제, 증가한 교통밀도, 제휴항공사소유 공항시설들과 지상근무요원들의 공동사용, 광고 협력, 연료와 장비의 공동구매, 컴퓨터 시스템 연결과 소프트웨어의 개발, 수화물 환적과 승객 탑승수속의 공동처리 등을 통하여 단위비용이 감소되고 경비가 절약된다.

셋째, 경쟁사를 견제한다. 항공사가 확보하고 있는 시장에서 제휴가 체결되기 전보다 지위가 강화되며 새로운 시장에 우선 진입하여 경쟁사의 시장 진입에 대한 방패 장벽으로 사용할 수 있다.

넷째, 수요를 창출한다. 전 세계적인 네트워크 형성으로 연계 수요와 노선수요가 창출된다.

다섯째, 마케팅 능력이 강화된다. 상용고객제도가 제휴항공사 모두에 걸쳐 시행됨으로써 고객을 불러들이는데 유리하다.

여섯째, 재원조달이 용이하여진다. 재정적으로 열악한 항공사들이 제휴를 통해 자금을 공급받기 쉬워진다.

일곱째, 항공사간의 합병통합 효과를 가져 온다. 제휴형태 중 하나가 주식 지분 제휴라는 강력한 내용이 있지만 미국과 같이 외부자본의 진입에 엄격한 나라는 이도 여의치 않다. 이럴 경우 다른 형태의 제휴를 통하여 사실상의 주식 지분 제휴효과를 거양할 수 있다.

6.4. 연합체 구성 내용

2014년 3개의 항공사 연합에 참여한 항공사들의 시장 점유율이 60.9%, 기타 항공사들의 점유율이 39.1%로 나타났다. 3개의 주요 항공사 연합을 차례로 살펴본다.

Sky Team

아에로멕시코, 에어프랑스, 알리탈리아, 체코항공, 델타항공 등과 함께 우리나라의 대한항공이 주도적으로 참여하고 있는 제휴그룹이다. 1999년 델타항공이 당시까지 스위스항공과 싱가포르항공 등과 제휴를 형성하고 있던 글로벌 엑셀런스연합(Global Excellence Alliance)의 입지가 약화됨에 따라 에어프랑스와의 새로운 제휴를 발표함으로써 토대가 형성되었다. 그 후 멕시코의 아에로멕시코와 대한항공이 참여함으로써 2000년 6월에 스카이팀이 공식 창설되었다. 4개의 항공사로 시작하여 2007년 중국 남방항공이 가입함으로써 14개 항공사로까지 구성되었으나 2009.10.24 콘티넨탈항공과 준회원사인 코파 항공이 탈퇴하여 9개 항공사와 2개 준회원 항공사만 남게 되었다. 2015년 최신 자료에 의하면 20개의 회원사가 매일 16,270회 이상 운항하여 연 588백만명의 승객을 179개국의 1,057개의 행선지로 운송하였다.[72)] 시장 점유율은 ASKs[73)] 기준으로 18.7%이다.

Star Alliance

1997년 5월에 Air Canada, Lufthansa, SAS, 타이항공, 유나이티드항공(UA) 등 5개의 항공사가 설립한 세계 최초의 글로벌 네트워크이다. 연후 ANA, 뉴질랜드항공, 오스트리아항공, 싱가포르항공, 아시아나항공[74)], Spanair, LOT Polish Airline, 이집트항공, Shenzhen Airlines, Eva Air, 2014년에는 Air India가 추가로 가입하여 27개 항공사가 회원사로 되어 있다. 최근 자료에 따르면 27개 회원사가 4,456대의 항공기로 매일 18,500회 이상 운항하면서 연 637백만명의 승객을 193개국의 1,331개의 행선지로 운송하였다.[75)] 시장 점유율은 ASKs 기준으로 26.5%나 되어 3개의 항공사 연합 중 가장 크다.

One World

1998년 9월 브리티시항공(BA)과 어메리칸항공(AA)이 주축이 되어 콴타스항공, CPA와 함께 창설한 것이다. 이후 Iberia, Finnair, Lanchile, 일본항공, 말레브항공, 로얄요르단항공, Air Berlin, US Airways, 케세이퍼시픽항공, 카타르항공이 가입함으로써 15개의 항공사로 구성되어 있다.2014년 3월말 현재 15개 회원사가 3,428대의 항공기로 154개국의 1,015개의 행선지로 연 512백만명의 승객을 운송하였는바, 이는 같은 기간 Star Alliance의 637백만명, Sky Team의 588백만명과 비교된다. 시장 점유율은 ASKs 기준으로 17.7%이다.

---

72) 2015.9.27. 방문 https://www.mea.com.lb/english/about.us/skyteam.

73) 유효좌석킬로미터(Available Seat Kilometers), 또는 좌석공급실적으로서 항공사의 연간 여객기 운송 능력을 나타냄. 해당 연도의 승객가용좌석수와 각 좌석운항거리를 곱하여 구함.

74) 아시아나 항공은 2003년 3월 Star Alliance에 가입한 동년 10월 항공 수입실적이 전년대비 2.8% 감소하였음. 그러나 항공사 연합에 가입한 연계 수입은 20%이상 성장하여 이익을 보고 있는 바 이는 스타얼라이언스 회원사로부터의 판매증가에 기인한 것임.

75) 2015.9.27.방문 https://en.wikipedia.org/wiki/Star_Alliance.

이상의 승객운송을 위한 항공사 연합과 별도로 화물운송을 위한 연합이 별도로 있는데 다음과 같이 2개이다.

Sky Team Cargo

여객 운송부문에서 제휴를 해온 Sky Team의 에어로멕시코, 에어프랑스, 델타항공, 대한항공 등 4개 항공사가 2000년 9월에 처음으로 제휴체계를 갖춘 이후 체코항공, 알리탈리아, KLM, 중국남방항공, 중국동방항공, 아르헨티나항공, 대만중화항공, 에어로플로트가 가입하여 12개의 항공사로 이루어진 세계최대의 항공사 화물 연합이다.

WOW Alliance

루프트한자 카고, 싱가포르 에어라인즈 카고, SAS 카고 등 3개의 대형항공사가 2000년에 결성한 항공화물 연합체로서 각자의 특화된 브랜드를 사용하되 운영전체를 하나로 통합하는 강력한 네트워크를 보유하고 있다. 곧 이어 일본항공도 참여함으로써 유럽, 중동・서남 아시아, 동남아시아, 태평양, 대서양 등의 전 세계 주요 노선에서 이들의 특화 서비스들이 네트워크화 할 효과를 갖는 듯하였다. 그러나 3개 소속 항공사 간의 불협화음으로 인하여 루프트한자는 2009년 탈퇴하였고, 일본항공은 2010년 파산 위기를 맞으며 탈퇴함으로써 싱가포르 에어라인즈 카고와 SAS 카고의 2개사로만 구성되어 연합의 효과가 저감되었다.

항공 자유화의 바람은 항공운송 사업에 있어서 글로벌화를 요구하고 있으며 이에 대한 하나의 대응책으로 전 세계의 항공사들은 항공사 연합이라는 전략적 제휴를 적극 추진해 온 것이다. 그러나 항공사간 제휴가 지분제휴나 경영권 참여 등의 제휴가 아닌 이상, 업무 조정이 어렵고 환불체계가 복잡하다는 단점도 있다.

제 4 장

공항, 소음, 환경

1. 공항의 정의

2. 공항의 설치와 운영

3. 소음과 환경

제4장

공항, 소음, 환경

1. 공항의 정의

우리말로는 비행장과 공항, 영어로는 aerodrome과 airport가 각기 같은 용어인지와 서로 다르다면 어떠한 구분을 할 수 있는가 알아볼 필요가 있다. 우리나라 '항공법'1)은 제2조 6항에서 "비행장이라 함은 항공기의 이륙(이수를 포함한다. 이하 같다)·착륙(착수를 포함한다. 이하 같다)을 위하여 사용되는 육지 또는 수면의 일정한 구역으로서 대통령령이 정하는 것을 말한다"라 하고 동 조 7항에서 "공항이라 함은 공항시설을 갖춘 공공용 비행장으로서 국토교통부장관이 그 명칭·위치 및 구역을 지정·고시한 것을 말한다"라고 규정한 후 동법에서 계속 비행장이라는 표현을 쓰고 있다. 또 동 조 제8항에서 "'공항시설'이란 항공기의 이륙·착륙 및 여객·화물의 운송을 위한 시설과 그 부대시설 및 지원시설로서 공항구역 안에 있는 시설과 공항구역 밖에 있는 시설 등 대통령령이 정하는 시설로서 국토교통부장관이 지정한 시설을 말한다"라고 규정하였다.

시카고 협약은 airport라는 표현만 사용하고 aerodrome이라는 표현은 포함하지 않고 있다. 반면 시카고 협약 부속서2)는 aerodrome만을 사용하면서 이를 정의하여 "항공기 도착, 출발 및 지상 이동에 전부 또는 부분적으로 공여되는 지상 또는 수면(건물, 시설 및 장비 포함)의 일정 구역"이라고 하였다. 동 정의는 항공기 이착륙에 필요한 지상관제 업무를 배제한 단순한 물적 장소와 설비만을 지칭하는 것이다. 그러나 항공모함도 관제 업무를 제공하고 전쟁 중 설치되는 aerodrome에서도 특별한 경우가 아닌 한 관제 업무를 제공하는 것을 감안할 때 상기 정의는 aerodrome의 기능적 역할을 누락하였다고 보겠다.

일반적으로 사용되는 용어는 '공항'이고 이에 해당하는 영어 표현은 airport가 알맞겠다. 동 공항은 국제공항관리공단법이 정의하는 '공항시설'을 대부분 구비한 개념으로 보아야겠다. 반면 비행장은 영어의 aerodrome과 같은 의미에서 공항에서도 활주로(taxiway 포함)와 계류장만을 지칭하는 기술

1) 법률 제11690호, 2013.3.23. 시행.

2) 시카고 협약 부속서 14(Aerodromes), 4th ed., July 2004.

적 용어라 하겠다.

공항은 그 종류로 군용과 민간용으로 구분되며 민간용은 국가 또는 지방자치단체가 직접 또는 간접으로 관할하여 일반의 사용에 공개하는 공공용이 있고 개인용으로만 이용되는 사용이 있다. 미국에 많이 있는 사적 공항은 그 허가와 일정한 시설에 있어서 정부의 규율을 받으며 동 규율은 항공운항 안전과 국가안전의 관점에서 요구되는 범위에 그친다. 동 사적 공항도 긴급조난 같은 위급한 경우에 일반 항공기에 개방되는 것은 물론이다.

2. 공항의 설치와 운영

2.1. 시카고 협약과 부속서

시카고 협약은 모든 체약 당사국이 내·외국 항공기를 차별함이 없이 자국 내 공항을 모두 개방하도록 규정하고 있다(제28조 (a)). 단, 상호주의를 적용받는 이 개방은 체약 당사국이 국제 운항에 공여되는 자국 내 공항을 지정하는 것을 전제로 한다.

협약은 또한 외국항공기에 대하여 자국항공기보다 더 많은 공항 사용료를 부과하는 것을 금지하고, 체약 당사국이 공항사용료를 공표함과 동시에 ICAO에도 통보토록 하였다(제15조).

영공국의 특별 허가를 받지 않는 한 모든 국가의 항공기는 영공 진입 시 영공국의 규정에 따라 세관통과를 목적으로 일정한 공항에 착륙하여야 한다(제10조).

항공기가 타국에 들어갈 때 항공기에 적재되어 오는 유류, 부속품, 장비, 기타 기내 판매품 등의 재고는 동 항공기 운항에 필요한 물건인 경우 타국에서의 과세 대상이 되지 않는다. 설령 동 물건을 타국에 하륙시킬 경우라도 물품이 항공기의 부품교체용 등으로 항공기에 사용될 것인 한 역시 과세 대상이 되지 않는다(제24조).

영공국으로서는 체약 당사국 간 항행을 원활하게 촉진시키며 불필요하게 항공기, 승객, 승무원 및 화물을 지연시키는 것을 방지하며, 특히 입국, 검역, 세관 통과 등에 관한 행정을 원활히 할 의무가 있다(제22조). ICAO, 특히 항행위원회는, 이 점에 있어서 활발한 작업을 하고 있고, 국제 항공운송을 촉진하기 위한 부속서 9(Facilitation)의 최대적용을 위하여 노력하고 있다.

시카고 협약 당사국은 외국항공기가 자국영토에서 이·착륙할 때 항공기를 수색하고 항공기 서류를 열람할 수 있으나, 동 조치는 불합리한 지연을 초래하지 않아야 한다(제16조).

그리고 통상 발생할 수 없는 일이나, 영공국의 특별허가를 받지 않은 외국 항공기는 영공 진입 시 영공국의 규정에 따라 세관 통관을 목적으로 일정한 공항에 착륙하여야 한다(제10조).

ICAO는 공항의 안전을 위한 조치로서 시카고 협약 부속서 17(Security)을 채택하여 공항에서의 테러행위 등에 대한 각 체약국의 대비책을 강구하고 있으며, 부속서 17보다는 하위 규범 문서인 안전지침서(Security Manual)도 발간하여 제반 항공안전을 위한 국가, 공항당국 및 항공사의 업무에 기여하고 있다. 제6장에서 후술하겠지만 민간항공의 안전을 위한 1971년 몬트리올 협약은 국제공항에서의 범죄를 규율하지 못한 미비점이 있었는바, 이를 보완하기 위하여 1988년 몬트리올 보충의정서가 채택되었다.

ICAO는 공항의 시설, 기능, 운영 등에 관한 통일적 규칙을 시카고 협약 부속서 14(Aerodromes)로 제정하였다. 동 부속서는 일반의 사용이 가능한 공공용 민간 공항에 적용되나 Stolports에는 적용되지 않는다.[3]

2.2. 우리나라 공항의 설치 운영

민간 공항은 국토교통부가 항공법에 의해 성안하는 공항개발 중장기 종합계획[4]에 따라 건설되어 왔다. 이 종합계획은 항공법 제2조에 의하여 수립되는 항공정책기본계획의 하위계획이며 항공법 제89조에 의해 5년 마다 수립되는 법정계획이다. 전국의 개별공항 별로 개별사업들을 체계적으로 추진하고 사회, 경제적 변화를 적기에 반영함으로써 효율적인 공항체계를 구축하는 것을 목적으로 하는 이 계획은 항공운송산업의 환경변화에 따른 공항의 발전방향을 제시하고 국토종합계획 등 상위계획과 연계한 공항개발 계획 수립을 말하는 것이다. 2015년에 제4차 공항개발 중장기 종합계획기간이 만료됨에 따라 2016년부터 2020년까지의 제5차 공항개발 중장기 계획이 수립, 시행될 예정이다. 제5차 중장기 종합계획에는 미래사회・항공운송 환경변화와 전망, 공항별 항공수요 전망, 공항개발정책 구상, 공항 투자계획 수립 등 기존 15개 개별 공항에 대한 개발계획뿐만 아니라 제주 제2공항, 영남권 신공항 및 소형공항(울릉, 흑산 공항), 경수상 비행장 개발계획 등 새로운 공항개발에 관한 내용도 검토 내지 포함될 것으로 전망된다.

현재 우리나라에는 8개의 국제공항(인천, 김포, 제주, 김해, 대구, 청주, 양양, 무안)과 7개의 국내

3) 스톨포트는 재래식의 긴 활주로를 필요로 하지 않고 짧은 활주로에서 이・착륙이 가능한 항공기가 최근에 제작되기 시작하였는바 이러한 STOL(short take-off and landing) aircraft용 비행장을 말함. 동 스톨포트에 관련한 규정은 아직 부속서에 포함될 단계가 아니기 때문에 잠정적으로 ICAO의 Stolport Manual로 수록・발간되고 있음. STOL보다 유용한 VTOL(V는 Vertical)용 항공기가 1980년대 미국에서 개발이 시작되어 Bell Helicopter와 Boeing Rotorcraft Systems가 공동 제작한 Bell/Boeing V-22 Osprey가 1989년 첫 비행을 하였음. 2007년부터 미 해병대가 운용한 것을 시작으로 2009년 미 공군도 운용하는 동 기종은 2014년 현재 200여대가 제작되었으며 미 정부는 408대의 구입비로 356억불을 계상하고 있음.

4) 항공법 제89조(공항개발 중장기 종합계획의 수립 등).

공항(원주, 군산, 포항, 울산, 광주, 여수, 사천)으로 총 15개의 공항이 있으며 이 중 인천, 김포, 제주, 울산, 양양, 무안, 여수 등 7개 공항은 민간공항이고 김해, 대구, 청주, 광주, 사천, 포항, 군산, 원주 등 8개 공항은 군 공항으로서 활주로 등 군 비행장 시설에 민항시설(여객터미널, 계류장, 유도로 등)을 설치하여 운영하고 있다.

인천공항은 인천공항공사에서 나머지 14개의 공항은 한국공항공사에서 운영하고 있다. 그러나 그간 정치권과 지역 여론에 따른 무분별한 공항 건설 결과 인천, 김포, 김해, 제주 공항만 흑자이며 나머지는 적자 운영 중인 가운데 대구 공항과 청주 공항이 2015년 중 흑자 전환될 것으로 예상된다.

과거 울진공항은 2000년 착공 후 항공수요와 경제적 타당성의 문제가 제기되어 건설이 중지되어 오다가 2010년 비행조종 훈련센터로 용도가 변경되었고, 강릉 공항은 2002년 양양 공항의 개항에 따라 여객기 운항이 중단되었다. 예천 공항도 중앙고속도로 개통 이후 이용객이 급감하여 2004년 운항이 중단되었다가 2005년 공항지정이 해제된 바 있다. 좁은 영토에서 경제성과 국토계획 이용에 관한 청사진이 부족한 채 고속철도(KTX)와 공항 건설이 병행된 부작용이다.

그러나 2010년 이후 저비용항공사의 지속적인 성장 및 항공노선의 다변화, 중국인 관광객 증가 및 국내관광 활성화, 지자체, 공항운영자 등의 공항활성화 노력 등에 따라 항공수요가 증가추세에 있고 특히 최근 5년 간 국내 여러 공항에서 국제선의 연 평균 증가율이 높아[5] 공항 운영 적자규모가 감소하면서 모든 공항의 전체 운영에 있어서 흑자인 공항 경영 여건이 그만큼 개선되고 있다.

이러한 국제 항공수요 증가에 대비하기 위하여 인천공항 3단계 확장(2009-2017년. 49,303억원), 제주공항 단기 인프라 확충(2015-2018년. 2,800억원) 및 2015년 11월 발표된 제주 제2공항 건설(2015-2025년. 4.1조원), 영남권 신공항 건설 사전타당성 조사, 김해공항 국제선 터미널 확장(1,334억원 소요 2012-2017년 1단계 공사 후 2단계 확장예정), 청주공항 국제선 터미널 증축(2015-2018년. 89억원) 등이 활발하게 추진되고 있으며 또한 도서지역 교통 불편을 해소하고 관광산업 및 지역경제 활성화 등을 위하여 울릉공항(2014-2020년. 6,186억원) 및 흑산공항(2014-2019년. 1,862억원) 건설 사업도 추진되고 있다.

공항은 보안, 출입국, 검역, 세관 등의 업무를 동시에 수행하여야 하므로 해당 정부부처와 항공사, 지상 조업사, 면세점 및 편의시설, 공항운영 및 유지관리에 관련된 다양한 상주기관 및 업체의 직원들이 상주하고 있는 거대한 유기체와 같다. 공항에서는 질서 유지를 위한 일정한 규칙이 있으며, 활주로에서는 그 나름대로 교통규칙을 적용받는다.

국제공항협의회(ACI)[6]에서 주관하는 세계공항서비스평가(Airport Service Quality: ASQ)에서 2005년

---

5) 2010-2014년 5년 간 국제선 연 평균 증가율이 인천공항 8.1%, 김포공항 6.6%, 김해공항 12.0%, 제주공항 33.4%, 대구공항 14.6%, 청주공항 36.4%, 양양공항 111%로 급격히 증가하였음. 한국공항공사의 국회 국정감사 수감 용 업무현황자료(2015.9.14.작성).

부터 2014까지 10년 연속 1위를 수상[7])하는 등 좋은 성과를 유지하고 있는 인천공항은 새로운 도약의 발판이 될 3단계 확장사업(2009-2017년. 4.9조원)을 추진하고 있다. 현재 연간 4,400만명의 여객처리가 가능한 인천국제공항은 꾸준한 항공수요의 증가로 2017년경에 여객 터미널, 계류장 등 일부시설이 포화될 예정이나 3단계 건설을 통하여 연간 1,800만명의 여객 처리 능력 증가로 총 6,200만명의 여객을 수용할 수 있는 시설을 확보할 계획이다.

또한 일본 동경과 중국 북경의 도심 공항과의 국제노선을 설치하여 3개국 수도 간의 도심을 연결하는 베세토(Be-Se-To)라인을 성공적으로 구축한 김포공항은 수도권 및 국제적 Business Friendly Airport 육성 차원에서 국제노선 확충을 도모[8])하면서 동북아 비즈포트(Biz-port)를 지향하고 있다. 제주공항의 경우는 기존공항의 단기 인프라 확충사업을 통한 장래의 관광 등 항공수요에 대응하기 위한 사업을 시행하고 있으며 2025년까지 서귀포시에 제2공항의 건설을 통하여 만성적인 공항시설 부족을 해결할 예정이다.

이명박 정부 때 기존 공항 중 수요가 많은 김포와 제주 공항만 남겨두고 영남과 호남, 그리고 중부에 각기 한 개씩의 거점 공항을 육성한다는 노무현 정부의 계획 시행을 검토하면서 동남권 공항을 신설하고 광주와 청주 공항은 각기 호남과 중부권 공항으로 육성하는 것을 추진하였다. 그러나 이는 이미 2009년 3월 청주 공항의 민간으로의 매각 방침이 정해진 것과도 상치되면서 또 한 번의 정책 실수가 자행되지 않을까 우려되었지만 다행히 무산되었다.

동남권의 신공항 건설계획을 둘러싸고 부산과 인근에서는 가덕도를, 대구・경북에서는 경남 밀양을 공항 건설지로 지지하면서 경쟁한 것이 과열되어 이를 우려한 정치권에서는 2011년 3월 동남권 신공항 건설계획을 백지화하였으나 2013년 8월 영남지역 항공수요 조사를 시작으로 2015년 6월 영남권 신공항 사전타당성 검토용역이 진행되고 있어, 동 귀추가 주목된다. 그러나 2015년에 호남선의 KTX도 준공되면서 남한 내의 대부분 지역이 철도로 2시간대에 연결되는데 이러한 상황에서 지역별 하나씩의 공황 건설이라는 정치 논리가 재현될 가 우려된다.

---

6) ACI는 전 세계 177개국의 1,861개 공항이 회원으로 가입하고 있는 공항 분야의 유엔자문기구이며 공항서비스평가(Airport Service Quality : ASQ)는 매 분기별로 참여 회원 공항 중 평가를 희망한 공항(2015년 평가 시 국내선 270개, 국제선 80개 공항)에 대하여 서비스 분야 등 총 33개 분야에 걸쳐 세계 각국의 공항 이용객 25만 명을 대상으로 1:1직접 설문조사한 결과를 기초로 평가한 것이라 함(인천국제공항공사 웹사이트 www.airport.kr 내용).

7) 2015.10.28.자 매일경제 C07면 "인천공항 세계 공항서비스 평가 10년 연속 1위"제하 기사.

8) 현재 김포공항에서 운항되는 국제노선은 도쿄(하네다), 오사카(칸사이), 상해(홍차오), 북경(베이징), 나고야, 타이뻬이(쑹산) 등 6개 노선임.

3. 소음과 환경

3.1. 소음 공해의 국제법률적 측면

항공여행자의 증가는 공항 사용의 증가와 대형항공기를 등장하게 하였다. 대형 제트 항공기는 이·착륙 시 소음을 유발하기 때문에 공항 인근 주민들은 소음 공해로 시달리게 된다. 게다가 초음속 항공기는 음속 돌파 시 굉음(sonic boom)을 발함으로써 원거리 주민들에게까지 소음 공해를 주고 있다. 동 소음 공해는 청각장애, 건물손상, 재산의 가치하락, 육체적·심리적 우울증 및 업무와 대화의 중단에서 오는 불편 등의 부작용을 초래한다. 이러한 소음문제가 서서히 대중(public)의 우려를 유발한 결과, 대중의 압력으로 항공기 소음을 줄이고 피해에 대하여서는 보상하도록 하는 방법이 제도화되기 시작하였다. 이 결과 국제법, 국내법, 관습법, 영·미법 등의 형태로 소음규제를 위한 새로운 법이 제정되고 또 기존법이 활용되고 있다.

먼저 관습 국제법상 국가는 자국영공에 대하여 절대적인 권리를 가지므로 항공기의 영공 통과와 소음규제를 위한 어떠한 제한조치도 취할 수 있다. 이 절대주권의 개념은 시카고 협약 제1조와 기타 조항에서 성문화되었으며 양자 및 다자 협정은 국가의 무제한적인 주권을 제한하여 특정한 권리를 상호 부여한다. 이 권리는 운수를 목적으로 하지 않는 비정기 국제항공의 영공 비행, 통상 양자 협정에 의한 정기 비행의 허가 그리고 국제 항공 통과 협정에 따른 영업을 목적으로 하지 않는 기술적 착륙과 영공 통과 등이 주 내용을 이룬다. 그러나 국가는 자신이 일단 부여한 상대방의 권리에 대하여 여전히 주권적 권리를 행사할 수 있는바, 시카고 협약 제11조는 정기, 비정기 비행을 불문하고 국제 항행에 종사하는 항공기의 영토 내 이·착륙 및 운항에 대하여 자국 법령을 적용할 수 있도록 규정하고 있다. 이러한 법은 내·외국 항공기 간 차별을 하지 않는 것을 전제로 한다. 국가는 따라서 차별함이 없이 속도, 고도, 진입지점, 소음수준 등에 관한 규제를 통하여 항공기 소음을 일방적으로 줄이는 조치를 취할 수 있다.

시카고 협약 제9조는 소음규제를 위한 근거가 된다. 동 조 (a)는 군사적 필요와 공공안전을 위하여 정기 국제항공기의 일정구역 비행을 규제할 수 있도록 하였다. 여기에서 비행을 금지하는 구역은 합리적인 정도이어야 하며 그 위치가 불필요하게 항행을 방해하지 말아야 하며 국내외 항공기를 차별하지 않아야 한다는 단서가 붙는다. 그러면 공공안전이 굉음(sonic boom)에 의하여 영향을 받느냐 하는 문제가 나오며 이를 긍정적으로 볼 경우 동 조항은 공공안전을 위하여 영공국이 소음규제를 할 수 있는 근거를 마련하여 준다. 제9조 (b)는 특별한 상황, 비상시기 또는 공공 안전을 위하여 일시적으로 영공 비행을 규제할 수 있도록 하였다. (a)와는 달리 비정기 운항 항공기에 대하여서도 적용되는 (b)는 내·외국기 간의 차별보다는 외국항공기 간의 차별이 배제되어 적용된다.

시카고 협약 제6조는 정기 국제 항공의 운항을 위해서는 영공국의 특별허가를 얻도록 규정하였다. 이에 따라 공항 및 항행시설 사용의 조건까지를 포함한 내용으로 양국 간 협정이 무수히 체결되었다. 동 조건은 양자협정의 명시적인 표현이 없더라도 영공국이 추가로 부과할 수 있다는 해석도 있으나 협약의 기타 규정사항을 위배해서는 안 되겠다. 1957년 영국과 소련 간의 양자협정은 소음을 줄이는 특별규정을 포함한 협정 중의 하나이다.

이상은 소음규제에 관한 실정법적 고찰이다. 혹자는 소음, 특히 굉음이 하부 국가의 공공안전에 영향을 주는 것으로서 시카고 협약 제9조의 규율 대상이라고 주장한다.[9] 이러한 입장은 1941년 중재판결이 난 Trail Smelter Arbitration Case[10]를 유추 해석하여 굉음과 같이 성층권(지상 10~50km)에서 분출되는 공해는 동 case에서 인정된 캐나다·미국 국경을 넘어선 공해와 같다는 것이다.

3.2 시카고 협약 부속서 16

공해가 점차 중요한 국제문제로 부각됨에 따라 시카고 협약의 규정만으로는 제대로 대처할 수 없다는 것이 인식되었다. 항공에 관련한 공해를 구체적으로 규정하고 이를 규제하기 위한 국제 규정이 당연히 필요하게 된 것이다. 영국이 소집한 1966년의 런던회의에서 항공기 소음과 이를 줄이기 위한 국제적 노력에 관한 토의가 있었다. 동 회의에서는 구체적인 국제협정을 채택하지 않았지만 항공기 소음을 보편적으로 측정하는 방법과 공해 수준을 데시벨(PNdb)로 표기하는 데 합의하였을 뿐만 아니라 기타 제안과 권고를 채택하는 성과를 얻었다. 뒤이어 열린 ICAO의 제5차 항행회의(Air Navigation Conference)는 상기 런던회의의 결론에 관한 권고를 채택하였으며 1968년의 ICAO 총회는 ICAO 이사회로 하여금 항공기 소음에 관한 국제회의를 소집하도록 지시하였다.[11] 동 국제회의의 개최는 항공기 소음에 관하여 구체적 사항(specifications)을 정하고 이러한 사항을 표준과 권고방식으로서 시카고 협약의 부속서에 포함시키기 위한 작업을 하기 위한 것이었다. 이에 따라 비행장 인근에서의 항공기 소음에 관한 특별 회의가 1969년 몬트리올에서 개최되어 항공기 소음에 관한 표준과 권고방식을 성안하였으며 동 안을 1971.4.2. ICAO 이사회가 채택함으로써 1972.1.6.부터 새로운 부속서 16 '항공기 소음'(Aircraft Noise)이 발효하였다. 1977년 이전에 감항 증명서를 받는 항공기에

9) Shawcross, Ⅲ(302).

10) 미국과의 국경지대에 위치한 캐나다의 알루미늄 제련공장에서 매연 등의 공해 물질이 미국으로 이동하여 미국 주민들이 피해를 받은데 대하여 중재 재판에 회부된 결과 캐나다 측의 배상 판결이 난 케이스.

11) ICAO 총회 결의문 A16-3(ICAO Doc 8779).

적용하는 부속서 16은 그 뒤 수차 개정되어 새로운 문제점에 대한 해결책을 반영하면서 그 적용 영역을 넓히고 있다. ICAO는 소음을 줄이는 제반 문제를 계속 연구하기 위하여 주요 항공국으로 구성된 항공기 소음 위원회(Committee on Aircraft Noise: CAN)를 설치하였다.[12]

1972년 이래 부속서 16은 10여 차례 개정되었으며 1981년에는 동 부속서 이름이 '환경 보호'(Environmental Protection)로 바뀌면서 그 내용물이 2권으로 분리되었다. 제1권은 '항공기 소음'(Aircraft Noise)이고 제2권은 '항공기 엔진 배출'(Aircraft Engine Emissions)을 표제로 하고 있다. 이는 동 부속서 16의 표준과 권고방식을 적용하면서 각국은 항공에 관련한 모든 환경적 측면이 한 문서에 수록되어야 할 필요성을 느끼기 때문이다. 이는 1972년 스톡홀름에서 개최된 '인간 환경에 관한 유엔 회의'(United Nations Conference on Human Environment) 이후 ICAO 총회가 안전하고 질서 있는 민항발전과 인간 환경의 질(quality)은 최대한 연결되어야 한다는 결의문을 채택한 결과 가능하게 되었다.[13] 동 결의문 채택 이후 설치된 연구위원회는 음속 이하의 속도에서 분출되는 신 터보 제트와 터보팬으로부터 나오는 연소된 연료, 연기, 가스배출 등의 규제에 관련한 절차사항을 지침서로 작성하였다. 동 지침서 내용은 단계를 높여 1982년 부속서 16 제2권의 표준과 권고방식으로 흡수·수록되어 하나의 문서를 이루었다. 또 배출가스도 포함하는 것으로 업무가 확대된 CAN은 1983년 ICAO이사회 결의에 따라 CAEP(Committee on Aviation Environmental Protection)로 명칭을 변경하였다.

부속서 16은 음속 이하의 제트 추진 항공기, 프로펠러 항공기, 헬리콥터에 적용되며 초음속 항공기에 대해서는 제한적으로 적용된다. 그러면서 STOL이 가능한 제트 항공기를 적용에서 배제하였으며, 프로펠러 추진 항공기와 헬리콥터가 방화와 농업용으로 사용될 경우 등에는 적용되지 않는다. 한편 항공기 소음에 관한 권고방식은 보조 동력기관(auxiliary power units)과 지상에 설치된 항공기 관련 시스템에도 적용된다.

부속서 16의 표준은 제트 항공기의 소음을 lateral point(이륙 직후 소음이 가장 큰 지점－통상 비행고도가 330m인 지점－을 활주로에서 수평 연장한 지점과 지상에서 만나게 하여 좌나 우측의 지상 650m 지점), flyover point(활주로 상 항공기 이륙을 위한 엔진 가속(roll)을 하는 지점으로부터 이륙하는 방향으로 활주로를 연장한 6.5km 원거리 소재 상공에 항공기가 비행할 때의 지상 지점), approach point(3도 각도 착륙 시의 항공기로부터 수직 120m 밑의 지상 지점으로서 활주로가 시작하는 지점으로부터는 통상 2km 후방 소재)에서 각기 측정하여 소음의 정도를 EPNdb(Effective Perceived Noise in decibels)[14]로 표기하되 항공기 최대 이륙 중량에 따라 차등 적용한다. 이렇게 표기된 기준치를 충족하

---

12) Shawcross, Ⅲ(303).

13) 상동.

14) EPNdb는 항공기별 소음 측정치이며 다수의 항공기에 의해 일정기간 노출된 특정 장소의 소음의 척도를 평가하는 WECPNL(Weighted Equivalent Continuos Perceived Noise Level)과는 다름. 각국 공항별 소음 평가 단위는 각국의 결정사항으로서 자국 공항의 하루 중 소음 발생 총량에 가중치를

는 항공기는 3개 측정 지점의 어느 곳에서도 3데시벨을 초과하지 않아야하고 초과된 부분은 다른 측정지점의 허용치를 낮추어 상쇄시켜야 하지만 3개 지점의 허용 통합 기준치에서 4데시벨까지 초과하는 것을 허용하는바, 부속서 16의 Chapter 기준 2상 기술된 동 기준치를 충족하는 항공기를 Chapter 2 항공기(미국은 Stage 2 항공기로 표시)라고 칭하여 다른 정도의 소음발생 제트 항공기와 구별한다.

1975년 개최된 제4차 CAN은 1977.10.6.부터 2006.1.1전까지 감항 증명서를 받은 항공기를 대상으로 보다 강화된 소음기준에 합의하였는바, 이는 이전의 lateral point 측정 지점을 650m에서 450m로 변경하여 소음기준을 강화한 것이며 이를 충족하는 항공기가 Chapter 3 항공기이다.

상기 소음기준을 표준으로 부속서에 기술한 목적은 장래 항공기(소음 배출원인 엔진을 장착한)의 감항 증명 시 기술적 향상을 도모하기 위한 것이었으나 환경문제에 있어서 앞서 나가는 구미 국가들은 이를 소음 항공기 문제 해결 압력으로 행사하려는 움직임을 보였다. 이에 대하여 1980년 ICAO 총회는 소음 항공기라는 이유로 무분별하게 항공기를 퇴출(phase－out)할 경우의 문제점을 감안하여 Chapter 2 항공기에 대한 운항 중지 결정을 자제하도록 각 회원국에 요청하였다. 이에 불구하고 1985.1.1. 발효한 미국의 연방규제법(Code of Federal Regulation)은 4개 엔진을 장착한 항공기는 모두 Chapter 2 기준을 충족하도록 요구하였고 1979년 미국의 항공안전소음감소법(Aviation Safety and Noise Abatement Act)은 미국연방항공청(FAA)에 외국항공기에 대한 운항 중지 권한을 부여하였다.

한편 유럽연합은 EU Directive 80/51/EEC를 제정하여 1986.12.31.부터 Chapter 2를 충족하지 못하는 EU 항공기의 운항 중지를 결정(단, 2년 유예 가능)한 후 EU Directive 83/206/EEC를 제정하여 1987.12.31.부터 외국항공기의 운항도 중지하는 것으로 결정(역시 2년 유예 가능)하였다.

미국과 유럽의 앞서 나가는 소음 항공기 규제 방침에 ICAO 회원국들 다수가 불만을 표출한 가운데 일방적인 동 규제 내용의 적법성도 문제되면서 1990.10.26.～28. 제28차 ICAO 총회(특별 총회)가 개최되었다. 동 특별총회 결과 ① 1995년부터 2002년의 7년간 소음 항공기의 점차적인 퇴출을 촉구하고, ② 1995.4.1. 이전에는 첫 감항 증명서 발급 후 25년이 경과하지 아니한 항공기에 대하여서는 운항을 금지하지 말 것을 촉구하며, ③ 2002.4.1.부터 Chapter 3 항공기 운항만 허용한다는 결의[15)]를 채택하였다. 이에 불구하고 미국 의회는 1994, 1996, 1998년 Stage 2 항공기의 운항 중지 비율에 또는 항공사별 전 운항 항공기 중 Stage 3 기준 충족 항공기 비율에 부합하도록 하는 항공기 소음·용량법(Aircraft Noise and Capacity Act of 1990)을 채택하였다.[16)]

주어(밤의 소음은 낮의 것보다 크게 반영) 하루 단위로 계산된 평균율 WECPNL, Ldn(또는 Lden) 또는 Leg로 표기하는바, 한국과 일본 등에서는 WECPNL, 미국, 독일, 영국에서는 Leg에 야간시간대 10db의 보정 값을 가하여 산출한 Ldn(또는 Lden)을 사용 중임.

15) ICAO 총회결의 A28－3.

16) 동 미국 법률은 ICAO 총회 결의(A28－3)가 회원국들의 Chapter 2 항공기 운항 금지 권한을 묵시적으로 허용한 것을 감안할 때 퇴출관련 절차적 권고만 위반한 것으로 볼 수 있음.

구주연합은 1992.3.2.자 Council Directive 92/14/EEC를 제정, Chapter 3 미 충족 항공기 퇴출 가이드라인을 채택하였으며 여러 ICAO 회원국들[17]은 ICAO 특별총회의 권고에 따라 1995년에서 2002년 사이 자국영공에서 Chapter 2 항공기 운항을 금지하는 규제조치를 취하였다.

이런 가운데 2006.1.1.부터 Chapter 3 항공기보다 총합 10 EPNdB보다 낮은 Chapter 4 항공기 기준이 등장하였다. 이와 관련 CAEP는 Chapter 4 항공기 등장이 Chapter 3 항공기 퇴출을 의미하는 것이 아님을 강조하였으며 이는 제33차 ICAO 총회(2001년 개최) 결의 A33－7로 확인되었다. 그러나 현실은 ICAO 회원국에 따라서 항공기 소음 정도에 따라 공항 착륙료를 차등 부과하면서 소음 항공기 취항을 제어하고 있다.[18] 한편 2013년 개최 CAEP 제9차 회의에서는 항공기 종류와 중량을 세분화하면서 2017년 말 부터 제조되는 항공기에게 Chapter 4보다 7 EPNdB가 감소되는 내용의 기준인 Chapter 14를 부속서 16에 추가하는 제의를 하여 2015.1.1.부터 시행 중이다.[19]

3.3 굉음에 관한 국제협력

ICAO 총회가 시카고 협약 부속서 16의 채택을 가져오는 결의안을 채택할 때에 굉음에 관한 특별 전문가 그룹이 구성되어 굉음의 측정, 굉음의 사람, 동물 및 재산에 대한 피해, 허용할 수 있는 굉음의 한도에 관하여 연구하도록 하였으며, 동 연구결과는 추후 국제회의의 안건으로 토의된 다음 부속서 16 등 관련 부속서의 개정으로 연결한다는 것이었다. 동 전문가 그룹(Sonic Boom Panel)은 그 뒤 ICAO의 굉음위원회(Sonic Boom Committee)로 변경한 후 제1차 회의(1972년)에서 초음속 비행의 영공 규제는 가능하지만 공해 및 타국 영공에서의 비행규제는 불가하다는 결론을 내렸다. 단, 공해 비행에서 발생하는 굉음으로 인한 연안국 피해를 방지하기 위해서는 부속서를 개정하는 것이 바람직하다는 단서를 붙였다. 동 위원회는 1973년 제2차 회의에서 굉음을 다시 정의한 후 굉음을 방지하려는 조치를 발표한 국가의 인근을 비행하는 항공기의 운항권자가 동 항공기의 굉음을 방지하기 위한 조치를 취하도록 하는 내용으로 부속서 6(Operation of Aircraft)을 개정할 것을 권고하였다. 동 권고를 심의한 ICAO 이사회는 위원회의 임무를 변경하면서 추가연구를 지시함으로써 굉음에 대한 국제협력은 계속 연구 진행 중에 있다.

굉음 피해에 대한 책임을 규정하는 문서가 한때 ICAO 법률위원회의 소위에 맡겨져 있었다. 동

---

17) 캐나다, 일본, 호주, 뉴질랜드, 필리핀, 싱가포르, 콜롬비아, 멕시코, 페루 등.

18) 예를 들어 독일 프랑크푸르트 공항은 2001년 소음 정도에 따라 7개 카테고리로 항공기를 분류하여 공항착륙료를 차등 부과하고 있음. 선진국 공항에서 엄격한 소음기준을 요구하는 경향은 후진국 항공사가 신형 항공기를 선진국에 취항시키고 느슨한 소음기준을 적용하는 후진국 공항에는 낡은 소음 항공기를 취항시키는 결과를 가져옴.

19) 시카고 협약 부속서 16 (7th Ed., Jul. 2014).

소위는 당초 모든 소음 또는 굉음에 관련한 피해는 지상 피해에 관한 1952년 로마 협약의 개정으로 반영되어야 한다는 입장을 취하였다. 그러나 동 로마 협약을 개정한 1978년의 몬트리올 의정서 채택 회의 시 동 입장은 채택되지 않은 채 다른 면에서만 로마 협약이 개정되었다.

3.4 미국의 조치

콩코드기의 뉴욕 공항 착륙 허가 여부를 두고 뉴욕 공항당국이 미국의 다른 지역(예: 워싱턴 D.C.) 공항과는 달리 콩코드기의 소음을 이유로 한동안 착륙허가를 내주지 않아 화제가 되었다. 미국의 공항당국은 소음규제와 공항사용료 결정 등에 있어서 독자적인 판단권한을 가지고 있다. 단 법 해석상 또는 적용상의 문제는 미국 법원에서 판결한다.[20]

소음 규제에 대하여 미국 연방정부도 관할권이 있으나 공항에서의 항공기 소음규제는 공항당국에서 전적으로 관할권을 행사하고 있는 관계로 위와 같이 미국 연방정부의 의사와 상치되는 사건이 종종 일어나기도 한다.[21]

미국은 공항에서의 소음을 줄이는 장기 계획을 수립하여 공항 이·착륙과 진입 비행을 하는 항공기에서 발생하는 소음을 항공기별로 Stage 1, 2, 3으로 구분한 후 소음이 가장 많은 Stage 1 항공기를 1985.1.1.부터 미국 내 취항을 금지시키는 법[22]을 제정하였다. 다음 단계로 취항이 금지될 미국 내 Stage 2 항공기[23]는 1988년 7월 당시 약 2,300대[24]에 이르렀는바, 미국 공항에 따라서는 미리부터 엄격한 기준을 수립하여 Stage 2 항공기를 조속히 추방시켰다.[25] 이러한 상황에서 항공기로서 소음이 작고 연료가 적게 소비되는 Stage 3 항공기[26]에 이어 Stage 4 항공기가 급속도로 보급되었다.

항공문제에 관한 한 미국의 영향력은 대단하다. 미국이 물론 국내에서 이·착륙하는 항공기에 적용하기 위하여 취하는 조치이지만 세계 다수국의 다수 항공기가 세계 제1의 시장인 미국에 취항하기 때문에 동 조치의 여파는 가히 세계적이라고 하여야겠다.[27]

---

20) 콩코드기의 뉴욕 JFK공항 기착은 1977년 미국 고등법원의 판결 결과 실현되었음.

21) 미국 연방정부는 이 경우 미 교통부 또는 연방 항공국(FAA)의 예산지원 삭감 등을 압력 수단으로 사용하여 연방정부의 의사를 관철하기도 함. 1988년 5월 현재 이러한 사건이 샌프란시스코 국제 공항당국과의 사이에 전개되었음(AWST 1988.1.11자. p.76 참조).

22) FAR(Federal Aviation Regulations), Part 36.

23) 보잉 727, 707, 737, 맥도날드 더글러스 DC-9, 브리티시 BAC 111 등의 기종.

24) AWST 1988.1.11.자. p.126.

25) 그런데 샌프란시스코 공항당국은 소음에 대한 자체 규제권을 행사하여 연방정부의 계획 수립이 있기 전부터 Stage 2 항공기의 이·착륙을 금지하는 안을 제정하였는바, 이는 업계와 연방정부의 큰 반발을 불러일으켰음(AWST 1988.1.11.자. p.76 참조).

26) 보잉 747 중 신형, 보잉 757, 767, 맥도날드 더글러스의 항공기 중 80시리즈, DC-10 일부, 에어버스 항공기 등 1985년 미 항공사 보유기종 중 20.4%가 Stage 3 항공기임(AWST 1988.1.11.자 p.76 참조). 1988년 2월 현재 세계민항기 중 71%에 해당하는 약 4,500대의 항공기가 Stage 3 기준에 부합하지 못하였음(AWST 1988.2.15.자 p.108. 참조).

27) 미국 비행장 숫자는 근 2만 개로서 세계 최다수 비행장 보유국임. 이 중 약 1/4이 일반대중의 general aviation에 대한 사용에 개방되고, 약 600개에서만

3.5 유럽연합(EU)의 조치

유럽연합의 국가는 소음에 관한 ICAO의 부속서 16 제2장(Chapter)의 규칙을 착실히 시행하면서 1990년 ICAO 특별 총회 결의를 존중하여 1987.12.31.부터 모든 Chapter 2 항공기의 운항을 금지한다는 결정을 보류한 후 1992년부터 Chapter 2 항공기의 운항을 퇴거시키기 시작하여 1995년까지는 전면 취항 금지시킨다는 계획을 세웠다.[28] 그러나 유럽연합의 항공기만 관련되는 것이 아닌 동 조치의 시행을 앞두고 후진국의 반발을 받아 동 계획을 완화하였다. 연후 Chapter 2 항공기에 대한 운항 규제조치를 강화하였는바, 즉 EC 각료이사회가 1990.11.1.부터 EC 회원국 항공사가 Chapter 2 항공기 구입을 못 하도록 한 지침을 채택한 데 이어 1995년 4월부터 Chapter 3 항공기 소음기준을 충족하지 못하는 항공기의 EU 내 취항을 금지하는 지침을 채택하였다.[29]

3.6 우리나라 실정

국내 항공소음 관련 법규로는 소음·진동관리법[30]과 공항소음 방지 및 소음대책지역 지원에 관한 법률[31]이 있다. 환경부 소관인 전자는 항공기 소음의 한도를 공항인근 지역에서 90웨클(WECPNL), 그 밖 지역의 항공기 소음 영향도를 75웨클로 규정하였다.[32] 국토교통부 소관인 공항소음 방지 및 소음대책지역 지원에 관한 법률은 소음 피해지역을 지정·고시하고 소음 피해 방지대책을 수립하는 등 규정을 포함하고 있다. 후자의 내용은 원래 항공법[33]에서 규율하고 있었으나 항공법에 규정된 항공기 소음의 방지나 피해지역 주민들에 대한 지원 사업 등의 일부 규정만으로는 공항소음의 체계적인 관리나 소음피해 주민들에 대한 지원 사업 추진에 어려움이 있으므로, 공항소음 피해 주민들에 대한 체계적이고 효율적인 대책사업을 지원하기 위하여 2010년 공항소음 방지 및 소음대책지역 지원에 관한 법률을 제정하였다.

정기 민항항공이 운항함. 한편 general aviation은 군용, 정기 민간 상업항공기를 제외한 글라이더부터 대형 제트항공기까지를 총칭하는 표현이지만 일반적으로 소형항공기를 지칭함. ICAO Annex 6(Operation of Aircraft)의 Definitions은 general aviation operation이라는 표현만을 정의하여 상업항공운항 용도와 농업, 건설, 촬영, 관측, 수색, 구조 등 특별 용도를 제외한 항공기 운항이라고 표현함.

28) 단, EC 국가 중 일부 국가는 7만 5,000파운드 이하 중량의 항공기에 대하여서는 미국과 같이 규제 대상에서 제외하였음(AWST 1988.2.15.자 p.108 및 1988.4.18.자 p.57 참조).

29) ICAO가 분류하는 Chapter 2, 3은 미국 FAA가 분류하는 Stage 2, 3과 동일함. 1987년 말 현재 Chapter 2에 해당하는 상용 항공기는 총 4,922대가 있었으며 이 중 3,566대가 미국, 일본, 유럽, 호주 및 뉴질랜드에 있었는바, 동 국가들이 Chapter 2 항공기에 대한 규제를 할 경우 개도국에 있는 1,356대 항공기 중 1/3 이하가 그 영향을 받을 것으로 추정되었음(AWST 1989.10.16.자 p.28).

30) 법률 제11669호, 2014.1.1. 시행.

31) 법률 제12636호, 시행 2014.11.22.

32) 소음·진동관리법 시행령(2014.1.1. 시행) 제9조 (항공기 소음의 한도).

33) 법률 제12256호, 시행 2014.7.15.

공항소음 방지 및 소음대책지역 지원에 관한 법률 시행령 제2조[34]는 소음대책지역을 3종으로 구분하여 지정. 고시하고 5년마다 그 지정・고시의 타당성을 검토하도록 하고 제5-7조에서 손실보상에 관한 규정을 두었다. 법 제11조에 따라 이주대상이 되는 제1종 구역은 95웨클 이상의 소음지역으로 되어있으나 이는 미국에서 88웨클 이상, 네덜란드에서 92웨클 이상, 일본에서는 90웨클 이상 시 이주 보상하도록 하고 있는 것과 대비된다. 동 법 시행규칙[35] 제10조는 항공기 기종별 소음을 6등급으로 고시하고 동 법 시행령 제10조에 따라 소음 등급에 따라 공항착륙료의 15% 내지 30%를 해당 항공사가 소음부담금으로 납부토록 하였다.

국내공항 절반이 항공기 소음한도를 초과[36]한 상황에서 항공기 소음 관련 국내 배상판례가 여러 건 발생하였는바, 매향리 사격장 관련 항공기 소음 소송,[37] 김포공항(민간 공항) 관련 항공기 소음 소송,[38] 청주공항(군 공항) 관련 항공기 소음 소송,[39] 2009년 6월 수원 비행장(군 공항) 관련 항공기 소음으로 인한 480억 원 배상판결[40]이 있었다. 우리나라 법원은 80내지 85 WECPNL의 소음이 발생할 경우 수인한도를 넘는다고 판단하여 배상판결을 하여왔다.[41] 그동안 항공기소음으로 인한 손해배상 사건에서 배상기준을 비도시지역 비행장은 80웨클 이상, 도시지역 비행장은 85웨클 이상으로 판시하여온 대법원은 최근 제주 공항과 광주 공항을 도시지역 공항으로 분류하여 하급심에서 소음도가 80웨클 이상인 이들 지역의 주민에게 배상하라는 판결을 파기 환송하였다.[42]

항공기 소음으로 인한 공항 또는 사격장 인근 거주 주민의 피해 배상은 헌법과 일반 법률을 유추하여 국가나 공공기관을 상대로 배상을 청구할 수 있으나 구체적 법률이 없어 2009년 7월 정부 및 의원 입법이 여러 개 발의된 결과 2010년 공항소음방지 및 소음대책지역 지원에 관한 법률[43]이 제정되었다.

공항소음 방지 및 소음대책지역 지원에 관한 법률은 소음대책지역의 지정・고시 및 시설물의 설

34) 대통령령 제25104호, 시행 2014.1.18.

35) 국토교통부령 제1호, 시행 2013.3.23.

36) 2015.10.8. 필자의 한국항공대학교 대학원 "항공법" 강의시간 때 수강생 장한별 변호사가 조사 발표한 내용.

37) 3심 대법원 2004.3.12. 판결(2002다14242)과 1심 2006.4.25.(2001가합48625) 판결 등 2건.

38) 대법원 2005.1.27. 판결(2003다49566).

39) 청주지방법원 2011.11.9.선고 2008가합3029, 3609(병합) 판결.

40) 1심 서울중앙지법 민사합의 14부 임채웅 부장판사 2009.6.4. 판결. 수원비행장 인근 주민 3만 784명의 소음피해 배상청구소송에서 피해가 인정된 3만 690명에게 5년간의 피해 480억을 배상하라는 원고 일부 승소 판결로서 재판부는 소음이 80웨클 이상이면 수인한도를 넘었다고 보아야 함을 판시하였음. 동 판결은 수원 비행장 소음 소송의 원고만 8만 명이 넘기 때문에 추가적인 국가배상이 예상되며 수원비행장 주변인 수원시와 화성시 주변 20여만 명이 2005년부터 30여 건의 소음소송을 서울 중앙지법과 수원지법에 제소하였으나 지금까지 소음피해를 인정받은 원고의 수가 적어 법원이 인정한 총 배상액이 소송별로 10억 원을 넘지 않은 것과 대비됨(2009.6.16.자 중앙일보 보도).

41) 서울고법 2012.2.2.선고 2012나56240판결; 서울남부지법 2009.10.9.선고 2006가합14470판결; 서울중앙지법 2006.5.9.선고 2003가합70565판결; 대법원 2005.1.27.선고 2003다49566판결; 대법원 2010.11.25.선고 2007다74560 판결 등.

42) 2015.10.16.자 경향신문 보도(12면) 2015.10.15.대법원2부 판결.

43) 법률 제11690호, 2013.3.23. 시행.

치 제한, 공항소음 방지 및 주민지원에 관한 중기계획의 수립, 공항소음 대책사업의 계획 수립, 소음저감 운항 의무, 자동소음 측정망의 설치와 소음지역 내 건축물 이전 보상, 항공기 소음 등급의 설정, 소음 부담금의 부과・징수, 주민지원 사업의 종류 및 계획 수립 등을 그 내용으로 하고 있으며 공항소음의 방지와 소음대책지역 지원에 관하여 다른 법률에 우선하여 적용토록 하는 것을 특징으로 한다.

3.7. 환경 저해 항공기 배출

2014년 현재 약 1,000개의 정기 항공사가 2만 6천여 대의 항공기를 보유[44]하고 있으며 세계 양대 항공기 제조사인 미국의 보잉사와 유럽의 에어버스사는 매년 신형 항공기를 다수 제작하여 시장에 공급하고 있다.

한편 국제사회는 환경에 관심을 갖고 특히 지구 온난화 현상을 초래하는 주범인 이산화탄소(CO_2) 등 온실가스(Green House Gas) 감소에 노력을 경주한 결과 1997년 교토의정서[45]를 채택하여 선진국[46]들이 2008년에서 2012년의 5년 기간 중 온실가스 배출을 1990년 대비 평균 5.2% 감축하는 데 합의하였다. 그런데 이러한 온실 가스는 항공기에서 배출하는 양의 비중이 전체의 약 3%에 해당되어 무시할 수 없는 양이지만 교토의정서는 국제항공 운송 시 발생하는 온실가스 감축 주체가 모호하여, 즉 어느 나라가 감축의무를 져야 하는가에 논란의 소지가 있기 때문에 국제항행 선박이 배출하는 온실가스와 함께 감축 대상에서 제외하였다. 그 대신 교토의정서 제2조 2항은 온실가스 의무감축 대상인 선진국들이 국제항공운항에서 배출되는 온실가스규제를 위해 ICAO와 협력하도록 규정하면서 ICAO의 역할을 기대하였다.

그러나 ICAO는 교토의정서의 기대에 부응하지 못한 채 배출가스 감축에 관한 노력을 소홀히 하다가 EU의 선도적 조치에 따른 압력을 감안하여 2007년 ICAO 제36차 총회 시에야 국제 항공 기후변화 그룹(Group on International Aviation and Climate Change: GIACC)을 설치[47]하면서 관심을 보이기 시작하였다. 이는 EU가 2002년 EU 의회와 EU 각료이사회 결정으로 제6차 환경행동계획

---

44) Annual Report of the ICAO Council 2014, Appendix 1, p.12.

45) 1992년 기후변화협약의 실천 의정서로서 1997.12.10 일본 교토에서 채택. 미국의 참여거부에도 불구하고 모든 선진국들과 러시아의 비준에 힘입어 2005년 발효된 6개 온실가스(CO_2, N_2O, CH_4, HFCs, PFCs, SF_6) 감축 규제 조약임. 1997년 채택당시 OECD 회원국과 동구권 국가들에게 온실가스의 의무적인 감축량 할당을 하였지만 한국은 당시 OECD 회원국이었음에도 불구하고 감축 대상국에서 제외되었음.

46) 교토의정서의 모법이 되는 1992년 기후변화협약의 Annex I에 수록된 선진국 내지 동구권 국가들로서 유럽공동체(EC)를 포함하여 41개임. 이중 터키가 여타 국가의 양해하에 제외되고 미국과 호주는 불참을 선언하여 국제사회, 특히 유럽에서의 미국에 대한 인식이 악화되었음.

47) 지역배분을 감안한 15개국의 중견 정부 관리로 구성되며 각기 전문가 1명을 대동하여 회의에 참가할 수 있는바, 이들 15개국(호주, 브라질, 캐나다, 중국, 프랑스, 독일, 인도, 일본, 멕시코, 나이지리아, 러시아, 사우디아라비아, 남아공, 스위스, 미국)의 구성원은 ICAO 이사회 의장의 초청에 의해 전문성을 바탕으로 임명되며 회의 시 국가를 대표하지 않음.

(6th Environmental Action Plan)을 채택하면서 ICAO가 2002년 말까지 적절한 제안을 마련하지 않는 한 항공분야에서 EU 자체의 행동계획도 촉구한 것에 연유한 바 크다.

구체적으로 살펴보건대 제36차 ICAO 총회는 기후변화 문제를 다루기 위한 전문가 그룹인 GIACC를 설치하면서 기후변화 문제에 뒤늦게 대처하는 움직임을 보였다.

이런 가운데 Annex-I 국가 38개국(탈퇴한 미국과 호주 제외 시 36개국)을 대상으로 2012년까지 5년간 1990년 대비 평균 5.2%의 GHG 감축을 부과한 교토의정서의 후속 조치 협상이 지구온난화 가스 최대 배출국인 미국의 입장 변경으로 탄력을 받는 듯하였다. 이는 2008년 초 미국 대통령으로 취임한 바락 오바마 신임 대통령이 기후변화협약 협상에 적극 참여하겠다고 발표하면서 이전의 부시 행정부와 다른 입장을 표명하였고 그간 미국과 함께 교토의정서에 불참하고 있던 호주가 2007년 말 총선으로 역시 정권이 변경된 후 신임 Rudd 수상이 그간 보이콧하였던 교토의정서 비준을 최우선으로 취급하면서 교토의정서 체제에 참여하였기 때문이다. 이에 따라 2009년 12월 덴마크 코펜하겐에서 개최된 제15차 기후변화협약 당사국 총회 시 Post-Kyoto 국제규범이 탄생될 가능성이 커진 가운데 ICAO는 이에 대처하여 2009년 10월 기후변화에 관한 고위급회의[48]를 개최하였다.

상기 고위급회의는 GIACC가 2008년 2월부터 2009년 5월까지 4차에 걸친 회기를 개최하여 대충 합의한 미온적인 내용, 즉 2020년까지의 중기 계획으로 연 2%의 연료 효율화를 기하여 2005년 대비 2020년에 26%의 연비 개선을 도모하고, 2021년부터 2050년까지 역시 연 2%의 연비 개선을 희망적 목표 (aspirational goal)로 하여 2005년 대비, 2050년에 총 60%의 누적적인 연비 개선을 도모[49]하는 작업을 하며 항공기 배출권 거래제 수립과정을 시작하겠다는 선언[50]을 채택한 것에 불과하다. 이는 선박의 국제항행에 있어서 배출 감축을 위해 큰 진전을 이루고 있는 국제해사기구(International Maritime Organization: IMO)의 대처 움직임과 크게 비교되는 것이다.[51]

EU 집행위(European Commission)는 2006년 ICAO의 항공환경보호위원회 (CAEP)와 역외 국가의 반대에도 불구하고 2011.1.1부터 EU역내 항공사를 대상으로, 2012.1.1부터는 EU 출발·도착 모든 항공사에게 이산화탄소배출을 감축하는 법안을 제시하였다. 2004-2006년간 연 평균 배출을 100% 상한으로 고정한다는 내용의 동 법안은 국제법상 문제가 있을 뿐 아니라 다음과 같은 문제도 있는 것이

48) 캐나다 몬트리올에서 2009.10.7-9 개최된 High-Level Meeting on International Aviation and Climate Change.

49) 2009.6.1자 GIACC Report, p.12.

50) ICAO Doc, HLM-ENV/09-WP/12, 10/9/09, Revision No. 2, Appendix A.

51) 선박의 국제항행에 있어 구속적인 배출감축의무를 부과하는 선박 에너지효율규정이 2013년 1월 1일 발효되었음. 이는 IMO의 MEPC(Marine Environment Protection Committee) 제62차 회의에서 채택된 EEDI (Energy Efficiency Design Index) & SEEMP (Ship Energy Efficiency Management Plan) 관련 MARPOL(International Convention for the Prevention of Pollution From Ships) 부속서 VI의 개정내용으로서, MARPOL 부속서 VI 당사국들에게 구속력있게 적용되고 있음. 2014.10.10. 방문
http://www.imo.org/OurWork/Environment/PollutionPrevention/AirPollution/Pages/Default.aspx 또는
http://www.imo.org/OurWork/Environment/PollutionPrevention/AirPollution/Pages/Technical-and-Operational-Measures.aspx 참조.

지만 EU는 Directive 2008/101/EC로 공식 법제화하였다.[52]

- 교토의정서 배출 기준 연도는 1990년인데 2004-2006년 평균 배출량은 1990년의 약 2배
- 교토의정서가 선진국의 배출감축의무를 부여하나 후진국은 제외하고 있는데 EU의 법안은 모든 국가의 항공사를 대상으로 하고 있기 때문에 교토의정서의 내용과 상이. 그렇다고 후진국 항공사는 제외시킬 경우 선진국 항공사의 경쟁력 저하 문제 발생.
- EU를 착·발하는 역외 항공사에 대한 배출규제의 적용은 항공기 운항이 EU 상공, 공해 상공, 타국 상공에서 공히 이루어지고 있는 것을 감안할 때 어떤 기준으로 규제하느냐의 문제가 발생.
- 시카고협약 제15조는 항공기가 체약국의 공항이나 항행시설을 이용할 경우 사용료를 부과할 수 있으나 체약국의 영공을 통과하거나 영공에 들어오고 나가는 권리를 부여하는 대가로서 금전 부과를 할 수 없다고 규정하고 있는 바, 이에 위배

국제적으로 큰 파장을 몰고 오는 EU의 항공기 배출규제에 관한 내용을 좀 더 상세히 살펴본다.

2008년에 공포된 EU의 Directive 2008/101/EC는 이미 EU의 여타 산업분야에서 이미 시행 중인 지구 온난화 가스를 2005년부터 감축 규제하고 배출권 시장거래를 허용하는 Directive 2003/87/EC를 개정하여 항공기에서 배출되는 이산화탄소의 감축도 포함하면서 배출권 거래를 허용한 것이다.[53]

규제 내용을 살펴보건대,

첫째, 역사적 배출 연도를 2004-2006년 3개년으로 정한 후, 동 기간 중 모든 항공 운항인의 항공 운행 중 발생한 연 평균 배출을 계산하고,[54]

둘째, 기준연도(reference year)를 2010년으로 정하여 2010년 중 전체 배출량 중 각 항공 운송자별 비중을 결정하여 2012년 시행 제1차년도 배분에 반영하고,[55]

셋째, 역사적 배출 연도 중 연 평균 전체 배출량에 2010년 중 전체 배출량 중 항공 운항자별 비중을 곱한 각 운항자의 배출량을 100%로 한 후,

넷째, 2012년 제1차 시행 연도에 각 운항자의 허용 배출량을 97%로 하고,[56] 2013년부터 별도 조치가 없는 한 매년 95%로 한다.[57]

운항실적이 크지 않은 항공 운항자에 대하여서는 적용을 배제하는 EU의 Directive는 다음 항공 활

---

52) 상기 집행위 법안은 2008.7.8 EU 의회의 제2독회에서 EU 집행위와의 협의안으로서 찬성 640, 반대 30표로 채택되었음. 동 내용은 EU 집행위 안 중 EU역내 항공사들에게는 2011.1.1.부터 1년 먼저 시행한다는 내용을 삭제한 채 2012.1.1부터 역 내·외 모든 항공사를 대상으로 실시하면서 이미 실시 중에 있는 EU의 배출권거래제도에 항공기 배출부문을 포함시키는 한편, 신규 항공사의 진입을 위해 별도의 배출량을 비축 하는 것도 내용으로 하고 있음. 동 법 시행을 앞두고 국내 항공사 등 유럽에 취항하는 항공사들은 대비 조치를 취하는 가운데 미국의 일부 항공사는 EU의 여사한 조치가 위법이라는 전제하에 영국법원에 소송을 제기하였음. 동 건 상세는 필자의 항공우주법학회지(2010년 6월 제25권 제1호) 투고 "구주연합의 항공기 배출 규제 조치의 국제법적 고찰" 참고.

53) 2008/101/EC의 개정 내용을 반영하여 Consolidated version of the EU ETS Directive 2003/87/EC가 있음.

54) 상동 제3조 (S).

55) 상동 3d3.

56) 상동 3c1.

57) 상동 3c2.

동 중의 이산화탄소 배출을 규제 대상으로 한다고 명시하고 있다.

> 항공 활동: [EU]조약이 적용되는 회원국의 영토에 위치한 비행장을 출발하거나 동 비행장에 도착하는 비행(Aviation activities: flights which depart from or arrive in an aerodrome situated in the territory of a Member State to which the Treaty applies.)[58]

현재 근 4천 개의 운항자가 항공 운항을 하고 있는 EU에서 각 EU 회원국은 자국 등록 항공 운항자는 물론 자국에 가장 많은 운항을 하는 역외 항공 운항자를 감시할 목적으로 관리 회원국(Administering Member State)으로서의 지위를 지정받는다.[59] 이에 따라 대한항공과 아시아나는 독일을 관리회원국으로 지정받았다.[60]

역사적 배출연도의 실적은 유효 톤 킬로미터(Revenue/tonne/km)로 계산하여 승객과 화물의 운송실적을 계산하는데 승객 운송의 하중을 별도로 계산하지 않는 한 승객 당 100kg를 곱하여 계산한다.[61]

EU 배출 감축조치의 가장 큰 파장은 항공운송 실적이 연 약 5% 증가하고 있기 때문에 역사적 배출연도(단순히 중간 연도인 2005년을 기준으로 할 경우)에서 첫 시행 연도인 2012년까지 7년간 단순 계산으로만 35% 증가가 있었고, 따라서 이산화탄소 배출도 상당한 증가를 하였을 터이지만 2012년에 역사적 배출 중간 연도인 2005년 대비 3%의 배출 감축을 하여야 하는 것이다.[62] 이는 EU에 운항하는 항공사로서는 큰 부담이 아닐 수 없다. EU Directive는 시장 요소를 반영하여 배출 감축 목표를 달성하지 못한 항공 운항자에 대하여 2012년 첫해에 15%까지는 배출권 시장에서 배출권을 구입하여 충당하도록 하였는데, 이 15%는 배출을 초과 달성하여 초과분을 매도할 수 있는 상한으로도 작용한다.[63] 2013년부터 15%는 증가될 수 있다.[64] 그런데 감축 의무량을 충족하지 못한 운항자는 톤당 100유로의 벌금을 내고 다음 연도에 부족한 만큼을 달성하여야 한다.[65]

교토의정서가 의무 감축을 부여하는 기간은 2008-2012년의 5년간이지만 항공기 배출에 관한 상

---

58) 상동 3b와 Annex I.

59) 상동 18a1.

60) 각 항공 운항자별 관리회원국의 명단은 Commission Regulation (EC) No 748/2009 on 22/08/2009 in the Official Journal of the European Union로 발표되었음.

61) 상동 Annex IV.

62) ICAO는 2001-2008년간 정기 민간항공이 매년 평균 4% 증가하였다고 발표(ICAO Doc 9916-Annual Report of the Council 2008)하였고, 유럽의 민간협회는 2000-2007년간 승객증가율이 연 5.3%라고 발표(European Federation for TRANSPORT and ENVIRONMENT, *Climate impact of aviation greater than IPCC report*, News Bulletin, 18 May 2009)하였음. EU의 2005년 자체 보고서(Commission of the European Communities, *Communication from the Commission to the Council, the European Parliament, the European Economic and Social Committee and the Committee of the Regions Reducing the Climate Change Impact of Aviation*, COM(2005)459 Final, Brussels, 27.9.2005)는 EU의 1990년부터 2003년간 항공기 배출 증가율을 4.3%로 계산하였음.

63) 전게 주 53), 3d1.

64) 상동 3d2.

65) 상동 16.3.

기 EU Directive는 2012년부터 계속 적용하는 것으로 하되 단, 2014년 12월 1일까지 그 간의 실시 경험과 감시내용 등을 감안하여 EU 집행위가 별도의 제안을 할 수 있게 하였다.[66] 이상과 같은 EU의 항공기 배출규제에 대하여 국제사회는 반발하였다. 먼저 미국은 미국항공운송연합[67]이 미국의 3개 회원사 (American, Continental, United Airlines)와 함께 2009년 12월 영국행정법원에 EU Directive 2008/101의 적법성을 따지는 소송을 제기하였다.[68] 영국법원은 사건을 EU재판소(CJEU)에 이송하는 결정을 하였다.[69] 중국, 인도, 러시아 등 주요 항공국가도 반발하였는바, 중국은 다량의 에어버스 구입을 보류[70]하는 한편 자국 항공사들에게 EU조치를 이행하지 말도록 지시하였고 러시아는 자국의 일부 영공 통과를 거부할 것이라 하였으며 미국 국회는 자국 항공사로 하여금 EU Directive 이행을 거부토록 하는 법안을 상정하였다.

이러한 가운데 CJEU가 2011.12.21. 내어 놓은 EU Directive 2008/101의 적법성에 관한 판결 내용은 EU가 시카고협약의 당사국이 아니기 때문에 시카고협약의 적용을 받을 필요가 없다면서 2008/101이 적법하다는 매우 설득력이 떨어지는 것으로서 정치적 선언에 가까운 내용이었다.[71]

EU의 규제조치가 강행될 경우 29개국 정부가 EU와의 항공협정 재고, EU 항공사들에 대한 세금 부과 등으로도 보복조치를 취할 태세였다. 한편 2012.11.9 개최 ICAO이사회는 2010년 제37차 ICAO 총회에서 항공기 배출과 기후변화에 관한 문제를 차기 2013년 ICAO 총회에서 논의하기로 한 결정과 관련하여 구체적인 정책적 이슈들을 다룰 고위급 그룹의 설치에 합의하였다.

항공기 배출규제를 2012년부터 시행한다는 무리수를 둔 EU는 양보할 명분을 찾고 있던 중 ICAO 이사회의 상기 결정을 계기로 2012.11.12. EU의 기후 담당 집행위원 (Commissioner for Climate Action)인 Connie Hedegaard가 EU 역외로 운항하는 항공사들에 대한 항공기 배출 규제 조치를 1년 보류한다고 공식 발표하였다. 그 이유는 2012.11.9. 개최 ICAO 이사회에서 항공기 배출규제 문제 해결을 위한 고위급정책그룹(high level policy group)을 설치하고 시장 메카니즘 (market based mechanism: MBM)을 강구하기로 한 결정을 보고 2013년 가을 ICAO 총회시 세계적으로 적용 가능한 배출 규제 방안이 채택

66) 상동 25a20.

67) US Air Transport Association인 ATA에서 얼마 전 Airlines for America인 A4A로 명칭을 변경한 영향력 있는 미국 내 항공사 동업자 모임임.

68) EU의 법령에 대한 이의 제기는 먼저 EU 회원국에서 소송을 제기한 후 유럽재판소(European Court of Justice라는 명칭이 2009.12.1.부터 Court of Justice of the European Union: CJEU로 변경)에 송부되어 올 경우 동 재판소가 처리하게 되어있음. 영국법원에 제소한 것은 2008/101의 법률이 여러 외국항공사들의 관리국으로 EU의 회원국을 지정하였는데 미국 항공사들의 관리국으로는 영국을 지정하였기 때문임.

69) 영국법원은 2010.7.22. 동 사건 Case C-366/10, The Air Transport Association of America, American Airlines, Inc., Continental Airlines Inc., United Airlines Inc. v. The Secretary of State for Energy and Climate Change, 2010 O.J. C-260/12를 CJEU에 이송하였음.

70) 중국이 140억불 상당의 55대 에어버스 구매를 하지 않겠다고 위협한 것이 EU의 배출규제 조치 보류에 효과가 있었을 것이라는 관측도 있음. B Havel & G Sanchez, The Principles and Practice of International Air Law, Cambridge, 2014, p. 220.

71) EU의 항공기 배출규제에 관련한 CJEU의 판결 내용 분석은 B Havel & J Mulligan, The Triumph of Politics: Reflections on the Judgment of the Court of Justice of the European Union Validating the Inclusion of Non-EU Airlines in the Emission Trading Scheme, Air and Space Law, Vol. 37(2012), Issue 1, pp.3-33 참조.

될 것을 염두에 두기 때문이라고 설명하였다.[72] 그러면서 만약 2013년 ICAO 총회가 소기의 결과를 가져오지 못할 경우 1년의 유예 기간은 없이 원래의 계획대로 2008/101 법이 시행된다는 것이다.[73] 이와 같은 EU의 조치를 국제 항공 사회는 환영하였으나 EU 역내 항공사들은 역내의 배출에 대하여서는 배출 규제가 계속된다는 데에 변경이 없는 관계로 역외 항공사에 비하여 불리한 상황에서 경쟁을 하게 되어 불만이다.

상기 EU의 입장 완화에도 불구하고 미국 오바마 대통령은 2012.11.27. EU를 운행하는 미국 항공기에게 탄소세를 부과할 수 없다는 법령[74]에 정식 서명하였다. 이는 EU의 완화조치가 2013년 ICAO 총회의 결과를 전제로 한 임시적인 것이기 때문에 그 효용성이 있다.

한편 ICAO 이사회는 지역배분도 감안하여 17개 회원국의 고위급 공무원으로 구성된 고위급그룹(High-Level Group on International Aviation and Climate Change: HGCC)을 설치[75]한 후 시장기반조치(Market-based Measures: MBM) 등 기후변화에 관한 사안을 협의한 후 그 내용을 정리하여 2013년 3월 이사회에 건의토록하고, 이를 토대로 한 논의를 진전시킨다는 것이었다. 항공기 배출 문제가 2013.9.24-10.4 개최 제38차 ICAO 총회에 제출되어 초미의 관심사로 논의된 결과 MBM에 관련하여 국제항공사회가 전 지구적 대처를 하는 것으로 합의하였다. 동 합의 내용은 전 세계에 적용할 MBM 체제(scheme)를 수립하여 2016년 제39차 ICAO 총회에서 승인받아 2020년부터 실천한다는 것이다. EU는 제38차 ICAO 총회 결정을 수용하여 2014.1.1.부터 2016년.12.31.까지 3년간 EEA(European Economic Area)[76] 역외 국가에서 출발하거나 도착하는 모든 항공기가 EEA 영공을 비행하면서 배출하는 것만을 규제하는 법 Regulation 421/2014(2014.4.16. 채택)을 제정하였다. 그러면서 2016년 제39차 ICAO 총회의 조치 내용을 지켜본다는 입장이다.

한편 미국이 처음부터 이탈한데 이어 일본, 러시아, 캐나다, 뉴질랜드는 2008-2012년간 이행되었던 교토의정서의 연장에 반대하면서 유럽연합(EU) 회원국만이 실천하고 있는 지구온난화가스 규제가 향후 탄력을 받게 되었다. 이는 2015년 말 프랑스 파리에서 개최된 제21차 기후변화협약당사국총회에서 미국 등 선진국과 최대 배출국인 중국과 개도국 등 195개국 모두가 참여하는 신기후체제 수립에 합의하여 2021년부터 실행, 지구 평균기온상승을 1880년대 산업화 이전과 비교해서 1.5도 이내가 되도록 자발적 감축을 한다는 파리 협정(Paris Agreement)에 합의하였기 때문이다.

---

72) EU의 2012.11.12.자 Europa Press Release, Memo/12/854.

73) 상동.

74) 동 법률은 2012년 9월 미국 상원에서 채택된 후 2012.11.13. 미국 하원이 채택한 것으로서 EU의 미국 항공기에 대한 배출규제조치에 미국항공기가 따르지 못하게 하는 내용임.

75) 관련 ICAO PRESS RELEASE는
http://www.icao.int/Newsroom/Pages/new-ICAO-council-high-level-group-to-focus-on-environmental-policy-challenges.aspx 참조.

76) 유럽경제구역으로서 28개 EU회원국과 노르웨이, 아이슬란드, 리히텐슈타인으로 구성.

제5장

비행권

1. 공중비행
2. 비정기비행권
3. 정기비행권
4. 비행 제한

비행권

1. 공중비행

1919년 파리 협약이 채택되기 이전에는 공중에서의 비행에 관한 국가의 권리를 규정하는 보편적인 국제적 규범이 확립되지 않았다. 뒤이어 생성된 공중비행에 관한 규범도 해양법과는 달리 관습국제법이 형성되기도 전에 다자 또는 양자협정에 의하여 성문화되었다. 항공법 형성과정과는 대조적으로 해양법에서는 1958년 제네바 협약이 채택되기 이전에 이미 상당한 부분의 규범이 관습국제법의 형태로 형성되어 있었다.

그러지 않은 항공법에서는 많은 부분이 새로 형성되어야 할 내용이다. 그 중 하나가 공중에서의 국가의 권리를 논할 때 동 권리가 미치는 영공, 즉 공중의 범위이다.

1.1. 수직적 공중범위

공중의 한계가 어느 상공까지를 말하느냐의 문제는 계속 숙제로 남아 있다. 공중의 수직적 한계 문제는 항공법은 물론 우주법이 안고 있는 문제로서 아직 해결되지 않고 있다. 1967년 외기권 조약[1](Outer Space Treaty) 제2조는 공중을 넘어선 외기권(Outer Space)에는 국가의 권리, 즉 주권이 미치지 않는다고 명시할 뿐이다. 공중과 외기권(우주)을 구분하는 한계를 결정하는 이론이 계속 분분하였으나 그 어느 것도 만족스럽지 못한 가운데 UN의 '우주 평화 이용 위원회'(COPUOS)[2]에서 계속 토의되고 있다. 여하튼 공중의 일정한 고도까지 영공주권이 미치는 것은 틀림이 없다.

---

1) Treaty on Principles Governing the Activities of States in the Exploration and Use of Outer Space including the Moon and Other Celestial Bodies로서 1966년 12월 19일 유엔 총회 결의 2222로 채택, 1967년 1월 27일 서명에 개방, 1967년 10월 10일 발효, 2015년 1월 현재 103개 당사국.

2) Committee on Peaceful Uses of Outer Space로서 1959년 유엔총회결의 1472호에 의해 상설기구로 설치되었음. 1961년 첫 회합을 가진 후 현재 오스트리아 비엔나에서 매년 과학·기술 소위원회와 법률 소위원회 회의에 이어 COPUOS 회의가 개최되는데 2014년 현재 76개국이 위원회를 구성함.

1.2. 수평적 공중범위

영해를 포함한 개념인 영토의 수평적 넓이만큼 주권이 미치는 것은 명백하다. 그런데 영해와는 달리 영공에서는 외국항공기의 무해통항(innocent passage)이 허용되지 않는다. 주권이 미치지 않는 공해와 남극의 상공에서 비행하기 위해서는 그 어느 나라로부터도 비행 허가를 얻을 필요가 없다. 그러나 주권국의 영공을 허가 없이 비행할 경우에는 영공국의 제재를 받는다.

영토의 수직적 연장에 있는 영공은 당연히 영토의 법적 성격에 영향을 받지 않을 수 없다. 그런데 1982년에 채택된 유엔해양법협약[3]은 군도해(Archipelagic Waters)의 개념을 신설하여 군도국(Archipelagic States)이 군도해에 대하여 주권에 가까운 관할권을 행사하도록 규정하였다. 동 유엔 협약(The Law of Sea Convention)은 제4부에서 새로운 국제법 개념으로 일개 또는 다수 군도로 구성된 국가가 영해 측정기준 외측 선을 연결하여 원의 형태가 될 경우 원 안에 들어가는 바다를 군도해로 규정하여 동 국가, 즉 군도국이 군도해에 대하여 내해(Internal Waters) 또는 영해(Territorial Waters)에 준하는 관할권을 행사하도록 하였다. 군도해의 면적이 군도국 육지의 9배를 초과하지 않아야 한다는 등 단서가 붙은 이 개념은 동 관련 유엔 협약이 발효된 후 군도국(예: 인도네시아)에게 엄청난 혜택을 주게 되었으며 다른 한편 군도해로 바뀌는 만큼 공해의 면적이 줄어들기 때문에 그만큼 해양자유의 적용 무대가 좁아지는 등 기존 국제질서의 변혁이 초래되고 있다.

군도해에 관련한 우리의 관심은 군도해가 그렇듯이 군도해 상공도 군도국의 완전한 주권이 미치지는 않더라도 지금까지의 영공과 공해 상공과는 별도인 새로운 개념이 어떻게 정립될 것이냐 이다.[4]

군도해와는 달리 1958년 제네바 해양법 협약에서 이미 규정한 바 있는 해협 역시 해협 상공의 지위에 관련하여 명확한 해답이 없는 상태이다. 1982년의 유엔해양법협약이 이전의 관습법으로 해양 국가에서 많이 통용하여 오던 3해리 영해를 12해리로 확장하는 대신 해협에 대한 영토국의 관할권을 축소한다는 양해 하에 이전 해협의 무해통행(Innocent Passage)을 통과통행(Transit Passage)이라는 새로운 개념으로 대치하였다. 그러나 동 협약 제39조 3항과 제41조는 해협 상공을 통과 비행하는 항공기가 어느 국가(해협 소속국 또는 항공기 소속국)의 법령에 따라야 하는지, 통과 비행 시 적용하는 ICAO의 규칙은 국가항공기에도 적용되는지, 통과 비행이 허용되는 수평적 폭은 어떠한지에 대

3) 10년간의 교섭 끝에 1982.4.30. 채택, 60개국의 비준 또는 가입 후인 1994.11.16. 발효. 2015년 8월 현재 기준 167개 당사국으로서 보편화된 조약이 되었으나 세계 최대 해양대국인 미국은 상금 당사국이 아님. 우리나라는 1996.1.29. 비준서 기탁.

4) 1982년 유엔 해양법 채택 후 해양법이 항공법에 미치는 영향과 상호 관계를 분석한 자료로서 ICAO의 제26차 법률위원회 회의 토의 문서 LC/26-WP/5-1부터 5-40(87.2.4.자); M. Milde, "United Nations Convention on the Law of Sea-Possible Implication for International Air Law" VIII AASL(1983) 167-201; R. R. Churchill & A. V. Lowe, The Law of the Sea, Manchester University Press(U.K.), 1983 참조.

하여 언급하지 않고 있다. 수평적 공중의 종류는 공해 및 남극 상공, 완전한 주권이 미치는 영공, 해협 상공 및 새로이 도입된 군도해 상공으로 구분된다 하겠으나 상기 유엔 해양법 협약의 발효와 함께 새로운 법질서 정립이 요구되는 부문이다. 상금 확립된 법적 영역은 주권의 행사 대상인 영공과 자유항행이 보장되는 공해(또는 남극)의 상공으로 2분된다.

시카고 협약 제12조는 공해의 상공에서 시행되는 법규가 시카고 협약에 의하여 설정되는, 즉 ICAO가 정하는 규칙에 따를 것을 규정하면서 모든 체약국에게 이를 위반하는 자를 처벌하도록 하는 의무를 부과하였다. 여사한 ICAO의 대표적인 규칙이 시카고 협약 부속서 2 항공규칙 (Rules of the Air)을 구성하고 있는 표준(Standards)이다.[5]

이제 영공에서의 주권행사가 어느 범위까지 인정되는지에 관하여 실제 사건의 발생과 처리 및 관련 국제법을 고찰하여 본다.

1.3. 영공 침범 비행

영토국의 허가 없이 영공을 침범한 비행의 경우가 종종 발생하였다. 영공 침범의 비행은 대개 고의적이 아닌 여러 이유로 이루어졌음을 추후 알게 되지만 영공을 침범당한 국가는 동 침범에 대하여 과민한 반응을 보임으로써 경우에 따라서는 침범 항공기가 영공국의 발포로 추락, 탑승객이 모두 사망하는 사건도 있었다. 우리나라의 대한항공 항공기가 비행 중 소련 영공에 잘못 진입하여 참사를 당한 사건도 있는 만큼, 동 영공 침범 비행에 관련한 법적 고찰을 하고자 한다. 또한 영공 침범 비행은 그때마다 주요한 시사문제로 부각되고 항공법의 주요 이슈이기도 하다. 영공 침범 비행은 우선 침범 항공기가 군용항공기인가 또는 민간항공기인가에 따라 영공국의 대처기준이 달라진다.

1.3.1. 군용항공기의 영공 침범 사례

일찍이 Lissitzyn 교수는 영공 침범 비행의 문제성을 인식하여 1946~1953년 사이에 발생한 11건에 걸친 군용기의 영공 침범 사례를 연구 발표하였다.[6] 다음은 1954년 이후 발생한 군용기의 영공 침범 사례이다.

① 미국의 P2V Neptune기가 일본해 상공을 비행하던 중 소련 군용기의 의도적인 방해로 추락할 뻔한 사건이 1954.9.4. 발생하였다.[7] 미국은 사건 시 항공기가 일본해 공해를 비행 중이었다고

---

5) 공해 비행 시 적용되는 국제 항공규칙에 관한 논문으로서 J Carroz, International Legislation on Air Navigation over the High Seas, JALC, 26(1959), pp.158~172 참조.

6) O. J Lissilzyn, "The Treatment of Aerial Intruders in Recent Practice and International Law", 47 American Journal of International Law(이하 AJIL)(1953) 569-585.

주장하였다.

② 미 공군 보잉 B－29 항공기가 일본 근역을 비행하던 중 소련 전투기에 의하여 격추되어 승무원이 사상한 사건이 1954.11.7. 발생하였다.[8] 미국은 사건 시 항공기가 일본 홋카이도 근역을 비행 중이었다고 주장하였다.

③ 미국 록히드사 제작의 U－2기가 소련 영공을 고공비행하면서 첩보활동을 하던 중 소련 미사일을 맞아 추락하였다.[9] 1960.5.1. 발생한 동 사건은 세계를 떠들썩하게 하였다. U－2기는 터키에 본부를 둔 미국 첩보비행대 소속으로 파키스탄을 이륙하여 소련 영토를 6만 내지 6만 8,000피트의 고공으로 첩보비행한 후 노르웨이에 착륙할 예정이었다. 이러한 비행은 4년 전 이래 계속[10]되어 왔지만 소련은 뒤늦게 이를 제어한 셈이다. 상기 U－2기가 소련의 Sverdlovsk 근처에서 발사된 소련의 로켓 포탄을 맞고 추락되고 조종사(Francis G. Powers)는 항공기를 탈출하여 낙하산으로 소련 영토에 하강한 후 소련 당국에 의하여 체포되었다. 동 조종사는 첩보혐의로 소련에서 기소되어 10년간 감금형을 선고받았으며 미국은 이에 대하여 일체의 항의도 못 하였다. U－2기의 첩보비행은 당시 아이젠하워 미대통령의 재가까지 얻은 후에 진행된 것으로 밝혀졌는데 미국은 사건 후 동 건을 공개적으로 처리하면서 유감을 표명한 관계로 동 건은 미국 내에서 큰 여론의 비난이 없이 처리되었다. 사건 발생 후 아이젠하워 대통령은 더 이상의 비행을 금지하였다.

④ U－2기 사건이 발생한 지 수개월 후 미 공군 RB－47 항공기가 소련 항공기에 의하여 1960.7.1. 격추되었다.[11] 미국은 소련 측 주장과는 달리 동 미 공군기가 사건 시 공해를 벗어나 소련 영공을 비행한 적이 없다고 주장하면서 객관적인 조사를 위하여 유엔안보리에 동 건을 제기할 것을 제안하였다. 미국의 이러한 제안을 포함한 안보리 결의안은 소련의 거부권 행사로 채택되지 못하였다.[12]

⑤ 미 해군 소속 4발 프로펠러 추진 록히드 EC－121 항공기가 일본해 상공에서의 첩보비행 중 1969.4.14. 북한 항공기에 의하여 격추, 31명의 탑승원이 사망하였다.[13] 북한은 EC－121기가 북한 영공을 깊숙이 침범하였다고 주장하였으며 미국은 동 항공기가 북한 해안으로부터 40해

7) M. M Whiteman, Digest of International Law, Vol.9(1968), p.341.

8) 상동.

9) Q. Wright, "Legal Aspects of the U－2 Incident", 54 AJIL(1960) 847.

10) Lissitzyn, "Some Legal Implications of the U－2 and RB－47 Incidents", 56 AJIL(1962) 135.

11) 상동.

12) F. Fedele, "Overflight by Military Aircraft in time of Peace", 9 US Air Force JAG Law Review(Sept.～Oct. 1967) 22.

13) Keesing's Contemporary Archives 23337(May 10－17, 1969).

리 이내를 비행한 적이 없다고 주장하였다.

⑥ 미 대통령 전용기인 미공군 1호기 보잉 B－707기가 1975.8.2. 핀란드 헬싱키에서 루마니아 부카레스트로 비행하던 중 허가받은 스웨덴 상공의 항로를 일탈하여 스웨덴의 금지구역인 Karlskrona 방향으로 상당히 진입하였다.[14] 구주 순방차 포드 미 대통령이 탑승 중이었던 동 항공기의 무단 항공 일탈에 대응하여 스웨덴은 공대공(air－to－air) 미사일을 장착한 전투기를 발진시켜, 동 항공기를 요격하고 원래의 항로로 복귀할 것을 명령하였다. 시카고 협약 제3조는 항공기를 기능별로 구분하고 있다. 따라서 국군 최고 통수권자로서의 대통령이 탑승한 항공기는 군용항공기로 분류된다.

⑦ 1976.4.12. 사우디아라비아 공군 소속 C－130기가 레바논으로 비행하던 중 이스라엘 영공으로 항로를 일탈하였다.[15] 이때 이스라엘의 요격기가 출동하여 자국의 Ben Gurion 공항에 강제 착륙시켰다.

⑧ 1976.9.6. 소련의 공군 중위 Viktor Ivanovich Belenko가 최고 기밀 항공기인 소련의 미그 25기를 몰고 일본의 레이더망을 피하기 위하여 저공으로 비행한 후 일본의 민간 공항에 불법 착륙하였다.[16] 동 사건 후 일본은 기체와 조종사의 반환을 주장하는 소련의 요구를 거부하였으며 조종사 Belenko의 미국 망명을 허용하였다.

이러한 군용기의 망명비행은 1991년 소련 붕괴 시까지 가끔 발생하였다. 냉전시절 중공기가 우리나라 또는 대만으로 넘어오고 동구권으로부터의 군용기가 서구로 망명비행하는 일도 발생하였다. 군용기의 망명비행 시 국제관례는 망명차 항공기가 착륙한 국가에서 기체를 보유하고 조종사는 동인 의사에 따라 정치망명을 하고자 하는 나라로 보내지는 것이다.

1.3.2. 민간항공기의 영공 침범 사례

민간항공기는 무장되어 있지 않은 항공기로서 군용기와는 달리 취급받고 있다. 그러나 불행히도 과거 몇 차례에 걸쳐 커다란 인명 손상을 가져오는 민간항공기의 피격사건이 있었으며, 격추한 장본인의 국가는 항시 불법 영공 침범을 내세우면서 자신의 행위를 정당화하였다.

① 1952.4.29. 에어프랑스 정기 여객기가 프랑크푸르트에서 베를린으로 비행하던 중 소련 전투기 습격을 받고 베를린에 비상 착륙하면서 탑승원 5명이 중경상을 입고 기체가 손상되었다.[17] 소

---

14) J. Sundberg, "Legitimate Responses to Aerial Intruders－The View from a Neutral State", X AASL(1985) 258.

15) 상동.

16) 상동 p.256.

련 측은 항공기가 노선을 이탈한 것이 원인이라고 주장하면서 항공기가 소련의 비행규칙을 위반하고 요격 전투기의 명령에 따르지 않았음을 항의한 반면 프랑스 등 연합고등판무관(미국, 영국, 프랑스로 구성된 Allied High Commissioners) 측은 다음 성명을 발표하면서 소련의 야만행위를 비난하였다.

> 사실의 문제와는 별도로 평화 시에 경고의 방법이라 할지라도 어떠한 상황하에서든지 비무장항공기에 대하여 발포한다는 것은 동 항공기가 어디에 있든지 간에 전혀 용납할 수 없는 일이며 문명행동 규범에 반하는 것이다.

② 1954.7.23. 방콕에서 홍콩으로 비행하던 정기 여객기인 CPA(Cathay Pacific Airways) 항공기가 항로로부터 10마일 이탈한 중공 해남도 상공에서 중공 전투기의 발포로 해상 추락하면서 2명의 승객이 총격으로 사망하고, 8명이 익사하였으며 또 다른 8명이 중상을 입은 사건이 발생하였다.[18] 사건 후 생존한 항공기 기장은 중공 전투기가 일체 경고도 없이 항공기에 대하여 발포하였다고 말하였다. 동 사건은 영국과 미국 등 서방의 격분을 샀는바, 중공은 추후 사건에 대한 책임을 인정하고 모든 배상책임을 지겠다고 영국 측에 표명하였다.[19] 중공은 동 항공기를 자유중국 국민당 소속 항공기로 오인하여 실수로 격추한 것임을 해명하였다.

③ 1955.7.27. 당시까지의 가장 큰 인명 피해를 가져온 민간항공기 피격사건이 발생하여 국제사회를 떠들썩하게 하였다. 이는 이스라엘의 항공사인 El Al사 소속 콘스텔레이션 항공기가 런던을 출발, 파리, 비엔나, 이스탄불을 거쳐 이스라엘로 비행하던 중 이유 불명으로 불가리아 영공에 잘못 진입한 후 불가리아 국경 근처에서 불가리아 전투기에 의하여 격추된 것이다.[20] 동 사건으로 51명의 승객과 7명의 승무원 등 모든 탑승원이 사망하였다. 이스라엘과 희생자 소속 국가는 불가리아의 격추행위가 불법이며, 격추 전 경고도 없었던 야만적 행위라고 성토하면서 배상을 요구하였다. 불가리아는 문제의 항공기가 조난 상태에 있었다는 상대측 주장을 부인하면서 사건 당시의 기상은 청명한 날씨였다고 반박하였다. 또한 불가리아는 항공기가 불가리아 전투기의 조사요청에 불응하였다고 주장하였다. 그러나 불가리아는 1955.8.3. 성명을 발표하여 사건에 대한 책임을 인정하고 불가리아 각료 조사위원회가 밝힌 바와 같이 El Al 항공기가 군사 당국자들에 의하여 성급히 격추되었으며 항공기 항로를 변경시키고자 하는 아무런 조치도 취하여지지 않았음을 시인한 다음 이를 주 불가리아 이스라엘 대사관에 통보하면서 재발방지와 배상의사를 표명하였다.[21] 이스라엘은 이에 만족하지 않고 1957년 국제사법재판소(ICJ)에

---

17) W. J. Hughes, "Aerial Intrusions by Civil Airlines and the Use of Force", 45 JALC(1980), 600－601.

18) 상동. pp.601～602.

19) 중공은 승객사상, 항공기 및 화물에 대한 배상청구 총액인 36만 7,000파운드를 1954년 11월 영국에 지불하였음.

20) Hughes의 논문 pp.602～612.

불가리아 정부를 제소하였으며 영국과 미국 정부도 각기 같은 조치를 취하였다. 그러나 ICJ는 불가리아가 ICJ의 관할권을 인정하지 않고 있던 관계로 불가리아에 대한 관할권이 없다는 이유로 본안 판결은 하지 못하였다. 동 제소에 관련하여 이스라엘, 영국, 미국이 ICJ에 제출한 Memorial은 영공 침범 민간항공기에 대한 영공국의 권리가 어떤 것이라는 법적 견해(*opinio juris*)를 보여주는 풍부한 소스가 되고 있다.

이스라엘은 또한 동 건을 1955.8.22. 유엔총회의 임시 토의 안건으로 제기하였다. 동 건은 12.5.와 6. 유엔 총회 제3위원회(사회, 인류, 문화문제 담당)에서 토의된 후 결의안으로 작성되었으며 동 결의안은 1955.12.14. 유엔 총회에서 투표(45 찬성, 반대 없음, 13 기권)로 채택, 결의문 927(X)이 되었다.[22] 동 결의문은 본문(operative part)에서 모든 국가가 유사한 사건을 피하기 위한 적절한 조치를 취할 것과 관련 국제기구의 관심을 고취하는 것으로 결론지었다. 관련 국제기구인 ICAO는 당시 불가리아가 시카고 협약 당사국이 아닌 관계로 유엔 결의문에도 불구하고 동 건을 취급할 수 없었다. 사건 관련 당사국의 협상결과 불가리아는 시혜금(*ex gratia*)[23] 형식으로 보상을 하였다.

④ 1973.2.21. 보다 큰 민간항공기 피격 사건이 발생하였다.[24] 리비아 항공사 소속의 보잉 727기가 리비아 트리폴리에서 카이로로 비행하던 중 실수로 카이로를 옆에 두고 카이로 동북쪽으로 깊숙이 비행한 결과 이스라엘의 점령지인 시나이 반도에서 이스라엘 전투기에 의하여 격추되었다. 피격받은 동 리비아 여객기는 시나이 사막에 추락하여 113명의 탑승원 중 108명이 사망하였다.

이집트는 리비아 민항기의 격추가 국제법 위반이라고 주장하면서 이스라엘이 격추 전에 경고도 하지 않았다고 이스라엘을 규탄하였다. 이스라엘은 이에 대하여 자국영공을 국제법에 따라 방어하였을 뿐이라고 말하면서 국제 관행에 따라 발한 경고를 리비아 여객기가 계속 무시하였다고 반박하였다. 이스라엘 전투기 조종사는 또한 자신의 발포는 리비아 항공기에 손상을 입혀 강제착륙 시키기 위한 것이었으며 항공기를 격추하려는 의사는 없었다고 언급하였다. 사건 발생 후 이스라엘 국방장관과 수상은 즉각 사건에 대한 책임을 인정하고 배상을 제의하였다.

21) I. C. J. Pleadings, Oral Arguments, Documents, Aerial Incidents of 27 July 1955(Israel v. Bulgaria; USA v. Bulgaria; UK v. Bulgaria), 16 Oct. 1957, p.14.

22) UN yearbook(1955), p.244.

23) *ex gratia*로 지불하는 것은 지불하는 측이 법적 책임을 부인하면서 다만 금전적인 선심만을 쓴다는 뜻임.

24) 동 건 상세한 것은 ICAO 사무총장의 조사보고서인 ICAO Doc C-WP/5764(May 1, 1973), Attachment: Libyan Arab Airlines Boeing 727-244: 5A-DAH SINAI: 21 Feb. 1973, ICAO Fact Finding Investigation 참조.

이때 이미 예정되어 있었던 1973.2.28. 뉴욕 개최의 제19차 ICAO 총회(특별)는 이스라엘의 격추행위를 규탄하고 ICAO의 사건조사를 지시하는 결의문을 채택하였다. 동년 3.5. 채택된 ICAO 이사회의 결의문에서도 확인된 ICAO의 사건조사는 ICAO 역사상 처음 있는 일이었다. ICAO 사무국의 전문가로 조사단을 구성하여 조사활동을 한 결과 제출된 조사보고서를 바탕으로 ICAO 이사회는 사건을 다시 심의하였다. 사건 심의 결과 이사회는 결론적으로 이스라엘의 리비아 민항기 격추행위가 동 민항기의 영공 침범에 따른 불법성에 과잉 행동한 것으로 규정한 후 1973.6.4. 이스라엘의 격추행위를 규탄하고 이스라엘이 시카고 협약의 목적에 부응할 것을 촉구하는 내용으로 결의문[25]을 채택함으로써 동 건 심의를 종결하였다.

⑤ 1978.4.20. 대한항공 902편 보잉 707기가 93명의 승객과 13명의 승무원을 태운 채 파리에서 서울로 비행하던 중 중간 급유지인 알라스카의 앵커리지 근처에서 항로를 대폭 이탈하여 소련 영공 깊숙이 들어갔다가 소련 전투기의 발포를 받은 후 빙판 호수에 비상 착륙하였다.[26] 동 발포로 2명의 승객이 사망하고 11명이 부상을 입었다. 대한항공기 기장은 항공기의 방향 지시기인 컴퍼스가 부정확하였기 때문에 항로를 이탈한 것이라고 밝히면서 이때 Reykjavik(아이슬란드 소재) 관제소와 접촉을 시도하였으나 무위로 끝났다고 말하였다. 사건 직후 인근 핀란드는 대한항공기가 소련의 요격 전투기와 비상교신 주파수인 121.5MHz로 교신을 시도한 것을 포착하였다고 말하였으며 대한항공 부조종사(차순도)는 소련 전투기가 어떠한 사전 경고도 없이 발포하였다고 진술하였다.

한편 소련은 대한항공기 요격 시 표준 신호인 요격기의 날개 흔드는 신호를 무시하는 등 소련 전투기의 지시를 따르지 않았으며 소련 영공 진입 후 2시간 동안이나 착륙하지 않았다고 주장하면서 대한항공기가 핀란드 쪽으로 도망가려고 항로 변경을 시도하였다고 말하였다.

여하튼 이러한 상황에서 발포를 받은 뒤 더 이상 비행이 곤란하다고 판단한 대한항공기는 착륙장소를 긴급 물색하던 중 평면으로 보이는 장소에 즉시 착륙하였다. 동 착륙장소는 소련 무르만스크 남방 230마일 지점에 위치한 Kem이라는 마을의 옆에 소재한 호수로 밝혀졌으며 동 호수는 다행히 얼어 있는 상태였다.

소련 Tass 통신은 4.29.자 성명에서 소련의 사건조사결과 대한항공기의 조종사와 항해사가 비행의 국제규칙을 위반하였으며 소련 전투기가 지시하는 공항에 착륙하는 것을 거절하였다고 밝힌 후, 이들이 소련 영공 침입과 국제 비행규칙을 위반한 범행을 인정한 후 소련 최고회

---

25) ICAO Doc 9073-C/1011 pp.29~30.

26) 동 건 상세한 것은 Keesing's Contemporary Archives 29060(June 30, 1978); A.A. Majid, "Juridical Aspects of Unauthorized Entry into Foreign Airspace", Netherlands International Law Review(1985), p.267; Hughes의 논문 pp.613~614 참조.

의 의장 앞으로 사면을 요청하는 서한을 발송한 결과 소련 최고회의 의장이 이들을 기소하지 않고 소련 영토 밖으로 내보내기로 결정하였다고 보도하였다. 대한항공 기장과 항해사는 4.23. 이미 소련을 출발한 생존 승객 93명과 승무원 11명 및 시체 2구보다 며칠 늦은 4.29. 소련을 떠날 수 있었다.

재미있는 것은 동 사건을 두고 항공기의 국적국인 한국이 소련에 대해 어떠한 항의도 하지 않은 채 승객과 승무원을 석방하여 준 소련의 조치를 대 소련 관계 정상화의 실마리로 해석하면서 소련에 감사표명만 하였다는 것이다. 4.24.자 박정희 대통령의 사의 표명이 그러하였고 박동진 외무장관의 5.1.자 사의표명이 역시 그러하였다.[27)]

한편 소련에서 풀려난 기장 김창규는 한동안의 시간이 경과한 후 사건에 대한 소련 측의 당시 발표를 부정하였다.[28)] 그는 소련 억류에서 풀려나는 유일한 길은 소련 당국이 원하는 대로 하는 것이었기 때문이라고 말하였다.

동 사건은 1978.6.5. ICAO 이사회에서 미국 대표에 의하여 조심스럽게 제기되었다.[29)] 미국 대표는 동 사건에 관련한 1978.5.19.자의 이사회 의장의 회람 문서를 언급하면서, 항공기 요격에 관련한 시카고 협약 부속서 검토를 제안하였다. 영국 대표는 미국 제안을 지지하면서 의장(이사회)이 사건 관련 당사국으로부터 사실을 수집하여 항행위원회(ANC)로 하여금 구체 검토케 하여 추후 유사한 사건의 재발 방지를 위한 조치, 즉 표준 및 지침서 등의 문서 보완을 하자고 제의하였다. 프랑스 대표도 이에 동조하였으나 소련 대표는 발언을 통하여 시카고 협약 부속서 13은 사고(accident)만을 다루고 있는데 금번 대한항공건은 사건(incident)으로서 소련 측이 처리하였으므로 ICAO가 개입할 여지가 없다고 말하였다. 캐나다 대표는 현 부속서상의 요격절차가 더 이상 신기술의 정밀한 항공기 및 항공장비에 알맞지 않은 것임을 지적한 후 동 요격절차는 현재 상황에 부합하는 방향으로 검토되어야 한다고 주장하였다. 이사회의 토론은 각 회원국에게 현 요격절차에 관련한 관행을 묻는 설문서를 보내자는 방향으로 진행되었으나 동 건이 정치적 의미를 내포하고 있다고 판단한 소련과 소련 동조국의 반대로 더 이상 토의가 되지 않았다.

⑥ 1983.9.1. 또 한 대의 대한항공기가 관여된 당시 사상 최대의 민간항공기 참사가 발생하였다.[30)]

---

27) 이러한 우리나라의 태도는 사건에 대한 법적인 측면과 정치적 측면을 구별하지 않고 저자세로만 일관한 것으로서 국제항공법 사회에서 기이하게 여겨지는 것임.

28) Lohr "Pilot in the '78 Incident Recalls His Experience", N.Y Times, Sept. 9, 1983 at 11, Cols, 5-6.

29) ICAO Doc 9250-C/1045, C-Min, 94/1, pp.3~6.

30) 동 사건을 다룬 글이 많았는바, 필자가 당시 한국 정부의 동 건 처리 담당자로서 파악・정리한 바를 일반 기술내용과 법적 측면의 기술내용으로 구분하면 다음과 같음.
[일반기술] 김병무 편집, 대답없는 007기, 한진 출판사, 서울, 1984; Gerard de Villiers, Le Vol 007 Ne Répond Plus, Plon, France, 1984; Yanagida,

뉴욕서, 앵커리지를 거쳐 서울로 오던 보잉 747 제트 여객기(비행번호 007)가 앵커리지를 이륙한 후 이유 불명으로 서서히 항로를 이탈, 캄차카 반도와 사할린 섬의 소련 영공으로 진입 비행한 후 사할린 상공에서 소련 전투기에 의하여 격추됨으로써 240명의 승객[31]과 29명의 승무원이 몰사하였다. 동 사건은 소련이 9.6.까지 공식 발표치 않고 있던 관계로 사건 발생 직후 한국 정부 당국과 대한항공사 측이 기체의 행방을 둘러싸고 한동안 설왕설래하였다.

9.6. 소련 타스통신은 대한항공기가 미국을 위한 첩보행위차 소련 영공을 비행하였다고 주장하면서 미국에 책임을 전가하였다. 소련은 동 주장을 뒷받침하기 위하여 정교한 시나리오를 만들어 냈으며 또한 소련 전투기가 대한항공기 요격 시 국제적으로 수립된 절차를 모두 이행하였다고 주장하였다.

서방을 비롯한 세계여론은 민항기를 격추한 소련의 만행에 대하여 강력 규탄하고 각종 대소련 제재 조치를 취하였다. 일부 서방의 조종사 단체는 제재조치의 일환으로 소련으로의 비행을 중단하기까지 하였다.[32] 한동안 소련과 화해 무드에 있었던 미국은 동 사건을 계기로 급속한 냉전 상태에 들어갔으며 세계의 언론은 사건 발생 후 약 2주간 동 사건 보도로 일관하다시피 하였다.

Kunio, Gekitsui(Shooting Down in Japanese), Vol Ⅰ, Ⅱ, Kodansha, Tokyo, 1984; Jeffrey St. John, Day of the Cobra, Thomas Nelson Publishers, Nashville · Camden · New York, 1984; Maj General Richard Rohmer, Massacre 747, Paper Jacks Ltd., Markham, Ontario, Canada, 1984; Oliver Clubb, KAL Flight 007: The Hidden Story, The Permanent Press, Sag Harbor(N.Y.), 1985; Anthony Sampson, Empires of the Sky, Hodder and Staughton, London · Sydney · Auckland · Toronto, 1984; David Pearson, "KAL 007: What the US Knew and When We Knew It", The Nation, Aug. 18–25, 1984, pp.105~124; ---, "New Pieces in the Puzzles of Flight 007", The Nation, Aug 17–24, 1985, pp.105 et seq; Golden, Seeing a Conspiracy in the Sky, 5 Discovery(1984) 8 et seq; Sayle, "KE007: A Conspiracy of Circumstance", N.Y. Rev. of Books, 25 Apr, 1985, p.44 et seq; Alexander Dallin, Black Box KAL 007 and the Super–Powers, University of California Press, 1985; 29 Keeing's Contemporary Archives 32513–32517; Mann, P. Q., Reassessing the Sakhalin Incident(1984); Johnson, R. W., Shoot–Down, Viking, New York,; Seymour M. Hersh, What really happened to Flight 007–The Targets Destroyed, Random House, 1986(excerpts were carried in the Atlantic Monthly, Sept. 1986) and others. [법적 측면 기술] Richard G., "KAL 007: The legal fallout" Ⅸ AASL(1984) 147–161; Spesier, S. M. & Granite, F.H.Jr., "Legal Question in Downing of Flight 007: with Soviet beyond suit, claims to focus of Korean Airline's Liability", 61 Col. in V190 N.Y.L.J(2 Sept., 1983); Jahn, I. L., "Applying International Law to the Downing of Korean Air Lines Flight 007 on September 1, 1983", 27 German Y.B International Law(1984) 444–458; Fox J.R., "International Law and the Interception of Civil Aircraft: Flight 007", 88 Dickinson Law Review(1983~1984) 237 et seq.; Laveson J.D., "Korean Airline Flight 007: Stalemate in International Aviation Law–A Proposal For Enforcement", 22 San Diego Law Review(1985) 859–893; Fitzgerald G. F., "The Use of Force againist Civil Aircraft: The Aftermath of the KAL Flight 007 Incident", XⅫ The Canadian Y.B. International Int'l Law(1984) 291–311; Martin, P., "Destruction of Korean Air Lines 747 over Sea of Japan", 31 August 1983, Ⅸ Air Law(1984) 138–148; "What are the Rights of the Passengers?–Against Whom?", Air and Space Lawyer, Vol.1, no.1, Chicago(Fall 1983); Steven N. Avruch, "The 1983 Korean Air Lines Incident: Highlighting Law of International Air Carrier Liability", 8 Boston College International Int'l & Comp. L. Rev.(1985) 75–126; Cheng, B., "The Destruction of KAL Flight KE 007 and Article 3 bis of the Chicago Convention", Air Worthy, ed. Diederiks–Vershoor, Deventer, Kluwer, (Netherlands 1985), pp.49~74; "Legal Argumentation in International Crises: The Downing of Korean Air Lines Flight 007", 97 Harvard Law Review(1984) 1198–1213; "Limitations on the Right to Use Force Against Civil Aerial Intruders: The Destuction of KAL Flight 007 in Community Perspective" 6 New York Law School Journal of International and Comparative Law(1984) 117–209; Jean–Louis Magdelénat, "La Réclamation canadienne pour les victimes du Vol KAL 007", 36 Revue Francaise du Droit Aérien(1985) 265–278; Craig A. Morgan, "The Downing of Korean Air Lines Flight 007", 11 The Yale Journal of International Law(1985) 231–257; Phelps, "Aerial Intrusion by Civil and Military Aircraft in time of Peace", 107 Military Law Review(1985) 255 et seq; G.A.Rinaldi–Dimitriou, "the Korean Airliner Incident of 1983: Can the U.S. Obtain Redress From the U.S.S.R.?", 13 San Fernando Valley Law Review(1985) 37–56.

31) 국적별 사망자 수는 한국 105(승무원 29명 포함), 미국 62, 일본 28, 대만 23, 필리핀 16, 영국 14(12명의 홍콩인 포함), 캐나다 8, 태국 5, 호주 2, 말레이시아, 이란, 인도, 베트남, 도미니카 연방, 스웨덴 각 1명(1984년 발간 한국 외무부 집무자료 84–141(법규) "소련 전투기에 의한 대한 항공 007기 피격 사건 관련 자료집" 참조).

32) 세계 각국의 각종 대소련 제재조치에 관해서는 상동 참조.

동 사건은 즉각 유엔 안보리에 제기되어 9.2.부터 12일간 6차례의 긴급 안보리 회의가 개최된 후 9.15.~16. ICAO의 특별이사회에서 토의되었다. 안보리 토의 후 항공기 격추를 개탄하고 국제 민항기에 대한 무력 사용이 국제 행위규범과 인류애의 기본적 고려(elementary considerations of humanity)에 반하는 것임을 선언한 결의안[33]은 9.12. 표결 결과 채택에 필요한 9표를 획득하였으나 소련의 거부권 행사로 부결되었다. 그러나 비정치적 전문기구로서의 ICAO는 유엔 안보리가 채택에 실패한 결의안과 비슷한 내용의 결의안[34]을 9.16. 특별이사회 토의 결과 채택하였다. 동 ICAO 이사회 결의문은 동시에 ICAO 사무총장으로 하여금 사건을 조사하여 이사회에 보고하도록 지시하였다. 동 결의문에 따라 ICAO 사무국은 ICAO 역사상 2번째로 조사단을 구성하여 사건조사를 한 결과 중간 조사보고서와 최종보고서를 작성・제출하였다. 1984년 2월 ICAO 이사회에 제출된 최종보고서[35]는 소련의 첩보행위 주장을 일축하고 소련 전투기의 요격 시 요격절차가 충분히 지켜지지 않았음을 지적하였다. 동 최종보고서를 바탕으로 ICAO 이사회는 또 한 번의 격렬한 토론에 들어갔다. 토론결과 대한항공기의 격추행위를 규탄하고 대한항공기 격추 추정 지점에서의 수색 구조작업에 소련이 협조하지 않은 점을 개탄하는 내용의 결의안[36]을 1984.3.6. 채택함으로써 동 건을 일단락 지었다. 동 사건 발생 후 ICAO는 유사한 사건의 재발방지를 위한 법적 보완의 관점에서 시카고 협약을 개정하는 제25차 총회(특별회기)를 1984.4.24.~5.10. 개최하였으며 동 총회에서는 민항기에 대한 무력 사용을 자제하는 것을 주안점으로 하는 시카고 협약 제3조의 2를 신설 추가하는 협약 개정의정서를 채택하였다.

우리나라가 소련과 1990년 9월 수교하였으며, 소련을 승계한 러시아의 옐친 대통령이 1992년 11월 방한할 정도로 양국 간 관계가 개선된 결과 러시아 측은 1983년 사건 발생 관련 자국이 수거하여 보관하고 있었던 KAL 007기 블랙박스의 인도 의사를 천명하면서 1992년 12월 모스크바에서 한・미・일・러 4개국과 ICAO 옵서버를 초청하여 KAL 007기 사건 국제 전문가 회의를 개최한 다음 4개국이 ICAO의 동 사건조사 완결을 추진키로 합의하였다. 이에 따라 4개국의 정식 요청이 있은 다음, ICAO 이사회는 1992.12.18. 결의를 통하여 KAL 007기 사건의 재조사를 결정하였으며, 1993.1.8. 러시아 측으로부터 블랙박스를 전달받은 ICAO 사무국의 KAL 007기 사건 완결보고서[37]가 작성되었다. 동 완결보고서는 1983년 12월에 이미 제출되었

33) UN Doc S/15966/Rev. 1(12 sept. 1983).

34) ICAO Doc, Draft, C-Min, Extraordinary(1983)/4.

35) ICAO Doc. C-WP/7809(Feb. 16, 1984).

36) ICAO Doc, Draft, C-Min. 111/6(Mar. 13, 1984).

37) ICAO Doc. C-WP/9781, 28/5/1993, Report of the Completion of the Fact-Finding Investigation Regarding the Shooting Down of Korean Airlines

던 사건보고서와 비교할 때 조종사의 과실을 명확히 언급하면서 동 과실 때문에 조종사가 인지하지 못한 채 항로 이탈한 것으로 결론지었다.

⑦ 1988.7.3. Iran Air의 에어버스(비행번호 655)가 274명의 승객과 16명의 승무원을 태운 채 이란의 Bandar Abbas를 이륙하여 UAE의 두바이 간 정기노선으로 비행하던 중 걸프 만 이란 영해(12해리) 상공에서 미국 전함 USS Vincennes의 미사일에 격추되어 탑승원 전원이 사망한 사건이 발생하였다.

상기 사건 발생 후 이란 정부는 즉각 ICAO와 유엔의 사건조사 등 필요 조치를 촉구하였으며 ICAO 이사회는 1988.7.13.~14. 동 건을 심의하기 위한 특별 이사회를 개최한 후 ICAO 사상 세 번째로 사건조사를 행하고 조사보고서를 작성하였다.[38]

상기 사건조사보고서를 심의한 ICAO 이사회는 1989.3.17. 민항기 확인 실수에서 초래된 비극적 사건을 개탄한다는 정도의 내용으로, 미국을 규탄하는 것과는 거리가 있는 결의안을 채택하였다. 이에 불복한 이란은 동 건을 시카고 협약 제84조상 ICAO 이사회의 결정에 대한 이의 형식으로 ICJ에 제소하였다. 동 제소에 따라 이란과 미국이 각기 Memorial[39]과 Preliminary Objection[40]을 ICJ에 제출하였는바, 이 두 개의 문서는 유용한 항공법 자료가 되고 있다.

이란은 ICAO 이사회가 1973년 리비아 민항기 사건과 1983년 대한항공 민항기 사건처리와는 달리 격추 당사국(미국)에 관대한 내용으로 결의를 채택하였다면서 ICJ가 미국의 국제법 위반, 재발방지의무, 배상책임 등을 천명토록 주문하였다.[41]

미국은 이란의 주장에 대해 ICAO 이사회의 결의는 시카고 협약 제84조상 ICJ에 제소할 수 있는 ICAO의 결정이 아니며 협약 당사국 간 분쟁을 취급한 결정(decision)이 아니었기 때문에 절차상 흠결로 ICJ는 이란의 제소한 건에 대하여 관할권을 부정하여야 한다는 논리를 전개하였다.[42]

ICJ는 제출서류 보완을 거쳐 1994.9.12. 공개 구두변론을 청취할 예정이었으나 분쟁 당사국인 이란과 미국은 양국 간 협상에 돌입하였음을 알리면서 무기한 개정 연기를 요청하였으며 그 뒤 양국이 1996.2.22.자 ICJ 앞 서한으로 분쟁 해결에 합의하였기 때문에 사건의 소를 중단

Boeing 747(Flight KE 007) on 31 August 1983.

38) 사건조사보고서는 ICAO 사무총장의 1989.1.11.자 State Letter AN 12/4.3-89/7 첨부물로 ICAO 회원국에 배포됨.

39) Memorial Submitted by the Islamic Republic of Iran/Case concerning the Aerial Incident of 3 July 1988(Islamic Republic of Iran v. USA), Vol. Ⅰ~Ⅱ, 24 July 1990.

40) Preliminary Objection Submitted by USA/Case concerning the Aerial Incident of 3 July 1988(Islamic Republic of Iran v. USA), 4 March 1991.

41) 이란은 미국이 위반한 국제법으로서 다음을 열거하였음(전게 주 39) Vol. Ⅰ, p.292).
- 시카고 협약 제1, 2조와 제3조의 2(당시 미발효이지만), 제44조 (a), (h), 부속서 2, 11, 15.
- 1971년 몬트리올 협약 제1, 3조 및 10조 (1)항.
- 미국과 이란 양국 간 우호조약(1955년 체결) 제4조 (1)항 및 제10조 (1)항.
- 상기 조약 규정 관련 일반 및 관습국제법 규칙들.

42) 전게 주 40), p.123.

하겠다고 통보함에 따라 ICJ는 동 일자로 사건 심리 대상에서 제외시켰다.[43)]

⑧ 1996.2.24. 미국의 개인용 민간항공기 두 대가 쿠바 군용기에 의해 격추되어 4명의 탑승자가 사망한 사건이 발생하였다. 사건 발생 후 미국과 쿠바가 각기 사건조사를 ICAO 등에 요청한 가운데 유엔안보리 심의 후 유엔안보리 의장이 1996.2.27.자 성명에서 ICAO의 사건조사를 요청하였다. ICAO 이사회도 1996.3.6. 동 건 토의 후 민항기 격추를 강력히 개탄하며 ICAO 사무총장의 사건조사를 요청하는 결의를 채택하였다.

상기 결의에 따라 사상 4번째로 ICAO의 항공기 사고조사보고서가 작성되었으나 금번 보고서는 기존 보고서와는 달리 가해국과 피해국의 잘잘못을 가릴 수 있는 내용의 서술이 아니고 피격 항공기와 미국 및 쿠바 항공관제사 간의 교신내용 등을 수록한 자료집(information paper)에 불과하였다.[44)]

ICAO 이사회는 상기 자료집을 조사보고서로 접수하여 심의한 후 1996.6.27. 민항기의 안전보호와 민항기 남용금지에 관한 기존원칙을 재확인하는 수준의 어정쩡한 내용의 결의를 채택하면서 동 건 심의를 종결하였다.

1.3.3. 영공 침범 처리 국가관행

영공 침범 사건은 대개의 경우 영공 침범 사실 여부부터 시작하여 쌍방의 사실 주장이 서로 다르기 때문에 이에 대한 국가관행을 추출하기가 힘든 상황이다. 또한 어떤 국가는 대외적으로 공표한 행동규범을 지키지 않으며, 자국이 영공 침범 항공기 국적국일 경우와 침범을 받은 영공국일 경우 서로 다른 행위규범을 적용하는 데에도 문제의 어려움이 있다.

1958년 ICAO의 한 보고서는 평화 시 영공 침범에 대응하는 각국의 관행을 조사한 결과 대부분의 국가가 불법 영공 침범하는 항공기에 대하여 착륙하든지 또는 항로를 변경토록 하기 위한 수단으로 경고사격을 하고, 경고에 불응할 경우 실제 사격도 불사한다고 기술하였다.[45)] 동 기술 내용은 일률적으로 적용하기 곤란한바, 이는 자유세계의 관행과 공산세계의 관행에 큰 차이가 있었기 때문이다. 자유 서방 국이 영공을 침범하는 항공기에 대하여 직접적인 무력을 사용한 경우는 1953.2.16. 2대의 소련 전투기가 일본 영공을 침범하였을 때 이를 요격하던 미국 전투기가 착륙 명령을 발한 후 불응하자 사격한 경우에 불과하다. 이 경우에도 소련 전투기는 한 대가 손상된 채 소련 영공 쪽으로 비행을 계속할 수 있었다. 서방측의 온건한 대응은 서방측 국가에 대한 영공 침범이 서방의 공산권

43) ICJ Communique(unofficial) No. 96/6, 26 Feb. 1996.

44) ICAO Doc. information paper 1 related to C-WP/10441, 19/6/1996.

45) K. Hailbronner, "Topical Problems of International Aviation Law", 8 Law and State(1973) 103.

영공 침범보다 횟수가 적었다는 것을 의미하는 것은 아니다.

항공기 제작기술과 무기가 제대로 발달하지 않았던 제1차 대전 시까지 영공 침범은 국가 간의 주요 분쟁이 되지 않았다. 그러나 제1차 세계대전을 계기로 항공기가 중요한 군사무기로 부각한 뒤 자국영공 보호에 보다 신경을 쓰게 되었다. 그런데도 영공 침입을 한 항공기에 대한 잔인한 무력 사용은 좀처럼 흔한 일이 아니었으나 소련을 비롯한 일부 공산국가들은 침범 항공기가 군용인지 민간용인지 구분하는 여유도 갖지 않고 성급히 격추시키는 영공 수호 편집증에 걸려 있는 양태를 보였다. 이와는 대조적으로 서방측은 조난, 기타 조종사 실수 또는 기계고장으로 타국 영공에 불법 진입한 항공기는 동 항공기가 군용기일지라도 침입한 영공국에 폭격하려는 등의 행위를 하지 않는 한 바로 격추시킬 수는 없다는 입장이다.

1955.7.27. 이스라엘의 국적기인 El Al 항공기 사건의 ICJ 제소 시 미국, 영국, 이스라엘은 한결같이 민항기에 대한 무력 사용 불가를 주장하면서 그 이유로 '인류애의 기본적 고려'(elementary considerations of humanity), 무력 사용에 있어서의 '비례의 원칙'(principle of proportionality) 및 무고한 승객을 내세웠다. 같은 이론은 1983.9.1. 대한항공 007기의 피격 시에도 적용되어 소련의 격추만행을 규탄하는 논거를 마련하였다.

영공 침범 항공기에 대한 서방과 과거 공산 동구권의 인식 차이는 정치체제의 측면에서 이해할 수밖에 없겠다.

1.3.4. 영공 침범에 관한 국제법

실정법 중 민항기에 대한 무력 사용을 명시한 국제법은 없었으나 1983.9.1. 대한항공 사건을 계기로 형성되었다. 1984.5.10. 채택된 시카고 협약 개정의정서는 민항기에 대한 무기 사용을 배제하는 내용인데 102개국의 비준이 있은 후인 1998.10.1.에야 발효되었고 동 의정서를 비준한 국가는 2015년 12월 현재 150개국이다.

다음에서는 민항기에 대한 무력 사용 시 적용되는 국제법으로서 유엔 헌장, 시카고 협약 및 ICAO 문서, 관습국제법 및 국제법의 일반원칙 등을 살펴본다.

1.3.4.1. 유엔 헌장

국가는 자국의 영공이 타국항공기에 의하여 침해되었을 경우에 무기를 사용할 수 있는지에 대해서 유엔 헌장을 검토하여 보자. 헌장 제2조의 4항은

> 모든 회원국은 유엔의 목적에 상치하는 어떠한 방법으로든지 국제관계에 있어서 어느 국가의 영토의

보전이나 정치적 독립을 위협하거나 이에 대한 무력 사용을 하지 말아야 한다.

상기 조항은 헌장 제51조에 의하여 제한을 받는바, 동 제51조는 본 헌장의 어느 조항도

> 유엔의 일 회원국에 대한 무력 공격이 발생할 시 개별적 또는 집단적 자위를 할 내재적인 권리를 손상하지 않는다. 단, 동 권리는 안보리가 국제평화와 안전을 유지하기 위하여 필요한 조치를 취할 때까지로 한한다….

여기에서 '자위'(self－defence)와 '무력 공격이 발생할 시'(if an armed attack occurs)라는 표현의 해석에 유의하여야겠다. Bin Cheng 교수는 정당한 자기 방어는 순전히 예방적인바 국가의 안전에 중대한 위협이 계속되지 않는 한 불법으로 자행된 기존행위(fait accompli)에 대한 자위는 인정할 수 없다는 견해이다.[46] 동 견해를 1973년 리비아 민항기 사건과 1983년 대한항공기 사건에 적용할 경우 동 항공기들이 설령 적대 목적으로 영공을 침범하였을지라도 침범 후 원 항로로 복귀하고 있는 상태였기 때문에 이들 항공기에 대하여 자위력 행사를 할 수 없다는 논리가 된다.

Waldock은 무력공격(armed attack)을 확대 해석하여 실제로 시작된 무력행사뿐만 아니라 위협과 잠재적 위협, 그리고 현실적으로 준비되고 있는 공격까지도 포함하여야 자위권을 인정한 의미가 있다고 말하였다.[47] 그는 만약 자위가 제1격으로서의 무력행사에 대응한 제2격(second blow)으로만 해석된다면 급박한 위협도 자위의 발동 대상이 되지 않는다는 모순이 생긴다는 것이다. '공격'을 보다 명확히 해석하는 데는 유엔 헌장의 불어본이 도움이 된다. 불어본은 '유엔의 일 회원국이 무력 공격의 대상이 되었을 때'(…dans un cas où un membre des Nations Unies est l'object d'une aggression armée…)라고 표현하고 있다.[48]

소련을 포함한 열강의 비무장 회의(1933.7.3.～5.)는 침략의 정의에 관한 3개 협약을 서명하였는바, 동 협약은 침략행위로 '선박 또는 항공기의 공격'을 열거하였다.[49] 비슷하게 북대서양기구조약도 일 회원국에 대한 항공기의 공격을 여타 회원국의 공동 행동을 유발하는 사건으로 규정하였다.[50]

Bin Cheng은 자위의 존재와 행사의 조건으로서 즉각적인 위협, 위험의 부당한 성격, 합법적 보호 수단의 부재 및 행사의 합리 등 4가지를 들었다.

---

46) B. Cheng, General Principles of Law as Applied by International Courts and Tribunals(London, 1953), p.97. 그러나 Brownlie는 유엔 헌장 제51조가 예방조치를 포함한다는 것에 대하여 회의적임[I. Brownlie, International Law and the Use of Force by States(Oxford, 1963), p.373 참조].

47) C. H. M. Waldock, "The Regulation of the Use of Force by Individual States in International Law", 81 Recueil des Cours(1952) 498.

48) 동 불어본 해석은 실제 공격이 일어나지 않았더라도 공격의 대상이 된 상태가 확실하면 유엔 헌장 제51조의 자위권 발동이 가능하다는 즉 예방적 자위권 발동이 가능하다는 이야기가 됨. 그런데 같은 표현을 한 영어본은 "…if an armed attack occurs against a Member of the United Nations…"라고 되어 있어 예방적 자위권 행사를 포함한다고 해석하기 어려움. 유엔 헌장 제111조는 헌장 해석 문제가 있을 때 어떤 특정 언어본의 우위를 인정함이 없이 영어, 불어, 스페인어, 중국어, 소련어본 모두가 동등한 정본(authentic text)이라고 규정하고 있음.

49) De la Pradelle, "Les Incidents de l'Air", Recueil des Cours(1954), Vol. II, pp.193～194.
침략의 정의는 국제연맹 및 국제 연합의 오랜 작업을 필요로 한 어려운 일이었음. 유엔 총회는 1974.12.14. 8개 조문으로 구성된 침략의 정의(Definition of Agression)를 승인하였음(Everyone's United Nations, 9th Ed.(New York, 1979), p.330 참조.

50) 상동 De la Pradelle 논문.

여기에서의 문제는 항공기가 영공을 침범한 경우 영공을 침범당한 국가가 유엔 헌장에 따라 무력을 행사할 수 있는가 하는 점이다. 이 경우 침입 항공기가 공격의 형태로 비행할 경우 유엔 헌장 제51조에 따라 예방적 또는 합리적 성격으로서의 자위권을 행사할 수 있다고 보아야겠다. 그러나 만약 정체불명의 군함 또는 항공기가 공해를 통하여 일국에 접근하려 하는 경우 이는 헌장 제39조에 규정한 평화에 대한 위협이 될지는 몰라도 자위권 행사를 정당화할 수는 없겠다. 왜냐하면 공해상에 있는 군함 및 항공기가 돌발행동으로 인근국을 공격한다고 볼 수 없기 때문이다.

1.3.4.2. 시카고 협약과 부속서

시카고 협약 중 일부 규정이 항공기의 영공 침범에 직간접적으로 적용될 수 있다. 가령 제1조, 3(d), 3bis, 5, 6, 9, 10, 11, 13 및 25조는 영공의 주권을 규정하거나 또는 동 주권 행사를 제어하는 내용으로 해석되는 조항들이다. 이를 구분하면 제1, 6, 9, 10, 11, 13조가 영공주권의 측면을, 3(d), 3 bis, 5, 9, 11 및 25조가 영공주권을 제한하는 측면의 규정이다.

파리 협약이 제1조로 규정한 완전하고도 배타적인 영공주권은 시카고 협약에서 그대로 반복되었는바, 이는 제1차 세계대전 중 항공기의 발달이 가져온 무기로서의 항공기에 대한 인식과 전쟁 중 자국영공 보호의 필요성이 반영된 것이겠다.

시카고 협약 제3조 (d)는 "체약국은 자국 국가항공기에 대한 규정을 발표함에 있어서 동 규정이 민간항공기의 안전 항공을 적의 고려하도록 조치하여야 한다"라고 규정하였다. 동 조항은 제3조 (c)와 함께 시카고 협약이 적용 대상에서 제외한 국가항공기를 규정하고 있다는 점에서 흥미로운 것이다.

협약 제5조는 비정기 국제 운항 항공기가 무착륙 통과비행을 하거나 착륙을 하더라도 승객 및 화물을 승강한다는 등의 운송목적으로 착륙하지 않는 한 사전허가 없이 체약국의 영공에 진입할 수 있다고 기술하고 있다. 따라서 비정기 항공기는 통과 비행차 체약국의 영공을 자유로이 침범 비행할 수 있다는 이야기이며 이러한 권리는 단, 영공국이 정하여 놓은 항로를 따르도록 요청할 수 있다는 점에만 기속된다. 현실적으로 운항내용을 불문하고 사전허가를 받지 않는 타국항공기의 영공 비행은 불가[51]하다. 하지만 이러한 현실이 사전허가 없이 진입한 민간항공기를 물리적으로 제압하는 것과는 거리가 멀다.

---

51) 동 제5조는 소형항공기가 상용목적으로 비정기적 국제 운항을 할 경우 적용 시 문제가 없으나 대형 상용항공기가 비정기로 운항된다 하여 동 제5조를 적용한다는 것은 제6조상 규정(정기 항공에 적용)을 감안할 때 시카고 협약 성안자들의 취지에 부합하지 않을 것임. 왜냐하면 오늘날 항공사의 정기 및 비정기 운항은 거의 구분이 안 가는데 비정기 쪽으로 애매하게 구분하여 제5조를 적용하는 것은 제6조를 적용받아야 할 경우보다 규제를 덜 받지만, 항공사 영업 측면에서는 동 비정기로 구분된 운항이 제6조를 적용받는 정기운항과 사실상 차이가 없기 때문임. J. Gertler, "Article 5 of the Chicago Convention", XX AASL Part II(1995), 485－495 참조.

협약 제3조의 2(3 bis)는 1983년 대한항공 007기의 피격 추락을 계기로 1984년 시카고 협약을 개정한 결과 민간항공기에 대한 무력 사용 자제를 규정한 내용이 삽입된 것이다. 무력 사용을 무조건 금지한 내용은 아니지만 여사한 내용이 처음으로 국제 성문법에 반영된 경우인바, 다음 항에서 별도 설명한다.

협약 제9조는 체약국이 특정한 경우에 자국의 특정구역을 영구적 또는 일시적으로 비행금지할 수 있도록 규정하고 동 조 (c)는 동 규정에 따라 금지된 구역을 비행하는 항공기에 대하여 영공국은 자국 내 일정한 지정공항에 착륙하도록 요구할 수 있다고 하였다. 동 조항에서 우리는 금지구역을 침범한 항공기일지라도 동 항공기가 저항한다든지 또는 명백히 영공국에 위해한 행동[폭탄투하를 위한 선복문(bay door)을 연다든지 등]을 하지 않는 한 항공기를 격추할 수 없다는 것을 추출할 수 있다. 하물며 금지구역이 아닌 구역을 잘못 비행하여 들어온 영공 침범 항공기에 대하여서는 더욱 완화된 조치를 취하여야 함이 마땅하다.

제11조는 국제 항행의 항공기가 체약국의 영토에 들어오고 나갈 때 또 동 항공기가 체약국의 영토에 있을 때 국적의 차별 없이 동 체약국의 법령에 따르도록 규정하였는바, 이는 항로 이탈 등으로 사전허가 없이 영공에 진입한 항공기를 격추한다는 것을 전제하는 것이 아니다.

협약 제25조는 조난 중인 항공기가 자국영공에 있을 경우 필요한 원조를 제공하도록 하였는바, 이는 조난항공기가 영공을 불법 침범하였다는 이유로 격추될 수 있다는 것을 상정하는 그 자체를 배제한 것이다.

이상과 같이 시카고 협약이 영공 침범 항공기에 대하여 절대적이고 명확한 규정은 하고 있지 않다 하더라도 간접적으로 적용될 수 있는 관련 조항은 영공 침범 항공기에 대하여 영공국이 무력을 포함하여 자신이 원하는 대로의 행동을 취할 수 없도록 해석되는 내용으로 규정하고 있다.

시카고 협약 부속서는 특정한 경우의 표준(Standards)을 제외하고는 강제적 규범이 아니다. 그러나 대다수 협약 당사국이 통일적으로 적용하는 기준이 된다는 점에서 부속서의 제정 의미가 있다. 항공기의 영공 침범을 다루는 규정을 포함하고 있는 부속서는 부속서 2(Rules of the Air), 6(Operation of Aircraft)의 Part Ⅰ과 Ⅱ, 10(Aeronautical Telecommunications)의 Volume Ⅰ, 11(Air Traffic Services)이다. 부속서 이외로 PANS－RAC(Procedures for Air Navigation Services－Rules of the Air and Air Traffic Services)와 PANS－OPS(Procedures for Air Navigation Services－Operations)의 Volume Ⅰ이 있다.[52)]

1973년 리비아 민항기 사건이 발생한 연후에 부속서 2는 부속(Appendix) A 첨부(Attachment) A 요격에 관한 사항을 '특별권고'(Special Recommendations)로 수록하였다. 1978년 대한항공 사건이 발생한

52) PANS는 부속서로 수록되기 전까지 아직 성숙하지 않았고 또한 너무 구체적인 항행절차를 포함하고 있음. PANS는 그러나 지침서(Manuals)보다는 비중이 크게 취급됨.

후에는 부속서를 다시 개정하여 첨부 A의 7.1항에서

> 민간 항공기에 대한 요격은 마지막 수단(last resort)으로만 사용되어야 한다.

라고 규정하였다. 동 규정은 부속서의 핵심 구성요소인 '표준'이나 '권고방식'의 형태가 아닌 첨부문서 형태로 기술되어 있기 때문에 구속력이 없음은 물론이다. 이러한 문제는 1983년 대한항공 007기 사건 발생 후 ICAO 이사회에서 인식되어 요격에 관련한 부속서 내용을 강화하는 작업이 시작되었다. 동 작업결과 부속서 개정안이 작성되고 평시 개정절차의 일환으로 개정안을 각국에 송부하여 의견을 문의한 결과 다수 국가가 찬성하였으나 미국과 소련 등 강대국은 시카고 협약 제3조 (a)에 따라 협약이 민항기에만 적용되어야 하며 요격을 행하는 국가항공기에는 적용될 수 없다는 법적 근거를 내세우면서 반대 의견을 제시하였다.

이에 대하여 다수 국가는 협약 제3조 (d)가 국가항공기에 대한 규정을 제정・발표할 시 민항기 안전 항행을 위한 적절한 고려를 하여야 한다고 규정하고 있음에 비추어 민항기 안전을 위한 관점에서 협약 부속서가 군용기의 요격에 관한 사항을 포함하는 것이 문제 될 수 없다는 입장을 취하여 ICAO 이사회에서 상호 의견 대립을 보였다. 의견 대립에 따른 한동안의 교착상태는 ICAO 이사회의 영국 대표가 제안한 양해안을 바탕으로 표결에 회부되었다. 동 표결 결과 미・소가 반대한 가운데 문제의 핵심인 부속서 2의 3.8.1을 포함하는 부속서 2의 개정안이 1986.3.10. 채택되었다. 이로써 민항기의 요격에 관한 중요한 절차가 '표준'의 형식으로 부속서에 포함되었다. ICAO 이사회는 민항기를 위험하게 하는 요격에 관한 내용을 정리하여 모든 체약국이 통일적으로 준수할 것을 촉구하는 내용을 특별권고(Special Recommendations) 형식으로 채택하였는 바, 동 내용이 부속서 2의 첨부 A(Attachment A)를 이루고 있다.[53)]

상기 부속서 2 개정 취지에 맞추어 ICAO 이사회는 부속서 6의 Part Ⅱ, 부속서 10의 Volume Ⅰ, 부속서 11, PANS－RAC, PANS－OPS의 Volume Ⅰ 등을 연이어 개정하였다.[54)] 1986.11.20.부터 적용 중인 상기 부속서의 개정 중 주요 사항은 다음과 같다.

① 체약국은 시카고 협약 제3조 (d)를 감안하여 민간항공기 요격에 관하여 군용기에 적용하는 규정을 제정할 때 민간항공기에 대한 안전을 고려하여야 하며 요격에 관한 규정과 행정지시 사항을 성안할 때 요격을 행하는 신호(signal)를 준수하여야 한다(부속서 2 표준 3.8.1)라는 내용.

② 이전 부속서 2의 첨부(Attachment)의 일부로 기술된 사항을 동 부속서의 표준으로 격상한 내용. 예를 들어 첨부 2.1로 기술되었던 "민항기의 요격은 마지막 수단으로만 사용되어야 한다"라는

53) Annex 2, 10th Ed., Jul. 2005. 동 부속서 2개정 경과에 관해서는 M Milde, "Interception of Civil Aircraft vs. Misuse of Civil Aviation", XI AASL(1986), 105－130 참조.

54) ICAO Doc C－DEC 117/13, 117/14.

사항이 표준 3.8.1을 구성하는 Appendix 2의 1.1.a)로 기술된 것.

③ 군사 및 민간 관제업무 사이의 보다 긴밀한 조정을 내용으로 하여 부속서 11을 개정한 내용.

1.3.4.3. 시카고 협약 개정의정서(1984.5.10. 채택)

대한항공 007기 사건 후 채택된 시카고 협약 제3조의 2는 채택 14년 후인 1998년에야 발효되었지만 동 개정이 영공 침범 민항기에 대한 무력 사용에 관한 문제를 명시적으로 규정한 유일한 실정법인 관계로 간략히 살펴본다.

개정내용인 제3조의 2는 (a), (b), (c), (d) 4개 항으로 구성되어 있는데 이는 민항기 안전을 강조하였던 원래의 서방안도 아니고 영공주권 보호를 강조하였던 소련 측 안도 아닌 혼합된 내용의 표현을 담고 있다. (a)는 체약국이 민항기의 요격 시 탑승원의 안전을 위태롭게 하지 말아야 하며 무기 사용을 자제하여야(must refrain) 할 것을 규정한 후, 동 규정이 유엔 헌장 상 국가의 권리 의무를 변경하는 것은 아니라고 하였다. (b)는 체약국이 주권행사의 일환으로서 영공을 침범한 민항기에 대하여 공항을 지정하여 착륙하든지 또는 원 항로로 복귀하도록 요청하는 권한을 갖는다고 규정하면서 필요한 경우에는 (a)의 요격과 같은 적절한 조치를 취할 수 있다고 규정하였다. 단, 체약국은 민항기에 대한 요격 관련 규정을 공표하여야 한다. (c)는 침범 항공기가 (b)에 따른 영공국의 요청에 따라야 하며 체약국은 자국 소속 항공기가 이를 이행할 수 있도록 필요한 국내 법규를 마련하여야 한다고 규정한다. 아울러 체약국은 국내법령에 따라 법규의 위반자를 중벌에 처하여야 한다. (d)는 모든 체약국이 자국 민항기를 (시카고) 협약과 상치되는 목적으로의 의도적 남용을 금지하였다.

제3조의 2에 대한 상술은 본서 기술(記術) 내용의 균형상 생략한다. 어느 사건 발생도 마찬가지이지만 항시 사건을 위요한 객관적인 사실 파악이 어렵다. 사실만 정확히 파악된다면 사건의 해결도 용이하지만 가해자와 피해자 사이의 사실 주장은 흔히 크게 다른 것이 현실이고 어느 쪽의 말을 믿어야 할지 여간 어려운 것이 아니다. 이러한 맹점은 옛날부터 있어 온 바이며 유독 제3조의 2의 해석에만 국한되는 문제는 아니다. 한마디로 제3조의 2는 해석상 여러 모호한 점이 있음에도 불구하고 시카고 협약 제1조의 '완전하고도 배타적인 주권'의 규정에 균형을 가져다주는 것으로서 영공 침범 항공기에 대하여 무제한의 주권 행사를 제한하는 공헌을 함에 틀림없다.[55]

---

55) 제3조의 2 채택에 앞서 민항기에 대한 무력 사용을 금하는 내용으로 시카고 협약을 개정하려는 시도가 1973년 제20차 ICAO 총회(특별회기)에서 있었으나 근소한 표차로 좌절되었음. 동 건 상세한 것은 FitzGerald, "Recent Proposals for Concerted Action Against States in Respect of Unlawful Interference With International Civil Aviation", 40 JALC(1974), pp.161~224 참조.

1.3.4.4. 관습법

많은 사람들은 시카고 협약의 개정으로 탄생한 제3조의 2가 기존 관습법을 성문화시킨 것이며 이는 동 조항이 사용한 표현인 '인정한다'(recognize)가 이를 증명하는 것이라고 말한다. Recognize의 표현에 딸린 역사가 어떠하든지 간에 반복적이고 계속적인 관행이 있다면 경과 시간의 장단에 불구하고 관습법을 형성할 수 있겠다. ICJ는 North Sea Continental Shelf 케이스에서 "…짧은 시간의 경과가 반드시 또는 그 자체로서 새로운 관습국제법의 형성에 저해가 되지 않는다…"라고 판결하였다.[56]

영공국의 안전은 관습국제법상 항상 묵시적으로 인정되어 왔다. 그러나 동 안전을 이유로 민항기에 대한 무력 사용을 정당화한 관습법의 원칙은 존재하지 않는다. 물론 이러한 입장은 미국 등 서방에서 취하는 바이다. 과거 소련 등 일부 공산국가는 이와 달리 영토의 피해 망상적 사고에서 자국영공을 신성 불가침시하여 국제 항공사회에서 유별난 존재로 돋보였다.

Corfu Channel 케이스에서 ICJ는 전쟁 시보다 평화 시 요구되는 '인류애의 기본적 고려'(elementary considerations of humanity)를 판결의 한 기준으로 이용하였다.[57] 이 인류애의 기본적 고려는 그 뒤 El Al 항공기 사건 시를 비롯하여 인명에 관련한 많은 사건에 원용되면서 현재 관습국제법의 일부를 이루고 있다.

민항기가 조종사의 실수 또는 기계 고장 등 이유로 항로를 이탈하여 조종사의 부지 중 영공을 불법 침입한 일이 있을 때, 어떠한 상황인지도 모르고 탑승하고 있을 항공기 승객이 항공기에 대한 영공국의 발포로 사망한다면, 이는 매우 불공평한 일이 되겠다. 조종사는 자신의 실수를 이유로 사고를 당한다 하더라도 승객은 죄가 없다. 생각하건대 인류애에 반한 국제질서는 인류파괴를 뜻한다고 볼 때, 인류파괴를 위한 국제질서는 나치즘 하에서나 가능하다고 할지는 몰라도 정상적인 인간사회에서는 인간사회 자체를 무시하는 것으로서 생각할 수 없는 일이다. 인류애의 기본적 고려라는 관습법은 적대 임무를 띠고 있지 않는 한, 군용기에도 같이 적용시킴이 타당하겠다.

1.3.4.5. 법의 일반원칙

ICJ 규정 제38조 1항에 따라 문명국에서 인정된 법의 일반원칙은 분쟁 해결 시 적용하는 국제법의 법원(法源)을 구성한다. 국내법에서 적용되는 많은 법의 원칙이 국제법에서도 동시에 연장 적용되어 왔다. 예를 들어 '약속은 지켜져야 한다'(*Pacta Sunt Servanda*), 형평의 원칙(Principle of Equity) 및 부당이익취득금지원칙(Principle of Unjust Enrichment)이 그러하다.

법의 일반원칙으로서의 비례성의 원칙(Principle of Proportionality)이 중요한 국제법의 일반원칙으로

---

56) L. C. Green, International Law through the Cases(4th ed., 1978), p.482 ; ICJ Report(1969), Para 74.

57) ICJ Report(1949), p.22.

서 적용되고 있다. 일반적으로 정당방어의 합법성을 논할 때 공격과 위험의 정도에 비례한 방어를 하였는지가 문제된다. 이 비례성의 원칙은 미국과 멕시코의 혼성 위원회에서 Garcia 사건[58]을 판결할 때 원용되었을 뿐만 아니라 독일과 포르투갈 사이의 Naulilaa 사건[59]의 경우에서도 원용되어 판결의 기준이 되었다.

I'm Alone 케이스[60]에서 특별합동위원회는 1933년의 합동 중간 보고서를 통하여 미국이 필요하고 합당한 무력(necessary and reasonable force)을 쓰지 않았다고 판단하여 미국 측이 잘못한 것으로 판결하였다.

1961년 Red Crusader 사건[61]에서 사실조사위원회 보고서(Commission of Enquiry Report)는 덴마크의 어로 감시선이 적법한 무력 사용을 초과하여 영국 트롤선인 Red Crusader에 포격하였다고 결론지었다.

Bin Cheng 교수는 『법의 일반 원칙』이라는 저서에서 국가가 어떠한 목적 달성을 위하여 입혀도 좋다고 생각하는 손상을 비례적으로 벗어나서 불필요하게 부당하고 과도한 무력을 사용하는 것은 정당화될 수 없다고 지적하였다.[62]

이상에서 검토한 바와 같이 항공기 특히 민간항공기가 이유를 불문하고 항로를 이탈하여 영공을 침범하였을 경우 동 민항기를 격추한다는 것은 어떠한 국제법의 기준으로도 합리화될 수 없다. 시카고 협약 제1조가 완전하고도 배타적인 영공주권을 표현하고 있지만 이는 악의적이고 무력이 개재된 외부세력을 배제하기 위한 고려에서 나온 것으로 해석하는 것이 국제법 발달과정과 국제정치 현실을 바로 인식하는 것이다. 자국영공에 항공기가 불법 침범하였다고 이를 바로 격추시키는 것은 길을 묻기 위하여 자기 집에 들어온 외부인을 불법 주거 침입으로 총살하는 것과 같다.

1.3.5. 영공 침범 항공기에 대한 국내법 규율

우리나라 영공을 침범한 항공기를 어떻게 조치하느냐의 국내법 규정은 「항공법」에 들어 있지 않고 「군용항공기 운용 등에 관한 법률」[63]에 포함되어 있다. 별도 명칭으로 영공을 규율하는 법률이 없는 상황에서는 우리나라 영공 침범에 관한 내용을 「항공법」에 1차 언급하여 주는 것이 바람직한 입법이다.

---

58) 21 AJIL(1927) 581－599.

59) Green의 국제법 판례집, pp.679～683; 2 R.I.A.A 1012－1019.

60) 상동 pp.472～474; 3 R.I.A.A. 1609.

61) 상동 p.474; 35 I.L.R. 485－501.

62) 전게 주 46) Bin Cheng의 저서 pp.99～100.

63) 2007.7.27. 법률 제8547호로 제정. 법률 제11690호로 개정. 2013.3.23. 시행.

상기 법률의 관련 규정은 다음과 같은데 "이 경우… 따라야 한다"의 2번째 문장은 불필요한 해석을 가져오게 하는 내용으로서 삭제하는 것이 좋다. 그렇지 않을 경우 군용 등 국가항공기에 대하여서는 국제법규가 아니고 별도의 법규를 적용한다는 해석을 유발하는 것으로서 이를 규율하는 별도의 국내법도 없는 상황에서 이들 항공기에 대한 국제법규의 적용은 무시한다는 내용이 되기 때문이다.

> 제10조 (영공을 침범한 항공기 등에 대한 조치) ① 국방부장관은 이 법, 「항공법」, 항공기의 운항에 관한 국제법 중 대한민국이 당사자로 가입한 조약과 일반적으로 승인된 국제법규(이하 '국제법규'라 한다), 그 밖의 관계 법률을 위반한 항공기로서 다음 각 호의 어느 하나에 해당하는 항공기에 대하여 강제퇴거·강제착륙 또는 무력 사용 등 필요한 조치를 취할 수 있다. 이 경우 군용·경찰용·세관용 항공기를 제외한 항공기에 대해서는 국제법규에서 정하는 바에 따라야 한다.
> 1. 대한민국의 영공을 침범하거나 침범하려는 항공기
> 2. 대한민국의 영공을 비행하는 항공기 중 비행 목적이 의심스러운 항공기로서 국가안보에 위협이 된다고 인정되는 항공기

2. 비정기 비행권

2.1. 시카고 협약의 규정과 정의

시카고 협약 제5조는 비정기로 운항되는 비행의 권리에 관하여 규정하였는바, 동 조항은 비정기 운항 국제선 항공기가 '사전 허가 없이 운수목적이 아닌 착륙을 하거나 통과 비행'을 할 수 있도록 하였다. 동 조항은 단서로 첫째, 협약의 기타 규정을 준수할 것과, 둘째, 안전의 관점에서 접근이 곤란한 지역 또는 적절한 항행시설이 없는 구역을 비행하는 항공기는 체약 영공국이 정하여 주는 노선을 따르거나 또는 특별 비행 허가를 얻도록 하였으며, 셋째, 보수(remuneration) 또는 임차를 목적으로 승객, 화물 또는 우편물을 운송할 경우 체약 영공국의 각종 규제에 따르도록 하였다. 차터 비행기를 대상으로 한 동 조항은 현실적 적용을 감안할 때 그 의미를 상실한 셈이다.

한편 협약은 제6조에서 정기 비행(scheduled air services)이라는 제하에 체약국의 허가가 없는 한 정기 국제 비행(scheduled international air service)은 불가하다고 규정하면서 '정기 국제 비행'에 관한 정의를 내리지 않고 있기 때문에 정기의 반대인 비정기 국제 비행의 정의도 정립되지 않은 상태이다. 그러나 ICAO 이사회는 체약국의 참고로 다음과 같은 정의를 1952.3.28. 채택하였다.[64)]

64) ICAO Doc 7278-C/841(1952).

"정기 국제 비행은 다음 특징을 구비한 일련의 비행을 말한다.

(a) 한 나라 이상의 영공을 통과한다.

(b) 보수를 목적으로 모든 공중에게 개방된 가운데 승객, 우편 또는 화물의 항공운송을 한다.

(c) 두 지점 또는 그 이상의 지점 간 비행 운항을 함에 있어서 첫째, 공표된 시간(published time-schedule)에 따라, 둘째, 매우 규칙적이며 빈번한 비행을 함으로써 동 비행이 일련의 체계를 구성한다."

2.2. 비행 제외

시카고 협약은 민항기에 대하여서만 적용된다. 협약 제3조 (b)에 따라 군용, 세관용 또는 경찰용으로 사용되는 항공기는 국가항공기로 간주되며 따라서 협약 적용에서 배제된다. 체약국의 국가항공기는 특별한 협정에 의한 허가가 없는 한 타국 영공을 비행할 수 없도록 협약이 명백히 규정하고 있다.[65] 시카고 협약 제8조는 조종사가 타지 않은 무인항공기가 허가 없이 영공을 비행하는 것을 금지하고 있다. RPV(Remotely Piloted Vehicle) 또는 UAV(Unmanned Aerial Vehicles)로 불리다가 지금은 UAS(Unmanned Aircraft Systems)로 호칭되는 무인항공기는 군사용 측면에서 군사 첩보, 적진지 파괴, 적진 교란 및 가상 파괴 목표물로 이용되고 있다.

정기 국제 민간항공은 시카고 협약 제5조에서 부여하는 권리를 향유하지 못한다. 단, 여타 경우와 마찬가지로 영공국의 허가를 받으면 동 허가 내용에 따라 운항할 수 있음은 물론이다. 이 정기 국제 민간항공에 대한 제한은 가장 중요한 의미를 가진다. 동 제한을 철폐하기 위하여 1944년 시카고 협약 채택 시 Two Freedoms라고 불리는 국제 항공 통과에 관한 협정과 Five Freedoms라고 불리는 국제 항공운송에 관한 협정이 체결되었으며, 그 이후에 양자 또는 다자 협정 체결을 통한 국제 노력이 계속되고 있다.

정기 국제 민간항공에 대한 제한은 정치적으로도 발동된 적이 있는바, 1963년에 32개 아프리카 국가가 남아프리카공화국 항공사의 자국영공 통과를 거절하였을 뿐만 아니라 남아프리카공화국으로 향하고 동국에서 출발하는 승객과 짐을 싣는 모든 국제 정기 항공사들의 아프리카 국가 내 착륙 또는 영공 통과 비행을 거절하는 계획을 수립하였다. 시카고 협약 제89조는 전쟁이나 비상사태 시 협약의 적용을 배제할 수 있도록 하였는데, 이스라엘과 분쟁관계에 있는 아랍 국가들이 이 규정을 원용하여 이스라엘 항공기에 대해 비행정보 제공 거부, 영공 통과 불허, 비합리적인 금지구역 설정

65) 시카고 협약 제3조 (c).

등을 하였다. 이스라엘은 동 건을 1956년 ICAO 총회에 제기하였으나, 동 총회는 정치적 성격인 동 문제를 ICAO가 다룰 수 없다는 결정을 하였다.[66]

무기 등 군수물자를 실은 항공기가 영공을 통과할 경우에도 영공국의 승인을 얻어야 한다.

3. 정기 비행권

비정기비행권에서 설명한 바와 같이 시카고 협약은 제5조를 주축으로 하여 비정기로 운항되는 국제 민간항공기에 대해서는 영공국의 일정한 제한 아래 사전허가를 받지 않고도 영공 비행을 할 수 있도록 허용하였다. 그러나 협약은 제6조에서 정기 국제 항공이 영공국의 사전허가 없이 비행하는 것을 금지하였다. 오늘날 거의 전 세계에서 통용되고 있는 시카고 협약체제하에서 정기로 운항되는 국제 항공이 타국을 비행할 수 있는 방법으로는 다음 3가지가 있다.

① 1944년 시카고 회의 시 채택된 'Two Freedoms' 협정에 의거

② 1944년 시카고 회의 시 채택된 'Five Freedoms' 협정에 의거

③ 관련 당사국 간의 양자조약에 의거

시카고 회의가 국제 항공운송에 관한 총괄적인 규범을 채택하는 데 실패한 이후 ICAO를 주축으로 국가 간에 정기 비행권을 상호 부여하는 내용의 다자조약을 시도하였으나 실패하였다. 이러한 시도의 부차적인 산물로 1977년에 몬트리올에서 특별 항공운송회의가 개최된 후 1980년, 1985년, 1994년, 2003년에 각기 제2, 3, 4, 5차 회의가 개최되었으나 어느 한 가지 문제에 관하여서도 다자조약으로 성안시킬 수 있는 상황에 가지는 못하였다.

정기 항공이 타국에 비행할 수 있는 권리를 얻는 길은 상기 3가지밖에 없으므로 시카고 협약의 당사국이긴 하지만 Two Freedoms나 Five Freedoms 협정의 당사국이 아닌 국가에 대하여 정기 국제 항공을 자국영공에 운항하도록 허용하는 방법은 양자조약을 체결하는 방법뿐이다. Two Freedoms 협정의 당사국이나 Five Freedoms 협정의 당사국이 아닌 국가 사이에 양자협정이 체결될 뿐만 아니라 이들 협정의 당사국 사이에도 양국 간 항공에 관한 여러 가지 문제를 규율하기 위하여 양자협정이 체결되고 있다. 모든 항공협정은 시카고 협약에 따라 ICAO에 통보되어야 하는데 2008년 12월 기준 ICAO에 통보된 양자협정은 4,865개다.[67] 한편 시카고 협약 당사국이 아닌 국가 사이에 항공협정을 체결한다면 동 협정은 시카고 협약 당사국 사이의 양자협정보다 더 많은 규율조항을 포함하여야 할

66) Shawcross, IV(68).

67) 2009.7.6. ICAO 법률국 선임 법률관 John Augustin 확인.

것임을 추측하는 데 어렵지 않다.

3.1. Two Freedoms에 관한 통과협정

정식명칭이 국제항공통과협정(International Air Services Transit Agreement)[68]인 동 협정은 통상 Two Freedoms Agreement로 불리는데 1944.12.7. 시카고에서 채택될 당시 32개국이 서명하였다. 동 협정의 주요 내용은 다음과 같다.

① 체약국 간의 정기 국제 항공에 대하여 착륙하지 않고 영공을 통과 비행하는 first freedom과 운송목적이 아닌 이유로 타국 영공에 착륙하는(예: 주유) second freedom을 상호 부여한다. 여기에서 협정상의 two freedoms가 영공국의 사전허가를 요하느냐가 문제 되는바, 파키스탄이 1950년 ICAO 이사회에 문의하였지만 이사회는 명백한 회답을 제시하지 못하였다.

② 상기 ①항의 두 가지 자유(또는 권리)는 시카고 협약의 규정에 복속한다. 따라서 항공사는 영공국의 법령준수, 승무원의 각종 자격증명서 지참 등에 관한 시카고 협약규정을 준수하여야 한다.

③ 일정한 안전조치에 따를 것을 전제로 하여 타 체약국의 항공사에게 운수목적이 아닌 착륙의 권한을 부여한 체약국이 동 항공사에게 자국의 착륙지점에서 적당한 상업적인 서비스를 제공하도록 요구할 수 있다.

④ 체약국은 자국영토에서 이용이 될 공항과 항공노선을 지정할 수 있고 동 공항과 항공시설의 사용료는 동일한 국제 항공에 종사하는 자국항공기에 부과하는 수준보다 높지 않은 요금으로 타국항공기에 부과하여야 한다.

⑤ 체약국은 타 체약국의 항공운송회사의 실질적인 소유권과 효과적인 지배가 어느 한 체약국의 것으로 인정되지 않을 경우 또는 동 항공운송회사가 자국의 법령을 위배하는 경우 또는 동 협정에 따른 의무를 이행하지 않을 경우 동 운송회사에 부여한 증명이나 허가를 보류하거나 철회할 수 있다. 이때 실질적인 소유와 효과적인 지배를 하는 체약국이 반드시 항공기 등록국일 필요는 없다. 따라서 제3국의 자본이 지배하는 항공사의 항공기가 협정 당사국에 취항하는 것이 동 협정규정에 위배하는 것은 아니다. 문제는 영공국이 항공사의 자본과 실질적인 지배를 볼 때 동 항공사가 어느 한 나라의 것이라고도 할 수 없는 무질서한 구성을 하고 있을 경우 동 항공사의 운항을 금지할 수도 있도록 규정한 것이다. 이는 다시 말하여 책임 소재 국가를

68) 1945.1.30. 발효. 2015년 12월 현재 130개 당사국.

추적하기 힘든 경우를 예방하려는 배려이다.

⑥ 분쟁은 ICAO 이사회에 제기하여 해결한다.

⑦ 협정은 1년 전의 통고로서 체약국이 탈퇴하지 않는 한 시카고 협약이 존속하는 동안 유효하다.

3.2. Five Freedoms에 관한 운송협정

정식명칭이 국제항공운송협정(International Air Transport Agreement)[69]인 동 협정은 Five Freedoms Agreement로 통칭되는데 시카고 회의 시 1944.12.7. 20개국에 의하여 서명되었다. 그러나 그 뒤 미국을 포함한 8개국이 협정에서 탈퇴한 뒤 체약국이 11개국에 머무르고 있기 때문에 국제 항공에서 동 협정이 차지하는 의미는 거의 없다.

동 협정은 체약국의 정기 국제 항공에 있어서 다섯 가지 자유(Five Freedoms)를 상호 허용하는 다음과 같은 주요 내용으로 구성되어 있다.

① 체약국은 정기 국제 항공에 있어서 다음 다섯 가지 자유를 상호 허용한다.

- 착륙함이 없이 영공을 통과 비행하는 제1의 자유
- 운수 목적이 아닌 착륙이 허용되는 제2의 자유
- 항공기 국적국에서 실은 승객, 우편 및 화물을 타 체약국에서 하륙할 수 있는 제3의 자유
- 항공기 국적국에서 하륙할 승객, 우편 및 화물을 타 체약국에서 실을 수 있는 제4의 자유
- 어느 제3국에 하륙할 또는 어느 제3국에서 실어 오는 승객, 우편 및 화물을 타 체약국에서 각기 싣거나 하륙할 수 있는 제5의 자유

제1, 2의 자유는 Two Freedoms 협정이 허용하는 것이다. 따라서 Five Freedoms 협정에 가입하는 의의는 제3, 4, 5의 자유까지를 상호 인정하기 위하여서인데 동 제3, 4, 5의 자유를 누리는 항공기는 국적국으로부터 비행을 함에 있어서 무리가 없는 한 최단 노선을 택할 의무가 있다(제1조 1항).

② 각 체약국은 항공기의 직행 운항을 실시함에 있어서 타 체약국의 지역항공사를 부당하게 저해하지 않도록 유의하여야 한다.

③ 체약국은 협정과 상치하는 체약국 쌍방 간의 모든 의무와 양해사항을 폐기한다.

④ Two Freedoms 협정에서와 같이 시카고 협약과 협정의 존속을 같이하고, 타 체약 항공기에 대하

---

69) 1945.2.8. 발효. 2015년 12월 현재 11개 당사국.

여 운송착륙지점에서의 적절한 상업적 서비스를 요구할 수 있으며, 노선과 공항의 지정 및 동 사용료 부과를 언급하며, 일정한 요건하에서 운항허가를 취소하며, 분쟁을 ICAO 이사회에 의뢰하며, 시카고 협약의 규정을 준수하도록 하고 있다.

3.3. 항공에 있어서 9개의 자유

국제 정기 운송에 있어서 적용되는 9개의 자유를 그림으로 그리면 다음과 같다.

[제1의 자유]

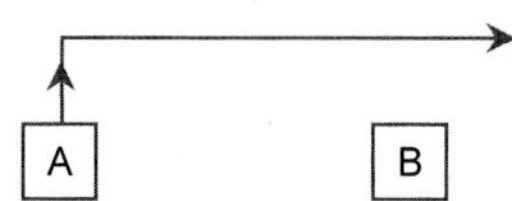

A국의 항공기가 B국 영공만을 통과하여 비행한다. 이 통과 비행은 영업이익에 관련된 운수권과 직접적인 관련이 없지만, 항로 단축이 그만큼의 경비절약으로 나타나기 때문에 항공영업에서 무시할 수 없다.

[제2의 자유]

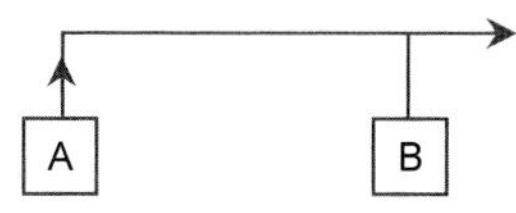

A국의 항공기가 B의 영토상에 착륙하되 승객 또는 화물을 싣고 내리는 운수 목적이 아닌, 가령 급유만을 한 채 B국이 아닌 다른 목적지로 비행한다. 이 경우도 제1의 자유와 같이 운수권과 직접적인 관련이 없지만 과거 장기비행이 불가능했던 항공기 특성상 중간 급유를 위하여 필요한 내용이었다. 그러나 오늘날 지구상 웬만한 구간은 논스톱으로 장기 비행이 가능한 항공기가 등장한 관계로 과거와 같은 중요성은 없다.

[제3의 자유]

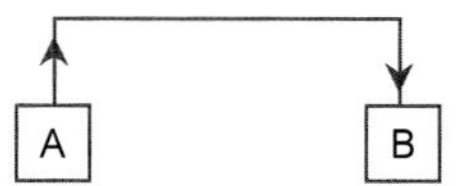

A국의 항공기가 B국에 착륙하여 A국에서 싣고 간 승객과 화물을 하기시키는 권리를 B국으로부

터 허용 받은 것이다. 이는 운수목적의 착륙으로서 싣고 온 것을 B국에서 내리기만 하지 B국에서 운수목적으로 승객이나 화물을 실을 수는 없다.

[제4의 자유]

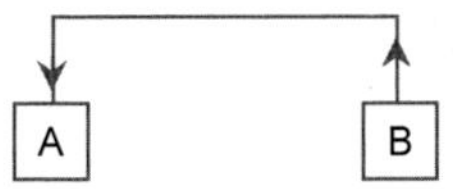

A국의 항공기가 B국에 착륙하여 B국에 있는 승객과 화물을 싣고 항공기 국적국인 A국에 하기시킬 수 있는 권리를 B국이 허용한 것이다. 제3과 제4의 자유는 통상 하나로 묶어 동시에 허용된다.

[제5의 자유]

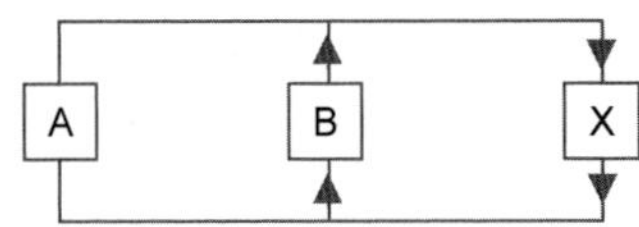

A국의 항공기가 운수목적으로 B국을 출발하여 제3국인 X국으로 비행하거나 또는 제3국인 X국으로부터 역시 운수목적으로 B국에 착륙하는 권리를 B국으로부터 허용 받은 것이다. X국의 지리적 위치는 A국과 B국의 사이가 되거나, A국 또는 B국의 외측에 있거나 관계하지 않으나 항공국 등록국인 A국에서 시작하거나 종료되는 항공운수를 전제로 한다.

[제6의 자유]

제5의 자유 중 하나의 형태를 제6의 자유로 구분하는 경향이 있다. 제6의 자유의 운송형태는 한 외국으로부터 타 외국으로 비행하는 도중에 자국영토에 착륙하는 것이다.

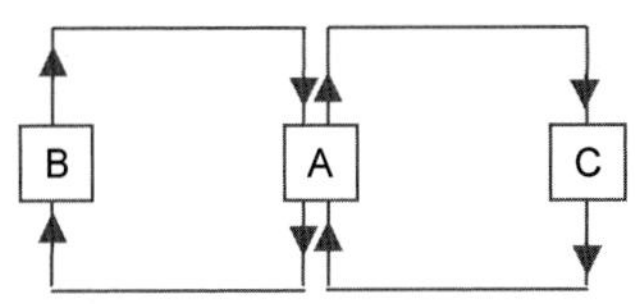

B국 출발 후 자국영토 A국에 중도 착륙한 항공기는 B국으로부터 A국에 운송되는 승객이나 물품을 하기하는 권리를, 목적지 C국으로부터는 항공기 국적국인 A국으로부터 실은 승객과 짐을 C국에 하기하는 권리를 각기 부여받는 것이다. 이때 핵심사항은 국적국 A에서 발생하는 승객이나 물품을 C국이나 B국으로 실어 나르는 것이 아니고 각기 B국(C국을 목적지로 할 경우)이나 C국(B국을 목적

지로 할 경우)의 승객이나 물품을 A국에서 환승시킨다는 것이다. 동 제6의 자유는 A국이 각기 B국과 C국으로부터(또는 반대 방향으로 비행하는 경우 C국과 B국으로부터) 허용 받는 것이다. 혹자는 제6의 자유가 필요 없는 개념이라고도 주장하나 제5의 자유(이원권)와 다른 점은 국적국인 A가 B국이나 C국으로부터 얻어낸 제5의 자유가 국적국 A를 경유하여 제3국으로 운항하는 것을 포함하지 않을 수도 있다는 점에서 제6의 자유는 구분된다.

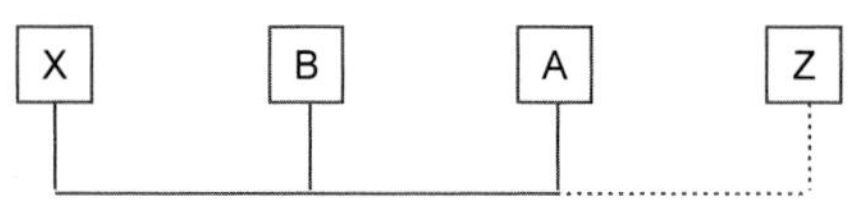

다시 말하여 제5의 자유는 A국 항공기가 B국을 출발하여 운수목적으로 X국에 비행할 권리를 말하나 A국의 항공기가 B국을 출발하여 국적국인 A국에 중도 도착한 후 A국 밖에 있는 Z국으로 비행하는 권리(점선으로 표시)는 A국이 순수한 제5의 자유를 얻기 위하여 B국 또는 Z국과 체결하는 양자항공협정에 포함되지 않는바, 이를 허용 받는 것이 제6의 자유이다. 제6의 자유는 항공수송에 있어서 두 외국 사이를 운수목적으로 운항하되 동 두 외국 사이의 운항 도중에 항공기 국적국에 이·착륙하여 동 국적국을 운송기지로 이용하는 형태로서 항공영업상 중시된다.[70]

[제7의 자유]

제7의 자유는 항공기 국적국인 A국 밖에서 두 외국 사이를 항공운송 하는 경우를 말한다.

[제8의 자유]

항공기가 국적국을 출발하여 외국의 한 지점에 도착한 후 승객과 화물을 싣고 동 외국의 타 지점에 도착하여 싣고 간 승객과 화물을 내리거나 또는 역으로 비행하면서 동 외국의 타 지점에서 실은 승객과 화물을 동 외국을 벗어나기 전에 동 국의 다른 지점에 하기시키는 운수권을 허가받는 것이다. 이 권리(privilege)를 'Consecutive Cabotage'라고 한다.[71] 항공기의 첫 출발지나 마지막 도착지는 항공기 등록국이 되는 것을 전제로 한다.

---

70) 대한항공이 북미에서 마닐라, 홍콩 등을 목적지로 하는 승객을 서울 행 항공기로 실어 나른 후 서울에서 마닐라 또는 홍콩으로 수송하는 패턴이 제6의 자유 일례임. 통상 비행요금이 북미에서 마닐라나 홍콩으로 직접 운항하는 항공요금보다 저렴할 수도 있는 여사한 운항은 승객 확보를 위한 것임.

71) 가령 CPA가 홍콩을 출발하여 Kuala Lumpur(KL)에 도착한 후 승객과 화물을 싣고 Penang으로 비행하여 같은 말레이시아 내 KL에서 실은 승객과 화물을 하역하는 것임.

[제9의 자유]

한 국가 내에서 외국항공기가 국내 항공운수를 하도록 허용하는 것이다. 이는 비상시 예외적인 경우가 아닌 한 허용되지 않으며 시카고 협약도 이를 금하고 있다. 'Stand alone' cabotage라고도 한다.

이상의 9개의 자유 중 제1, 2의 자유는 각기 통항권과 경유권이고 제3부터 9의 자유는 운수권(traffic right)이다. 그런데 1978년 미국의 항공규제 완화, 1992년 EU의 통합에 따른 역내 항공 자유화, 1999년 ICAO의 항공 자유화 제안에 따라 국제 항공업에 신질서가 형성되고 있으며 이에 따라 구질서에서 당연시되어 왔던 Cabotage의 금지가 도전을 받고 있다. 중동, 아프리카, 남미 등 일부 지역 국가들이 해당지역 항공시장을 지역 항공사들에게만 허용하고 타 지역 항공사들의 참여를 제한하는 공동정책을 실시하고 있다. 또, EU 국가 내에서 역내 항공운송을 역내 항공사들에게만 국내 노선처럼 자유화[72]하면서 역외 항공사들의 역내 운수권을 제한하는 현상은 시카고 협약의 규정에도 불구하고 Cabotage가 더 이상 신성시되는 개념이 아닌 것을 말해 준다.

3.4. 쌍무 항공협정

3.4.1. 일반적 내용

1944년 시카고 회의 참석자들은 Five Freedoms에 관한 항공운송협정안에 대한 미온적인 지지와 수렴하기 곤란한 각국의 다양한 의견이 제기된 것을 본 다음, 추후 국제 항공운송문제는 양자협정에 크게 의존하지 않을 수 없다고 생각한 듯하다.[73] 그래서인지 회의 최종의정서(Final Act)는 양자항공협정의 표준양식을 포함시키고 있다. 표준양식(Standard Form)은 "체약 당사국은 별첨 부속서에 명시된 바의 국제 민간항공 노선과 필요한 권리를 상호 인정한다"는 내용을 담고 있다.

상기 부속서는 항공노선과 통과 비행권, 비운수목적의 기착 또는 상업 운수용 영공 비행의 권리와 동 권리에 부수하는 조건들을 포함하고 있다. 그리고 영공국의 착륙을 요하는 비행에 대하여 착륙 공항을 지정할 수 있도록 규정하고 있다. 각국은 또한 상대방 국가가 지정하는 항공사의 항공기가 통상 적용되는 동 상대방 국가의 법령에 따라 동국의 항공 당국으로부터 요건을 구비한 것으로 인정받는 것을 전제로 하여 자국에 운항할 수 있도록 하여야 한다. 동 표준양식은 아울러 항공기

72) EU Regulation(EC) No. 1008/2008로 대체된 EU Regulation 2407/92, 2408/92와 2409/92는 1997년부터 EU 항공사들에게 EU 역내에서 무제한의 제 7,8,9의 비행자유를 허용하고 있음. JW Lee $ M Dy, "Mitigating 'Effective Control' Restriction on Joint Venture Airlines in Asia: Philippine AirAsia Case", 40 Air and Space Law(2015) 237.

73) 1945년 이후 제3, 4, 5의 자유를 부여하는 운수권과 용량, 운항횟수 및 요율 책정 등을 다자협정으로 체결하여 해결하려는 움직임이 ICAO에서 계속되었으나 1953년 제7차 ICAO 총회는 동 건이 실현 불가능한 것으로 보고 포기하였음(Haanappel의 저서 pp.18~19 참조).

연료, 장비, 저장품 등에 대하여 통관세를 제외하여 주며, 감항(堪航) 증명과 승무원의 자격증명을 상호 인정하며, 영공국의 법령을 준수할 의무를 부과하는 것 등을 내용으로 하고 있다.

국제 항공운송을 규율하는 데 있어서 3개의 핵심요소는 항공운송요율(tariff), 시장 접근(market access)과 용량(capacity)[74]이다. 이 세 가지 요소는 어느 타입의 양자협정이냐에 따라서 반영된 정도가 달랐는바 1944년 시카고 회의에서 모델만으로 제시한 양자협정안으로서의 시카고 타입, 1945년 시작된 영국 타입, 1946년 시작된 버뮤다 타입 등 3개 타입으로 구분할 수 있다.

① 시카고 타입(Chicago Type): 전술한 바와 같이 시카고 회의의 최종의정서는 국제 항공노선의 수립에 관한 협정의 표준 양식안을 마련하였다. 동 시카고 타입은 용량과 요율도 명시하지 않은 가장 간단한 형태로서 2차 대전 후 상당 기간 동안 많은 양자협정에 반영되었다. 시카고 타입으로 체결된 대표적인 항공협정은 1947년 8월에 체결된 캐나다와 아일랜드 간의 항공협정이다.

② 영국 타입(British Type): 영국이 1945.10.26. 남아연방(오늘날 남아공화국)하고 체결한 항공협정은 영국타입으로 불린 양자협정의 모델이 되었다. 동일한 협정의 형태로 영국은 그리스(1945.11.26), 포르투갈(1945.12.6), 터키(1946.2.12), 프랑스(1946.2.28), 아일랜드(1946.4.5.), 캐나다(1948.8.19) 등과 항공협정을 체결하였다. 동 협정들은 기존의 영국 협정보다 상세하게 규정하고 있으며 다음과 같은 주요 특징을 갖는다.

- 운항횟수는 운항자(즉 지정된 항공회사) 사이에 결정하여 쌍방 체약국의 승인을 받도록 한다(Predetermination).
- 노선 용량(즉 승객 좌석 수와 짐을 실을 수 있는 능력)은 쌍방 체약국의 지정 항공사 간에 균등하게 하되 균등하지 않을 때에는 이를 수정한다(Paralleled Partnership).
- 지정 항공사 간에 보조협정을 채택하도록 하여 운수 수입(항공우편 수입을 제외한)을 풀(Pool)제로 한다든지, 정보 입수, 계정(account) 및 화폐 문제 등의 행정사항을 처리한다.

이상과 같은 영국 타입의 협정은 시대 발전에 따라 추후 많이 변경되었다.

---

74) 용량은 항공기가 승객 또는 짐을 얼마만큼 실어 나를 수 있느냐의 운송능력을 지칭하는 것으로서 예를 들어 서울-동경 간 1,500km 구간을 보잉 747(점보) 여객기가 400석의 좌석으로 운항한다면 동 항공기의 용량은 400×1,500km =60만passenger/km라는 계산이 나옴. 화물을 실을 수 있는 용량이 100톤인 항공기가 같은 구간을 비행한다면 이는 15만tonne/km가 용량임. 이는 한 항공기가 일정 구간을 한 번 비행하였을 경우에 산출되는 용량이나, 같은 항공사가 X대의 항공기를 투입하여 동 구간을 일정기간(가령 1년)에 걸쳐 운항할 경우 산출되는 전체의 용량은 양국 간 항공협정 협상의 기초가 됨. 동 용량은 얼마나 이용되느냐에 관련하여 의미가 있는바, 이용률(load factor)은 아주 단순화시켜 설명할 때 승객의 경우 일정구간을 운항하는 여러 항공기의 좌석이 400석인데 이 중 항시 200석만 승객이 이용하였다면 load factor는 50%임. 양국 간 항공협정은 과거 각국 항공사의 용량과 이용률을 분석 검토하여 양국 항공사 간에 운송량을 절반씩 나누어 가지는 공평을 지향하고 있음.
ICAO는 매년 발간하는 이사회 보고서에서 각 회원국의 전년도 정기 민간항공의 실적을 승객, 화물(우편 포함) 그리고 승객과 화물을 복합한 3가지로 구분하여 통계로 제시함. 동 실적은 각국 항공사의 용량이 아니고 각국 항공사가 실제로 운항한 승객과 짐의 총계를 말하는 것으로서 승객과 화물을 복합한 실적은 유효운송실적으로 번역되는 Performed Tonne-Kilometers 또는 Revenue Tonne-Kilometers로 표기됨.
정기 민간항공의 load factor는 승객과 화물, 국제 운항과 국내 운항 사이에 차이가 있지만 세계 전체적으로 약 80%임. 이는 항공기 용량 중 약 20퍼센트는 이용되지 않고 있다는 것을 말함.

③ 버뮤다 타입(Bermuda Type): 양자협정 내용의 본질에 관한 한 1946년 2월 미국과 영국 사이에 체결된 버뮤다 협정은 이전의 항공협정 내용에 큰 변화를 가져왔다. 이후 상당한 국가가 버뮤다 타입으로 불리는 버뮤다 협정을 본떠서 항공협정을 체결하였다. 버뮤다 타입은 다음 원칙을 포함한다.

- 공중의 여행에 공여될 항공수송은 동 항공수송 필요와 밀접한 상관관계를 가져야 한다.
- 어느 국제노선을 운항하는 데에 있어서도 공정하고 동등한 기회를 적용한다.
- 협정상 규정된 간선 노선(trunk services)의 운항에 있어서 동 간선 노선을 부분적으로나마 운항하고 있는 제3국 항공사의 이익을 부당하게 손상시키지 않도록 배려한다.
- 제5의 자유(fifth freedom) 운송에 있어서 다음 다섯 가지에 관한 사항을 조정한다. 첫째, 출발지국과 목적지국에 있어서의 운송, 둘째, 장거리 항공편 운항[75](through airline operation)의 요건, 셋째, 지역 항공을 감안한 후 항공사가 통과하는 지역의 운송 요건, 넷째, 운항횟수 등을 사전에 정하는 방식의 제거, 다섯째, 운항횟수나 용량의 부당한 증가에 따른 불공평한 경쟁을 방지하기 위한 장치를 도입하는 것이다.

위와 같은 원칙은 용량(capacity), 요금, 요금의 결정 및 노선 수정에 관한 조항을 포함시키는 것으로서 특히 시카고 타입에서 볼 수 없었던 용량(capacity)을 중시한 내용이지만 일부 표현이 모호한 부분도 있다. 이는 용량의 사전 결정에 반대하고 요금을 자유화하며 노선에 대한 제한을 없애자는 미국의 입장과 이 3개 요소를 모두 사전에 정하자는 영국의 입장이 양극에서 대립한 결과를 양해안으로 절충한 결과 때문이겠다. 버뮤다 타입은 이후 여러 항공협정 체결 시 필수적인 사항으로 반영되었다.

상기 1946년의 버뮤다 협정은 시대의 변천을 반영한 1977년의 버뮤다 협정에 의하여 대체되었다. 항공협정의 전형적인 모델로 논의되는 2가지 버뮤다 협정의 내용을 보다 구체적으로 알아보기로 한다.

3.4.2. 원래의 버뮤다 체제(Bermuda Ⅰ)

1946년의 버뮤다 협정과 통과(또는 Two Freedoms)에 관한 협정을 합하여서 버뮤다 체제라고 부른다. 버뮤다 체제의 주요 내용은

① 각국이 타국의 항공사에 통과의 권리(제1과 제2의 자유), 즉 영공을 통과하고 운수목적이 아닌

75) Through airline operation은 1946년 미국과 영국 사이의 버뮤다 협정에 사용된 용어로서, 제5의 자유를 부여할 때, 가령 런던에서 아시아행 비행과 같이 장거리 비행을 하면서 비행 도중에 위치한 여러 지점에 운수목적의 착륙을 하는 비행운항을 말함(1989.1.26. ICAO 항공국 근무 Gunther 설명). 그러나 오늘날 이러한 용어는 거의 사용되지 않고 direct flight 또는 non-stop flight 등의 용어를 사용함. Direct flight는 중간기착을 하더라도 직선방향의 노선으로 운항하는 것이며 non-stop (direct) flight는 중간기착 없이 목적지에 착륙하는 비행을 지칭함.

이유로 착륙을 허용하되, 영공국이 공항과 노선을 지정할 수 있다.

② 각국은 제3, 4, 5의 자유까지 허용하는 상업상의 권리를 허용하나, 동 권리는 지정된 공항과 노선에서만 허용되며 또한 일정한 운송의 원칙과 제한에 따라야 한다. 운송지점 간 요금은 소관 정부의 승인에 따라야 하며, 운항횟수와 용량은 정부 간에 합의된 일정한 원칙에 따라야 한다.

분쟁 발생 시 협의에 의하여 해결하지 못할 경우에 각국은 ICAO의 권고적 의견을 구할 수 있다. 그러나 동 권고적 의견을 강제하는 제도적 장치는 없다. 버뮤다 체제가 제3, 4, 5의 자유도 허용한다는 점에 있어서 이것이 국제항공운송협정(Five Freedoms Agreement)의 다자조약과 어떠한 차이가 있는지 도표 2에서 비교하여 보겠다.[76]

[도표 2] 버뮤다 체제와 항공운송협정 내용비교

	버뮤다 체제	항공운송협정
일반사항	① 특정노선과 공항이 지정됨. ② 상호 합의되는 원칙에 따라 운송을 규율함.	① 영공국이 자국 영토 내에서 만의 노선을 정함. ② 운송 관련 규정 모호.
제5의 자유 규율 사항	① 여타 권리와 분리하여 보지 않음. ② 제5의 자유가 행사되는 제3국이 어느 나라인지에 관계없이 동 국가로 향하고 또는 동 국가로부터 운송을 함. ③ 착륙공항(port of entry)은 지정되어 있으며 합의에 의하지 않는 한 변경이 안 됨.	① 체약국은 6개월의 사전 통보를 함으로써 동 권리와 의무로부터 벗어날 수 있음. ② 동 권리는 협정의 타 체약국을 착발로 하는 운송에 관련하여서만 적용됨. ③ 동일한 착륙공항이 협정의 타 체약국 모두에게 공여되는지가 불명.

3.4.3. 1977년 버뮤다 협정(Bermuda Ⅱ)

1946년 버뮤다 협정은 1946.2.11. 서명된 후 1946년과 1974년 사이에 여러 차례 교환각서를 통하여 구체적인 사항에 대한 변경을 가하여 오다가 1976.6.22. 영국 정부가 협약 폐기를 위한 12개월 사전 통보를 취함으로써 폐기되었다. 영국과 미국은 동 협정에 대신할 또 하나의 버뮤다 협정을 1977년 역시 버뮤다에서 채택하여 1977.7.23. 발효시켰다. 1977년의 협정은 전문(前文)에서 동 협정에 적용할 일반원칙을 수록한 본문과 부속서를 포함하고 있다.

동 협정은 이전의 양자항공협정과는 달리 항공안전을 중시하고 동 문제에 대하여 공동 대처하는 내용을 포함하였다.

3.4.4. 버뮤다 Ⅰ 이후 항공운송 협정

영국이 체결한 대부분의 항공협정은 공항세, 관세, 검사비, 감항 증명서, 조종사 면장 등에 관련하여 버뮤다 Ⅰ 방식을 따랐다. 버뮤다 I 방식은 전형적인 영국의 규제내용을 포함하는 한편, 항공요

76) Shawcross, Ⅳ(150).

금에 관련하여서는 IATA의 요금 책정을 참고로 한다. 영국의 항공협정은 또한 항공사의 실질적인 소유주와 효과적인 지배에 관한 구절을 포함하며, 협정의 해석과 적용에 관한 분쟁이 발생할 경우 ICAO에 또는 중재법원에 의뢰하여 해결하도록 규정하였다.

많은 나라는 위와 같은 형태의 항공협정을 본받아 양국 간 협정을 체결하고 있다. 이러한 양자협정은 또한 통상 버뮤다 Ⅰ 방식의 용량과 운항횟수에 관한 사후(*ex post facto*)검토를 규정하는데, 동 규정은 해당 국가나 관련 항공사의 규모에 상관없이 적당한 경쟁적 조건을 허용하게끔 융통성 있게 적용되고 있다.

버뮤다 Ⅱ가 채택된 후 많은 사람들은 버뮤다 Ⅰ이 그러하였듯이 여러 나라의 항공협정이 버뮤다 Ⅱ를 본받을 것이라고 생각하였다. 그러나 버뮤다 Ⅱ가 영・미 사이에서나 적용될 수 있도록 복잡 상세하게 규정하고 있고 다른 한편 카터 미국 대통령 시절인 1978년부터 시작된 미국의 규제 해제(deregulation)의 여파로 현대 항공협정의 모델이 되는 데 실패하였다. 규제 해제, 즉 자유화 여파는 버뮤다 Ⅱ 자체를 수차 개정하도록 하였는바, 이는 승객 요금, 차터 항공, 노선 구조, 지정 항공사 및 화물업무 전반에 걸쳐 있다. ICAO는 회원국의 편의를 도모하기 위한 목적으로 항공운송의 규제와 국제 항공운송요금에 관련하여 ICAO가 채택한 각종 조치를 일목요연하게 문서로 정리하여 발간하였다.[77] 동 문서는 오늘날 체결되는 양자항공협정이 모두 운송 용량(capacity)을 제일 중요한 문제로 다루고 있는 점을 감안하여, 동 용량을 규율하는 협정 모델 3가지를 제시하였다. 첫 번째 모델은 사전결정(predetermination)의 방법으로서 항공운송이 시작되기 전에 양국 항공 당국이 특정 노선에 각 당사국의 지정 항공사가 운항할 항공기의 총 운송량을 결정하는 것이며, 두 번째 모델은 버뮤다 Ⅰ 타입의 방법으로서 양 당국은 항공사가 따라야 할 용량에 관한 원칙만을 정하고, 동 원칙에 따라 항공사 자신이 시장여건에 알맞은 자체 용량을 결정한다. 세 번째 모델은 자유결정(free－determination) 방법으로서 항공 당국, 즉 정부가 직접적으로 용량을 통제하는 것을 배제하고 시장기능에 방치하는 것이다. 단, 이때 부당한 경쟁은 금지된다. 또한 항공 당국은 필요시 항공사 지정, 요금 책정, 차터 그리고 상호 협의의 방법을 통하여 간접적으로 용량 규제에 관여할 수 있다.

3.4.5. 항공자유화협정(Open Skies Agreement)

항공 자유화는 1978년 미국이 항공사규제완화법(Airline Deregulation Act 1978)을 제정한 데서부터 시작을 찾을 수 있다.[78] 당시 미국 대통령 지미 카터는 1978년 Statement of International Transport Policy

---

77) ICAO Doc 9440, Policy and Guidance Material on International Air Transport Regulation and Traffic(lst ed., 1984). 동 문서는 ICAO Doc 9587, Policy and Guidance Material on the Regulation of International Air Transport(lst ed., 1992)로 대체된 다음 1999년 제2판(2nd ed.)으로 갱신되었음.

78) 동 규제완화법에 의거 미국의 항공청(CAB)이 소멸되고 CAB의 과거 항공규제업무를 미국 교통부가 1985.1.1.부터 이어받았는바, 규제 완료에 따라 항공요금이 내려가면서 승객이 증가하였고, 경쟁이 증가하면서 효율 향상과 비용 절약을 위해 항공사들의 hub－and－spoke 운항방식이 도입되면서 9개 주요

를 발표하면서 국제 항공시장에서 복수 항공사 진입과 경쟁 촉진, 그리고 그간(제2차 세계대전 이후) 양자항공협정에서 추구하였던 경제적 이익의 형평 교환(Equitable Exchange of Economic Benefits)을 소비자 이익을 주안으로 변경한다는 내용을 포함시켰다. 구체적으로는 항공협정상 지정 항공사 숫자, 용량(capacity), 요율(rates)에 대한 제한을 철폐한다는 것이었다.

위와 같은 미국의 새로운 자유화 항공협정 모델을 1978년 네덜란드와 벨기에에 이어 이스라엘, 한국, 독일이 수용하면서 미국과 양자항공협정을 체결한 결과 상호 제5, 6의 자유를 향유하는 동시에 IATA의 요율에 의존하지 않고 개별 지정 항공사가 시장상황에 따른 저가 요금을 제시할 수 있으며 요율에 대한 정부 간섭을 최소화하는 혜택을 받았다.[79)]

세계 약 3,000개(발효기준)의 양자항공협정 당사국들은 미국의 항공자유화정책의 영향과 압력에 서서히 노출되었다. 미국의 항공자유화정책은 국내적으로 외국 항공사에게 커다란 미국시장을 내어 주기 때문에 손해라는 비난도 받으면서 한동안 잠잠하였다. 그러다가 1992년 미국 교통부가 항공자유화정책을 다시 촉진하였는바, 1978년 체결 양자항공협정의 내용을 대폭 자유화하며 협정 양당사국이 제3, 4, 5자유와 제6의 자유를 무제한 허용하는 제2세대 Open Skies 협정안을 제시한 것이었다. 이 모델에 따라 1995년까지 유럽의 9개국과 항공자유화(Open Skies)협정을 체결하고 유럽의 최대 항공시장인 독일과는 1996년, 프랑스와 2002년, 인도와는 2005년 체결하는 성과를 거두었다.[80)]

항공사 연합(Airlines' Alliance)과 CRS(Computer Reservation System) 등의 내용도 포함하는 새로운 항공자유화협정은 외국 유력 항공사와 사실상 합병효과를 가져오는 연합효과도 가져오는 등 세계의 자유 항공망이 구축되는 계기가 되었다.[81)] 이에 따라 여행 소비자에 대한 편의가 증가되었으나 거대 미국 항공사의 주도적 역할로 세계 항공시장이 재편될 가능성도 있다. 그러나 지금까지의 현실은 Emirates Air Line, Etihad Airways, Qatar Airways 같은 중동의 항공사가 거대한 투자와 항공료 인하를 통해 시장 점유율을 높이면서, 미국 항공사에 의한 국제시장 재편은 우려에 불과한 것으로 나타났다.

미국은 2001년 APEC 4개국(브루나이, 칠레, 뉴질랜드, 싱가포르)과 다자간 항공자유화 (Open Skies) 협정을 체결하였다.

항공사가 퇴출되고 10여 개의 신 항공사가 설립되었음. 아울러 Southwest 항공사같이 저가 요금의 항공사가 그간 등한시되었던 point-to-point 운항으로 시작하여 사업 수익을 제고하면서 성공적인 항공사로 부상하였음.

79) 미국은 1980년대 중반까지 약 70개 국가와 여사한 항공협정을 체결하였는바, 이 중 네덜란드, 벨기에, 코스타리카, 핀란드, 이스라엘, 요르단, 자메이카, 한국, 태국, 대만, 싱가포르와의 협정이 가장 자유화된 내용임.

80) 제2세대 Open Skies Agreement 내용으로 미국은 2005년 인도와 체결하면서 총 67개국과 체결하였으며 여기에는 당시 25개 EU 회원국 중 15개국이 포함되었음.

81) 미국은 외국인의 자국 항공사 주식 소유를 최근 최대 45%까지 획득 가능하도록 법을 변경하였으나 투표권은 25%로 한정하면서 사실상의 소유와 효율적 지배(significant ownership and effective control)에 제한을 늦추지 않는 유별난 제1의 항공대국임. 항공사 연합의 활성화는 외국인 지배에 배타적인 미국의 항공시장에 외국 항공사의 사실상 지배가 강화될 수 있겠으나 그 반대도 가능함.

한편 성공적인 경제적 통합에 이어 정치적 통합 단계에 있는 EU의 항공정책의 자유화 관련 세부 사정을 살펴보겠다.

EU는 1992년 제3차 자유화 패키지를 승인하여 EU 항공사에게 역내 운항권(Cabotage)을 허용한 후 1997년부터는 7,8,9의 자유까지 무제한 허용하였다. 이와 관련 시카고 협약 제7조는 cabotage 권리를 부여하는 데 있어서 차별하지 말도록 규정하고 있는바, 현재 EU의 일부 회원국에서 다른 회원국의 항공사에게 cabotage를 허용하고 있는 것은 시카고 협약 위반으로 해석될 수 있다.

EU 집행위는 EU라는 통합조직으로서 항공협정 체결 관련 각 회원국의 양자협정 권한을 향후 집행위가 일괄 수행할 것을 제안하였다. 그러나 EU 회원국들은 1993년의 EU 교통장관 회의 토의결과 이를 거절하였다. 집행위는 특히 거대 항공시장인 미국과의 항공협정 체결 시 개별 회원국별로 상대할 경우 손해이기도 하기 때문에 권한 수임을 주장하면서 필요시 반대하는 회원국들을 유럽사법재판소(European Court of Justice: ECJ)[82]에 제소하겠다고 경고하였다. EU 회원국들은 1996년 개최 EU 교통장관 회의에서 집행위에 2단계로 권한을 위임하는 것에 합의하였는데, 제1단계에서는 soft issues(CRS, slot allocation, group handling, air carrier ownership)에 대한 교섭권한을 집행위에 위임하고, 제2단계의 hard issues(traffic rights, pricing)에 대한 권한은 soft issues에서 현저한 결과(substantial results)를 거양할 때까지 위임 불가하다는 것이다. 그리고 미국을 제외한 제3국과는 개별 협정권을 행사한다는 내용에 합의하였다. 집행위는 이에 만족하여 ECJ 제소를 철회하였다.

그러나 일부 회원들이[83] 상기 합의내용을 무시하고 1997년 미국과의 개별 항공협정을 체결한 것에 대해 EU 집행위는 1998년 이들 8개국을 ECJ에 제소하였다. 연후 EU 교통담당 집행위원 Neil Kinnock이 1999년 “European Air Transport Policy: All Our Tomorrow or All Our Yesterday Replayed?” 제하 연설을 통해 CTAA(Common Transatlantic Aviation Area) 또는 CAA(Common Aviation Area) 개념을 제시하면서 CAA는 EU를 단위로 하는 양자협정의 개념만이 아니고 과거 양자협정이 취급하지 않았던 소비자 권리와 환경보호를 추가하고, 전통적인 운수권과 code-sharing도 포함하는 것임을 설명하였다. 동 연설에서 천명된 CAA 정책 발표 후 EU 회원국 상당수 국가들의 10년에 걸친 반발과 비협조가 불식되었다.

그런데 ECJ가 2002.11.5. 미국과 Open Skies 협정을 체결한 7개국과 제한적 양자협정(Bermuda Ⅱ Type)을 체결한 이태리에 대한 EU 집행위의 제소를 심의한 결과 판결을 하였는바, 그 요지는 다음과 같다.

- 집행위가 15개 회원국 정부를 대신한 대외운송 무역 협정 교섭에 관하여 전폭적인 권한을 보유

82) 2009.12.1.부터 구주연합사법재판소(Court of Justice of the European Union: CJEU)로 명칭을 변경하였음.

83) 오스트리아, 벨기에, 덴마크, 핀란드, 독일, 룩셈부르크, 영국, 이태리.

하고 있다는 것을 불인정

- 단, EU 역내 항공노선의 항공료와 요율 및 CRS에 관한 집행위의 권리는 인정
- EU 회원국은 EU 항공사 모두에게 노선이 개방되지 않는 한 '사실상 소유와 효율적 지배'(substantial ownership and effective control)를 포함하는 양자 항공운송협정 체결 불가(단, 기존 협정의 무효관련 언급은 없었음)
- 8개국의 개별 양자협정은 EU 법 위반

상기 판결은 EU 이사회가 집행위에 과거 수차 부여하였던 항공운송 관련 권한을 거의 확인한 것인데, 판결 직후 프랑스가 판결내용을 무시한 내용으로 중국과 항공협정을 체결한 이단적 행동을 보이긴 하였지만 미국과의 교섭에 있어서 EU 회원국이 집행위에 권한을 완전 위임하도록 하는 EU 집행위의 원래 목표가 달성되었다. EU 집행위는 ECJ에서도 확인된 권한에 의거하여 2003년 6월부터 미국과 항공협정을 교섭한 결과 2007년 EU－미국 간 Open Skies Plus 협정[84]을 하기 내용으로 타결하였다.

- 미국과 EU 항공사는 양측 지점을 자유롭게 선택하여 어느 도시로의 운항도 가능
- 상기 운항에 있어서 횟수, 항공 기종, 용량은 항공사가 자유결정
- 항공료는 시장 수요에 따라 결정
- code－sharing, franchising, leasing 등의 협력관계 구축
- 공동위원회(Joint Committee)를 구성하여 매년 최소 1회 회의를 개최, 협정의 이행을 감시하고 문제를 해결
- 미국 항공사의 외국인 지분 소유 제한 완화,[85] 환경기준, 미국 공무원의 미국 항공사 이용규정

연후 미국의 Fly America Act[86]로 미국 정부 조달을 규율한 내용의 개정 등을 논의하기 위한 제2단계 협정 교섭을 시작(2008.5.15.)하여 2010년 11월 중순까지 종료하였다.

상기 합의하에 미국과 EU는 '제2단계'(Second Stage) 항공자유화협정 교섭을 한 결과 2007년 협정을 개선하는 형식의 의정서[87](Protocol)를 2010.6.24. 채택하였다. 동 의정서는 다음 요지를 포함하고 있다.

- 미국은 EU 항공사에 대하여 제5와 6의 자유를 허용

84) 동 협정 명칭은 EU－US 항공운송협정(Air Transport Agreement)을 지칭하는 통칭이며 2008.3.30. 발효함.

85) 미국 법은 외국인의 자국 항공사 소유 지분(significant ownership)을 24.9%로 제한하나 EU 시민에 대해서는 49.9%까지 허용함에도 불구하고 지배권(effective control)은 어느 경우에나 24.9%로 제한함. EU는 양자 모두 49.9%까지 허용함.

86) Title 49 of the US Code, Subtitle VII, Part A, Subpart Ⅰ, Chapter 401, 40118－Government Financed Air Transportation으로서 FAR(Federal Acquisition Regulations)의 Subpart 47.4로 편입됨. 내용은 미국 연방정부 자금으로 지원되는 모든 여행은 미국 항공사를 이용하도록 하는 것인바, 해당되는 여행객으로는 미국 공무원과 동 가족, 컨설턴트, 계약자 등이 있음. 그러나 일부 항공자유화협정 체결 대상국의 항공사에게는 예외가 인정됨.

87) Protocol to Amend the Air Transport Agreement between the United States of America and the European Community and its Member States.

- 항공 보안(security), 안전(safety), 경쟁(competition), 여행 편의(ease of travel)를 강화
- 한 측이 상대방 측 항공사의 소유 지분을 제한(현재 주식 49%로 제한)한 것을 해제하는 것이 가능하나 미국의 경우 국회의 승인을 받아야 하고 EU로서는 불확실하고 장기 소요 과정을 거쳐야 가능
- EU 항공사에 대하여 일정 조건하에서 미국 정부 조달(미국 공공기관의 항공권 구입과 화물운송) 참여 허용
- 항공기 배출, 연료 및 소음 등에 관한 환경규칙에 있어서의 조화를 도모

상기 합의내용은 EU가 계속 추진하여 온 미국 항공사의 지분소유 제한 철폐를 관철하지 못한 것(미국 국회의 승인을 전제로 하기 때문)이고 미국 항공사가 EU 회원국 간 운항을 한다는 것이 EU를 한 나라로 간주할 경우 사실상의 국내 운수권(cabotage)을 행사하는 것이지만 EU 항공사는 그러하지 못한 상황을 감안할 때 EU로서 손해 보는 결과이다. EU는 미국 현실을 인정하면서 미국 정부 조달 사업에 있어서 EU 항공사가 참여할 수 있도록 하는 양보를 받았다.[88)]

항공자유화협정은 모든 것을 자유화한다는 것이 아니다. 가장 자유화되었다고 하는 미국과 EU 사이의 자유화협정도 위와 같은 제한을 가지고 있는바, 항공사의 소유권과 지배권, 제7의 자유, cabotage, 임차, 통화송금제한 등은 향후 계속 교섭 대상이다.

한편 미국은 EU와의 항공협정을 포함하여 100개 이상의 자유화협정을 체결하였다. 이 중 가장 중요한 내용이 EU와의 협정인바, 세계 항공시장의 60% 정도를 점유하고 있는 미국과 EU의 항공운송을 규율하기 때문이다. 그런데 EU는 자체의 내부 법률에 의거하여 항공협정 체결 권한을 EU 집행위(European Commission: EC)와 EU 회원국이 공동으로 행사하도록 한 결과 항공협정 체결 시 외국과 EC, 그리고 28개 EU 회원국 중 해당 국가의 3자가 참여하는 형태를 취한다.[89)]

끝으로 양자항공협정 모델에 있어서 2003년 ICAO는 제5차 세계항공운송회의를 개최하여 지금까지의 전통적인 '사실상의 소유와 효율적인 지배' 대신 '주된 영업소와 효율적인 규제 지배'(Principal Place of Business and Effective Regulatory Control)를 표준 모델로 하는 양자항공협정 모델 안을 제시하였음을 밝힌다.

---

88) 미국 공무원이 2005년 미국과 유럽을 여행하면서 지불한 항공요금은 6,000만 달러이지만 미국 국내 여행의 경우 57억 달러에 이르기 때문에 EU 항공사들은 이에 참여하고자 하였으나 미국 국내 운송과 미국 국방부의 조달 사업을 제외한 범위 내에서 참여가 가능하게 되었음. 2012년 현재 미국이 항공운송에 있어서 미국 정부 조달(U.S. Government Procured Transportation)에 참여를 허용하는 항공협정은 EU와의 협정 이외로 오스트레일리아(2009.10.1. 발효), 스위스(2008.10.1. 발효) 및 일본(2011.10.1. 발효)과의 협정임.

89) 3자가 참여한 가운데 EU 일 회원국이 타국과 체결한 항공협정은 다른 EU회원국 항공사 모두에게도 노선을 개방토록 하여야 하는 바, EU가 체결하는 여사한 항공협정을 Horizontal Agreement라고 함.

4. 비행 제한

4.1. 체약국에 의한 제한

시카고 협약은 체약국이 여러 가지 방법으로 비행자유에 대하여 제한을 할 수 있는 권리를 부여하였다. 이는 비행노선의 지정, 특정 구역 또는 특정 경우에의 비행금지, 지정 공항에의 착륙요구, 국내선 운항(cabotage) 및 항공수단의 제한 그리고 항공기가 특정 물품을 수송하는 데 있어서 이를 금지하고 규제할 수 있는 체약국의 권리를 말한다.

또한 시카고 협약 제10조는 체약국이 자국영공에 들어오고 떠나는 항공기가 세관 및 기타 조사를 위한 목적으로 영공국이 지정하는 공항에 착륙할 것을 요구할 수 있도록 하였다. 단, 영공 통과만을 목적으로 사전에 영공국의 허가를 받은 항공기에 대해서는 그렇지 않다.

4.1.1. 비행금지

협약 제9조 (a)는 체약국이 군사적 필요와 또는 공공안전을 위하여 특정구역의 비행을 제한 또는 금지할 수 있도록 하였다. 단, 동 제한은 자국의 정기 국제 민항과 타국의 정기 국제 민항의 비행 사이에 차별을 두지 않아야 하며 비행금지구역의 정도와 위치가 합리적인 것으로서 항행을 불필요하게 방해하지 않는 것이어야 한다. 동 금지구역 설정과 관련하여 시카고 협약의 해석을 의뢰하는 체약국 간 분쟁이 5건 발생하였다. 이에 관하여서는 다른 분쟁 경우와 함께 제11장 분쟁 해결에서 다룬다.

시카고 협약 제9조 (b)는 체약국이 일시적으로 비행금지구역을 설치할 수 있도록 하였다. 동 임시 비행금지구역을 설치할 수 있는 권리는 군사적 필요보다는 비상상황이나 긴급 시 발동될 수 있으며, 영토의 전부 또는 어느 부분이라도 포함시킬 수 있으며, 동 권리가 즉각 효력을 발할 수 있다는 점에서 제9조 (a)의 금지구역 설치 권한보다는 광범위하다. 반면 비행의 제한 또는 금지가 일시적이며, 비정기운항도 포함하는 모든 외국항공기를 대상으로 하면서 국적에 따른 차별을 하지 말도록 규정하였다는 점에서 (a)항의 권한보다는 협소하다.

제5조 두 번째 문단은 제7조의 국내 항공운송(Cabotage)에 관한 규정에 따르는 한편 영공국이 부과하는 규제, 조건, 제한에 따라 비정기 항공기가 승객, 화물 또는 우편을 운송할 수 있도록 허용하고 있다. Cabotage에 관한 제7조는 체약국이 자국영공에서 타 체약국 항공기의 영업행위를 금지할 수 있도록 하였다. 한 국가의 일 지점에서 동 국가의 타 지점으로 운송하는 영업을 국내업체에게만

허용한다는 Cabotage의 개념은 원래 해양법에서 나왔다. 그런데 제2조에서의 영토가 주권(Sovereignty)뿐만 아니라 종주권(Suzerainty)에 속하는 영토 및 주권과 종주권을 행사하는 국가의 보호를 받거나 신탁된 영토까지를 포함하고 있기 때문에 항공법에서 Cabotage가 허용되는 지리적 범위는 더 넓다. 이러한 해석하에서 프랑스가 튜니시아와 모로코를 보호하고 스페인이 모로코의 스페인 구역을 보호하고 있었을 때 모로코와 튜니시아가 주권을 상실하고 있지는 않았지만 보호국과 피보호국과의 관계에서 Cabotage가 허용되었다. 그런데 Cabotage를 엄격히 해석하지 않는 한, 이 경우 동 영토 국가의 항공기는 Cabotage 운항을 하는 관계로 국제 요금 규정에 기속되지 않는 현상이 발생한다.[90)]

제7조 후단은 체약국이 타 체약국 또는 타 체약국의 항공사에게 Cabotage의 특혜를 배타적으로 부여하는 협정을 맺지 못하도록 규정하고 있다. 그러나 이는 주권국이 자국 판단에 따라 결정할 문제에 관여하는 내용으로서 협약의 순수한 취지, 즉 체약국 간 차별을 금지하는 일반적인 기준을 제시하는 것 이상으로 적용하여야 할지 의문이다. 일찍이 북구 제국은 이러한 문제점을 인식하여 제7조의 개정을 제기한 적이 있다. 1967년 ICAO 총회는 제7조의 후단인 2번째 문장을 삭제하자는 스웨덴의 협약 개정안을 표결에 부쳤으나 채택되지 못하였다.

일반적으로 군수물자의 운송이 금지된다는 것은 이미 기술하였다. 체약국은 이외로 자국영공에 다음 물품의 운송과 사용을 금지하고 통제할 수 있다.

① 항공기 무선장비: 무선 발신 기구의 사용은 영공국의 법령에 따라서만 허용되고 있는바, 시카고 협약 제30조 (a)는 이를 규정한다.[91)]

② 촬영기구: 제36조는 체약국이 자국영공에서 항공기가 촬영 기구를 사용하는 것을 금지하거나 규율할 수 있도록 하였다.

③ 화물의 제한: 제35조 (b)는 체약국이 공공질서 및 안전을 위하여 자국영공 내에서의 화물수송을 규제하고 금지할 수 있도록 하였다. ICAO는 위해물품 수송에 있어서 체약국 간의 실시 규범인 '항공에 의한 위해물품의 안전한 수송'에 관한 시카고 협약 부속서 18을 1981년에 채택하였다. 동 부속서 이외로 '항공기에 의한 위험물품의 안전수송을 위한 기술 안내서'가 ICAO의 관련 문서로 발간되어 있다.[92)]

---

90) Shawcross, Ⅳ(65). 본국과 해외 자국영토 사이의 항공요금을 정하는 데 있어서 국가에 따라서 IATA 요금을 준용하든지 또는 IATA 요금과 무관한 자체요금을 적용하든지 또는 거주자에게는 특별히 저렴한 정부 고시 요금을 적용하고 비거주자에게는 IATA 요금을 적용하기도 함(Haanappel의 저서 p.122).

91) 요즘은 인공위성을 통하여 항공기 승객이 세계 어느 곳에서나 통화하거나 인터넷을 사용할 수 있는 시설을 설치한 항공사가 등장하고 있는바, 어느 국가의 영공에서 비행 중인 승객이 무선 통화를 하는 것은 영공 국가의 국내법을 위반할 수 있다는 결과가 됨. 따라서 시카고 협약 제30조는 엄밀히 말하여 개정이 필요한 규정임.

92) J. L. Cox "Giant Strides taken to reduce the danger of transporting 'dangerous goods' by air"; 36 ICAO Bulletin(1981) 8/27(Aug., p.27); ---, "What's new with 'dangerous goods'?"; 39 ICAO Bulletin(1984) 4/14.

4.1.2. 방공식별구역(ADIZ)

여기에서 방공식별구역인 ADIZ(Air Defense Identification Zone)가 무엇인지 알아둘 필요가 있다. 공해상에 설치되어 있는 ADIZ에서의 비행은 공해 자유항행 원칙에 따라 자유이나 ADIZ에 진입한 후 ADIZ를 설치한 연안국 방향으로 비행할 경우에는 연안국 당국에 진입하는 항공기가 자체 명세를 밝혀야 한다.

동 ADIZ는 한국 전쟁이 발발한 후인 1950년 12월 미국 정부가 소련과의 긴장관계도 염두에 두면서 안전의 목적으로 미국에 인접한 대서양과 태평양 공해 상 광활한 지역의 상공에 적용하는 새로운 규정을 채택하여 ADIZ로 명명하였다. ADIZ는 해상 상공에만 설치하는 것은 아니고 국가안보의 필요에 따라 육지 상공에도 설치하여 민간항공기의 비행을 파악하고자 하는 것이다. ADIZ는 미국이 공해 상에 설치한 것과 같은 연안 ADIZ(Coastal ADIZ), 영토 위에 설치한 국내 ADIZ(Domestic ADIZ) 및 원거리 조기 식별구역(Distant Early Warning Identification Zone) 3가지가 있으나 우리의 관심은 첫 번째 연안 ADIZ에 있으며 동 연안 ADIZ가 영토상이 아닌 공해 상에 설치되어 공해 상 비행의 자유를 방해한다는 점에 있다.

상기 미국의 공해 상 ADIZ 설치의 예를 따라 6개월 후에 캐나다는 CADIZ(Canada ADIZ)를, 1953년에 필리핀은 PADIZ를 설치하였으며 뒤이어 아이슬란드, 일본, 한국 및 이탈리아가 ADIZ와 유사한 방공식별구역을 인접 공해 상에 각기 설치하였다.

ADIZ는 미국의 경우 연안으로부터 일정하지는 않지만 250에서 350 해상 마일까지의 공해 상공에 걸쳐 있으면서 동 구역에 진입한 항공기가 미국 영토로 직선 비행할 경우 순항 속도로 연안으로부터 1시간에서 2시간 사이 비행거리에 있을 때 미국 당국에 교신하여 자체 항공기의 명세를 통보하도록 요구하는 것이다. 이를 이행하지 않을 경우, 미국 전투기의 요격을 받게 된다. 그러나 항공기가 ADIZ에 진입하였지만 미국 영토로 들어가지 않고 ADIZ를 통과만 하여 다른 지역으로 비행할 경우에는 자체 항공기 명세를 밝힐 필요가 없다. 캐나다도 비슷하게 규정하고 있는데 시속 180노트 이상의 항속으로 비행하는 항공기만을 대상으로 하고 있는 것이 미국 ADIZ와의 차이이다.[93)]

ADIZ에 연안국의 주권이 행사될 수 없음은 물론이다. 단지 현 국가관행을 볼 때 연안국의 관할권을 제한적으로 인정할 수 있겠다. 동 제한적인 관할권은 그 자체가 국제법의 일반원칙이나 관습법에 의하여 금지되는 것이 아닌바, 이는 외국의 영토 주권 또는 준 영토 주권이나 공해상의 자유를

---

93) A. I. P. Canada(Transport Canada, June. 1985) P. RAC. 2-20. 캐나다는 이전에 비행 목적지에 관계없이 CADIZ에 진입하는 항공기에 대하여 명세를 밝힐 것을 요구하였으나 규정을 바꾸어서 캐나다를 목적지로 하기 위하여 CADIZ에 진입하는 항공기에 대하여서만 명세를 밝히도록 요구하고 있음. 각국의 ADIZ 설립과 이의 국제법적 성격에 관한 논문으로는 J. A. Martial, "State Control of Air Space over the Territorial Sea and Contiguous Zone", XXX The Canadian Bar Review(1952) 245-263; I. L. Head, "ADIZ, International Law, and Contiguous Airspace", 3 Alberta Law Review(1964) 182-196가 있음.

침해한 것이 아니기 때문이다. 또한 이러한 제한적인 관할권은 시카고 협약 제6조의 규정과 상치하지 않는다고 보는바, 이는 제6조에 따라 정기 국제 민간항공이 일 체약국 영공을 비행할 수 있는 허가를 이미 받았다면 동 체약국으로 비행해 가는 항공기(허가받은)가 체약국 영공 진입 전에 공해상에서 영공국의 진입허가를 확인받는 단순한 절차로 볼 수 있기 때문이다. 다른 한편 시카고 협약 제5조가 규정하는 비정기 국제민간항공의 경우에는 ADIZ 관련 규정이 협약 위반이라고 할 수 있으나 현실적으로 제5조가 규정 그대로 적용된 다기보다는 영공국의 사전허가를 요한다는 점을 감안할 때 이 역시 협약 위반이라고 볼 수 없다.

ADIZ에 관련한 국가관행을 보건데 알제리 · 프랑스 간의 분쟁기간 중인 1961년 소련 최고회의 의장이 민항기를 타고 모로코로 비행하던 중 알제리 연안에 설치되었던 프랑스 ADIZ에 진입한 뒤 프랑스 전투기의 요격을 받은 것에 대하여 소련이 항의한 것을 제외하고는 ADIZ의 합법성에 의문을 제기한 선례는 없다.94) 혹자는 해상에 접속수역(Contiguous Zone)이 인정되어 있듯이 항공에서도 이와 유사한 구역이 설정되어 국가안전의 보호막이 되는 것이 바람직하며 이는 항공기의 속도와 위력을 감안할 때 해상에서의 접속구역보다도 훨씬 필요함을 강조한다. 이러한 논리에서 이들은 ADIZ를 항공에서의 접속공역(Contiguous Air Zone)으로 인정하는 것이 당연하다면서 자위(self－defence) 또는 자기보호(self－protection) 이론을 설득력 있게 전개한다.95)

Cristol 교수는 1982년 유엔 해양법 협약이 인정한 경제수역(EEZ)에 있어서 경제적 권리가 안보에 관한 권리에 우선할 수 없다면서 EEZ 상공을 비행하는 항공기는 연안국의 안보에 관련한 조치에 부응하여야 할 것이라고 주장하였다.96)

이상을 감안할 때 고도의 기술 발전에 따라 위협적인 항공 물체가 등장할수록 ADIZ의 필요성은 더욱 중시되어 간다고 볼 수 있다. 실제로 해양법은 해상 수송수단의 특성과 완만한 발전으로 장시간에 걸쳐 발전하면서 일찍이 국가안보에 관련되는 접속수역의 개념까지 인정할 여유를 보였지만 항공법은 항공기 등장과 발전 속도만큼 발전할 수 없었던 관계로 해양법에 비하여 미비한 점이 있다 하겠다.

그러나 모든 국가가 ADIZ를 설치할 수는 없다. ADIZ를 갖지 못하는 내륙국은 수직적인 ADIZ(가령 SDIZ: Space DIZ)를 설치할 수 있겠으나 이를 정식 논의할 만큼 시기적 · 기술적인 여건이 성숙되지 않았다. 그런데 미국은 2001년 9/11테러사태 이후 중요한 연방정부 건물을 보호하기 위하여 국내 일정한 구역의 경우 지상 1만 8,000피트 상공까지를 FRZ(Flight Restricted Zone)로 설정하여 항공운항

94) Matte의 저서 p.176.

95) R. Hayton, "Jurisdiction on the Littoral State in the 'Air Frontier'", 3 Philippines International Law(1964) 182－196.

96) R. Turman의 미간행 석사논문 Freedom of Flight in the Airspace over the High Seas and Its Practical Aspects(캐나다 맥길대, 1980), pp.109~110 인용.

을 엄격 통제하고 있다. 그 결과 2003.2.10.부터 미국 영공은 ADIZ와 FRZ로 2분되었다가 2009.2.17. SFRA(Special Flight Rules Area)로 통일되었다. 그러나 이는 기존 ADIZ의 영공 내 경계의 변화를 의미하는 것은 아니고 공해 상에 설치된 ADIZ의 명칭과 목적이 변경된 것도 아니다.97)

한편 중국이 2013년 11월 동중국해에 갑작스럽게 ADIZ를 선포하여 일본, 미국, 한국 등의 항의를 유발하면서 긴장을 조성하였는 바, 이는 선포된 구역이 일본의 ADIZ와 절반이나 중첩이 되면서 일본이 지배하지만 중국이 영유권을 주장하는 센카쿠 도서를 포함하고 있고 우리나라의 이어도 상공을 포함하면서 한국의 ADIZ와 일부 중첩이 되기 때문이다. 또 다른 나라의 ADIZ와는 달리 모든 항공기가 중국을 목적지로 하느냐 여부를 불문하고 사전 신고토록 한 것은 ADIZ의 성격을 주권적 성격으로 변화하려는 무리한 시도이다. 한국정부는 2013년 12월 한반도 서남쪽의 ADIZ를 확장하였는 바, 이에 따라 이어도 상공은 한,중,일 3개국의 ADIZ가 중첩되는 상황이다.

4.1.3. 위험구역(Danger Areas)

공중의 필요성은 다양하다. 항행뿐만이 아니고 더러는 항행과 병행할 수 없는 활동(예: 로켓 발사)을 위해서도 필요하다. 안전한 항행을 위하여서는 국가에 따라 일정한 공중에 제한구역을 설치할 필요가 인정되고 있다. ICAO의 계획 매뉴얼은 공중제한이 다음 3가지 형태를 취할 수 있음을 확인하고 있다.98)

a) 위험구역

b) 제한구역

c) 금지구역

시카고 협약 제9조는 각 체약 당사국이 군사적 필요와 공공 안전을 이유로 영구적 또는 임시조치로 제한 또는 금지구역을 설치할 수 있도록 하였으나 위험구역에 관한 언급은 없다. 이 위험구역은 국가관행에 의하여 탄생한 개념인데 제한 또는 금지구역이 자국영공에만 설치되는 데에 반하여 위험구역은 자국영공이나 어느 나라의 주권도 미치지 않는 공해 상공에 설치된다.

시카고 협약 부속서 2는 위험구역을 "특정 규모(dimensions)의 공역으로서 항행에 위험한 활동이 특정 시간대에 존재할 수 있는 곳"으로 정의하고 있다.

상기 정의에서 보듯이 금지구역이 가장 정도가 강한 제한을 의미하는 데 비하여 위험구역은 가장 느슨한 제한이라고 보아야 한다. 또한 협약 제9조가 다음과 같이 언급한 '합리성' 테스트도 유추

97) 동 건 상세한 것과 부작용(개인 소형항공기 비행통제로 인한 항공운항 사업자와 워싱턴 D.C. 소재 여러 공항이 받는 경제적 타격) 및 미국 내 법적 문제에 관해서는 John Heck, "Pushing the Envelope: Why Washington DC Airspace Restrictions do not Enhance Security", 74 JALC 335(Spring 2009) 참조.

98) ICAO Doc 9426-AN/924, 1st(provisional) Ed., 1984, P.I-2-3-3, para 3.3.2.1.

하여 적용되어야겠다. 즉 "그러한 금지구역은 항행을 불필요하게 방해하지 않도록 합리적 정도와 장소"이어야 한다. 이는 공해 상공에 설치되는 위험구역이 불가피할 때에 한하여야 하고 또 위험구역 설치국은 이를 유지하여야 하는 필요성이 있는지 예의 주시하는 등 높은 도덕적 의무감을 가지고 판단하여야 한다는 결론에 이른다. 협약 부속서 15(Aeronautical Information Services)는 금지구역, 제한구역 또는 위험구역 설치에 관한 구체내용을 수록하면서 가능한 한 작고 단순한 위치경계를 하도록 하여 제3자가 쉽게 인식할 수 있도록 규정하고 있다.[99)]

국가관행을 볼 때 1940년대 후반부터 1950년대에 걸쳐 미국과 영국이 핵실험 목적으로 태평양 상공에 위험구역을 무분별하게 설치하였으며 프랑스도 역시 핵실험 목적으로 1972년 태평양의 일정상공에 위험구역을 설치하였다. 당시에는 항행이 빈번하지 않았고 많은 나라가 항행안전에 큰 관심이 없었지만 지금은 핵실험금지 조약이 발효 중이고 항행과 해상활동이 활발하기 때문에 공해 상공에 위험구역을 설치하는 것이 국제여론에 반하고 동 설치기간을 무분별하게 연장하는 것은 더군다나 안 될 일이다.

4.2. 사건별로 부과되는 제한

전쟁의 경우 교전국이건 또는 중립국이건 간에 전쟁으로 영향을 받는 체약국은 시카고 협약규정의 적용을 받지 않고 자유행동을 할 수 있다. 그러나 전쟁에 관한 제89조의 규정은 몇 가지 해석상의 문제를 제기한다. 첫째, 제89조의 의도가 전쟁 발생 시 시카고 협약을 소멸시키는지 또는 전쟁기간 동안만 정지시키는 것인지 분명치 않고, 둘째, 전쟁 시 협약의 전체 또는 일부만의 효력이 소멸 또는 정지되는지 여부, 셋째, 전쟁 시 어느 체약국 사이에 협약의 효력이 소멸 또는 정지되는지가 분명치 않다. 제89조는 전쟁 시 교전국 간 또는 교전국과 중립국 사이에 관습국제법이 적용되는 것을 상정한 듯하다. 항공법에 있어서의 전쟁 관습법은 해전과 육전에 관한 관습법의 일부로 형성되어 있다. 시카고 협약이 전쟁의 경우 소멸되느냐 또는 정지되느냐 어느 쪽이든지 간에 전쟁 시 교전국 간에 협약이 적용되지 않는 것은 틀림이 없겠다. 또한 교전국과 중립국 사이의 일정한 관계에 있어서도 협약이 적용되지 않는데, 예를 들어 교전국이 외국 군용기 또는 민항기의 자국영공 비행을 금지 또는 규제하는 것이며 중립국이 전쟁 발발 전 교전국에 허용하였던 제5조의 권리를 종료시키는 것 등이 있다. 전쟁 중이라도 중립국 상호 간에는 시카고 협약이 계속 적용된다고 보아야겠다.

제89조는 또한 전쟁 시의 상기 조치가 국가 비상사태를 선포하고 이를 이사회에 통보한 체약국에

99) ICAO Annex 15(12th ed., July 2004), para 3. 6.6.5.

도 동일하게 적용된다고 규정하였다. 따라서 앞서 언급한 문제점은 이 경우에도 그대로 적용된다. 단, 여기에서 체약국은 비상사태를 선포하고 이를 이사회에 통보하여야 하는 의무가 있다. 금지구역 선포에 관한 제9조 (a)의 '군사적 필요 또는 공공안전의 이유'와 같이 국가 비상사태를 객관적으로 판단할 기준이 있어야 바람직하나 협약이 동 기준을 설정하지 않은 채 비상사태를 언급하고 있는 것은 비상사태 선포기준을 둘러싸고 논란을 불러일으킬 수 있다.[100)]

4.3. 체약국에 부과되는 의무

시카고 협약은 협약 체약국에게 여러 의무를 부과하고 있다. 상식적인 이야기지만 한 국가가 협약을 위반했다고 하더라도 동 위반으로 인하여 피해를 입은 개인이 직접 보상을 받거나 또는 위반 국가에 대한 배상청구권을 행사할 수 없다. 이 경우 피해를 입은 개인이 소속한 국가는 역시 협약을 위반하여 피해를 입힌 국가의 국민에게 보복하는 권리가 일단 인정된다 하겠다. 그러나 협약은 협약의 해석과 적용에 관한 체약국 간의 이의가 있을 경우 이를 협상으로 해결 못 한다면 ICAO 이사회에 회부하여야 한다고 규정(84조)함으로써 즉각적인 보복방법을 배제한다. 협약은 동 규정을 위반한 국가에 대한 제재도 마련하고 있다(제88조). 협약 상 비행에 관련한 체약국의 의무를 다음과 같이 정리하여 본다.

4.3.1. 민항기의 남용 금지

협약 제4조는 체약 당사국이 협약의 목적에 위배하여 민항을 사용하지 않도록 규정하였다. 동 민항의 남용금지는 1984년의 협약 개정에 따라 제3조의 2에서도 규정하고 있다. 협약의 목적은 대부분 협약 전문(前文)에 기술된 바대로 일반 안전을 위협할 우려가 있는 민항의 남용을 방지하고, 국가와 국민간의 알력을 피하여 협력을 증진하고, 안전하고 질서 있게 국제민항을 발전시키며, 기회균등과 건전한 경제적 운항에 바탕을 둔 국제 항공수송을 수립하는 것이다.

4.3.2. 비행권

이미 구체적으로 분석하였지만 제5조는 체약국 상호 간에 비정기 민간항공의 비행을 허가할 의

---

100) 실제로 이스라엘은 1956년 인근 아랍제국이 이스라엘 항공기에 대한 비행 정보업무 제공 거부 등의 비행 방해활동을 함에 대하여 ICAO 총회에 불평을 제기하였음. 이에 앞서 유엔 안보리는 1951.9.1. 아랍과 이스라엘 간의 휴전이 영구적이므로 어느 당사국도 활발한 교전 행위를 할 수 있다고 규정한 바 있었는데, 그 뒤 아랍국이 협약 제89조에 따른 국가 비상사태 규정을 이스라엘에 적용하겠음을 ICAO 이사회에 통보한 후 이스라엘의 비행활동을 계속 방해하여 온 것에 대하여 이스라엘이 불평한 것이었음. 상기 이스라엘의 불평은 ICAO 총회에서 토의되었으나 동 총회는 정치적 성격의 동 문제를 해결할 수 없다고 결론지었음. 그러나 만약 동 건이 국제 재판에 회부되었다면 재판정은 국가 비상사태를 선포한 아랍제국의 주관적인 기준보다는 동 선포에 관련된 적절한 객관적인 기준에 따라 판정하였을 것임.

무를 부여하고 있다.

4.3.3. 차별 금지

협약의 다수 조항이 자국과 타 체약국 간의 항공기 사이에 또는 타 체약국의 항공기 간에 차별을 하지 말도록 규정하고 있다. 동 차별 금지 내역을 다음 5가지로 볼 수 있다.

① Cabotage: 어느 국가 또는 어느 국가의 항공사에게나 배타적으로 cabotage의 특권을 부여할 수 없으며, 또 이러한 특권을 타국으로부터 부여받아서도 아니 된다(제7조).

② 금지구역: 상설 금지구역 설치의 권리는 모든 국가의 항공기에 대하여 일률적으로 적용되어야 하지 영공국의 정기 국제 항공기와 타국의 정기 국제 항공기 사이에 차별을 두어서는 아니 된다(제9조 (a)). 비상시 임시로 취하는 비행의 금지 또는 제한에 있어서는 모든 타국 항공기의 국적에 관계없이 차별하지 말아야 한다(제9조 (b)).

③ 법령의 적용: 국제 항행에 종사하는 항공기의 영토 진입 또는 영토 출발에 관련되거나 영토상 동 항공기의 운항과 항행에 관련되는 체약국의 법령은 국적의 차별 없이 모든 체약국에게 적용되어야 한다. 시카고 협약은 제11조가 언급하는 국제 항행(international air navigation)에 대하여 정의하고 있지 않다. 단, 제96조 (b)의 문맥상 국제 항행은 '한 나라 이상의 영공을 지나는 것'으로 이해하여야겠다.

④ 공항과 항행시설: 체약국 항공기의 항행에 사용되는 모든 공항과 항행시설(무선 및 기상정보 등)은 일반적으로 여타 체약국의 항공기에도 동일한 조건으로 제공되어야 한다(제15조).

⑤ 화물에 대한 제한: 체약국이 공공질서와 안전을 이유로 항공기의 운송물품을 규제하고 금지하는 권한을 행사함에 있어서 국제 항행을 하는 자국항공기와 타국항공기 사이에 차별이 있어서는 아니 된다(제35조 (b)).

4.3.4. 법과 관행의 통일성

각 체약국은 다음과 같이 시카고 협약 규정 또는 ICAO 문서와 자국의 법령 또는 관행을 최대한으로 상호 일치시킬 의무가 있다.

① 항행을 촉진하고 개선하기 위하여 규정, 표준, 절차 및 조직의 최대한 통일에 노력한다(제37조).

② 자국의 규정을 가능한 한 최대로 시카고 협약이 규정한 바에 일치시킨다(제12조).

③ 협약에 의해 수립되고 권고되는 방식에 따라 국제항공운항에 관련한 세관과 출입국 절차를 수

립한다(제23조).

④ 협약에 따라 정하여진 최소한의 수준에 부합하는 한 타 체약국이 발간한 허가서와 감항(airworthiness) 증명서의 효능을 인정한다(제33조).

4.3.5. 보다 용이하고 안전한 국제 항행

각 체약국은 다음과 같은 조치를 취함으로써 국제 항행을 촉진하고 안전하게 할 의무를 진다.

① 국제 항공운송을 촉진한다(제13조). 동 건에 관해서는 협약 부속서 9(Facilitation)가 상세 규정한다.

② 관세를 부과함이 없이 항공기와 동 부품을 반입하도록 한다(제24조).

③ 조난 항공기를 원조하고 실종 항공기를 수색하며(제25조) 사고 발생 시 항공기 등록국이 임명하는 옵서버가 참여하는 사고조사를 행한다(제26조).

④ 특허 위반을 이유로 한 항공기, 장비 및 부품을 압류로부터 배제하는 권리를 상호 인정한다(제27조).

⑤ 항행을 매개로 하여 전파되는 각종 질병을 방지하기 위하여 효과적인 조치를 취한다(제14조).

⑥ 체약국 항공기의 단순한 영공 통과, 진입 또는 출발하는 것을 이유로 하여 항공기와 승객 및 화물에 대하여 세금을 부과하지 않는다(제15조).

⑦ 협약이 적용되지 않는 항공기로부터의 위험이 협약이 적용되는 항공기에 미치지 않도록 적절한 안전조치를 취한다(제3조 (d)와 8조).

각 체약국은 또한 공항과 항행시설을 마련할 의무가 있으며(제28조 및 69~76조) ICAO가 요구하는 정보를 제공할 의무가 있다(제9, 10, 15, 21, 38, 67, 81, 83조).

4.3.6. 항공 종사자의 의무

국제 항행에 종사하는 항공기의 모든 승무원은 항공기가 등록된 국가가 발행한 자격 증명을 소지하여야 한다(제32(a)와 30(b)). 일 체약국의 항공기가 타 체약국에 착륙하고 이륙할 때 영토국이 세관과 기타 검사를 위하여 지정한 공항을 이용하여야 한다(제10조).

또한 동 항공기가 영공국의 착륙 요청을 받을 경우에는 항공기가 비정기 비행에 종사하더라도 동 요청에 응하여야 한다(제5조). 항공기의 비행과 곡예비행활동은 물론 출입국에 관련하여 영공국의 법령을 준수하여야 한다.

이상은 대부분 기술한 바이다. 단, 영토국의 착륙 요구 권리는 1984.5.10. 채택된 시카고 협약 개정내용(제3조의 2)에도 추가로 규정되어 있음을 환기한다.

항공기가 타 체약국의 영토에 있을 때 영토국이 노선의 지정, 특정구역의 비행금지, 승객과 화물의 승강(乘降) 및 운송물품의 제한 등에 관련하여 협약 상 부여된 조치를 취할 때 동 항공기는 이러한 모든 조치를 따라야 할 의무가 있다.

제 6 장

항공범죄에 관한 국제법과 국제협력

1. 항공기상 범죄에 관한 1963년 동경 협약
2. 항공기 불법 납치 억제에 관한 1970년 헤이그 협약
3. 민항 안전 불법 행위 억제에 관한 1971년 몬트리올 협약
4. 1988년 몬트리올 협약 보충의정서
5. 플라스틱 폭약 표지에 관한 1991년 몬트리올 협약
6. 국제 민간항공 불법행위 방지를 위한 최근 국제협력
7. 국제협력을 요하는 항공법 현안

제6장

항공범죄에 관한 국제법과 국제협력

항공범죄, 즉 항공기에서 일어나는 절도, 폭력, 마약 밀수, 외화 밀반출 등 범죄와 항공기 승객을 인질로 한 항공기 납치 범죄는 항공기 등장이 그러하듯이 비교적 최근에 발생하기 시작한 범죄이다.

항공기에서 발생하는 범죄를 처리하는 데 있어서 당초 커먼로 국가는 영토 관할권만을 주장하였으나 항공기를 영토로 간주하지는 않은 반면 대륙법 국가는 자국 국민이 범한 범죄에 대하여 대부분 관할권을 주장하는 입장이었다. 세계 전체적으로 보아 자국에 등록된 항공기에서 발생한 범죄에 대하여 관할권을 주장하는 국가는 과거 약 20여 개국에 불과하였고 또 나라에 따라서는 국내법과 쌍무 조약에 따라서 범인 인도를 하는 나라(예: 프랑스와 이태리 등)와 그렇지 않은 나라(예: 영국 등)로 나누어지는 등 항공기 범죄에 대하여 통일적으로 적용할 국제 규범이 없는 실정이었다.[1]

이에 대처하여 맨 처음 등장한 조약이 1963년에 채택된 동경 협약으로서 항공기상에서 항공안전을 위태롭게 하는 범죄를 규정하고, 범인을 인도하며, 항공 기장의 권한을 명시하고 체약국에 범인 처벌을 부과한 내용이었다. 그러나 곧이어 항공기에 관련한 범죄는 항공기상에서의 단순한 범죄보다는 항공기 납치의 범죄가 큰 문제로 등장하였으며 동경 협약은 이에 대한 해결책이 아니었다.

항공기 납치는 1930년 페루에서 처음 발생한 것으로 기록[2]된 후 1950년대 후반과 1960년대 초반에 사회주의 국가인 쿠바를 목적지로 한 항공기 납치가 성행하였다. 이러한 항공기 납치는 아랍·이스라엘 분쟁을 배경으로 이러한 항공기 납치는 아랍·이스라엘 분쟁을 배경으로 1968년과 1970년 초 사이에 빈번히 발생[3]하여 국제사회의 경각심을 제고시킨 결과 이에 대한 국제적 대처 방안으로 1970년 헤이그 협약이 채택되었다. 그러나 이 또한 항공기와 공항을 파괴하는 범죄에 대한 대응은 아니었고 2001년 항공기를 무기로 하여 미국을 공격한 9/11사태를 자행한 범죄를 처벌할 수 있는 것은 더군다나 아니었다. 이에 따라 민간항공의 안전을 위한 1971년 몬트리올 협약, 동 협약을 개정한

1) Shawcross, VIII(1.2).

2) 상동. VIII(1).

3) 1960년대와 1970년대에 항공기에 대한 공격이 빈번하였는바, 가장 피크인 1972년에는 항공기 폭파 6건, 납치 59건이 발생하였음. 2015.11.14.자 The Economist 56쪽.

1988년 몬트리올 의정서, 폭약표지를 위한 1991년 몬트리올 협약, 2010년 북경 협약과 북경 의정서가 채택되었는바, 이를 차례로 살펴본다.

1. 항공기상 범죄에 관한 1963년 동경 협약[4)]

조약도 마찬가지이지만 모든 사회활동을 규율하는 법률 제정은 이를 필요로 하는 사건 발생을 계기로 삼는 경우가 많은바, 동경 협약을 필요로 하는 하나의 사건을 소개하면 다음과 같다.[5)] 1948.8.2. Puerto Rico의 San Juan에서 New York으로 가는 미국 항공사의 비행기에 탑승한 Cordova와 Santano라는 승객은 탑승 전부터 친지들의 환송 파티로 럼(Rum)주를 마신 후 럼주 몇 병을 가지고 탑승 한 채 계속 마시다가 이륙 한 시간 반쯤 후 공해 상공을 비행할 때 럼주 한 병의 행방을 가지고 서로 다투기 시작하였다. 여 승무원이 이를 제지하였으나 소용이 없는 가운데 60명의 승객만을 태운 소형항공기는 비행기 뒷좌석에서 일어난 이들의 싸움을 보려고 다른 좌석의 승객들이 비행기 뒤로 몰려가는 바람에 비행기가 무게 중심을 잃고 수직에 가까운 비행 상태가 되었다. 기장은 필요한 비상조치를 취하면서 승무원으로부터 상황보고를 받은 후 부기장에게 조종실을 맡기고 승객 좌석으로 가서 싸움을 진정시키려고 하였으나 Santano는 순응하였지만 Cordova라는 승객은 기장과 여 승무원을 물리적으로 공격하여 여 승무원은 바닥에 쓰러지는 상황이 전개되었고 이를 본 여타 승객들이 Cordova를 제압한 후 동인을 미국에서 기소하였다. 그러나 여사한 범죄를 규율할 만한 해사법(admiralty law)은 선박(vessel)에 대한 관할규정이 있지만 항공기가 선박이 아니고 또 공해 상공에서의 범죄에 적용할 규정이 없다는 이유로 Cordova를 처벌할 근거가 없어 석방한 어이없는 사건이 발생하였다. 이에 대해 미국 내외에서의 비난이 거센 가운데 미국은 공해 상공을 비행하는 미국 항공기에서 발생한 범죄도 처리하는 내용으로 관련 해사법을 개정하였다.[6)]

동경 협약은 동 협약의 체약국에 등록된 항공기가 비행 중[7)]일 때 발생한 항공기 내의 범죄를 규율한다. 군용, 경찰용 및 세관용의 항공기는 국가항공기(state aircraft)로서 협약 적용 대상이 아니다(제1조4항).

---

4) 정식 협약 명칭은 항공기 내에서 행한 범죄 및 기타 행위에 관한 협약(Convention on Offences and Certain Other Acts Committed on Board Aircraft)으로서 1963.9.14. 채택, 1969.12.4. 발효, 우리나라는 1971년 가입함. 2015년 12월 현재 당사국 수 186. 협약문은 부록 참조.

5) I H Diederiks-Verschoor, An Introduction to Air Law, 9th Revised ed., 2012, pp.393~394.

6) Public Law 514, 82nd Congress; United States Aviation Reports 437-439(1952).

7) 동경 협약 제1조 3항은 '비행 중'(in flight)을 이륙목적으로 엔진이 작동되는 때부터 착륙을 위한 주행이 끝날 때까지로 정의하고 있으나, 헤이그나 몬트리올 협약은 각기 제3조 1항과 2조 (a)항에서 '비행 중'을 항공기 출입문이 승객의 탑승 후 닫힌 때부터 하기 차 열릴 때까지로 정의하고 있음. 그런데 동경 협약도 항공기장이 범죄억제를 위한 조치권을 취할 경우에는 헤이그 협약 등에서와 같은 '비행 중'의 정의를 채택하고 있음(동경 협약 제5조 2항).

협약은 범죄의 관할국으로서 항공기 등록국과 항공기 등록국이 아닐 경우에는 제4조에서 규정한 일정한 요건(자국민에 의한 또는 자국민에 대한 범죄 등)하에서 비 등록국에 관할권을 부여하였다.

항공기장(aircraft commander)은 항공기상에서 항공안전을 저해하는 범죄를 일으키려 하는 자를 억제(restraint)할 수 있으며(제6조1항) 이를 위하여 승무원에게 요구(require)하고 승객에게 요청(request)할 수 있다. 승무원이나 승객은 예방조치가 필요할 경우 기장의 권한 부여가 없어도 즉각적으로 억제조치를 취할 수 있다(제6조 2항). 기장은 이 경우 다음 착륙지에서 범인을 하기시키든지(제8조 1항), 착륙지 국가가 협약 당사국일 때에는 범인을 인도할 수 있다(제9조 1항). 협약 당사국은 항공기 납치 등을 행한 또는 기도하는 자의 신병을 인도받았을 경우 즉시 사건조사를 하여야 하고 그 결과를 항공기 등록국과 사건 유발 혐의자의 국적국에 통보하여야 한다(제13조).

항공기가 등록국 영공이나 공해 상공 또는 어느 국가에도 속하지 않는 지역(예: 남극)의 상공을 비행할 때 다음의 경우가 아닌 한 항공기장이 기상 범죄를 예방하고 억제하는 조치를 취할 수 없다(제5조 1항).

- 마지막 이륙지나 다음 착륙지가 항공기 등록국이 아닐 경우
- 다음에 진입할 영공이 항공기 등록국의 영공이 아닐 경우

위의 규정은 항공기 등록국과의 연결이 느슨한 상황에서의 비행 시 항공기장에게 제6조 2항에 따른 강력한 조치권, 즉 기장이 기내 승무원과 승객에게 위험한 인물을 억제할 수 있도록 하는 권한을 부여한 것이다.

협약은 범죄 예방 및 방지를 위하여 항공기장, 승무원 및 승객이 범죄 혐의자를 대상으로 취한 조치에 대하여 동 범죄 혐의자가 책임을 물을 수 없도록 하였다(제10조). 면책 대상은 해당 항공기 소유자, 운항자 또는 임차자에게도 확대된다(제10조).

범죄 혐의자를 인도받은 협약 당사국은 동 인도 사실을 항공기 등록국과 혐의자 국적국에 통보하고 자국이 관할권을 행사할지를 아울러 통보하여야 한다(제13조 5항).

협약은 협약 당사국과 협약 당사국이 아닌 국가가 혐의자를 인도받는 경우를 분류하고 있는바, 제13조는 협약 당사국이 인도받는 경우를 규정하고 제14조는 협약 비당사국에서 혐의자가 하기하는 것도 포함하였다. 제13조가 제9조의 1항과 제11조의 1항에 따른 혐의자를 협약 당사국이 인도받을 때 협약 당사국이 즉각 사건조사를 하고 인도 사실을 항공기 등록국과 혐의자 국적국 등에 통보하며, 또한 관할권 행사 여부도 아울러 통보하도록 한 반면에 제14조에서는 제9조의 1항, 제11조의 1항에 덧붙여 협약 당사국이 아닌 국가에 혐의자가 하기하는 제8조 1항의 경우까지를 포함하였다. 제14조에 의하면 혐의자를 인도 또는 하기 받는 국가가, 원할 경우 혐의자 접수를 거절할 수 있도록

하였다. 단, 이때 혐의자가 당해 국민 또는 당해국의 영주권자가 아니어야 한다. 이 경우 혐의자는 자신의 국적국이나 영주권 국가로 돌려보내지거나 또는 자신의 항공여행이 시작된 지점으로 돌려보내진다.

범죄 혐의자가 인도 또는 하기된 협약 당사국은 같은 경우에 처한 자국민에게 부여하는 대우 이하로 혐의자를 취급하여서는 안 된다(제15조 2항). 또한 혐의자는 즉각 가장 가까운 곳에 있는 자국의 대표(대사관원 등)와 연락할 수 있도록 주선되어야 한다(제 13조 3항).

한마디로 동경 협약은 두 가지 주요 내용을 규정하고 있는바, 첫째는 기상 범죄에 대하여 적어도 항공기 등록국이 관할권을 갖고 범죄를 처벌하도록 하는 것이며, 둘째는 기장과 기내 승무원 및 승객이 항공기 안전을 위하여 필요한 조치를 취할 수 있는 근거를 만든 것이다.

2. 항공기 불법 납치 억제에 관한 1970년 헤이그 협약[8)]

헤이그 협약은 비행 중에 있는 항공기에서 불법적으로 또는 무력으로 항공기를 장악하거나 또는 이를 기도한다든지 또는 동 행위의 공범(共犯)이 되는 것을 범죄로 규정하였다. 동 협약에서도 군용, 세관용 및 경찰용 항공기는 적용 대상이 아니다(제3조 2).

헤이그 협약은 동경 협약과 달리 '비행 중'(in fight)의 정의를 탑승 후 항공기 출입문이 닫힌 순간부터 하기를 위하여 출입문이 열리는 때까지로 보았다. 협약은 항공기의 이륙 지점이나 실제 착륙 지점이 항공기 등록국 밖에 있지 않는 한 적용되지 않는다(제3조 3항). 동경 협약에도 있는 여사한 규정은 국제 운항 민간 항공기에 적용하기 위한 것이다.[9)] 그러나 국내 운항 항공기가 납치되어 항공기 착륙지점이 실제로는 타국 영토가 될 수 있으므로 헤이그 협약 제3조 3항은 실제 착륙지점을 중시하여 실제 착륙지점이 외국일 경우에는 국내 운항 항공기도 협약을 적용하도록 하였다.

항공기 납치범 또는 동 혐의자는 항공기가 어디에 착륙하든지 관계하지 않고 협약 당사국 영토상에서 발견되었을 경우 동 당사국이 신병을 확보한 뒤, 기소 또는 범인 인도절차를 밟아야 한다(제6조 1항). 동 당사국은 아울러 즉각 사실조사를 행하여야 하고(제6조 2항), 범인이 자국의 대표와 즉각 교신할 수 있도록 하여야 하며(제6조 30항), 동 사실을 항공기 등록국, 항공기의 임차사용 시 임차인의 영주지 국가, 범인의 국적국 등에 통보하여야 하며, 조사 결과를 또한 조속 통보하면서 관할

8) 정식명칭은 항공기의 불법납치 억제를 위한 협약(Convention for the Suppression of Unlawful Seizure of Aircraft)으로서 1970.12.16. 채택, 1971.9.14. 발효. 우리나라는 1973년에 가입함. 2015년 12월 현재 당사국 수 185. 협약문은 부록 참조.

9) 국내에서 발생한 범죄는 국내법으로만 해결하면 되기 때문에 협약을 적용할 필요가 없음.

권 행사 여부를 알려 주어야 한다(제6조 4항).

협약 제7조는 범인이 발견된 체약 당사국으로 하여금 동국이 범인을 인도하지 않을 경우 '어떠한 예외도 없이'(without exception whatsoever) 범인 처벌을 위하여 관련 당국에 이첩하여야 하며, 동 당국은 동국 법률상 중대한 통상 범죄를 다루는 경우에서와 같은 방법으로 동 건을 처리하여야 한다고 규정하였다. 이 조항은 범죄인 인도와 관련하여 잘 알려진 격언 *aut dedere aut judicare*(인도하지 않으면 처벌한다)을 수용한 것이다. 또 동 조항에서 '어떠한 예외도 없이'는 항공기 납치를 여하한 경우에도 묵인할 수 없다는 협약 제정자의 의사를 표현하는 것으로 보아야 한다. 따라서 1983.5.5. 중국 민항기가 우리나라 영토에 납치되어 왔을 때 납치범이 정치적 망명 동기로 납치행위를 하였더라도 협약은 이를 용납하지 않고 의법 처리하도록 요구하는 것이다. 항공기 납치를 중대한 범죄로 간주하여 이를 엄중 처벌하여야 한다는 협약정신은 제2조 중벌 처리 규정에도 나타나 있다.

협약 제4조는 항공기 납치 범죄와 동 범죄에 관련하여 범인이 승객이나 승무원에게 행한 폭력행위에 대하여 체약국이 관할권을 행사하도록 하였는데 관할권을 행사할 수 있는 경우는 다음과 같다.

- 동 체약국에 등록된 항공기상에서 범죄가 발생한 경우
- 범죄가 발생한 항공기가 범인을 탑승한 채 동 체약국에 착륙할 경우
- 주된 영업소나 영주지 국가를 동 체약국으로 하고 있는 임차인이 승무원 없이 임차한 항공기에서 범죄가 발생하였을 경우
- 범인이 발견된 체약 국가로서 동 국가가 상기 3개 항의 국가에 범인인도를 하지 않을 경우

협약은 범죄인 인도를 용이하게 하기 위하여 협약이 범죄인 인도조약의 기능을 하도록 의제하였다(제8조 1~2항). 또한 범죄인 인도목적상 협약상의 범죄는 범죄가 실제 발생한 장소에서뿐만 아니라 범죄에 대한 관할권을 행사할 수 있는 국가에서도 발생한 것으로 간주하고 있다(제8조 4항).

체약 당사국은 범죄가 발생한 또는 발생하려 하는 비행 중인 항공기의 기장에게 항공기의 통제를 회복하여 주기 위한 모든 필요한 조치를 취하여야 한다(제9조 1항). 또한 체약 당사국은 자국에 들어온 항공기, 동 항공기의 승객 및 승무원이 가능한 한 조속히 여행을 계속하도록 하고, 항공기와 화물은 지체 없이 적법한 소유자에게 반환하여야 한다(제9조 2항). 체약 당사국은 범죄의 형사처벌에 관련하여 상호 최대한 지원하여야 한다(제10조 1항). 체약 당사국은 자국법에 따라 범죄 발생과 동 건 처리 등에 관한 사항을 조속히 ICAO 이사회에 통보하여야 한다(제11조).

헤이그 협약이 협약 당사국만을 상정하여 규정한 것이 동경 협약과는 조금 다르다.[10)]

10) 동경 협약 제7조 1(a) 등 참조.

다음에 설명하는 몬트리올 협약도 마찬가지이지만 헤이그 협약은 급격히 증가하는 항공기 납치 사건에 대처하기 위하여 짧은 시간 내에 성안되고 채택된 협약임에도 불구하고 협약규정이 매우 성공적으로 작성되었다.

3. 민항 안전 불법 행위 억제에 관한 1971년 몬트리올 협약[11)]

동경 협약은 비행 중인 항공기에서 일어나는 특정한 범죄에 대하여 규율하고 헤이그 협약은 비행 중인 항공기 납치범죄에 대하여 규율하고 있으나 운항 중(in service)에 있는 항공기 파손 등의 범죄와 비행 중인 항공기 탑승원에 대한 범죄 및 지상 항행시설의 파괴 등은 규율하지 않았다.

여기에서 오는 법의 공백은 1970년 9월 팔레스타인 게릴라가 민간 항공기를 납치하고 동 납치된 항공기를 중동지역의 공항에서 폭파한 일련의 사건에서 표출되었다. 따라서 국제사회는 여사한 사건의 방지와 처벌을 위한 목적으로 1971년 9월 몬트리올에서 민간항공의 안전에 대한 불법행위 억제를 위한 협약, 약칭 몬트리올 협약을 채택하였다.

몬트리올 협약은 협약 당사국의 관할권, 범죄인 인도, 협약 당사국의 의무와 권한 등 여러 가지 면에서 헤이그 협약과 내용을 거의 같이 한다. 단, 규율 대상 범죄는 불법적으로 또한 고의적으로 범하는 다음 사항을 규정한 것이 헤이그 협약과 다르다.

- 비행 중인 항공기 탑승자에게 폭력행위를 행사하되 동 행위가 동 항공기 안전을 위태롭게 하는 경우[12)]
- 운항 중(in service)인 항공기를 파괴하거나 동 항공기에 손상을 유발하여 비행을 불가능하게 하거나 또는 비행을 위태롭게 하는 경우
- 운항 중인 항공기에 어떠한 물건이나 장치를 통하여 항공기의 안전과 운항을 저해할 경우
- 항행시설을 손상하거나 동 시설의 작동을 방해하여 비행 중인 항공기의 안전을 위태롭게 하는 경우
- 거짓 정보를 전달하여 비행 중인 항공기의 안전을 저해하는 경우(이상 협약 제1조 1항)

협약은 상기 범죄행위를 기도하거나 공범으로 행동한 경우에도 범인으로 규정하였다(제1조 2항).

협약은 새로이 도입한 운항 중(in service)이라는 개념을 정의하되 항공기가 사전 비행준비를 하는

11) 정식명칭은 민간항공의 안전에 대한 불법행위의 억제를 위한 협정(Convention For the Suppression of Unlawful Acts Against the Safety of Civil Aviation)으로서 1971.9.23. 채택, 1973.1.26. 발효, 우리나라는 1973년 가입함. 2015년 12월 현재 당사국 수 188. 협약문은 부록 참조.

12) 동 사항은 동경 협약 제6조에서 규율한 사항과 비슷함.

단계에서부터 시작하여 이륙을 하여 착륙한 뒤 24시간까지의 기간으로 하였다(제2조 (b)).

협약 당사국은 상기 범죄를 중벌에 처하여야 하고(제3조), 동 5가지 범죄 중 앞의 3가지는 범죄자가 발견되는 어느 체약 당사국에서도 동일하게 처벌되든지 또는 인도되는 범죄로 규정하였다(제5조).

그런데 몬트리올 협약의 당사국인 우리나라가 1987.11.29. 북한 공작에 의한 KAL 858편 보잉 707기의 공중 폭발 사건 시 무고한 승객과 승무원이 사망하였는데 범인으로 밝혀진 김현희를 사면시킨 것은 국제항공법상 어떠한 이유로도 정당화될 수 없는 처사였다.

4. 1988년 몬트리올 협약 보충의정서[13]

국제사회가 동경, 헤이그, 몬트리올 협약을 채택하면서 민간항공의 안전을 도모하였지만 범죄의 주체인 지능적인 인간의 모든 행동을 몇 개의 조약으로 바로잡을 수는 없었다.

이는 일부 국가가 테러리스트의 온상 역할을 하였기 때문이었다. ICAO 법률위원회는 1970년대 초에 이러한 국가를 제재하는 방안을 강구하였으나 ICAO가 이에 관한 협약을 제정한다는 것이 유엔헌장 제41조상에 명시한 유엔 안보리의 권한을 침범하는 것이 되기 때문에 주저하였다. 그러나 1972.5.30. 3명의 테러리스트가 이스라엘의 Lod공항에서 26명을 사상하는 사건을 시작으로 한, 또 한 차례의 테러사건 소용돌이는 1973년 8~9월 로마에서 개최되었던 ICAO 특별총회 겸 외교회의의 토의 의제에 영향을 끼쳤다.[14] 이 결과 ICAO 특별총회는 시카고 협약을 개정하여 협약 당사국이 민항기, 공항, 항행시설 등에 대하여 무력을 사용하지 말도록 하는 내용 등을 포함한 안을 시카고 협약 제16장 2(Chapter XVI *bis*)로 채택하고자 하였으나 2표 차이로 실패하였다.[15]

한편 동시에 로마에서 개최된 외교회의는 헤이그 협약과 몬트리올 협약의 범인 인도를 강제하는 내용의 의정서를 토의하였으나 채택되지 못하고 동 회의 역시 실패로 끝났다. 동 외교회의에서 그리스 대표는 몬트리올 협약을 개정하여 국제 민간항공을 저해하는 폭력행위가 공항구내에서 발생할 경우 이를 협약상의 범죄에 포함시킬 것을 제안하였으나 이 또한 채택되지 않았다. 그리스의 동 제안은 1973.8.5. 아테네 공항 대합실에서 팔레스타인 게릴라가 무차별 총격과 폭탄투척을 한 사건

---

13) 정식명칭은 Protocol for the Suppression of Unlawful Acts of Violence at Airports Serving International Civil Aviation, Supplementary to the Convention for the Suppression of Unlawful Acts against the Safety of Civil Aviation, Done at Montreal on 23 September 1971로서 1988.2.24. 채택되었음. 동 의정서는 10개국이 비준한 1989.8.6. 발효함(의정서 제6조). 2015년 12월 현재 당사국 수 173. 협약문은 부록 참조.

14) 상세한 것은 G. F. FitzGerald, "Unlawful Interference with Civil Aviation", Essays in Air Law ed. by Arnold Kean, Nijhoff, The Hague, 1982 참조.

15) 상세한 것은 필자의 미간행 석사논문 The Boundary of Airspace and International Law, McGill Univ., 1987 참조.

에 영향을 받아 나온 것이었다.

공항에서의 테러행위는 그 뒤 점증하여 1985년에만 프랑크푸르트, 비엔나, 로마, 나리타 등 4곳의 국제공항에서 발생하였는바 1986년의 제26차 ICAO 총회는 이의 대응방안으로 관련 협약 제정의 필요성을 강조하였다. 그 결과 ICAO의 법률위원회가 1987년 제26차 회의를 소집하여 국제 민간항공 공항에서의 폭력행위 억제를 위한 협약 초안을 작성하였으며 동 초안은 1988.2.9.~24. 몬트리올에서 개최된 항공법회의(International Conference on Air Law)에서 토의된 결과 몬트리올 협약의 보충의정서로 채택되었다. 동 의정서 채택으로 몬트리올 협약상의 범죄가 국제공항에서의 폭력행사 행위와 공항시설 파괴행위를 포함하는 것으로 확대되었다.

5. 플라스틱 폭약 표지에 관한 1991년 몬트리올 협약[16)]

1987.11.29. 바그다드 발 서울 행 대한항공 858편 보잉 707기가 미얀마 인접 상공에서 폭발하여 115명의 탑승자 전원이 사망한 사고라든지 1988.12.21. 미국 팬암 103편 보잉 747기가 영국 스코틀랜드 록커비에서 폭발 추락하여 259명의 무고한 탑승자와 11명의 지상 주민이 사망한 것에 대하여 세계는 경악하였다. 이들 항공기의 폭발사고원인은 폭약만 항공기에 실리게끔 하여 비행 중 폭발하도록 한 때문이며 이들 폭약이 탐지가 어려운 플라스틱 폭약일 경우 속수무책임을 자각한 여러 국가는 1991년 몬트리올에서 ICAO 주도 하에 플라스틱 폭약 탐지가 가능하도록 플라스틱 폭약에 표지(marking)를 하는 협약을 채택하였다.

협약내용은 국제 테러리즘에 대처하여 협약 당사국이 자국영토에서 표지 없는 폭약의 제조를 금지하고(제2조) 또한 표지 없는 폭약의 이동을 방지하는 의무(제3조)를 부과한 것으로 작성되었다. 그리고 현재 저장 중인 비표지 폭약은 파괴, 소비 또는 무력화시켜야 한다.[17)]

협약은 또한 폭약의 제조, 표지 및 탐지 등에 관한 모든 기술 발전을 평가하고 보고하며 협약의 기술 부속서 개정을 제안하기 위한 목적으로 국제폭약 기술위원회를 설치하였다(제5~8조).

---

16) 정식명칭은 Convention on the Marking of Plastic Explosives for the Purpose of Detection, done at Montreal on 1st March 1991로서 협약 제13조 2항 의거 플라스틱 폭약 생산국이라고 선언하는 최소 5개국을 포함, 35번째 국가가 비준서를 기탁한 60일 후 발효하도록 되어 있음. 2015년 12월 현재 153개국이 비준. 협약문은 부록 참조.

17) 협약 제4조는 동 저장물은 군용이나 경찰용이 아닐 경우 협약 발효 후 3년 이내에, 군용이나 경찰용일 경우 15년 이내에 처분되어야 한다고 규정함.

6. 국제 민간항공 불법행위 방지를 위한 최근 국제협력

2010년 중국 상해 세계 박람회가 개최되는 기간 중에 민간항공안전에 관한 조약 채택을 위한 외교회의가 중국 북경에서 2010.8.30.부터 9.10.까지 진행되었다. ICAO가 주최한 동 외교회의에 71개국이 참가하여 민간항공안전을 위한 1971년 몬트리올 협약과 동 협약을 개정한 1988년 몬트리올 의정서를 다시 개정하기 위한 조약 문서를 채택하고자 하는 목적이었다. 또 하나의 목적은 역시 민간항공에 대한 새로운 위협에 대처하기 위하여 40년 전에 채택되었던 납치 방지에 관한 1970년 헤이그 협약을 개정하는 의정서를 채택하는 일이었다.

여사한 외교회의가 개최된 배경이 되는 세기의 9/11사태와 테러 방지에 관한 일반적인 국제협력을 먼저 알아보기로 한다.

6.1. 9/11사태

Osama Bin Laden이 주도하는 Al－Qaeda 테러단체 소속 19명의 테러리스트가 2001.9.11. 미국 보스턴, 니와크, 워싱턴 D.C. 공항을 각기 출발하여 상항이나 LA로 향하는 아메리칸 에어라인 2대의 항공기와 유나이티드 에어라인 2대의 항공기에 분산 탑승한 후 항공기를 납치한 가운데 미국의 상징적인 건물에 충돌시킨 전대미문의 테러공격이 자행되었다.[18] 두 대의 항공기는 뉴욕 중심가에 소재한 미국 자본주의의 상징인 세계무역센터 쌍둥이 건물에 각기 충돌시켜 동 건물과 인접 건물을 붕괴 내지 폐허화시키고 나머지 한 대는 미 국방부 건물에 충돌하였으며 마지막 한 대는 승무원과 탑승객이 다른 항공기의 세계무역센터 건물 공격사실을 인지한 가운데 테러리스트와 사투를 벌인 결과 미국 펜실베이니아 Shanksville에 추락하였는바, 이 4번째 항공기로는 테러리스트가 백악관이나 미국 의회 건물을 겨냥한 것으로 보인다.

상기 테러공격으로 2,974명과 19명의 테러리스트가 사망하였는데 4대의 항공기에 탑승한 246명 전원이 포함되었다. 피해액은 380억 달러 이상이었는바, 보험사가 200억 달러, 미국 정부기관들이 180억 달러를 부담하였다. 미국 정부는 '희생자 배상기금'을 설치하여 2003.12.22. 시한까지 배상금을 신청한 2,828명을 포함한 총 2,861명에게 최소 500달러에서 최고 810만 달러를 지불하는 데 약 15억 달러를 사용하였다.

한편 보험의 중심지인 런던 소재 보험회사들은 사건 발생 일주일 내인 2001.9.17. 미국 항공사들

---

18) 테러공격 이유에 대한 세계 언론의 보도 비중은 미약하였음. 여사한 테러가 일어나는 이유는 미국의 친이스라엘 정책에 반발하는 아랍 극단주의자들의 좌절감의 표출이며 사우디아라비아 왕정을 지원하는 미국의 대외정책에 대한 반발도 작용하기 때문일 것임.

을 상대로 한 모든 전쟁보험을 2001.9.23.자로 취소한다고 선언하면서 보험료를 80% 내지 90% 인상함과 동시에 전쟁 보험액 상한을 5천만 달러로 대폭 축소하였다. 이는 기존 전쟁 보험액인 15억 달러에 비하여 터무니없이 적은 액수로서 약 배로 인상된 보험료와 함께 미국 항공사들의 정상적인 운항을 사실상 중단시키는 조치였다. 이에 대해 미국 국회와 정부는 긴급조치의 일환으로 Terrorism Risk Insurance Act of 2002를 제정하여 보험금 지불로 역시 위기에 처한 보험회사들을 2005.12.31. 한 지원[19]하는 한편 사고 발생 3주 내에 Air Transportation Safety and System Stabilization Act를 제정하여 미 항공기에 대한 전쟁보험을 미국 정부가 대신 들어 주는 보험사 역할을 하였다. 또한 Homeland Security Act도 제정하여 기체와 승객 및 제3자에 대한 책임보험을 확대하여 미 정부가 보험을 책임지는 조치를 취한 후 이를 1년씩 계속 연장 적용시켜 오다가 전쟁보험 성격의 동 책임 보험을 최근에는 2013.10.1부터 2014.1.15까지로 3개월 반 만 연장하였다. 전쟁행위의 결과로 항공 운항자가 피해를 입을 때 1억 불 이상의 배상은 미국 정부가 책임진다는 동 혜택은 2014.1.20.부터 다시 연장된 후 2014.9.30.까지로 연장하다가 최종 2014.10.1.부터 12.11까지로 연장한 후 종료하였다.[20]

미국이 주도하는 국제 항공 사회는 여사한 사고가 재발할 경우에 대비한 제3자 피해에 대한 배상체제를 국제적으로 강구하도록 ICAO에 요청하였으며 ICAO는 법률위원회에서 동 건을 수년간 논의한 결과 국제사회는 후술(제7장 4.4.)하는 바와 같이 제3자의 일반위험(general risk)에 관한 배상협약과 항공기 사용 불법행위로 인한 제3자 피해 배상을 규정하는 테러(또는 불법방해배상)협약을 2009년 5월 채택하였다. 2개로 분리되어 채택된 동 조약은 제3자 피해 배상에 관한 1952년 로마 협약과 이를 개정한 1978년 몬트리올 의정서를 대폭 개정하여 현대화시키면서 항공기가 테러로 이용되는 상황도 감안한 것이다.

6.2. 테러 방지를 위한 국제협력

민간항공안전에 관한 동경, 헤이그, 몬트리올 협약의 채택은 많은 나라가 항공기 안전문제에 대한 경각심을 갖고 별도의 국내법을 제정하는 계기를 부여하였다.[21]

---

19) 동법의 혜택을 받기 위하여서 당초 5백만 달러 이상의 손해가 발생하였어야 하나 2007.12.31.까지 2년 연장 적용하는 Terrorism Risk Insurance Program Reauthorization Act에서는 5천만 달러, 2014.12.31.까지 연장 적용하면서는 1억 달러로 손해액수를 상향 조정하였음(2005.11.16. 방문 Wikipedia 내용).

20) 미국 법 49 U.S. Code § 44303, (b). 2015.1.5. 방문 FAA 웹사이트 https://www.faa.gov/about/office_org/headquarters_offices/apl/aviation_insurance/ext_coverage/

21) 우리나라도 1974.12.26. 법률 제2742호로 항공기 운항 안전법을 제정하였음. 그러나 동 국내법은 제3조에서 1963년 동경 협약상의 범죄에 대하여 적용한다 하고 제8~10조에서는 1970년 헤이그 협약 상 납치도 처벌 범죄에 추가하여 질서가 없었으며 1971년 몬트리올 협약상의 범죄는 아예 누락시켜 절름발이식 짜깁기 입법이 되었음. 동 법은 2002.8.26 전면 개정되어 법률 제6734호 항공안전 및 보안에 관한 법률로 변경된 후 수차 개정되어 시행되다가 법률 제12257 항공보안법으로 명칭을 변경하여 2014.4.6.부터 시행 중에 있음.

한편 헤이그와 몬트리올 협약은 국가 간의 미묘한 범죄인 인도와 처벌에 관한 규정을 성공적으로 규율한 것으로서, 뒤에 채택된 '외교관을 포함한 국제적 보호인사에 대한 범죄 예방 및 처벌에 관한 유엔협약'(The UN Convention on the Prevention and Punishment of Crimes Against Internationally Protected Persons, Including Diplomatic Agents, 1973)과 '인질 억류에 관한 유엔협약'(The UN Convention on Hostage-Taking, 1979)이 많이 모방하였다.

유럽이사회(Council of Europe) 후원 하에 유럽의 17개 국가는 1977.1.27. 테러 억제에 관한 유럽협약(The European Convention on the Suppression of Terrorism)을 채택하였으며 동 협약은 1978.8.4. 이래 발효 중이다. 동 협약은 모든 종류의 테러행위를 처벌하기 위한 것으로서 범죄인 인도를 하지 않는 협약 당사국은 범죄를 자국법에 따라 중죄에 준하여 처벌하도록 규정하고 있다(제7조).

2001년 9/11사태로 전 세계, 특히 서방국가들의 테러에 대한 경각심이 제고되었다. EU 각료 이사회는 2002년 '유럽 체포 영장에 대한 결정 틀'을 채택한 후 전 EU 회원국(현재 28개국)에 대하여 2004년부터 발효시켰다. EAW(European Arrest Warrant)라 불리는 동 EU법은 한 회원국이 최고 1년 징역형의 범죄 혐의로 기소된 자나 이미 4개월의 징역형에 언도된 자의 인도를 요구할 경우 다른 회원국은 범죄자의 국적에 불문하고 이에 응하여야 하는 강력한 범죄자 인도 협조체제로서 과거 범죄인 인도조약을 대체한 것이다. EU는 또한 2004년 3월 스페인 마드리드에 이어 2005년 7월 영국 런던에서의 테러사건의 피해자로서 테러 퇴치와 예방에 있어서 미국과 함께 매우 적극적이다.

서방 선진 7개국은 1978년 서독 본에서 모임을 가진 후 '본' 선언(The Bonn Declaration)을 채택하여 항공기 납치범을 인도하지 않거나 처벌하지 않은 국가에 대해서는 비행을 전면 중단한다는 입장을 취하였다.[22)]

그리고 9/11사태가 발생 후 매년 G8(서방 7개국에 러시아 추가)회담에서 테러와의 전쟁이 의제로 논의되고 있다.

유엔 안보리는 9/11사태 발생 후 2001.9.28. 반테러 조치를 내용으로 하는 결의 1373을 만장일치로 채택하여 국제 테러를 불식시키기 위한 정보교환, 관련 조약비준, 국내법 조정을 통한 테러행위 처벌 등의 의무를 전 세계국가에 강제하면서 각국의 이행을 모니터하기 위한 반테러위원회(Counter Terrorism Committee)를 안보리에 설치하였다. 이와 관련 폭탄 테러의 억제를 위한 국제협약[23)]과 테러 자금조달의 억제를 위한 국제협약[24)]이 9/11사태 발생 이전에 채택된 사실을 첨기한다.

해상에서의 선박 안전을 위하여 1988년 해상 항행 안전에 대한 불법행위 억제 협약[25)]인 약칭

---

22) 상기 주 14) FitzGerald 논문 pp.67~68 참조.

23) International Convention for the Suppression of Terrorist Bombings로서 1997.12.5. 뉴욕에서 채택, 2001.5.23. 발효.

24) International Convention for the Suppression of the Financing of Terrorism으로서 1999.12.9. 뉴욕에서 채택, 2002.4.10. 발효.

SUA 협약과 관련 의정서로서 대륙붕 소재 플랫폼 안전에 대한 불법행위 억제 의정서[26](약칭 SUA 의정서)가 채택되고 동 협약과 의정서를 개정하는 의정서[27]가 2005년 채택되었다. 한편 UN에서는 핵 테러행위 억제를 위한 국제협약[28]이 채택되었다.

마지막으로 시카고 협약의 부속서 17(Security)이 민항기 보안[29]문제에 관한 제반 사항을 규율하고 있으며 ICAO 이사회는 여타 부속서도 마찬가지이지만 동 부속서를 수시 검토하여 시대발전에 적절한 규범이 되도록 보완 개정하면서 민항기 안전 업무에 기여하고 있다. 또한 ICAO는 Aviation Security[30]라는 문서를 간행하여 민간항공과 동 시설에 대한 불법 침해에 관련한 현행 ICAO 정책과 조치내용을 수록함으로써 시카고 협약 당사국의 편의를 도모하고 있다.

6.3. 북경 협약[31]

상기 9/11테러 후 같은 해인 2001년 9~10월 개최된 제33차 ICAO 총회는 채택 결의[32]를 통해 ICAO 이사회가 민간항공안전에 대한 새로운 위협에 대처할 것을 요구하였다. 동 총회 결의에 따라 ICAO 사무국이 Study Group을 구성하여 검토한 결과 새로운 위협에 대처하기 위하여서는 현존 항공안전에 관한 조약들을 개선·보완할 필요가 있다는 결론을 내렸다. 이에 따라 ICAO 이사회는 2007년 3월 법률위원회에 특별 소위[33]를 구성하여 민간항공의 위협에 대처하기 위한 하나의 또는 복수의 조약 문서를 성안하도록 요청하였으며 동 소위는 1971년 몬트리올 협약과 1970년 헤이그 협약을 각기 개정하는 내용으로 2개의 의정서 안을 마련하였다.

2009.9.9.~17. 캐나다 몬트리올에서 개최된 제34차 법률위원회 회의는 상기 2개의 의정서 안을 바탕으로 최종안 마련을 위한 토의를 하였으나 완전한 안에 합의하는 데에는 실패하였지만 논쟁이

---

25) Convention for the Suppression of Unlawful Acts Against the Safety of Maritime Navigation으로서 1988.3.10. 채택, 1992.3.1. 발효. 2010.12.2. 기준 156개 당사국.

26) Protocol for the Suppression of Unlawful Acts Against the Safety of Fixed Platforms Located on the Continental Shelf로서 1988.3.10. 채택, 1992.3.1. 발효. 2010.12.2. 기준 145개 당사국.

27) Protocols to the SUA Convention and to the SUA Protocol로서 2005.10.14. 채택, 2010.7.28. 발효. 2010.12.2. 기준 17개 당사국.

28) International Convention for the Suppression of Acts of Nuclear Terrorism으로서 2005.4.13. 채택, 2007.7.7. 발효. 2010.12.2. 기준 76개 당사국.

29) 통상적 의미에서 안전과 보안과는 달리 항공법에서 사용하는 안전(safety)은 돌발성 피해(accidental harm)예방에 주력하는 것이고 보안(security)은 고의성 피해(intentional harm)예방에 주력하는 뜻으로 쓰임.

30) ICAO Doc 8849-c/990/4, 4th ed., 1987로 발간되었으나 지금은 출판이 단절되고 대신 여러 시청각 교재가 마련되어 있음.

31) Convention on the Suppression of Unlawful Acts Relating to International Civil Aviation으로 2010.9.10. 북경에서 채택. 채택 당일 미국, 영국, 한국을 포함한 22개국이 서명하였음. 그 후 8개국이 추가로 서명하여 2015년 12월 현재 서명국이 30개국이고 비준 8개국, 가입 5개국임. 22개국의 비준 또는 가입이 있어야 발효함. 협약문 별첨.

32) Resolution A33-1.

33) 소위 위장은 프랑스인 Terry Olson, Rapporteur는 오스트레일리아인 Julie Atwell이며 소위는 2차에 걸친 회합을 통하여 논의를 한 후 2개의 의정서 안을 제시하였음.

되는 여러 이슈에 대하여 복수 또는 대체안의 규정 내용들을 괄호 안에 표기한 채 2010년 북경 외교 회의에 회부하였다. 71개국이 참가한 북경 회의에서는 성격이 일부 중복되는 2개의 의정서를 단일 조약으로 채택하든지, 2개의 각기 다른 의정서로 채택하든지 또는 별도의 형태로 채택하든지 등의 조약 형식 문제와 내용에 있어서 논란이 되는 여러 내용들을 최종 논의하였다.

논의 결과 이미 1988년의 몬트리올 개정의정서가 있는 1971년 몬트리올 협약은 또 하나의 개정의정서로 내용을 개정하는 것보다는 기존 2개의 문서를 합하여 새로운 내용을 추가한 협약의 형태로 채택하기로 합의하였고 개정된 적이 없는 1970년 헤이그 협약은 개정의정서로 새로운 내용만을 포함한다는 결정을 하였다.

개정내용에 있어서 범죄를 구성하는 내용을 확대하는 문안, 범인 관할권 국가를 확대하는 내용, 생물・화학・핵무기 등과 위험물을 불법 운송하는 행위도 범죄로 하느냐의 핵심 이슈로 의견 합일을 보지 못한 채 1971년 몬트리올 협약과 동 개정 1988년 몬트리올 보충의정서를 개정하는 내용은 새로운 협약의 형태로 투표에 부쳐 찬성 55, 반대 14로 채택하였다.

북경 협약의 주요 내용을 보면 다음과 같다.

첫째, 1971년 몬트리올 협약 제1조에 범죄로 규정한 5개 행위와 1988년 몬트리올 의정서 제2조에 2개의 범죄행위에 추가하여 북경 협약 제1조 1항에서 3개(운항 항공기를 이용한 사상과 재산 및 환경에 대한 피해 범죄, 살상을 목적으로 생물・화학・핵무기와 폭약 등을 투하, 사상을 위한 용도로 사용될 생물・화학・핵무기와 방사능 물질 등 위험물질의 불법 항공운송), 제1조 3항에서 2개(범죄행위를 하겠다는 위협, 여사한 위협을 타인이 불법으로 받게 하는 것), 제1조 4항에서 2개(범죄를 조직하거나 지시, 범죄 수사・기소・처벌 등을 회피하도록 조력), 제1조 5항에서 1개(다수 또는 특정 조직과 범죄 모의) 등 총 8개 행위를 범죄행위로 추가하였다. 특기할 사항은 운항 항공기를 이용한 범죄를 추가함으로써 9/11사태와 같이 항공기를 무기로 하는 테러행위를 규율할 수 있게 되었다. 또한 운송 범죄를 추가한바, 이는 민간 항공기를 이용하여 무기 및 위험 물자를 불법 운송하는 행위를 새로운 범죄로 추가하였다는 것이다.

둘째, 뒤에 살펴볼 북경 의정서와 동일한 내용이 여럿 있는바 이는 다음과 같다.

- 국가항공기는 적용 대상에서 제외된다(제5조 1항).
- 무력 충돌 시 무력 활동에 적용이 되지 않는다(제6조 2항).
- 범죄인을 중벌에 처하며(제3조) 자국에서 처벌하지 않을 경우 이유 여하를 막론하고 범죄인 관할을 하는 국가에 인도한다(제10조).
- 범죄인 인도 요청을 접수할 경우 해당 범죄를 정치인 범죄로 간주하지 않는다(제13조).

- 범죄 예방 노력 의무(제16조).
- 범죄 관련 정보를 관할권 행사 예정국에 제공할 의무(제18조).
- 22개국의 비준 또는 가입서 기탁 2개월 후 발효.
- 체약국을 당사국으로 통일하여 표기.

셋째, 범죄 관할권을 행사하는 국가로 기존 몬트리올 협약의 4개국에 3개국을 추가하였는바, 범인 국적국, 범죄 피해인 국적국, 그리고 항공기의 임차인 영업소 소재지국 또는 거주국이다(제8조).

6.4. 북경 의정서[34)]

범죄가 되는 불법 위험 운송물에 관한 규정 등이 없어 북경 협약보다는 내용이 간단하나, 일부 규정들은 북경 협약과 동일한 내용으로 포함되면서 같은 논란의 점들을 내포하고 있었다. 일부 논란의 내용들은 의정서 전체를 만장일치로 채택하는 데 걸림돌이 되어 북경 협약과 같이 투표에 회부한 결과 찬성 57개국, 반대 13개국으로 채택되었다.

북경 협약과 중복이 되는 내용을 피하면서 북경 의정서의 주요 내용을 적으면 다음과 같다.

첫째, 처벌 범죄에 기존 협약(1970년 헤이그 협약)상 범죄 구성요소를 확대하고 동 범죄를 기도, 조직, 교사, 합의하거나 범죄인에 대한 수사, 기소, 처벌을 회피하도록 조력하는 것도 범죄로 규정하였다(제2조).

둘째, 헤이그 협약 제4조 1항에서 관할권이 행사되는 3개의 경우(자국 등록 항공기상 범죄, 범죄인 탑승 항공기 착륙지, 항공기 임차 시 임차인의 상주국)에 추가하여 다음 5개의 경우에도 관할하도록 관할권을 추가하였다(제7조).

- 자국영토상 범죄
- 자국민에 의한 범죄
- 자국민 피해 범죄
- 무국적자 범죄일 경우 동 무국적자 상주국
- 범인이 발견되었으나 인도하지 않는 당사국

셋째, 범죄 예방 차원에서 범죄 발생 예상 시 모든 적절한 조치를 취할 의무를 진다(제14조).

한편 새로운 조약문서 작성의 기법으로 북경 외교회의에서는 회의 종료의 결과를 담는 최종의정

34) Protocol Supplementary to the Convention for the Suppression of Unlawful Seizure of Aircraft Done at Beijing on 10 September 2010로서 채택 당일 한국 등 19개국이 서명하였음. 그 후 7개국이 추가로 서명하여 2015년 12월 현재 서명 32개국, 비준 7개국, 가입 7개국임. 이 조약도 미국과 영국이 채택 당일 서명하였는바, 이들 국가들이 테러위협에 대한 방지 대책에 큰 관심이 있다는 것을 보여 주는 것임. 22개국의 비준 또는 가입으로 발효함. 조약문 별첨.

서에 1970년 헤이그 협약과 북경 개정의정서를 하나의 문서로 정리한 통합 문서(consolidated text)를 수록함으로써 모든 이의 편의를 도모하였다.

그러나 항공안전에 관한 중요한 조약이 컨센서스가 아니고 투표로 채택됨으로써 발효 전망이 밝지는 않는바, 이는 발효에 시간이 걸리고 설령 발효가 되더라도 현재의 항공범죄에 관한 헤이그와 몬트리올 협약과 같이 180여 개국이 당사국이라는 국제사회의 광범위한 지지를 받을 수 있을지 의문시된다. 북경 회의에서 채택된 조약문서는 세계화된 시대에 테러에 효과적으로 대응하기 위하여 범죄의 범위와 관할권을 확대하고자 하는 미국 등 일부 서방 선진국의 입장을 반영한 것으로 보이는바, 그 발효 전망이 2009년 몬트리올에서 제3자에 대한 항공기 피해 배상을 규율하는 내용으로 채택된 2개의 협약보다는 긍정적이지만 역시 보편적 적용이 될 수 있을지는 미지수이다.

북경 회의에 관하여 좀 더 설명하면 71개국의 대표가 참가한 동 회의의 의장은 관례에 따라 주최국인 중국의 인사가 형식적으로 담당하고 실제 업무는 전원위원회(Committee of the Whole)를 구성하여 당초 기초 작업의 책임자로서 특별 소위 의장이었던 Terry Olson(프랑스)이 담당한 가운데, 멕시코, 아르헨티나, 러시아, 루마니아, 싱가포르, 영국, 미국 등 24개국과 국제항공운송연합(IATA) 및 유엔 마약범죄사무소[35]의 2개 국제기구로 구성된 기초위원회(drafting committee)[36]에서 주된 역할을 하였다.

6.5. 동경협약 개정 몬트리올 의정서[37]

항공기에서의 난동 승객에 관한 문제가 10여 년 전부터 평온한 항공운항 질서를 저해하는 요소로 부상하였다. ICAO가 1995년 동 건에 관한 토의를 시작한 후 문제가 빈번하게 발생한 것에 자극을 받아 ICAO 이사회는 1996.6.3. 동 건을 Acts or Offences of Concern to the International Aviation Community and not Covered by Existing Air Law Instruments 라는 제하로 ICAO 법률위원회의 안건에 포함시키는 결정을 하였다.[38] ICAO 이사회는 1997.6.6. 동 건 연구를 위한 스터디 그룹을 구성하였는 바, 동 그룹은 5차에 걸친 회의 결과 Guidance Material on Legal Aspects of Unruly/Disruptive Passengers를 Circular 288로 시카고협약 당사국들에게 배포하였다. 동 서큘러는 3개 카테고리의 난동을 열거하면서 동 처

35) United Nations Office on Drugs and Crime로서 오스트리아 비엔나에 사무소가 소재함.

36) 의장은 2009년 제34차 법률회의 시 초안 작업에 참여하였던 Mrs Siew Huay Tan(싱가포르).

37) Protocol to Amend the Convention on Offences and Certain Other Acts Committed on Board Aircraft Done at Montreal이 정식 명칭으로서 2014.4.4. 채택. 22개국의 비준과 가입으로 발효되나 2015년 12월 현재 29개국의 서명과 비준 1개국, 가입 1개국에 그침.

38) ICAO Working paper LC/SC-MOT-WP/1, 7/5/12 on Special Sub-Committee of the Legal Committee for the Modernization of the Tokyo Convention Including the Issue of Unruly Passengers by Mr A Piera, Rapporteur, p. 19.

벌을 위한 국내 입법을 권장하였는데 2001년 개최 ICAO 제33차 총회는 결의문 A33-4를 채택하여 모든 회원국들이 서큘러를 참고삼아 난동 승객을 처벌하는 국내입법을 하도록 권고하였다. 서큘러가 열거한 3개 카테고리의 난동의 형태는 다음과 같다.

① 승무원에 대한 공격 또는 위협과 같이 민항기에서 승무원에 대한 물리적 공격과 업무 방해
② 다른 승객에 대한 공격과 위협, 물건에 손상을 입히고 파괴, 또는 인사불성이 되게 하는 음주나 마약 복용 등을 통하여 민항기의 질서를 위협하는 행위
③ 화장실에서 흡연, 흡연 탐지기를 변형, 휴대 전자기기 사용 등을 통한 항공기 상 기타 불법행위

1963년 동경협약은 처벌대상이 되는 범죄로서 형사법에 위배되는 것과 항공 안전을 위태롭게 하는(jeopardize) 것으로 구분하면서 전자에 대하여서는 협약 당사국에서 국내법으로 처벌하는 것을 인정하면서 후자에 대하여서는 그 범죄의 성격을 명확히 하지 않은 채 협약 당사국이 재량으로 처리하도록 하였다. 이 결과 항공기 안전을 위태롭게 하는 행위가 중요 범죄로 인식되지 않은 가운데 이에 관한 국내 입법이 매우 부진하였다.[39] 동경협약은 또 어느 특정 당사국에게 배타적 관할권을 부여한 것이 아니고 경합적 관할권을 부여[40]하고 있으나 항공기 등록국이 주된 관할권을 행사하는 형태를 취하고 있다. 그러나 항공기 상에서 승객 난동과 같이 안전과 질서를 저해하는 행위를 하는 경우에 여사한 규정이 없는 관계 상 ICAO가 이를 보완하는 작업을 하고 그 결과를 서큘러와 총회 결의 형식으로 회원국들에게 권고하는 형식을 취한 것이다. 이에 불구하고 상기 총회 결의가 채택된 지 10년이 지난 후에도 ICAO 회원국들의 다수는 관련 국내 입법을 하고 있지 않는 가운데 난동 승객의 사례는 기하급수적으로 증가하였다.[41]

여사한 기내 난동행위는 여러 차례 발생하였는데도 불구하고 관할권 부재로 처벌되지 못한 적이 많은 바, 이해의 편의를 위하여 다음과 같이 상황이 발생하는 것을 가정할 때 현 동경협약의 문제점이 명확히 인식된다.

> 태국 방콕 출발 일본 오사카 행 태국항공 (TG) 1974편에 몽고 승객 한 명이 비즈네스 칸 화장실에서 탑승한 후 쿠바 시가를 2번이나 피웠다. 승무원이 흡연 중지를 요구하자 승객은 욕설과 함께 여 승무원을 물리적으로 공격하였다. 이에 따라 여 승무원은 부상을 당한 가운데 항공기가 오사카 간사이 공항에 착륙한 후 항공기장은 현지 경찰에게 문제의 승객을 구금할 것을 요청하면서 승객을 인도하였다. 간사이 공항 경찰은 사건 조사 후 승객의 기내 행위를 처벌할 관할권이 없다는 이유로 승객을 석

39) ICAO가 2001년 회원국을 상대로 한 조사 결과 46개국 만이 관련 국내 입법을 하고 있는 것으로 집계되었는 바, 이는 ICAO 총회가 결의 A33-22로 회원국들의 관련 입법을 촉구한데도 불구하고도 회원국들의 약 25%만 국내 입법을 하고 있다는 것을 말함. 상동, 10쪽.

40) 범죄로 자국의 영토에 영향을 받는 당사국, 범죄 혐의자의 국적국이나 동 범죄의 피해자로서의 당사국, 범죄가 자국의 안전과 항공 규칙에 위반하는 경우의 당사국 등 모두에게 관할권이 부여되고 있는 것(동경협약 제4조)을 말함.

41) IATA의 2009년 통계는 2007년 대비 687% 증가한 것으로 나타남. 전게 주 38) Piera 작성 Working Paper 3쪽.

방하였는바, 그 이유로서 첫째, 항공기의 등록이 일본이 아니고 태국이며, 둘째, 행위가 일본 영토 밖 공해 상 어디에서인가 이루어 진 것이며, 셋째, 가해인이 일본인이 아니고 몽고인이라는 이유에서였다. 이상과 같은 이유에서 일본의 법률 제도 상 문제의 행위를 처벌할 법적 근거가 없기 때문에 문제의 승객은 기소나 벌금을 부과 받음도 없이 석방된 것이다. 즉, 문제의 승객이 TG 1974편의 안전을 심각하게 위태롭게 하였음에도 불구하고 몽고승객은 아무런 처벌도 받지 않은 것이다.

최근 항공 질서의 관점에서 기내 난동을 하는 unruly passengers 또는 unruly persons가 문제로 인식되어 ICAO 법률위원회는 이를 법적으로 규율하는 방안을 강구하기 시작하였다. 2009년 제34차 ICAO 법률위원회에서 동 건이 토의된 후 여사한 문제는 1963년 동경협약을 현대화시키는 작업을 통하여 해결 가능하다는 인식하에 특별 소위[42]를 구성하였다. 동 회의에서 동경협약 상 국제민간항공운송에 있어서 Unruly Passengers를 규율하는 내용이 미비한 것을 감안하여 새로운 협약 또는 동경협약을 개정하는 의정서를 마련하자는 의견 하에 2012.12.3-7 특별 소위의 제2차 회의를 개최하였다. 동경협약의 현대화를 위하여서 기내 난동행위 규율을 위한 관할권 확장 범위, 범죄행위 목록, 범죄인 인도, 기장 등 승무원의 책임 면제, 기내보안요원 등에 대한 구체적인 논의를 진행하면서 동경협약의 개정의정서 형태로 새로운 조약문을 채택하는데 동의한 후 이견이 노정된 사안들은 미결상태로 의정서 초안에 반영한 채 2013년 5월 개최 제35차 ICAO 법률위원회 회의에서 논의되었다.

동 법률위원회 회의는 동경협약 개정 의정서 형태로 조약안을 개정하는 논의를 하였는바, 처벌범죄의 범위, 관할권 문제, 그리고 특히 최초 논의에 없었던 내용으로서 미국이 갑자기 제기한 기내보안요원(In-Flight Security Officer: IFSO)문제, 기타사항 문제 위주로 논의가 진행되었다. 논의 내용 중 IFSO와 관할권 문제가 가장 큰 논란을 불러일으킨 가운데 법률위원회는 개정 의정서 안을 ICAO 이사회에 대한 건의와 ICAO 총회를 거쳐 외교회의를 개최하여 채택토록 하는 합의를 하고 폐회하였다. 2014.3.26-4.4 몬트리올에서 개최된 외교회의에는 약 100개국이 참가하여 다음 요지의 내용으로 동경협약을 개정한 몬트리올 의정서를 채택하였다.

- 기내 난동행위의 경우를 예시
- 동경협약 상 2개로 기술된 비행중(in flight)의 정의를 항공기 문이 닫히고 열리는 협약 제5조 2항의 내용으로 통일
- 기내 난동 승객의 하기(disembark) 또는 인도(deliver)로 인한 운송 지연 등 손해에 대하여 항공사뿐만 아니고 제3자의 손해배상 청구권도 인정
- 재판관할권을 착륙국 및 운항국으로 확대
- 기내 보안요원(IFSO)의 제도를 도입하는 것을 선택적으로 하되 동 인의 지위와 권한은 미국의

42) 그 명칭이 Special Sub-Committee of the Legal Committee for the Modernization of the Tokyo Convention Including the Issue of Unruly Passengers인바, 관련 내용 상세는 동 특별 소위의 2012.5.22-25 1차 회의를 앞두고 발간된 ICAO Working Paper LC/SC-MOT-WP/1, 7/5/12 참고. 동 특별 소위에는 한국을 포함한 25개국의 ICAO 회원국과 IATA 등 관련 기구의 대표들이 참석함.

주장(기장과 동일)과 달리 승객과 동일하게 함.

항공기내 난동문제는 법보다는 시민의식 제고를 통한 의식의 전환으로 해결할 문제인데 동경협약의 내용을 개정하여 난동문제를 법으로 처리한다고 하는 것은 무리로 보인다.

현재 국제항공법 분야에서 활발히 논의 하여야 할 것은 항공운항에 있어서 배출가스 규제에 관한 내용을 도입하는 것에 대비한 법적 문제점, 무인 비행기(UAV) 비행에 관하여 필요한 법적 검토, 그리고 비행 흐름을 원활하게하기 위한 공역의 효율적인 통합과 관리이다.

기내 난동에 관한 국내 법률을 살펴볼 때 「항공보안법」[43] 제23조(승객의 협조 의무) ①항은 승객이 다음의 행위를 하지 말도록 하면서 제50조(벌칙)에서 기장의 사전 경고에도 불구하고 운항중인 항공기 내에서 아래 7개의 금지행위 중 제6호를 제외한 행위를 하는 자는 500만원 이하의 벌금에 처하며 제49조(벌칙)에서는 아래 제6호를 위반하거나 제23조 ④항에서의 항공기의 운항이나 보안에 대한 위반을 금지하는 기장의 지시에 따르지 않는 승객에 대하여 1년 이하의 징역 또는 1천만원 이하의 벌금에 처하도록 규정하고 있다.

1. 폭언, 고성방가 등 소란행위
2. 흡연(흡연구역에서의 흡연은 제외한다)
3. 술을 마시거나 약물을 복용하고 다른 사람에게 위해를 주는 행위
4. 다른 사람에게 성적(性的) 수치심을 일으키는 행위
5. 「항공법」 제61조의2[44]를 위반하여 전자기기를 사용하는 행위
6. 기장의 승낙 없이 조종실 출입을 기도하는 행위
7. 기장 등의 업무를 위계 또는 위력으로써 방해하는 행위

상기 7개의 금지 행위는 기내 난동의 대부분을 포괄하는 내용이겠으나 이를 위반할 경우 6항을 제외하고 모두 500만원 이하의 벌금에 처한다는 벌칙은 1과 5항까지의 경우라면 몰라도 기타 행위, 즉 제7호의 행위가 항공기의 안전에 심각한 우려를 줄 수도 있는 상황으로 발전할 수 있는 요소임을 감안할 때 벌금형으로만 처리하는 것에 문제가 있다.

43) 시행 2014.4.6. 법률 제12257호.

44) 운항 중인 항공기의 항행 및 통신장비에 대한 전자파 간섭 등의 영향을 방지하는 차원에서 승객의 전자기기의 사용을 제한하는 내용.

7. 국제협력을 요하는 항공법 현안

7.1. 항공기 배출 규제

제4장 3.7항에서 기술한 바대로 2012년 말 EU가 항공기 배출규제 조치의 시행을 유예하겠다는 입장으로 태도를 완화하였음에도 불구하고 미국 오바마 대통령은 2012.11.27. EU를 운행하는 미국 항공기에게 탄소세를 부과할 수 없다는 법령[45]에 정식 서명하였다. 이는 EU의 완화조치가 2013년 ICAO 총회의 결과를 전제로 한 임시적인 것이기 때문에 그 효용성이 있다.

한편 ICAO 이사회는 지역배분도 감안하여 17개 회원국의 고위급 공무원으로 구성된 고위급그룹(High-Level Group on International Aviation and Climate Change: HGCC)을 설치[46]한 후 시장기반조치(Market-based Measures: MBM) 등 기후변화에 관한 사안을 협의하고 정리하여 2013년 3월 이사회에 건의하였다. 이를 토대로 한 논의를 진전시켜 2013.9.24-10.4 개최 제38차 ICAO 총회에 제출된 항공기 배출 문제가 초미의 관심사로 부각된 결과 ICAO 총회는 MBM에 관련하여 국제항공사회가 전 지구적 대처를 하는 것으로 합의하였다. 동 합의 내용은 전 세계에 적용할 MBM 체제(scheme)를 수립하여 2016년 제 39차 ICAO 총회에서 승인 받아 2020년부터 실천한다는 것이다. EU는 2016년 ICAO 총회에서 배출가스 문제에 관하여 범 세계적인 조치가 있을 것에 일말 기대를 하면서 EU Regulation No. 421/2014를 제정하여 2014.1.1부터 2016.12.31.까지 3년간 EU 역・내외 항공기를 막론하고 EEA(European Economic Area)[47] 이외의 지점을 착발하는 항공기에서 배출한 가스는 규제 대상에서 제외하는 조치를 취하였다. EEA 내에서 운항하는 항공기가 배출한 가스에 대하여서는 규제를 계속하지만 이도 완화시킨 동 조치는 2016년 ICAO 제39차 총회에서 채택될 범 세계적인 조치가 미약할 경우 강화될 여지를 안고 있다.

향후 구체화 될 MBM이 실천 가능하고 의미 있는 내용으로 마련되고 이것이 계획과 같이 2020년부터 시행될지 여부가 주시되는데 이 작업은 기후변화협약의 세계적인 이행과도 연관되어 있다.

한편 지구온난화가스 배출을 규제하는 1997년 교토의정서의 후속 조약이 채택될 것으로 기대를 모았던 2009년 12월 코펜하겐 개최 제15차 기후변화협약 총회가 실패로 끝난 후 이를 되살리려는 2010년 멕시코 칸쿤의 제16차 총회도 성과가 없는 결과 2012년 말에 종료되는 교토의정서의 배출규

---

45) 동 법률은 2012년 9월 미국 상원에서 채택된 후 2012.11.13. 미국 하원에서 채택한 것으로서 EU의 미국 항공기에 대한 배출규제조치에 미국항공기가 따르지 못하게 하는 내용임.

46) 관련 ICAO PRESS RELEASE는 http://www.icao.int/Newsroom/Pages/new-ICAO-council-high-level-group-to-focus-on-environmental-policy-challenges.aspx 참조.

47) 유럽경제구역으로서 28개 EU회원국과 노르웨이, 아이슬란드, 리히텐슈타인으로 구성.

제가 간극이 없이 2013년부터 연달아 적용되는 것은 불가능해 보였다. 이러한 상황에서 2011년 남아공 더반에서 개최된 제17차 기후변화협약 총회는 다음 3개 내용에 합의[48]하면서 기후변화 협약의 의의를 유지하고 있다.

① 2012년 말로 종료되는 교토의정서를 2017년 또는 2020년까지 연장
② 2020년부터 선진국뿐만 아니라 개도국에게도 적용되는 새로운 법적 감축 체제의 출범을 위한 '더반 플랫폼' (Durban Platform) 협상의 개시
③ 매년 1,000억 달러 규모의 개도국 재정지원을 위한 새로운 재정기구인 '녹색기후기금' (Green Climate Fund: GCF)의 이사회 및 사무국 설치

2012년 말 카타르 개최 제18차 기후변화협약 총회는 교토의정서에 참여하고 있던 일본, 러시아, 캐나다, 뉴질랜드가 교토의정서의 연장에 반대한 가운데 '더반 플랫폼'을 비준하여 교토의정서의 내용을 2020년까지 적용하기로 하고 모든 국가가 참여하는 지구 온난화가스 (green house gas: GHG) 감축을 위한 조약을 2015년까지 마련[49]하여 2020년부터 적용하기로 합의하였다. 동 연장에는 GHG의 최대 배출국인 중국과 두 번째 배출국인 미국이 제외된 채 전 세계 GHG의 15% 만 대상으로 한다는 약점이 있지만 1997년 교토의정서를 사장시키지 않고 존속시켰다는 데에 의의가 있다. 그러나 미국과 중국이 2014.11.11. 북경에서 개최된 APEC(Asia Pacific Economic Cooperation) 정상회의 시 배출가스 규제에 합의[50]한 여세를 몰아 2015년 말 프랑스 파리에서 개최된 제21차 기후변화협약당사국 총회에서는 2021년부터 세계 195개국 모두가 자발적인 배출 감축을 하여 지구 평균 기온 상승을 1880년대 산업화 이전과 비교하여 1.5도 이내가 되도록 억제한다는 신기후체제인 파리 협정(Paris Agreement)을 채택하였다.[51] 2020년부터 개도국의 배출 감축을 지원하기 위하여 1,000억불의 기금을 조성하는 것도 포함한 동 합의는 자발적 감축이라는 한계가 있지만 미국과 최대 배출국인 중국 등 모든 국가가 참여한 것이라는 데에 그 의의가 크다.

한편 기후변화협약 이사회는 2012년 향후 큰 역할을 할 녹색기후기금(GCF)의 사무국을 인천 송도에 두기로 결정함으로써 한국이 제대로 된 국제기구를 처음으로 유치하였다.

48) 최원기, 기후변화협약과 녹색 성장 국제협력, 외교 (2012년 4월) 101호, 62-64쪽.

49) 이와 관련, 2015.11.30.-12.15 프랑스 파리에서 개최되는 제21차 기후변화협약총회와 제11차 교토의정서 당사국총회에 대한 기대가 큼. 이는 그간 지구 온난화가스 배출가스 감축문제에 소극적이었던 미국과 중국이 보다 적극적으로 입장을 변경하였기 때문임.

50) Economist지 2014.11.15.자 p.30과 11.1자 p.53.

51) 중앙일보 2015.12.14자 6쪽 기사.

7.2. 무인 항공기(UAV)

RPV(Remotely Piloted Vehicle)로 불러지다가 최근 들어 UAV(Unmanned Aerial Vehicles)로 호칭되지만 UAV를 운항하는 경우 무인 항공기만으로 가능한 것이 아니고 이를 지상에서 원격 조종하는 조종사와 동 조정을 가능하게 하는 무선 통제, 그리고 무인 항공기의 이・착륙을 가능하게 하는 지상 시설 등을 아우르는 여러 가지 기술적인 장비와 시설이 합쳐져야 가동할 수 있다는 측면에서 이를 총칭[52]하기 위하여 UAS(Unmanned Aerial Systems)라는 표현을 사용한다. 동 무인 항공기는 군사 첩보, 적 진지 파괴, 적진 교란 및 가상 파괴 목표물로 이용되고 있다.

현재 UAV는 군사적 목적으로 활발히 사용되고 있는 바, 특히 미군이 아프가니스탄에서 알 카에다 등의 게릴라 군을 소탕하는데 있어서 큰 몫을 하고 있다. 최근 통계로는 30여개 국이 250개 이상의 UAV를 개발 또는 제작 중에 있으며 40여개 국가가 80개 이상의 UAV 종류(type)를 운항하고 있다.[53] 합동항공청(Joint Aviation Authorities: JAA)[54]과 EUROCONTROL은 UAV Task Force를 설치하여 향후 항공 산업의 기술과 상업적 발전의 촉매가 될 UAS의 제반 측면을 연구하고 있다. 그러나 지금까지 UAV를 사용하는 내용은 주로 군사용인 바, 민간 용도를 위한 것은 그 유용성이 큼에도 불구하고 유인 항공기만을 염두에 두고 구축된 현재의 항공운항질서에 무인 항공기를 어떻게 정식 편입시키면서 규율할 것인지에 대한 준비가 되지 않은 것도 이유가 되어 그 활용방안에 대한 연구의 속도가 부진하다. 무인 항공기를 민간용으로 사용한다면 경찰, 교통관리, 어업 감시, 파이프라인 조사, 대규모 행사 파악과 보도, 국경 감시, 농업 관리, 전력선 조사, 공중 촬영, 물품 배달, 취미(leisure) 용도, 지구 환경과 안전 관련 활동 등을 염두에 둘 수 있다. 이러한 기능을 하기 위하여서는 다른 유인 항공기들과 함께 국내 또는 국제 공역을 같이 사용하여야 가능하다. 현재의 항공운항 규정은 일부 국가에서 매우 제한적이고 잠정적으로 허용하는 형태인바, 이를 가능하게 하기 위한 기술적이고 절차적인 규정들이 개발되어 무인 항공기가 안전한 가운데 유용한 민간 용도로 사용될 필요가 있다.

시카고 협약은 일찍이 무인 항공기의 장래 출현을 예견한 가운데 제8조에서 조종사가 타지 않은 무인 항공기가 허가 없이 영공을 비행하지 못하고 또 영공국이 요구하는 조건을 따르지 않는 한 비행 허가를 금지한다는 규정을 포함하였다. 따라서 UAV가 타 체약 당사국의 영공비행 허가를 받기 위하여서는 일반 유인항공기에게 적용되는 비행을 위한 기본 요건들, 즉, 비행기에 국적을 표시하는

52) 즉, 여러 가지 요소가 결합되어 무인항공기의 운항이 가능한 바, 이에는 UA(Unmanned Aircraft), Control system(즉 Ground Control System으로서 GCS), Control link/Datalink, 그리고 Other related support equipment 라는 4개의 요소를 포함하는 명칭이 되겠음.

53) A Masutti, Proposals for the Regulation of Unmanned Air Vehicle Use in Common Airspace, XXXIV(1) Air and Space Law 1 (2009).

54) 유럽민항회의(ECAC)의 제휴기관으로서 1970년부터 유럽 항공기에 대한 합동 감항증명서 발급 업무를 하면서 항공 안전도 담당하였으나 2002년 European Air Safety Agency(EASA)가 설치된 후 기존 역할을 EASA에 대폭 이관한 후 오늘날에는 항공훈련기관으로 기능이 변하였음.

마크 (시카고 협약 제20조 규정 내용), 비행기 내에 구비하고 다녀야 하는 서류 (시카고협약 제29조 규정 내용)를 UAV도 탑재하여야 한다는 문제에서부터 보다 중요한 감항증명서, 제대로 된 조종 면허의 소지, 운항증명서 등이 필요하다는 문제가 나온다. 그런데 이러한 증명서들에 대한 국제적 합의를 위하여서는 이에 관한 기술적 규정들의 연구가 선행되어야 한다.

ICAO는 회원국들의 요청에 따라 2006.5.23-24 UAV에 관한 검토회의(exploratory meeting)를 개최하여 UAV에게 적용하기 위한 ICAO SARPs (표준 및 권고방식)를 도입하기 위한 ICAO 부속서들의 검토가 제의되었고 2007년 개최된 ICAO 항행위원회 회의에서는 UAV에 관한 연구를 위한 Study Group을 구성하자는 것과 UAV를 현 국가 규제 체제에 삽입하는 것은 문제가 있기 때문에 용어를 UAS(Unmanned Aircraft Systems)로 변경 하여야 한다는 제안이 있었다. 이렇게 하여 설치된 Study Group은 현 SARPs와, UAV가 도입될 경우 필요한 규정들과의 차이가 무엇인지에 대한 연구를 진행하고 있는 것으로 보인다.

동 건에 있어서 EU는 앞 서 가고 있다. 2008년 제정 EU Regulation 216/08 제3조는 항공기의 정의에 UAV가 포함되도록 광범위한 표현을 사용하면서 UAV systems certification에 관한 정책은 이륙 최대 중량 150 kg 이상의 UAV systems에만 적용한다고 명기하였다. 또한 동 법(Regulation)은 UAV가 민간 공역에서 운항할 수 있도록 기존 항공기들에게 적용되는 현존 규칙들이 UAV에게도 적용될 것을 주문하면서 UAV 운항자들이 UAV의 공역 운항으로 영향을 받는 모든 기존 사용자들과도 협의하도록 하였다.[55] EU 회원국 중에서도 UAV 운항에 가장 앞서 가는 나라는 영국이다. 영국은 다른 유럽 국가와는 달리 적어도 UAV에 관련한 규제에 있어서 어떠한 행위를 못한다는 규정이 없으면 여타 행위는 허용한다는 내용으로 행정을 하는 바, 이는 반대로 어떠한 행위를 할 수 있다고 한 규정이 있어야만 관련 행위를 허용하는 국가와는 사뭇 다른 것이다. 현재 여러 선진국에서는 무인 항공기를 일반 유인 항공기가 비행하는 공역과 분리된 공역(segregated airspace)에서 비행하도록 하는 제도를 취하고 있는데 영국에서는 상업용 목적의 중량 20kg 이하 UAV에 대하여서는 시야 통제 하에, 건물이나 대중 장소의 지상으로부터 400 미터 이내의 비행에 대하여서는 항공관제 당국의 허가를 전제로 유인 항공기와 같은 공역에서 비행할 수 있도록 허용하고 있다.[56] 그러면서 2개의 특정 공역을 지정하여 큰 중량의 UAV가 비행할 수 있도록 하였다. 이에 비교하여 미국은 FAA가 큰 중량의 민간 UAV를 시험 운항할 장소를 2012년 말까지 선정하는 임무를 부여[57]받았으나 사생활 침해 문제 등으로 선정이 지연되다가 2013년 말에야 발표하였다. 또한 2015년 9월까지 무인항공기도 미국의 영공

55) 전게 Masutti, 4쪽.

56) AWST 2013.1.7.자 34쪽.

57) 2012년 제정 미국 FAA Modernization and Reform Act (FMRA).

에 운항할 수 있도록 하는 체제를 마련토록 하라는 FAA Modernization and Reform Act (FMRA)법에서 규정한 시한[58]을 지키지 못한 채 의견수렴을 하고 있는 중이다. 동 법은 아울러 무게 4.4 파운드 이하의 공공용 UAV가 낮 시간에 운항자의 시야를 벗어나지 않으면서 공항에서 5마일을 벗어나지 않고 지상 400피트 이하 상공에서 운항할 경우 허가하여 주도록 규정하였다.[59] 동 규정을 시행하는데 몇 년을 끌다가 2015년 8월까지 1,000개 이상의 상업용 드론(drone) 운항을 허가하였다.[60] 또 미국은 세관과 국경 감시용 UAV를 국가 항공기로 분류하여 군용기와 같이 취급하나, 영국에서는 경찰과 소방용으로 이용되는 UAV를 민간용 규정 적용을 받도록 하고 있는 관계 상 세계적으로 통일된 규범 제정을 위하여서는 해결하여야 할 과제이다.

한편 UAV에 적용되어야 할 항공규칙들 중 가장 중요한 감항증명서를 받기 위한 요건을 감안할 때 UAV의 기술과 운항의 특성이 너무 복잡하여 항공 운항의 안전을 보장하기 곤란하다는 문제가 있다. 유럽항공안전청(European Air Safety Agency: EASA)[61]과 JAA도 2005년 같은 결론을 내렸는 바, 이는 UAV 비행이 통제국(control station)으로부터의 복잡한 장비에 의하여 운용이 되며 통제국과 항공기를 통신 연결하는 시스템이 있어야 하며 또 UAV가 발진하고 회수하는 장비도 있어야 가능하기 때문이다. 따라서 이러한 무인 항공기에게 감항증명서를 발급하여 주기 위하여서는 여사한 비행을 가능하게 하는 모든 장비에 대한 증명도 포함하는 것이어야 하는 관계로 간단한 것이 아니다. 이러한 맥락에서 유럽에서는 시스템 증명(system certification)이 논의되기 시작하는 경향이다.[62] UAV에 대한 연구는 기술적인 비행 운행에 한정된 것이 아니라 UAV가 제3자에게 피해를 유발할 경우[63]에 대비한 피해배상책임에 관한 문제도 포함하여야 한다. 제3자 지상피해배상에 관한 1952년 로마협약은 UAV에 관한 언급이 없지만 그러하기 때문에 다른 국제법에서 별도의 금지 규정이 없는 한 1952년 로마협약을 적용할 수 있겠다.

우리 국내법을 살펴 보건데 「항공법」 제2조의 항공업무와 항공기 사고에 무인항공기를 포함시키고, 제25조 항공종사자 자격증명이라는 규정에서는 무인항공기의 경우는 자격증명의 대상에서 제외하였다. 또 제55조 비행 중 금지행위로서 별도의 허가를 받지 않는 한 무인항공기 운항을 금지한 규정을 두었다. 「항공법시행규칙」[64] 제20조는 무인 항공기를 특별감항증명의 대상으로 구분하고

58) 전게 FMRA, Sec. 332, (a)(3).

59) 전게 FMRA, Sec. 334, (c)(2)(C).

60) 2015.9.26.자 Economist 73쪽.

61) EU Regulation 1592/02에 의거하여 2002년에 설치된 EU 항공 안전에 관한 기관.

62) 전게 Masutti, 5쪽.

63) 2006.10.3 콩고민주공화국에서 작전 중이었던 벨기에 소속 UAV가 조종사의 실수로 이륙 중 엔진이 봉쇄(shut down)된 결과 2명의 민간인이 킨샤사 거리에서 사망한 사고가 발생한 것은 여사한 피해유발 경우임. 동 사고와 기타 사고에 관한 내용은 S Kaiser, UAV's: Their Integration into Non-segregated Airspace, XXXVI(2) Air and Space Law(2011) 169-170 참고.

제196조의 2에서는 무인항공기의 비행 허가 신청에 관한 내용을 보험 가입 요건과 함께 상세 규정하였다. 그러나 유럽의 선진 입법과 비교할 때 무인 항공기를 무게로 구분하여 별도의 취급을 하지 않았고 무인 항공기 운항을 하나의 시스템으로 간주하지 않기 때문에 여러 복잡한 요소를 일일이 규율하는 번거로움을 안고 있다. 또 무인항공기 운항허가에 있어서 선진국다운 면모로서 개인 사생활 침해방지를 중시하면서 이를 법제화하여야 하나 아직 이에 미치지 못하고 있다.

3번째 항공법의 현안은 공역을 최대한 활용하여 증가하는 항공 교통량을 수용하는 것인데 이를 위한 공역의 효율화와 관련하여 미국에서는 NextGen, 유럽에서는 SES(Single European Sky)사업, ICAO에서는 FANS와 동 후속 패널의 연구활동이 있다.

64) 시행 2014.1.1. 국토교통부령 제557호.

제 7 장

항공기

1. 법적 · 기술적 요건

2. 제조업자와 수선업자

3. 항공기에 관련한 권리

4. 제3자 피해(Damage to the Third Party)

제7장

항공기

1. 법적 · 기술적 요건

1.1. 정의

시카고 협약이나 여타 다자항공협약에서도 항공기에 대한 정의를 명확히 내리지 않고 있다. 1919년의 파리 협약, 부속서 A는 '공기의 반작용으로 대기에서 지탱할 수 있는 기계'라고 항공기를 정의하였다. 시카고 협약의 부속서는 동 정의를 그대로 이어받았지만 곧 문제가 발생하였다. 이는 동 정의가 해상을 나는 듯이 항해하는 hovercraft도 항공기로 포함된다는 모순이 있기 때문이다. 따라서 1967.11.6. 시카고 협약 부속서7(Aircraft Nationality and Registration Marks)을 개정하여 항공기를 '지구 표면에 대한 반작용은 제외한' 공기의 반작용으로 대기에서 지탱할 수 있는 기계[1]로 다시 정의하였다. 동 정의는 오늘날 널리 통용되고 있다. 한편 미사일이나 인공위성과 같이 공기의 반작용 힘으로 날지 않는 것은 항공기의 정의에서 제외됨은 물론이다.

항공법이나 ICAO 등 항공관련 기구에서의 문서는 항공기라는 의미로 aircraft를 사용하는바, aircraft는 앞서 정의한 모든 비행 물체를 총칭하는 개념이다. 파리 협약 부속서 A와 시카고 협약 부속서 7은 항공기를 여러 기준, 즉 공기보다 무거운가 또는 동력장치로 비행하는가 등으로 구분하고 있다. 시카고 협약 부속서 7이 구분한 항공기의 종류는 다음 도표3과 같으나 우리가 통상 말하는 항공기는 동력장치에 의하여 비행하는 항공기(power－driven aircraft), 그중에서도 aeroplane과 rotorcraft를 말한다.

항공기는 또한 사용기능에 따라서 경찰, 세관, 우편, 훈련, 군용, 민간, 방화, 약품 살포, 앰뷸런스 항공기로 구분한다. 시카고 협약은 제3조에서 기능에 따라 항공기를 구분하면서 동 협약이 민간 항공기에만 적용됨을 명시하였음은 이미 수차 언급한 바와 같다.

---

1) 시카고 협약 부속서 7의 1. 정의(Definitions) 참조. 동 정의는 aircraft를 Any machine that can derive support in the atmosphere from the reactions of the air other than the reactions of the air against the Earth's surface로 기술함.

또 한편 항공기는 중량에 따라서 또는 구체적인 사용 용도에 따라서(가령 여객 수송용인지 또는 화물전용 수송기인지) 구분되며 동 구분에 따라서 감항(堪航) 증명서와 조종사 면허가 구별되기도 한다.

최근 무인항공기(Unmanned Aerial Vehicles) 이용과 개발이 활발하다. 이는 군사첩보, 적 진지 파괴, 적진 교란 및 가상 파괴 목표물로 이용하기 위한 것인데 이미 기술한 바대로 시카고 협약 제8조는 무인항공기가 허가 없이 타국 영공을 비행하는 것을 금지하고 있다.

[도표 3] 항공기 구분

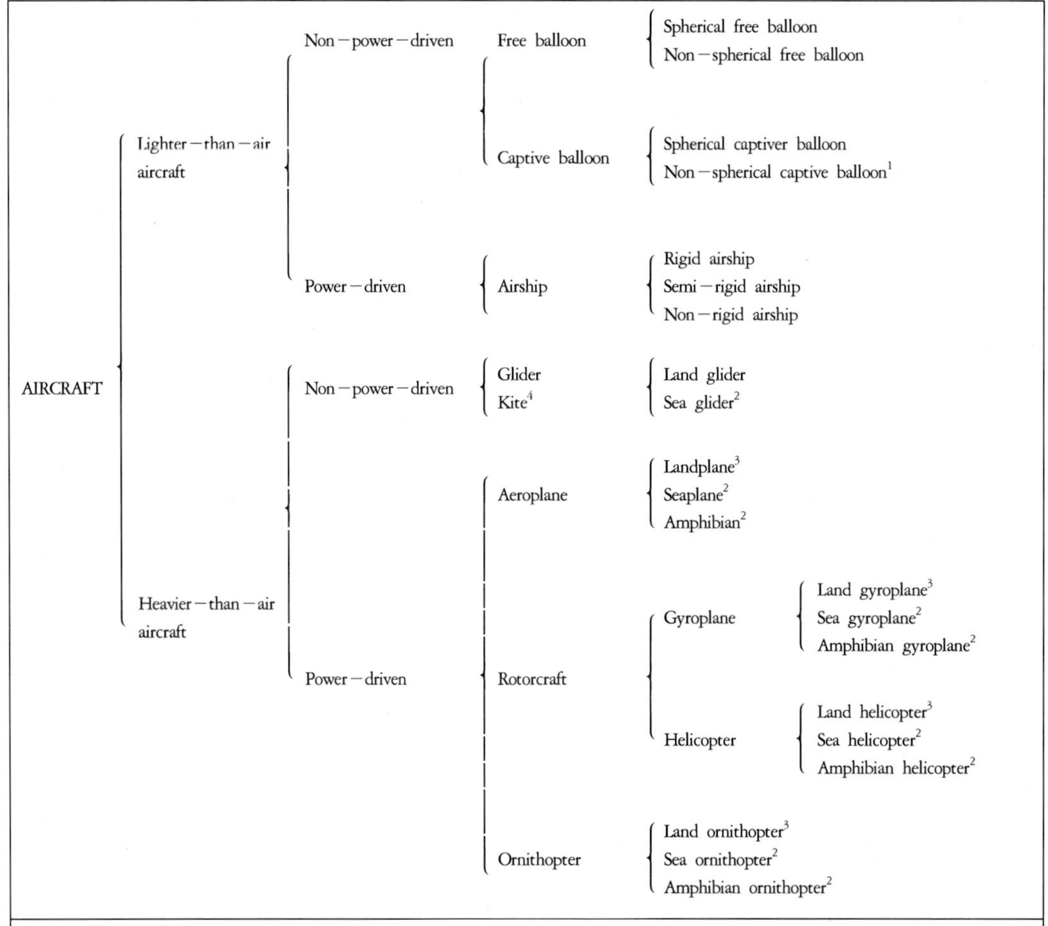

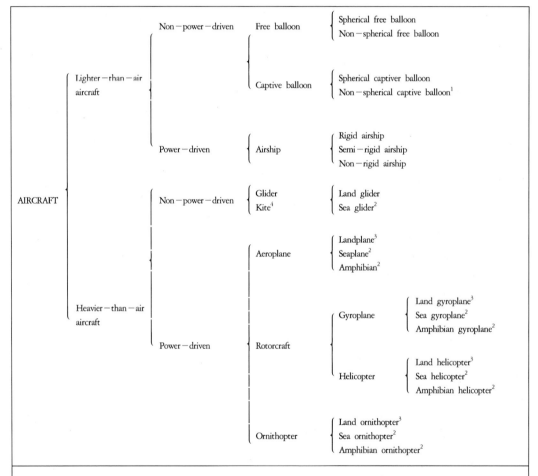

1. Generally designated 'kite－balloon'.
2. 'Float' or 'boat' may be added as appropriate.
3. Includes aircraft equipped with ski－type landing gear(substitute 'ski' for 'land').
4. For the purpose of completeness only.

1.2. 국적[2)]

시카고 협약은 제3장(제17~21조)에서 항공기 국적에 관하여 규정하고 있다. 항공기는 이중국적이 허용되지 않으며, 선박과 달리 국적을 부여하는 데 있어서 등록국[3)]과 별다른 연관도 없이 편의적으로 국적을 부여받을 수 없다는 점에서 선박의 국적 부여와 차이가 있다.[4)] 또한 시카고 협약 체약국은 자국 국적을 소지한 항공기를 감독할 의무[5)]를 갖고 있기 때문에 사실상의 통제가 불가능한 항공기에 대하여 국적을 부여하는 어리석음을 자행하기 힘들다. 국적을 부여받는 등록은 등록국의 법령에 따른다.[6)] 등록국의 등록에 관한 법령은 등록의 요건으로서 자국민 소유라든지 또는 자국민 자본이 압도적으로 지배하는 항공사의 항공기만을 등록시키는 '진정한 연관'(genuine link)을 요구할 수도 있으나 시카고 협약은 항공기 소유와 지배 상황에 관하여 체약국에 자료 제출 의무만 부여하는 것으로 그치고 진정한 연관은 강제하지 않고 있다.

그러나 이 '진정한 연관'은 통상 양자항공협정 체결 시 요구되어 협정 당사국의 국민이 사실상 소유하거나 효율적으로 통제하는 항공사만이 지정 항공사로 인정되고 있다.

문제는 흔히 일어나는 항공기의 임차(lease 또는 charter) 운항 시 운항자의 국적국이 항공기 등록국과 다르다는 것이나, 그렇다고 상당한 기간에 걸쳐 때로는 장기간 계약에 따라 실제로 항공기를 운항하는 운항자에게 국제법상 권리・의무[7)]를 적용하지 않는 것은 모순이다. 이러한 문제를 해결하기 위하여 제23차 ICAO 총회(1980년 개최)는 시카고 협약을 개정하여 제83조의 2를 신설하였는바, 1997.6.20. 발효하였다. 제83조의 2는 일정한 기능과 의무를 항공기 임차국으로 이전하였다.[8)]

국적에 관련하여 또 하나 유의하여야 할 것은 수 개국이 공동으로 운항하는 항공기의 국적을 어느 국적으로 보느냐 하는 문제이다. SAS[9)](Scandinavian Airways System) 및 Gulf Air[10)] 등의 경우가 수

---

2) 항공기의 국적에 관한 훌륭한 논문으로 Cooper, "A Study on the Legal Status of Aircraft", Explorations in Aerospace Law(Vlasic ed.,1968), pp.204~254가 있음.

3) 항공기는 등록된 국가의 국적을 가짐(시카고 협약 17조).

4) 선박은 편의상 국적(Flags of Convenience)을 허용하기 때문에 우리나라를 포함한 많은 나라의 국민이 소유하고 있는 선박이 세금이 싸고 규제가 약한 파나마나 라이베리아 같은 국가의 국적을 받아 운행되고 있음. 시카고 협약 제21조는 체약국이 경우에 따라 항공기 소유와 통제 상황을 ICAO 또는 타 체약국에게 자료로 제출하도록 함으로써 충분한 근거가 없이 항공기를 등록받아 국적을 부여하는 것을 견제하고 있음.

5) 예: 시카고 협약 제12조.

6) 시카고 협약 제19조.

7) 시카고 협약규정상 타 체약국으로부터 받는 항공기의 권리는 비정기비행권에 관한 제5조, 증명서와 면허의 상호 인정에 관한 제33조, 국적에 불문한 항공기의 평등한 취급에 관한 제9조, 11조, 15조가 있으며, 항공기 및 항공기 등록국의 의무에 관하여서는 세관 공항 착륙에 관한 제10조, 항공 규정 준수에 관한 제11조, 항공기 내 소지 서류에 관한 제29조, 비행규칙에 관한 제12조, 감항 증명서에 관한 제31조, 승무원 면허에 관한 제32조가 있음.

8) 2015년 12월 현재 제83조의 2를 신설한 시카고협약의 개정의정서를 비준한 국가는 169개국임.

9) SAS는 스웨덴이 3/7, 덴마크와 노르웨이가 2/7씩 출연하여 설립한 항공회사이나 소유한 항공기를 출연 비율에 따라서 각국에 등록시키기 때문에 엄격한 의미에서 시카고 협약이 규정한 공동 운항 항공사가 아님.

10) Gulf Air는 바레인, 오만, 카타르, 아랍에미리트연합(UAE) 등 4개 중동 국가가 출자하여 설립한 항공회사임.

개국이 공동으로 운항하는 항공사의 예이다.

시카고 협약 제16장(joint operating organizations and pooled services)은 다수 체약국이 공동 운항 항공사를 수립하여 운항할 수 있도록 하였으며, ICAO 이사회는 공동 운항이 필요한 지역 또는 노선에 체약국이 참여할 것을 제안할 수도 있도록 하였다. 그런데 시카고 협약 제77조가 공동항공운송운항기구(joint air transport operating organizations) 또는 국제 운항기관(international operating agencies)을 허용한 데 반하여 제79조는 전자인 공동운항기구만을 언급하고 있는 점에서 상호 일치하지 않는다.

한편 제77조 후단은 ICAO 이사회가 국제 운항기관에 의하여 운항되는 항공기의 국적에 관련하여 시카고 협약이 어떻게 적용될 것인가를 결정(determine)하도록 하였다.[11] 그런데 ICAO 이사회의 동 결정 대상으로서 이번에는 국제 운항기관만 언급되고 있다.

공동 운항 항공기가 관련 국가가 아닌 제3의 국제기관(국가가 아닌 독립기구)에 등록을 하고 독자적인 항공사 등록부호(국별 부호가 아닌)를 ICAO로부터 배정받기도 한다.[12] 그러나 동 기관의 항공기에 대한 시카고 협약상의 권리·의무는 국가만이 이행할 수 있으므로 협약을 개정하지 않는 한 동 기관에 참여한 국가 중 하나를 국적국으로 지정하여야 한다.

1.3. 항공기 등록과 표지

국제 항행에 종사하는 항공기의 등록은 항공기 국적을 얻기 위한 전제조건이다. 시카고 협약은 제20조에서 모든 항공기가 국적과 등록 부호를 적절히 표기하도록 하였다. 동 표기의 위치, 형태 및 크기 등에 관해서는 부속서 7이 기술하고 있다. 마찬가지로 협약이 등록의 보고에 관하여 규정하고 있으며 부속서 7은 중앙 등록 기관의 요건과 항공기에 비치되어야 할 등록 증명서의 양식에 관하여 기술하고 있다.

국적 부호의 중요성은 협약 제12조가 모든 체약국으로 하여금 자국 국적 부호(nationality mark)를 한 항공사가 어디에 있든지 간에, 비행이 이루어지고 있는 장소에서 적용되는 비행 운항에 관한 규칙과 규정을 따르게 하도록 한 점에서도 나타나고 있다. 동 비행장소가 공해나 남극 상공이면 ICAO 정한 규칙이 없는 한 국적국의 규칙에 따르고 타국 영토상이면 동 영토국의 규칙에 따른다. 단, 국제 해협과 군도해(Archipelaegic Waters)에 있어서의 비행 시 적용할 규칙에 관련한 문제점은 이미 설

11) 이사회의 이러한 결정권한은 시카고 협약 제12조 Rules of the Air에도 규정되어 있는 것으로서 이사회의 입법권한을 구성함. 그러나 제77조에 있어서의 ICAO 결정내용은 1948년에 제기된 이후 수차에 걸쳐 ICAO에서 연구·검토된 후 1983년 Arab Air Cargo를 공동 설립하는 이라크와 요르단에 의하여 또 한 번 제기된 다음에야 Arab Air Cargo에 실제 적용하는 구체적인 내용으로서 처음 형성되었음. 동 건 관련 Milde, "Nationality and Registration of Aircraft Operated by Joint Air Transport Operating Organizations or International Operating Agencies", X AASL(1985) 133-153 참조.

12) 상기 Arab Air Cargo는 ICAO로부터 국별 등록 부호가 아닌 4YB를 1984.1.1.부터 부여받았음.

명한 대로이다(제5장 1항 2 참조).

1.4. 각종 증명

국제 항행에 종사하는 모든 체약국의 항공기는 시카고 협약 제29조에 기술된 다음 증명서를 지참하여야 한다.

① 등록 증명서

② 감항 증명서(certificate of airworthiness)

③ 각 승무원의 적절한 면허

④ 여행 기록 장부(log book)

⑤ 무선 설비가 되어 있을 시 항공 무선국 면허

⑥ 승객 수송 시 승객의 명단과 탑승지 및 목적지

⑦ 화물수송 시 화물 목록(manifest)과 화물신고서

감항 증명서는 항공기 등록국에서 발급되거나 또는 동국에서 유효 확인이 된 것이라야 한다(시카고 협약 제31조). 협약 제37조는 체약국이 항공기에 관한 규정과 표준에 있어서 최대한의 통일을 할 의무를 부여하였으며 이를 위하여 항공기의 감항에 관한 국제표준과 권고방식 등을 채택하여 부속서 6(Operation of Aircraft)과 부속서 8(Airworthiness of Aircraft)에 포함시켰다. 일 체약국에서 발급한 감항 증명서는 발급요건이 협약이 정한 최소한의 수준 이상이 될 경우 타 체약국에 의하여서도 유효한 것으로 인정된다(제33조). 1960년 파리에서 채택된 수입 항공기의 감항 증명서에 관한 다자협정(Multilateral Agreement Relating to Certificates of Airworthiness for Imported Aircraft)은 서구 16개국이 상호 수출입하는 항공기의 감항 증명서를 발급하고 유효한 것으로 일찍이 인정하였을 뿐 아니라, 감항에 관련한 체약국의 법령과 요건에 관한 정보를 상호 교환하도록 규정하였다.

국제표준상 감항성을 요하는 항공기나 동 항공기 부품이 감항 증명서의 유효 점검에 합격하지 못할 경우 동 증명서는 뒷면에 불합격 내용에 관한 사항을 열거하여야 한다(제39조 (a)). 이렇게 배서(背書)된 증명서나 면허증을 지참하는 항공기나 승무원은 이들이 입국하는 국가의 허가가 없는 한 국제 항행에 종사할 수 없다(제40조).

그러나 예외가 있는바, 이는 특정한 항공기 또는 항공장비에 관한 국제표준이 채택된 지 3년 이내에 국내 당국에 동 항공기와 항공장비의 생산 원형(Prototype)에 대한 감항 증명을 신청할 경우이다(제41조).

1.5. 장비와 유지

항공기 장비(aircraft equipment)와 유지에 관한 국제 항공의 주요 요건은 시카고 협약 부속서 6(Operation of Aircraft)과 8(Airworthiness of Aircraft)에 기술되어 있다. 동 부속서는 모든 항공기는 안전을 위한 기내 장비, 의약품, 소화기 및 안전벨트를 구비하여야 하며 또한 해상을 비행하는 항공기는 구명대도 구비하도록 규정하고 있다. 부속서 6은 또한 공항 관제소와의 쌍방 통신이 가능하도록 항행 통신장비를 구비하고 항행 능력을 강화하는 장비의 부착을 의무화하고 있다.

항공기의 제작과 설계를 다루는 부속서 8도 특정한 안전장비를 의무화하였다. 안전을 위한 시설 및 장비 구비 요건은 감항성 증명 발급의 전제조건이 되기도 한다.

부속서 6은 또한 훈련 요건, 검사・유지를 위한 지침 및 동 기록과 항공기의 적절한 유지에 관하여 기술하고 있다.

시카고 협약 자체는 항공기 장비와 유지 등에 관하여 규정하고 있지 않는바, 이는 예측이 불가능한 항공기 제작기술의 발전과 변화에 맞추어 협약규정을 미리 확정한다는 것이 불가능하기 때문이다. 대신 관련 사항은 모두 부속서에 규율되어 있다. 이렇게 함으로써 기술 변화 등이 있을 경우 이에 알맞게 부속서 내용을 수시로 개정할 수 있도록 한 것이다.

항공기상의 장비와 부속품 그리고 연료가 면세로 반입됨은 이미 언급한 대로이다.[13] 부속품과 장비가 타국항공기 편으로 반입되어 올 경우라도 동 물품이 항공기에 소요되는 물품이라면 역시 면세로 반입되어야 하나, 단 이때 영토국의 규정에 따라야 한다(제24조 (b)). 마찬가지로 이러한 물품은 특허권 위반을 이유로 한 압류의 대상이 될 수 없으나, 이 경우 반입된 동 특허 물품이 동 영토국에서 판매되거나, 배포되거나 또는 상업적으로 수출되지 않아야 한다(제27조).

ICAO 총회와 이사회는 결의문[14]을 채택하여 다음 사항에 대하여 면세하도록 촉구하였다.

① 타 체약국의 영토에 이착륙하는 항공기용으로서의 연료, 윤활유 및 기타 소모성 기술 용품

② 상호주의에 기초한 국제 항공운송업체와 동 업체 항공기의 수입

이사회는 또한 상기 결의문에서 국제 항공운송 시 판매 또는 사용한 것에 대한 세금을 감소하든지 또는 점차로 제거할 것을 각 체약국에 권고하였다.

13) 시카고 협약 제24조 (a).

14) ICAO의 제15차 총회(1965년) 결의문 A15－16과 ICAO 이사회의 4개 결의문. 이사회 결의문은 ICAO Doc 8632－C/968 참조.

2. 제조업자와 수선업자[15]

제조업자와 수선업자가 자신들의 제조 또는 수선업무의 하자로 인하여 배상을 하여야 한다는 것은 최근까지 우리에게 생소한 개념이었다.[16] 이러한 배상 개념이 확실히 정착되어 있는 미국에서는 상품제조업자가 각 종류의 물품의 하자로 고소를 당하고 엄청난 금액의 배상을 하고 있다.[17] 물품제조업자는 이에 대한 대비책으로 보험을 들고 있는바, 이로 인한 보험료의 상승은 물품 가격에 이전되는 결과를 가져오고 있다.

상품 제조업자의 배상은 영・미법상 계약(contract) 위반과 과실(negligence) 등 불법행위(tort)[18]를 바탕으로 발생한 피해에 대한 보상이다. 피해(damage)는 물질적 피해뿐만 아니라 정신적 피해도 포함한 지 오래되었다. 또한 배상은 피해를 보전하거나 피해자를 위로하는 뜻으로 하는 통상 의미의 배상과 피해를 야기한 측을 징계하는 의미로 부과하는 배상, 즉 징벌 배상(punitive damages)이 있다. 이러한 배상의 개념과 적용은 원래 영・미법에서 발전하였다.

항공기와 항공장비의 제작과 설계, 그리고 수선업자의 수선 모두 사법이 규율하는 분야이다. 추후 기술하는 항공운송업자의 책임도 사법의 규율 대상이나 항공기 제조와 관련하여서는 국가의 감독책임이 배상의 근거로서 추가된다. 이는 시카고 협약이 감항 증명서 발급을 각 체약국에 위임하였고 각 체약국은 자국에서 제조되는 또는 운항되는 항공기에 대하여 감항 증명을 발급하는데, 하자가 있는 항공기에 대하여 감항 증명을 발급할 경우 동 하자로 인한 사고 발생 시 피해자는 국가를 상대로 감독 책임 과실을 물을 수 있기 때문이다.

1950년대 초반부터 주목을 받게 된 항공기 제조업자의 책임은 항공운송업자의 책임과는 달리 크

15) 항공기 제조업자 및 수선업자의 책임에 관한 체계적인 기술로는 S. M. Speiser & C. F. Krause, Aviation Tort Law(1979), Vol.2, Part.V ; L. S. Kreindler, Avation Accident Law(1971), Chapter 7 참조. 최근 기술내용으로는 A Kosenina, "Aviation Product Liability: Could Air Carriers Face their 'life and limb' being placed in Peril for the Exclusivity of the Montreal Convention?", 38 Air & Space L.3, 240-26(2013) 참조.

16) 우리나라는 2000.1.12.에야 법률 제6109호로 제조물 책임법을 제정하였으나 그 내용이 매우 간단하고 부실함.

17) 미국에서의 제품책임을 추궁하는 소송은 1960년대 초기에 5만 건, 1970년대 초기까지 50만 건, 1977년까지 백만 건에 달하였다(R. D. Margo, Aviation Insurance(1980) p.134, 주 7 참조). 또한 미국 캘리포니아 주법원에서 판결된 제품 제조책임액은 매 원고(plaintiff)당 평균 1981년의 35만 달러에서 1984년의 77만 6,000달러로 증가하였음(G. Hodgson, Lloyd's of London, Penguin Books, U.K., 1986, p.382).

18) 영・미법에서 규정하는 책임의 종류로는 4가지가 있음. 첫째는 계약 위반, 둘째는 불법행위, 셋째는 형사책임, 넷째는 준계약 위반임. 첫째는 보통 자발적인 협정에 따라 당사자가 상호 반대급부를 얻는 계약의 위반에 따르는 벌, 둘째는 법원 또는 법령이 정한 사회 전체 이익에 반하는 행위로 밝혀질 경우 행위자가 이에 따른 손해배상을 하여야 하는 책임, 셋째는 국가에 대한 범죄에 대하여 국가가 기소하여 가해자를 처벌하는 결과 감수하는 벌이며, 넷째는 부당한 이득(unjust enrichment)이나 잘못 지불된 금전을 환원시켜야 하는 책임으로서 첫째의 계약에서 요구하는 약속 이행도 아니고 둘째의 불법행위가 유발하는 손해배상도 아님. 이상의 상호 구분은 공익을 추구하는 현대법의 발전과정에서 모호한 경향을 띠고 있음. 그러나 4가지 책임 중 불법행위에 대한 책임은 가장 광범위하여 계약에 대한 위반책임도 일부 포괄하는 뜻으로 사용됨(J. G. Fleming, The Law of Torts, 6th ed., 1983, pp.1~3 참조). 한편 영・미법에서 말하는 불법행위(tort)는 세 가지로 구성되는바, 첫째는 개인의 신체, 명예, 자유 등을 침해하는 행위, 둘째는 개인이 타인에 대하여 부담하는 법률상의 위반(예: 사기 또는 과실), 셋째, 개인이 사회에 대하여 부담하는 법률상의 위반(예: 과실인 negligence 또는 불법 방해인 nuisance)이 그것임. 불법행위를 구성하는 행위는 특정한 작위 또는 부작위의 의무를 규정한 법률의 운용에서 제기되는 것으로서 당사자 간의 합의와는 관련이 없음. 따라서 불법행위 구성 여부는 법률에 명시되어 있지 않더라도 특정한 사건에서 당사자 간의 상호 권리・의무관계를 법원이 추론하여 판결하기 때문에 불법행위는 광범위한 법률개념을 이루고 있음. 커먼로 국가에서는 tort에 관한 판결이 유동적으로 변하기 때문에 그만큼 판례도 많고, 주시의 대상이며 또 시대에 따른 법의 발전 경향을 비추어 주는 중요한 법률체제를 구성함.

게 취급된다. 전자는 국내법에 따라 규율되므로 국가마다 달리 재판 결과가 나온다. 또한 국내법에서도 항공기 제조업에 관련한 책임만을 규율한 독립적인 법의 적용을 받기보다는 일반적인 사법의 적용을 받는다. 후자는 국제 민간운송일 경우 바르샤바 체제나 몬트리올 협약의 적용을 받기 때문에 국제법의 규율 하에 있다. 또한 특별한 경우가 아닌 한 사고 시 항공운송업자의 배상한도는 관련 조약에 따라 상한이 정하여져 있다. 재미있는 것은 국제 운항 항공기 사고 시 미국 같은 경우 피해자 측이 더 많은 배상을 얻어내기 위하여서 배상책임한도가 없는 항공기 제조업자의 항공기 제작 결함을 추궁하는 경우도 있다. 그러나 경제수준이 낮은 후진국의 경우에는 항공기 제작회사를 상대로 하기보다는 동 후진국 국민경제 수준으로는 상당한 금액일 수 있는 항공운송업자의 배상만으로 만족하는 추세이다.

2.1. 계약상 책임

상품의 판매 또는 기타 상업적 이용(예: 임차)에 관련하여서 판매자와 구매자 사이에 일정한 권리·의무가 계약으로 성립한다. 동일한 논리로 항공기, 동 부속품 또는 항행장비를 제조하는 업자는 물품 판매 시 일정한 계약상의 의무를 진다. 통상의 경우 상품 판매 시 보증서가 같이 발급되는바, 이 보증서는 상품 판매인 또는 상품 제조인의 명백한 의무를 표시하여 준다. 그러나 동 보증서와는 별도로 상품의 제조 목적에 비추어 묵시적인 계약조건이 성립된다. 상품매매 시 매매에 직접 관여한 자 사이에만 상품매매계약이 적용된다는 영·미법상의 privity 원칙상 업자의 책임 범위가 줄어드는 것이 원칙이지만, 후술하는 바와 같이 미국 등에서는 제3자가 물품을 이용하여 피해를 받았을 경우에도 업자를 상대로 한 배상청구가 허용되는 것으로 변경되어 적용되고 있다.

항공기 제조자와 동 항공기 수선 및 유지를 담당하는 업자에 대하여서도 계약상의 권리·의무만 아니라 묵시적으로 인정된 권리·의무 관계가 적용된다.

2.2. 과실에 대한 책임

물품을 만들고, 변경하거나 물품에 어떤 물질을 추가하거나 하는 자는 계약 내용에 규정되어 있지 않은 사항에 대하여서도 법적 책임을 져야 한다. 영·미법에서는 법적 책임을 논하는 데 있어서 불법행위(tort)를 한 것으로 판결이 날 경우 가해자는 고의, 무 고의를 불문하고 배상책임을 진다. 이 잘못한 행위에 대한 불법행위의 책임(tortious liability)은 항공기 제작에도 적용된다.[19]

여러 법률체제에서 공통되는 제품책임(product liability) 이론은 원래 과실(negligence 또는 fault)에 바탕을 두어 발전한 개념이다.[20] 영국의 M'Alister(또는 Donoghue) v. Stevenson 사건에서 처음 언급된 제품상 과실 책임의 원리는 다음과 같다.

> 물품 제조업자가 제조한 물품을 중간에 검사할 만한 가능성이 없이 동품이 소비자 수중에 들어갈 것으로 의도하고 판매한 물품이나 또는 물품을 사용하기 위하여 준비하거나 조립(putting up)하는 데 있어서 상당한 주의(reasonable care)가 없을 때에 소비자의 생명과 재산에 손상을 줄 것이라는 지식을 가지고 판매한 제조업자는 소비자에 대하여 상당한 주의를 취할 의무가 있다.[21]

미국에서도 동일한 내용으로, 제조업자의 부주의를 근거로 한 책임이 MacPherson v. Buick Motor Co. 케이스에서 확립되었다.[22] 동 케이스에서 부주의한 가운데 제품을 만들어서 생명과 신체를 위해에 처할 것이 상식적으로 확실한 경우를 책임의 발생요건이라고 정의하였다. 초창기에 많이 있었던 제품의 내재적 위험 또는 생명이나 제품의 위험에 대한 강조는 최근에는 많이 없어진 사례가 되었지만 항공분야에서는 아직도 그대로 적용되고 있는 실정이다. 제품에 대한 책임은 제품 전체를 만든 제조업자에 국한되지 않고 부품 제조업자,[23] 여러 부품을 모아 조립하는 자 및 수선업자에게도 적용된다. 또한 제품을 설치하는 시설업자에게도 책임이 추궁된다.

제품책임은 제조과정의 과실로 인한 결함이나 제품의 잘못된 설계가 유발하는 피해가 있을 때 발생한다. 그러나 제조업자는 다음 두 경우에 책임이 면제되는 것으로 판례가 확립되어 있다. 첫째는 제품이 제작된 상태 그대로 사용되도록 고안되었으나 사용자가 사용 도중 중간 검사를 함으로써 제품의 효능이 유지되는 경우다. 이와 관련하여 제품으로서의 항공기에 대하여 감항 증명을 발급하여 주는 정부의 항공 당국은 제대로 철저한 검사도 없이 동 증명을 부주의하게 발급할 경우 소송대상이 된다. 두 번째의 책임 면제 경우는 제작업자가 충분한 사전 경고를 통하여 제품의 이용에서 올지도 모를 위험을 미리 알려 주었을 경우이다. 항공기 조종사가 항행에 사용하는 항공지도도 제

---

19) 미국에서는 항공기 관련 사고 시 배상 액수와 제소기간의 제한이 없는 점을 이용하여 피해자들이 항공기 제작회사를 상대로 배상소송을 제기하는 관계로 Cessna, Piper, Beech 등 소형항공기(general aviation) 제작회사들이 소송 패소 시에 대비한 배상경비를 보험에 들어야 하고 동 보험료 급증에 따라 소형항공기 가격을 인상하여야 하는 등 소형항공기 제작회사의 생산 활동을 위축시키는 결과가 되었음. 이러한 문제점을 해결하는 방안으로 미국은 1994년에 General Aviation Revitalization Act를 제정하여 20석 미만 항공기 제조자에 대한 배상책임은 제작 후 18년으로 국한하는 규정을 도입하였음(J. H. Boswell and Coats, "Saving the General Aviation Industry: Putting Tort Reform to the Test", 60 JALC(1994~1995) 533-574).

20) 제품책임 이론은 계약과 불법행위에 대한 보상원리에 근거하고 있음. 전자인 계약은 물품판매 또는 수선·유지 등의 상행위를 계약으로 보고 동 계약 체결 시 계약내용(어떤 부품은 어느 기간 동안 보증한다든지)을 이행하는 데서 오는 당연한 결과이고 후자인 불법행위는 계약상 언급되어 있지 않지만 모든 법률행위에 적용할 수 있는 것으로서 과실이 불법행위의 주종을 이룸. 동 불법행위는 법전에 얽매임이 없이 영·미의 판례법에서 무제한 발전한 개념으로서 커먼로 법체계를 구성하는 중요한 요소임.
계약은 당사자 사이에 보증내용을 명시한 명시적 보증(express warranty)과 묵시적 보증(implied warranty)으로 나누어지며 불법행위에 대한 책임이론은 후술하는 바와 같이 미국 등에서 과실이 없음에도 불구하고 제품책임을 지는 절대적 책임(strict liability)제도로 발전하였음. 통상 묵시적 보증을 절대적 책임제도의 한 형태로 간주함.

21) 1932년 영국판사 Lord Atkin 판결. Shawcross,' V(102) 참조.

22) 1916년 뉴욕법원판결. 상동.

23) 부품제조업자의 책임에 관한 미국의 법률경향을 기술한 논문으로 S. G. Night, "Products Liability: Component Part Manufacturer's Liability for Design and Warning Defect", 54 JALC(1988) 215-247 참조.

품에 해당되기 때문에 잘못 제작된 항공지도의 제작자는 배상책임을 추궁 받는다.[24)]

영・미법 판례는 제조업자가 제품의 안내서를 잘못 기술(mis-statement)한 경우에도 배상책임을 지도록 하는 경향이며 이는 항공기 제품에 아직까지도 적용되고 있다.[25)]

2.3. 절대적 책임의 동향

제품의 결함을 이유로 제조업자를 상대로 한 배상소송에서 승소하기 위하여서는 제품의 제조나 설계에 있어서 제조업자의 과실(negligence)을 증명하여야 한다. 그러나 항공기 제품과 같이 복잡 정교한 제품을 대상으로 이러한 과실을 지적한다는 것이 쉬운 일이 아니다. 따라서 제품의 결함이 있을 경우에는 제조업자가 무조건 책임을 지도록 하는 절대적 책임(strict liability)의 경향이 미국에서 형성되었으며, 1970년대 중반부터는 영국을 포함한 유럽에서도 활발히 논의되고 있다. 1985년 7월 발표된 EU 지침(EU Directive)은 1988년 7월부터 특정 제품에 대하여서 절대적 책임을 적용할 목적으로 유럽 공동체 회원국의 법을 통일하도록 규정하였다. 동 지침은 제조업자의 무과실 책임제도가 갈수록 고도화하는 기술 제품에 내재하는 위험을 공정하게 분배하는 유일한 방안이라는 신념을 반영하고 있다.

Common law에 있어서 상품하자에 관한 소송은 상품 매매 계약의 직접 당사자 사이에서만 가능하고 이러한 관계를 privity라고 함을 이미 설명하였다. 따라서 제품의 결함을 이유로 제조업자를 상대로 소송을 제기할 수 있는 자는 그 물품을 직접 산 당사자에 국한되기 때문에 일단 구입된 제품(예: 자동차)이 다른 사람(예: 가족)에 의하여 사용되는 중에 제품의 결함으로 손해를 입는 사고를 당하더라도 배상을 청구할 수 없다는 모순이 있었다. 미국의 법정은 Henningsen v. Bloomfield Motors Inc.[26)] 케이스를 전환점으로 하여 privity의 요건을 폐기하였다. 동 케이스에서 미국 법원은 묵시적 보증이론(implied warranty theory)을 내세워서 제조업자는 제품의 최종 구매자에 대하여서뿐만 아니라 제품(동 케이스에서 자동차)의 사용 관계를 합리적으로 고려할 때 구매자 가족의 일원으로 제품을 이용할 수 있는 구매자의 부인에 대하여서도 제품 보증이 적용된다고 판결하였다. 동 판례 이후 항공분야에서는 항공기 승객이 항공기 제조업자는 물론 항공기 조립업자를 상대로 제품의 결함을 이유로 한 손해배상 청구소송을 제기하는 경향을 가져왔다.[27)]

---

24) D. L. Abney, "Liability for Defective Aeronautical Charts", 52 JALC(1986) 323-352 참조. 구체적인 케이스로는 Brockelsby v. USA and Jeppesen, 787 F. 2d 1288(1985)가 있음.

25) Shawcross, V(105) 참조.

26) 1960년 미국 뉴저지 법원 판결. Shawcross, V(115) 참조.

27) 계약에 있어서 privity를 무시하여 항공기 제조업자에게 책임을 지운 판례로 Fullerton Aircraft v. Beech Aircraft(842 F. 2d 717(4th cir. 1988))가 있음.

제품의 결함을 이유로 한 절대적 책임의 근거로 계약관계에서 도출한 묵시적 보증이론이 있는 한편 불법행위에 대한 절대적 책임(strict liability in tort)의 논리가 있다. 미국 캘리포니아 주 대법원은 Greeman v. Yuba Power Products Inc 케이스[28]에서 선물로 받은 전동기구의 결함을 이유로 상해를 입은 원고가 제품의 소매업자 및 제조업자를 상대로 제기한 소송에서 다음과 같이 판결하였다.

> 사용 시 결함 여부가 있는지 검사되지 않고 사용되는 성격의 것임을 알면서 시장에 내놓은 제품의 제조업자는 동 제품이 사람에게 위해함을 유발하는 결함이 있는 것으로 증명될 경우 불법행위(tort)에 대한 절대적 책임(strict liability)을 진다.

동일한 상기 법원은 2년 뒤 Vandermark v. Ford Motor Co의 케이스[29]에서 제조업자는 물론 소매업자에게도 절대적 책임이 적용된다고 판시하였다.

항공분야에서 절대적 책임은 항공기 제조업자, 판매자, 임대자, 항공기에 수정작업을 행한 업자 모두에게 적용된다.[30]

1966년 미국 법률 협회(American Law Institute)는 불법행위(tort)에 관한 Restatement[31] 제2판을 간행하였는바, 동 Restatement의 402 A항은 절대적 제품책임에 대하여 다음과 같이 기술하였다.

> 사용자, 소비자 또는 동인의 재산에 상식 이상의 위험(unreasonably dangerous)을 주는 결함을 갖는 제품을 판매하는 자는 이로 인하여 제품의 최종사용자, 소비자 또는 동인 재산에 끼치는 물리적인 손해에 대하여 책임을 져야 한다. 단, 이때 (a) 판매자가 그러한 물건의 판매 업무에 종사하여야 하고 (b) 제품이 판매된 때의 상태에서 본질적인 변경이 없이 사용자 또는 소비자에게 전달되는 것으로 기대가 되어야 한다.

영국은 1987년의 소비자 보호법[32]에 의하여 과실에 바탕을 둔 기존의 제품책임 규정을 절대적 책임규정으로 보강하였다.

미국에서의 절대적 책임이론은 한 걸음 더 나아가 항공기와 자동차 등의 특정제품이 충돌을 얼마나 견디어 내느냐 하는 충돌 내구성(crashworthiness)에 문제가 없을 것을 요구한다. 이는 자동차와 항공기 등이 충돌할 가능성을 갖고 있는 제품인데, 충돌이 일어났을 경우 제품에 결함이 없었더라면 동 제품 안에 탑승하고 있었던 사람의 생명에 지장이 없었을 것이라는 것이 증명될 때에, 동 충돌로 인하여 생명을 잃은 자의 유가족은 제품 제조업자를 상대로 책임을 추궁할 수 있는 것을 말한

---

28) 1962년 캘리포니아 주 대법원 판결. 상동 Shawcross, V(116) 참조.

29) 1964년 캘리포니아 주 대법원 판결. 상동 참조.

30) 그러나 수십 년 전 이래 미국 법원의 판결 경향은 제품 수선업자(repairers) 또는 제품유지용역 제공자(servicers)에 대하여 절대적 책임을 적용하지 않는 경향인바, 따라서 항공기 경우에도 이러한 경향이 적용되고 있음. 동 건 관련 미국 판례 동향은 R. A. Campbell, "Liability Independent Servicers and Repairers of Aircraft", 54 JALC(1988) 181-214 참조.

31) 미국 법률협회(ALI)가 특정법률 분야마다 현재 적용되는 법, 새로이 적용되는 법의 경향 및 바람직한 법의 내용을 체계적으로 정리하여 발간하는 법전으로 미국 법률의 발전과 적용에 있어서 중요한 지표가 되고 있음.

32) Consumer Protection Act 1987, Part Ⅰ.

다.[33] 동 충돌 내구성 이론은 second incident 또는 enhanced injury 이론이라고도 한다.

제품책임에 관한 절대적 책임이론은 제품 생산업자가 보험료 인상을 통한 과다한 부담을 질뿐만 아니라 미국과 같은 나라에서는 각 주마다 적용법규가 통일되어 있지 않은 관계상 예측 불가능하다는 문제점이 있다. 미국 상무성(Department of Commerce)은 이를 해결하기 위하여 1979년 10월에 제품책임에 관한 통일된 모델 법(Model Uniform Product Liability Act)을 제정하였다.[34] 동 모델 법은 물품 제조자가 아닌 단순한 물품 판매자일 경우 동인이 명확한 제품보증(express warranty)을 하지 않는 한 책임을 경감 받고, 물품 제조 당시의 과학기술로는 더 이상 안전하게 설계할 수 없었던 물품이 추후 개발된 설계기술로 볼 때 피해를 야기할 수 있는 설계의 하자로 밝혀진 경우에 제조업자의 책임을 면제하여 주며, 통상의 물품사용 안전수명이 10년을 경과한 물품에 대해서는 동 물품으로 인하여 피해가 발생하였더라도 동 물품 판매자의 책임이 면제되도록 하는 등의 규정을 포함하였다.

상기 1979년 모델 법은 1986년 미국 상원 상무 소위원회가 제정한 법률에 의하여 보완되었는바, 명시적 보증이 없는 한 제품판매자는 제품을 사전 검사하여 문제의 흠결을 발견할 수 있는 합리적 기회를 사전에 갖지 않았던 한 책임을 지지 않는다는 것 등이 새로운 내용이다. 미국 법률 협회는 1997년 Restatement 제3판을 승인하였는바, 이는 흠결 있는 제품의 판매업자나 유통업자가 피해 발생 시 책임을 지고, 제품의 판매나 유통 시 적절한 사용 설명서나 경고가 없었을 경우에도 제품의 결함으로 간주하는 내용들이 포함되어 있다.[35]

3. 항공기에 관련한 권리

3.1. 일반적인 소유형태

항공기는 동산이지만 부동산에 준하여 취급한다. 우리나라 법도 동산을 주 대상으로 허용하는 질권(pledge)을 항공기에 대하여서는 설정하지 못하도록 규정을 하였다(자동차 등 특정동산 저당법[36] 제9조). 그러나 항공기에 대하여서 저당권(mortgage)을 설정할 수 있으며 국내법으로 이를 규율하기 위한 항공기 저당법이 1961년 이래 제정・실시 중이다. 항공사가 항공기 구입 등의 재원 충당 방법으

33) 미국에서 충돌내구성을 인정하지 않는 주가 3개 있는바, 이는 인디아나, 웨스트버지니아 및 미시시피 주임(Shawcross, V(118) 참조).

34) Shawcross, V(119).

35) Shawcross, V(121).

36) 법률 제9525호, 2009.9.26. 시행.

로 mortgage뿐만 아니라 floating charge와 fixed charge 등을 이용하기도 한다. Floating charge는 어떤 항공사가 새로이 항공기를 구입하면서 판매자 측에 대한 담보(security)로 기존 재산(여타 항공기 등)을 제공하나 담보된 동 재산을 임의대로 처분할 수 있는 반면 fixed charge는 토지나 건물 등의 특정재산을 지정하여 담보로 제공하며 동 재산은 처분되더라도 담보설정이 계속된 상태로 처분된다는 점에서 floating charge와 다르다.

항공기는 단순한 소유형태에서 요즈음은 장기임차(lease) 형태로 보유하는 경향이 발전하고 있다. 장기임차는 예견치 못한 사정으로 소요 항공기가 부족하게 된 경우에 임대회사 또는 타 항공사로부터 일정기간 항공기 기체만을 빌려 쓰는 형태와, 처음부터 항공기 구입보다는 장기임차의 장점을 염두에 두고 장기간 항공기를 빌려 쓰는 형태가 있다.

오늘날의 항공기는 고가의 장비를 부품으로 장착하는 경우가 많다. 예를 들어 대형 제트 항공기의 엔진은 수백만 달러 이상이 소요된다. 따라서 항공기에 따라서는 항공기 기체와 엔진을 분리하여 권리형태를 달리하기도 한다. 예를 들어 항공기와 항공장비[37]의 구입 또는 임차를 위한 재원 마련 방안이 갈수록 국제화되고 전문화되고 있다. 이에 따라 다국적 컨소시엄 파이낸싱(multinational consortium financing)이 활발하다.

3.2. 1948년 제네바 협약[38]

제2차 세계대전 후 미국과 영국이 주도적인 항공기 제작국으로 부상하였다. 특히 미국은 막대한 경제력을 바탕으로 항공기의 대량생산 과정으로 이행하면서 동 항공기의 수출과 수출촉진을 위한 항공기 구입 재원 조달 방안에 적극적이었다. 그런데 미국 금융 시장에서는 미국 내 관할지역을 벗어나 비행하는 항공기의 구입용으로 막대한 금액을 외국에 빌려 주는 데 미온적이었는바, 이를 해결하기 위한 국제적 방안으로 1948년 제네바에서 '항공기에 대한 국제적 권리 인정에 관한 협약'(Convention on the International Recognition of Rights in Aircraft, 약칭 The Geneva Convention)이 체결되었다. 동 협약은 항공기 자체에 대한 소유권, 부품, 항공기 취득 및 6개월 이상 임차된 항공기의 채권 확보에 관련한 권리, 즉 저당권을 항공기 등록국의 법에 따라 보호하는 동 협약에 대하여 미국은 예외적으로 적극적이다. 이는 세계에서 가장 많은 항공기를 소유하고 금융 조달하여 주면서 판매하고 있는 미국으로서 당연한 입장이겠다.

---

37) 항공장비(avionics) 중 항공기에 직접 장착되는 것은 아니나 조종사 훈련용으로 널리 활용되는 Simulator(모의 비행조종 연습기)도 수백만 달러를 소요하는 것으로서 동 Simulator의 구입을 위한 자금조달(financing)도 활발함.

38) 1953.9.17. 발효. 2015년 12월 현재 89개 당사국.

당시의 항공기 판매방법은 미국, 유럽 그리고 기타의 세 지역으로 구분할 수 있는바, 미국에서는 conditional sale, chattel mortgage 및 equipment trust의 방법[39]이 있었고, 유럽에서는 담보 설정으로 구입한 항공기의 판매 시 우선 변제 대상을 지정하는 데 강조를 두었으며, 기타 지역은 어떠한 방법도 형성되지 않은 상태에 있었다. 미국과 유럽에서의 상이한 법률제도는 국가 간의 거래를 복잡하게 만들었는바, 제네바 협약은 이 두 상이한 법 제도를 어느 정도 통일시키기 위하여서도 필요하였다. 그러나 제네바 협약이 항공기에 대한 권리를 어느 한 제도로 통일시킬 수는 없었고, 단지 항공기가 등록국에 등록됨으로써 국가적 차원에서 형성되는 권리를 국제적으로 인정하여 주는 데 주안을 두고 있다.

동 협약의 주요 목적은 한마디로 국제 운송에 사용되는 항공기의 구입을 위한 자금조달을 촉진하는 것이며 이를 위하여 첫째, 항공기를 담보로 자금을 빌려 준 채권자를 보호하고, 둘째, 담보권자보다 우선하여 항공기에 대한 특정 제3자의 권리를 보호하며, 셋째, 항공기에 대한 권리청구의 우선순위를 정하며, 넷째, 항공기의 국적 이전을 용이하게 하도록 하였다.

협약 제정자들은 각국의 상이한 법 체제상 국제적 인정을 받을 수 있는 항공기의 모든 권리를 통일적으로 규율할 수가 없었다. 따라서 제1조에 항공기에 관한 권리 네 가지[40]를 나열하는 것으로 해결하는 한편, 이러한 권리에 대한 국제적 인정은 항공기가 등록된 국가의 법에 의하도록 하고 아울러 동 권리는 등록국의 공식 등록 장부에 명기되도록 하였다. 이는 등록국의 국내법에 따라서 항공기 채권자 간의 채권 우선순위가 정하여지며, 동 채권을 인정받기 위하여서는 항공기 등록국에 공식 등록하여야 한다는 이야기가 된다. 또한 협약이 규정하고 있지 않은 채권에 관해서는 등록국의 법이 적용된다.

협약은 권리의 강제 회수 방법으로 항공기의 사법적 판매(judicial sale)를 규정하고 있다(제7조). 사법적 판매를 하려면 일정한 기간 전에 판매가 행하여지는 국가 및 항공기 등록국에서 공고를 하여야 한다. 기타 사법적 판매의 절차는 판매가 행하여지는 국가의 법에 따른다. 동 사법적 판매는 항공기 판매 금액이 동 사법적 판매의 절차를 취한 채권자의 채권보다 우선 변제되어야 될 경비(항공기 구조 및 보관비)와 채권을 지불할 수 있는 정도가 되든지, 그렇지 않으면 구입자가 동 채권을 인수하지 않는 한 불가능하다(제7조 (4)). 협약은 항공기 구조(salvage)와 보관(preservation)에 관련하여 발생한 경비는 다른 채권보다 우선하여 지불하도록 규정(제4조 (1) (b))하였으나, 기타 채권 간의 지불

39) 미국의 3가지 판매방법 등 항공기 판매를 위한 재원 조달 방법에 관해서는 Johnston의 미간행 석사학위논문 Legal Aspects of Aircraft Finance(캐나다 맥길대, 1961) 또는 Matte, Treatise on Air-Aeronautical Law(1981) 참조. Chattel mortgage는 common law에서 사용하는 개념으로 동산에 대한 저당권으로 이해하면 됨. 동 개념은 대륙법에서의 hypotheque와 유사함.

40) 항공기를 재산으로 한 재산권, 구입에 의한 항공기 인수권, 6개월 이상의 임차(lease)에 의한 소유권, 그리고 채무이행 담보로서의 저당권 등 4개 종류의 권리(제네바 협약 제1조 (1)항).

우선순위는 항공기 판매가 행하여지는 국내법의 규정에 의하도록 하였다. 항공기의 사법 판매 대금의 지불을 우선순위별로 정리하면,

첫째, 항공기 판매를 위하여 소요된 경비(제7조 (6)항).

둘째, 항공기의 구조와 보관에 소요된 경비. 구조나 보관의 경우가 여러 건 있을 때에는 나중에 발생한 경우의 경비부터 역의 순서로 지불(제4조 (1), (2)항).

셋째, 항공기로 인하여 지상에서 입은 피해에 대한 보상. 동 보상금액을 확보하기 위하여 협약은 제1조가 인정한 네 가지 권리의 회수용으로 쓸 수 있는 금액이 항공기 판매 대금의 80%를 초과할 수 없다고 규정함(제7조 (5) (b)).

넷째, 제1조가 인정한 네 가지 권리의 회수용. 단, 동 권리의 제3자에 대한 효력은 항공기 등록국의 법에 따르며(제2조 (2)), 판매에 관련한 절차는 항공기 판매가 행하여지는 체약국의 국내법에 따름(제7조 (1)).

다섯째, 기타 국내법상 인정된 권리이다.

협약은 항공기와는 별개로 항공기 엔진 등 주요 항공기 부품에 대한 권리를 인정하고 있다. 항공기 부품의 판매 시 항공기 판매에 관한 규정이 그대로 많이 적용되나 특이한 것은 항공기 부품에 대한 권리를 등록하지 않은 채권자에 대하여 판매 대금의 1/3까지 지불할 수 있도록 한 점이다(제10조 (3)). 동 규정은 협약의 원래 목적에 어긋나는 것이라는 이유로 일부 비난의 대상이 되고 있다.

협약 제9조는 항공기에 대한 권리를 소유하고 있는 자의 동의 없이 항공기의 국적이나 등록 국가를 변경하지 못하도록 하였다.

23개 조로 된 동 협약이 1948.6.19. 채택된 후 미국은 한동안 각국의 협약 가입을 적극 권장하였다. 동 협약의 내용이 현대화되면서 소형항공기를 제외하고는 2001년 케이프타운 항공기 장비의정서로 대체되었는바, 다음 항에서 기술한다.

3.3. 2001년 케이프타운 협약과 항공기 장비 의정서[41)]

1948년 제네바 협약이 발효 중이지만 보편적으로 적용되지 않고 채택된 후 50년간에 걸쳐 발전한 국제금융 노하우가 반영되지 않은 가운데 항공기 등 고가의 이동 장비(mobile equipment)의 구입 시 과거의 방식으로 금융이 조달 되고 담보권이 보장되는 것은 고가의 이동 장비에 대한 권리 확보를

41) 정식명칭이 Convention on International Interests in Mobile Equipment 와 Protocol to the Convention on International Interests in Mobile Equipment on Matters Specific to Aircraft Equipment이며 양자 모두 2006.3.1. 발효하였음. 2015년 12월 현재 전자의 당사국과 후자의 당사국은 모두 61개국임. 조약의 수탁처는 UNIDROIT임.

불안하게 한 결과 금융조달에 시간이 걸리고 경비가 많이 드는 불편이 있어 왔다.

이러한 문제를 해소하기 위하여 1988년 캐나다 정부가 UNIDROIT[42)]에 관련 연구를 제안한 것을 계기로 1992년 관련 조약을 채택하는 것이 가능하다는 결론 하에 작업반을 구성[43)]한 후 1997년 초안을 작성하였다. 동 초안은 UNIDROIT와 ICAO의 정부 전문가 회의 검토를 거쳐 2001.11.16. 남아공 케이프타운 외교회의에서 채택되었다.

채택된 조약은 고가의 이동 장비(항공기, 우주물체, 기차 화물차량 등)에 대한 금융을 용이하게 하는 목적으로의 협약과 각 이동 장비별로 적용하는 의정서를 작성하여 모법이 되는 협약과 연계시키는 체제를 갖추었으며 2001년 케이프타운에서의 외교회의에서는 모법이 되는 케이프타운 협약과 여러 의정서 중 항공기 장비를 규율하는 항공기 장비 의정서를 동시에 채택하였다.

추가로 채택 대상이었던 기차 화물차량을 규율하는 철도 의정서[44)]는 2007년 룩셈부르크에서 채택되었으며 우주자산(space assets)에 관한 의정서[45)]는 2012년 2.27.~3.9 독일 베를린 개최 외교회의 결과 40개국 정부대표가 참석하여 채택하였다.

케이프타운 협약은 5개 원칙을 도입하였는바, 이는

① Practicality: 현대 금융조달거래의 현실을 반영.

② Sensitivity: 체약 당사국은 협약내용 중 자국 국내법과 상치하는 내용을 선정하여 이를 자국과 관련하여서는 어떻게 수정하겠다는 선언을 하게 함으로써 각기 상이한 국내법을 신축성을 가지고 수용하되, 다른 체약 당사국이 그 내용을 투명하게 알 수 있도록 함.

③ Party Autonomy: 협약은 고가의 항공기를 거래하는 당사자는 충분한 지식을 가진 전문가라는 전제하에 거래 계약에 있어서 최대한의 융통성을 허용하였음.

④ Predictability: 협약은 권리의 우선순위를 정정하는 데 있어서 간단하고 명확한 규칙을 수립함으로써 불확실성을 줄였음.

⑤ Transparency: 국제등록처(International Registry)를 24시간 가동하면서 국제 권리 등록 현황을 제3자도 파악토록 함.

협약이 설치한 국제등록처(International Registry: IR)는 인터넷으로 수시 접속할 수 있도록 하였는바, 2008년 말 기준 약 10만 건의 권리가 등록되어 있을 정도로 활용도가 높다. 협약 제17조는 IR을

---

42) International Institute for the Unification of Private Law를 지칭하는 독립된 정부 간 국제기구로서 국가 간 사법, 특히 상법을 연구하는 목적을 가지고 있음. 1926년 국제연맹 부속기관으로 설립된 후 이태리 로마에 소재함.

43) 동 study group의 의장은 영국 옥스퍼드 대학의 Roy M. Goode였음.

44) Protocol to the Convention on International Interests in Mobile Equipment on Matters Specific to Railway Rolling Stock으로서 2015년 10월 현재 5개국이 서명하고 회의 개최국인 룩셈부르크만 비준한 채 상금 미 발효.

45) 정식명칭이 Protocol to the Convention on International Interests in Mobil Equipment on Matters Specific to Space Assets로서 2012.3.9. 채택되었지만 4개국만 서명한 채 어느 국가도 비준 또는 가입을 하지 않아 2015년 10월 현재 미 발효.

감독하기 위하여 감독청(Supervisory Authority)을 설립하였다.[46)]

협약(제49조)은 3개국 비준으로 발효하나 의정서 중 하나의 발효가 있어야 모법인 협약이 발효하고 협약과 의정서 상 내용이 상치할 경우 의정서 규정이 우월하다고 규정(협약 제6조)함으로써 의정서 상 규율되는 구체 상거래를 존중한다는 실용적인 배려를 하였다고 해석할 수 있으나 국제법상 기존질서에 반한 특별한 내용이다.

항공기 장비 의정서(제23조)는 1948년 제네바 협약 당사국인 케이프타운 협약 당사국과 항공기 장비 의정서 당사국 사이에는 케이프타운협약/항공기 장비 의정서가 제네바 협약을 대체하되, 항공기 장비의정서가 규율하지 않는 내용에 대해서는 제네바 협약이 적용된다고 규정하였다. 또 제1조에서 다음 규모의 항공기에만 적용된다고 함으로써 동 규모 이하의 소형항공기에 관련하여서는 계속 제네바 협약이 적용되도록 하였다.

- 항공기 제트 엔진에 있어서 추진력 1,750파운드 또는 그 이상
- 터빈 또는 피스톤 엔진의 경우 이륙 시 550파운드 마력 또는 그 이상
- 항공기체에 있어서 군, 세관, 경찰용이 아닌 것으로서 승무원 포함 최소 8인승이거나 항공기 엔진 무게를 제외하고 기체 무게와 적재화물을 합산한 무게가 2,750kg 이상을 운송하는 항공기
- 헬리콥터는 승무원 포함 5인승이거나 또는 항공기 엔진 무게를 제외하고 기체 무게와 적재화물을 합한 무게 450kg 이상을 수송할 수 있는 항공기

본 협약과 의정서 채택의 효과가 나타나고 있는바, 이는 미국제품을 대외 판매할 경우 금융을 조달하여 주는 미국 수출입 은행(Ex-Im Bank)[47)]이 2003.1.31. 케이프타운 협약/의정서 당사국에 대한 항공기 구입자금 대부 시 금융조달 경비를 1/3 감축한다고 결정한 것에서 알 수 있다. 이는 자금조달 경비가 전체 항공기 구입 경비 중 약 3%를 차지하는 것을 감안할 때 항공기 구입 경비가 약 1% 하락하는 효과가 있는 것이다.

케이프타운 협약과 항공기 장비 의정서 채택은 모두에게 이익인 것으로 평가되고 있다.

항공사는 항공기 및 항공기 엔진 구입 경비가 감소한 만큼 선단(fleet)을 현대화하여 유류절감을 할 수 있으며, 항공기 제조사와 lease 회사는 항공기 구입경비 하락에 따른 판매증대를 기대할 수 있고, 금융조달 기관은 자산에 대한 권리 보호가 강화되어 대부 위험이 감소하게 되기 때문이다. 또

---

46) 케이프타운 외교회의는 최종의정서(Final Act)로 조약을 채택(결의 1)하면서 결의 2로는 ICAO가 감독청 역할을 하도록 초청하고 협약/의정서의 발효 전까지 IR 설립을 위한 임시감독청을 구성하되(조약 채택 과정에 적극 참여하였던) Argentina, Brazil, Canada, China, Cuba, Egypt, France, Germany, India, Ireland, Kenya, Nigeria, Russia, Senegal, Singapore, Switzerland, South Africa, Tonga, UAE, USA 등 20개국이 지명한 인사들로서 임시감독청을 구성할 것을 결정하였음.

47) Ex-Im Bank는 1945년부터 미 국회로부터 매 5년 단위로 사업 자금을 갱신 받아 미국 산 고가 제품의 수출에 기여하였으나 특정 미국 업체의 이익만을 도모한 결과를 가져온다는 비난을 받아 2015.6.30.부터 신규 대출사업이 중단되었으나 (AWST, 2015.6.22., p.70) 미 의회에서 다시 논의하여 2015년 말 기존과 같이 정상 영업을 허용하는 결정을 하였음. 2016.1.4. 방문 미국 Exim Bank 웹 http://www.exim.gov/reauthorization.

많은 후진국 항공사들은 국가 항공사로 운영하면서 정부가 재정 보증을 하고 있는바, 본 조약 당사국이 될 경우 번거로운 정부 보증이 불필요하고, 항공승객과 일반 시민은 항공요금 인하 또는 선단 현대화가 가져오는 소음과 배출의 감소효과를 볼 수 있다.

4. 제3자 피해(Damage to the Third Party)

항공기 운항으로 인한 제3자 지상 피해는 1948년 제네바 협약에서도 그 배상을 위한 규정을 포함하고 있다. 구체적인 배상금액과 방법을 규율하기 위하여 일련의 조약이 계속 채택되었는바 이를 차례로 살펴보겠다. 동 지상 피해에 관한 조약은 배상액수가 미흡하기 때문에 주요 항공대국 등 선진국에서 그간 도외시하였다. 그러나 2001.9.11. 오사마 빈 라덴이 주도한 아랍 테러범들의 미국 공격(9/11사태)으로 관련 조약이 대폭 갱신되어 채택되면서 제3자 피해 배상에 대한 세계의 관심이 증가하였다.

4.1. 1933년 로마 협약[48]

지상 피해에 관한 1933년의 로마 협약(Rome Convention on Surface Damage 1933)은 제3차 항공 사법 회의 시 합의되어 1933.5.29. 서명되었다. 동 협약은 항공기가 지상의 제3자에게 끼친 손해에 관한 법을 통일하고, 해외 영토를 비행하는 항공기의 보험 가입을 의무적으로 하였다.

동 협약은 발효에 필요한 5개국만이 비준하였으나 이중 3개국이 동 협약을 개정한 1952년의 로마 협약을 비준하였기 때문에 1933년 로마 협약은 추후 개정 협약의 작성 배경을 설명하여 주는 이상의 실질적 가치가 없다.

1933년 로마 협약은 비행 중인 항공기가 지상 또는 해상에 있는 사람 또는 재산에 피해를 유발하였을 경우에, 피해자는 동 피해가 발생하였고 피해가 항공기에 연유한 것이라는 것을 증명하기만 하면 배상을 받을 수 있도록 규정하였다. 배상책임은 일반적으로 항공기를 운항하는 운항자에게 귀속된다. 여기에서 운항자(operator)는 자신의 책임하에 항공기를 사용한 자로서 항공기 사용 중 발생한 지상 피해에 대하여 책임을 지지만, 무단 사용되도록 감독을 소홀히 한 항공기 운항자도 책임을 진다(제5조).

48) 정식 명칭은 International Convention for the Unification of Certain Rules relating to Damage caused by Aircraft to Third Parties on the Surface, Rome, 29th May 1933.

항공기 운항자는 지상 피해 발생 시마다 항공기 중량의 매 kg당 250프랑[49]의 율로 책임을 지되 책임액이 60만 프랑보다 많아야 되고 200만 프랑을 초과할 수는 없다.[50] 동 배상한도액 중 1/3 이상을 재산에 대한 배상으로 이용할 수 없으며 나머지 2/3는 사람의 상해나 사망에 대한 보상으로 이용된다. 단, 1인당 배상한도는 20만 프랑을 초과할 수 없다(제8조). 한편 항공기 운항자는 중대과실(gross negligence)이나 wilful misconduct[51]로 피해가 발생한 것이 증명되거나 협약이 규정한 보험요건을 이행하지 않았을 경우에는 무제한 배상책임을 져야 한다(제14조).

동 협약에 따른 배상청구는 피고의 통상 거주지나 피해가 발생한 국가의 법정에 제기된다(제16조). 피해자의 배상청구는 사건 발생 6개월 이내에 통보되어야 하며, 뒤늦게 배상청구를 하는 자에 대해서는 배상액 중 여분으로만 한정하여 배상금액을 배분한다(제10조). 배상청구 소송은 피해를 초래한 사건이 발생한 지 1년 이내에 또는 피해자가 피해를 인지할 수 있었던 때로 부터나 배상책임자를 알 수 있었던 때로부터 1년 이내에 제기되어야 하나, 여하한 경우에도 피해 발생 후 3년 이내에는 소송의 절차가 시작되어야 한다(제17조).

4.2. 1952년 로마 협약[52]

1933년 로마 협약은 ICAO의 법률위원회에서 검토된 후 1952.10.7. 로마에서 개정, 18개국이 서명·채택하였다. 1958.2.4. 이래 발효 중인 동 협약은 1933년의 협약을 보다 명료하게 기술하는 한편 피해의 적용범위를 축소하여 항공규칙에 따라 정상적으로 비행하는 항공기에 의한 간접적인 피해는 배상 대상에서 제외하였다(제1조 (1)). 또한 피해의 배상한도를 상향조정(제11조)하였으나 항공기 운항자의 배상책임한도를 배제하는 요건 중의 하나였던 '중대과실'을 삭제함으로써 항공기 운항자에게 보다 유리하게 되었다. 1952년 로마 협약의 당사국 수가 49개국에 불과한 이유로 혹자는 배상책임한도가 배상규모하고는 관계가 없는 항공기 중량에 연계되어 한정되었기 때문이라고 해석하기도 한다.[53] 많은 국가가 지상 피해 시 국내법으로 적절한 실비 배상을 하도록 하는 상황에서 배상 상한을 정하여 국내에 운항하는 외국항공기에 적용한다는 것은 정치, 사회적 측면에서 수용하기 어려웠을 것이다.[54]

49) 금 순도 90%인 0.065그램이 1프랑으로 정의되는 Poincaré gold franc를 말함. 이하 동일(협약 제19조).

50) 250프랑은 17미불, 200만 프랑은 13만 6천 미불임.

51) 고의적 과실인 Wilful misconduct에 관해서는 제10장 2.2.5. 기술 참조.

52) 정식명칭은 Convention on Damage Caused by Foreign Aircraft to Third Parties on the Surface, Rome, 7th October 1952로서 남・북한 모두 당사국이 아님. 2015년 8월 현재 49개 당사국. 협약문은 부록에 수록.

53) Shawcross, V(366).

54) B Havel & G Sanchez, The Principle and Practice of International Aviation Law, Cambridge, 2014, p.319.

동 협약은 1933년 협약과 같이 항공기 운항자의 절대적 책임(absolute liability)을 규정하고 있다. 이는 지상에 있는 피해자가 항공기를 직접 이용함에 따른 조그마한 위험의 부담도 지지 않는 선의의 피해자라는 점을 감안할 때 당연한 논리의 결과로 본다.

미국의 국내법을 잠시 살펴볼 때 미국은 절대적 책임을 부과한 Uniform Aeronautics Act를 1922년에 제정한 후, 한때는 미국의 주 중 절반 정도까지 절대적 책임의 제도를 채택하였다. 그러나 1943년 Uniform Aeronautics Act가 폐기되면서 절대적 책임을 적용하는 주가 감소하였다.[55] 1943년부터 미국의 추세는 캐나다와 함께 과실의 추정(Presumption of Fault)을 판결에 적용하고 있다. 이는 법언으로 *res ipsa loquitur*(the thing speaks for itself)라고 하는 사실추정 법리로서, 항공기의 발달 정도를 감안할 때 항공기 운항자가 충분한 주의를 하면 항공기 사고를 미연에 방지할 수 있기 때문에 지상 피해에 관련한 배상소송 시 항공기 운항자가 납득할 만한 설명을 제시하지 못하는 한 항공기 운항자의 주의 부족, 즉 과실로 사고가 발생하였다고 추정한다는 것이다.[56]

세계 제1의 항공대국인 미국은 국내적으로 절대적 책임제도가 한때 성행하였지만 1952년 로마 협약 채택 시에는 국내법에서 과실의 추정을 적용하던 추세였다. 이러한 이유는 세계에서 가장 많은 항공기를 보유・운항하는 국가로서 고려하여야 하는 실리도 감안하여 1952년 로마 협약 채택 시 미국만이 유일하게 과실추정을 바탕으로 한 책임을 주장한 배경으로 보인다. 그러나 여타 참석국의 대표가 모두 반대하였기 때문에 과실추정보다 운항자의 책임이 더 강조된 절대적 책임의 내용으로 협약이 채택되었다.[57]

1952년의 로마 협약은 항공기를 중량에 따라 다섯 카테고리로 분류하여 각 카테고리 마다의 항공기 사고 시 사고 건별 배상 최고 한도를 정하였다(제11조). 지상의 신체 피해자에 대한 1인당 배상한도는 50만 프랑[58]이다. 만약 신체와 재산에 모두 피해를 입히는 경우에는 협약 상 규정된 배상 최고액수를 반분하여 1/2은 신체 피해 보상으로, 나머지 1/2은 재산 피해 보상으로 사용한다. 단, 신체 피해 보상을 다 못한 경우에 재산 피해 보상분에 여유가 있다면 동 여유분으로 미진하였던 신체 피해 보상에 충당한다(제14조 (b)).

---

55) 1989년 현재 Delaware, Hawaii, South Carolina, New Jersey, Minnesota, Vermont 등 6개 주는 아직까지도 절대적 책임을 적용하고 있음. 55 JALC(1989) 113.

56) 이의 대표적인 판결로 Higginbotham v. Mobil Oil Corp.(US Court of Appeals, 5th Cir., 1977)이 있음.

57) G. Rinck, "Damage Caused by Foreign Aircraft to Third Parties", 28 JALC(1962) 405.

58) Poincaré gold franc. 미화 3만 4천불에 해당.

4.3. 1978년 몬트리올 의정서[59)]

1952년 로마 협약은 ICAO 법률위원회의 제22차 회기(1976년 11월)에서 검토된 후 개정의 필요성을 인정받아 ICAO 법률위원회의 작업을 토대로 한 협약 개정 채택회의를 1978년 몬트리올에서 개최하였다. 그러나 ICAO 법률위원회는 배상책임한도 등에 대한 다수의 합의를 보지 못한 가운데 협약 개정 채택회의를 개최하였다. 지상의 제3자에 대한 외국항공기 유발 피해에 관한 협약의 개정의정서(Protocol to Amend the Convention on Damage Caused by Foreign Aircraft to Third Parties on the Surface Signed at Rome on 7 October 1952)는 1978.9.23. 11개국 대표에 의하여 서명되었다. 동 의정서 당사국 간에는 1952년 로마 협약과 의정서가 하나의 조약문서로 적용된다. 현재 발효 중에 있지만 당사국이 12개국에 불과하고 당사국 중 주요 항공국으로는 브라질만 참여하고 있어 제대로의 조약 구실을 못 하고 있다.

몬트리올 의정서는 여러 가지 점에서 1952년 로마 협약을 개정하였다.

첫째, 협약 적용 대상에서 다음 사항을 변경하였다.

① 일 체약국에서의 비행 시 동국에 지상 피해를 가한 항공기가 타 체약국에 근거지를 두고 운항을 하더라도 동 타 체약국에 등록이 되어 있지 않으면 협약 적용 대상에서 제외되었었지만, 의정서에서는 문제의 항공기 운항자가 영업의 주된 소재지나 주소(permanent address)를 동 타 체약국에 두고 있는 경우에 적용 대상에 포함시킴(협약 제23조 (1)과 의정서 제12조).

② 협약은 군, 세관 또는 경찰 항공기가 가한 지상 피해를 협약의 적용 대상에서 제외시킴으로써 정부의 여사한 기관(군, 세관, 경찰)이 소유하고 운항하는 항공기를 적용 대상에서 배제하였음(협약 제26조). 의정서는 적용 제한을 완화하여 군용, 세관용 및 경찰용으로 사용된 항공기를 적용 대상에서 제외함으로써 사용기능에 따라 결정되도록 하였음(의정서 제13조).

③ 협약 적용 대상 중 핵 물질에 의한 피해를 제외시켰음(의정서 제14조).

의정서는 또한 협약이 단순히 항공기 운항자를 대상으로 배상책임을 규정한 것을 구체화하여, 항공기가 국가 소유로 등록되어 있다면 동 국가가 운행을 위탁한 자에게 배상책임이 있다고 기술함으로써, 단지 국가재산이라는 이유로 주권 면제 이론에 입각하여 배상책임을 일탈할 수 있는 가능성을 배제하였다.

배상액의 최고 한도는 계속 항공기 중량에 따라 차등을 두었다. 단, 중량에 따른 항공기 구분을

59) 5개국이 비준한 후 2002.7.25. 발효. 2015년 12월 현재 12개 당사국. Matte는 1978년 몬트리올 의정서가 채택과정에서 상이한 의견을 수렴하기보다는 문제점이 되는 사항들을 피하여 버렸기 때문에 채택회의 참석국 중 누구도 만족할 수 없는 조약이 되었다고 평가함. 동인 저서 Treatise on Air-Aeronautical Law(1981). p.534 참조. 협약문은 부록에 수록.

이전의 다섯에서 넷으로 축소하였고 배상액의 한도는 대폭 인상시키면서 안정적인 통화기준치인 SDR(Special Drawing Right)[60]로 표기하였다(의정서 제3조). 동 의정서에 따라 사건별 가장 많은 배상액의 한도는 30톤 중량 이상의 항공기의 경우 250만SDR과 30톤을 1kg 초과할 때마다 추가되는 65SDR를 합한 액수이다.

지상 피해 중 인체 피해 시 1인당 배상한도액은 12만 5천 SDR로 한정하였고 인체 피해와 재산에 대한 피해가 같이 발생하였을 경우에는 인체 피해(사망 또는 상해)에 우선적으로 지급하고 여분이 있을 경우 재산 피해에 배상하도록 규정하였다(의정서 제4조). 문제는 1인당 배상액이 낮고 또 지상피해와 관련하여 국제적 통일을 이룰 필요가 없다는 인식 때문에 사문화되다시피 되었다.

배상소송의 집행에 있어서 의정서는 협약의 제20조를 개정하여 배상판결 집행의 기한을 5년에서 2년으로 단축하였으며 배상 판결액에 가산되는 이자의 연리가 4%를 초과할 수 없다는 협약규정을 삭제하고 대신 법원 소재지국의 법률에 의한 이자율을 적용하도록 하였다.

미국과 영국에서는 항공기 운항으로 인한 지상 피해의 손해배상을 청구하는 소송이 많이 제기되어 왔으며 따라서 상당한 판례도 형성되어 왔다. 지상 피해의 내용은 사유공간이라고 생각하는 개인 토지상공을 무단침범(trespass)하였다는 것으로부터 시작하여 소음 등의 불법행위(nuisance)와 인적·물적 피해를 포괄한다. 지상 피해에 관련한 소송 중에는 비행교습, 곡물 파종이나 약물 살포의 비행에서 야기된 경우가 상당수 있다. 그러나 이는 모두 국내법이 적용되는 사건들이었다.

4.4. 2009년 제3자 피해 배상에 관한 2개 협약

세상을 뒤흔든 9/11사태가 발생한 지 8년 만에 여사한 사태의 재발에 대비하여 항공기 운항으로 인한 대규모 제3자 피해를 배상하고 항공기의 계속적인 운항을 보장하는 내용의 조약이 일반적인 제3자 피해 배상 조약과 함께 채택되었다.

2009.4.20.부터 5.2.까지 캐나다 몬트리올에서 개최된 외교회의는 회의 마지막 날인 5.2. '항공기 유발 제3자 피해 배상에 관한 협약'(Convention on Compensation for Damage Caused by Aircraft to Third Parties)과 '항공기 사용 불법행위로 인한 제3자 피해 배상에 관한 협약'(Convention on Compensation for Damage to Third Parties, Resulting from Acts of Unlawful Interference Involving Aircraft)을 채택하였다.

첫 번째 협약은 일반위험(general risks)을 커버한 내용으로서 일반위험협약(General Risks Convention)으로 칭하는데 1933년 로마 협약, 1952년 로마 협약, 1978년 몬트리올 의정서의 내용을 현대화하면서

60) 1SDR은 약 15프랑(Poincaré gold franc).

배상상한액을 상향한 것이지만, 불법방해배상협약(Unlawful Interference Convention)으로 불리는 두 번째 협약은 9/11사태와 같은 대규모 제3자 피해를 배상하기 위한 국제기금을 창설하고 협약의 발효와 폐기를 혁신적으로 규정하는 등 법의 일반 통념을 일부 뒤흔드는 내용도 담고 있어 이례적이다. 2009년에 채택된 동 2개의 조약을 다음 기술한다.

4.4.1. 일반위험협약[61)]

기존의 1952년 로마 협약을 개정한 1978년 몬트리올 의정서 내용을 대폭 개선하고 현대화한 내용을 담고 있다. 그 주요 내용을 다음에서 살펴본다.

<u>적용 대상</u>

첫째, 눈에 띄는 것이 과거 제3자 피해 배상 조약이 지상의 제3자 피해라는 표현을 써 해상을 포함한 지상에서의 피해에 관한 배상만을 규율하였는데 본 협약에서는 '지상'이라는 표현을 삭제하면서 공중에서의 항공기가 제3자로서 피해를 입을 경우에도 배상할 수 있게 하였다. 무고한 제3자가 피해를 볼 때 제3자의 위치를 지상과 해상으로만 한정하면서 공중에 있을 경우에는 배제하는 것은 형평상 문제인바 이를 늦게나마 시정한 것이다(제2조 1항).

둘째, 항공기를 이용한 테러로 인한 피해가 아닌 제3자 피해가 협약 당사국 영토에서 발생하였을 경우이다. 그러나 당사국 총회가 결정할 경우 당사국 소속 항공기가 비당사국 영토에서 야기한 제3자 피해도 배상 대상이 될 수 있다(이상 제2조 1항).

셋째, 제3자 피해에 있어서 과거 협약은 사망 또는 인적 피해(personal injury)와 재산 피해(property damage)를 배상하면서 인적 피해에 있어서 정신적 피해(mental injury)는 도외시하였지만 본 협약은 신체 피해(bodily injury)에 의한 정신적 피해 또는 사망이나 신체적 피해가 임박할 수 있는 상황에서 야기되는 정신적 피해도 배상 대상으로 하였다(제3조 3항).

넷째, 과거 협약과는 달리 환경 피해(environment damage)도 배상 대상이나 이는 사건 발생지국 법률상 배상 대상으로 규정되어 있을 때 적용된다(제3조 5항).

다섯째, 협약 당사국이 원할 시 국제 운송 항공기에 의한 피해뿐만 아니라 국내 운송 항공기에 의한 피해도 배상 대상으로 한다(제2조 2항).

여섯째, 과거 관련 협약과 일반적으로 적용되는 국제법 원칙에 따라 무력 충돌, 민간 소요, 핵 피

---

61) 정식 명칭이 Convention on Compensation for Damage Caused by Aircraft to Third Parties로서 약칭 General Risks Convention이라고 함. 2009.5.2. 캐나다 몬트리올 개최 외교회의에서 채택된 후 2015년 12월 현재 13개국이 서명, 2개국과 5개국만이 각기 비준, 가입하여 발효에 필요한 35개국의 비준 또는 가입과는 거리가 멈. 협약문은 부록에 수록.

해, 국가용(군사, 경찰, 세관 용)으로 사용되는 항공기로 인한 피해는 배상 대상이 아니고 징벌적 배상도 제외된다(제2조 4항, 제3조 6~8항).

<u>적용방법</u>

첫째, 1978년 몬트리올 의정서는 항공기 중량을 4개로 구분하면서 최고 배상한도를 최대 중량 30톤 항공기 경우 250만SDR에 더하여 30톤을 초과하는 1kg마다 65SDR을 추가하는 것이었으나, 본 협약은 항공기 중량을 10개로 세분하여 최대 배상액을 7억SDR로 대폭 인상하였다(제4조 1항). 10개로 구분된 내용은 아래와 같다.

(a) 최대 중량 500kg 또는 그 이하 항공기 경우 최대 75만SDR
(b) 최대 중량 500kg 이상 1톤 미만 경우 최대 150만SDR
(c) 최대 중량 1톤 이상 2.7톤 미만 3백만SDR
(d) 최대 중량 2.7톤 이상 6톤 미만 7백만SDR
(e) 최대 중량 6톤 이상 12톤 미만 18백만SDR
(f) 최대 중량 12톤 이상 25톤 미만 8천만SDR
(g) 최대 중량 25톤 이상 50톤 미만 1억 5천만SDR
(h) 최대 중량 50톤 이상 200톤 미만 3억SDR
(i) 최대 중량 200톤 이상 500톤 미만 5억SDR
(j) 최대 중량 500톤 이상 7억SDR

둘째, 배상액 상한을 초과한 피해 발생 시 인적 피해를 우선적이고 비례적으로 지불하도록 하였다(제5조). 그러나 사망, 신체 피해, 그리고 정신 피해라는 3개의 인적 피해의 비중에 따른 배상 언급이 없고 인적 피해 지불 후 배상 대상인 기타 피해의 세부적 내용에 관한 언급도 없다. 과거 조약은 인적 피해를 우선적으로 배상토록 하면서 2/3 내지 1/2의 배상금을 사용하도록 하고 나머지는 재산 피해를 배상토록 한 것을 볼 때, 본 협약은 인명을 가장 중시하는 시대정신을 반영하여 재산 피해에 대한 배상은 후 순위로 하면서 인적 피해에 우선 배상을 하도록 한 것이겠다.

셋째, 공해 상 선박이나 항공기에 대한 피해 발생 시 항공기는 동 항공기의 주된 영업장소 국가에서 발생한 것으로 간주하여 배상을 한다(제2조 3항). 그러나 선박에 대해서는 그러한 언급이 없는바, 이는 기국편의주의(flags of convenience)에 의해 많은 선박이 실질적 연관 관계가 없는 국가(라이베리아, 파나마 등)에 등록되어 있는 현실에서 배상 적용 법규가 부실할 수도 있는 여사한 등록국에서만 배상 재판이 이루어지는 결과가 된다. 이는 이러한 선박들에 대하여 제대로 된 수준[62]의 배상소송 기회를 박탈 받는 불이익을 감수토록 한 의도로 해석할 수 있다.

판결 상호 인정

국제 항공 공법에서 범죄인 처벌을 위하여 사용하는 방법인 모든 당사국의 범죄인 소추를 위한 국제협력의 정신을 국제 항공 사법인 제3자 피해 관련 배상 판결에도 적용하여 일 당사국의 판결내용을 특정한 문제가 없는 한 타 당사국이 인정하고 집행할 수 있도록 하였다. 관련 조항인 제17조는 이전의 1952년 로마 협약(제20조)이 판결내용 상호 인정을 집행 대상국으로서 배상책임자의 재산이 소재한 당사국으로만 한정한 것을 모든 당사국으로 확대하여 보편적 적용을 기하였다.

기타

SDR을 구성하는 통화사용국(미국, 일본, EU, 영국)의 인플레가 10% 이상일 경우 배상상한액을 재검토하고(제15조), 항공사의 보험 가입을 강제하며(제9조), 2개 이상의 영토에 적용하는 법률이 상이한 국가가 모든 영토 또는 하나의 영토에만 조약 적용을 하도록 선택할 수 있는 소위 홍콩 조항을 포함(제26조)하였는바, 이러한 조항들은 법정 비용과 기타 경비에 대한 법원의 피해자를 위한 판결(제7조), 피해자에 대한 선 지불(제8조) 등과 함께 국제 항공운송에 있어서 항공승객과 화물을 규율하는 바르샤바 체제[63]와 1999년 몬트리올 협약[64]의 내용을 답습한 것이다.

4.4.2. 불법방해배상협약[65]

과거에 없었던 내용과 형식으로서 모두 조약 제정 기술의 발전이라고 보기에는 무리가 있는 내용도 포함하고 있다.

2001.9.11. 오사마 빈 라덴이 주도한 알 카에다 테러범들이 미국 항공기들을 탈취하여 뉴욕의 무

---

62) 국제 운항 다수 상업항공기는 통상 선진국에 등록되어 있거나 또는 선진국을 주된 영업장소로 하여 운항되고 선진국의 배상 관련 법체계는 높은 수준에 있으므로, '일반위험협약'이 위임하는 법원지 법 적용 시 피해를 당하는 제3자에 대한 배상이 적절한 수준으로 이루어질 수 있음. 반면, 선박은 기국 편의주의에 따라 세금과 통제를 가능한 한 작게 부담 받으려 하는 많은 선박이 실질적인 연관(genuine link)이 없는 라이베리아나 파나마 등 후진국에 등록을 하고 있는데, 이러한 선박들이 통상 선진국을 무대로 영업을 하기 때문에 선진국을 주된 영업장소로 간주하여 수준급 배상 판결을 받도록 할 수도 있었겠으나 선박 등록국에서만 배상 판결을 받도록 함으로써 항공기에 비하여 불이익을 준 결과가 되었음.

63) 1929년 바르샤바 협약(Convention for the Unification of Certain Rules Relating to International Carriage by Air, 12 October 1929)과 협약을 개정하고 보완한 후속 협약과 의정서 및 미국을 운항하는 항공사들 간의 협정인 1966년 몬트리올 협정(미국 Civil Aeronautics Board가 1966.5.13 승인한 CAB No. 18900)의 총체적인 규정 내용을 지칭. 제10장에서 상술함.

64) Convention for the Unification of Certain Rules for International Carriage by Air, 28 May 1999. 2016.1.4 현재 119개 당사국. 제10장에서 설명함.

65) 정식 명칭이 Convention on Compensation for Damage to Third Parties, Resulting from Acts of Unlawful Interference Involving Aircraft로서 약칭 Unlawful Interference Compensation Convention이라고 함. 2009.5.2. 캐나다 몬트리올 개최 외교회의에서 채택된 후 2015년 12월 현재 서명 11개국, 비준 1개국, 가입 4개국으로서 발효에 필요한 35개국의 비준 또는 가입이 가능할지 의문시 됨. 협약문은 부록에 수록.

역센터와 미국 국방부 청사에 고의적으로 충돌시켜 약 3천 명의 인명 피해와 수백억 달러의 재산 피해가 발생하였고 사건 발생 며칠 후에는 보험회사의 항공보험 거부로 항공기의 정상 운항이 위협받는 상황이 전개되었다.[66]

미국 정부와 국회는 유례없는 테러사태에 직면하여 관련 법률을 즉각 제정, 항공사와 보험업계를 지원하면서 항공운항의 계속을 보장하였으며 미국 항공사는 2014년 말까지 테러 등 전쟁 위험에 대비한 보험을 보험회사 대신 미국 정부의 보증에 의존하면서 항공운항을 하여왔다.

미국이 주도하는 국제 항공사회는 여사한 사고가 재발할 경우에 대비한 배상체제를 국제사회가 강구하도록 국제민간항공기구(ICAO)에 요청하였으며 ICAO는 법률위원회에서 동 건을 수년간 논의한 결과 앞서 살펴본 제3자의 일반위험(general risks)에 관한 배상협약과 분리하여 '항공기 사용 불법행위로 인한 제3자 피해 배상협약안'을 제시한 결과 2009.5.2. 외교회의에서 논의 후 양 조약이 공히 채택되었다.

본 불법방해배상협약은 최신 조약 제정 기법으로서 그 유효성을 담보하고 있는 1997년 교토 의정서[67]상 이중 발효장치를 도입하여, 35개국이 비준 또는 가입한 지 180일 후에 발효하지만 동 35개국에서 비준, 가입하면서 수탁처인 ICAO에 통보하여야 하는 자국(비준과 가입국) 공항 출발 국제항공여객 숫자가 도합 7억 5천만 명은 되어야 발효할 수 있고 그렇지 않을 경우 동 숫자가 충족된 후 180일 후에 발효된다고 규정하였다(제40조 1항). 단, 국내 항공운송에도 협약을 적용하고자 하는 국가가 비준 또는 가입할 경우 7억 5천만 명의 여객 숫자는 국내 항공여객 숫자도 포함하는 것으로 규정하였다(제40조 3항).

그런데 비준, 가입 시 통보하는 자국 공항 출발 여객 숫자는 비준, 가입하는 연도가 아니고 바로 전년도의 통계를 통보하도록 하였는바, 35개국의 비준, 가입 숫자는 충족하였지만 7억 5,000만 명의 여객 숫자를 충족하지 못하는 상황이 수년간 지속되다가 동 여객 숫자가 충족되는 시점을 어느 연도의 것으로 택하여야 하는지에 관한 기술적인 문제가 있다. 제40조 3항은 비준, 가입국이 동 여객 숫자 통보를 매년 하는 것으로 규정하였기 때문에 통계상 동 숫자를 충족시키는 연도의 말일을 충족 시점으로 보고 이로부터 180일이 되는 시점에 발효하는 것으로 보아야겠다.

또한 1999년 몬트리올 협약 상 국제 운송 항공기의 사고 시 승객 등에 대한 배상상한액은 10%

66) 제 6장 6.1항 9/11 사태 기술 내용 참조. 동 건 관련 기초적인 내용은 Paul Dempsey & Michael Milde, International Air Carrier Liability: The Montreal Convention, Centre for Research in Air & Space Law, McGill University, Montreal, 2005, pp.241~245.

67) 지구 온난화 가스 배출 감축을 위한 1992년 기후변화협약(United Nations Framework Convention on Climate Change)을 실천하는 내용을 담고 있는 조약으로서 1997년 12월 일본 교토에서 채택된 의정서. 동 의정서는 지구 온난화 가스를 다량 배출하는 국가들의 다수 참여가 있어야 의정서의 목적 달성이 가능한 것을 감안하여 제25조에서 55개국의 비준, 가입과 동 비준, 가입 국가들이 배출하는 1990년 이산화 탄소(CO2) 배출량이 세계 선진국인 Annex 1국가들의 동년 총 배출 총량의 55%를 차지하는 양을 충족할 경우 발효토록 하였음. 이에 따라 최대 배출국인 미국의 비준 거부로 발효가 지연되었지만 러시아의 비준으로 2005년 발효되었음.

이상의 인플레이션 발생 시 이를 반영하여 인상할 수 있도록 한 것도 도입(제31조)하여 일반위험협약에서와 함께 최신 조약 제정 기법을 도입하였다.

불법방해배상협약이 항공기를 중량에 따라 10개로 구분하여 항공운항인의 배상책임한도를 최대 7억SDR로 규정(제4조 1항), 공해상 선박이나 항공기에 대한 피해 발생 시 항공기만 주된 영업 소재지 국가에서 피해가 발생한 것으로 간주(제2조 3항), 환경 피해도 법원지 법에 따라 배상 대상이며(제3조 5항), 정신적 피해를 사망, 신체 피해와 함께 배상 대상으로 포함(제3조 3항)하는 것 등은 일반위험협약과 같으나 일반위험협약과는 달리 인적 피해 우선으로 배상금을 사용한다는 규정은 없이 재산 피해도 배상한다고만 되어 있다(제3조 4항). 협약 당사국의 선택에 따라 국내 항공운송에도 적용할 수 있고(제2조 2항), 징벌적 배상을 허용치 아니하고(제3조 7항), 핵 사고로 인한 피해 배상을 제외하며(제3조 6항), 배상금의 선 지불(제6조), 군용, 세관용, 경찰용으로 사용되는 국가항공기로 인한 피해를 제외(제2조 4항)하는 것도 일반위험협약과 같으나 본 불법방해배상협약은 전쟁위험을 커버하는 것이기 때문에 전시 충돌이나 민간 소요 시에 적용 배제되는 것이 아니고, 항공운항자의 항공보험을 항공기 중량별로 강제하되 보험료가 과다할 경우 항공기별 사건 당 배상상한으로 보험을 드는 대신 총합 기준(on an aggregate basis)으로 보험을 들도록 하여 보험료 부담을 줄여 주고 일정 상황(후술하는 국제민간항공배상기금 운용 관련)에서는 보험을 들지 않아도 되게 하였다(제7조 1항).

이제 불법방해배상협약의 특별한 규정을 두 가지 점에서 살펴보기로 한다.

<u>국제민간항공배상기금(International Civil Aviation Compensation Fund, 약칭 국제기금) 설치</u>

9/11사태와 같이 대규모 제3자 피해가 발생할 경우 제4조에 따라 최대 7억SDR까지는 항공사가 가입한 보험에서 지급하지만 그 이상의 피해액을 감당하기 위하여 국제기금을 설치하였다. ICAO 법률위원회에서 성안하였던 협약안 내용에는 보충배상기금(Supplementary Compensation Fund)이라는 표현을 사용하였으나 협약 채택회의에서 국제기금으로 명칭이 변경되었다.

국제기금은 국제 항공여행을 하는 승객이 하나의 발권 단위로 여행할 때마다 지불하는 금액과 항공화물 송하인이 톤당 의무적으로 지불하는 일정한 금액(추후 결정)으로 충당된다(제12조). 협약을 국내운송에도 적용할 것을 선언한 당사국(제2조 2항 의거)은 동 당사국 내 국내 공항 간 여행하고 운송되는 승객과 화물에 대하여서도 국제기금이 부과된다. 단, 소형항공기에 부과하는 액수는 당사국 총회 결정에 따르며 모든 경우 항공기 운항자가 징수하여 국제기금에 송금한다(제12조 1항).

국제기금은 기금을 관리하는 사무국과 사무국장, 그리고 당사국 총회로 구성되며(제8조 1항) 다

음 목적을 수행한다(제8조 2항):

(a) 제4조상 항공사가 항공기 중량별 10개 카테고리로 구분하여 부보(付保)한 배상상한액을 초과한 제3자 피해가 협약 당사국에서 발생한 경우에 초과한 만큼의 배상액으로 제공(제18조 1항).

(b) 항공운항자가 본 협약규정 배상액(제4조)으로 부보하는 것이 불가하고 또는 고가라고 협약 당사국 총회가 판단하고 결정하는 기간 동안 국제기금이 제3조(신체, 재산 및 환경 피해 등 제3자에 대한 운항자의 배상책임)와 제4조(배상상한내의 배상)에 따른 사건 발생 시 항공사를 대신하여 지불. 이 경우 항공사는 당사국 총회가 정하는 요금(fee)을 국제기금에 지불(이상 제18조 3항).

(c) 협약 당사국에 주된 영업소 또는 주소를 두고 있는 항공운송자가 협약 비당사국에서 발생한 제3자 피해를 유발한 경우 당사국 총회의 결정이 있다면 동 비당사국이 당사국이라고 상정하였을 경우의 피해 배상을 위한 지불을 위하여 사용. 단, 제18조 2항에 규정된 국제기금의 배상가용 상한액인 30억SDR을 초과할 수 없음(제28조).

(d) 사건 발생으로 항공기 승객 피해 배상이 제3자 피해 배상보다 적을 경우 공평의 원칙에 당사국 총회가 정하는 바에 따라 항공기 승객 피해 배상을 보전할지를 결정(제9조).

(e) 제3자 피해자의 즉각적인 경제적 필요에 부응한 선 지불과 사건 발생 시 피해 완화를 위한 조치(제19조).

(f) 상기 목적에 부합하는 기타 기능(제8조 2항 d).

국제기금은 항공사가 보험으로 커버한 배상상한(제4조 의거 최고 중량 항공기의 경우 7억SDR)을 초과하는 제3자 피해 금액을 사건 당 최대 30억SDR까지 배상(제18조 3항)하는 것에 주안을 두고 당사국 총회가 정하는 금액으로 하되(제13조), 첫 30억SDR의 기금을 당사국들이 4년 이내로 조성하도록 하는 요율로 승객과 화주가 지불하도록 정하며(제14조 2항), 2년 연속 납부액의 총액이 배상상한 30억SDR의 3배 이상을 초과하여서는 아니 된다(제14조 3항)라고 규정함으로써 협약 적용 기간 중 9/11과 유사한 사태가 발생한다 하더라도 단시일 내 과도한 부담을 지우는 것을 피하였다.

탈퇴와 폐기 조항의 특징

어느 당사국의 탈퇴(서면 통보 후 1년 발효)가 국제기금의 운용을 크게 손상시킨다고 판단될 경우 어느 타 당사국이라도 특별총회를 소집할 수 있으며, 동 특별 총회에서 참석 국가의 2/3가 동의할 경우 다른 당사국도 같은 날짜에 탈퇴할 수 있다(제10조 7항)는 유별난 조항을 포함하고 있다. 이는 미국이 탈퇴할 경우 동 협약의 존재 의미가 없어지는 것을 염두에 둔 것으로 보인다.

또한 협약이 발효하기 위하여서는 35개국이 필요하지만 발효 후 일정 시점에 협약 당사국 숫자가

8개국 미만으로 줄어들었을 때 또는 협약 당사국(폐기 선언하지 않은)의 2/3가 결정하는 일자에 협약을 종료할 수 있다(제42조)는 또 하나의 독특한 내용을 포함하고 있는바, 이 역시 미국을 염두에 두고 장래 국제정세의 변화에 따라 협약의 쇠잔에 대비한 내용으로 본다.

4.4.3. 2개 협약에 대한 비판과 평가

일반위험협약

일반위험협약은 기존의 제3자 배상을 현대화하고 배상액도 현실화한 내용으로서 어느 정도 바람직한 입법이었지만 불법방해배상협약은 여러 가지 기여에도 불구하고 문제가 있다. 그 내용을 다음에서 살펴본다.

첫째, 일반위험협약과 불법방해배상협약 공히 정신적 피해를 배상 대상으로 명기한 것은 바르샤바 체제를 해석하는 법원에 따라 정신적 피해를 항공기 승객의 상해 내용으로 포함시키느냐를 두고 혼선이 있었던 것을 상기하게 하면서 과연 올바른 선택이었느냐 하는 의문을 갖게 한다.

1929년 바르샤바 협약이 채택된 지 수십 년 후 항공산업이 비약적인 발전을 하였음에도 불구하고 승객사상 시 1인당 배상상한이 미화 만 달러 정도에 불과하였던 것을 미국 법원이 형평의 논리에서 시정하기 위한 방안의 하나로 정신적 피해도 배상 대상에 포함시킨 것은 주지의 사실이나, 바르샤바 체제를 갱신한 1999년 몬트리올 협약도 협약 상 배상대상을 신체 피해(bodily injury)라고 명시한 점을 감안할 때, 그 판단기준도 모호한 정신적 피해를 제3자 피해 시 인정할 필요가 있었느냐 하는 것이다.

이에 대해 필자는 긍정적으로 평가하는바, 그 이유는 지상 제3자는 위험을 부담하면서 항공기를 탑승한 경우도 아닌 무고한 자로서 피해 발생 시 항공기 승객보다는 우월한 배상을 받아야 하기 때문이라고 본다. 그리고 배상 대상이 되는 정신적 피해를 협약이 신체적 피해에 연유[68]한 것이라고 한정한 것은 모든 정신적 피해를 대상으로 한 것이 아니고, 미국 대법원이 Eastern Airlines v. Floyd[69] 판결로 그간 미국 각급 법원 판결에서의 혼선을 교통정리한 내용과도 맥을 같이하는 것으로서 수용하여야 할 내용이다. 단, 정신적 피해의 정의가 사건 배상 판결 법원지 별로 상이할 수 있어 협약의 통일적 적용을 해칠 우려는 있다.

68) 일반협약과 불법방해배상협약의 각기 제3조 3항은 인적 피해 배상에 대해 다음과 같이 동일하게 규정하고 있음: Damage from death, bodily injury and mental injury shall be compensable. Damages due to mental injury shall be compensable only if caused by a recognizable psychiatric illness resulting either from bodily injury or from direct exposure to the likelihood of imminent death or bodily injury.

69) 499 U.S. 530, 111 S. Ct. 1489. 1991년 미국 대법원은 항공승객이 정신적 스트레스 이유로 배상 청구한 사건에 있어서 배상요건을 상해의 신체적 표출(physical manifestation of injury)로 한정하면서 신체적 상해를 동반하지 않는 정신적 피해는 배상 대상이 아닌 것으로 판결하여 연후 법원 판결에서 신체적 피해를 동반하지 않는 순수한 정신적 피해는 배상 대상에서 제외시키는 효과를 가져왔음.

또 정신적 피해 배상을 언급한 양 조약 공히 제3조 3항은… Damages due to mental injury shall be compensable only if caused by a recognizable psychiatric illness resulting either from bodily injury or from direct exposure to the likelihood of imminent death or bodily injury에 있어서 사망이나 신체적 피해가 임박할 수 있는 상황에서 야기되는 정신적 피해를 어떻게 통일적으로 해석하고 적용하느냐 하는 문제가 있다.

둘째, 비행 중 공중 충돌로 제3자 피해가 발생할 경우, 특히 2개의 다른 항공사 소속 항공기 사이에 발생한 사고의 경우 어떻게 배상하느냐 하는 문제가 발생할 수 있다. 예를 들어 협약 상 중량에 따라 10개로 구분된 가장 작은 항공기는 배상상한으로 75만SDR을 적용받는데 동 항공기가 큰 중량인 B-747(점보)기와 충돌, 인구 밀집지역에 추락하면서 지상에 큰 인명과 재산피해를 유발하였을 경우 테러로 인한 것이라면 국제기금의 역할로 비교적 배상이 용이하겠지만 일반위험협약이 적용될 경우 어찌 처리하느냐의 문제가 발생한다. 이때 3가지 경우를 상정할 수 있다.

① 점보기와 작은 항공기의 공중 충돌 이 작은 항공기의 실수로 인한 경우 제3자 피해 배상액 상한이 75만 SDR의 소액일터인데 동 소액으로 제3자 피해를 배상할 수 없을 경우의 문제이다.

② 충돌이 점보기의 고의 등 중대한 과실로 발생하였다면 작은 항공기는 지상 피해 배상을 함에 있어서 상한이 높은 점보기의 제3자 피해 배상액도 같이 이용하여 피해 배상할 수 있겠다.

③ 작은 항공기의 잘못으로 사고가 발생하여 점보기가 지상에 추락하여 큰 피해를 유발하였을 경우 소형항공기의 배상상한인 75만SDR 금액으로 배상이 불충분할 것이니 점보기가 자체 보험으로 든 7억SDR도 사용하여 배상을 하여야 할터인데 그래도 배상액이 부족할 경우 누가 어떻게 부담하느냐의 문제가 있다.

<u>불법방해배상협약</u>

첫째, 테러행위로 인한 피해는 국가안위에 관한 문제로서 모든 국가가 배상책임을 부담하는 사안이다. 그런데 유독 항공 산업에 있어서만 항공기 운항자(항공사)와 항공승객 및 화주에게 배상책임을 부담시키는 것은 법의 기본원칙과 형평의 관점에서 문제가 된다. 항공기를 테러로 이용한 사건의 발생 시 항공운항자인 항공사와 항공승객 모두 희생자인데 희생자들이 배상을 부담한다는 것은 불합리하다. 여타 운송수단 이용 시, 즉 기차나 버스 이용 시나 기

타 상황에서 여사한 테러가 발생할 경우 적용되지 않는 바를 항공운송 경우에만 유독 적용하는 것이 문제이다.

둘째, 본 협약은 국제정치 현실상 대규모 테러 대상이 되는 미국과 일부 서방(예: 영국)이 부담하는 전쟁위험을 후진국 등 세계 다수 국가가 부담하는 결과를 가져오는 것이다. 또한 제10조 7항에서 어느 당사국이 협약 폐기 선언을 할 경우 다른 당사국도 협약 폐기를 할 수 있도록 한 내용은 미국이라는 거대한 항공대국의 참여와 탈퇴에 따라 협약의 존폐가 달려 있는 내용이 되는 것인바, 국제조약이 지녀야 할 안전성을 도외시한 내용과 체제라 하겠다.

셋째, 국제기금은 불법방해배상협약 제9조 j와 제8조 2항 b에 따라 제3자 피해 사건 발생 시 항공기 승객에 대한 배상이 제3자 피해 배상액과 비교하여(commensurate) 적을 경우 공평한 취급을 위해 승객에게 보충 배상을 할 수 있다고 규정하고 있는바, 이는 지상 제3자에 대한 피해를 항공기 승객에 비하여 높은 금액으로 배상하도록 하고 있는 현존 조약내용[70]과 무고한 제3자의 피해는 항공기 승객보다 우대한다는 법의 정신에 위배되는 것이다.

이는 정신 피해를 일정한 요건에서 배상 대상으로 포함시킴으로써 지상 피해자를 항공기 승객 피해자보다는 불리하게 대접하지 않는다는 합리적 내용을 도입한 논리에 상치하는 것이면서 지상 피해자와 항공기 승객의 피해 배상을 동일시하는 결과를 가져오는 것인바, 법의 시대적 발전으로 보기에는 여전히 무고한 제3자의 피해가 제대로 대접받지 못하는 형평의 문제가 존재한다. 또한 제3자에 대한 피해 배상조약이라고 한 협약의 명칭과도 달리 제3자가 아닌 항공기의 승객에게도 적용하는 내용을 담고 있는 자체가 이단이다.

넷째, 모든 협약 당사국들의 항공사가 일사분란하게 국제기금을 수금하고 보관, 송금하는 책임과 의무를 지도록 한 것은 국가도 아닌 개인 기업에게 방대한 임무를 부과한 것으로서 회계의 투명성과 행정의 원활성에 문제가 있을 수 있으며 항공사가 제대로 이행을 못 하고 파산한다든지 할 경우 누가 책임을 지느냐 하는 문제 등이 발생할 것이다.

위에서 관찰한 2개의 제3자 피해 배상협약과 관련하여 우리나라의 입장에서는 일반위험협약에 참여하여도 무방하겠지만 문제가 있는 불법방해배상협약은 그렇지 않다. 일반위험협약에 참여하는 것도 추이를 보아야 한다. 항공기의 제3자 피해를 국내법으로 처리하면서 항공 운항자가 전액 배상토록 하는 선진국들이 참여한다면 우리도 참여하면서 우리 국적기가 운항하는 선진국에서 제3자 피해 유발 시 금전적으로 상한 적용을 받으니 이익이다. 그러나 많은 선진국들은 항공기의 제3자

70) 지상 제3자 피해 배상에 관한 1978년 몬트리올 의정서는 지상 피해자 1인당 배상상한을 12만 5천 SDR로 규정하였으나 1999년 몬트리올 협약은 절대적인 배상액을 10만 SDR로 한정하고 있음.

피해 유발 시 국내법 상 실비 배상으로 처리하는 현 법률체계에 문제가 없다는 인식일 것인 바, 2개의 몬트리올 협약은 발효 전망이 어두워 보인다. 여러 문제점을 안고 있는 불법방해배상협약은 더욱 그러하다.

제 8 장

민간항공에 관한 제반 업무

1. 항행시설
2. 항공교통업무
3. 사고조사
4. 국내 사고조사 체제

제8장

민간항공에 관한 제반 업무

1. 항행시설

1.1. 시카고 협약의 규정

시카고 협약의 당사국은 국제 민간항행을 안전하고 질서 있는 가운데 효율적으로 운항하기 위한 제반 권리와 의무를 지고 있다. 이를 위하여 각 당사국은 항공규칙을 제정하는데 동 항공규칙은 '최대로 가능한 범위 내에서'(to the greatest possible extent) ICAO가 정하는 규칙에 합치되어야 한다.[1] 모든 당사국은 공해 상공을 비행하는 자국항공기가 ICAO 규칙을 준수하도록 하여야 하는바, 이는 협약 제12조가 어느 나라의 규율도 받을 수 없는 공해상의 비행은 ICAO 이사회가 제정하는 규칙을 따르도록 규정하였기 때문이다. 그런데 시카고 협약 제12조와 관련 부속서인 부속서 2(Rules of the Air)는 공해 상공만 언급[2]하고, 공해와 같이 주권 국가의 관할권이 미치지 않는 남극 상공의 비행에 관하여서는 아무런 언급을 하고 있지 않다.[3] 물론 실제적인 문제에서 남극을 비행하는 항공기가 매우 드문 까닭이긴 하지만 법 규정의 포괄성에 비추어 볼 때 이는 법의 흠결이라고 보아야겠다.

협약 당사국은 또한 '실제 가능하다고 판단하는 한'(So far as it may find practicable) 적합한 공항, 항공교통업무, 항행시설, 항공지도 및 기타 운항 편의를 제공할 의무가 있다(제28조). 각 당사국은 항공규칙뿐만 아니라 항공을 촉진하고 개선할 수 있는 모든 분야에서 ICAO의 규정에 따라 자국 규정을 최대한(highest practicable) 통일시킬 의무가 있음은 앞서 기술한 바 있다. 그러나 협약 당사국은 판단에 따라서 자국의 규정을 ICAO 규정과 달리 적용할 수 있는 자유도 있는바, 단 이때 상이한 국내규정이 ICAO 부속서 중 표준(Standard)에 해당하는 내용일 경우에는 이 사실을 ICAO에 통보하여야 할 의무가 있다(제38조).

---

1) 시카고 협약 제12조에 따라 항공규칙을 집합한 협약 부속서 2 참조.

2) 시카고 협약 부속서 2(10th ed., July 2005) 2.1.1 Note 내용.

3) 단, 시카고 협약 부속서 11(13th ed., July 2001)의 Chapter2 (General)의 2.1.2.는 공해 상공과 함께 무 주권 상공(air space of undetermined sovereignty)을 언급하고 있는바, 동 무 주권 상공은 남극 상공을 지칭함.

각 협약 당사국은 자국영공에서 국제 민간항공기가 비행하여야 할 항공노선이나 이용 공항을 지정할 수 있다(제68조).

1.2. ICAO 조치

ICAO는 PICAO(Provisional ICAO) 시절부터 항공의 안전과 발전을 위하여서는 세계 도처에 항행시설을 시급히 구비하는 것이 긴요하다는 인식하에 IBRD(국제부흥개발은행), 즉 World Bank와의 교섭을 통하여 세계 도처에 필요한 항공시설 자재의 구입자금을 IBRD로부터 융자받을 수 있게 하였다. ICAO는 PICAO와 IBRD 간의 동 협정에 만족하지 않고 제1차 ICAO 총회(1947년 5월) 때 결의문[4]을 채택하여 시카고 협약 상 ICAO가 담당하여야 할 재정 및 기술지원에 관한 구체적 방침을 수립하였다. ICAO는 또한 동 문제를 전담하기 위하여 ICAO 이사회의 보조기구로서 공동지원위원회(Joint Support Committee)를 제1차 총회 시 설치하였다.

위와 같이 항공시설 설치에 큰 관심을 기울여 온 ICAO는 국제협정을 통하여 지금까지 3건에 걸친 공동지원 사업을 전개하였다. 첫 번째는 1946년 영국 런던에서 체결한 북대서양 기상관측선(North－Atlantic Weather Observation Ships: NAOS)에 관한 협정을 통하여 당시 항공교통량이 가장 많았던 북대서양에 21척의 선박을 운항하면서 9개의 해상 기상국을 설치 운영한 것이다. NAOS 협정은 1970년대 초부터 인공위성 등 여타 선진기술의 등장에 따라 그 중요성이 감소하기 시작하였다. NAOS는 1975년부터 WMO(세계기상기구)에 이관되어 기상관측만을 전담하다가 이내 폐지되었다.[5]

두 번째는 1949년 덴마크 정부의 재정지원 요청에 따라 1950년 이래 ICAO 이사회가 덴마크와의 협정하에 Greenland와 Faroe Island에 항행 보조시설을 설치·운영하고 있는 것이다. 세 번째는 아이슬란드의 기술·재정지원 요청에 따라 ICAO 이사회가 동국과 협정을 체결하여 1948년 이래 아이슬란드의 항행시설 유지에 참여하고 있는 것이다. 덴마크와 아이슬란드 영토에서의 공동 재정지원 협정에 공히 23개국(1996.1.1. 현재)이 참여하여 북극권을 비행하는 항공기에 대한 관제, 통신 및 기상정보 제공을 가능케 하고 있다.

ICAO는 또한 UNDP(United Nations Development Programme)의 대 후진국 기술지원사업과 긴밀한 관계를 가지면서 후진국의 항공안전 업무의 개선에 크게 기여하였다.[6]

---

4) 결의문 A1 64부터 66.

5) NAOS는 원래 기상, 수색 및 구조, 항행 보조 및 기타 업무를 제공하면서 항공운항에 큰 기여를 하였으나 관측 위성통신 등 기술의 발달로 더 이상 필요치 않게 되었음.

6) UNDP는 각 후진국의 매년 사업계획 중 항공부문 개발에 관련한 지원에 있어서는 ICAO 전문가의 자문을 구하여 해당 후진국의 기자재 구입 또는 훈련 자금을 지출하는바, ICAO 내에 있는 기술협력국(Technical Cooperation Bureau)은 이러한 업무를 담당함.

2. 항공교통업무

2.1. 항공교통업무 규정

항공교통업무(air traffic services)는 시카고 협약의 부속서에서 규정하는 여러 가지 항공교통업무(services)를 말하는 포괄적인 개념이다.[7] 항공교통업무(ATS)는 항공교통관제업무가 주를 이루나 이외에 비행운항의 안전과 효율을 제고하기 위한 목적으로 제공되는 비행정보업무(flight information services)와 경고업무(alerting services)를 포함한다.[8]

항공교통관제업무(ATCS)의 협의 내용은 공중에서 항공기 간의 충돌이나 지상에서 항공기와 지상 구조물과의 충돌을 방지하면서 항공교통의 원활한 유통을 도모하는 것이다.[9]

공중은 항공교통의 통제 성격에 따라 비행정보구역(flight information region), 관제지역(control area) 및 관제구간(control zone)으로 구분된다. 이 중 비행정보구역(FIR)은 거의 대부분의 지구 상공과 국경을 감안하여 광범위한 지역으로 구분한 것으로서 각 FIR마다 동 FIR을 비행하는 항공기에 대한 비행정보업무(FIS)를 제공하기 위한 목적으로 비행정보센터(flight information center)가 설치되어 있다.[10] 국가마다 영토가 크고 작기 때문에 모든 국가가 일률적으로 한 개의 FIR을 설치하는 것은 아니다. FIR은 또한 국가의 경계선을 기준으로 구획되기보다는 항공노선의 형태와 효율적인 항공교통업무의 제공을 감안하여 구획되어야 한다.[11] 그러나 현실적으로 독자적인 FIR을 아직 가지고 있지 않은 국가는 가능한 한 독자적인 FIR을 설치하고자 하는 경향이 있다. 또 공해상에 걸친 FIR의 확보가 혹 장래 특정한 관할권을 부여받는 근거가 될 수 있다는 정치적 고려[12]가 작용하는 한편 FIR 설치로

---

7) 항공교통업무(ATS)은 flight information service, alerting service, air traffic control service의 3자로 구성되며 air traffic control service는 area control service, approach service, aerodrome control service로 구분됨. 비행에 사용되는 모든 공간이 air traffic control service의 대상이 되는 것이 아니고 항공교통이 상당한 양에 달하는 지역의 공항을 중심으로 동 service 제공을 위한 항공교통관제시설이 설치되어 있음. air traffic control service를 제공하기에는 이르나 어느 수준의 교통량이 있기 때문에 교통편의를 위하여 설치하는 air traffic advisory service가 있음. 통상 air traffic advisory service 설치단계는 air traffic control service 설치의 단계로 이행함. 일반적인 항공교통업무를 간략히 기술한 것으로는 Vienne, 'A glance at the past and a projection of the future—Air traffic services'(1970) 25 ICAO Bulletin 7/26을, 구체적인 내용 기술은 Arnold Field, International Air Traffic Control: Management of the World's Airspace, Pergamon Press, Oxford, 1985 참조.

8) 시카고 협약 부속서 11(Air Traffic Services)의 Definition 참조.

9) 1987년 미국은 Public Law 100-223을 제정하여 1992년부터 미국 내 공항을 이용하는 31인승 이상의 모든 항공기에 대하여 충돌 사고방지 경고용 기계인 TCAS-2(Traffic Alert/Collision Avoidance System)의 설치를 의무화하도록 규정하였음. 동법은 10~30인승의 항공기에 대하여서는 1995년 2월까지 TCAS-1을 장착하도록 요구하였음.

10) 2015년 현재 세계는 405개의 FIR로 구분되어 있음. 단, 항공교통량이 거의 없는 남극과 일부 공해 상공에만 FIR이 설치되어 있지 않음. FIR은 러시아와 미국 등 큰 영토국가가 자국영토 내에 설치하는 FIR, 인접국가에 인접하여 설치하는 FIR과 조그마한 여러 국가가 한 FIR을 형성하는 경우 3가지가 있음. 우리나라는 인천 FIR 하나가 있으나(구소련에는 약 100여 개의 FIR이 있었음) 일본의 동경 FIR과 공해상 경계 확정 문제가 완전히 해결되지 않은 상태에 있음.

11) 시카고 협약 부속서 11, 2.7.1.

12) 이러한 정치적 고려는 사실이 뒷받침하는 것이 아니며 ICAO 규정이 이를 배제하고 있지만 불식하기 힘든 것으로서 1973년의 아·태 지역회의(9.5.~28. 호놀룰루)에서도 문제점으로 인정된 바임. ICAO Doc 9077, p.7. 2 Para 7.3.1.과 7.3.2. 참조.

자국 국군의 비행 연습 시 FIR 설치가 안 되어 있을 경우에 적용되는 타국 소재 FIC(비행 정보 센터)의 통제를 받지 않아도 되며 무엇보다도 FIS 제공에 따른 경제적 수입을 얻을 수 있기 때문이다.[13)]

항공교통관제소[14)]는 통신, 무선, 기상업무를 제공하기 위한 시설을 구비하여야 한다. 오늘날의 많은 관제소는 기술의 발전에 따라 컴퓨터 장비를 도입하여 자동화되어 있으며 GPS[15)] 인공위성도 이용한다. 이에 따라 관제소는 과거보다는 훨씬 수월하게 위치를 신속·정확히 파악할 수 있게 되었다. 항공교통관제소는 항공교통업무를 일방적으로 제공만 하는 것이 아니라 항공기로부터 비행계획(flight plan), 위치 보고, 도착 보고 및 기상 변화 상태를 보고받아 자체 관제소가 관할하는 공중에서의 안전하고 원활한 비행을 확보하고 또한 이를 위하여 인근 관제소(국경에 관계없이)와 협력한다.

점증하는 항공교통량과 이에 따른 항공교통업무의 증가는 한 나라가 자국 국경 단위로 또는 자국이 관할하고 있는 FIR 단위로 항공교통업무를 처리한다는 것이 매우 비경제적임을 서로들 인식하게 되었다.[16)] 이 문제를 해결하기 위하여 지역별로 수개의 국가가 협력하여 각기 단일 항공교통업무를 제공하고 있다. 서구에서는 EUROCONTROL, 중미에서는 COCESNA, 아프리카에서는 ASECNA가 바로 이러한 목적의 지역기구임을 이미 살펴보았다.[17)] 동 지역기구는 자체 관할지역 상공을 비행하는 항공기에 대하여 항공교통업무를 제공하는 대신 동 항공기 운항자로부터 업무 사용료를 받는다.

2.2. 비행정보업무(FIS)와 비행정보구역(FIR)

FIS(Flight Information Service)는 비행의 안전과 효율을 위하여 정보와 충고를 제공하는 업무[18)]로서 FIR(Flight Information Region) 단위별로 경고업무(alerting service)와 함께 제공된다. 그런데 FIR은 시카

---

13) FIR 신설 시 동 신설로 자국관할의 FIR을 가지는 어느 국가도 경제적 수입을 위하여 FIR 설치가 필요하다고 표면에 제시하는 일은 없고, 단지 항공교통의 원활한 소통을 위한 것을 이유로 내세우고 있음.

14) Area control centre, approach control office 또는 aerodrome control tower를 말하는 총괄적인 개념임. Area control centre가 보다 광범위한 지역의 상공에서 비행하는 항공기에 대한 관제업무를, approach control office는 공항을 이륙한 직후 일정고도를 유지할 때까지 또는 하강국면에 있는 항공기에 대한 관제업무를, aerodrome control tower는 공항에의 이착륙상태에 있는 항공기에 대한 관제업무를 각기 제공함.

15) 원래 미국의 군용목적으로 계획되었으나 1983년 KAL 007기의 피격사건을 계기로 민간항공기의 자체 위치확인 등의 용도로도 사용이 개방된 Global Positioning System(GPS)은 다양한 민간용도로 실용화되고 있음. GPS의 개발배경, 이용 및 이용 시의 법적 문제점 등에 관하여서는 J. M. Epstein, "GPS: Defining the Legal Issues of its Expanding Civil Use", 61 JALC(1995) 243－285 참조.

16) 서구의 경우 일 지점에서 이륙한 제트 비행기가 수분 후에는 수개국의 국경을 통과하게 되는데 국경통과 시마다 또는 FIR(룩셈부르크는 자체 FIR이 없이 브뤼셀 FIR에 속하여 있지만 서구의 FIR은 여타 지역에 비하여 구역의 범위가 협소함) 통과 시마다 다른 항공교통관제소의 용역을 제공받는다는 것은 비경제적일 뿐 아니라 항공기 운항을 불안전하게 하는 것임. 이는 항공기 조종사가 국경 또는 FIR 경계 통과 시마다 무선 주파수를 해당 FIC에 맞추고 수분 사이에 이전과 다른 관제소의 관할을 받게 되므로 일관된 상황파악을 전제로 한 관제소의 관할을 받을 수 없기 때문임.

17) 지역기구에 관해서는 제3장(항공행정과 국제협력)의 3항 참조.

18) 시카고협약 부속서 11(Air Traffic Services, 13th Ed., July 2001) 수록 정의.

고 협약 체결 시 예측하지 못하였으나 실제적 필요에 의하여 탄생한 내용이다. 이는 안전을 포함한 항공관제 서비스를 최대한 효율적으로 제공하기 위한 것이었는바, PICAO에서 작성한 부속서상 FIR 대신 Flight Safety Region이라고 표기된 데에서도 알 수 있다.[19] 1947년 개최 제1차 ICAO 총회는 이를 FIR로 표기 변경하였다.[20]

FIR은 "비행정보 서비스와 경보 서비스가 제공되는 일정한 구간의 공역"으로 정의[21]되어 있으며 이러한 서비스는 통신을 통하여 제공되면서 비행의 안전과 효율을 도모한다. FIR 내에서 이러한 정보 서비스를 제공하는 단위 센터가 하나 또는 여러 개 설치되어 있다. 따라서 FIR은 필요한 항공관제 서비스(Air Traffic Services: ATS)를 안전하고, 정기적이며, 효율적, 그리고 경제적으로 제공하는 책임구역 이상의 것이 아니다. 육지로 인접한 국가들이 소재하는 지역에서는 FIR 공역이 통상 영공의 경계로 구분되지만 FIR의 공역 경계가 공해 상공에서 획정될 경우 인접국가 간에는 더 큰 FIR 공역을 차지하기 위해 경쟁을 하는 경우가 많았다. FIR의 기능이 단순한 비행정보 서비스 제공이기 때문에 FIR 간 경계 설정 문제를 효율적 기능 측면으로만 고려하면 될 터이지만, 국가에 따라서는 동 경계가 정치적 경계를 함의할 수 있다는 인식을 가지고 영토경계 획정의 문제인양 신경을 곤두세우는 경우가 있기 때문이다. 시카고 협약 부속서 11(Air Traffic Services)은 우선 실용적 측면에서 항공관제 서비스 제공을 목적으로 하는 FIR 간의 경계는 영토경계보다는 항공노선 구조와 효율적인 ATS 필요에 관련되어야 하며 경계가 직선일 때 ATS 제공기술상 가장 편리하다고 언급하면서 육지 상공과 공해 상공을 막론하고 항공의 효율적 운항을 염두에 둔 경계 획정을 중시하고 있다. 또한 FIR 경계를 표시하는 ICAO의 모든 지도에는 FIR 경계가 영토경계하고는 무관함을 밝히고 있다.

이에 불구하고 문제는 여러 나라들이 공해 상공에서 경계가 획정되는 FIR에 영공주권의 가능성이 암시되어 있다는 환상을 가지면서 일을 어렵게 만드는 것이다. ICAO는 일찍이 제기된 여사한 문제를 수차례 걸쳐 분명히 하는 문서작업을 시도한 결과 1977년 개최 제22차 ICAO 총회 시 IATA가 제안한 내용을 결의문 A22－18[22]에 수록함으로써 어느 정도 일단락 시켰다.

한편 공해상 ATS를 제공하여야 하는 FIR을 책임진다는 것이 이를 책임진 국가의 부담일 수 있지만 혜택이 될 수도 있다. 이는 FIR 서비스 제공에 대한 대가를 금전적으로 받을 수 있기 때문이다. 그러나 이보다도 더 중요한 혜택은 자국영공에 연이어 있는 공해상 공역을 FIR 구역으로 책임지고 있을 경우 공중방어와 군사(공군)훈련 목적으로 매우 유용하게 사용할 수 있다는 점이다.

19) ICAO Doc 2010 RAC/104 Feb. 1946, p.16, IATA 2.1.16.

20) ICAO Doc 4041, AI－TE/2, 9. 10.

21) 시카고 협약 모든 부속서 상 게재된 FIR 정의.

22) 동결의문 Appendix N(Delineation of air traffic services airspace in Regional Air Navigation Plans)의 제6항은 "한 국가가 공해 상공에서 ATS를 제공하는 것과 관련된 지역항행 협정을 ICAO 이사회가 승인하는 것은 동 국가의 관련 공역에서의 주권 인정을 의미하는 것이 아니다"라고 언급.

2.3. 관제사의 책임

항공교통업무를 제공하는 자, 특히 항공교통관제업무를 제공하는 자는 동 업무를 이용하거나 의존하는 사람에게 정확한 그리고 책임 있는 업무를 제공할 때 업무상 요구되는 성실한 주의를 다할 의무가 있다. 이러한 의무는 관제사와 조종사 간의 관계에서 발생하는 것이다.[23)] 성실한 주의 의무를 태만히 하여 사고가 발생할 경우 관제소를 운영하고 있는 기관(통상 국가기관)은 배상책임을 질 뿐 아니라 경우에 따라서는 관제사 개인에 대한 책임도 추궁된다.

서방에서 종종 소송의 대상이 되고 있는 관제사의 의무는 과연 어떻게 정의하여야 하는지 문제가 된다. 미국 법정에서는 동 건을 많이 취급하였지만 모두에게 받아들여질 수 있는 모범 답안은 제시하지 못하고 있다. 단, 항공교통관제사의 역할이 항공기의 안전과 전체로서의 항공교통의 원활한 유통을 견지한다는 관점에서 미국 법정은 '안전하고 질서 있으며 원활한' 항공교통의 흐름을 조성하는 관제사의 의무를 많이 거론하고 있다.[24)]

관제사의 의무는 종종 업무수행지침으로 관제소별로 제시되기도 하지만 미국의 판례는 사고가 발생하였을 경우 동 업무수행지침이 지표가 될 수는 있으나 동 업무지침의 수행을 반드시 면책사유로 인정하지는 않는다. 이는 관제사가 비상 상황 시 업무수행지침을 준수하지 않아도 될 때가 있으며 또는 반대로 업무수행지침이 요구하는 것보다 훨씬 많은 상황을 처리하여야 할 때도 있기 때문에 일률적으로 규정할 수 없기 때문이다. 요는 관제사의 업무는 자신의 책임 하에 있는 구역에 있는 항공기의 안전을 도모하기 위하여 필요한 모든 충고와 지시를 함에 있어서 상당한 주의(reasonable care)를 할 의무를 다하는 것이다.

항공기 안전을 직접 책임지는 자로서 조종사가 있다. 조종사는 비행 시 관제사의 지시와 정보를 바탕으로 안전운항을 하나 경우에 따라서는 조종사의 부주의로 사고가 나는 경우도 있다. 조종사와 관제사는 항공기 안전을 위하여 상호 긴밀한 업무관계를 형성한다. 따라서 사고가 발생하였을 시 구체적인 상황에 따라서 양자 중 어느 쪽의 책임을 더 추궁하느냐의 문제가 있으나 기본적으로 양자 모두 항공기 안전에 직접적인 책임을 지는 자들이다.

항공기는 계기비행(Instrument Flight Rules)을 하는 경우와 시계비행(Visual Flight Rules)을 하는 경우에 따라서 조종사와 관제사의 책임관계에 다소 변화가 있다.[25)] 계기비행을 하는 항공기의 조종사는

---

23) 이러한 쌍방 간의 특정관계에서 발생하는 권리 · 의무는 실정법으로 규정되어 있지 않고 또 일일이 다 규정하는 것도 불가능함. 영 · 미법은 이러한 상관관계에서 유발하는 권리 · 의무관계를 과실(negligence)의 불법행위나 계약위반의 사항으로 소송에서 많이 다루고 있음.

24) 국내에서는 생소한 사실로 여겨지겠지만 서방에서는 관제소의 책임과 배상을 추궁하는 소송이 많이 제기되어 오고 있음. 이에 관한 문헌도 많으나 대표적인 것으로 J-L. Magdelénat, "Réglementations internationales actuelles en matiére de responsabilité des services de contrôle de la navigation aérienne" 36 RFDA(불란서에서 간행되는 Revue Francaise de Droit Aérien)(1982) 265 참조.

25) 오늘날 대부분의 항공기가 계기비행(IFR)용 항공기임. 단, 제대로 계기 장치가 되어 있지 않은 경비행기와 소형비행기가 시계비행(VFR)을 함. 항공관제 업

계기에만 의존을 하기 때문에 관제사의 지시와 정보에 크게 의존할 수밖에 없으나 시계비행을 하는 조종사는 자신이 직접 눈으로 보면서 위험을 피할 수(see and avoid) 있는 비행을 하기 때문에 자신에게 1차적인 안전책임이 있다.

관제사는 안전운항을 위하여 요구되는 항공기 사이의 상하 및 좌우간 간격이 유지되도록 하여야 하며 제반 위험(이상 기류, 시계 악화, 장애물 등)에 대한 경고를 하여야 할 의무가 있다. 한편 관제사가 착륙허가를 내렸거나 비행 중 어떠한 지시를 내렸다 하더라도 조종사가 안전의 최종판단[26]책임을 지고 있는 관계로 항시 상당한 주의를 하면서 비행을 하여야 하며 동 상당한 주의를 태만히 하였을 경우에는 조종사의 책임이 추궁된다.

ICAO 법률위원회는 항공교통관제사 업무를 제공하는 자의 책임・의무에 관한 항공법의 제정을 오랜 현안으로 하고 있다.

3. 사고조사

3.1. 시카고 협약

시카고 협약 제26조는 "일 체약국의 항공기가 타 체약국에서 사망, 중상을 야기하거나 항공기나 항행시설의 중대한 기술적인 결함을 이유로 한 사고(accident)가 발생할 경우 사고 발생지국은 자국법이 허용하는 한(so far as its laws permit) ICAO가 권고하는 절차에 따라 사고의 상황을 조사한다"라고 규정하였다. 동 조는 또한 항공기 등록국이 사고조사에 옵서버로 참관하도록 하고 사고조사국은 조사결과를 항공기 등록국에 통보하도록 하였다. 제26조가 규정한 사고조사에 관한 사항을 구체화하기 위하여 ICAO는 시카고 협약 부속서 13(Aircraft Accident and Incident Investigation)을 채택하였다.

3.2. 시카고 협약 부속서 13[27]

1951년에 채택된 시카고 협약 부속서 13은 항공기 사고조사에 관련한 사항을 '표준'(Standards)과

무는 국가기관이 담당하여 온 관계로 관제사의 배상 판결 시 국가배상의 의미를 가져왔으나 캐나다에서는 항공관제 업무를 완전 민영화하는 조치를 취하여 주목받았음(AWST 1996.11.4.자 pp.25~26 참조).

26) 시카고 협약 부속서 2의 2.4.는 항공기장이 항공기 조종을 하고 있는 동안 항공기 운항에 대한 최종권한(final authority)을 갖는다고 규정함.

27) Aircraft Accident and Incident Investigation, Annex 13, Tenth Edition, July 2010. 이는 2006년 발행 Ninth Edition과 달리 사고와 준사고의 정의를 유인과 무인항공기로 구분하여 기술하고 여타 내용도 많이 개정한 내용임.

‘권고방식’(Recommended Practices)으로 구체 기술하고 있다. 사고가 체약국 영토상 발생할 경우 주로 적용되는 동 부속서는 사고 조사국이 사고에 이해관계가 있는 항공기 제조국, 설계국, 등록국은 물론 항공기 사고로 희생된 승객의 소속 국가와도 상호 연락을 취하도록 기술하고 있다. 사고 조사국은 또한 사고조사 결과를 항공기 등록국을 포함한 이해관계국은 물론 사고 항공기의 최대 중량이 2,250 kg 이상일 경우 ICAO에도 통보하여야 한다.

항공기의 사고가 어느 영토 내에서 발생할 경우 영토국이, 공해상에서 발생할 경우 항공기 등록국이 사고 조사국이 된다. 그러나 어느 경우에도 사고 조사국은 조사 결과를 ICAO와 관계 국가에 통보하여 재발방지에 기여하는 것이 바람직하다.

사고조사에 관련한 시카고 협약의 제26조와 부속서 13의 규정에 관하여 살펴본다.

첫째, 과거 사고(accident)와 항공안전장애(incident)로만 구분하여 양 자의 구분에 혼선이 있었던 바를 1988년에 부속서 13을 개정하여 준사고(serious incident)를 추가하였다. 사고와 준사고의 차이는 사고로 정의되기 위한 3개 중의 하나의 요건을 충족하였을 경우에는 사고이며 사고가 되었을 뻔 한 경우는 준사고로 구분이 된다.

부속서 13의 제1장 정의에서 사고는 “승객이 여행 목적으로 기내에 탑승한 후 모든 탑승객들이 하기할 때까지 항공기 운항에 관련한 다음 중 하나가 발생”하는 것이라고 하였다.

① 승객이 기내에 있는 관계로, 항공기의 어느 부분(동 부분이 이탈한 상태인지 여부에 관련이 없이)과 직접적인 접촉의 결과, 또는 제트 분사(jet blast)에 노출된 결과 치명적 또는 중한 상해[28])를 입었을 경우

② 기체의 구조, 가동 또는 항공기의 운항 특성을 저해하는 항공기의 손상이나 구조적 결함이 있을 경우

③ 항공기가 실종[29])되거나 완전히 접근 불가능할 경우

위와 같은 결과가 발생할 경우에는 사고로 정의되지만 그렇지 않고 위와 같은 결과가 발생할 뻔 하였던 경우는 준사고로 분류 되나 준사고는 다른 특정한 결과가 있을 경우도 포함한 것으로 정의되고 있다. 부속서 13은 비교적 새로운 개념인 준사고의 개념을 도입하면서 첨부 C에 준사고에 해당하는 16개 경우를 예시하였는바, 객실과 화물 칸에 화재와 연기가 발생하고 엔진에 화재가 난 경우 소화기로 진화가 된 경우라도 준사고에 포함되며 사고로까지 가지는 않은 기체 구조(structure)의 결함이나 엔진 분리(disintegration), 항공기 운항에 심각한 영향을 주는 항공기 시스템의 작동 결함, 그리고

28) 부속서 13 제1장은 사람이 상해를 입은 지 일주일 이내에 이틀 이상의 입원을 요하는 경우 등으로 정의하였음.

29) 부속서 13 제1장은 항공기에 대한 공식 수색이 종료되고 항공기 잔해의 추적이 되지 않을 때 항공기 실종으로 봄.

활주로 침범(incursions), 이·착륙시 활주로 이탈의 경우도 포함한다.

부속서 13은 항공안전장애로 국내에서 번역 사용되고 있는 incident를 “운항 안전에 영향을 주거나 줄 수 있는 항공기의 운항에 관련한 것으로서 사고가 아닌 발생(an occurrence, other than an accident, associated with the operation of an aircraft which affects or could affect the safety of operation)”으로 정의하였다. 따라서 항공안전장애는 결과로 나타난 것인지 여부를 불문하고 항공안전에 관련한 경미한 발생의 경우를 의미하는 것으로 해석된다.

협약 제26조는 사고 발생지 국이 조사를 행함에 있어서 ‘자국법이 허용하는 한’(so far as its laws permit)이라는 단서를 붙임으로써 사고조사 의무를 희석 하였다. 또 제26조는 항공기 등록국이 아닌 사고 발생지 국이 사고 조사를 할 경우 사고 조사국은 항공기 등록국의 대표를 참관인(observer)으로 허용하여야 한다는 규정을 하고 있으며 부속서 13은 동 26조를 구체화하면서 특별한 형태를 취하였다. 이는 시카고협약 제38조에 의해 체약 당사국의 사정에 따라 국내 규정과 상이한 부속서의 ‘표준’ 내용은 동 상이한 내용을 ICAO에 통보함으로써 상이한 국내규정을 유지할 수 하였지만 사고조사와 관련하여 다음과 같은 3개의 경우에는 ‘표준’으로부터의 일탈을 불허하였다.[30)]

- 사고 발생지 국이 사고 조사를 하는 것[31)]
- 항공기 등록국이 사고 조사국의 사고 조사에 옵서버[32)]를 파견하는 것
- 사고 조사국이 사고 조사 결과 보고서를 항공기 등록국에 송부하는 것

준사고라는 개념이 도입되기 이전 과거 부속서 13의 내용은 accident를 구체적으로 정의한다고 하였으나, 그 내용은 항공기 탑승자에 대한 상해, 항공기의 실종, 항공기의 손상 또는 항공기의 기계 결함 등 기술적인 내용 위주로 기술하고 사고의 정도가 심하지 않거나 안전운항에 영향을 미칠 수 있는 상황(occurrence)을 incident로만 분류하였다. ICAO의 이러한 기술적인 분류는 사고조사에 관련하여 ICAO 회원국이 책임을 회피하는 구실로 이용되기도 하였다.[33)]

한편, 항공기 사고가 정치적인 의미를 내포하고 있을 때에는 동 사고조사는 전문기구로서의 ICAO가 조사하는 것보다는 세계정치 문제의 토론장인 유엔안보이사회가 심의하는 것이 바람직하다.[34)]

---

30) 부속서 13 (vi) 쪽, Relationship between Annex 13 and Article 26 of the Convention항에 기술된 내용으로서 동 내용은 ICAO 이사회가 1951.4.11. 부속서 13을 채택한 이틀 후인 4.13 채택한 결의를 바탕으로 함.

31) 부속서 13 표준 6.1은 사고 발생지 국의 사고조사 의무를 규정하면서 조사의 전부 또는 일부를 타 당사국에 위임할 수 있도록 하였는 바, 일탈을 불허하는 것은 사고 발생지국이 조사를 도외시하는 것을 방지하기 위한 것이라 보아야 함.

32) 부속서 13은 표준 5.18에서 accredited representative라고 표현하고 5.19에서 동 인을 보좌하기 위한 인사로서 adviser도 사고 조사에 참가할 수 있는 옵서버를 구성하는 것으로 규정하였음.

33) 1978.4.20 대한항공 보잉 707기의 소련영공(무르만스크 지역) 진입에 관련하여 ICAO 이사회는 미국과 영국대표의 제안으로 사고 조사를 논의하였음. 이때 소련대표는 소련이 동 건을 사건(incident)으로 정식 규정하여 조사하고 있으므로 사고(accident)가 아닌 동 건의 조사에 ICAO가 관여할 수 없다고 주장함으로써 동 건 조사에 대한 ICAO 논의가 더 이상 진전되지 않았음(ICAO Doc. 9250-C, C-Min. 94/1, pp. 3-4 참조).

또한 항공기 사고가 날 때 모든 나라가 동 사고를 제대로 조사할 수 있는 능력을 가지고 있는 것은 아니다. 미국 등 선진국에서는 재발 방지와 안전 강화를 위하여 명실상부한 항공기 사고 조사를 행하고 있지만 대부분의 후진국은 형식적으로 사고조사 기구를 설치하고 있든지 또는 사고조사 기구가 전무한 경우도 있다.[35)]

항공기의 영공침범으로 인한 사고에서도 보듯이 사고원인이 규명된다면 쉽게 결론이 날 수 있겠지만, 사고원인과 사고시의 상황에 대한 객관적인 판단이 없는 관계로 사고발생에 대한 책임규명 등이 불확실하게 된다. 따라서 객관적인 사고조사 기구를 상시 국제기구로 설치하여 동 기구에 의한 사고조사를 행함이 바람직하겠으나 국제사회는 이를 받아들일 만큼 아직 성숙되어 있지 않다.

ICAO는 각국이 통보하는 사고조사보고서[36)]를 컴퓨터에 수록하여 이를 요청하는 회원국에게 신속히 제공하는 ADREP(Accident/Incident Reporting)제도를 실시중이다.[37)] 동 제도는 각종 항공기 사고를 유형별로 정리하여 유사한 사고를 미연에 방지하며 또한 사고 조사 시 사고원인의 신속한 파악에 도움을 주고자 하기 위한 목적에서 설치된 것이다.

3.3 국내 사고조사 체제

우리나라의 문화가 사고 예방의 중요성에 큰 의미를 부여하지 않기 때문에 재발 방지를 주목적으로 하고 있는 사고조사에 대한 인식이 낮고 때로는 형식적이다.

1990.6.21. 당시 교통부 항공기술과 내에 사고조사 담당직원 2명을 배치한 것이 항공사고를 전담하기 위한 정부조직의 효시다. 2001년 교통부 항공안전과를 사고조사과로 확대 개편한 후 ICAO에서 권고하는 독립된 사고조사 기구의 설립 필요성을 활발히 논의하게 되었다. 그 결과 2002.8.12. 항공사고조사위원회가 설치되었다.

동 항공사고조사위원회는 7명으로 구성된 위원 중 1명은 상임위원으로서 건설교통부 수송정책실장이 겸임하며 위원장 1명을 포함한 비상임위원 6명은 항공관련 전문지식이나 경험을 가진 분야별 전문가로 구성하되 3년으로 연임할 수 있게 하였다. 아울러 동 위원회의 사무 처리를 위하여 사무

---

34) 실제로 1960년 미국첩보기 U-2기의 소련 영공비행, 1983년 대한항공 여객기(007)의 소련 전투기에 의한 격추, 1987년 대한항공 여객기(858)의 북한에 의한 공중 폭발사건 등이 유엔 안보리에서 각기 토의되었음.

35) 항공기를 포함한 교통 사고조사를 전담하는 미국의 NTSB(National Transportation Safety Board)는 미국 대통령이 임명하는 5명의 위원으로 구성된 독립 기구로서 사고원인 규명을 통한 재발 방지와 사고조사(경우에 따라서는 한 건 조사에 수년이 소요)를 철저히 행하고 있음(미국의 Independent Safety Board Act of 1975참조).

36) 시카고 협약 당사국은 2,250kg중량 이상의 항공기 사고를 ICAO에 보고하여야 하나 그 이하 중량의 항공기 사고를 보고하는 것은 임의적임(Annex 13, 4. 1. e).

37) 1977년부터 ICAO가 회원국에게 공개되고 있는 ADREP(Accident/Incident Data Reporting)의 보고와 자료요청절차에 관하여는 ADREP Manual(ICAO Doc 9156-AN/900 참조).

국을 설치하였다.

항공법에서 분법(分法)하여 항공사고조사 부분을 규율하기 위한 항공·철도 사고조사에 관한 법률[38]이 2006년 7월 제정됨에 따라 항공사고조사위원회는 2006.7.10. 건설교통부 항공·철도 사고조사위원회로 새롭게 통합 발족하였다. 개정된 항공·철도 사고조사에 관한 법률[39] 제6조는 사고조사위원회 구성에 있어서 12명의 위원 중 대통령이 정하는 수의 위원은 상임으로 하고, 위원장 및 상임위원은 대통령이 임명하며 비상임위원은 국토교통부장관이 위촉하되, 상임위원의 직급에 관해서는 대통령령으로 정한다고 규정하였다. 그런데 국토교통부와 그 소속기관 직제[40] 제47조는 위원장 1명과 위원 11명으로 구성하되, 위원장은 비상임으로 하고, 위원 중 2명은 상임으로 하면서 항공정책실장과 철도국장이 겸임한다고 규정함으로써 엄격히 말하여 상위법인 법률이 위임하지 않은 내용까지 규정하고 있다.

또 항공과 철도를 각기 분과위원회로 구분하여 운영하면서 각각 5인의 비상임 위원을 두고 있으나 전문성과 독립성이 떨어진다는 인식을 불식하기 어렵다. 이는 12명 위원 중 항공정책실장과 철도국장만 상임위원으로 활동하면서 사고위원회의 예산과 행정을 관장하도록 한 형태를 갖는 데서도 나타난다. 때로는 항공규제기관인 국토교통부의 항공정책실이 잘못한 행정조치가 항공기 사고의 원인으로도 작용할 수 있는 현실에서 사고위원회가 자신의 핵심 인사인 상임위원의 잘못을 지적하기는 어려울 것이기 때문이다.

38) 법률 제9781호, 2009.12.10. 시행.

39) 법률 제12653호, 2014.5.21. 시행.

40) 대통령령 제26369호, 2015.7.1. 시행.

제 9 장

항공안전과 보안

1. 항공안전점검

2. ICAO와 항공보안

제9장

항공안전과 보안

항공법규에서 safety(안전)는 돌발위험(accidental harm)으로부터의 방지를 말하며 security(보안)는 의도적 위해(intentional harm)로부터의 방지를 의미한다. 공항시설, 항행안전시설 및 항공기 내에서의 불법행위 방지 및 민간항공에 필요한 기준・절차 및 의무사항을 규정함에 있어 일반적으로 안전과 보안은 함께 고려된다.

오늘날 항공여행은 그 어느 교통수단에 의한 여행보다도 안전하다. 세계에서 정기 상업 운송 항공기로 여행을 한 승객 숫자는 2014년 33억 명 이었고 이들 항공기의 출발회수는 33백만 회이었는데 90건의 사고가 발생하여 세계 사고율은 백만 회 출발 당 3회라는 미미한 상태이다.[1)]

전 세계 가장 영향력 있는 항공기구 및 국가에서 행한 항공안전평가 결과는 해당국가 뿐만 아니라 전 세계 대다수 국가 및 항공사가 운항허가 발급 및 항공사간 코드쉐어 등을 할 때 평가결과를 참고자료로 활용하고 있어 국가 신인도 결정요인으로 작용하고 있다.

본 장에서는 주요 항공안전평가 및 보안평가와 최근 안전관리의 중요성 부각과 함께 새롭게 탄생한 국제민간항공협약 부속서 19 (Safety Management)에 관하여 기술한다.

1. 항공안전점검

1990년대 초 잦은 항공기 사고는 각국의 항공기 안전 확보에 의문이 제기되는 이유가 되었고, 항공기 안전운항 관련 ICAO에서 정한 '표준 및 권고방식' 이행에 대한 점검의 필요성이 부각되었다. 1990년도 콜롬비아 국적 아비앙카(Avianca) 항공의 보잉 707 항공기 사고는 미국이 국제항공안전평가(IASA) 프로그램을 도입하는 직접적인 계기가 되었다. 이는 체약국의 항공당국 및 항공사 등이 '표준 및 권고방식'을 제대로 준수하고 있는지에 대한 이행여부 재확인이라고 볼 수 있는데 이는 항공기 사고로부터 자국민을 보호하겠다는 의도이다.

1) The World of Air Transport in 2014, ICAO Council Annual Report, 2015.11.27. 방문 ICAO 웹 http://www.icao.int/annual-report-2014/Pages/the-world-of-air-transport-in-2014.aspx.

아비앙카 사고를 계기로 ICAO에서 정한 '표준 및 권고방식'의 이행에 대한 평가제도들이 ICAO는 물론 미국, EU, IATA에서 다음과 같이 실시되고 있다.

- ICAO가 항공안전관련 체약국을 대상으로 평가하는 항공안전평가(USOAP[2])
- FAA가 미국을 취항하는 항공사의 항공당국을 평가하는 항공안전평가(IASA[3])
- EU가 EU를 취항하는 항공사를 평가하는 항공안전평가(SAFA[4])
- IATA가 항공사를 대상으로 평가하는 항공안전평가(IOSA[5])

이 밖에도 같은 이유로 항공기 운항과 관련이 있는 자국 및 외국의 항공사를 대상으로 항공당국이 감독활동을 진행하는 경우가 있다. 이와 같은 평가제도들은 항공 안전 및 보안 확보를 통한 항공기 사고 방지 등을 목적으로 하고 있으며, 점검목록의 표준화 추진 및 지속적인 모니터링 방식 도입 등의 발전 및 개선이 이루어지고 있다.

1.1. ICAO 항공안전평가(USOAP)

항공안전평가(USOAP)란 ICAO가 전 세계에 통일적으로 적용되는 국제기준의 국가별 이행수준 및 안전관리체계를 평가하는 제도로서, 1990년대 초 세계적으로 항공기 사고가 빈발하고, 국제기준 불이행이 주요 사고원인으로 지적됨에 따라 태동하였다. 도입 초기에는 자발적으로 희망하는 국가에 한하여 3개의 ICAO 부속서[6]에 대한 항공안전평가를 실시하는 것으로 도입[7]하였으나 이어 모든 회원국에 대한 의무 평가로 전환[8]하였다. 또한 항공안전평가 대상 부속서를 16개의 부속서로 확대하였으며 항공안전관련 모든 조항을 평가하기로 하였다.[9]

현재 본 평가제도는 항공안전 관련 모든 부속서[10]에 대한 이행점검표(Compliance Checklist)를 이용해 평가하고 있으며 평가결과를 ICAO 웹사이트에 게시하여 전 세계에 공개하고 있다. 평가는 분야별 전문가로 평가팀을 구성하여, 평가 사전단계(서류심사), 현장 확인 단계, 사후단계의 3단계로 진행한다.

조항별 이행점검표에 차이점이 있는 것으로 표시가 된 경우, 즉 국내기준과 국제기준이 다른 경우 평가관들의 주요 관심 대상이 된다. 대표적인 안전 평가인 USOAP의 발전과정은 다음 표와 같다.

---

2) USOAP: Universal Safety Oversight Audit Program.
3) IASA: International Aviation Safety Assessment.
4) SAFA: Safety Assessment of Foreign Aircraft.
5) IOSA: IATA Operational Safety Audit.
6) 부속서 1(항공종사자), 부속서 6(항공기 운항), 부속서 8(항공기 감항성).
7) ICAO 제31차 정기총회 (1995).
8) ICAO 제33차 정기총회 (1998).
9) ICAO 제35차 정기총회 (2004).
10) ICAO 부속서 중 부속서 9, 17 제외.

〈도표 4〉 USOAP 발전 과정

구분	결의	주요 내용
SOP	이사회 WP/10069	- Safety Oversight Program(SOP) - 자발적 이행 - 1995 - 1998 - Annex 1, 6, 8
USOAP	A32-11 (1995)	- Universal Safety Audit Programme - 1999 - 2004 (6 years) - 의무이행 - Annex-by-Annex Approach - Annex 1, 6, 8
USOAP (System Approach)	A35-6 (2004)	- Comprehensive Systems Approach - 2005 - 2010 (6 years) - Safety-related Provisions in all Safety-related Annexes (16 Annexes)
USOAP CMA (CMA Approach)	A36-4 (2007) A37-29/1 (2010)	- Continuous Monitoring Approach - 2011부터 적용 (2년간은 전환기 적용 : 2011-2012) - 기존 방식 + CMA 방식 적용 Annexes - CMA 방식 : Annex 1, 6, 8, 11, 13, 14

우리나라는 2000년에 실시한 1차 평가에서 낮은 국제기준 이행률인 79.79%(162개국 중 53위)를 기록하였으나 2008년 8월 한공안전종합평가에서 항공안전 국제기준 이행률 98.89%로 세계 최고수준으로 평가받아 2001년 FAA로부터 2등급 평가 이후 7년 만에 세계 최고 항공안전 국제기준 이행국으로 탈바꿈하게 되었다.[11]

1.2. 미연방항공청(FAA)의 항공안전평가(IASA[12])

1990년 1월 25일 콜롬비아 국적 아비앙카(Avianca) 항공의 보잉 707 항공기가 뉴욕 주 롱아일랜드의 Cove Neck에서 추락하여 승무원 8명 전원과 승객 150명 중 65명, 총 73명이 사망하는 사고가 발생하였다. 이를 계기로 미국은 미국을 취항하는 외국 항공사의 안전에 의문을 가지게 되었고, 안전확보 대책으로 1992년 8월 국제항공안전평가(IASA) 프로그램을 도입하였다. 다시 말해, 미연방항공청(FAA)은 미국에 출/도착하는 외국항공사가 해당 국가의 항공당국에 의해 ICAO 기준에 입각한 안전 감독을 받고 있음을 확실하게 담보하기 위하여 국제항공안전평가(IASA) 프로그램을 도입하였다.

국제항공안전평가(IASA) 프로그램은 외국 항공사들과 관련된 일련의 항공 사고 및 준사고 발생의 결과로 인해 제기된 우려들을 고려하여 양자 항공협정의 안전규정 틀 내에서 고안된 것이라고 볼

11) 국토교통부 보도자료 (2008.9.2.).

12) IASA: International Aviation Safety Assessment. FAA가 미국을 취항하는 외국 항공사가 속한 국가의 항공당국에 대하여 ICAO SARPs 준수 여부를 평가하는 프로그램.

수 있다. 이 프로그램은 국제민간항공 협약 체약당사국으로서의 의무 이행 여부를 FAA가 평가하는 것으로, 미국을 취항하는 외국 항공사가 속한 국가 항공당국의 안전감독 능력을 FAA가 평가하여 ICAO 안전기준을 충족하면 카테고리 1등급, ICAO 안전기준을 충족하지 못하면 카테고리 2등급으로 구분한다. 카테고리 2 등급은 1개 이상의 다음과 같은 결함이 확인될 경우 그 국가에 부여된다.[13)]

① 최소 국제 기준에 부합하는 항공사의 면허 및 감독의 지원에 필요한 법이나 규정이 결여된 국가

② 면허를 주거나 항공사의 운항을 감독할 기술적인 지식, 자원 및 조직이 결여된 항공당국

③ 충분히 훈련받고 자질을 갖춘 기술 인력이 없는 항공당국

④ 최소 국제 기준의 시행을 책임지고, 또한 최소 국제 기준을 준수할 적절한 조사관의 지침을 제공하지 않는 항공당국

⑤ 면허에 대한 서류, 기록이 불충분하며 항공사 운항에 대한 감시, 감독이 부적절하게 지속된 항공 당국

FAA가 특정 국가 항공당국의 기준이 ICAO의 기준에 미달한다고 결정하면, 그 국가는 항공안전 2등급으로 분류된다. 2등급으로 분류된 국가에 속해있는 항공사가 미국에 운항하고 있는 경우, 그 항공사는 FAA의 엄격한 감독 하에 운항은 허용되나, 운항노선의 변경이나 확장은 허용되지 않는다. 현실적인 면에서, 국가가 2등급이거나 2등급으로 하향 가능성이 있는 경우, 그 국가에 속해 있는 항공사는 다음과 같은 불이익을 당하게 된다.

① 2등급 국가의 항공사에게 신규 도입항공기의 미국 운항을 추가로 허용하지 않는다. 따라서 항공기를 도입하더라도 그 항공기를 미국에 투입할 수 없다.

② 2등급 국가의 항공사에게 미국 운항편의 신설, 확대, 노선 변경 또는 기타 종료 예정인 운항허가사항의 갱신을 허용하지 않는다.

③ 2등급 국가의 항공사와는 코드쉐어(Code-share)를 허용하지 않는다.

④ 장기적으로는, 2등급으로 평가받은 국가가 항공안전평가에서 지적된 안전상 결함에 대해 충분한 개선 조치를 하지 않는 경우, FAA는 미운수성(DOT)에 그 국가에 속해있는 항공사의 미국 운항허가를 취소하거나 중지시키도록 건의할 수 있다.

우리나라는 2001년 미국 FAA로부터 항공안전 2등급 판정을 받은 적이 있으며, 이로 인해 국가위상 손상은 물론, 국적 항공사 코드쉐어 제한, 미주노선 증편 불가, 미국 군인 및 공무원의 우리

13) 2014.12.3. 방문 IASA 홈페이지 http://www.faa.gov/about/initiatives/iasa/definitions/.

국적 항공기 이용금지 등의 제재 등 막대한 경제적 피해 및 사회적 물의를 경험하고, 4개월 후 1등급으로 회복한 바 있다.

1.3. 유럽연합(EU)의 항공안전평가(SAFA)

EU는 EU 회원국에 취항하는 외국항공사를 대상으로 안전검사를 주기적으로 시행하여 최소 안전기준에 미달하는 국가를 '블랙리스트(Blacklist)'로 선정하여 해당 항공사의 운항허가를 취소 또는 제한하고 있다. EU는 2006년부터 시행한 '블랙리스트' 제도에 따라 안전기준 미달 정도에 따라 블랙리스트를 Annex A, Annex B 두 종류로 구분하여 해당 항공사 목록을 유럽집행위원회(European Commission) 홈페이지[14)]에 등재하고 있다.

Annex A로 선정된 국가의 전체 또는 일부 항공사는 EU내 운항이 금지되고, Annex B로 선정된 국가의 항공사는 기종 한정 등으로 운항이 제한된다.

이러한 조치는 2004년 6월 Egyptian Flash Airlines 보잉 737기가 홍해에 추락하여 133명의 프랑스인이 사망하고 2005년 8월 West Caribbean Airways의 보잉 MD-82 항공기가 베네수엘라에서 추락하여 152명의 프랑스 관광객 등 160명이 사망한 사건 등에 자극을 받아 실시되는 내용으로서 외국항공기의 EU 운항중지는 2005.12.14에 공표된 EU Regulation (EC) No. 2111/2005에 근거한다. 동 법(Regulation)은 운항금지의 기준으로 시카고 협약과 동 부속서 및 관련 유럽공동체 법을 적용한다고 규정[15)]하고 있는바, 이는 Dempsey 교수가 지적[16)]하는 바대로 법적으로 문제가 있다.

〈도표 5〉 Annex A[17)] _ 2014.1.10. 현재

구분	블랙리스트 항공사
Annex A (25개국 소속)	블루윙항공(수리남), 콘비아사항공(베네수엘라), 메르디안항공(가나), 롤린스항공(온두라스), 실버백화물(르완다), 아프가니스탄 국적 전체 항공사, 앙골라 국적 전체 항공사(Taag Angola Airlines 제외), 베닌 국적 전체 항공사, 콩고 국적 전체 항공사, 콩고민주공화국 국적 전체 항공사, 지부티 국적 전체 항공사, 적도기니 국적 전체 항공사, 에리트레아 국적 전체 항공사, 가봉 국적 전체 항공사(Gabon Airlines, Afrijet, Nouvelle Air Affaires Gabon 제외), 인도네시아 국적 전체 항공사(Garuda Indonesia, Airfast Indonesia, Mandala Airlines, Ekspres Transportasi Antarbenua, Indonesia Air Asia 제외), 카자흐스탄 국적 전체 항공사(Air Astana 제외), 키르기스스탄 국적 전체 항공사, 라이베리아 국적 전체 항공사, 모잠비크 국적 전체 항공사, 네팔 국적 전체 항공사, 필리핀 국적 전체 항공사(Philippine Airlines, Cebu Pacific Air 제외), 상투메프린시페 국적 전체 항공사, 시에라리온 국적 전체 항공사, 수단 국적 전체 항공사, 잠비아 국적 전체 항공사

14) http://ec.europa.eu/transport/air-ban/list_en.htm

15) EU Regulation 2111/2005, Art. 2(j).

16) P Dempsey, Public International Air Law, McGill University, 2008, p.97.

17) List of airlines banned within the EU. Annex A: Air carriers listed in Annex A could be permitted to exercise traffic rights by using wet-leased aircraft of an air carrier which is not subject to an operating ban, provided that the relevant safety standards are complied with.

〈도표 6〉 Annex B[18] _ 2014.4.10. 현재

구분	항공사		운항제한 기종
Annex B (9개국)	북한	AirKoryo	Tu-204를 제외한 모든 기종
	가봉	AfriJet	Falcon 50, Falcon 900을 제외한 모든 기종
		Gabon Airlines	B767-200을 제외한 모든 기종
		Nouvelle Air Affaires Gabon	CL-601, Hawker 800(HS-125-800)을 제외한 모든 기종
	카자흐스탄	Air Astana	B767, B757, A319, A320, A321, Fokker 50을 제외한 모든 기종
	가나	Airlift International	DC8-63F를 제외한 모든 기종
	마다가스카르	Air Madagascar	B737-300, ATR72-500, ATR42-500, ATR42-320, DHC6-300을 제외한 모든 기종
	코모로스	Air Service Comores	LET410 UVP를 제외한 모든 기종
	이란	Iran Air	A300, A310, B737을 제외한 모든 기종
	요르단	Jordan Aviation	B737, A310, A320을 제외한 모든 기종
	앙골라	Taag Angloa Airlines	B777, B737-700을 제외한 모든 기종

그 이유는 시카고협약 제33조에 따라 동 협약 당사국들은 타 당사국이 발급한 운항허가증이 시카고 협약과 동 부속서상의 표준과 권고의 내용에 충족하는 한 이를 인정하여야 할 의무가 있는데 이에 덧붙여 자체의 규정을 추가로 적용하는 것이기 때문이다. EU가 시카고 협약의 당사국이 아니긴 하지만 EU가 모두 시카고 협약 당사국인 회원국들의 의사를 반영하여 운영되는 국제기구인 관계상 이를 이유로 변명한다면 표면 논리에 불과한 것으로 설득력이 없다. 한편 EU의 운항 금지 조치는 미국과 달리 국가 단위로 하지 않고 항공사별로 또 항공사의 특정 기종만을 대상으로 하는 것이며 동 금지의 바탕이 되는 검사는 공항 ramp에서의 검사를 바탕으로 하는 것이기 때문에 서류 작업을 위주로 하는 국가항공당국의 검사보다도 실용적인 측면이 있다.

또한 유럽에서의 항공안전규제기준을 각국이 담당하는 비효율을 불식하기 위하여 유럽 몇 나라가 1970년대에 합동항공청(Joint Air Authorities: JAA)을 설립하여 항공안전기준을 통일하는 항공안전규제협력 업무를 담당토록 하였다. 회원국들의 항공안전업무를 강화하는 차원에서 EU는 강제력이 없는 JAA를 대체할 유럽항공안전청(European Air Safety Agency: EASA)[19]을 2002년 설립[20]하여 2007년부터 JAA의 안전에 관한 핵심 업무를 이관시킨 결과 JAA는 훈련위주의 역할만 하고 있다. 감항증명(airworthiness)의 업무에 이어 2008년부터 운항승무원 면허, 항공운항증명서, 외국항공사 안전증명(3rd country operations: TCO)의 책임도 담당하는 것으로 설립 기본법을 개정한 결과 현재 EU가 담당하는 유럽운항 금지 항공사 명단 작성 업무도 2014.5.26.부터 EASA로 이관되었으며 다음 단계로는

18) List of airlines banned within the EU. Annex B; Air carriers listed in Annex B could be permitted to exercise traffic rights by using wet-leased aircraft of an air carrier which is not subject to an operating ban, provided that the relevant safety standards are complied with.

19) 독일 쾰른에 소재하면서 EU로 운항하고자 하는 항공기의 비행허가 조건을 검사하는 역할을 함. EASA의 32개 회원국(EU 28개 회원국과 스위스, 노르웨이, 아이슬란드, 리히텐슈타인)의 항공당국은 이에 근거하여 비행허가를 발급함. 향후 유럽의 공항과 항공교통관리의 업무도 관장할 것으로 예상됨.

20) 2002.7.15자 Regulation (EC) 1592/2002 의거.

비행장과 항행교통관리(ATM) 및 항행운항시스템(ANS)의 업무도 담당할 예정이다.[21]

1.4. 국제항공운송협회(IATA)의 항공안전평가(IOSA[22])

국제항공운송협회(IATA)의 항공안전평가(IOSA) 프로그램은 IATA가 인정하는 평가기관이 항공사의 항공안전 상태를 평가하는 것으로서 항공사의 항공안전과 관련하여 국제적으로 인증된 평가 시스템이다. 평가대상은 항공사의 종합적인 운영관리와 통제체제이다. IOSA 프로그램 하에서는 국제적으로 공인된 평가원칙이 적용되며, 매 평가 시 표준화된 절차와 기준을 적용하여 일관성 있는 평가가 수행되고 있다.

항공사의 공동운항 확장 및 항공감독기관의 항공사 항공안전점검 등으로 개별 항공사는 여러 관련 항공당국 또는 항공사로부터 그들이 설정한 이행점검/평가/수검을 중복적으로 받게 되었으며 비용 및 운영상 많은 애로가 있었다. 기존 안전평가제도의 상이한 평가기준 및 절차, 검증되지 않은 평가자의 자격, 항공사간 평가결과에 대한 자료 미공유로 항공업계에서는 기존 평가제도의 개선 필요성을 공감하게 되었다. 이런 연유로 본 안전평가 프로그램은 2001년 IATA에 의하여 개발되었으며, IATA는 2003년 6월 워싱턴에서 열린 정기총회에서 회원 항공사가 IOSA 평가를 받는 결의안을 채택하였다.

IATA의 안전평가 프로그램 도입은 항공사의 항공안전평가 프로그램 운영에 혁신을 가져 왔다. 항공사간 코드쉐어 및 공동운항을 하기 위해서는 각 항공사의 안전 이행 상태 점검이 필수적이다. 이러한 경우 IOSA 프로그램이 적용되기 전에는 각각 상대 항공사에 대하여 안전평가를 수행해야 했지만 IOSA 프로그램 도입으로 회원사 간에는 IOSA 결과를 공유하여 상대 항공사의 안전 수준을 간접적으로 평가할 수 있게 되었다. 이의 절차와 이점은 다음 표와 같다.

IATA는 IOSA 프로그램을 지원하기 위한 3개의 주요 매뉴얼(ISM, IPM, IAH)[23]을 발행하여 개정 유지하고 있다. 이중 IOSA 표준 매뉴얼인 ISM은 평가를 위해 사용되는 표준, 권고방식 및 평가 이행 점검목록(Audit Checklist)을 포함한 기타 참고자료를 포함하고 있다. ISM의 표준(Standards)에는 국제민간항공 협약 부속서뿐 아니라 FAA 및 EASA의 기준들이 포함되어 있다. 또한 이미 항공사가 시행하고 있는 최고의 모범 사례들도 반영되어 있다.

---

21) Julianne S. Oh, Is EASA a Worldwide Reference?, 제53회 항공우주정책・법학회 국제학술회의(2014.12.5. 서울) 내용 수록 책자 pp.42-45.

22) IOSA: IATA Operational Safety Audit.

23) ISM (IOSA Standards Manual), IPM(IOSA Programme Manual), IAH(IOSA Auditor Handbook).

〈도표 7〉 IOSA 프로그램 절차 및 도입 이점

IOSA 프로그램 절차	1. 항공사가 IATA에 수검 신청 2. 항공사가 등록된 평가기관(AO) 하나 선정 및 계약 3. 평가기관에 의한 평가 실시 4. 문제점이 없거나 개선조치 완료 후 IOSA Registry에 등록 5. 매 24개월 IOSA Registry 갱신을 위한 IOSA Audit 수검
IOSA 도입 이점 (항공사)	1. 국제적으로 인증된 항공 안전 품질 기준 적용 2. IATA에 의한 품질 보증 3. 표준화된 항공 안전 평가 체계 4. 평가 횟수 감소로 비용 절감 효과 5. 품질 보증으로 Code-share 등 운항 기회 확대 6. 평가 공유 체계

IOSA 평가는 IATA의 6개 분야[24] 안전 프로그램을 총체적으로 평가하고 있으며, 한국 항공사들도 IOSA 평가 시스템을 도입하고 있다.

1.5. 시카고협약 부속서 19(안전관리) 탄생

항공안전에 관한 중요성은 강조하여도 지나치지 않다. 항공사고의 대형화와 사고 시 세간의 이목을 받는다는 측면에서 항공기 사고는 실제 참사보다도 더 심각하게 다루어지는 데에도 기인하여 항공기 제조와 운항에 있어서 모든 관계자가 각별한 주의를 경주하고 있다. 이에 불구하고 세계 약 100개국에 등록되어 있는 항공사가 모두 동일한 안전의식과 기술을 보유하지 않은 채 운항을 하는 관계로 안전에 민감한 선진국과 이들의 인식을 반영한 ICAO가 안전강화를 위한 항공기준을 지속적으로 검토하고 최신화하는 작업을 계속하면서 위에서 본 바와 같이 일부 선진국은 자국 영토에 취항하고 있는 모든 항공기에 대하여 일정 수준의 안전도를 충족하도록 요구하고 있다. 이러한 국제항공 사회의 관심은 최근 안전관리 (Safety Management) 라는 제하로 새로운 시카고 협약 부속서 Annex 19를 탄생토록 하는 발판이 되었다.

2006년 세계항공국장회의(DGCA/06, 2006 Directors General of Civil Aviation Conference)와 2010년 고위급항공안전회의(2010 High-level Safety Conference)를 통하여 제기된 권고에 따라 "안전관리" 분야 부속서를 별도로 신설키로 결정하였으며, 이에 따라 2012년 항행위원회(Air Navigation Commission)에서 부속서 19의 제안서(Proposal)를 Safety Management라는 이름으로 마련하였다.

부속서 19는 대부분 각 부속서에서 이미 표준 및 권고방식으로 적용하고 있는 국가안전프로그램(State Safety Programme), 안전관리시스템(Safety Management System), 안전 데이터의 수집 및 사용 등에

24) 1. Infrastructure Safety, 2. Safety Data Management and Analysis, 3. Flying Operations, 4. Safety Management System, 5. Cargo Safety, 6. Safety Auditing.

관한 기존의 6개 부속서(부속서 1, 6, 8, 11,13, 14)에 산재되어 있던 안전관리 기준을 통합하여 작성되었으며, 국제민간항공 협약, 같은 협약 부속서 및 지침서의 내용을 참조하였다. 부속서는 총 5장(Chapter 1. Definitions, Chapter 2. Applicability, Chapter 3. State safety management responsibilities, Chapter 4. Safety management system, Chapter 5. Safety data collection, analysis and exchange)으로 되어 있다.

부속서 19의 표준 및 권고방식은, 지속적으로 항공기 사고(Accident) 및 항공안전장애(Incident)를 줄이는 것과 체약국의 항공안전위험관리를 돕는 것을 목적으로 하며 글로벌 항공운송시스템의 복잡성을 감안한 항공기 안전운항을 위해 요구되는 항공활동과 관련하여 안전성능을 개선하기 위하여 지속적으로 전략적 평가를 돕는 수단을 제공한다. 이 부속서의 장점은 다양한 항공활동의 안전관리를 통합적으로 규정하고 적용하는데 용이하다는 것이다.

ICAO가 2012.6.29 Annex 19 (안)에 대하여 각 체약국의 검토를 요청하였으며 그 결과 동 부속서는 2013.11.14부터 적용되기 시작하였다.[25)]

2. ICAO와 항공보안

9/11 테러 이후, ICAO는 범세계적으로 민간 항공보안 분야에서 필수적인 리더십 역할이 더욱 더 요구되고 있다. 이를 위해, ICAO는 민간항공에 있어 진화하는 위협에 대응하여 항공보안의 문제점을 인식한 가운데 체약국이 항공보안 표준을 이행하고 결함을 해결하는 것을 돕고 발전시키는 협력에 중점을 두고 있다.

2.1 ICAO의 항공보안 발전 연혁

시카고 협약 체결 초기단계에는 항공안전 및 체계적인 항공발전에 초점을 두었을 뿐 항공보안은 관심 밖의 주제였다. 2001년 9/11 테러 이전에는 민간 항공기를 불법적으로 압류하여 테러 공격에 사용한다는 것은 상상하기 어려웠고, 1944년 시카고협약 체결 당시에는 이러한 보안 위협 및 보안조치의 필요성을 예견하지 못했다. 1960년대 후반에 항공보안상에 심각한 문제인 불법방해행위(acts of unlawful interference)가 발생했을 때 이를 해결하기 위한 국제적 공조가 요구되었다. 이후 국제수준의 항공보안 정책과 대응조치가 등장하였는바 시카고 협약이 체결된 지 30년 후인 1974년에 부속서

25) ICAO 사무총장의 모든 회원국 앞 2012.6.29자 서한 AN8/3-12/42 참조.

17 보안(Security)이 채택되었다.

ICAO는 현재 3개년(2014년-2016년) 전략 목표를 5가지(① Safety, ② Air Navigation Capacity and Efficiency, ③ Security & Facilitation, ④ Economic Development of Air Transport, ⑤ Environmental Protection)로 설정하여 추진하고 있으며, 그 중의 하나가 '항공보안'이다. 또한 항공보안에 대한 전략적 목표는 시카고협약 부속서 17 Security(항공보안) 및 Annex 9 Facilitation(출입국 간소화)과 관련하여 항공보안을 증진하는 것이다. 아울러 항공보안, 출입국 간소화 및 보안 관련사항에 대한 ICAO의 역할을 반영하고 강화하는 것이다.

최근 확대되고 있는 항공보안 활동은 기본적으로 3개 영역(① Policy Initiatives ② Universal Security Audit Programme ③ Assistance to States)으로 수행되며, 보안점검은 항공보안평가(USAP : Universal Security Audit Programme)로 수행된다. 또한 ICAO는 여행서류의 보안 및 보안요원의 훈련을 개선하기 위해 노력하고 있으며 추가적으로 전 세계 항공보안 강화를 목적으로 지역별 보안활동을 지원하고 있다. 여행 문서 보안은 기계판독 여행문서(Machine Readable Travel Document: MRTD) 기준을 충족해야 한다. 이와 관련하여 ICAO는 전자여권(machine readable passports: MRPs)을 위한 국제표준을 개발하였고[26] 이에 따라 각 체약국은 전자여권을 발행하고 있다. 항공보안을 유지하면서 불필요한 지연 없이 승객, 승무원, 수하물, 화물 등에 대한 통관 수속을 하는 것이 중요하며 이를 위하여 다양하고 지속적인 협의가 이루어지고 있다.[27]

민간항공에서 진화하고 있는 항공위협을 다루는데 있어, ICAO는 항공보안 전문가 집단인 항공보안(AVSEC: Aviation Security) 패널과 폭발물 탐지 등에 대한 전문가 특별그룹의 조언에 의존하고 있으며, 아울러 체약국 및 모든 이해 관계자 간의 협력에 의존할 수밖에 없다.

2.2. 시카고협약 부속서 17(항공보안)

항공보안과 관련하여 시카고협약 부속서 17(항공보안: Security)은 불법방해행위로부터 국제민간항공을 보호하기 위해 체약국이 이행해야 하는 국제표준 및 권고방식을 규정하고 있으며, 1970년 ICAO 총회의 결정에 의해 1974년에 탄생하였다.

1974년 부속서 17을 채택한 후 초기에는 SARPs 조항의 개정 및 보완에 초점을 맞추었다. 부속서 17의 출현으로, ICAO는 국제 보안 조치의 이행을 지원하기 위해 국가에 가이드라인을 제공하기 시

26) 시카고 협약 부속서 9(Facilitation), 12th Ed., Jul. 2005, Para 3.9-3.10; ICAO Doc 9303, Machine Readable Travel Documents.

27) 항공화물 보안 및 수속 간소화에 대한 ICAO와 WCO(세계관세기구)간 공동 회의가 그것임. 예를 들어 ICAO - WCO(World Customs Organization) Joint Conference on Enhancing Air Cargo Security and Facilitation, 2014.4.16. - 17. Bahrain.

작했으며, 항공보안과 관련하여 가장 기본적인 가이드가 되는 매뉴얼 Doc 8973[28]을 마련하여 접근 제한 문서 형태로 유지하고 있다.

시카고협약 부속서 17은 보안에 필요한 다음과 같은 사항을 규정하고 있다.

- 공항, 항공기 운영, 교통관제 업무 제공자의 수칙
- 위와 관련한 국가 조직
- 승객, 화물, 우편물, 수하물 관련 대책
- 불법방해행위의 예방, 대응과 정보교환 및 보고

2.3. ICAO의 항공보안평가(USAP[29])

항공보안평가(USAP)란 ICAO에서 전 세계 항공보안의 증진을 위해 각 체약국을 대상으로 항공보안분야 국제기준인 시카고 협약 부속서 9(출입국 간소화) 및 부속서 17(항공보안)의 이행실태를 종합적으로 평가하는 제도이다. 이는 ICAO가 인증한 기관의 담당자가 정부, 공항운영자, 항공사 등 관련 기관 및 업체들을 방문하여 ICAO의 국제기준 준수 여부를 확인한 결과이다.

국제민간항공 협약 부속서 17은 항공보안업무와 관련하여 불법 방해 행위(Unlawful Interference)로부터 민간항공과 그 시설을 보호하기 위한 조치에 관한 표준 및 권고방식을 규정하고 있는바, 이는 별도의 매뉴얼[30]에 의해 보완되고 있다. 2001년 9/11 테러 이후에는 민간항공에 부상하고 있는 위협들에 대처하기 위한 법규 개정 및 항공보안평가(USAP) 개발 시행에 중점을 두고 있다. 9/11 테러는 전례 없이 대형 민간 항공기 자체를 불법 방해 행위의 수단으로 사용한 테러로 항공보안 대처 방법에 대한 매우 큰 변화를 가져왔다. 이와 관련하여 ICAO는 바로 개최가 예정되었던 ICAO 총회[31]에서 『민간 항공기를 테러행위 및 파괴 무기로 오용하는 것을 방지하는 선언』에 대한 결의안을 채택하였다. 이어 ICAO 이사회에서는 『ICAO 항공보안활동계획』의 시행을 채택하였으며, 이에 따라 2002년 11월부터 ICAO 항공보안평가(USAP)가 시작되었다.

모든 국제민간항공 협약 체약당사국은 항공보안평가 대상이 된다. 체약국에 대한 제1차 항공보안평가는 2002년 11월부터 시작해서 2007년에 종료되었다. 우리나라는 2004년 11월 정부 및 인천국제공항에 대하여 평가를 받았는데, 정부조직, 법령・규정분야, 공항시설・장비분야, 공항보안검색

28) ICAO Doc 8973 Security Manual for Safeguarding Civil Aviation Against Acts of Unlawful Interference (Restricted).

29) USAP: Universal Security Audit Programme.

30) ICAO Doc 8973 (Aviation Security Manual).

31) 2001년 10월 개최 제33차 ICAO 총회.

및 경비분야, 항공기보안 분야, 유사시의 비상조치 상황 등 국제민간항공 협약 부속서 17의 표준 항목에 대하여 평가를 받았다. 항공보안 제2차 평가는 2008년에서 2012년까지 실시되었으며 국가별 보안체계, 보안감독활동 및 미비점에 대한 개선절차 등을 집중 평가하였다. 또한 부속서17(항공보안)뿐만 아니라 부속서9(출입국간소화)의 보안 분야까지 평가범위를 확대하였는데 우리나라는 2011년 8월에 우수한 성적으로 수검을 받았다. 우리나라는 다른 체약국보다 보안체계 및 운영실태가 국제 표준에 적합하며, ICAO에서 정한 표준과 불일치하는 사항은 없는 것으로 확인된바, 이는 국제민간항공 협약 부속서 9와 17에서 정한 국제기준을 우수하게 이행하고 있을 뿐 아니라 우리나라의 국가항공보안체계가 세계적 수준임을 증명한다고 볼 수 있다.

제 10장

항공운송

1. 항공운송에 관한 국제법
2. 바르샤바 체제상 주요 부문별 고찰
3. 바르샤바 체제 개선을 위한 국제 동향
4. 1999년 몬트리올 협약(Montreal Convention 1999)
5. 항공운송 관련 국내법

항공운송

1. 항공운송에 관한 국제법

항공기가 국경을 넘어 비행할 경우 국제적으로 적용할 통일적인 규범이 절실히 필요하였다. 상업적인 항공운송이 성공하기 위하여서는 항공운송에 적용할 사법(私法)의 통일이 절대적임을 인식한 CITEJA(항공법전문가국제기술위원회)는 1926년부터 협약안을 연구한 결과 1929년 폴란드 바르샤바에서 동 협약 채택을 위한 외교회의를 개최하였다. 상기 외교회의는 끝이 아니고 국제 항공운송법을 제정하는 일련의 여러 조치 중 시작에 불과하였는바, 1999년 캐나다 몬트리올에서 외교회의를 개최하여 바르샤바에서 채택하였던 협약과 후속 개정내용을 일부 수정하면서 총 정리한 내용으로 또 하나의 협약을 채택하는 것으로 일단락되었다. 이제 차례로 그 내용을 살펴본다.

1.1. 1929년 바르샤바 협약(Warsaw Convention 1929)[32)]

바르샤바 회의는 프랑스, 독일, 소련, 영국 등 30개국이 참가한 가운데 1929.10.4.~12.간 개최되었다. 상이한 법 제도와 규범을 가진 여러 나라가 통일된 규범을 만든다는 것은 쉬운 일이 아니었다. 그러나 이러한 어려움을 극복하여 1929.10.12. '국제 항공운송에 있어서의 일부 규칙의 통일에 관한 협약'을 채택하였다. 동 협약은 1933.2.13. 발효함으로써 국제사법 통일에 획기적인 전기를 마련하였다.

그러나 동 협약은 시대발전에 따라 그 내용을 변경하지 않을 수 없었는바, 경제발전에 따른 생활수준의 향상 결과 협약이 정한 항공운송업자의 책임한도액인 12만 5,000프앙카레(미화 8,300달러)에 만족할 수 없었고, 컴퓨터 사용 등 사무자동화에 따라 문서에만 의존하는 것을 전제하였던 협약의 규정을 현실에 맞게 바꾸어야 하였던 두 가지 중요한 상황 변경을 협약에 반영할 필요가 있었다.

---

32) 정식명칭이 Convention for the Unification of Certain Rules Relating to International Carriage by Air, Warsaw 1929으로서 약하여 바르샤바 협약이라고 통칭함. 2015년 12월 현재 152개 당사국. 협약문은 후속 채택 3개 조약과 함께 비교하여 수록한 부록 참조.

더욱 중요한 변경은 앞서 설명한 바도 있지만 항공 산업 초창기에 항공 산업을 보호 육성하기 위한 관점에서 적용하였던 항공운송업자의 과실추정책임에서 항공 산업의 발전과 성숙에 따라 무과실책임으로 협약을 개정하는 것이었다. 한편 이렇게 협약 적용상 문제점으로 나타난 부분을 상당히 개정하였음에도 불구하고 각국의 상이한 법률 개념에서 오는 문제점은 완전히 극복하지 못한 것도 사실이다. 그러나 장기간에 걸친 협약의 개정과 적용판결은 항공 사법에 관한 한 눈부신 법 통일을 가져왔음을 부인할 수 없다. 이는 뒤늦게 등장한 항공법의 분야가 항공기 속도로 발전하여 훨씬 이전에 생성 발전한 해양법을 앞지른 결과를 가져온 셈이다. 바르샤바 협약의 개정과정을 살펴본다.

1.2. 1955년 헤이그 의정서(The Hague Protocol 1955)[33]

1951년 ICAO 법률위원회가 바르샤바 협약 개정 작업을 시작한 후 1955.9.28. 네덜란드 헤이그에서 개최된 외교회의가 협약의 개정의정서를 채택함으로써 첫 번째 협약 개정을 단행하였다.[34]

1963.8.1. 발효한 헤이그 의정서는 중요 사항으로서 다음과 같이 바르샤바 협약을 개정하였다.

① 항공운송업자의 승객사상 배상한도액을 협약의 12만 5,000프랑(프앙카레)에서 25만 프랑(미화 1만 6,600달러)으로 배증(의정서 제11조)

② 가방(체크인 수하물)과 화물운송에 관련한 피해 사고를 항공사에 통보하는 시한을 완화(의정서 제15조).

③ 가방과 화물운송사고 경우 과실 운항의 보호규정을 제거(의정서 제10조)

상기 내용의 개정은 협약 상 항공운송업자의 '고의적 과실'(wilful misconduct)을 '고의적 또는 무모한 과실'(intentional or reckless misconduct)로 변경하여 배상책임한도를 철폐하는 과실의 정도를 조금 더 엄격하게 개정함으로써 어느 정도 균형을 이루게 하였다.[35] 또 한 가지 개정내용은 변호사 비용이 비싼 미국의 제의를 받아들여 배상한도액이 법률소송비용을 제외한 것임을 명기한 것이다(의정서 제11조). 구체적으로 소송비용이 배상액과는 별도로 지급되느냐는 제소된 법원의 판결에 따른다(의정서 제11조 4항).

---

33) 정식명칭은 Protocol to Amend the Convention for the Unification of Certain Rules Relating to International Carriage by Air, Signed at Warsaw on 12 October 1929. 2015년 12월 현재 137개 당사국. 협약문은 항공운송에 관한 4개 조약을 비교토록 수록한 부록 참조.

34) 바르샤바 협약 제41조는 협약 발효 2년 후 체약국이 협약의 개선을 심의하기 위한 국제회의를 열 수 있도록 규정하면서 협약 개정의 언급은 하지 않고 있음. 일반적으로 협약내용을 변경하여 신속하게 발효시키고자 할 때에는 협약 자체의 개정방법을 택하는 것보다는 협약에 관련한 의정서를 채택하는 방법을 취함.

35) Wilful misconduct와 intentional misconduct는 우리말로 번역하여 구별할 수 없는 법 개념으로서 각국 법의 개념과 동 용어를 위요한 각국 판례에서 그 차이를 설명할 수밖에 없음. Wilful misconduct에 관하여 후술함.

1.3. 1961년 과달라하라 협약(Guadalajara Convention 1961)[36)]

원 바르샤바 협약의 의미상 누가 정확히 항공운송업자(carrier)인가에 관하여 상당한 논란이 있었다. 혹자는 항공운송을 이행할 것을 대표로 계약한 자라고 해석하였으며 혹자는 계약에 관계없이 실제로 항공운송을 한 자라고도 해석하였다. 협약문은 제1조 2항에서 항공운송업자와 항공운송을 이용하는 자 사이의 계약을 명시하고 있기 때문에 문제의 국제 항공운송계약을 직접 또는 대리인을 통하여 체결하였든지 간에 동 계약을 선두에서 체결한 자가 항공운송업자로 보아야 하겠다. 이 항공운송업자의 범주에는 일 지점에서 종착점까지 운항하는 항공사가 여럿 있을 경우 첫 번째 구간의 운항을 하는 '계약 항공사'(contracting carrier)는 물론 연이은 항공구간을 운항하는 '후속구간 운행 항공사'(successive carrier)도 포함한다. 문제는 실제로 항공운송을 한 '실제 항공사'(actual carrier)가 '계약 항공사'이거나 또는 '후속구간 운행 항공사'로서 비행기 표 또는 항공송장에 명기되어 있지 않는 한 협약의 보호를 받지 못한다는 문제가 제기되어 이를 해결하기 위한 새로운 협약의 채택 필요성이 대두되었다.

이에 대한 문제는 1957년 제11차 ICAO 법률위원회에서 토의된 후 1961년 멕시코의 과달라하라에서 국제사법 항공회의를 개최하여 과달라하라 협약을 채택함으로써 해결되었다. 동 협약은 1964.5.1.부터 발효 중이다.

한마디로 과달라하라 협약은 계약 항공사에 부여하는 바르샤바 조약 체제상의 권리와 의무를 '실제 항공사'에게도 동일하게 부여하기 위하여 채택된 것이다.

멕시코 정부가 수탁기관으로 되어 있는 과달라하라 협약에 대한 유보는 허용되지 않는다(제17조).

1.4. 1966년 몬트리올 협정(Montreal Agreement 1966)

오늘날 중국과 걸프 항공사들의 급속한 신장으로 그 비중이 줄어들었지만 미국은 아직 전 세계 민간항공 운송실적의 21.5%를 점하는 최대 항공국가로서 미국의 향방이 세계 민간항공법 질서를 좌우하는 형편이다.[37)] 미국이 1956년에 헤이그 의정서를 서명한 후 미 상원의 비준을 기다리던 중 헤이그 의정서로 배증된 배상액 한도가 미 국민의 생활수준, 특히 미국에서 발생한 육상교통사고로

---

36) 협약의 정식명칭은 Convention, Supplementary to the Warsaw Convention, for the Unification of Certain Rules to International Carriage by Air Performed by a Person Other than the Contracting Carrier, signed at Guadalajara on 18th September 1961로서 2015년 12월 현재 86개국이 협약 당사국임.

37) 세계 2차 대전 후 미국의 민간항공실적은 세계 전체의 약 80%, 1990년대 약 35%였음. 2014년에는 191개 ICAO 회원국의 전체 운송량 중 21.5%를 차지하였음. Annual Report of the ICAO Council 2014, Appendix 1, pp. 4-5.

받을 수 있는 배상금액과는 더욱 동떨어지게 작은 금액이라는 것이 주된 이유가 되어 미국 입장은 헤이그 의정서를 비준하지 않을 뿐 아니라, 모법인 바르샤바 협약으로부터의 탈퇴를 1965.11.15. 통보하는 것으로 변화하였다.

상기 미국의 바르샤바 협약 탈퇴의사 통고 후 동 탈퇴가 발효하는 1966.5.15.까지의 기간 동안 세계 항공업계는 미국의 탈퇴를 번복시킬 온갖 방안의 마련에 전념하였다. IATA에 가입하고 있는 항공사들은 해결방안으로 5만 달러를 배상한도로 규정하는 특별 협정 체결을 제의하였으나 이 금액은 미 국민을 만족시키지 못하는 금액이었다. 이러한 가운데 ICAO가 개입하여 1966년 2월 몬트리올에서 특별회의를 소집하였다.

동 회의에서 미국 측은 법률비용을 포함한 배상한도액을 10만 달러로 할 것을 주장하였으며 반대 측은 배상한도액을 미국 주장대로 인상할 경우 혜택을 받는 쪽은 항공사고로 인한 손실을 충분히 감당할 수 있는 미국이지, 아직도 항공 산업이 정부의 보호 육성단계에 있는 다수 국가가 감당할 수 없으며, 다수 국가는 배상금 인상으로 인한 보험료 인상분만을 추가 부담하여야 한다는 논리를 전개하였다.[38]

2주간의 몬트리올 회의는 배상금 한도로서 5만 8,100달러와 법률비용, 법률비용을 포함한 7만 4,700달러 또는 5만 달러와 법률비용의 3가지 안까지 논의하였으나 미국의 기대에 미흡하여 실패로 끝났다. 동 실패에도 불구하고 미국의 바르샤바 협약 탈퇴를 번복하기 위한 노력이 계속된 결과 IATA가 마련한 안을 관련 항공사가 1966.5.4. 동의하고 1966.5.13. 미국 항공당국(CAB)도 동의하여 미국의 탈퇴는 마지막 순간에 저지되었다.

이렇게 탄생한 몬트리올 협정은 정부 간 협정이 아니고 항공사 간의 협정으로서 정식 국제법의 지위를 부여받지 못하고 엄격히 말하면 바르샤바 조약 체제의 일부분도 아니지만 사실상 바르샤바 협약의 개정으로 간주되고 있다.

몬트리올 협정은 바르샤바 협약의 제22조 1항 말미에 동 협약이 정한 배상한도인 12만 5,000프랑보다 높은 배상금액을 특별계약으로 항공사와 승객 간에 합의할 수 있다는 규정을 원용한 것으로서 항공기 사고 시 승객의 사상에 대한 승객 1인당 배상상한을 법률경비를 포함할 때는 미화 7만 5,000달러, 판결 시 법률경비를 별도로 다루는 국가에서는 법률경비를 빼고 미화 5만 8,000달러로 정하였다.

동 협정[39]은 바르샤바 협약 또는 헤이그 의정서에 정한 바의 국제 운송(international transportation)을

38) 미국을 포함한 국제 운송이 큰 몫을 차지하기 때문에 결국 배상금 인상의 수혜자는 주로 미 국민이 되는 것임. 따라서 미국에 취항하는 여타 국가로서는 미 국민을 위주로 한 혜택부여를 위하여 추가 보험료만 지불하여야 하는 것이 불만스러운 것이었음.

39) 1966.5.13. 미국 민항국인 Civil Aeronautics Board의 CAB No. 18900으로 승인된 항공사간 합의문. 부록에 수록.

대상으로 하되 동 운송구간이 미국을 출발점, 도착점 또는 경유점으로 할 경우에 적용된다.[40] 대한항공이 런던을 출발하여 서울로 비행하는 중 미국 알라스카 앵커리지에 급유차 기착하도록 예정되어 있는 경우에도 동 몬트리올 협정이 적용된다. 협약 제1조 2항은 국제 운송을 정의하여 출발점과 종착점이 2개의 협약 당사국 영토 내에 있든지 그렇지 않고 한 나라 영토 내에 있다면 경유 지점이 다른 나라에 있어야 한다고 명시하고 있다.

몬트리올 협정은 배상금 한도를 올렸을 뿐만 아니라 배상책임의 근거도 변경한 것에 유의할 필요가 있다. 협정은 사고 시 항공사가 자신 또는 자사 종업원이 사고로 인한 피해를 방지하기 위하여 필요한 모든 조치를 취하였다는 사실을 증명함으로써 협약 제20조 1항에 따라 면책 받는 것을 원용할 수 없도록 하였다. 이는 항공사의 절대책임(absolute 또는 strict liability)을 적용한 것이다. 그러나 동 절대책임은 협약 제21조에 규정된 바의 과실상계를 배제하지 않고 또한 항공기 사고로 연유하지 않은 승객의 사상을 협정 적용 대상 사고로 볼 수 없는 점에는 변함이 없다.[41]

몬트리올 협정에 가입한 해외(미국이 아닌) 항공사는 100개가 넘었으며, 이 중에는 미국에 취항을 하지 않는 항공사도 포함되어 있다.[42] 동 협정은 배상책임에 항공사의 절대책임을 도입함으로써 항공사고 배상책임분야에 획기적인 전기를 마련하였다. 짐과 화물에는 적용이 안 되고 승객의 사상에만 적용되는 동 협정이 뒤이어 성안되는 항공 사법에 큰 영향을 주었음은 물론이다.

1.5. 1971년 과테말라시티 의정서(Guatemala City Protocol 1971)[43]

몬트리올 협정 체결 시까지의 상황 전개는 바르샤바 협약의 개정 필요성을 널리 인식시키는 계기가 되었다. 그 결과 ICAO 법률위원회가 준비한 조약안을 가지고 1971년 과테말라시티에서 국제항공법회의를 개최한 결과 헤이그 의정서로 개정한 바르샤바 협약을 또 한 번 개정하는 내용으로 과테말라시티 의정서를 채택하였다. 동 의정서는 미국을 포함한 21개국이 1971.3.8. 서명하였으나

40) 몬트리올 협정과 바르샤바 협약상의 경유점(agreed stopping place)의 정의도 없고 또한 이에 관한 판례도 많지 않기 때문에 급유차 또는 비상시 외국에 착륙할 경우, 그렇지 않으면 국내 운항으로 간주될 항행이 몬트리올 협정과 바르샤바 협약을 적용받는 국제 항공운송이 되는지 불명확함. 비상시 외국 착륙이 국제 운송의 효과가 없다는 것에 대해서는 이의가 없다 하겠음. 필자는 항공일정상 급유차 외국에 착륙하는 것이면 국제 항공운송의 성격을 부여받는 '경유'라고 보나, Mankiewicz 교수는 상업적 목적, 즉 짐이나 사람의 이·착륙을 위한 것이 아닌 한 '경유'가 아니라고 봄(L. B. Goldhirsch, The Warsaw Convention Annotated, A Legal Handbook, Martinus Nijhoff Publishers, 1988, p.13 참조).

41) 승객이 잘못하여 사고가 났을 경우 항공사는 사건이 제소된 법원의 소재지 국가 법률에 따라 면책 또는 그만큼 배상책임이 감소됨(바르샤바 협약 제21조). 또한 항공사는 항공기 사고로 인한 승객의 사상에 대하여 배상의 책임을 지나, 사고도 나지 않았는데 승객 자신의 건강문제 또는 자해행위로 승객 자신이 사상 당하였을 경우에 이를 책임질 수 없음.

42) 미국 항공사는 오래전부터 미국 내 항공사고 소송 판결에서 몬트리올 협정이 정한 배상금 한도액을 훨씬 상회하는 액수(수십만 달러)의 배상금을 지불하여 왔으므로 협정의 배상금 인상에 부담을 갖지 않음. 한편 미국 교통부는 1983.3.26.부터 미국에 취항하는 모든 항공사가 의무적으로 몬트리올 협정에 가입하도록 하였음. 미국 법령은 미국 항공기 운송업자(즉 항공사)에게 몬트리올 협정이 정한 배상금 상한보다 높은 금액의 보험을 들도록 규정하고 있으나, 동 규정은 협정과 구별되는 미 국내법임.

43) 정식명칭은 Protocol to Amend the Convention for the Unification of Certain Rules Relating to International Carriage by Air Signed at Warsaw on 12 October 1929 as Amended by Protocol Done at the Hague on 28 September 1955. 4개 조약문의 비교 형태로 부록에 수록.

사실상 그 발효를 미국의 비준에 의존하고 있었는데(의정서 제20조) 미국이 비준하지 않는 바람에 사장되었다. 미국이 비준하지 않은 이유는 의정서가 배상액을 변동성이 많은 금 본위제의 화폐로 표기하였고 여하한 경우에도 파기하지 못한다는 절대적인 배상 책임의 문제, 그리고 협약상의 배상액 이외로 미국 정부가 제시한 추가 보상계획을 미 의회가 채택하지 못하였기 때문이다.[44)]

동 의정서의 당사국 사이에는 동 의정서가 동 의정서에 앞서 채택된 조약(바르샤바 협약과 헤이그 의정서)과 함께 하나의 조약을 구성한다(과테말라시티 의정서 제17조).

과테말라시티 의정서는 헤이그 의정서(제26조)에서와 마찬가지로 당사국으로 하여금 전부 군사용으로 사용되는 자국 내 등록 민간 항공기를 의정서 적용 대상에서 제외하는 유보를 허용하고 있다(의정서 제23조 1(b)).

의정서는 여러 가지 점에서 이전의 문서를 개정하였는바, 동 개정내용을 승객운송, 짐 운송, 기타로 나누어 간략히 살펴본다.

승객운송

우선 승객 문서, 즉 비행기 표의 기재사항을 좀 더 간단히 하여 항공표상에 국제 운송 시 바르샤바 조약이 적용될 수 있다고 명시토록 한 소위 헤이그 고지(The Hague Notice)를 누락시켰다. 또한 사무 자동화로 인한 컴퓨터 사용을 감안하여 비행기표상에 기재를 요하는 내용이 다른 정보 기록장치로 보관될 경우 동 장치가 비행기 표를 대신할 수 있다고 규정하였다(의정서 제2조). 그리고 이전의 조약문서(바르샤바 조약 체제 내에서의)와는 달리 비행기 표에 출발과 도착점, 그리고 출발이나 도착점이 한 당사국 내에 소재할 경우 경유지가 다른 국가 내의 지점임을 기재하는 데 있어서 누락이나 실수가 있더라도 이것을 이유로 한 항공운송업자의 무제한 책임 부담이 없도록 하였다(의정서 제2조).

의정서는 분명치 않은 바르샤바 협약 제17조를 개정하여 승객이 자신의 약한 건강상태로 인하여 항공여행 중 사상을 당할 경우 항공운송업자가 이에 책임을 질 수 없다고 명기하였다(의정서 제4조).

승객의 사상 시 항공운송업자가 부담할 승객 1인당 배상한도액이 150만 프랑(미화 10만 달러)으로 인상되고, 승객운송의 지연에 따른 항공운송업자의 승객 1인당 배상이 6만 2,500프랑(미화 4,150달러)으로 명기되었다. 특기할 것은 과테말라시티 의정서가 새로운 배상한도액을 정하면서, 바르샤바 협약이나 헤이그 의정서가 허용한 '특별계약'을 누락시킴으로써 항공운송업자와 승객 간에 보다 높

---

44) P Dempsey, Aviation Liability Law, 2nd Ed., LexisNexis Canada, Ontario, 2013, p.324.

은 배상금액을 별도로 계약할 수 없도록 하였다(협약 제22조 1항, 헤이그 의정서 제11조 참조). 그러나 이러한 규정에도 불구하고 의정서는 배상금 인상을 위한 두 가지 방안을 마련함으로써 미국의 우려를 불식하였다.

첫째 방안은, 각 당사국이 승객의 사상 시 협약[45]상 받는 배상금액 이외로 추가 지불하는 제도를 수립할 수 있도록 한 것이다(의정서 제14조). 이와 관련 1977년 미국 항공 당국(CAB)은 과테말라시티 의정서를 개정한 1975년 몬트리올 추가 의정서(후술) 3을 미국이 비준할 것을 예상하면서 추가 보상계획(Supplemental Compensation Plan)을 수립, 사고 시 1인당 10만SDR(특별인출권) 이외로 미화 20만 달러까지 받을 수 있는 국내 보험제도를 승인하였다.[46] 미국 당국은 또한 1988년 6월에 몬트리올 의정서 3과 4의 비준을 획득하기 위한 일환으로 미국이 상기 추가 보상계획을 수정하여 추가 지급 보상금의 상한을 없애되 항공기 사고 건당 지급할 수 있는 총 추가 보상금을 미화 5억 달러로 하는 안을 미 상원에 제시하였지만 미국 상원이 이를 수용하지 않았다.[47]

두 번째 방안은 의정서의 보상금 상한선인 150만 프랑이 장래 개정되지 않는 한 의정서 발효가 된지 각기 5년과 10년 후에 18만 7,500프랑(1만 2,500달러)씩 인상한다는 것이다(의정서 제15조). 그러나 미국은 과테말라시티 의정서를 비준하지 않았다.

짐 운송

짐(baggage)은 비행기를 타기 전에 체크인(check－in)하는 짐과 승객이 기내로 소지하고 가는 짐 양자를 말한다(의정서 제4조). 원래의 협약이 배상과 관련한 짐의 구분을 용어상 정확히 하지 않았으나 의정서가 체크인 짐(위탁 수하물), 기내 소지 짐(휴대 수하물), 그리고 화물(Cargo) 3자로 명료하게 표현하였다.

승객운송에서와 마찬가지로 짐의 출발지와 종착지 등을 기록하는 다른 형태의 정보 보관방법(예: 컴퓨터)을 짐표(baggage check)로 대신할 수도 있도록 허용하였다(의정서 제3조). 또한 짐표에 기록되어야 하는 기재사항(출발지와 도착지, 그리고 출발지와 도착지가 한 영토국 내에 있을 경우 타 국 영토가 경유지임을 기록)의 누락이나 기타 실수가 있더라도 배상한도를 포함한 협약규정의 적용이 배제되지 않는다(의정서 제3조로 개정된 협약 제4조 3항).

짐의 파괴, 분실 또는 손상에 대하여 항공운송업자가 승객 1인당 1만 5,000프랑(1,000달러)까지 배상하도록 규정하였다(의정서 제8조로 개정된 협약 제22조 1, (c)). 이는 이전의 협약내용이 위탁 수하

45) 여기에서의 협약은 원래의 바르샤바 협약을 말할 뿐만 아니라 문맥에 따라서는 헤이그 또는 과테말라시티 의정서 등에 의하여 개정된 협약을 지칭하기도 함.

46) 상세한 것은 Shawcross VII(162) 참조. 이때 승객 1인당 2달러를 기금으로 받고 사고 건당 지급 한도 총액을 1억 달러로 상정하였음.

47) 상동. 단, 승객 1인당 5달러를 기금으로 부과하는 것을 조건으로 함.

물과 휴대 수하물로 구분하고 위탁 수하물의 배상은 kg당 상한을 정한 것과 대비된다. 단, 과실상계가 허용되고 또한 짐의 내재적 결함으로 인한 손상에 대하여서는 항공운송업자가 책임을 지지 않는다.

항공운송업자는 짐의 연착(delay)에 대하여서도 배상할 의무가 있다. 그런데 협약규정 중 미비한 부분이 이 연착에 관한 것인바, 원 협약 제19조가 승객과 짐의 연착으로 발생한 손해에 대하여 항공운송업자가 책임을 지도록 하였지만 얼마나 연착이 되어야 연착으로 인한 손해가 발생하였다고 본다는 규정은 없다. 따라서 각 승객의 사정에 따라서 연착에 따른 손해가 있을 경우 배상청구를 하여야겠으나 승객 연착의 경우 모든 배상청구와 같이 서면으로 청구를 할 수 있다(협약 제26조 3항)는 것 이외의 규정이 없으며, 다른 한편 짐 연착의 경우에는 짐 또는 화물이 소유인의 처분에 들어온 후 일정한 기간(원 협약은 14일, 헤이그 의정서는 21일) 이내에 배상청구를 하도록 규정하고 있을 뿐이다. 문제는 연착되는 짐이 계속 소유인의 처분상태에 들어오지 않을 경우 배상청구도 할 수 없다는 모순이 나오는바, 이에 관하여 과테말라시티 의정서는 언급하지 않고 있다.[48]

기타

의정서는 배상청구를 제기할 수 있는 관할 법원으로 협약 제28조의 네 곳에 한 곳을 추가시켜 항공운송업자가 자신의 기관(establishment)을 소재시킨 소재지 국가에 승객이 거주할 경우 동 국가의 법원을 포함하였다. 그러나 이 경우 미국인은 세계 어디를 여행하고 있다가 사고를 당하더라도 많은 경우 미국 법원에 제소를 할 수 있다는 결과를 가져오기 때문에 사고 시 사고지 법 또는 사고 항공기 국적국의 법과도 관련이 없는 국가에서 소송이 제기된다는 문제가 발생한다.

의정서는 또한 관할 법원의 국내법상 변호사 비용 등을 누구의 부담으로 하는지에 관한 판결이 허용되지 않는 국가의 법원에 대해서는 권한을 부여하여, 항공운송업자가 원고(승객 측)의 배상청구처리를 태만히 할 경우 동 법원 배상금과는 별도인 변호사 비용 등의 경비를 항공운송업자로 하여금 지급 판결할 수 있도록 하였다(의정서 제8조로 개정된 협약 제22조 3항(a), (b)).

의정서는 헤이그 의정서가 개정한 협약의 제25조를 다시 개정하여 항공운송업자의 피고용원이 의도적으로 끼친 손상에 대하여 무제한의 배상을 허용하던 대상을 화물운송으로만 한정하였다.

의정서는 또한 세계 제1의 항공국가로서 국제항공법을 좌우하는 미국이 가입되지 않은 한 의정서의 실효가 없다는 판단하에 미국의 가입을 전제로 한 의정서 발효규정을 마련하였다. 이는 의정

---

48) 항공송장에 관한 IATA 결의문 600b는 항공화물이 계속 도착하지 않을 경우 항공송장의 발급일로부터 120일 이내에 화주가 서면통고를 하여 배상을 받도록 하였으나 120일의 기간은 운송이 항공으로 이루어진다는 점을 감안할 때 항공운송업자에게만 유리하게 규정하는 내용임. 한편 승객의 항공표에 관하여 규정한 IATA 결의문 724는 위탁 수하물 연착 시 화물과 같이 언제까지 배상청구를 할 수 있다는 규정도 하고 있지 않기 때문에 위탁 수하물이 도착하지 않고 따라서 동 수하물이 소유 승객의 처분상태에 있지 않은 경우 어떤 경로로 배상을 청구할 수 있다는 언급이 없는 결과가 됨. 이는 법의 흠결임.

서 제20조 1항이 의정서 발효 요건으로서 1970년 ICAO 발간 정기 국제 민간항공의 여객 운송실적(passenger-kilometers로 계산)상 전체 ICAO 회원국 실적의 40%를 차지하는 30개 국가의 의정서 비준을 규정하였기 때문이다. 미국은 1994년 ICAO 184개 회원국 전체의 국내 및 국제 정기 여객운송 중 36%를 차지하는 실적을 차지하였고 국제 정기 여객운송에서는 19%를 차지하였다.[49] 이러한 미국의 국내외 정기 항공실적은 미국을 제외한 2위부터 10위까지의 국가(영국, 일본, 독일, 프랑스, 한국, 싱가포르, 네덜란드, 러시아, 호주)의 실적을 모두 합친 것과 비슷하였다.[50] 항공운송이 미국 이외의 지역에서도 매우 활발하였던 1990년대의 통계가 이러하였으니 1970년도에 미국이 더 큰 비중을 차지한 것은 당연하였고 그 비중은 46.7%였다.[51].

1.6. 1975년 몬트리올 추가 의정서 4개(Montreal Additional 4 Protocols 1975)

ICAO 주관하에 1975년 9월 몬트리올에서 항공법 회의가 개최되어 화물과 우편물의 항공운송에 관련한 서류와 책임을 규정한 헤이그 의정서로 개정된 바르샤바 협약의 개정을 주로 검토할 예정이었다. 그러나 실상 회의 결과 원 검토사항인 내용을 몬트리올 추가 의정서 4로 채택하였을 뿐만 아니라 계속 논란이 되어 왔던 협약상의 금 본위 배상금 계산을 보다 안정적인 IMF(국제통화기금)의 SDR(특별인출권)로 대체하는 내용으로 원 협약과 관련 의정서의 개정을 채택하였다.

바르샤바 협약은 물론 1971년 과테말라시티 의정서까지 금을 바탕으로 한 프앙카레로 배상금이 기술되고 있다. 그러나 금 가격은 수시로 변동하므로(과거 국제시장에서 수차 금 파동이 있었음) 이를 배상금 산정으로 이용한다는 것은 금 가격이 일정시기의 물가지수보다 매우 고가일 수도 또한 매우 저가일 수도 있는 관계상 바람직한 방법이 되지 못하였다. 따라서 여러 협약 당사국은 정부에서 실제 금 가격에 관련 없이 협약의 배상금 산출에 적용할 금 가격을 인위적으로 책정하여 이를 고정적으로 적용하기 시작하였다.[52] 그러나 이는 각국의 자의적인 방법에 의존한다는 문제점이 있기 때문에 이를 안정적인 화폐의 가치로 대체함이 필요하다는 판단 하에 그 해결방안으로 SDR을 급거 도입하게 된 것이다.

---

49) ICAO Doc 9667, Annual Report of the Council 1995, pp.170~171.

50) 상동.

51) ICAO Doc 8918, Annual Report of the Council to the Assembly for 1970, p.5. 1970년 당시 총 120개 ICAO 회원국들의 여객, 화물, 우편의 정기 운송실적(Tonne-KMs Performed)은 57,270백만이고 미국의 그것은 26,737백만으로서 미국의 비중이 46.7%였음.

52) 금 파동 이후 선진경제국은 1971년 워싱턴 D.C.의 Smithonian 박물관에서 회합하여 그때까지 보장되어 왔던 미 달러의 금 태환을 중단하면서 금 보증에 의한 화폐제도를 포기하였음. 이에 따라 미국의 민항국(CAB)은 항공기 사고에 관련한 배상금을 산정하기 위한 목적으로 공식 금 가격을 고시하여 금 본위 배상금의 실제 화폐가치 산정에 적용토록 하였음. CAB가 정하는 공식 금 가격은 고정적인 것이 아니라 미 달러의 대SDR율, 물가상승률 등을 감안하여 상당한 기간마다 조정되는 수치였음.

이에 따라 3개의 몬트리올 추가 의정서가 채택되었는바, 추가 의정서 1은 바르샤바 협약상의 배상금을, 추가 의정서 2는 헤이그 의정서상의 배상금을, 그리고 추가 의정서 3은 과테말라시티 의정서상의 배상금을 각기 SDR로 개정 표기한 것이다.

[도표 8] 바르샤바 체제 조약상 손해배상상한액 규정비교

	승객의 사상, 지연 도착 시	휴대 수하물의 분실, 손괴, 지연 도착	화물, 위탁 수하물의 분실, 손괴, 지연 도착 (운송가격신고 없는 경우)
Warsaw Convention	12만 5,000프랑 per passenger	5,000프랑 per passenger	250프랑 per kg
The Hague Protocol	25만 프랑 per passenger	5,000프랑 per passenger	250프랑 per kg
Guatemala City Protocol	150만 프랑 per passenger; 지연 도착의 경우 6만 2,500프랑 per passenger	1만 5,000프랑 per passenger (위탁 수하물 포함)	250프랑 per kg (화물 경우)
Montreal 추가 의정서 No.1	8,300SDR per passenger	332SDR per passenger	17SDR per kg
Montreal 추가 의정서 No.2	1만 6,600SDR per passenger	332SDR per passenger	17SDR per kg
Montreal 추가 의정서 No.3	10만SDR per passenger; 지연 도착의 경우 4,150SDR	1,000SDR per passenger(위탁 수하물 합하여)	수하물: 1,000SDR per passenger(휴대 수하물 합하여) 화물: 17SDR per kg
Montreal 추가 의정서 No.4	The Hague Protocol과 동일	The Hague Protocol과 동일	위탁수화물: The Hague Protocol과 동일 화물: 17SDR per kg

[도표 8]은 각 추가 의정서의 SDR 표기 배상금 한도와 함께 바르샤바 협약과 헤이그 의정서, 과테말라시티 의정서 상에 규정된 배상상한을 정리한 것이다.

몬트리올 추가 의정서는 2015년 12월 현재 과테말라시티 의정서를 개정한 3을 제외하고 모두 발효 중이다.[53] SDR로 배상금을 개정한 추가 의정서 1부터 3이 동 의정서에 가입하는 모든 협약 당사국에게 선택의 여지가 없이 적용되는 것은 아니다. IMF 회원국이 아닌 바르샤바 협약 당사국은 원한다면 SDR 적용을 배제하고 원 협약규정인 프앙카레를 적용할 수 있도록 하였다. 추가 의정서 1에 비준 또는 가입하는 국가는 동 추가 의정서 1에 의하여 개정된 바르샤바 협약의 당사국이 되며, 추가 의정서 2에 비준 또는 가입하는 국가는 헤이그 의정서의 당사국으로서 배상액 표기는 추가 의정서 2에 의하여 SDR로 변경하여 적용받는 것이다. 몬트리올 추가 의정서 3에 비준 또는 가입하는 국가는 바르샤바 협약이 헤이그 의정서와 과테말라시티 의정서로 개정된 내용에 있어서 배상액 표기를 SDR로 한 내용에 구속받는 것이다. 개정된 모 조약과 의정서에도 당사국인 추가 의정서 당사국

53) 2015년 12월 현재 제1추가 의정서는 96.2.15 발효, 49개 당사국, 제2는 96.2.15 발효, 50개 당사국, 제4는 98.6.14 발효, 58개 당사국.

간에는 추가 의정서로 개정된 원 협약과 의정서를 추가 의정서와 함께 모두 하나의 조약문서로 해석한다.

헤이그 의정서에 의하여 개정된 협약의 내용 중 화물 및 우편물의 운송에 관한 새로운 내용을 포함한 추가 의정서 4의 존재를 활용하는 뜻에서 추가 의정서 3은 추가 의정서 4를 동시에 비준 또는 가입하는 국가가 언제라도 화물 및 우편물의 운송에 관한 한 추가 의정서 3의 규정에 따르지 않겠다는 선언을 할 수 있도록 하였다.[54] 추가 의정서 4의 주요 내용을 다음에서 살펴본다.

추가 의정서 4와 과테말라시티 의정서 또는 추가 의정서 3의 당사국 사이에는 어떠한 운송품목이냐에 따라 적용 규범을 따로 하였다. 즉 추가 의정서 4의 제24조에 따르면 화물과 우편물에 관해서는 추가 의정서 4가 우선 적용되고 승객과 짐에 관해서는 과테말라시티 의정서 또는 추가 의정서 3이 우선 적용된다. 이는 추가 의정서 4가 헤이그 의정서에 의하여 개정된 협약의 내용 중 승객과 짐에 관한 규정은 개정하는 것이 아니기 때문에 헤이그 의정서보다 뒤늦게 채택된 과테말라시티 의정서(또는 동 의정서의 배상금액을 SDR로 표기한 추가 의정서 3)의 규정을 우선 적용시킨다는 당연한 논리이겠다. 이는 반복하건대 추가 의정서 4가 화물과 우편물에 관한 기술규정을 개선하기 위하여 마련된 것이기 때문이다.

헤이그 의정서로 개정된 협약은 우편물(mail and postal packages)에 대한 적용을 배제(헤이그 의정서 제2조)하였으나 추가 의정서 4가 우편물 운송에 관하여 항공운송업자와 우편당국(postal administrations) 간에 적용되는 규칙에 따라서만 배상책임을 하도록 규정하였다(추가 의정서 4 제2조).

추가 의정서 4가 절대 책임제도를 배상에 적용하면서 과실상계(contributory negligence)를 인정하는 것은 과테말라시티 의정서와 같다. 그러나 추가 의정서 4는 과테말라시티 의정서가 항공운송업자 측(피고용원을 포함)이 최선의 조치를 취하였음에도 불구하고 화물운송의 손상 또는 연착이 있었을 경우 이를 면책사유로 관대히 규정한 것을 보다 엄격히 하여 동일한 시점에서 화물의 연착만 면책으로 규정하였다(추가 의정서 4 제5조). 다른 한편 이전의 협약문에 의거, 화물운송의 경우 운송서류의 기재와 발급에 결함이 있더라도 배상한도액을 초과하여 배상받을 수 있는 가능성을 삭제하였다(추가 의정서 4 제3조로 개정된 협약 제9조).

추가 의정서 4는 화물의 항공운송장(air waybill)에 관한 협약의 제5조부터 16조를 개정하여 여타 형태의 운송기록(예: 컴퓨터)을 항공송장 발부에 대신하도록 하는 등의 변경을 가하였다. 또한 항공운송 시 발생한 화물의 손상이 화물 자체의 결함이나 전쟁 등으로 연유하였다는 것을 항공업자가 증명할 경우 항공업자의 배상책임이 면제된다(추가 의정서 4 제4조).

---

54) 추가 의정서 3의 제11조 (1)(c). 반대로 추가 의정서 4의 당사국이 추가 의정서 3을 동시에 비준 또는 가입할 시 승객과 짐의 운송에 관한 한 추가 의정서 4의 규정을 따르지 않겠다는 선언을 할 수 있음(추가 의정서 4의 제21조 1(b)).

화물의 배상금액 상한에 있어서 추가 의정서 4는 헤이그 의정서의 배상금액의 달러가치 숫자를 바꾸지 않은 채, 금액의 표기를 SDR로만 바꾸었다(추가 의정서 4 제7조).

미국은 추가 의정서 4를 서명한 후 비준하고자 하였으나 1983년 3월 미 상원에서 비준동의에 필요한 $\frac{2}{3}$를 획득하지 못하여서 실패하였다가 1998년에야 비준에 성공하였다.[55]

1.7. 상품의 복합 운송에 관한 유엔협약(UN Convention on International Multimodal Transport of Goods 1980)

항공운송이 발달하고 운송용기로서의 컨테이너가 일정한 규격으로 대량 보급됨에 따라 한 상품을 운송하는 데 있어서 육지, 해상 또는 공중이라는 각기 다른 운송경로를 거치더라도 이를 하나의 운송송장으로 해결하려는 움직임이 활발하였다. 이를 위한 연구 작업이 ICAO 법률위원회 등에서 진행되었으나 항공업계의 입장은 항공운송에 관한 법적 규율이 여타 운송수단에 관한 법적 규율과 함께 일괄적으로 통합되는 것에 대하여 우려하는 쪽이었다. 이는 성공적으로 진행되고 있는 항공운송에 관한 규율체계가 여타 운송수단의 규범과 통합될 경우 피해를 받지 않을까 하는 염려 때문이었다.

그러나 상품의 복합 운송에 관한 통일적인 협약이 법의 통일을 가져올 뿐만 아니라 교역을 촉진한다는 점에 착안하여 UNCTAD[56]가 참여하여 활발한 작업을 한 결과 1979년 최종 협약안을 제출하였다. 동 협약안은 ICAO의 제24차 법률위원회 회의의 검토를 거친 후 1980년 스위스 제네바에서 채택되었다.

동 협약은 전문(前文)에서 기본원칙을 기술하였는바, 이 중 특기할 사항은 화주(shipper)가 복합(multimodal)운송 또는 각기 상이한 운송수단(예: 항로, 해로, 육로 등)별로 구분한(segmented) 운송 중 택일할 수 있게 한 것과 복합 운송의 운송업자가 과실추정의 원칙을 적용받는다는 것이다.[57]

협약상 국제 복합 운송(international multimodal transport)은 일 국가에서 복합 운송계약에 근거하여 적어도 2가지 다른 운송수단의 방법으로 타 국가를 목적지로 하여 물품을 운송하는 것이다(협약 제1조 (3)). 물품의 운송업자와 화주가 복합 운송을 염두에 두고 물품 송달 계약을 하였으나 기상 등의

55) 미국은 헤이그 의정서, 과테말라시티 의정서, 몬트리올 추가 의정서 3과 4를 서명하였으나 미 상원의 반대에 부딪혀 비준하지 못하고 있다가 추가 의정서 4는 1998년, 헤이그 의정서는 2003년 비준하였음. 추가의정서 4도 헤이그 의정서와 함께 4개 조약문 비교 형태로 부록에 수록.

56) UN Conference on Trade and Development인 유엔총회 산하의 사업기구로서 1964년에 창설되었는바, 개도국의 무역 증진과 발전을 도모하는 업무를 하고 있음. 스위스 제네바에 소재함.

57) 과실추정의 원칙은 1929년 바르샤바 협약이 채택하였으나 1971년 과테말라시티 의정서 제6조에 의하여 승객과 짐의 연착경우를 제외하고는 절대책임 제도로 바뀌었음. 한편 동 절대책임의 원칙은 1975년 몬트리올 추가 의정서 4와 1966년 몬트리올 협정에서도 채택하였으나 1966년 몬트리올 협정에서의 절대책임 제도는 과테말라시티 의정서나 몬트리올 추가 의정서 4와는 달리 과실상계(contributory negligence)가 적용되지 않기 때문에 항공운송업자의 배상책임이 더 절대적임.

이유로 한 종류의 운송수단만을 사용한 결과가 나왔을지라도 동 협약이 적용된다고 보아야겠다.

그런데 국제 복합 운송의 정의는 항공법에 관한 바르샤바 체제와 혼선을 일으킨다. 이는 복합 운송계약이 운송수단의 하나로 항공운송을 포함할 경우 동 복합 운송은 1980년 복합 운송에 관한 협약은 물론 1961년의 과달라하라 협약에 의하여서도 규율될 수 있기 때문이다.[58] 또 한 가지 특기할 사항은 한 가지 종류의 운송수단에 의한 운송계약 시 물품의 픽업(pick－up)과 배달이 계약의 내용에 들어가지만 복합 운송수송에 관한 협약에 따른 운송계약에서는 누락되는 것으로 해석된다.[59] 따라서 바르샤바 협약 제18조 (3)이 기술하고 있는 바의 공항에서 부수적으로 수반되는 도로 교통수단에 의한 운송에 항공에 관한 항공운송업자의 배상책임이 복합 운송에 관한 협약에 의하여서는 제외가 되므로 항공업계에서는 어느 조약을 적용하느냐에 따라서 규정내용이 달라지는 바를 크게 우려하였다.

복합 운송업자는 간단히 설명하여 화주로부터 물건을 수령한 후 운송목적지의 화물 수하인(consignee)에게 물품을 전달할 때까지 일어나는 화물의 분실, 손상 및 연착으로 인한 손해에 대하여 책임을 진다. 동 책임은 과실상계가 적용되며 화주의 과실증명은 운송업자가 하도록 하였다(협약 제16조 (1) 및 제17조). 또한 바르샤바 체제와 비슷하게 운송업자가 고의로 물품을 손상한다든지 물품의 손상이 야기될 가능성을 방치한 경우에 배상책임의 상한선 적용 혜택을 받지 못하도록 규정하고 있다.

협약은 운송업자의 배상책임의 한도액을 SDR에 일치하는 '계산단위'(units of account)로 표기하고 있는바, 다음과 같이 요약할 수 있다.

① 복합 운송계약이 해상 또는 내륙수로를 포함할 경우 운송품의 분실 또는 손상될 경우 포장(package) 한 개당 또는 송달 전달 단위(shipping unit)당 920단위(unit)를 지급하든지 또는 kg당 2.75단위를 지급할 수 있는데 이 두 가지 지급 방법에 따른 금액이 상이할 경우 고액의 지불방법을 택한다(제18조 (1)).

② 기타 경우(해로 또는 내륙수로를 포함하지 않는 복합 운송) 총 운송품 무게의 kg당 8.33단위를 지급한다(제18조 (3)).

③ 운송품의 연착 시에는 전체 운송료를 초과하지 않는 한도 내에서 연착된 운송품 송료의 두 배 반을 상한으로 지급한다(제18조 (4)).

④ 운송업자의 전체 책임한도액은 운송품을 모두 분실했을 경우에 적용하는 배상한도액을 초과

---

58) 과달라하라 협약 제1조 (b) 참조.

59) 복합 운송에 관한 협약 제1조 (1)과 G. F. FitzGerald, "The UN Convention on International Multimodal Transport of Goods－Discussion of the Operations of Pick－up and Delivery with Particular Attention to the Air Mode" VII AASL(1982) 202 참조.

하지 않는다(제18조 (5)).

상기 배상한도액은 바르샤바 체제가 적용하는 한도액보다 훨씬 낮은 것이다.[60]

복합 운송협약의 주요 문제는 운송수단이 각기 다른 운송 중 야기되는 배상의 한도액과 이를 정하는 근거가 서로 다르다는 점이다. 이는 협약 제19조에 따라 복합 운송 중 특정한 운송수단(육로 또는 공로)으로 운송되던 중 사고가 발생하였을 경우 이에 적용할 수 있는 국제협약이나 강제적으로 적용하여야 할 국내법이 복합 운송협약의 배상상한보다 높은 상한을 규정할 경우에는 이러한 법의 높은 상한을 적용할 수 있다. 그러나 배상의 근거는 복합 운송협약의 규정에 따르도록 함으로써 상이한 법의 모자이크를 구성하는 셈이 된다. 예를 들어 복합 운송 중 항공운송 시 사고가 났을 경우 몬트리올 추가 의정서 4가 정하는 절대 책임제도가 적용되지 않고 복합 운송협약상의 과실추정 원칙 제도가 적용된다는 점이다.

위와 같이 실용적인 문제점과 적용상 문제점을 안고 있는 복합 운송협약은 발효될 전망이 거의 없다.[61]

2. 바르샤바 체제상 주요 부문별 고찰

바르샤바 협약이 1929년에 채택된 이래 많은 국가가 승객과 짐의 항공운송에 관한 통일된 국제법으로 적용하여 왔지만, 동 협약의 적용과 해석에 있어서는 각국의 법 개념과 제도가 다른 관계로 서로 다른 결과를 가져오는 경우가 드물지 않았다. 세계에서 대표적인 2개의 법체계는 프랑스 법을 중심으로 한 대륙법과 영・미법이며, 바르샤바 협약은 이 두 가지 법체계를 조화시켜 제정된 것인데도 불구하고 실제의 적용과 해석에 있어서 서로 일치하지 않은 점이 많이 발견되었다.

1929년 바르샤바 협약은 불어로, 1955년 헤이그 의정서와 1971년 과테말라시티 의정서는 영어, 불어, 스페인어로, 1975년 몬트리올 추가 의정서는 동 3개 국어에 러시아어를 추가한 4개 언어를 동등한 정본으로 하여 채택하였다. 모법인 1929년 협약은 불어로만 작성되었지만, 동 협약을 적용한 판례는 항공대국인 미국에서만 1,000건 이상 나오면서 불어 용어의 해석 문제까지 쟁점으로 등장하기도 하였다.

1929년 바르샤바 협약, 헤이그 및 과테말라시티 의정서, 몬트리올 4개 추가 의정서, 1961년 과달라하라 협약 및 1966년 항공사 간의 몬트리올 협정을 모두 합하여 바르샤바 체제(Warsaw system or

60) 복합 운송협약 제18조 (b)에 따라 보다 높은 배상금액을 적용할 수 있으나 이는 운송업자의 동의를 요하기 때문에 보편화할 수 없는 것임.

61) 협약이 채택된 지 약 35년이 지난 2015년 12월 현재 당사국이 11개국에 불과하여 발효에 필요한 30개국에 달할 수 없어 사장된 형편임.

regime)라고 하는데 동 바르샤바 체제가 수십 년간 주요 항공국(미국, 프랑스, 영국, 호주, 캐나다)에서 어떻게 해석 적용되어 왔는지를 협약의 주요 부문별로 간략히 고찰하여 본다.

2.1. '국제 운송'(international carriage)의 정의

바르샤바 협약 제1조 (2)는 협약 상 국제 운송을 정의하여:

> 당사자 간 계약에 의하여 운송 중 중단이 있는지를 불문하고 출발지와 종착지가 두 체약 당사국의 영토 내에 위치하여 있든지, 또한 한 체약국의 영토 내에 있을 경우에는 합의된 중간 기착지점이 본 협약의 당사국이 아닐지라도 타국의 주권, 보호, 위탁 또는 관할 하에 있어야 한다. 동일한 체약 당사국의 주권, 보호, 위탁 또는 관할 하에 있는 영토들 사이에서의 운송이 그러한 합의된 중간 기착지점을 갖지 않을 때는 동 운송이 본 협약 목적상의 국제적 의미에 들어가지 않는다.

라고 하였다. 여러 법원은 운송이 국제적인지를 결정하는 데 있어서 계약의 내용을 실제 운송내용보다 중시한다. 국제 운송의 개념에 관한 대표적인 판례인 영국의 Grein v. Imperial Airways, Ltd 사건[62]에서 "계약은(또는 일련의 계약 내용 제3항에 따라) 동 계약에 따라 이행할 운송이 국제적인지를 고려하는 데 있어서 주목을 하여야 할 단위이다"라고 언급하였으며, 여타국에서도 이와 비슷한 입장을 취하였다. 따라서 협약 제1조에 따라 여행이 불순한 일기로 중단되더라도 항공표 구입 시 선정한 종착지점을 변경 해석할 수 없다. 마찬가지로 승객이 중간 기착지점에 영구히 체재하기로 결정하여도 계약상 종착지점은 변함이 없다.

협약 상 출발지점과 종착지점에 대해서는 거의 일관되게 해석되고 있다. Grein v. Imperial Airways, Ltd 사건 시 영국 고등법원(Court of Appeal)은 '계약에 의한 운송이 시작되고 또 끝나는 장소'[63]가 각기 출발지점이고 종착지점이라고 표현하였다. 원형으로 한 바퀴를 도는 여행 또는 왕복여행 시 출발지와 종착지가 동일한 것인바, 이때 여행 중간에 사고가 났을 경우에 사고가 난 비행구간이 국제적이냐 아니냐를 따질 것이 아니라 전체 운송의 계약이 국제적인 운송을 의미하는지를 고려하여야 한다.[64]

Grein v. Imperial Airways, Ltd 사건에서 법원은 합의된 중간 기착지(agreed stopping place)에 관하여 다음과 같이 언급하였다.

---

62) [1936] Avi.211(1936년 영국 고등법원 판결).

63) 상동.

64) 이에 관한 많은 판례가 있는바, 미국의 Butz v. British Airways, 421 F. Supp. 12,714 Avi. 17452(E. D. Pa. 1976); 캐나다의 Supernant v. Air Canada, [1973] Recueils de Jurisprudence C.A. 107(C. A. Quebec, 1972); 프랑스의 Caisse régionale de Sécurité sociale du Sud-Est c. Della Roma, (1959) 22 R.G.A. 194, note J. Borricand(C.A. Aix-en-Provence, 13 Mar. 1959), aff'd, (1962) 25 R.G.A. 273, note J. Borricand(Cass. civ. soc. 16 Nov. 1961)가 대표적임.

> 계약에 따라 계약을 이행하는 기계(비행기)가 계약에 따른 운송을 하는 도중에 기착하는 곳으로서, 동 기착의 목적은 물론 승객이 동 기착지에서 여행을 중단하는지를 관계하지 아니한다.

위와 같은 영국 법원의 정의에 이의를 제기하는 판결 사례는 거의 없다.[65] 단, 문제는 동 합의된 중간 기착지가 비행기 표에 명백히 언급되어 있지 않은 경우에 어려움이 있는바, 미국과 프랑스 법원은 항공사의 운송조건(tariff)과 운항 시간표가 계약에 포함되는 것으로 결정함으로써 이를 해결하였다.[66] 이러한 해결방법은 승객과 화주가 항공사의 운송조건과 운항시간표에 적혀 있는 중간 기착지를 알고 있는 것으로 간주하는 것이다.[67]

협약 제1조 (3)은 여러 항공사에 의하여 계속적으로 이행되는 운송이 승객 또는 물품의 출발지로부터 종착지까지 운송하기 위한 것일 때 이를 하나의 운송으로 보면서 불가분의 운송(undivided carriage)이라고 표현하였다. 동 규정은 아무리 많은 구간의 비행을 필요로 하는 운송일지라도 출발지와 종착지만을 택하여 국제 운송인지를 결정하고, 국제 운송일 경우 바르샤바 협약을 일률적으로 적용할 수 있도록 한 것이다. 그렇지 않을 경우 각 비행구간마다의 출발지국과 도착지국의 협약 당사국 여부를 따져야 하고 각 비행구간을 운항하는 항공사와 별도의 운송계약을 맺어야 하는 번거로움이 발생할 것이다.

동 협약조문에서 '여러 계속되는 항공사에 의하여 이행되는'(to be performed by several successive air carriers) 운송을 불가분의 운송으로 보는 데에 있어서 이를 문맥 그대로 해석하느냐 또는 융통성 있게 해석하느냐의 문제가 있는데 후자가 통용되고 있다. 이는 운송계약 시 2개 이상의 서로 다른 운송사의 항공기로 운송하기로 되어 있었는데 실제 운송에 있어서 한 운송사의 항공기로만 운송이 이루어졌을 경우라도 이를 불가분의 한 운송으로 본다는 것이다.[68] 같은 맥락에서 Maydeck v. Cie El Al 사건[69] 시 프랑스 법원은 운송 중 원래의 항공사를 대신하여 다른 항공사가 운송할 경우 원 항공사가 원래의 운송계약을 적용받음은 물론이고 두 번째 항공사는 단지 원래의 운송계약의 추가 당사자가 될 뿐이라고 판결하였다.

불가분의 운송으로 보는 데 필요한 요소로서 계약 쌍방이 하나의 운송으로 간주하느냐 도 문제이다. 예를 들면 한 운송을 위한 여러 구간의 비행 중 첫 구간만을 지불하고 나머지는 지불하지 않

---

65) 예외적으로 Aanestad v. Air Canada, Inc, 13 Avi. 17,505(C.D. Cal. 1974)와 13 Avi. 17,515(C.D. Cal. 1975)에서 미국 캘리포니아 법원은 몬트리올-LA-몬트리올 구간의 비행에 있어서 LA-몬트리올의 return 비행일시가 open인 것을 이유로 동 비행기의 목적지를 LA라고 판결하였음. 그러나 동 판결은 Butz v. British Airways(전게 주 32)의 판결 시 비난받았음.

66) 상세한 것은 Georgette Miller, Liability in International Air Transport, p.20 참조. 항공용어상 tariff는 항공기 요금을 포함한 운송조건을 말하며, 계약에 따른 운송은 항공표 구입 또는 화물을 송달하고 항공송장을 받음으로써 이루어지는 쌍방 간(승객 및 화주와 항공사 또는 동 항공사 대리점의 양자)의 행위를 법률적 용어로 표현한 것임. 운송자, 항공사 또는 항공운송(업)자는 모두 같은 의미로서 carrier를 지칭함.

67) 미국의 Kraus v. KLM Royal Dutch Airlines, 2 Avi. 15,017(N.Y. Sup. Ct. 1949).

68) 그렇지 않으면 2개 이상의 다른 운송으로 간주하여야 하나 이는 운송계약 당사자가 특별히 의도하지 않는 한 생각할 수 없는 일이며, 또 그렇게 할 실제적 이유도 없음. 미국의 Briscoe v. Campagnie Nationale Air France, 10 Avi. 18,108(S.D.N.Y. 1968) 참조.

69) Maydeck v. Cie El Al, (1962) 16 R.F.D.A. 182, (T.G.I. Seine, 8 Dec. 1961), aff'd, (1962) 16 RFDA 179(C.A. Paris, 27 Mar. 1962).

았을 때 여러 구간을 포함하는 운송의 일체성이 없기 때문에 불가분의 운송으로 볼 수 없다.[70] 요는 항공요금의 전체를 지불하여야 쌍방이 하나의 운송으로 간주하는 의사를 표현한 것으로 볼 수 있다는 것이다.[71]

여행이 시작된 이후에 운항사를 바꾸는 경우는 보다 복잡하다. 흔히 있는 항공사 측에 의한 변경의 경우에는 일반적으로 원 운송계약이 계속 유효한 것으로 간주하지만 승객에 의한 변경은 다를 수 있다. 어느 경우이든지 간에 새로운 항공표를 발급받았을 경우 동 항공표가 확실한 판단 근거가 된다. 종착지를 바꾸어 새로 항공표를 발급받았다면 이는 새로운 계약을 의미한다.

마지막으로 협약상의 적용이 제외되는 특별한 운송의 경우를 살펴본다. 협약 제2조 (1)은 제1조의 규정을 충족하는 한 국가 또는 합법적으로 구성된 공공단체가 운항하는 운송에도 협약이 적용된다고 한 다음 제2조 (2)에서 국제 우편 협약의 규정에 따라 이루어지는 운송은 적용 대상에서 제외하였다. 몬트리올 추가 의정서 4가 동 사항을 조금 개정한 것은 전술한 바와 같다.

협약과 동시에 채택된 협약 제2조에 관련한 추가 의정서[72]는 국가에 의한 국제 운송이 협약 적용을 배제하는 선언을 할 수 있도록 하였다. 그러나 정부가 민간 항공기를 임차하여 군인수송을 한 경우에 협약이 적용되는 것은 물론이다.[73]

협약 제34조는 시험비행과 항공사의 정상 영업에서 일탈한 비상사태에서의 국제 운송 시 협약 적용을 배제하였다. 그러나 여러 나라의 판례는 가능한 한 협약이 적용되는 방향으로 해석하였다. 이러한 대표적인 예는 1976년 우간다 엔테베 공항에서 발생한 에어프랑스의 억류 사건시에도 협약이 적용된 것이다.[74]

2.2. 바르샤바 협약 상 책임규정의 내용

협약의 제3장은 운송업자의 책임에 관하여 기술하고 있으나 동 규정의 근거를 이루고 있는 원칙에 대해서는 아무런 언급이 없다. 또한 이러한 원칙을 일방적으로 해석하는 것도 위험이 따른다. 따라서 협약 제정 시 쌍벽을 이루고 있었던 2가지 법체계, 즉 커먼로와 프랑스 법에서의 운송업자의

---

70) 미국의 MacCarthy v. East African Airways, Corp. 13 Avi. 17,385(S.D.N.Y. 1974); Atlantic Fish & Oyster Co. v. Pan American Airways, Co. Inc. (1950) US Av. Rep. 23(Ill. Cook Co. 1948).

71) 미국의 Garcia v. Pan American Airways, Inc. 1 Avi. 1,280(N.Y. Sup. Ct. 1944) 등 다수 판례.

72) 여기에서의 추가 의정서(Additional Protocol)는 별도의 조약이 아니고 바르샤바 협약 채택과 동시에 협약의 일부를 구성하는 선언문 형태로 채택된 것임. 이 추가 의정서에 따라 미국과 캐나다 등이 관련 선언을 하였음. 동 추가 의정서의 내용은 부록 515쪽 참조.

73) Warren v. Flying Tiger Line, Inc, 9 Avi. 17,621(S.D. Cal. 1964), rev'd and rem'd, 9 Avi. 17,848(9th Cir. 1965) 등은 미국 정부가 임차한 항공기로 군인을 수송하던 중에 일어난 사고를 다룬 판결.

74) Karfunkel v. Compagnie Nationale Air France, 14 Avi. 17,674 & 17,678(S.D.N.Y. 1977).

책임에 관한 원칙을 살펴본 다음에 협약 채택 이전인 1924년에 채택된 해상운송에서의 책임에 관한 국제협약을 간략히 설명함으로써 바르샤바 협약이 규정한 책임 내용의 배경을 이해하도록 하겠다.

미국과 영국의 커먼로에서는 대중운송업자(common carrier)와 개인운송업자(private carrier)로 구분하고 일반적인 원칙으로서 개인운송업자의 운송 시 발생한 손상에 대해서는 고의나 부주의로 발생한 것에 대해서만 운송업자가 책임을 지도록 한 반면에, 대중운송업자의 운송 시에는 커먼로에서 인정한 몇 가지 예외에 해당하지 않는 한 운송업자가 운송물품의 모든 손해에 대하여 책임을 지도록 하였다. 첫 번째 예외는 영·미법에서 자주 쓰는 신의 행위(Act of God)인바, 이는 인간의 힘으로 어찌할 수 없고 인간의 합리적인 예견과 주의로 방지할 수 없었던 자연의 행위이다. 두 번째는 영국에서 말하는 여왕의 적(Queen's enemies) 또는 미국에서 말하는 공적(public enemies)에 의한 손상이다. 이는 전쟁이나 평화 시를 막론하고 국가안보를 위하여 정부가 취하는 여러 조치에 의하여 손상이 발생하는 경우를 말한다. 세 번째는 운송물품 자체의 결함(예: 부식 물품)에서 오는 손상의 경우이며 마지막으로 물품의 포장이 적절하지 못하였다는 등 화주(shipper)의 잘못에서 오는 경우이다. 운송업자는 배상문제가 제기될 때 거증책임을 지며 어떠한 경우에도 운송물품의 손상을 방지하기 위하여 필요한 적절한 조치를 취하였음을 증명하여야만 보호를 받게 된다.

이상은 물품운송에 적용되는 바이다. 승객운송 시에 대중운송업자가 승객 안전을 위하여 취하여야 할 조치는 보다 엄격하여 운송업자가 최대의 주의와 안전에 신경을 썼음이 증명되어야 보호를 받게 된다. 이렇게 인체 상해에 대해서는 운송업자의 무과실 무책임의 원칙을 보다 느슨하게 해석하여 피해자인 승객 측 원고에게 보다 유리하게 대우하는 것을 *res ipsa loquitur*(the thing speaks for itself)의 법언으로 표현한다는 것을 이미 설명하였다. 동 법언은 1865년 영국의 Scott v. London and St. Katherine Docks Co.[75] 사건 시 Erle 판사가

> 과실의 합리적인 증거가 있어야 한다. 사고원인이 피고 또는 피고용인의 관리(management)하에 있는 것으로 나타나고, 관리를 담당하는 사람들이 적절한 주의를 취한다면 보통의 경우 일어나지 않을 사고라면, 피고의 설명이 없는 상황에서는 사고가 주의 부족에서 발생한 것으로 추론하는 것이 합당하다.

라고 언급한 데서 유래하였다.

Res ipsa loquitur 법언은 승객(또는 가족)이 원고로서 피고인 항공운송업자의 과실을 증명하여야 하나 증인이나 생존자가 존재하지 않는 항공사고의 경우 정황 증거(circumstantial evidence)나 비행기록장치(black box) 등에 의존하여 증명할 수밖에 없는데 이러한 증거로는 명확한 과실 증명을 할 수 없는 어려움에 처하게 되는바, 이때 정상적인 상황에서 항공운송업자가 주의 의무를 다하였다면 사고

75) Shawcross, I (267).

가 나지 않았을 것이라는 판단 하에 항공운송업자 측으로부터 납득할 만한 설명이 없는 한 항공운송업자 측의 과실 책임이 있는 것으로 추론하는 것이다.

프랑스 법은 승객이나 짐(화물 포함)의 운송을 막론하고 무사히 운송하여야 할 책임이 있다. 따라서 운송업자가 제대로 운송하지 못하였을 경우에 이는 운송계약에 따른 운송의무의 위반이 되며, 이는 프랑스 민법 제1147조가 규정한 불가항력(*force majeure*)을 제외하고는 운송업자가 책임을 지는 '결과책임'(obligation de résultat), 즉 절대책임(strict liability)을 기본원칙으로 하고 있다. 불가항력으로 인한 예외는 영・미법에서의 신의 행위(Act of God)나 공적(public enemies)행위 시 예외를 두는 것과 비슷한 결과를 초래한다.

화물운송 시 프랑스 법도 과실상계를 적용하고 물품 자체로 인한 손상은 배상 대상에서 제외하고 있다. 그런데 커먼로에서는 물품의 손상이 전적으로 화주의 잘못 또는 물품 자체의 결함에서 오지 않는 한 운송업자가 모든 배상책임을 지는 반면에 프랑스 법에서는 화주의 잘못 또는 물품 자체의 결함이 부분적으로 작용하여 물품에 대한 손상이 있는 경우에 운송업자가 부분적으로만 책임을 면할 수 있다는 점이 다르다.[76]

1929년에 채택된 바르샤바 협약은 화물운송의 규율에 있어서 동 협약보다 5년 전에 채택된 해상선하증권에 관한 브뤼셀 협약의 규정을 많이 수용하였다.[77] 브뤼셀 협약은 점차 영국, 미국, 프랑스의 국내법으로 수용되면서 해상운송에 있어서 해상운송업자의 책임을 통일적으로 적용하는 데 공헌한 바 크다.

바르샤바 협약의 책임규정 중 핵심을 이루는 유한 책임제를 채택한 것은 다음 3가지 이유와 요소가 고려된 결과로 보아야 한다.

첫째, 승객 또는 화주가 손상의 증거만 있으면 항공사의 과실이 추정되어 항공사가 책임을 지는 것으로 이는 기존 법 논리, 즉 배상청구자가 상대방의 과실을 증명해야 하는 것과 비교할 때 거증책임이 뒤집어진 것이다. 대신 협약은 항공운송자의 배상에 상한을 두어 균형을 취하였다. 항공 운송자는 그러나 자신의 대리인이 최선의 조치를 취했다는 증명을 할 때 책임이 면제되며, 승객 또는 화주는 운송자 측의 '고의적 과실'(wilful misconduct)을 증명할 때 운송자의 유한 책임을 파기할 수 있다. 한마디로 바르샤바 협약은 사고 시 항공 운송자가 면책사유를 증명하지 않는 한 운송자의 책임을 추정(presumption of liability)하는 제도를 취하고 있다.

둘째, 바르샤바 협약 채택 시인 1929년 당시 항공운송을 이용한다는 것은 위험한 일이었는바, 이에도 불구하고 항공을 이용하는 자(승객과 화주)가 있다면 이들이 동 위험부담을 지는 것이 당

76) Miller의 저서 p.57 참조.
77) 상세한 것은 상동 pp.58~62 참조.

연한 논리이다. 따라서 자발적으로 위험부담을 하는 자에게 과도한 배려를 하여 줄 필요가 없다는 것이다.

셋째, 협약 제정 시 유치(幼稚)산업(infant industry)의 단계에 있었던 항공운송산업을 정책적으로 보호 육성한다는 관점에서 항공운송자의 배상금액을 과도하게 책정할 수 없었다.

2.2.1. 책임의 기본형태

바르샤바 협약은 항공운송업자가 승객, 짐, 그리고 화물을 운송하는 데 있어서 동일한 형태의 책임을 적용한다. 프랑스 법이 '결과에 대한 책임'(obligation de résultat)의 원칙하에 바르샤바 협약과 형태를 같이 하고 있으나 커먼로는 이와 대조적으로 화물의 대중운송업자 책임을 승객의 대중운송업자 책임보다 더욱 엄격하게 적용하였다. 그러나 바르샤바 협약이 체결된 1929년 이래 *res ipsa loquitur* 법언이 많이 통용되면서 커먼로에서도 화물과 승객운송 시 각기 달랐던 운송업자의 책임이 결과적으로 동일하게 되었다.

협약의 제17, 18 및 19조는 승객, 짐 및 화물의 손상 그리고 지연의 경우에 항공운송업자의 책임을 추정한다. 항공운송업자의 책임에 관한 동 3개 조항은 뒤에 오는 제20조와 21조에 의하여 책임의 조건을 규정받는바, 동 조건은 추정된 배상책임을 없앨 수도 있는 것이다. 제20조 (1)항은 운송업자가 자신 그리고 자신의 대리인이 손상을 회피하기 위한 모든 필요한 조치를 취하였다든지 또는 운송업자 측이 그러한 조치를 취하는 것이 불가능하였다고 증명할 경우 운송업자의 책임을 면제하고 있다. 동 제20조 (1)항의 규정은 협약 채택 시 영국대표가 주장한 'due diligence'를 표현한 것이다.[78] 해상운송에서 모방한 커먼로의 due diligence 개념을 충분한 검토도 없이 불어로 작성된 바르샤바 협약에 수용함에 따라 동 용어의 해석·적용에서 예상하지 않는 결과를 야기하였다.

협약의 제17, 18, 19조와 관련하여 면책이 되는 due diligence는 프랑스에서 원래와는 다른 뜻으로 해석되어 프랑스 법의 개념 중 이에 가장 유사한 absence of fault로 대치·해석되었는바, 이는 항공운송업자가 잘못(fault)을 저지르지 않은 것으로 증명할 때 책임이 면제되는 것이다. 이러한 논리는 아동에 대한 부모의 책임에 적용하는, 즉 부모의 잘못이 없었다고 증명하는 한 아이들이 저지른 손상에 대하여 부모의 책임이 없다는 것과 동일하다.[79]

상기 해석의 결과는 프랑스 국내법상 항공운송업자의 책임 규정이 내륙 운송업자에게 적용하는

---

78) 상동 p.66 참조.

79) Miller가 지적한 바대로 due diligence가 해상운송규범(The Harter Act와 The Hague Rules)에 적용되는 내용은 해상운송업자의 계약의무로서 due diligence가 기술되고 해상운송업자가 동 의무를 위반하였을 경우에 배상책임을 지우는 것이었으나, 바르샤바 협약은 첫째, due diligence를 하였을 경우에 책임이 면제된다고 기술하였고, 둘째 동 영·미 법의 개념을 불어로 작성된, 따라서 프랑스 법 개념을 전제로 한 바르샤바 협약에 그대로 삽입함으로써 예상외의 법해석 결과가 나왔음. Miller 저서 p.67 참조.

규정보다 유리하나 협약에 의한 항공운송업자의 배상금액은 프랑스 철도나 도로의 내륙운송사고 시보다 높다. 한편 커먼로 국가의 법에 비추어 보건대 바르샤바 협약은 화물운송의 경우 운송업자에게 유리하나 승객운송의 경우 기존 책임제도보다 유리할 것이 없었다. 그러나 승객과 화물의 운송 모두에 *res ipsa loquitur* 원칙이 일괄 통용되는 현시점에서 승객이나 화물운송에서 오는 차이는 거의 없다.[80)]

상기 협약의 내용(제20조 1항)은 헤이그 의정서에 의하여 개정되지 않았으나 1966년 몬트리올 협정은 협약 제20조 (1)의 적용을 배제하여 항공운송업자가 절대책임(absolute liability)을 지도록 하였다. 따라서 몬트리올 협정 이래 미국의 판례를 볼 때 항공운송업자가 잘못을 저지르지 않았음을 증명할 때 책임을 면할 수 있는 과실추정(presumption of fault)의 원칙은 더 이상 적용되지 않는다. 그러나 이 절대책임제도는 승객운송에만 한정하는 것으로 짐과 화물에는 적용되지 않는다. 또 한편 절대책임이 정확히 무엇을 뜻하는지 분명하지 않다.

과테말라시티 의정서는 승객과 짐의 운송 모두에 대하여 개정을 단행하여, 승객의 경우에는 승객의 건강상태로 인해서만 인체의 사상이 야기되었음을 증명함으로써 항공운송업자의 책임이 면제되고, 짐의 경우에는 짐의 손상이 짐 자체의 결함에 의하여서만 발생하였음을 증명할 때 책임이 면제되도록 하였다. 이 외에 항공운송업자는 승객의 과실이나 작위 또는 부작위로서의 잘못을 이유로 하여 그만큼 배상책임을 면제받을 수 있다.

몬트리올 추가 의정서 4는 항공운송인과 피고용원이 모든 필요한 조치를 취하였다는 것을 증명할 경우 화물의 지연(delay)에 따른 피해 배상을 면제하였다(의정서 제5조). 또한 물품 자체의 결함으로 인한 손상은 물론 해당 국가의 공권력 행사인 화물의 수출입 검사 시 발생하는 화물의 손상에 대하여서도 운송업자의 책임이 면제되도록 규정함으로써 항공운송업자에게 보다 유리한 결과가 되었다(의정서 제4조).

2.2.2. 항공기의 조종, 취급 또는 항행 상 실수(제20조 2)

바르샤바 협약 제20조 (2)항은 짐 또는 화물의 운송 시 발생한 운송물품의 손상 시 동 손상이 항공기의 조종, 취급 또는 항행상의 실수로 발생하였다든지 또는 항공운송업자나 동 대리인이 손상을 피하기 위한 모든 필요한 조치를 취하였다고 증명할 경우 항공운송업자가 손상 책임을 면제받을 수 있도록 하였다. 동 (2)항은 헤이그 의정서 채택 시 삭제되었다.

항행상의 실수로 인한 화물의 손상 시 운송업자의 책임을 묻지 않는다는 것은 일반적으로 특이

80) 이는 바르샤바 협약만의 적용을 두고 볼 때 그러함.

한 규정임에 틀림없다. 이러한 규정은 협약 채택 시 성행하고 있던 해상운송약관의 유사 규정을 수용한 결과이다. 그러나 승객운송에는 이 규정이 적용되지 않는다.

2.2.3. 과실상계(제21조)

항공운송업자는 상해를 입은 승객이 동 상해를 야기하였다거나 또는 동 승객의 상해가 승객 자신의 과실로 인한 것이라고 증명할 경우에 법원 소재지 국내법에 따라 항공운송업자의 책임을 전부 또는 부분적으로 면제받을 수 있다.

이상과 같은 제21조의 규정은 1929년 바르샤바 협약의 채택 회의에서 영국대표의 제안에 의하여 삽입된 것이다. 대륙법 개념에서는 전체적인 책임을 논할 때 과실상계는 당연한 것이기 때문에 협약 안에 이를 포함시키지는 않았지만 영국은 과실상계를 강조하는 법체계를 가지고 있는 입장에서 피해를 입은 승객이 동 피해를 자초하였거나 또는 합리적인 방지 조치를 누락하였을 경우에 항공운송업자의 책임을 면하게 하는 내용의 안을 협약에 삽입할 것을 요청하였다. 이에 대하여 어떤 대표는 여하한 경우에도 항공운송업자의 책임을 완전히 면제할 수 없다는 입장이었으나 대다수 대표는 책임을 양측(항공 운송업자와 피해자)이 분담하는 것이 당연한 것이라는 의견을 보였다. 이 결과 영국, 호주, 뉴질랜드 등의 국내법도 감안하여 과실상계의 정도는 해당 법원의 국내법에 위임하여 결정하도록 하는 현 제21조의 내용을 양해 안으로 채택하였다.

2.2.4. 책임의 강제적 제한(제22, 23조)

바르샤바 협약이 항공운송업자의 책임을 한정한 것은 항공운송업자의 과실의 추정(presumption of fault)을 적용하기 위한 전제조건이었다. 과실의 추정 원리상 항공사고 시 피해 승객은 항공운송업자의 과실을 증명할 필요가 없이, 항공운송업자가 과실 있는 것으로 추정하는 것이며 항공운송업자는 그 대신 추정된 과실에 대한 배상책임을 일정액으로 한정 받았다. 이러한 균형은 제23조가 협약이 규정한 책임한도액보다 더 낮은 금액으로 운송계약을 맺는 것을 무효로 함으로써 보호를 받고 있다.

헤이그 의정서는 무조건 적용되는 상기 규정에 합리적 요소를 가미하여 화물의 자체 결함으로 인한 손상 시에는 동 규정이 적용되지 않도록 하였다(헤이그 의정서에 의하여 개정된 협약 제23조의 2).

제22조는 승객과 짐, 그리고 화물의 손상에 대한 항공운송업자의 배상한도를 규정한다. 화물에 대한 배상한도는 해상운송에서 이미 실시하여 오던 것으로서 생소한 개념이 아니었으나 승객에 대

한 배상한도는 프랑스, 영국, 미국 등의 국내법에 생소한 것이었으며 특히 미국에서는 공공정책(public policy)에 위배되는 것으로 간주되고 있던 사항이었다.[81)]

배상을 표시하는 단위는 협약을 초안한 CITEJA가 원래 프랑스 돈(French Franc)으로 표기하였으나 바르샤바 협약 채택 시 안정의 관점에서 금을 바탕으로 하는 프앙카레 프랑(Franc Poincaré)[82)]으로 표시하였다.

마지막으로 배상액이 어떠한 근거로 결정되었는지는 정확하지 않다. 단, 승객에 관한 배상금은 CITEJA의 협약안대로 채택되었고 짐과 화물의 배상금은 협약안의 kg당 500프랑이 많다고 지적되어 협약 채택 시 250프랑으로 하향 조정되었다는 기록이 있을 뿐이다.[83)]

2.2.5. *Dol*, wilful misconduct에서 오는 무제한 책임

로마법에서 파생된 모든 법 체제는 계약상 배상책임이 한정되어 있더라도 고의적인 잘못이나 사기의 경우에는 동 한정에 관계없이 무제한의 배상책임을 부과하는 제도를 취하고 있다. 프랑스 법에는 이러한 원리가 뿌리 깊이 심어져 있는 관계로 선하증권에 관한 1921년 헤이그 규칙(The Hague Rules) 제4조 r.5와 이를 수용한 1936.4.2.자 프랑스 법 제5조가 해상운송 시 어느 경우에도 운송업자가 운송물품 하나당 100파운드 이상 배상할 책임이 없다고 명시하였음에도 불구하고 프랑스는 이를 무시한 채로 고의적인 잘못, 즉 불어로 *dol*에 해당하는 경우에는 100파운드의 배상한도를 적용하지 않았다. 프랑스 법에서 너무도 당연한 이러한 법리를 바르샤바 협약에 반영하면서 *dol*의 주체로서 항공운송업자와 동 업자의 고용에 의하여 일하는 피고용인 및 대리인도 포함하였다.

커먼로의 해상운송규칙을 보건대 운송업자가 부득이한 경우, 즉 생명이나 재산의 구조를 위하여 항로를 이탈하지 않는 한 항로 이탈(deviation)을 운송계약의 위반으로 간주하고 운송업자의 책임한도를 적용하지 않았다. 이러한 관행은 해상운송에 관한 1921년의 헤이그 규칙 제4조 r.5가 어떠한 경우에도 운송물품 하나당 운송업자가 100파운드 이상 배상할 수 없다고 명시하였지만 이에 영향을 받지 않았다. 그러나 이러한 커먼로의 관행은 1962년 미국 법원의 판결[84)]에서 번복되었고, 항로 이탈이 그 성격상 해상운송에만 적용된다는 점에서 프랑스 법 적용과 다르다. 프랑스 법은 공로, 해로, 육로운송을 불문하고 적용되며 또한 국제 운송 규칙의 반대규정에도 불구하고 고의적 잘못(*dol*) 또는 중대한 과실(faute lourde)의 경우 운송업자의 배상책임한도를 계속 적용하지 않았다.

---

81) Miller의 저서 p.72 참조.

82) 협약 제22조 4항은 1 프앙카레 프랑을 90% 순도의 금 0.0655그램으로 정의하였음.

83) Miller의 저서 p.72.

84) Miller의 저서 p.76 주석 80표기 Atlantic Mutual Insurance Co. v. Poseidon Schiffart, 206F. Supp. 15(N.D. Ill. 1962), aff'd, 313 F. 2d 872(7th Cir. 1963) 사건.

커먼로는 또한 본질적 위반(fundamental breach) 시 동 위반을 한 당사자가 계약상 유리한 조항을 적용받지 못하게 하는 방법을 사용하였으나 그 후 점차 case by case로 심리하여 책임한도의 예외조항이 본질적 위반을 포함할 만큼 광범하게 규정되어 있느냐에 따라 결정하는 추세이다.

위와 같이 운송업자의 책임한도 적용 배제에 관한 대륙법과 커먼로의 상이한 배경에도 불구하고 1929년 회의 시 바르샤바 협약의 프랑스 개념인 *dol*을 항공운송업자의 책임한도 적용 배제의 기능으로 채택하는 것에 대하여 이론이 없었다. 그러나 *dol*의 개념 해석에서 오는 미국 등 커먼로 국가의 어려움은 헤이그 의정서 채택 시에 *dol*에 해당하는 영문 번역문인 wilful misconduct를 삭제하면서 이에 해당하는 행위를 풀어서 표현하는 것으로 해결하였다. 한편 이와 관련하여 과테말라시티 의정서는 여하한 경우에도 파기할 수 없는 책임한도액을 명시하였다.

바르샤바 회의는 배상한도 규정의 배제요건으로서 *dol*과 함께 faute lourde(중과실을 뜻하는 불어)를 같이 포함하느냐를 논의한 결과 faute lourde의 개념은 국가에 따라 해석이 다를 수 있고 faute lourde의 개념이 없는 국가도 있다는 점을 감안하여 '*dol*(영어로는 wilful misconduct)과 제소된 법원소재지법(*lex fori*)에 따라 *dol*(wilful misconduct)과 상응하게 간주되는 과실'로 협약문을 작성함으로써 이를 해결하였다. 따라서 faute lourde 개념이 없는 국가는 faute lourde에 해당하는 'wilful misconduct에 상응하는 과실'을 적용하든지 또는 *dol*만을 적용하는지 하는 등 자국 사정을 반영할 수 있다.

협약 제정자들은 대륙법 개념인 불어의 *dol*을 고심 끝에 영어로는 wilful misconduct로 번역하였지만 wilful misconduct는 바르샤바 회의 시 영국 대표가 지적한 대로 결과에 아랑곳하지 않고 무모하게 행동하는 것을 포함하기 때문에 *dol*보다 넓은 의미를 뜻한다.[85] 따라서 커먼로 국가와 프랑스 등의 대륙법 국가에서 적용될 법규가 서로 달리 해석될 여지를 만들었다.

위와 같은 문제점은 헤이그 의정서가 *dol*이나 wilful misconduct라는 표현을 쓰는 대신에 '피해를 입히려는 의도나 또는 피해가 일어날 가능성이 많다는 인식을 가지고 무모하게 행한'(done with intent to cause damage or recklessly and with knowledge that damage would probably result)으로 개정하면서 해결하였다. 과테말라시티 의정서는 협약의 제25조를 다시 개정하여 승객의 사상 시 항공운송업자의 무제한 책임가능성을 배제하였다. 이미 설명한 대로 이는 과테말라시티 의정서에 의하여 개정된 협약 제24조 2항이 여하한 경우에도 배상상한을 초과할 수 없도록 명시한 규정에 의하여 보완되고 있다. 이러한 논리는 몬트리올 추가 의정서 4에서 화물에도 적용되고 있다.

각국의 판례를 보건대 프랑스 법원을 제외하고는 항공사의 WM(Wilful Misconduct)를 객관적 기준(objective test)보다는 주관적 기준(subjective test)을 적용하면서 항공사의 책임범위를 확대하였다.[86]

85) Miller의 저서 p.80 참조.

86) 2000년 캐나다 온타리오 최고법원의 Connaught Labs. Ltd. v. British Airways 사건판결(2002), 217 D.L.R.(4th) 717 at 738. 동 판결문에서 해당 판사는

여러 나라 법원의 판례를 조사한 캐나다 온타리오 법원은 헤이그 의정서 상 WM의 표현, 즉 '손상을 유발할 의도를 가지고 한 작위 또는 부작위'와 후반부의 표현인 '무모하게 그리고 손상이 결과로 나타날 것이라는 지식을 가지고'의 모두가 주관적 의도를 요구하는 것이라고 해석하였다. 이는 항공운송인, 동 대리인과 피고용인의 인식에 관한 내용이 어떠하였는지를 평가하는 기준을 말하는 것으로서 행위 또는 부작위 당사자의 주관적 기준으로 판단할 경우 적용 스펙트럼이 커지기 때문에 항공 운송인이 책임져야 할 경우가 많아진다. 그런데 항공 운송인이 필요한 조치를 하는 행위를 가지고 판단하는 기준은 많은 경우 객관적 기준을 요구함으로써 항공운송인의 WM 적용소지가 또 그만큼 높아지는 결과를 가져왔다.

WM인지의 결정은 바르샤바 협약상 사건 심리 법원에 위임되어 있다. 미국에서는 적용기준이 되는 법이 주(state) 커먼로에 의존하고 있는 결과 화물의 경우 운송인의 중요한 과실로 인한 손상의 경우에도 wilful misconduct가 종종 적용되지 않고, 승객의 경우에는 반대로 적용되는 경향을 보였다. 그러나 지난 70년간 수하물 배상 사건에 있어서 WM가 적용된 경우가 매우 드문 것에 비하면 화물에 있어서는 상당히 적용된 편이다. 몬트리올 추가 의정서 4는 제8조에서 어떠한 경우에도 화물에 대한 배상상한이 철폐될 수 없다고 규정함으로써 WM의 적용을 배제하였다(그러나 수하물에 대한 WM 적용은 계속 유효). 이는 1999년 몬트리올 협약에도 이어져 화물의 분실과 손상 시 kg당 17 SDR의 배상상한이 파기 불가하다고 규정되었다.

2.3. 운송서류와 운송자의 책임

해상과 철도 운송법에서의 개념이 여기에서도 많이 원용되나 항공법에서 동일한 개념의 내용으로 규정된 것은 아니다.

바르샤바 협약은 운송자가 운송서류를 작성하고 발급하는 데 있어서의 명확한 절차를 규정하면서 이를 일탈한 경우에는 운송업자에 대한 유한책임 혜택을 박탈하고 있다.

2.3.1. 승객 표(passenger ticket)

협약 제3조 1항은 운송자가 항공승객에게 표를 발급하도록 하고 있다. 오늘날 전자 항공권만을 발급받고 이도 지참할 필요 없이 체크인을 하고 있지만 과거 항공여행 시 항공 표는 지참하여야 했으며 이는 승객과 운송자 사이에 이루어지는 계약서로서 최소 다음 5가지 사항을 기술하여야 한다.

여러 나라의 판례를 검토한 결과 벨기에, 캐나다, 스위스, 영국, 미국은 주관적 기준을, 프랑스만 객관적 기준을 적용하였다고 분석하였음.

① 항공표의 발급장소와 일자: 표의 발급장소는 배상책임에 관한 제소 시 관할 법원을 정하는 기준이 된다. 헤이그 의정서에서는 발급 일에 관한 언급이 없다.[87)]

② 출발지 및 목적지.

③ 합의된 중간 기착지: 운송자는 필요시 중간 기착지를 변경할 수 있다. 이러한 변경이 운송의 국제적 성격에는 영향을 미치지 않는다. 운송이 국제적이냐 아니냐는 ②항과 원래의 중간기착에 의하여 결정된다.

④ 운송자의 이름과 주소.

⑤ 운송이 바르샤바 협약 상 배상책임규칙에 의한다는 언급: 미국의 판례를 볼 때 동 조항의 포함 여부는 항공운송업자가 유한 책임액만을 배상 지급하는 혜택을 볼 수 있느냐와 직결되는 중요한 사항이다. 승객은 동 항이 언급하는 운송자의 유한 책임액이 충분치 않다고 생각할 경우 탑승 전에 보험을 들 수 있다. 그러나 실제에 있어서 항공여행을 하는 승객이 항공표에 기술된 계약내용을 읽어 보는 일은 거의 없다. 따라서 동 항은 사고가 났을 경우 개연성을 바탕으로 유한책임 적용 여부를 결정하는 기준이 된다.

상기 5개 항 이외에 당사자(항공 운송자와 여행승객)가 합의하여 다른 사항을 추가할 수 있다. 다른 사람의 명의로 된 승객 표를 이용한 승객은 협약에 따른 운송업자의 배상을 받을 수 없다. 항공표는 당사자들이 달리 합의하기 전에는 양도되지(transferable) 않고 유통되는(negotiable) 문서로 이용될 수 없다.

협약 제3조 2항은 승객 표의 부재(absence), 비정상(irregularity) 또는 분실의 경우에도 협약이 적용된다고 하면서 단, 운송인이 표를 발급받지 않은 승객을 탑승시켰을 경우에는 협약 상 유한책임 또는 면책을 받을 수 없다고 하였다. 운송업자에 대한 이러한 벌칙은 운송업자가 불완전한 표라도 발급한 경우에는 적용되지 않고 있다.[88)]

협약 제3조는 전술한 5개 항이 기술된 승객 표를 인도(deliver)하여야 한다고 하였다. 헤이그 의정서는 여기에 덧붙여 승객의 여정이 바르샤바 협약을 적용받는 국제 운송인 경우에는 사고 시 대부분의 경우에 운송업자 책임이 제한된다는 내용을 고지(notice)로 포함하도록 하였다. 동 고지가 헤이그 의정서에 의하여 언급되었으므로 뒤늦게 이를 헤이그 고지(The Hague Notice)라고 표현한다.

판례를 보건대 협약문을 충실히 번역하여 오던 법원이 1965년부터는 항공운송업자의 배상한도액이 충분하지 않다는 여론의 영향을 받아 미국 법원을 중심으로 항공승객 표의 인도(delivery)와 고지(notice)를 까다롭게 해석하는 경향을 보였다. 이로써 항공운송업자의 배상한도액이 적용되지 않는

87) 실제에 있어서 IATA가 발급일자로부터 1년간 유효기간을 부여하기 때문에 1년이 지난 항공표의 소지자는 항공기 탑승을 하지 못하는 결과가 됨.
88) 영국의 Preston v. Hunting Air Transport([1956] 1 Q.B. 454, [1956] 1 All E.R. 443, 1956 US Av. Rep. I.) 등 다수 판례.

판례가 속출하였다.

이러한 판결 경향은 미국의 Mertens v. Flying Tiger Line[89]에서 처음 나타났는바, 동 사건에서 법원은 이미 탑승하고 있는 승객에게 항공표를 나누어 주는 것은 승객이 필요시 보험을 들 수 있는 시간을 갖지 못하게 하는 것이기 때문에 협약에 따른 승객 표의 인도로 볼 수 없다면서 Flying Tiger Line사가 협약에 의한 유한책임을 적용받을 수 있는 혜택을 박탈하였다. Mertens 케이스에 뒤이어 Warren v. Flying Tiger Line[90]에서도 승객이 사고에 대비한 보호를 위하여 추가보험을 들 수도 있을 적절한 시간(good time)을 가질 권리가 있다고 판시하면서 역시 운송업자를 패소시켰다. Mertens와 Warren 케이스는 유사한 사건의 판결 시 승객에게 유리한 결과[91]를 가져다주는 전기가 되었다.

미국 법원은 한 걸음 더 나아가 Lisi v. Alitalia 사건[92]에서 항공운송자의 배상책임한도를 기술한 구절의 활자 크기가 작아서 승객이 알아보기 어려웠던 점을 문제 삼아 운송자의 협약상 배상한도 적용을 배제하였다. 4.5포인트의 활자가 문제 되었던 Lisi 케이스보다 큰 8.5포인트의 활자가 사용되었던 In Re Air Crash Disaster at Warsaw[93]에서도 운송업자 패소로 판결되었다. 이러한 미국의 판결은 많은 비난도 받았으며 다른 나라에서 일률적으로 답습한 것도 아니지만[94] 항공승객의 보호라는 경향을 대변한 것이다.

이상은 승객 항공표가 어떠한 단계에서라도 인도된 경우이나 반대로 승객 표가 인도되지 않는 경우가 있다. 이 후자의 경우에 승객이 항공운송업자의 배상책임한도를 알고 승객이 필요로 하다고 판단하여 탑승 전에 추가보험을 들 수 있는 기회를 부여받았다면 이는 notice를 받은 것이나 다름이 없다.[95] 전자의 판례를 constructive non-delivery(승객 항공표가 인도되지 않은 셈)라고 본다면 후자

---

89) Mertens v. Flying Tiger Line, 341 F.2d 851, 9 Avi. 17,475(2nd Cir. 1965).

90) 전게 주 73) 참조.

91) 미국에서 인체의 사상 관련 판결은 수백만 달러까지의 배상도 가능한바, 항공사고로 인한 소송 시 바르샤바 협약의 배상한도를 적용할 경우 승객 1인당 8,300 달러를 배상받는 것과는 비교가 되지 않음. 따라서 국제 운송의 항공사고 시 승객 측은 가능한 한 미국의 법원에서 제소하여 바르샤바 체제를 적용받지 않거나, 바르샤바 체제상의 배상액 상한을 적용받지 않으려고 노력함.

92) 9 Avi. 18,120(S.D.N.Y. 1966), aff'd, 9 Avi. 18,374(2nd Cir. 1966), aff'd by an equally divided court, 390 US 455(U.S.S.C. 1968), 10 Avi. 17,785.

93) 535 F. Supp 833(E.D.N.Y. 1982), 16 Avi, 18,249, aff'd 705 F. 2d 85(2nd Circ. 1983), 17 Avi. 18,231 cert. den'd, 52 USLW 3264(1983). 반면 1983.9.1. 소련 전투기의 대한항공 007기 격추로 야기된 배상사건인 In re Korean Air Lines Disaster of Sep.1, 1983에서 피해자인 승객 측은 KAL의 승객 표가 8포인트로 인쇄되었음을 문제 삼아 이는 10포인트 크기로 고지(notice)를 요하는 1966년 몬트리올 협정의 위배이기 때문에 협정상 배상상한선인 7만 5,000달러를 적용받을 수 없다고 주장하였으나 1987년 9월 콜롬비아 지역의 미국 고등법원이 협정상한선을 적용하였음. 829 F.2d 1171(D.G. Cir. 1987). 승객 측은 이에 불복, 미국 대법원에 상소한 결과 미국 대법원 역시 협정상 배상상한을 적용하도록 판결하였음(AWST. 1988.4.11.자 p.133 참조 및 1989.1.19.자 동아일보 p.14).

94) 캐나다 법원은 유사한 사건인 Ludecke v. Canadian Pacific Airlines Ltd., 13 Avi. 17,454(Que.C.A. 1974), [1975]2, Lloyd's Rep. 87, aff'd, 15 Avi. 17,687(Can. S.C. 1979)에서 Lisi의 판결원칙 적용을 배제하였으나 Montreal Trust Co. v. Canadian Pacific Airlines(1976), 72 D.L.R. 3d 257, 14 Avi. 17,510(Can. S.C), rev'd 13 Avi. 17,456(Qué. C.A. 1974), rev'd 12 Avi. 17,197(Qué. C.S. 1972)에서는 Lisi의 원칙을 적용한 셈임. 그러나 Montreal Trust 케이스는 헤이그 의정서를 바탕으로 결정되었고 Ludecke 케이스는 사고 시 사건 관련국인 영국이 당시 헤이그 의정서 당사국이 아닌 관계로 바르샤바 협약을 적용하여 결정되었음에 유의할 필요가 있음.

95) 이러한 입장을 취한 판례는 미국의 Stratis v. Eastern Airlines, 17 Avi. 17,227(2nd Cir. 1982)와 Domangue v. Eastern Air Lines, 17 Avi. 17,221(E.D. La. 1981)이 있음. 여기서 항공승객 표가 인도되지 않았다는 것이지 발급되지 않았다는 것은 아님. 승객 표가 발급되지 않은 경우에는 협약상 항공운송자가 배상책임한도를 적용받을 수 없음.

의 경우는 constructive notice[96](사실상 승객 표의 기재사항 중 협약에 의한 운송업자의 배상책임한도를 고지 받은 것)라고 하겠다.

헤이그 의정서는 승객 표에 기재하는 5개 사항 중 ①과 ④를 제외하였으나 The Hague Notice를 기재사항으로 포함시켜 이를 누락하면 운송업자가 배상한도의 혜택을 받을 수 없도록 하였다.

한편 1966년 몬트리올 협정은 항공표 인쇄활자의 크기를 10포인트로 고정하였다.[97]

과테말라시티 의정서는 기재사항을 보다 간략히 하여 출발지와 목적지, 그리고 출발지와 목적지가 협약의 한 당사국 내에 있을 경우 외국이 중간 기착지로 되어 있는 동 중간 기착지만을 언급한다. 과테말라시티 의정서는 이러한 기재사항이 여타 정보 기록 수단으로 대체될 수 있다고 함으로써 전자식 카드 또는 컴퓨터 사용을 가능하게 한 결과를 가져왔다. 동 의정서 제2조는 또한 항공표 발급이나 필요한 기재사항에 관한 규칙의 위반에도 불구하고 운송 시 유한책임 적용을 포함하여 협약 적용을 받는 데에 변함이 없다고 함으로써 의정서가 발효될 경우 앞서 설명한 Lisi, Mertens 케이스가 적용될 소지가 없도록 하였다.

2.3.2. 짐표(baggage check)

협약 제4조 2항은 승객의 휴대 수하물이 아닌 위탁 수하물에 대하여 운송자가 짐표를 주도록 규정한다. 이 짐표(baggage ticket이라고도 함)는 승객 표에 표시되어야 할 기재사항 이외로 ① 승객 항공권의 번호, ② 짐의 수와 무게, ③ 협약 제22조 2항에 따라 짐의 소유 승객이 짐을 고가로 신고한 액수, ④ 짐은 짐표 소지자에게 인도될 것이라는 사항을 포함하여야 한다(협약 제4조 3항).

짐표의 부재, 비정상 또는 분실이 운송자와 승객 사이의 운송계약에 영향을 주는 것은 아니다. 그러나 운송자가 고의적으로 짐표를 건네주지 않고 짐을 받는다든지 짐표에 기재하여야 할 특정 사항을 누락시키는 경우에 운송자는 협약 제4조 4항에 따라 협약 제22조 2항에 규정한 유한책임을 원용할 수 없다.

미국의 여러 판례는 짐표에 대하여서도 승객 표에서와 같이 인쇄활자가 상당한 크기임을 요구하는 Lisi 원칙을 적용하였으나 캐나다의 Ludecke v. Canadian Pacific Airlines Ltd.[98]는 Lisi 원칙을 따르지 않았다.

---

96) Constructive notice는 원래 미국에서 나온 개념으로서 미국에서 운항하는 모든 항공운송업자는 운송조건을 미국 민간항공국(Civil Aeronautics Board, 1985년부터 소멸한 기구임)에 통보하도록 되어 있는바, CAB가 동 운송조건(tariffs)을 받아들이면 이는 운송업자와 승객 또는 화주와의 관계에 있어서 고지(notice)의 통보가 된 것으로 간주한다는 것임. 따라서 항공운송업자는 승객 또는 화주에게 개별 고지할 필요가 없음. 그런데 주의할 것은 constructive notice가 짐과 화물에만 적용되지 승객사상에 대해서는 적용되지 않음. 필자는 승객의 경우 항공표는 인도받지 않았지만 미리 운송조건에 관한 고지를 받았던 Stratis 케이스도 constructive notice로 표현하였음.

97) 이에도 불구하고 Millikin Trust Co. v. Iberia Lineas Aereas de España, 11 Avi. 17,331(N.Y. Cty. Sup. Ct. 1969)는 협약과 몬트리올 협정에 관한 notice를 8.5포인트로 인쇄할 수 있다고 판결하였음.

98) 전게 주 94) 참조.

헤이그 의정서는 협약의 규정을 개선하여 짐표를 승객 항공표에 포함시킬 수 있도록 하였다.[99] 또한 협약에 따라 짐표를 별도로 발급할 때는 협약이 요구한 기재사항을 보다 간략히 하는 것으로 협약을 개정하였다.

과거 위탁 수하물의 짐표는 승객 표의 일부 지면에 표기하는 것으로 대신 되었는데 동 표기는 매번 짐을 체크인할 때마다 필요로 하는 것인지 분명치 않다. 이와 관련 영국의 고등법원은 Collins v. British Airways Board[100]에서 왕복 항공여행 시 한 번의 표기가 계속되는 체크인 짐표기로 계속 유효하다고 판결하였다.

과테말라시티 의정서는 승객 표에서와 같이 짐표에 대하여서도 개정하였다. 이는 자동기계 또는 자동전자장치에 의한 기록유지 방법을 짐표 발급 대신으로 허용하는 것이었다. 그러나 이 기록유지 장치의 작동결함은 항공운송자의 책임이 된다.[101] 한편 이 새로운 기록장치의 도입은 운송자의 배상책임한도를 불만스럽게 보아 동 한도 철폐의 구실을 찾아왔던 미국 법원이 표 발급에 관련한 구실을 더 이상 찾을 수 없도록 하는 결과를 가져오는 것이다.

오늘날 체크인 수하물표를 발급하는 관행은 출・도착(또는 경유지)공항 약호, 항공편명, ID(bar code)만 기록하는 tag를 짐에 부착 후 tag의 일부를 승객의 항공권이나 탑승권(boarding pass)에 붙여 준다. 전자수단도 짐표 발급의 대신으로 한다는 조약의 내용상 최소한의 짐표인 tag를 발급하지 않아도 유사 시 운송자의 배상책임 상한이 파기될 우려가 없으나 이렇게 할 경우 자국 항공 당국의 규제를 받게 되고, 짐 분실 시 추적할 수 있는 근거가 없기 때문에 운송자로서도 불편하다.

판례를 좀 더 살펴보건대 미국 대법원에서의 1989년 Chan v. KAL 판결 시[102] 수하물 무게와 개수를 기술 안 하였다 하여 바르샤바 협약 상 배상상한을 파기하였고, 1982년 뉴욕 주 남부지역 연방법원에서는 승무원이 노부부의 휴대 수하물을 기내 별도의 캐빈에 넣어 주는 친절을 보여 주면서 수하물표를 주지 않았던 것에 대하여 역시 배상상한을 파기[103]하였으며, 1987년 미국 제2고법에서는

---

99) 과거 항공승객 표를 보면 표 전면에 Passenger ticket and baggage check라고 기술되어 있는바, 이는 헤이그 의정서가 baggage check를 passenger ticket에 포함시킬 수 있다고 규정한 이후에 등장한 것임. 그러나 우리나라를 포함한 수 개국이 바르샤바 협약에는 가입하지 않고 헤이그 의정서에만 가입하고, 미국 등 수 개국이 바르샤바 협약에만 가입하고 헤이그 의정서에는 가입하지 않고 있었을때 두 그룹 국가 간의 항공운항 시 사고가 발생한다면 바르샤바 협약도, 헤이그 의정서도 각기 적용되지 않는 상태를 야기함. 이에 불구 미국이 항공운항의 출발지, 경유지 또는 종착지로 하는 국제 운항구간을 이용하는 승객에 대해서는 1966년 몬트리올 협정이 적용되지만, 짐과 화물에 대해서는 적용조약이 없고, 미국이 아닌 바르샤바 협약만의 당사국과 헤이그 협약의 당사국인 한국 사이를 운항하는 항공기가 사고를 당하였다면 동 사고에 따라 제기되는 항공운송자의 배상에 적용할 국제법은 없다는 문제가 됨. 동 건은 제10장 '항공운송'의 말미에서 재 언급함.

100) [1982] 1 All E.R. 302, C.A. 동 건은 Collins 부부가 1975년 Manchester－London－Los Angeles－New York－Manchester 구간의 항공표로 여행하면서 Manchester 출발 시 LA까지 짐을 체크인할 때는 짐표(승객 표상의 짐 표기란)에 위탁 수하물의 수와 무게를 적어 받았으나, 귀환 시 LA를 출발할 때는 아무런 표기가 없이 짐을 체크인 시켰는데 일부가 분실된 사건임. 원고인 Collins는 이에 배상소송을 제기한 결과 1심에서는 표기누락이 헤이그 의정서로 개정된 협약 제4조의 요건을 결한 것으로 보아 피고 항공사의 배상한도액 적용을 배제하고 원고가 청구한 2,000파운드의 배상판결을 내렸으나 고등법원은 Manchester 출발 시 표기한 것이 LA 출발 시에도 계속 짐표로 유효하다는 이론으로 1심 결정을 번복하였음.

101) 예를 들어 짐의 멸실 사고 시 기록장치의 고정으로 승객의 짐 무게를 파악할 수 없는 경우, 항공 운송자는 승객이 주장하는 짐의 무게에 따라 배상을 하여야 함.

102) 109 SCt 1676(1989).

짐표 발급이 안 되었더라도 승객이 carrier 전문 직업인임을 이유로 배상상한을 적용하는 판결[104]을 하였다.

2.3.3. 항공송장(air waybill)

바르샤바 협약은 제5조에서 제16조까지를 할애하여 항공화물의 송장에 관한 기술을 하고 있다.

협약 규정은 화물을 송달하는 화주(shipper)가 항공송장을 준비하여 화물과 함께 운송자에게 전달하도록 하면서 그러나 경우에 따라서는 운송자가 화주를 대신하여 송장을 작성할 수도 있도록 허용하였다(제6조 5항).

화물은 통상 송달차 인도되는 장소와 항공송장이 당사자의 서명을 끝으로 준비・완료되는 장소가 다르다는 것을 감안하여 헤이그 의정서는 협약 제6조 3항을 개정하였다. 개정된 내용은 항공운송업자가 화물의 기상 탑재 이전에 송장에 서명토록 한 것이다.

항공송장은 화주가 작성할 수도 있다는 점에서 승객 표나 짐표가 항공 운송자에 의하여서 작성되는 것과 구별되며, 항공송장에는 당사자로서 송하인(shipper 또는 consignor), 수하인(consignee), 항공운송자 3자가 관련되어 있다는 점에서 승객 표나 짐표보다는 협약의 규율이 더 복잡하다.

화물이 여러 개의 포장물(package)로 되어 있는 경우에 운송사는 각 포장물마다 하나의 송장을 요구할 권리가 있다(제7조).

협약 제8조는 송장에 기재하여야 할 화물에 관한 사항으로서 17가지를 열거하고, 이 중 10개의 기재를 의무적(obligatory)으로 하였다. 만약 항공 운송자가 10가지 의무 기재사항 중 한 가지라도 누락된 송장을 가지고 짐을 운송하였다든지 또는 항공송장이 작성되지 않은 채 짐을 운송하였을 때 사고가 난다면 배상책임한도의 적용이나 면책 혜택을 박탈당한다(제9조).

항공송장이 통상 송하인 측에 의하여 작성되는데, 이때 송하인은 기재사항의 정확성을 기하여야 한다. 기재사항의 비정상, 부정확 또는 불완전에서 오는 손해를 운송자 측이 입을 경우 이를 송하인이 배상하여야 한다(협약 제10조).

항공송장에 관련한 미국의 판례는 승객 표에 관련한 소송에서와는 대조적으로 항공 운송자에게 유리한 판결을 내리고 있다. 이는 인명의 값을 너무 낮게 책정한 협약의 규정에 강한 불만을 표시한 미국 법원이 짐과 화물의 운송에 관련하여서는 짐과 화물의 가치 이상으로 평가하지 않는 태도를 보인 것으로 보아야겠다.

---

103) Hexter v. Air France, 563 F. Supp. 932(S.D.N.Y. 1982). Hexter 부부가 파리-뉴욕 비행 중 지참한 휴대 수하물을 승무원이 친절하게도 인접 cabin에 보관하여 주었는바, 뉴욕 도착 후 수하물 가방 속의 보석이 분실되어 제소된 사건.

104) Republic National Bank v. Eastern Airlines, 815 F. 2nd 232(1987년 미 제2 고법 판결). 수십만 달러의 현찰을 운송하는 직업 전문 쿠리에가 탑승 시 짐표도 받지 않고 체크인 시켰다가 도착 시 분실된 사건.

미국 법원은 Kraus v. KLM Royal Dutch Airlines[105]와 American Smelting and Refining Co. v. Philippine Airlines[106]에서 항공송장에 기재하여야 할 10개 의무 기재사항 중 합의된 중간 기착지점(agreed stopping place)을 엄격히 해석하지 않음으로써 운송업자에게 유리한 판결을 내렸다. 1999년 미국 제9고법은 캐나다 발 캘리포니아 행 computer memory modules 운송 시 항공송장에 운송인 편의를 감안하여 운송자가 중간 기착지를 임의로 결정할 수 있다는 표현을 이유로 배상상한을 적용하였다.[107] 한편 2001년 미국 제2고법은 수하인이 수령하지 않아 운송자가 반송한 경우 송하인의 허가 없이 항공송장도 작성하지 않은 것을 이유로 화물피해에 대한 운송인의 배상한도 적용을 배제하는 판결[108]을 하였다.

영국 법원은 Corocraft v. Pan American Airways[109]에서 항공송장 상 의무 기재사항 중의 하나인 협약 제8조 (ⅰ) the weight, the quantity, the volume or dimensions of the goods를 해석함에 있어서 weight, quantity, volume과 dimension을 누적적(cumulative)개념으로 해석하지 않고 선택적(selective) 개념으로 해석하여 weight 하나만 기재된 항공송장이 적법하다고 판시하였다.

한편 승객 표 인쇄활자에 있어서의 Lisi 원칙은 항공송장의 뒷면에 인쇄된 계약조건의 경우에도 적용되어 항공운송업자의 협약 상 유한책임이 파기된 판결도 있다.[110]

헤이그 의정서는 송장에 기재하여야 할 화물에 관한 사항을 3가지로 개정하였으며 이 중 한 가지 사항, 즉 운송이 협약의 적용을 받는다는 고지(notice)만을 의무적 사항으로 규정하였다(제6조). 헤이그 의정서 제7조는 동 고지가 없는 항공송장이나 항공송장 자체가 작성되지 않은 가운데 화물운송이 되었을 때에 운송자의 유한책임을 파기하였다.

몬트리올 추가 의정서 4는 협약 제5조를 개정하여 항공송장을 기타 방법(컴퓨터 등)으로 대체할 수 있도록 하면서 운송 경유지와 목적지에서 기타 방법의 사용이 불가능하다는 것을 이유로 하여 화물 운송자가 운송을 거절할 수 없다고 규정하였다.

몬트리올 추가 의정서 4는 또 항공송장에의 기재사항으로서 협약이 적용된다는 고지를 포함시키지 않은 채 3가지[111]를 기술하면서, 동 3가지 기술의 여하가 협약 상 운송자의 유한책임을 파기하지

105) 2. Avi. 15,017(N.Y. Sup. Ct. 1949). 뉴욕 고등법원은 동 건 판결에서 합의된 중간 기착지점(agreed intermediate stopping places)이 공중에 열람이 개방된 항공운항표에 포함시키는 것으로 족하다고 봄.

106) 4. Avi. 17,413(N.Y. Sup. Ct. 1954). 동 건에서 뉴욕 고등법원은 합의된 기착지점의 표기는 출발지와 목적지의 언급만으로는 항공운송이 협약 적용을 받는 것이라는 것이 명백하지 않을 경우에 필요하다고 언급함.

107) Insurance Co. of North America v. Federal Express Corp., 189 F. 3d 914. 항공송장 상 중간 기착지가 없었으나 운송 중 미국 Memphis 소재 FedEx 터미널 기착 시 63만 7,500달러 상당 물품 분실사건. 배상상한 적용으로 2,494.25달러 배상 판결.

108) Fujitsu Ltd. v. Federal Express Corp., 247 F.3d 429.

109) 2 All E.R. 1059(Q.B.) rev'd[1969] 1 All E.R. 82(Ct. App. 1968).

110) Woods, Donegan & Co., Inc v. Trans World Airlines, 10 Avi. 17,918(N.Y. Sup. Ct. 1968).

111) 헤이그 의정서가 기술하고 있는 3가지는 ① 출발지와 목적지, ② 출발지와 목적지가 한 협약 당사국에 소재할 경우 운송의 국제적 성격을 가져올 합의된 중간 기착지(즉 중간 기착지가 타국에 소재), ③ 송달물품의 무게임.

못한다고 하였다(몬트리올 추가 의정서 4의 제3조에 의하여 개정된 협약 제8조).

화물 송하인(shipper 또는 consignor)은 목적지 공항에 도착한 화물도 다른 목적지로 이동시킬 수 있다(협약 제12조 1항). 이때 항공운송업자가 송하인에게 수하인(consignee)용 항공송장을 요구하지 않은 채 송하인의 요청대로 화물을 이동시킴으로써 적법의 수하인용 화물송장 소지자에게 피해를 주었다면 항공운송업자는 동 피해에 대하여 배상하여야 한다(제12조 3항). 이는 항공송장이 유통 가능(negotiable)한 데서 오는 결과이다. 협약은 항공송장의 유통 가능 성격에 관하여 아무런 언급을 하지 않았지만 헤이그 의정서는 제9조에서 "본 협약 상 어느 것도 유통 가능한 항공송장의 발급을 금하지 아니 한다"라고 협약을 개정함으로써 송장의 유통 가능성을 명료히 하였다.

따라서 항공송장을 팔 수도 있다. 그러나 항공송장은 해상운송법에서와 달리 화물을 대신하는 것은 아니다. 이는 항공송장이 단지 항공 운송자에게 화물이 인도되었다는 사항을 알려 주는 운송계약서에 불과하기 때문이다.[112] 화물의 처분권행사를 가능하게 하는 항공송장은 운송비 청구서(invoice) 또는 세관 신고서로도 이용된다.[113]

화물의 도착 시 운송자는 화물의 수하인(consignee)에게 동 도착 사실을 통보하여야 한다(제13조 2항). 화물의 수하인은 화물이 목적지에 도착할 때 화물 송료 잔액이 있으면 이를 지불한 후 수하인용 송장과 화물의 인도를 요구한다(제13조 1항).

2.4. 승객운송사고 시 책임

협약 제17조는 많은 논란과 판례를 가져온 중요한 구절이다. 이 조항은 항공기 사고로 승객이 사상하였을 때 항공운송업자의 배상요건이 되는 3가지 점을 포함하고 있는바, 이는 첫째, 사고(accident)란 무엇인가, 둘째, 피해(damage)는 무엇을 말하는가, 셋째, '항공기의 탑승(embarkation)과 하기(disembarkation)의 과정에서'의 뜻을 어떻게 해석하는가 하는 것이다.

협약 제17조는 다음과 같다.

> 운송자는 항공기상에서 또는 탑승과 하기의 과정에서 발생한 사고가 승객의 사망, 상해 또는 기타 신체 상해를 일으킨 경우에 이로 인한 피해에 대하여 책임을 진다(이상 필자의 번역문).
> The Carrier shall be liable for damage sustained in the event of the death or wounding of a passenger or any other bodily injury suffered by a passenger, if the accident which caused the damage so sustained took place on board the aircraft or in the course of any of the operations of embarking or disembarking(아래 불어로 작성된 바르샤바 협약을 미국 정부가 미국 상원 비준을 위하여 작성한 영문 번역문).

112) International Encyclopedia of Comparative Law, Vol.XII, Law of Transport 중 Matte 교수가 집필한 Chap. 6 International Air Transport, offprint p.47.
113) Magdélnat, Air Cargo: Regulations and Claims(1983), p.42.

Le transporteur est responsible du dommage survenu en cas de mort, de blessure ou de toute autre lésion corporelle subie par un voyageur lorsque l'accident qui a cuasé le dommage s'est produit à bord de l'aéronef ou au cours de toutes operations d'embarquement et de débarquement(바르샤바 협약 원문. 필자 밑줄).

상기 조항은 사고(accident) 발생을 전제로 한 사상 또는 기타 신체 피해(bodily injury) 배상을 규정한 것으로서 사고가 사상이나 기타 신체 피해의 원인이 되어야 하고 항공기 기내 또는 승·하기 중에 발생한 것임을 요건으로 하고 있다. 만약 기내가 아니거나 승·하기 시점 이외에서 발생한다면 이는 관련 국내법이나 커먼로에 의거 처리될 사항이다.

2.4.1. 사고의 요건

미국 법원은 1966년 몬트리올 협정과 연결하여 바르샤바 협약을 적용하면서 사고의 요건에 관하여 수차 언급하였다. 몬트리올 협정이 운송자의 배상금 한도액을 7만 5,000달러로 인상하였으므로 협약이 규정한 약 8,300달러와 큰 차이가 있는 배상금이지만 협약 제17조의 규정은 변함이 없이 적용되고 있다. 다시 언급하면 몬트리올 협정은 운송자의 절대책임(strict or absolute liability)을 적용하여 협약 제20조 (1)항의 운송자 면책규정을 배제하였다. 또한 과테말라시티 의정서는 승객의 자체 건강문제로 야기된 사고에 대하여서는 운송자의 책임이 없다고 하였지만 운송자가 10만불까지의 신체 피해 배상을 하는 것에 대하여서는 절대 책임이 파기될 수 없도록 하였다. 미국 법원은 Husserl v. Swiss Air Transport[114]에서 비행기 납치(hijacking)나 공항에서의 테러가 사고에 해당한다고 언급하였다. 이러한 입장은 몬트리올 협정에서 7만 5,000달러를 상한으로 운송자의 책임을 한정한 것이 미국의 욕심만큼 배상금액을 못 올렸지만 어떠한 경우의 사고도 배상요건으로서의 사고로 봄으로써 승객에게 혜택을 준다는 배경에서 나온 것으로 본다. Husserl 케이스는 뒤이은 미국 법원의 판결[115]에도 적용되었다.

한편 프랑스에서는 미국에서와 같이 항공 운송자에 대한 절대책임을 요구하지 않고 협약 자체만을 해석하여 사안에 따라서는 협약 제20조 (1)항에 따른 운송자의 면책도 적용하였다. 이는 몬트리올 협정이 미국을 운항하는 항공기만 적용되는 관계로 미국에 운항하지 않는 국제 운항 항공기 사고 관련 재판 시 프랑스 법원이 협약만을 적용하기 때문이다.

다른 한편 프랑스 법원은 외국 군용비행기가 민항기에 대하여 총격을 가한 것을 협약상의 사고라고 해석하였다.[116]

---

114) 388 F. Supp.1238(S.D.N.Y. 1975). 1970.9.6. 취리히발 뉴욕행 Swiss Air가 요르단 암만으로 납치된 것에 연유한 사건.

115) Krystal v. British Overseas Airways Corp., 14 Avi. 17,128(C.D. Cal. 1975); Karfunkel v. Air France, 427 F. Supp. 971, 14 Avi. 17,674(S.D.N.Y. 1977) 등.

116) Korean Air Lines v. Entiope(1981) RFDA 225(C.A. Paris, 8 Jul. 1980); Maydeck v. El Al.(1964) 27 RGAE 119, note G.Cas. (1964) 18 RFDA 232(C.A. Paris, 22 Mar.1965).

2.4.2. 배상을 요하는 신체 피해

협약의 제17조 중 배상을 요하는 bodily injury는 불어원문에 있는 lésion corporelle을 영문 번역한 것이다.

프랑스에서는 신체에 대한 피해를 표현하는 dommage corporel(bodily damage)이 정신적 피해를 포함한 모든 종류의 피해를 포함하는 개념으로 사용하고 있다. 따라서 동 피해가 사고로 인한 것이라는 것이 증명만 되면 배상을 받을 수 있다.

그러나 커먼로 제도에 있어서는 신체 피해를 말할 때 정신적 피해를 포함한다는 확실한 개념이 없는 가운데 배상 재판 시마다 재판지의 법(*lex fori*)이나 사고 또는 범죄가 발생한 장소의 법(*lex loci delicti*)을 적용하여 배상을 받을 수 있는 상해의 범위를 정하는 입장을 취하였다. 이러한 입장을 견지하던 미국 법원은 Burnett v. TWA[117]에서 신체 상해에 관한 프랑스의 법 개념을 적용하여 신체 상해(bodily injury)로부터 오는 정신적 고통(mental anguish)도 배상을 요한다고 판결하였다.[118] 뒤이어 있는 Husserl v. Swiss Air Transport[119]에서 미국 법원은 한 걸음 더 나아가 정신적 피해만으로도 배상이 가능하다고 판시하면서 협약상의 bodily injury를 광의로 해석하였다. 한편 Krystal v. BOAC[120]에서 미국 법원은 정신적 또는 육체적 상해를 모두 포함하고 있는 과테말라시티 의정서상의 personal injury를 적용하여 아무 어려움 없이 정신적 상해에 대한 배상을 결정하였다.

미국 법원은 또 Palagonia v. TWA[121]에서 불어로 작성된 바르샤바 협약의 용어 해석에 있어서 프랑스의 법 개념을 구속력 있는 법 개념으로 보아야 한다고 하면서 lésion corporelle을 personal injury로 해석하였다.

위와는 달리 미국 대법원은 Zicherman v. Korean Airlines[122]에서 1983.9.1 KAL 007기 사건 시 사망한 자의 유가족이 KAL을 대상으로 죽음 때문에 사망인이 가족생활 등 동반의 즐거움을 상실(loss–of–society)한 데 대한 피해를 배상하라는 청구 건에 있어서 다음과 같은 입장을 취하였다.

첫째, 바르샤바 협약 제17조상 피해(damage)는 프랑스 원어인 dommage를 확실한 법적 의미, 즉 '법적으로 인지할 수 있는 손상'(legally cognizable harm)에 국한하여 해석하여야 한다면서, 바르샤바 협약이 채택되었을 1929년 당시의 프랑스법상 dommage가 물질적 손해뿐만 아니라 정신적 손해, 즉

---

117) 368 F. Supp. 1155; 12 Avi. 18,405(D.C.N.M. 1973). 1970.9.6. 아테네에서 뉴욕으로의 비행 중 요르단 암만의 교외로 항공기가 납치된 사건과 관련된 재판.

118) 비슷한 내용의 판례로 Rosman v. TWA, 34 NY 2d 385(1974). 1970.9.6. 이스라엘 텔아비브에서 뉴욕으로 비행 중 요르단 암만 근처 사막으로 납치된 것에 연유한 사건.

119) 전게 주 114) 참조.

120) 전게 주 115) 참조.

121) [1979] US Av. Rep.1285(N.Y. Sup. Ct., Country of Westchester, 1978).

122) 116 S. Ct. 629(US Supreme Ct., Jan. 16. 1996).

loss－of－society를 포함한 비 금전적 손해까지도 포함하였으며 이는 또 사전의 의미이기도 하기 때문에 이를 따라야 한다는 원고의 주장을 배척하였다.

둘째, 협약 제17조의 어떠한 손상이 법적으로 인지할 수 있느냐 하는 것은 소가 제기된 법원, 즉 여기서는 미국 법원의 판단사항으로 위임한 것으로 해석하였다.

셋째, 따라서 미국 법원의 경우 '공해상 사망법'[123]이 관련 적용법으로서 동법 제762항에 따라 금전적 손실(pecuniary loss)만이 배상 가능하지 loss－of－society의 배상은 불가능하다고 판결하였다.

미국 법원이 한동안 배상의 대상인 신체의 피해를 확대 해석함으로써 프랑스 법원과 같은 판결 결과를 가져오게 된 것은 낮은 배상금에 대한 미국 여론의 불만이 배후에 깔려 있었기 때문이다. 이렇게 미국 법원에서 신체 피해를 확대 해석한 판례 경향은 1991년 미 대법원의 Eastern Airlines v. Floyd 판결[124]을 분수령으로 축소 해석되고 있다.

Floyd 판결 이전에는 정신적 피해를 제17조상 피해에 포함시키는 경향이 있었는데, 법원에 따라 신체 피해가 있는 결과 정신적 피해 발생을 요하든지 또는 이에 관련 없이 정신적 피해만을 배상요건으로 간주한 경우가 있다.[125] 이와 관련하여 Air France v. Teichner 사건[126]에서 1984년 이스라엘 대법원은 신체적 피해를 동반하지 않은 정신적 피해가 제17조상의 신체적 피해에 해당한다는 너무 치우친 판결을 하여 주목을 받았다.

Floyd 판결에서 미 대법원은 제17조가 순전히 정신적 피해의 배상을 허용하지 않는다면서 다음과 같이 언급하였다.

> 'lésion corporelle'의 좁은 의미는 협약 체약 당사국들의 주된 목적과 일치하는바, 이는 항공운송인의 책임을 제한하기 위한 것이다. (중략) 제17조의 언어, 교섭 역사, 추후 이를 해석하는 입법 등 그 어느 것도 그러한 의도(순전히 정신적 피해 배상을 허용)를 명확히 증거하지 않는다. 우리는 승객이 정신적 피해를 배상받을 수 있는지에 관하여서는 의견을 표명하지 않는다.

Floyd 판결 이후 신체적 피해가 수반되지 않은 정신적 피해는 배상하지 않은 판례가 다수를 이루고 있는바, 1992년 뉴욕 남부지역 연방법원의 Adler v. Malev Hungarian Airlines[127] 사건이 그 예이다.

---

123) Death on the High Seas Act, Ch. III, 41 Stat. 537(1920)(codified at 46 U.S.C. app. sections 761－767(1994)).

124) 111 S. Ct. 1489(1991). 1983.5.5. 발생한 사건으로서 마이애미를 출발하여 바하마로 비행하던 항공기가 차례로 3개의 엔진이 모두 작동이 되지 않아 대서양에 추락할 뻔했다가 극적으로 엔진이 가동되어 마이애미에 무사 귀환한 결과 승객들이 조종사를 구세주라고 칭찬하였음. 연후 일부 승객이 추락할 당시의 정신적 피해를 배상하라고 소송을 제기하였음.

125) 1973년 뉴멕시코 연방 지방법원은 앞서 본 Burnett v. TWA(368 F. Supp. 1152) 사건, 즉 Burnett가 아테네에서 프랑크푸르트 경유 뉴욕비행을 하는 TWA－741편으로 여행 중 프랑크푸르트 경유지 출발 후 팔레스타인 해방전선(PFLP)에 의해 요르단 암만의 사막으로 납치되어 6일간 억류되면서 발이 붓고 발목 물집이 생기고 고온과 음식 부족에서 오는 신체적 고통으로 정신적 고통을 받은 것을 배상 대상으로 판결하였음. 1974년 뉴욕 법원은 Rosman v. TWA(314 N.E. 2nd 848) 사건 판결에서 제17조상의 신체 피해가 사고와의 인과관계가 있어야 하며 항공기 납치로 인해 정신적 상해가 신체적으로 표출되었다면 이러한 인과관계가 충족된다고 언급하였음. 1975년 뉴욕 남부지방 연방법원의 Husserl v. Swiss Air Transport Co.(388 F. Supp. 1238) 사건 판결에서는 정신적 고통이 신체적으로 발현되는 피해를 포함한 정신적 피해는 제17조상 신체적 피해에 해당된다고 언급하였음.

126) 39 Revue Francaise de Droit Aérien 232.

127) 1992 WL 15144. 동 사건에서 법원은 중요한 정신적 피해에 대한 배상을 배제하면서 국제 항공여행 사고에서 일어나는 순전히 정신적인 피해를 배상하

과테말라시티 의정서는 협약의 제17조를 개정하여 승객의 사상을 표기하는 데에 있어서 bodily injury라는 표현 대신 몬트리올 협정에서와 같이 death or personal injury라는 영문 표현을 사용하였다. 한편 동 의정서는 승객 자신의 건강문제로 발생한 사상에 대해서는 운송자가 면책 받도록 하였다. 과테말라시티 의정서는 발효하지 않았음에도 불구하고 승객사상에 관한 동 의정서의 규정은 다수 원용되고 있다.[128]

2.4.3. 사고와 원인관계(causation)

사고(accident)의 정의에 관련한 미국 법원의 판결이 100개 이상 있을 정도로 논란이 되고 법원마다 해석을 달리할 수 있는 용어이다. 이러한 혼선은 1985년 미국 대법원이 Air France v. Saks[129] 사건 판결을 통해 사고를 정의한 후 많은 정리가 되었다.

Saks 사건은 에어프랑스 탑승객이 LA 공항에서 정상 착륙하면서 정상적인 감압(de-pressurization) 중 한 승객의 한쪽 귀가 멀게 되어 제기된 항공사 상대 배상청구 사건이다. 1980.11.16. 프랑스 파리 발 뉴욕행 에어프랑스로 12시간 비행을 한 후 공항 착륙할 때부터 왼쪽 귀에 통증을 느끼기 시작한 승객 Valerie Saks는 도착 후 에어프랑스 승무원이나 직원에게 자신의 고통을 이야기하지 않고 공항을 출발하였다. 그러나 5일 후 의사를 만나 진료를 받은 결과 왼쪽 귀가 영구히 듣지 못하는 귀머거리가 됐다는 것을 발견하고 에어프랑스를 상대로 항공기 여압(pressurization) 체제의 유지와 운영에 과실(negligence)이 있음을 이유로 제소하였다. Saks 판결 이전인 1978년 미국 제3고법의 Desmarines v. KLM Royal Dutch Airlines[130] 사건 판결에서 "사고는 사물의 정상적 과정에 따라서가 아니고 예상외로 발생하는 물리적 상황으로서 사건(event)이다. 만약 항공기상의 사건이 일상적이고, 기대되는 바이며, 흔히 발생(occurrence)하는 것이라면 그것은 사고(accident)로 불릴 수 없다. 사고가 되는 것은 발생이 비일상적이며 기대 밖의 사건으로서 미리 예측할 수 없이 일어나는 것이다"라고 사고를 정의[131]하여 연후 많은 법원이 이에 의존하였다.

Saks 판결 시 Sandra O'Connor 판사는 사고의 요건을 다음과 같이 정의하였다.

- 바르샤바 협약 제17조의 사고는 승객의 피해와 관련한 모든 상황을 평가한 후 융통성 있게

도록 주(state)법을 허용하는 것은 협약에 배치된다고 판결하였음.

128) Warshaw v. TWA, 14 Avi. 18,297(D.C. Penns. 1977)은 과테말라시티 의정서가 개정한 협약 제17조 1항을 원용하여 승객사상이 승객 자신의 건강문제로 발생한 것일 때에는 운송자의 책임이 없다고 하였음. 동 제17조 2항에 규정한 짐의 자체 품질 문제에서 오는 피해에 대하여 운송업자가 책임을 질 수 없다고 한 판례로는 Air France v. Saks, 18 Avi. 18,064(3rd Cir. 1984)가 있음.

129) 470 US 392(1985).

130) 580 F 2d 1193.

131) 사고와 사건의 용어 차이에 관해서는 박원화, "Use of Terms 'Accident' and 'Incident' in Air Law", Annals of Air and Space Law, Vol. X V(1990), McGill University, Montreal, Canada 참조.

해석.

- 승객의 피해를 유발한(caused) 'event or happening'은 'unexpected or unusual'이어야.
- event는 정상적인 비행 운행에 의한 승객의 내적 반응(internal reaction)에 관련치 않고 승객 외적인 것(external to the passenger)이어야.
- 증거가 상충할 경우 사실을 분석하여 상기와 같은 내용의 사고가 발생하였는지를 조사.

상기 정의 내용 중 unexpected or unusual은 이미 언급한 Desmarines, 그리고 Warshaw v. TWA[132] 사건 판결에서 언급되었던 내용이나 external to the passenger이라는 새 개념은 2003년 미 대법원의 Olympic Airways v. Husain[133] 사건과 2003년 영국 고법의 Deep Vein Thrombosis(DVT) and Air Travel Group Litigation[134] 사건에서 원용되었다.

한편 기내에서 승객 간 성추행한 사건이 발생한 것을 다룬 Wallace v. Korean Air Lines[135]에서 미 제2고법은 2000년 동 사건을 사고로 판결하며 항공운송사의 책임을 무모하게 확대하였다. 한편 유사한 사건, 즉 야간 비행 시 한 승객이 16세 소녀를 성추행한 사건을 다룬 영국 대법원은 2002년 판결[136]에서 시카고 협약 제17조상 신체 피해가 아니라는 이유로 원고 패소 판결을 하였다.

2.4.4. 항공기 선상, 탑승 또는 하기 과정에서 발생하는 사고

협약 제17조는 사고가 항공승객의 여행과정에서 발생하여야 함을 규정하였다. 항공기 내에 승객이 머무르고 있을 경우의 사고는 명백히 항공승객의 여행 중에 들어가는 것이겠으나 항공기 탑승과 하기 과정에서 발생하는 사고는 분명치 않다.

미국과 프랑스 법원은 협약 상 사고의 범주에 포함되는 승객의 여행시점을 탑승과 하기 순간으로만 한정하여 보지 않고 확대 해석하고 있다.[137] 이 점에 관하여 미국 법원은 Day v. TWA[138] 판결

---

132) 1977년 펜실베이니아 동부지역 연방법원 판결사건. 442 F. Supp. 400.

133) 541 U.S. 1007, 124 S. Ct. 1221(2004). 천식환자가 탑승 중 금연구역에서 멀리 떨어진 좌석으로 옮겨 줄 것을 수차례 요구하였지만 거절된 후 사망한 사건에서 법원은 승무원의 거절사실이 사고라고 판결하였음.

134) [2006] 1 All E.R.786. 호주의 법원에서도 제소된 사건인바, 장기 탑승하면서 가만히 앉아 있을 경우 DVT(다리에 혈전 생성)가 발생하여 건강을 위해하는 경우가 발생하는바, 항공사가 이러한 사실을 경고하지 않았다는 부작위(inaction)를 이유로 승객이 소를 제기하였으나 패소. 이때의 부작위는 사고가 아니기 때문임.

135) 214 F.3rd 293. 1심과 다른 결과가 나온 동 판결에 대하여 대한항공은 미국 대법원에 상소하는 것을 자제한 채 장외(out of court) 해결하였음. 이는 1987.8.17. 서울발 로스앤젤레스 행 항공기에서 한국인 남자 승객이 옆 좌석 여자 승객 Wallace를 성추행한 사건과 관련된 소송임.

136) Morris v. KLM, [2002] Lloyd's Law Reports, Vol.1, 745 이하. 사건내용은 Morris라는 소녀가 1998년 말레이시아 쿠알라룸푸르에서 암스테르담으로 비행하던 KLM 항공기에서 두 남자 옆에 앉아 잠을 자던 중 옆의 남자가 허벅지 부근을 손으로 애무하는 것을 발견하여 승무원에게 신고한후 제소한 사건임.

137) 미국의 Bergsman v. El Al Isreal Airlines, 10 Avi. 17,346(N.Y. Sup. Ct. 1967)과 프랑스의 Maché v. Air France, (1961) 24 R.G.A. 292, note P. de La Pradelle(T.G.I. Seine,2 Jun. 1961), aff'd, (1963) 26 R.G.A. 275(C.A. Paris, 18 Jun. 1963), cassation, (1966) 29 RGAE 32, note E. du Pontavice(Cass. Civ. Ire, 18 Jan. 1966), on remand, (1967) 30 RGAE 289, D.S. 1968. J. 515, note P.Chauveau(C.A. Rouen, 12 Apr. 1967), aff'd, (1970) 33 RGAE 300, note G. Cas, D.S. 1971.J.373, note P. Chauveau(Cass. civ. Ire,3 Jun. 1970) 등이 있음.

138) 1975년 미 제2고법판결, 13 Avi. 17,647(S.D.N.Y. 1975), aff'd, 13 Avi. 18,144(2nd Cir. 1975), cert, den'd, 45 USLW 3280(U.S.S.C. Ct. 1976); 528 F. 2d 31.

이래 다음 4가지 요소를 감안하여 승객의 탑승과 하기의 과정에서 협약상의 사고가 발생하였는지를 결정하는 경향이다.

① 활동내용: 사고 시 승객이 어떠한 활동을 하고 있었는가.
② 통제: 사고 시 누구(예: 항공사)의 통제 하에 있었는가.
③ 장소: 사고 시 승객에 대한 상해가 어디에서 발생하였는가.
④ 시간: 사고 시 탑승이 임박하였는지 여부.

미국 법원은 MacDonald v. Air Canada[139]에서 하기하는 승객이 항공기에서 내려 터미널 내의 안전한 곳에 이르면 협약 제17조상 '하기의 과정'이 끝난 것으로 보았으나 승객의 탑승 경우에는 사고 장소만을 고려하지 않고 4가지 요소를 다 감안하는 입장을 취하였다. 따라서 Day와 Evangelinos v. TWA[140]에서 미국 법원은 4가지 요소가 모두 탑승과정에 해당한다고 해석하면서 바르샤바 협약 제17조상 사고로 간주하였다.

Day와 Evangelinos 케이스는 그리스 아테네 공항 라운지에서 승객이 줄을 서서 미국행 TWA 탑승수속 중에 있던 중 테러리스트의 공격을 받아 사상이 발생한 것이었는바, 이때 승객들은 이미 항공권을 제출한 후, 즉 체크인을 한 후 탑승 직전 보안 검색을 받으면서 항공사의 통제를 받고 있었다.

그러나 탑승을 위한 체크인이 끝났을지라도 승객이 홀로 자유로이 공항 터미널을 배회하다가 발생한 사고는 협약 제17조상의 사고에서 제외되었다.[141] 또한 상기 4개 요소를 충족하지 못한 Buonocore v. TWA[142]에서는 바르샤바 협약 제17조의 적용이 배제되었다. 반면 하기 승객이 항공기에서 내린 다음 버스를 타고 터미널로 운송되던 중 버스에서 추락한 경우의 사고는 하기 중의 사고로 간주되었다.[143]

미국 법원은 협약을 해석 적용하면서 몬트리올 협정상 절대책임 체제를 반영하기 때문에 웬만한 경우에도 항공사 측이 사고를 사전에 방지하지 못한 책임을 추궁하여 협정상의 7만 5,000달러 배상금을 적용하지만 프랑스 법원은 몬트리올 협정의 적용을 받지 않기 때문에 양국 법원의 판결내용에 차이가 있다.[144] 이 점은 미국 법원이 비용 분담의 원칙상 재정적으로 능력이 있는 항공사가 사고의

---

139) 11 Avi. 18,029(1st Cir. 1971).

140) 14 Avi. 17,101(3yd Cir. 1976), on rehearing, 14 Avi. 17,612(3rd Cir. 1977).

141) Upton v. Iran National Airlines Corp, 15 Avi. 17,101, 450 F. Supp. 177(S.D.N.Y, 1978) aff'd, 603 F. 2d 215.

142) 1990년 미 제2고법 판결. 900 F. 2d 8.

143) Ricotta v. Iberia, 15 Avi. 17,829; 482 F. Supp. 497(E.D.N.Y, 1979). 단, 2년 이내의 제소기한 요건을 충족하지 못하여 원고가 패소하였음. 동 건 항소 결과 미 제2고법에서 1심 판결을 확정. 633 F. 2d 206(C.A.2 1980).

144) 몬트리올 협정은 미국인의 기준으로 볼 때 저렴한 1인 승객당 사상배상금 7만 5,000달러를 항공사에게 부담시키는 반면 항공사가 모든 사고에 대하여 면책 주장을 하지 않고 책임을 지는 체제를 갖고 있음. 그러나 wilful misconduct의 경우 항공운송자의 7만 5,000달러 유한책임은 파기됨.

사전 예방 조치로 금전 부담을 하여야 한다는 근대법 이론을 적용하는 입장을 취하는 것과는 별개의 문제이다.

Miller가 지적[145]한 바와 같이 만약 협약 기초자들이 추후 항공운송자의 절대책임제를 내용으로 한 몬트리올 협정의 테두리 내에서 동 협약이 해석될 것을 미리 알았더라면 현재와 같은 내용의 협약 제17조를 작성하지 않았을 것인바, 미국 법원에서는 한 동안 몬트리올 협정이라는 프리즘에 의하여 바르샤바 협약을 굴절하여 해석한 셈이다.

2.5. 짐과 화물의 운송 시 책임

바르샤바 협약 상 위탁 수하물의 손실 및 지연은 kg당 무게에 따라 배상(kg당 250프랑)되지만 휴대 수하물은 승객 1인당 일정액(5,000프랑)을 배상한다(1.6항 도표 8 참조). 따라서 승객의 짐을 위탁 수하물(registered baggage. 과테말라시티 의정서는 checked baggage로 표기)로 분류할 것인가 또는 휴대 수하물로 분류할 것인가에 따라서 항공운송업자의 배상기준이 달라진다.

승객이 체크인(check−in)할 때 항공사 측에 맡기는 짐이 위탁 수하물임에 이론이 없으나, 승객이 탑승을 하면서 지참하는 휴대 수하물을 안전상 또는 승객 편의를 위하여 항공사 측 직원이 기내에 별도로 보관하여 줄 경우 이 짐이 위탁 수하물로 간주되느냐에 대해서는 각국의 판례가 상이하다.[146] 1982년 미국 뉴욕 남부지역 연방법원은 Hexter v. Air France 사건에서 위탁 수하물로 간주하는 판결을 하였다.

위탁 수하물이나 화물을 돌려받을 때 물품이 완전 분실(total loss)되었다든지 또는 파괴되었다면 이는 협약 제26조가 규정한 기간 이내에 신고(notice of complaint)를 하지 않아도 된다. 이는 제26조가 물품에 대한 피해(damage)가 있을 때만을 규정하였기 때문이다. 그러면 짐(baggage)이 부분적으로 분실(partial loss)되었을 경우 이를 제26조 (2)항이 말하는 피해(damage)로 보아 정하여진 시일 이내에 신고를 하여야 배상을 받을 수 있는지, 즉 부분적 분실도 손실에 해당하기 때문에 제26조의 신고시한 적용을 받는지에 관하여 한때 논란이 많았다.

동 문제는 1980년 영국대법원(House of Lords)에서의 Fothergill v. Monach Airlines Ltd[147]의 판결에서 부분적 분실도 피해에 해당하기 때문에 협약 제26조상의 시한 이내에 신고를 하지 않을 경우 배상을 받지 못하는 것으로 결정되었다. Fothergill 케이스는 1975년 일어난 일로서 Fothergill이라는 승객이

145) Miller의 저서 p.142.

146) 동 판례는 Shawcross, VII(802) 참조.

147) [1980] 2 All ER 696, HL.

항공기로 도착한 후 위탁 수하물인 짐 가방을 찾았을 때 가방의 일부분이 손상돼 있음을 발견하고 그 자리에서 이를 신고한 후 집으로 돌아가서 가방을 열어 본 결과 내용물 중 일부가 분실된 것을 발견하였다. 동 승객은 이에 관하여 자신의 보험회사에 통보하였으며 보험회사는 약 4주 후에야 해당 항공사에 통보한 것이다. 동 4주의 기간은 영국이 당사국인 헤이그 의정서에 의하여 개정된 협약 제26조가 규정한 1주일의 신고기간을 훨씬 초과하는 것이기 때문에 부분적 분실을 어떻게 해석하느냐에 따라서 승객이 배상을 받을 수 있는지가 결정되는 것으로서 당시 항공법 학계에서 매우 관심 있게 지켜본 케이스였다. 동 케이스는 1978년 제1심(Queen's Bench)에서 원고 승소판결, 즉 부분적 분실은 협약 제26조 (2)항이 말하는 피해(damage)에 해당하지 않는다는 해석을 하면서 피고인 항공사가 원고에게 28.5파운드(가방 내용물의 부분손실 배상용 16.5파운드 포함)를 배상하라는 판결을 하였으며 1979년 이에 대한 항소심에서 고등법원(Court of Appeal)이 제1심 판결을 확정하였으나 대법원이 이를 번복하면서 부분적 손실도 피해에 해당한다는 최종판결을 내린 것이다. Wilberforce 경을 포함한 영국 대법관들은 미미한 배상금액이지만 항공운송업계에서 언젠가는 정리되어야 할 협약의 중요개념 해석에 관한 기념비적 판결을 함에 있어서 협약 제정 역사, 불어 원문의 의미, 중요 국가 법원의 판결과 저명학자의 학설 등을 광범위하고 심층 연구한 결과를 40페이지에 달하는 방대한 내용으로 정리하여 학계와 판례에 큰 기여를 하였다.

이상과 같은 부분적 손실도 있지만 하나의 짐표(baggage check) 또는 항공송장이 여러 개의 포장물을 커버할 때 한 개의 포장물이 분실되는 경우의 부분적 분실도 있다. 이 경우 영국은 1979.4.4. 이후 피해(damage)로 해석하는 국내법[148]을 적용시키고 있으나 미국과 독일에서는 바르샤바 협약 제26조 (3)항의 시한 이내에 서면에 의한 배상청구가 없을 경우 분실(loss)로 간주하는 판례가 있다.[149]

한편 짐과 화물의 운송 시 파괴, 분실, 피해가 발생하는 시점을 어떻게 보느냐는 법원마다 다소 상이하나 통상 운송인의 책임 하에 있는 기간에 발생한 것으로 해석한다. 이때 loading, delivery, trans-shipment를 요하는 항공운송은 물건의 소재지가 공항 내외의 장소를 불문하고 항공운송 시의 시간적 범위 내에 있는 것으로 정의한다.

2.6. 지연 시 책임

협약 제19조는 승객, 짐 또는 화물의 항공운송 시 지연(delay)으로 야기된 피해에 대하여 항공운송업자가 책임을 지도록 규정하였다. 그러나 협약은 지연이 무엇인가에 대해서는 언급하지 않고

148) The Carriage by Air and Road Act 1979로 개정된 Carriage by Air Act 1961의 S4A.

149) Shawcross, VII(833) 참조.

있다.

동 조항을 재판지의 법(*lex fori*)으로 해석하는 데에 있어 프랑스 법원은 약간의 지연(slight delay)은 문제 삼지 않는 입장을 취하고 커먼로 법원은 합당한 지연(reasonable delay)을 인정하는 입장이다. 프랑스 법원은 프랑스 민법 제1156조를 원용하여 운송약관(conditions of carriage)을 문맥 그대로 해석하기보다는 당사자가 어떠한 것을 기대하고 있었는가를 파악하여 지연 여부를 판단하는 입장이다. 짐 또는 화물을 항공으로 부치는 사람이 기대하는 것은 신속한 운송인바 이를 도외시한 운송약관은 협약 제23조, 즉 항공운송자의 책임을 면하기 위한 불법적인 것으로서 무효라는 것이 프랑스 법 논리의 저변에 깔려 있다.[150)]

커먼로 국가에서는 지연에 관한 판례가 매우 드물다. 재미있는 한 판례로서 가이아나에 거주하는 Bart라는 사람이 영국의 한 회사가 내건 축구 시합 승부 예측 복권에 당첨되는 내용의 문서를 항공편으로 영국에 송부하였으나 동 문서가 늦게 도착하는 바람에 2만 파운드의 상금을 놓쳐 제기된 Bart v. British West Indian Airways, Ltd.[151)]가 있다. 가이아나 고등법원은 동 건 심리 시 운송약관상 항공송달품을 어느 특정한 날짜에 도착하여 줄 의무가 없다는 항공사의 주장을 일축하면서 항공사가 원하는 대로 화물을 운송할 수는 없으며 항공사는 각 경우의 모든 상황에 비추어 합리적인 시간 이내로 운송을 하여야 한다고 판시하였다.

협약은 지연에 관하여 또 한 가지 불충분한 점을 내포하고 있다. 이는 협약 제26조가 짐과 화물의 손상 또는 지연 시 동 사실을 문서로 통보하여야 할 기간을 명시하고 있는데 지연의 경우 물품이 화주의 처분에 들어온 지 14일 이내(헤이그 의정서는 21일 이내)에 제기하도록 만 규정하고 있다. 그런데 추심할 물건이 언제 주인의 처분에 들어오는지 모르는 상황에서 물건의 도착만 기다리고 있는 경우에 적용할 법규가 없는 결과가 나온다. IATA는 항공화물의 경우 화물의 인도가 되고 있지 않은 상황에 해당할 때 이를 항공송장 발급일로부터 120일 이내에 문서로서 항공사 측에 통보하도록 정하고 이러한 내용을 항공송장의 뒷면에 기재된 운송약관의 제12조 (a) (iv)로 통일하였다.[152)] 그러나 IATA의 운송약관도 위탁 수하물이 제때 도착하지 않을 경우 언제까지를 분실 또는 지연으로 보느냐에 관하여 언급이 없다. 따라서 위탁 수하물(짐)을 제때 찾지 못하는 여행객은 짐이 분실로 간주될 때까지는 그 어떠한 보상도 받지 못하는 상태에 처하게 된다. 이 경우, 다만 지연으로 인한 피해가 증명이 되고[153)] 또한 협약 제20조 (1)항에 따라 항공사가 피해를 초래하지 않도록 최선의

150) Robert-Houdin, Souillac, Sofimex 케이스 등 Miller의 저서 pp.154~158 참조.

151) [1967] 1 Lloyd's Rep.239(Guyana Ct. App. 1966). 동 건은 협약 상 국제 운송이 아니긴 하지만 영국 법에 의하여 많은 비국제 운송이 협약상의 국제 운송 규율을 적용받고 있음.

152) IATA가 정한 화물 송장의 운송약관인 IATA 결의 600b는 IATA의 회원항공사가 아니더라도 거의 이를 적용하고 있으므로 세계적으로 거의 통일되어 있음. IATA의 운송약관은 많은 나라에서 국내 항공운송에도 그대로 적용하고 있음.

조치를 취하지 않았던 것으로 밝혀질 때에는 배상을 받을 수 있겠다.

승객운송 시의 지연은 발생한 상황을 볼 때 짐과 화물의 지연과는 구분이 된다. 즉 승객운송 시의 지연은 협약 제17조에 따라 항공기 선상에서 또는 탑승이나 하기 중의 시간을 기준으로 하고 짐이나 화물의 지연은 협약 제18조상 항공운송(transportation by air) 중에 발생하는 것을 요건으로 한다.[154] 따라서 짐과 화물의 경우에는 협약 제18조 2항과 3항에 따라 항공운송사의 책임하에 있는 한 어느 장소에 있든지 관계없이 정당한 권리자에게 전달되지 않는 한 지연의 기간으로 계산된다.

승객운송과 관련하여 McMurray v. Capitol International Airways[155]에서 법원은 대체(replacement)항공편 주선도 없는 항공편의 취소는 지연 못지않게 항공사의 책임을 유발한다고 판시하였다.

2.7. 항공운송자의 면책

협약 제20조 1항은 항공운송자가 피해를 방지하기 위하여 모든 필요한 조치(all necessary measures)를 취하거나 또는 그러한 조치를 취하는 것이 불가능하였음을 증명하는 경우 책임을 면제받는다고 하였다.

여기에서 증명을 하는 쪽이 운송자임에는 이의가 없으나 '모든 필요한 조치'를 어떻게 해석하느냐에 대하여서는 각국 법원 간에 통일되어 있지 않다.

프랑스 법 개념상 물품과 승객을 안전한 상태로 목적지에 실어 나르는 보통의 계약 의무 대신에 커먼로 개념인 due diligence를 협약문에 포함시키는 과정에서 due diligence에 가장 가까운 프랑스 법 개념으로 무리하게 번역한 것이 necessary measures로 결정되었다.[156] 그런데 일단 협약문이 necessary measures로 작성된 후 커먼로 국가는 동 용어의 배경이 due diligence라는 것은 도외시하고 이를 문맥 그대로 해석하려고 노력하였다.[157] 즉 2.2.1.항에서 설명하였듯이 프랑스에서는 absence of fault로 해석되고 커먼로 국가, 특히 미국에서 점차 비슷한 맥락으로 적용하여 항공운송업자의 책임이 보다 가볍게 되면서 면책범위가 넓어진 결과를 초래하였다.

---

153) 영국의 Panalpina International Transport Ltd v. Densil Underwater Ltd.([1981] 1 Lloyd's Rep. 187(QB))에서 법원은 12.2. 송부한 화물이 12.21.에야 도착함으로써 크리스마스 매상에 타격을 준 것을 이유로 항공사에게 배상을 명하였음. 위탁 수하물의 경우 특별한 관례가 없으나 화물과 같은 법리를 적용받을 것임.

154) Shawcross, VII(1001－1015) 참조.

155) 15 Avi. 18,087(N.Y. Cty Civ. Ct. 1980).

156) 보다 앞선 협약안은 mesures raisonnables(reasonable measures)였으나 최종문안에서 mesures necessaires(necessary measures)로 바뀌었음. Miller의 저서 p.167 참조.

157) 일반적으로 커먼로 국가에서는 due diligence의 위반이 negligence와 동일하게 취급되기 때문에 협약의 necessary measures를 due diligence로 해석하였다면 커먼로의 법 개념상 확실할 뿐만 아니라 해상운송에서의 운송자 면책규정과도 통일되는 법제도를 확립할 수 있었을 것임. Miller의 저서 p.167 참조.

국제항공운송의 사고 시 1929년 바르샤바 협약 및 1999년 몬트리올 협약(다음 4항에서 기술)의 틀 안에서 IPA(3.3항에서 상술)를 적용하는 미국에서는 승객운송 시 협약 제20조 1항의 운송자 면책 조항이 원용될 소지가 없어졌다. 그러나 과거 미국 법원에서의 동 건 적용 경향을 보면 처음에는 all necessary measures를 all possible measures로 엄격히 해석[158]하여 운송자의 면책 여지를 없애는 입장을 취하다가 Feibelmann v. Compagnie Nationale Air France[159]에서는 due care로 해석하고 Manufacturers Hanover Trust Co. v. Alitalia Airlines[160]에서는 reasonable measures로 해석하면서 협약 문안 작성자의 의도에 보다 근접하였다.

영국에서는 Grein v. Imperial Airways, Ltd.[161]에서 운송자가 모든 합당한 기술과 주의(all reasonable skill and care)를 취하였다면 협약 제20조 1항의 all necessary measures를 취한 것이라고 해석하였다. Grein에서의 해석은 여타 커먼로 국가에서 많이 채택되었다.

프랑스 법원은 처음부터 커먼로 개념인 due diligence를 적용하려는 입장을 취하려고 노력하였으나, 자국의 법 개념인 '결과에 대한 의무'(obligations de résultat)로서의 운송자 주의 여부를 분석하는 경향을 취하면서 동 주의 의무를 면제받을 수 있는 예외로서 불가항력(*force majeure*)과 희생자의 과실(faute de la victime)을 허용하였다.[162]

협약 제20조 2항은 짐과 화물의 운송 시 항행 잘못 등으로 손상이 발생하였을 경우 운송자를 면책하고 있다. 동 조항을 원용하여 운송자가 면책을 주장한 판례로서 드물게 American Smelting and Refining Co. v. Philippine Air Lines, Inc.[163]가 있다. 동 조항은 헤이그 의정서에서부터 삭제되었다.

협약 제21조가 규정한 운송자 면책조항으로서 과실상계에 관해서는 앞서(2.2.3항) 설명한 바 있다.

운송자 면책을 허용하는 또 하나의 조항은 이미 케이스로 설명하였지만 제26조로서 짐과 화물의 손상 시, 짐은 인수 후 3일 이내(헤이그 의정서는 7일로 개정), 화물은 7일 이내(헤이그 의정서는 14일 이내로 개정)에, 짐과 화물의 지연은 주인의 처분에 들어온 때로부터 14일 이내에(헤이그 의정서는 21일로 개정) 주인이 운송자에게 서면 통보하지 않으면 배상을 받을 수 없도록 한 것이다.

재미있는 것은 제26조 2항에서 말하는 통보 시한 적용을 받는 피해(damage)가 물리적 피해(physical damage)만을 말하는 것이냐 또는 물품의 분실과 불인도(non-delivery)도 포함하는 내용이냐에 있어

158) American Smelting and Refining Co. v. Philippine Air Lines, Inc., 4 Avi. 17,413(N.Y. Sup. Ct. 1954), aff'd, 285 A.D. 1119(N.Y. Sup. Ct. App. Div. 1954), aff'd, 1 N.Y. 2d 866(N.Y. Ct. App. 1956); Philios v. TWA, (1953) US Av. Rep. 479(N.Y. Cty Ct. 1951); Rugani v. Royal Dutch Airlines, 4 Avi. 17,257(N.Y. Cty. Ct. 1954), aff'd 309 N.Y. 810(N.Y. Ct. App. 1954).

159) 12 Avi. 17,575(N.Y. Cty Ct. 1972).

160) 14 Avi. 17,710(S.D.N.Y. 1977).

161) 1 Avi. 622(Ct. App. 1936).

162) Cie Air Inter v. Simon, (1968) 22 RFDA 198(C.A Paris, 19 Mar. 1968) 등 다수.

163) 전게 주 158) 참조. 동 사건에서 법원은 all necessary measures를 엄격히 해석하였지만 협약 제20조 2항을 적용하여 항공운송자의 책임을 면하는 판결을 하였음.

서 법원의 해석이 서로 달랐다는 것이다. Parke, Davis & Co. v. British Overseas Airways Corp.[164]에서 원고인 화주는 화물로 부친 900마리의 동물 중 185마리의 원숭이가 실종된 데 대한 배상청구 소송에서 동 실종이 부분적 분실(partial loss)에 관련한 소송이지 피해에 관한 소송이 아니라고 주장하였다. 이에 대하여 뉴욕 법원은 동 실종이 부분적 분실이지만 실종된 부분만큼의 피해에 해당하는 것으로 해석하여 피해를 발견한 7일 이내에 통고를 하지 않은 원고를 패소시켰다. 이는 2.5항에서 설명하였던 1980년 영국 대법원이 Fothergill 케이스에서 판결한 내용과 궤를 같이하는 것이다.

그러나 Parke의 판례는 당시로서는 이단적인 것이었다. 여타 판례는 협약 제26조 2항의 피해가 물체의 형상에 영향을 주는, 즉 Physical한 피해인 것으로만 해석하고 있는 것이었다.[165] 바르샤바 체제의 성안자들은 몬트리올 추가 의정서 4의 채택 시까지 이에 관련한 해석을 명확히 하고자 하였으나 불발에 그쳤으며 물품이 불 인도된 경우에 항공사에 통보하는 시한을 명기하는 것도 실패하였다.

한편 피해가 있더라도 이를 협약에 규정한 시한 내에 문서로 통보하지 않을 경우 항공사는 책임을 지지 않는다. 단, 협약 제26조 4항은 운송자의 기만에 의하여 여사한 통보를 하지 못할 경우는 예외로 하였다.

협약 상 흠결로 간주되는 지연에 관련하여 항공운송사는 IATA의 결의에 따라 항공송장이 발급된 후 120일 이내에 지연의 사실을 운송사에 통보하도록 하는 운송약관을 적용하고 있는 데에 문제점이 있음은 2.6항 '지연'에 관련한 사항의 설명 시 이미 지적한 바 있다. 일부 학자들도 이러한 운송약관이 협약 제23조에 따라 무효라는 입장을 취하고 있다.[166] 그러나 Butler's Shoe Corporation v. Pan American World Airways, Inc.[167] 등의 여러 판례에서 미국 법원은 IATA의 운송약관을 유효한 것으로 인정하였다. Butler's 케이스는 리우데자네이루로부터 뉴욕으로 송부한 부츠(boots)가 영영 목적지에 도착하지 않은 사건이다. 동 사건에서 화주인 원고 측은 동 건이 물품의 불인도(non-delivery)에 해당되므로 협약 제26조 2항이 적용되지 않으며 따라서 협약 상 통고의 시간 제약을 받지 않는다는 것을 주장하는 한편 항공사가 120일을 통고시한으로 정한 것은 협약 제23조가 금지한 항공사의 책임을 회피하는 것으로서 무효라고 주장하였다. 이에 대하여 법원은 첫째, 화물의 분실 시 화주가 항공사에 신속히 통보할수록 분실된 화물을 찾을 가능성은 그만큼 많아지며 따라서 120일의 시한은 항공사가 과도한 피해를 줄이기 위한 합리적인 시도로 보아야 하며, 둘째, 제23조는 제22조가 정한 배상금 상한보다 적은 금액을 적용하지 말라는 뜻으로 해석하여야지 분실 화물을 찾기 위한 합리적

164) 5 Avi. 17,838(N.Y. Cty Ct. 1958).

165) Rugani v. KLM Royal Dutch Airlines, (1954) US Av. Rep. 74(N.Y. Cty Ct. 1954) 등 다수.

166) Miller의 저서 p.173 참조.

167) 13 Avi. 17,182(N.D. Ga. 1974).

인 시한을 금지하는 것으로 볼 수 없다고 언급하였다.

120일 시한의 운송약관을 유효하게 보는 입장은 승객의 상해 경우에도 원용되어 승객의 상해 시 30일 이내에 항공사에 서면 통고하도록 한 운송조건을 유효한 것으로 보았다.[168)]

이상에서 본 바와 같이 미국 법원은 협약이 규정하지 않은 지연으로 인한 피해 통보 시한을 긍정하는 입장이나 이는 어디까지나 편의적인 해석으로서 동 건은 바르샤바 협약의 흠결이고, 이러한 시한에 해당되는 피해를 받은 화주 및 승객보다는 항공사를 감싸 주는 처사라고 아니 할 수 없다.[169)]

협약 제26조에 관련한 문제는 1955년 헤이그 의정서 채택회의와 1975년 몬트리올 추가 의정서 채택회의에서도 논의되었으나 헤이그 의정서로 이미 규정된 내용의 피해 통고시한을 연장한 것 이상의 성과는 없었다.

2.8. 항공운송자의 배상한도

협약 제22조는 승객, 짐, 그리고 화물의 운송에 관련한 피해에 대하여 일정한 액수를 상한으로 항공사가 배상할 것을 규정하고 있다. 제22조 1항 마지막 문장은 승객운송에 있어서 운송자와 승객은 보다 높은 배상액수를 정할 수 있도록 하였는바, 이를 근거로 1966년 몬트리올 협정이 탄생한 것은 이미 설명한 대로이다.

협약이 정한 배상상한은 헤이그 의정서에 의하여 승객의 경우 배증하였고 과테말라시티 의정서에 의하여 승객의 경우 다시 인상되어 10만 달러에 해당하는 150만 프랑으로 조정되었음은 이미 설명한 대로이다. 과테말라시티 의정서는 또한 승객에 대한 피해 중 지연에서 오는 피해를 따로 분리하여 배상상한을 6만 2,500프랑(4,150달러)으로 규정하였다.

그런데 제22조에 관련하여 가장 논란이 되는 문제는 협약 작성자들이 배상금의 가치를 안정시키기 위하여 금을 본위로 한 프앙카레 프랑(Franc Poincaré)[170)]을 택하고 1프앙카레 프랑이 어느 정도의 금에 해당하는지를 동 조 4항에 기술한 것이다. 이러한 규정은 모든 나라가 일률적인 금 본위 화폐제도를 채택하였을 때에는 아무런 문제가 되지 않았다. 그러나 1944년 Bretton Woods 협정에 의하여 미

168) Indemnity Ins. Co. v. Pan American Airways, 1 Avi. 1,247(S.D.N.Y. 1944); Atlantic Fish & Oyster Co. v. Pan American Airways, 1950 US Av. Rep. 23(I11, Ct. 1948); Sheldon v. Pan American Airways, 2 Avi. 14,566(N.Y. Sup. Ct. 1947). 단 Glenn v. Compania Cubana de Aviacion, 3 Avi. 17,836(S.D.Fla. 1952)에서는 동 30일 시한이 승객 표상에 기술되어 있지 않는다는 것을 이유로 항공사 패소 판결을 내렸으나, 미국 민간항공국(CAB)에 등록된 운송조건이 당사자(운송자와 승객 또는 화주) 사이의 계약조건으로 간주된다는 원칙이 성립된 이후로는 더 이상 나올 수 없는 판결임. 한편 미국의 항공자유화정책에 따라 운송조건(tariff)을 더 이상 등록할 필요가 없음.

169) Miller는 여사한 미국 입장이 미국 국내 항공운송에 통용되고 있는 규칙을 따르기 때문일 것이며, 이는 항공사를 과도하게 비호하는 것이 아니라는 입장을 취함. Miller의 저서 p.175 참조.

170) Franc Poincaré는 1928.6.25자 프랑스 법에 의하여 정의된 프랑스 화폐였으나 프랑스에서는 1937년부터 통용이 철폐되었음.

국 달러를 금 본위의 기축 화폐로 채택하고, 1968년부터 각국 중앙은행이 화폐정책 수행 상 공적인 금 매매의 경우에는 금 1온스 당 미불 35달러로 거래하되 사적 거래는 시장가격에 맡기는 이원 제도를 택하였으며, 금 파동이 있은 이후 1971년부터는 미 달러를 평가절하 하여 금 1온스 당 공정가격을 미불 42.22달러로 인상한 일련의 과정에서 과연 어떠한 가격의 금을 배상금액의 근거로 사용하느냐에 대한 문제가 제기된 것이다.

동 건에 대하여 나라별로 또는 법원별로 취한 입장이 달랐다. 미국, 영국 및 프랑스는 배상금액을 금의 시장가격에 기초하여 산정하는 것에 대체로 반대하는 입장을 취하였다. 금 파동을 계기로 문제된 배상금액을 산정하는 데에 있어서 1978년까지는 금의 시장가격을 적용[171]하는 것과 금의 공정가격을 적용하는 양자가 대립하였으나 이후 금의 공정가격을 산정기준으로 적용하는 의견이 지배적이었다.[172]

금을 통화의 기본단위로 사용하는 데 문제점이 많음을 인식한 국제사회는 1978.4.1.부터는 더 이상 금을 국제통화의 측정기준치로 사용하지 않게 되었다. 1975년 몬트리올 추가 의정서는 이러한 변화를 미리 예측하여 협약 상 금을 바탕으로 한 프앙카레를 모두 SDR(IMF의 특별 인출권)로 대체하였지만 동 추가 의정서가 발효할 때까지와 동 추가 의정서 당사국이 아닌 나라에서 배상금액을 산정하는 데는 여전히 여러 가지 방법이 공존하였다.

첫째 방법으로는 협약이 언급한 프랑스 프랑의 해당가치를 그대로 산출하여 적용하는 것으로서 파리 고등법원이 Egyptair v. Chamie[173]에서 응용하였다. 그러나 이는 협약 작성자들이 일국의 사정에만 구속되게 협약규정을 만들지 않았을 것이라는 논리로 비판을 받았다.

둘째 방법은 금의 시장가격을 산출하여 적용하는 것이다.[174]

셋째 방법은 현상유지의 방법으로 자국화폐의 금에 대한 공정가격으로서 가장 최근에 발표된 가격을 적용하는 것이다.[175] 이 방법은 1984년 미 대법원의 TWA v. Franklin Mint[176] 케이스 판결 직전 때까지 미국에서 통용되고 미국의 민간항공국(CAB)도 지지한 방법이다.

네 번째 방법은 SDR을 사용하여 SDR에 해당하는 자국화폐로 산정하는 것이다. 1978년 이래 SDR

---

171) 아르헨티나의 Florencia Cia Argentina de Seguros SA v. Varig SA(Fed. C.A., Buenos Aires, 27 Aug. 1976) 등 판례 다수. Shawcorss, VII(604-613) 참조.

172) 미국의 TWA v. Franklin Mint Corp, 18 Avi. 17,778(U.S.S.C. 1984); In Re Air Crash Disaster at Warsaw, 18 Avi. 18,387(2nd. Cir. 1984), 캐나다의 Télémontage v. Air Canada, (1981) C.A. 146(Qué.C.A. 1981) 등 판례 및 학설. 여타 판례 및 학설은 Shawcorss, VII(119) 참조.

173) 31 Jan. 1980, (1981) 35 RFDA 148, (1982) 17 Eur Tr L 320.

174) 이탈리아의 Cosida SpA di Assiacurazioni e Riassicurazioni v. BEA(Milan C.A., 18 Feb. 1981); 서독의 Landgericht Hamburg(30 O 117/85)(17 Dec. 1985), (1986) 35 ZLW 355등; 미국의 Boehringer Mannheim Diagnostics Inc. v. Pan Am, 531 F Supp. 344(S.D.Tex, 1981), 16 Avi. 18,177. 미국의 동 건은 미국 대법원의 Franklin Mint 판결로 번복되었음(737 F 2d 456(5th Cir. 1984), 18 Avi. 18,090 참조).

175) 프랑스의 Cie d' Aviation Pakistan International Airlines v. Cie Air-Inter SA, (Aix-en Provence Shawcorss, VII(120) 참조).

176) 미국 대법원 판결. 104 S.Ct. 1776(1984).

과 금과의 연계가 없어졌지만 이때까지 SDR은 0.888671그램의 금과 동일한 값으로 고정되었으며 따라서 1SDR은 15프앙카레와 같다. 이 교환율은 1975년 몬트리올 추가 의정서 작성 시 적용되었다.

SDR이 협약에 의하여 표기된 방법이 아니긴 하나 동 방법이 운송자의 책임한도를 예측 가능하고 안정적으로 나타낸다. 또한 오늘날의 국제통화제도는 거의 모든 국가가 IMF의 회원국이며 설령 비회원국일지라도 자국화폐를 SDR로 계산하는 것은 매우 용이하다. 따라서 SDR의 방법은 많은 나라에서 보편적으로 통용되고 있다. 그리하여 IMF 회원국은 배상판결이 있는 날짜의 SDR 가치를 매일 고시되는 IMF 웹사이트에서 확인하여 자국화폐로 환산하는 방법을 취하고 있다.

미국 대법원은 Franklin Mint 사건에서 배상금액 산정방법을 다룬 결과 다수 의견으로 SDR 방법을 채택하였다. 동 미국 대법원의 결정은 이후 배상금액의 산정방법을 SDR로 사실상 통일하여 주는 전기를 마련해 준 것이나 이에 대한 일부 비판이 있고 일부 국가는 이를 채택하지 않고 있다.[177]

일부 국가는 협약 상 배상금액을 산정하는 기준을 법으로 또는 지침으로 규정하고 있다.[178] 그렇지 않은 국가는 법원의 결정에 따르나 전술한 바와 같이 다양한 방법이 공존한다.

협약 제22조 1항은 배상액을 주기적으로 지불(periodical payments)할 수도 있도록 하였다. 그런데 항공사고가 발생하여 소송이 제기된 후 배상 확정 판결 시까지 통상 수년이 또는 10년 이상도 경과한다. 따라서 배상 판결이 난 후에 운송자가 고의 또는 업무 지연으로 상당한 기간 동안 배상액을 지불하지 않는다면 원고 측은 인플레 등의 결과로 미미한 액수만을 받는 결과가 될 수 있다. 1984년 Domangue v. Eastern Airlines[179]에서 미국 법원은 이러한 부당함을 시정하는 방법으로 배상판결 시까지(pre-judgment)의 배상액에 대한 이자는 물론 배상 판결 후 실제 배상 지불이 될 때까지(post-judgment)의 이자도 항공사가 지불하도록 판결하였다.[180]

협약 제22조 2항은 짐과 화물의 탁송 시 승객이나 화주가 물품의 가치를 특별 신고할 수 있도록 하였으며 이 경우 필요하다면 승객이나 화주가 추가 운송료를 지불하도록 하였다. 이렇게 신고된 물품에 대한 배상문제가 제기될 때 항공운송자는 동 신고된 금액이 물품 인도 시의 실제 물품금액보다도 과다하다는 것을 증명할 수 있을 경우에 실제 물품 금액만을 지불하여도 되지만 그렇지 않을 경우에는 신고가격을 지불하여야 한다. 그런데 문제는 신고금액이 실제 물품금액보다 적을 경우

177) 헤이그 의정서로 개정된 협약 제22조 5항은 배상액을 배상 판결 법원 소재 국가의 화폐로 환산하되 동 환산을 배상판정일의 금 가격으로 하도록 규정하였음. 이는 금 가격이 항시 변동하는 것을 상정한 것으로, 즉 시장가격에 의한 그때마다의 금의 가치에 따라 배상액을 환산하여야 한다는 것이 헤이그 의정서 제정자의 의도였을 것이므로 SDR을 기준으로 삼는 것은 동 의도에 배치되는 것임. 그리스는 British Airways v. Koniavitis(No.5592 of 1983)에서도 이전과 같이 금의 시장가격에 의존하는 판결을 하였음. 한편 금의 시장가격에 의한 산정방법은 1974년 10월 ICAO의 법률위원회가 채택한 결의(ICAO Doc. 9191-LC/173-1)에서 배척되었음.

178) 영국은 Carriage by Air Acts(Application of Provisions) Order 1967로 규정하고 미국은 CAB의 영(Order)으로 규정하였음. 브라질, 캐나다, 이태리, 남아공과 스웨덴은 법령으로, 네덜란드와 한국은 판결로 SDR을 배상 표기 기준으로 사용하고 있음(Shawcross, Air Law, VII(606) 참조).

179) 17 Avi. 17,221(DC La. 1981). affd. 18 Avi. 17,533(5th Cir. 1984).

180) 이자 지불에 대하여 국가와 법원에 따라 인정 내용이 다양함. 상세한 것은 Shawcross, VII(616-617) 참조.

어떻게 처리하느냐 하는 것이다. 이 점에 대하여 프랑스 등 대륙법 국가에서는 정상적인 배상액보다 낮은 금액으로 신고한 금액은 계약에 의한 책임의 제한으로 보아서 신고금액을 적용하는 한편 운송자의 *dol*(wilful misconduct)의 경우에는 낮은 신고액을 무시하고 항공운송자가 실제 물품가격으로 배상하도록 해석하는 입장이다. 반면에 커먼로 국가에서는 일정한 경향이 확립되어 있지 않고 협약의 제22조 2항이 wilful misconduct도 포함하는 개념인지를 케이스별로 해석하여 결정하거나 대개는 계약행위로서의 신고액을 존중하는 판례를 취하고 있다.[181)]

2.9. 배타적 제소 근거

바르샤바 협약 제24조 1항은 '소(訴)의 이유가 여하하든지 간에'(however founded) 협약에 정하여진 조건과 제한에 따라서만 배상소송을 제기할 수 있다고 규정하였다. 이와 관련 협약을 적용하는 초기에 여러 법원은 관련 국내법이 없는 한 협약에 따른 배상청구 소송이 불가하다고 결론지었으나 Benjamins v. British European Airways[182)] 판결을 계기로 관련 국내법이 불필요한 채 협약이 직접 제소권을 부여한다는 인식을 가졌다. 그러나 어떤 법원은 '배타적 구제'(exclusive remedy)와 '배타적 제소'(exclusive cause of action)를 구분하면서 '구제'가 협약의 조건과 제한에 따르면 주(state)의 커먼로에 의한 소송이 가능한 것으로 해석하였다.

1996년 영국 대법원이 Sidhu v. British Airways[183)] 사건 판결 시 협약 상 배타적인 구제를 규정한 것으로 보아야 한다고 언급하였다. 협약 제정 역사와 협약의 여러 조문들 간의 균형적인 내용을 연구한 Hope 판사는 협약 제17조상에 의하건 또는 다른 조항에 의하건 모든 배상소송이 협약에 기하여서만 제기될 수 있다는 협약의 배타적 제소 관할 성격을 설파하였다.

한편 미국에서는 국제 항공승객이 바르샤바 협약 상 관할권 규정을 충족하지 못할 경우 주(state) 법에 따라 제소할 수 있는지에 관한 문제에 대하여 대법원이 입장 표명을 하지 않다가 El Al Israel Airlines v. Tseng[184)] 사건에서 뒤늦게나마 1999년 판결로 그간의 혼선을 정리하였다. 동 판결에서 미 대법원은 국제 항공운송사고 시 바르샤바 협약에 의하여서만 배상청구가 가능함을 선언하면서 불법행위(tort)나 기타 커먼로에 의거한 배상청구가 불가함을 천명한 것이다.

181) Miller의 저서 pp.189~192 참조.

182) 1978년 미 제2고법판결. 572 F. 2d 913.

183) 런던에서 쿠웨이트 경유 쿠알라룸푸르 행 BA탑승승객 Mrs. Sidhu는 1990년 쿠웨이트에 항공기가 급유차 도착하기 5시간 전 이라크의 쿠웨이트 침공으로 모든 승객이 이라크 바그다드로 호송되어 약 1개월간 감금된 후 석방되었음. Sidhu는 감금으로 인해 체중 감소 등 신체적 피해는 물론 정신적 손상도 입었다면서 BA를 상대로 배상청구를 하였음. 2 Lloyd's Law Rep. 76(1997).

184) 525 U.S. 155, 119 S.Ct. 662(1999).

Tseng 판결의 의미와 영향이 큰바, 이는 과거 국제 항공운송사고 시 원고 측은 가능한 한 배상상한이 있는 바르샤바 협약의 적용을 배제하여 주(state)의 커먼로에 의존함으로써 고액의 배상을 추구하였는바, Tseng 판결 이후로 협약 적용이 안 될 경우 배상 자체를 받지 못하기 때문에 협약의 적용을 받으려 하고 반대로 운송인은 과거와 달리 협약이 적용되지 않는다는 주장을 한다.

2.10. 항공운송자의 무제한 책임

협약 제25조는 항공운송업자가 협약 제22조에 따른 배상책임 상한을 적용받지 못하고 피해에 상응하는 책임을 지는 경우로서 wilful misconduct(불어 원문으로는 *dol*)와 동 wilful misconduct에 상응하는 행위를 들었다. Wilful misconduct의 거증책임은 원고인 항공기 사용자, 즉 승객 또는 화주 측에 있다.

*Dol*과 wilful misconduct의 개념이 서로 다른 법체계에서 나온 개념이기 때문에 해석상 문제점을 제기하고 있다는 것은 앞서(2.2.5.항) 설명한 바 있다.

여러 대륙법 국가에서는 커먼로의 중대한 과실(gross negligence)에 해당하는 faute lourde를 *culpa lata dolo aequiparatur*(gross negligence is equivalent to *dol*)라는 법언에 따라서도 *dol*에 상응한 행위로 취급하여 왔다. 반면에 커먼로 국가에서는 과실(negligence)은 wilful misconduct와 명백히 구분이 되기 때문에 아무리 중대한 과실을 범하여도 협약 제25조상의 wilful misconduct 규정을 원용하지 못한다. 부언하건대 커먼로와 대륙법(civil law) 사이의 보다 중요한 차이는 제25조가 *dol*과 재판소 법(*lex fori*)에 따라 *dol*에 상응하는 과실을 범하였을 때 유한책임을 적용받지 못하도록 규정한 데서 나오는 것이다. 미국의 국내법은 바르샤바 협약이 재판소 법에 위임한 wilful misconduct를 주(연방이 아니고)의 커먼로에 의존하여 판단한다. 또 커먼로 국가에서는 wilful misconduct와 과실을 구분하고 있는 까닭에 wilful misconduct에 상응하는 과실이 있을 수 없다.

그런데 wilful misconduct의 개념이 *dol*보다는 광범위한 개념이기 때문에 커먼로 국가에서 제25조 해석이 항공운송자에게 불리한 결과를 가져와야 하겠지만 배상 제한 철폐의 또 하나 요소인 wilful misconduct에 상응한 과실은 커먼로에 없는 관례상 항공운송자가 반드시 불리한 위치에 있다고 볼 수 없다. 결론적으로 커먼로의 gross negligence가 프랑스 법 개념인 faute lourde와 거의 동일한데도 불구하고 커먼로 국가에서는 gross negligence가 *dol*에 상응하는 행위로 적용되지 않는다.[185]

---

185) Miller의 저서 pp.199~200 참조. Black's Law Dictionary(revised 4th ed.)는 gross negligence를 다음과 같이 정의함:

The intentional failure to perform a manifest duty in reckless disregard of the consequences as affecting the life or property of another; such a gross want of care and regard for the rights of others as to justify the presumption of willfulness and wantonness.

대륙법 개념과 커먼로 개념이 혼합되면서 혼선을 유발하는 협약 제25조를 불어 원문과 영어 번역문(1934년 미국 상원이 비준한)으로 다음에 기재한다.

[Article 25 불어 원문]

(1) Le transporteur n'aura pas le droit de se prévaloir des dispositions de la présente Convention qui excluent ou limitent sa réponsabilité, si le dommage provient de son dol ou d'une faute qui, d'aprés la loi du tribunal saisi, est considerée comme équivalente au dol.

(2) Ce droit lui sera également refusé si le dommage a été causé dans les mêmes conditions par un de ses préposés agissant dans l'exercise de ses fonctions.

[Article 25 영어 번역문]

Carrier's wilful misconduct or default

(1) The carrier shall not be entitled to avail himself of the provisions of the Convention which exclude or limit his liability, if the damage is caused by his wilful misconduct or by such default on his part as, in accordance with the law of the Court to which the case is submitted, is considered to be equivalent to the wilful misconduct.

(2) Similarly the carrier shall not be entitled to avail himself of the said provisions, if the damage is caused under the same circumstances by any agent of the carrier acting within the scope of his employment.

이상과 같이 상이한 법 개념에서 오는 협약의 문제점을 해결하기 위하여 1955년 헤이그 의정서는 협약 제25조를 개정하여 "피해를 가할 의도를 가지고 또는 피해가 일어날 가능성이 많다는 인식을 가지고 무모하게"(intend to cause damage or recklessly and with knowledge that damage would probably result) 한 행위가 발생할 때 항공운송자의 유한책임을 파기하는 것으로 규정하였다.[186)]

동 개정으로 항공운송자의 무제한 배상책임(unlimited liability)이 발생하는 경우는 항공운송자 또는 동 대리인이 첫째, 피해를 야기할 의도를 가지고 한 작위 또는 부작위, 둘째, 무모한 가운데 피해가 야기될 것이라는 생각을 가지고 한 행위이다. 여기서 두 번째의 '피해가 야기될 것이라는 생각(knowledge)을 가지고 한 행위'는 동 행위자의 주관 상태를 구체적으로 파악하여 결정할 것이냐 또는 이성 있는 보통 사람의 상태를 중심으로 결정할 것이냐의 해석문제가 나온다. 전자를 주관적 파악

186) 헤이그 의정서는 영, 불, 스페인어 3개 국어로 작성되었고 해석의 문제가 나올 때는 불어본이 우선하도록 하였음(의정서 최종 조항). 이는 바르사바 협약이 불어로만 작성된 것과 차이가 있음.

(subjective test), 후자를 객관적 파악(objective test)이라 한다.

커먼로 국가에서는 과실 책임을 논하는 데 있어서 오래전부터 객관적 파악 입장을 적용하는 입장이고 프랑스에서는 뚜렷한 경향이 없이 지내 오다가 최근에 객관적 파악 입장을 취하는 편이다. 그러나 객관적 또는 주관적 파악은 어디까지나 상대적이다. 왜냐하면 특정문제를 논하는 데 있어서 행위자의 구체상황을 전혀 무시할 수 없기 때문에 주관적 파악을 폐기할 수 없으며 제3의 보통사람이 그러한 상황에 처하였으면 어떠했을 것이라는 객관적 파악은 구체적 상황에서 특정한 행위자의 심적 상황을 추론하는 데 필수 불가결하기 때문이다.

그런데 협약 제25조의 고의적 과실을 해석하는 데 있어서 프랑스 법원은 일관된 태도를 취하지 않고 법원마다 사실과 법률의 적용에 대한 최선의 법리를 도출하는 작업을 하는 반면 커먼로 국가의 법원은 고의적 과실이 직접증거(direct evidence)를 수반하지 않는 이상 고의적 과실의 행위에 속하느냐에 관한 문제를 배심원(jury)이 주관적 파악[187]으로 결정하게 한다. 커먼로 국가에서 고의적 과실의 행위가 존재하였느냐는 사실의 문제로서 배심원이 판정(verdict)하는 사항인데 배심원은 고의적 과실의 논란이 되고 있는 행위자가 구체적 상황에서 어떠한 태도를 취하였을 것인가를 파악하는 주관적 파악(subjective test)의 판단기준을 적용하여 고의적 과실의 존재 여부를 결정한다.

배심원 제도가 없는 프랑스에서는 사실에 관한 문제까지 법원이 판단한다. 그런데 고의적 과실이 과연 존재하였느냐가 대부분의 경우 미지의 사실인데도 불구하고 동 미지의 사실을 평가하는 데 적용할 판단기준(주관적 또는 객관적 파악)이 법원마다 다르고 또 심리사건마다 다르기 때문에 일관된 입장이 형성되지 않고 있다.

헤이그 의정서로 개정된 협약 제25조는 항공운송자의 피고용인(servant) 또는 대리인(agent)에 대하여 배상소송이 제기되었을 때 이들의 행위가 고용의 범주 내(within the scope of his employment)에서 행하여졌을 경우 제22조의 유한 책임을 적용받으며, 항공운송업자와 동 운송업자의 피고용인 또는 대리인이 배상하는 총액은 제22조의 배상상한을 넘을 수 없다고 규정하였다.

고용의 범주 내는 불어의 dans l'exercise de leur fonction을 영어로 번역한 것인데 영어의 번역은 항공 운송자가 피고용인이 고용의 범주 내에서 저지른 기만이나 절도에 대하여서도 책임을 져야 한다는 모순이 나오므로 이를 '근무과정에서'(in the course of their duties)로 번역하는 것이 합당한 번역이라고 주장하는 자가 있다.[188]

---

187) 사건을 유발한 행위자가 구체적 상황에서 어떠한 태도를 취하였을 것인가를 파악하는 주관적 파악의 판단기준은 객관적 파악의 판단기준보다 용이하며, 따라서 각계각층에서 선발된 평범한 신분의 배심원에게 적절한 판단기준이 되겠음. 커먼로 법원은 이와 관련, 배심원의 판정에 필요한 충분한 증거가 제공될 수 있도록 증거절차 규정에 역점을 두고 있음. 1985년 미국 지방법원의 1983.9.1. KAL 007기 피격사건의 심리 시에도 배심원이 wilful misconduct의 평결을 하였음(In Re Korean Air Lines Disaster on Sept. 1, 1983, 19 Avi. 17,584(USDC DC, 1985) aff'd 829 F2d 1171(DC Cir. 1987, 20 Avi. 18,223), cert denied, S. Ct. 616(1992)).

188) Shawcross, VII(1078) 참조.

전술한 바와 같이 wilful misconduct의 증거책임은 피해자 측인 승객과 화주에 있다. 그런데 화물의 경우 운송인의 전적인 통제하에 있기 때문에 사고가 발생하였을 경우 *res ipsa loquitur*라는 사실 추정 법리에 따라 책임 증명이 모호할 경우 운송인의 책임을 묻는 경향이다. 그런데 또 몬트리올 추가 의정서 4는 승객과 짐의 피해와 관련하여서 wilful misconduct를 인정하나 화물에 대해서는 인정을 하지 않는 것으로 규정하였다.

Wilful misconduct를 결론적으로 정의하면 "보통의 과실도 아니고 중과실도 아니며 *mens rea*(guilty mind) 스펙트럼 상 과실과 고의를 나타내는 우측 끝, 즉 고의 쪽에 근접한 것이다. 과실로서는 부족하고, 무모하다 하더라도 객관적으로 요건을 충족하는 것이 아니다."[189)]

2.11. 제소권(cause of action)

바르샤바 협약체제는 배상의 여지를 안고 있는 항공사고로 승객이 사망하였을 때 누가 제소할 권리를 갖느냐에 대한 명확한 언급을 하고 있지 않다. 대륙법의 법 개념으로는 이상할 것이 없는 이 점이 커먼로 국가에서는 문제점으로 제기되었다. 이 때문에 미국에서는 Komlos v. Cie Nationale Air France[190)]를 중심으로 바르샤바 협약이 독자적인 제소권을 부여하지 않고 있다고 보았으며 이러한 입장은 약 30년간 계속되었다. Husserl v. Swiss Air Transport[191)]에서 법원은 협약이 제소권에 관하여 중립의 입장을 취하나 소송의 조건과 제한에 관해서는 규정하고 있는 것으로 보았다.

그러나 1978년 미국의 제2 고등법원은 Benjamins v. British European Airway[192)]에서 과거의 입장을 변경하여 협약 제17조가 제소권을 창설하는 것이며 따라서 협약상 제소권이 부여된다고 판결하였다. 이로써 미국 법원은 제소권에 관한 협약의 규정을 어떻게 해석해야 하느냐 하는 이전의 혼돈을 해결하였다. 그러나 이에도 불구하고 순수한 법 이론적인 측면에서 제소권의 근거를 어디에서 찾아야 하는 것에 대해서는 아직도 명확한 해답이 없다. 혹자는 협약 자체 내에서만 찾아야 한다는 입장이다.[193)] 혹자는 협약이 정한 구제조치(remedy)는 배타적으로 적용하여야 하나 제소권에 관한 한 하나의 근거만을 제시한 것이므로 여타 국내법에 제소규정이 있으면 동 규정이 바르샤바 협약에서의 제소권을 유발시킨다는 입장이다.[194)]

189) 2000년 미 제4고법이 Bayer Corp. v. British Airways 사건 판결 시 내린 정의. 210 F.3d 236.

190) 111 F. Supp. 393(S.D.N.Y. 1952), 3 Avi. 17,969; rev'd on other grounds 209 F. 2d 436(1953), 4 Avi. 17,281, cert. den'd 348 US 819(1954).

191) 전게 주 114) 참조.

192) 572 F. 2d 913(2nd Circ., 1978), 14 Avi. 18,369, cert. den'd 439 US 833(1979).

193) Kenner Products-General Mills Inc. v. Flying Tiger Line Inc.(N.D.Ill., 1987) 등의 판례.

194) In Re Air Crash Disaster at Gander, Newfoundland, on Dec. 12,1985(W.D.Ky., 1987) 등의 판례. 대륙법(civil law)국가에서는 설령 계약 자체로부터 제소권이 자동적으로 부여되는 것이 아니라는 논쟁이 있더라도 통상 민법의 과실책임 규정을 원용하면 됨(예: 프랑스 민법 1382 ff.).

제소권에 관련한 이상과 같은 문제는 협약이 대륙법계인 불어개념을 가지고 작성되었기 때문에 나타난 또 하나의 혼선이다. 프랑스에서는 극단적인 경우를 제외하고는 제소권이 명시되어 있지 않았다고 하더라도 모든 계약은 계약 개념상 당연히 배상을 위한 제소권을 포함하고 있는 것으로 간주된다.[195)]

한편 커먼로 국가 중 영국, 호주, 캐나다 등은 협약의 제소권 문제에 관련한 혼선을 겪지 않았는바, 이는 협약의 국내적용을 위한 국내법 제정 시 동 제소권에 관한 규정을 곧바로 포함시켰기 때문이다.[196)]

2.12. 관할 법원

협약 제28조 1항은 항공사고로 인한 피해 보상 청구를 할 수 있는 협약 당사국의 법원으로 다음 네 곳을 지정하였다.

① 운송사의 주소(domicile) 소재 법원

② 운송사의 주된 영업소가 소재한 법원

③ 계약(항공권 또는 화물송장 발급)이 이루어진 운송사 영업소 소재지법원

④ 운송목적지 소재 법원

여기에서도 프랑스의 법 개념과 영・미법의 법 개념이 서로 다른 이유로 관할 법원을 해석하는 데에 있어 조금씩 서로 다른 결과가 나온다. 커먼로에서는 프랑스에서와 달리 관할 법원의 중요성이 훨씬 덜하다. 이는 커먼로에 있어서 피고가 발견되는 어느 장소에서도 제소가 가능하므로 관할 법원을 정하는 데 있어서 주소의 개념이 중요하지 않고, 다른 한편으로는 관할 법원의 적합 여부를 결정하는 규칙은 본질적으로 사건 심리의 장소에 관한 문제인데 동 사건 심리가 특정한 법원에서 시작되기 전에 여타의 여러 법원에서도 절차적 사안을 대상으로 심의를 시작할 수 있기 때문이다.

통상 말하는 '법원의 관할'은 원래 두 가지 의미를 내포한다. 첫째는 주권 국가가 일정한 사법적 사항을 자국 내 법원에 위임하는 권한을 말하며, 둘째는 법원이 특정한 분쟁사항을 심리하는 권한을 말한다. 법 이론에서 관할 법원이라 할 때는 보통 첫 번째의 뜻을 제쳐 놓고 두 번째의 뜻만을 말한다. 법원의 관할을 정하는 규칙에는 첫째, 어떠한 사안을 법원이 심리할 수 있다는 것을 정하는 일반 관할규칙과, 둘째, 어떠한 특정 법원이 어떠한 특정 사안을 심리할 수 있다는 특별관할규칙

195) Miller의 저서 pp.235~236 참조.

196) 미국은 조약가입 시 별도의 국내 입법조치를 취하지 않고 가입한 조약문을 바로 국내법으로 간주하기 때문에 여타 커먼로 국가와 다름. 또한 미국에서는 과실 치사의 경우 누가(즉 유족 등) 제소권을 가지느냐 하는 문제를 법원에서 결정하여 왔는바, 이러한 법률제도가 제소권 부여 근거를 바르샤바 협약에서만 찾도록 하기 때문에 제소권이 문제가 됨.

이 있다. 동 특별관할규칙은 다시 법원별 특정 심리사항을 정하는 규칙과 지역별로 제기될 수 있는 특정 사항을 정하는 규칙으로 나누어진다. 특별관할규칙 중 전자가 심리 사안을 규율(불어로 compétence d'attribution)하고 후자가 재판지를 규율(불어로 compétence territoriale. 영어로는 rules of venue)한다.

미국은 협약을 그대로 국내법에 수용해 상당기간 동안 협약 제28조 1항을 특별관할규칙으로만 해석하여 일부의 판례는 심리 사안을 정하는 것으로 보고 다른 일부 판례는 재판지를 규율하는 것으로만 해석하였다.197) 그러나 협약은 국가 간의 합의 문서로서 법원에 관한 언급은 어느 협약 당사국의 법원인가만을 구분하는 이상의 뜻이 없다고 보아야겠다. 이는 즉 상기 첫 번째 의미의 관할 법원으로만 해석하면 족하고, 관할 법원 소재 국가가 결정된 후 구체적으로 동 국가의 어느 법원에서 어떤 문제를 심리토록 하느냐의 문제는 당연히 국내법에 의할 사항이다.

만약 협약 제28조 1항이 특별관할규칙을 정하는 것으로 본다 하면 협약 제28조 2항의 절차규칙도 특별관할규칙에 의하여 정하여진 특정한 법원의 절차 규칙을 의미한다고 해석하여야 하나, 이 경우 미국과 같은 연방국가에서 주마다 적용법이 다르기 때문에 혼란을 초래하게 된다. 협약 제정자들이 이를 의도하였을 것은 물론 아니다.

미국은 Smith v. Canadian Pacific Airways, Ltd.198)에서 협약 제28조 1항이 특정한 국가에게 관할권을 부여하는 일반 규칙을 정한 것이며, 동 특정 국가가 미국인 경우에 미국 내에서 어떠한 법원을 사건 심리에 적합한 법원으로 보느냐 하는 것은 미국 국내법이 정할 문제라는 명확한 입장199)을 취함으로써 이전의 혼선을 탈피하였다. 미국 법원의 여사한 입장은 사건을 접수한 어떤 미국 법원이 다른 미국 법원에서 동 사건을 심의하는 것이 더 적절하다고 판단할 때 사건 심리를 거부할 수 있는 *forum non conveniens* 주의(doctrine)를 허용하였다.

일반적인 재판관할에 관련한 미국의 혼란스러운 상황이 프랑스에서는 일어날 수 없는 것이다. 한편 프랑스에서는 협약 제28조가 처음부터 커먼로 국가에서와는 달리 재판지 까지를 규정하는 것으로 해석하고 있다.200) 프랑스에서는 한 법원이 사건 심리 법원으로 지정되면 동 법원은 사건을 심리하는 데 애로가 예견되더라도 심리를 담당하여야 한다.201)

협약 제28조 1항이 규정하고 있는 관할 법원을 형성하는 4가지 사항을 살펴보면 첫 번째 사항인

197) Miller의 저서 p.209의 주 28) 참조.

198) 12 Avi. 17,143(2nd Cir. 1971).

199) 이러한 입장은 이미 Mertens v. Flying Tiger Line,Inc.(9 Avi. 17,475(2nd Cir. 1965))에서 표명된 적이 있음.

200) 프랑스의 법 이론과 판례가 같은 해석의 입장을 취하고 있음. 대표적인 판례로는 Cie Air France v. Liberator, (1974) 28 RFDA 287(C.A. Paris, 8 Dec. 1973), aff'd, (1975) 29 RFDA 293(Cass. Civ. Ire, 16 Apr. 1975).

201) Miller의 저서 p.291의 참조.

주소(domicile)는 프랑스법과 영 · 미법상 주소의 개념에 차이가 있지만 결과적으로 동일한 해석이 나오므로 문제가 없다.[202)]

두 번째 사항인 영업의 주된 장소도 양 법체계상 문제가 되지 않는 개념이다.

세 번째, 계약이 이루어진 영업소(place of business through which the contract has been made)는 불어의 établissement par le soin duquel le contrat a été conclu를 번역한 것으로서 양 법체계에서 각기 상이한 해석을 유발하고 있다.

프랑스는 Herfroy v. Cie Artop[203)]에서 보는 바와 같이 établissement을 엄격하게 해석하고 있다. Herfroy 사건에서 원고는 Lisbon에서 Madeira(북대서양 소재 섬)를 가는 항공승객 표를 파리에 소재한 해당 항공사의 대리점에서 구입한 것을 이유로 동 구간 비행 중 사고로 인한 배상소송을 파리 소재 법원에서 제기하였으나, 파리 법원은 승객 표를 판매한 대리점이 사고가 난 항공기의 항공사와 항공표 판매 대행 계약을 체결하여 판매하였지만 동 대리점은 établissement의 요건, 즉 해당 항공사가 직접 소유하는 영업소가 아니기 때문에 동 대리점이 소재한 파리의 법원은 établissement에 의한 관할권을 갖지 않는다고 판결하였다.

반면에 미국에서는 대행사를 통하여 영업을 한 항공사를 협약 제28조의 영업소로 간주하였다.[204)] 미국 법원은 한 걸음 더 나아가 '최소한의 접촉'(minimum contacts)을 내세워 영업소의 요건을 더욱 완화하였다. United Arab Airlines(UAA)와 특별한 대행관계가 없이 단지 묵시적인 양해 하에 캘리포니아 소재 SAS 항공사 영업소가 UAA 항공표를 판매하였는데 이후 UAA 항공기의 예루살렘-카이로 구간 비행 중 발생한 사고로 제기된 Eck v. UAA[205)]에서 미국 고등법원은 UAA가 같은 미국인 뉴욕에 영업소를 가지고 있다는 사실을 내세워 이는 미국이 관할 법원이 될 수 있는 minimum contact를 구성하는 것이라고 해석하면서 미국 법원의 관할권을 인정하였다.

협약 제28조 1항의 불어 원문은 '사무소를 소유하고 있는'(posséde un établissement) 항공사가 소재한 지역의 법원을 관할 법원으로 한 것이므로 상기 미국 영문번역문인 '영업장소'(place of business)와는 거리가 멀다. 한편 영국은 불어 원문을 establishment로 번역하여 미국보다는 엄격한 해석을 하고 있는 관계로 Eck에서와 같은 입장을 취하지 않은 것으로 보인다.[206)]

---

202) 영 · 미법에서 주소(영어로 domicile)는 사람의 경우 생활 근거지가 되는 곳으로서 일시 떠나지만 다시 돌아올 곳이며, 일생 중 거소(residence)를 다른 곳으로 정하여도 계속 동일하게 유지할 수 있는 곳임. 법인의 경우에는 법인이 설립되어 등록되는 장소(place of incorporation)를 법인의 주소로 봄. 반면 프랑스 법에서 주소(불어로 domicile)는 사람의 경우 주된 거소(principal residence)를 말하는 것으로 영 · 미법에서의 ordinary residence에 해당하고, 법인의 경우 회사 정관에 본사(siége social)로 지정된 곳임(Miller의 저서 pp.300~301).

203) (1962) 16 RFDA 177(C.A. Paris, 2 Mar. 1962).

204) Berner v. United Airlines, Inc., 4 Avi. 17,924(N.Y. Ct. 1956), aff'd 5 Avi. 17,169(N.Y. Sup. Ct. App. Div. 1956).

205) 9 Avi. 18,146(2nd Cir. 1966).

206) Shawcross, VII(435-438) 참조.

세 번째 관할요건에 관련하여 계약이 이루어진 시점을 언제로 보느냐의 문제가 제기된다. 프랑스의 Cie El Al v. Maydeck[207]은 어떤 승객이 몬트리올에서 런던, 파리, 텔아비브 및 런던까지를 각 구간마다의 왕복 항공표를 구입하여 여행하다가 파리 도착 후 파리－텔아비브 구간의 비행은 모든 구간의 이용 항공기인 에어프랑스 대신 El Al(이스라엘의 항공사)로 바꾸어서 동 구간의 항공표를 새로이 발급받아 비행하던 중 El Al의 피격으로 동 승객이 사망하였는데, 이에 관한 배상소송이 파리 소재 법원에 제기된 사건이다. 동 사건에서 법원은 El Al과 승객 간에는 El Al이 원 항공기인 에어프랑스를 대신하여 운송하기로 하는 특별계약이 성립된 것이며, 동 계약이 El Al의 파리 사무소에서 이루어진 것을 이유로 들어 파리 법원이 동 건 관할 법원이라고 결정하였다.

네 번째의 관할요건인 여행의 목적지에 관해서는 양 법 체제상의 차이점이 없어 보인다. 많은 경우 출발지와 목적지가 같기 때문에 원고가 거주하고 있는 지역의 법원이 통상 관할 법원이 된다. 따라서 미국인들은 대개의 경우 미국 법원에 제소할 수 있으나 그렇지 않은 경우를 방지하기 위하여 미국은 원고 측의 주소 소재지 국에 항공사의 영업소가 있는 경우 동 국가의 법원을 관할 법원으로 추가시킬 것을 희망하여 왔는바, 과테말라시티 의정서는 이를 반영하는 내용으로 협약 제28조를 개정하였다. 과테말라시티 의정서가 사장된 관계상 무의미한 반영이었지만 1999년 몬트리올 협약에 다시 반영되어 효력을 나타내게 되었다.

이상과 같이 네 곳 중 한 곳의 법원에서 배상소송을 제기할 수 있는데, 원고 측은 가능한 한 미국 법원에서 사건 심리하는 것을 선호하고 있다. 그 이유는 앞서 설명한 바대로 미국 법원이 바르샤바 협약 상 소액의 배상한도를 가급적 파기하여 승객 측에 유리하게 적용한다든지 바르샤바 체제를 해석함에 있어서 승객 측에 유리하게 하여 여타국보다 높은 배상액 판정을 하기 때문이다. 소송을 제기하려는 자가 자신에게 유리한 법원을 선택하는 것을 forum shopping이라고 한다.

2.13. 제소기한

협약 제29조는 피해 배상을 위한 제소기한을 2년으로 규정하고, 동 기한의 계산방법은 법원 소재지 법에 위임하였다. 협약은 2년을 기산하는 시점으로 3가지를 제시하였는바, 승객운송의 경우에는 동 3가지의 시점, 즉 목적지 도착일, 항공기가 도착하였어야 할 날짜 또는 운송이 중단된 날짜가 동일하겠으나 짐과 화물의 운송 시 동 3가지 시점이 서로 상이하다면 가장 늦은 시점부터 2년을 기산하는 것이 타당하다.[208]

---

207) (1962) 16 RFDA 179(C.A. Paris, 27 Mar. 1962).

208) 영국의 Carriage by Air Act 1961 부속서 1 제18조 (2)가 같은 뜻으로 규정.

소송이 제기된 후 원고 등 당사자가 변경된 것을 이유로 2년의 기한적용이 배제되느냐에 대하여 영국과 미국은 타 당사자의 보호라는 관점에서 이를 허용하지 않는 입장이다.

제29조 2항이 2년 기한을 법원 소재지 법(*lex fori*)에 따라 계산하도록 규정하였는데 동 2년이 원고의 유아(infancy) 또는 무능력(disability)의 경우에도 중단(suspension or interruption)되지 않고 기산되는 것인지는 보다 논란의 대상이 된다. 동 문제에 대하여 영국과 미국은 엄격한 입장을 취하여 유아 등의 이유로 2년 기한의 기산이 중단되는 것을 허용하지 않는다. 미국의 경우 Kahn v. TWA[209]에서 법원은 협약안 준비 문서(travaux préparatoires)까지 검토한 후 2년 기한의 중단은 협약 제정자의 의도도 아니었음을 표명하였다. 많은 나라가 영・미와 같이 엄격한 해석의 입장을 취하나[210] 여타 문제에 있어서 와는 정반대로 프랑스가 국내법을 이유로 2년의 기한 중단이 가능하다는 입장을 취한 것을 특기하여야겠다. 프랑스는 동 문제로 많은 논란을 하던 끝에 1977년 대법원(Cour de Cassation)의 전체 회의에서 Lorans v. Air France[211] 판결을 계기로 여사한 입장을 취했다.

3. 바르샤바 체제 개선을 위한 국제 동향

이상으로 국제 항공운송 책임에 관한 바르샤바 체제를 주요 사항별로 가능한 한 포괄적으로 기술하였다. 동 바르샤바 체제는 협약 명칭이 말하듯이 항공운송에 관한 일부 규칙만을 규정한 것이지 항공운송에 관한 모든 면을 규정한 것은 아니다.[212]

항공운송의 특성이 국경을 초월한다는 사실 때문에 항공운송 분야에서 일찍이 국제 사법으로서 가장 보편적인 바르샤바 협약이 채택되었다. 항공 산업 보호 육성이라는 시대적 요청은 1929년 당시로서도 적은 금액이었던 낮은 배상금을 협약 배상금으로 채택하도록 하였다.[213]

낮은 배상금은 항공기술 발전, 경제수준 향상, 항공여행의 대중화, 소비자 보호 경향[214] 등 시대 변천에 따라 상향 조정되고 이를 뒷받침하기 위하여 협약이 개정, 보완되고 협약의 해석이 이전과 달라지기도 하였다.

---

209) 82 A.D. 2d. 696(1981), 16 Avi. 18,041.

210) Shawcross, VII(450) 참조.

211) 1977 D 89, (1977) 31 RFDA 268.

212) 항공기의 압류, 항공기 구조 시의 구조 경비 문제, 항공기 내에서의 폭력, 출생 등을 바르샤바 체제가 다루지 않음은 물론임.

213) A. Lowenfeld, Aviation Law(2nd ed., 1981), pp.97~98.

214) 미국에서는 한동안 협약을 확대 해석하여 항공사의 승객에 대한 배상을 강조하였지만 절대책임제의 1966년 몬트리올 협정이 채택된 이후에는 이 방법에 의존할 근거가 박약해진 까닭인지, 항공기 사고 시 항공장비 제조업자에게 배상책임을 전가하여 소비자를 보호하기도 하였음(예: In Re Air Crash Disaster at Tenerife, Canary Islands, 27 Mar. 1977, 435 F. Supp).

바르샤바 체제가 프랑스와 커먼로 국가 간의 상이한 법률 제도와 법률 개념 때문에 나라에 따라 달리 해석되고 있다는 것도 지금까지 관찰하였다. 이러한 상이한 해석은 크게 줄어들고 있지만 이를 완전히 배제할 수 없음도 이해할 일이다. 이는 수백 년간 일정한 방향으로 정형화되어 있는 일국의 법률 개념이 생소한 외국의 개념을 수용하여 적용한다는 것이 보통 어려운 일이 아니기 때문이다. 더구나 각국의 협약 해석 작업을 감시하고 이를 전체적으로 통일하는 세계적 사법기구가 없는 상황에서 이는 어쩌면 당연한 일이겠다.[215] 바르샤바 협약 자체가 대륙법상의 개념과 영・미법상의 개념을 최대한 조화하여 규정한다고 하였음에도 불구하고 나타나는 협약문의 다의성이 이를 여실히 보여주고 있다.

협약문의 다의적 해석은 이상과 같이 기존법 체제에 상이한 개념을 도입, 적용하는 데에도 나타나지만, 협약문이 통일법(uniform law)으로서 기술적 사항에 대한 기술을 미비[216]한 데서도 오고 또한 국내 법원에서 협약규정을 국내법의 개념에 반추하여 해석[217]하기 때문에도 발생한다.

그러나 바르샤바 체제는 여러 문제점에도 불구하고 국제적으로 통일된 법(uniform law)을 형성하여 보편적으로 적용시키는 데 성공한 보기 드문 케이스로 보아야겠다. 물론 보편적 적용이라는 점에 문제가 없는 것은 아니다. 이는 1966년의 몬트리올 협정이 항공사 간의 협정으로서 미국을 운항하는 항공기의 사고 시에만 높은 배상수준을 적용하도록 규정하였으며 여타 지역만을 비행하는 항공기 사고 시에는 바르샤바 협약이나 헤이그 의정서가 정하는 바의 훨씬 낮은 배상금이 적용되기 때문이다. 이 문제점을 해결하기 위하여 1971년 과테말라시티 의정서가 배상금을 미화 10만 달러로 인상하고 항공사의 절대책임도 도입하였으나 과테말라시티 의정서의 발효 관건이 되는 미국이 참가하지 않으면서 사장되었다.

또한 배상금액을 안정적으로 표기하기 위하여 1975년 몬트리올 추가 의정서가 서방 주요 16개국 통화가치를 바탕으로 산출한 SDR[218]을 도입하였으나 과테말라 의정서에 근거하는 몬트리올 추가

---

215) 1956년 세계국제법협회(ILA)의 제47차 총회 시 ILA의 항공법위원회는 보고서를 통하여 국가 간에 바르샤바 체제가 상이하게 적용되는 데서 오는 법의 충돌을 방지하기 위한 방안으로 특별 법원이나 국제사법재판소에 동 건 해결을 위임하고자 제안하였음. Matte, N., International Carriage by Air Codification: Uniformity and Diversity(85.3.14 Louis M. Bloomfield 기념 강연록), p.23.

216) 예를 들어 협약 제3조 (2), 4(4), 9, 25조 등이 "항공 운송업자가 유한책임 또는 면책에 관한 규정을 원용할 수 없다"라고 기술하고 있는데 이에 해당하는 협약규정이 어떠한 것이며 제29조(제소기한)도 이에 해당하는지가 불명함. 제20~22조를 이러한 유한책임 규정으로 보는데 이의가 없으나 프랑스의 일부 판례는 제29조도 이러한 규정으로 보았음. 또 제8조 '화물의 무게, 양, 부피 또는 규모(dimension)'가 누적적(cumulative) 또는 선택적(selective)임을 의미하는지도 모호함. 헤이그 의정서는 새로운 협약규정인 제3조 (2), 4(4), 9, 25, 25A에서 유한책임 또는 책임면제가 제22조의 적용을 지칭하는 것으로 명기함으로써 여사한 문제점을 해결하였음.
한편 협약이 용어의 정의를 하지 않은 것도 기술적인 결함인바, 예를 들어 항공기에 관한 정의가 없기 때문에 협약 적용 초창기에는 hovercraft도 항공기에 해당하느냐를 가지고 논란이 있었음(Miller의 저서 p.15 이하 참조).
또한 헤이그 의정서 등 후속 문서의 채택에도 불구하고 협약 제17조의 '승강 또는 하기 작업'(operations of embarking or disembarking), 협약 제18조의 항공사가 화물을 '책임지고 있는'(in charge of)의 의미, 협약 제19조의 '지연'(delay)의 의미 등은 계속 불명확함.

217) 협약 제28조의 관할 법원 해석이 좋은 예임.

218) 구주연합(EU)의 탄생으로 단일 통화인 유로(EURO)가 도입된 다음 SDR은 미국 달러, 유로, 영국 파운드, 일본 엔화 4개 통화의 평균 가치를 바탕으로 산출되고 있음. 그런데 2015년 IMF의 결정에 따라 2016년 10월부터 중국 돈 위안이 SDR 가치 산정 근거로 편입되는 바 그 비중은 미국 달러, 유럽 유로에 이어 3번째로서 약 11%에 해당함.

의정서 3은 과테말라시티 의정서의 사장과 함께 운명을 같이하였다. 그런데 1975년부터 약 20년간 많은 국가가 미국의 태도를 관망하면서 항공 사법의 통일적인 적용 작업 노력을 정지하여 버린 느낌을 준다. 그러나 각국의 상황을 살펴볼 때 꼭 미국의 움직임을 이유로 들 수만은 없는바, 이는 많은 후진국이 전문적인 항공 사법에 관한 국제법에 아직도 익숙하여 있지 않은 관계가 많이 작용하고 있기 때문이다. 191 개 ICAO 회원국 중 약 절반의 국가가 국적항공사(flag carrier)를 보유하지 못할 정도로 빈한한 상태인데 이들이 항공법, 그중에서도 항공운송에 관한 국제 사법을 예의 파악한다는 것은 어려운 일이다.

1929년 바르샤바 협약 이래 1955년 채택된 헤이그 의정서가 발효하였지만 사고 시 1인당 25만 프랑(약 1만 6,600달러)을 상한으로 규정한 배상금액은 이내 터무니없이 적은 액수가 되었으며, 미국이 이에 대한 불만을 표출한 후 1966년 몬트리올 협정이 항공사 간 협정으로 사고 시 1인당 배상 상한을 7만 5,000달러로 인상한 것은 이미 설명한 바와 같다.

그러나 1966년 몬트리올 협정이 채택된 후 30년이 되는 1990년대에 7만 5,000달러의 배상금은 인플레 등을 감안할 때 다시 불만스러운 금액이었으나 이러한 문제점을 미리 해결하기 위한 조약, 즉 1971년 과테말라시티 의정서와 1975년 몬트리올 추가 의정서 3은 모두 발효되지 않은 채 국제항공 사회는 미국의 눈치만 살폈고, 미국은 행정부의 노력에도 불구하고 미국 내 반대 여론과 로비 때문에 헤이그 의정서 채택 이후의 바르샤바 협약체제 개선에 기여하지 못하였다.

이러한 상황에서 1966년 몬트리올 협정도 적용하지 못하는 유수의 세계 항공 국가와 항공사는 사고 시 적용할 국제 항공 사법으로서 1955년 헤이그 의정서만을 기껏 적용할 수밖에 없다는 모순과 비현실성을 자진 시정하려는 조치를 취하기 시작하였다. 지난 약 30년간 교착상태에 빠진 국제 운송 배상책임제도 개선을 독자적으로나마 해결하고자 하는 움직임을 보이기 시작한 것이다.

3.1. 이태리와 일본의 조치(Japanese Initiative)

1929년 바르샤바 협약 채택부터 1975년 몬트리올 추가 의정서 채택까지의 바르샤바 체제는 각 조약별 내용이 다르고 당사국도 다르기 때문에 하나의 통일적인 규범을 제시하지 못하였다. 이는 항공운송사고 시 높은 배상액을 주장하는 미국과 여타 국가 사이의 입장 차이에 연유하지만 항공승객과 항공사 모두에게 혼란스러운 것이었다.

그러던 중 인플레이션 효과와 인명 가치에 대한 높은 평가를 한다는 의식 하에 이태리와 일본이 항공운송사고 시 승객 1인당 10만SDR을 배상한다는 국내법을 제정 또는 시행하면서 당시 미국을 제외하고 배상액 상한 조정에 관심이 없어 왔던 국제 항공사회를 일깨우게 되었다.

이태리의 헌법재판소는 1985년 5월 헤이그 의정서를 이행하는 이태리 국내법상 1만 6,600달러의 배상상한이 육로 여행자에 비교할 때 인명과 존엄성에 대한 차별이라면서 이는 이태리 헌법 제2조와 3조에 위반한다고 판결하였다. 이에 따라 이태리 항공사는 무제한의 배상위험에 처하게 되었는바, 1988.6.7. 이태리 정부가 관련법률 제274호를 제정하여 항공사가 10만 SDR까지 절대책임제로 배상하도록 하고 보험 가입을 의무화하는 것으로 법의 공백을 채웠다. 이는 과테말라시티 의정서를 개정한 1975년 몬트리올 추가 의정서 3의 내용을 사실상 실현하는 것으로서 이태리를 출발, 도착, 경유하는 모든 항공기에 적용하였다.

일본에서는 국가기관이 아니고 항공사가 나서서 바르샤바 체제의 배상 상한 조정에 무기력한 정부에게 훈수하는 일이 발생하였다. 이는 1992년 일본 항공사들의 국제 운송사고 시 과실분쟁에 있어서의 배상 상한을 철폐하여 주도록 일본 정부에 요청한 것이다. 1985년 일본항공의 점보 여객기가 국내운송 중 사고로 520명의 탑승원이 사망하였을 때 평균 배상액이 85만 달러였다는 것을 감안할 때, 국제 항공운송사고 시와의 배상상한과 큰 차이가 있었고, 국내 자동차 사고 시 배상액과도 큰 차이가 있어서 계속 동떨어진 차이를 적용하는 것에 문제의식을 느꼈기 때문이다.

일본 항공사들은 1992년 바르샤바 협약 상 배상 면책 조항인 제20조의 '모든 필요한 조치'를 10만 SDR 배상액까지는 원용하지 않으면서 절대책임을 지고 그 이상의 배상액에 대하여서는 승객의 거증책임에 따라 무제한 배상하겠다고 일본 당국에 신고(file tariffs)하였다. '일본 이니시어티브'(Japanese Initiative)로 불리는 동 내용은 국제 항공사회의 큰 주목을 받았다.

3.2. 1995/1996년 IIA와 MIA(IIA & MIA Agreement 1995/1996)

1995년 초 미국 교통부가 IATA에 국제 항공에 있어서 배상책임제도의 현대화를 논의하기 위한 반독점법 면제(antitrust immunity)를 부여하였다. 이에 따라 1995년 6월 미국 워싱턴 D.C.에 67개 항공사가 참석하여 당시 배상상한이 부적절한 수준임을 인정하면서 긴급 수정할 것에 동의하였다. 이어 말레이시아 쿠알라룸푸르에서 개최된 IATA 연례총회에서 바르샤바 협약의 66년 역사상 가장 극적인 조치로 평가되는 '피해 완전배상'을 허용하는 '워싱턴 항공사 간 협정'(Washington Intercarrier Agreement)을 승인하였는바, 1995.10.31. 12개 항공사가 이에 서명하였다.[219)]

정식명칭이 IATA Intercarrier Agreement on Passenger Liability(IIA)인 상기 협정은 전문(前文)과 8개

219) 서명에 참여한 12개 항공사는 Air Canada, Canadian Airways, TACA, Austrian Airlines, KLM, SAS, Swissair, Air Mauritius, South African Airways, Japan Airlines, Saudi Arabian Airlines, Egyptair임. MIA와 함께 부록에 수록.

항으로 된 간단한 문서이다. 동 문서는 참여 항공사가 바르샤바 협약 제22조 1항의 매우 부적절한 배상한도액을 시정하기 위한 일반원칙을 규정한 것이다. 즉 제1조는 참여 항공사가 바르샤바 협약 제22조 1항의 유한책임을 포기(waive)하고 승객 거주지의 법에 의거한 무제한 배상청구를 적용받는 것이다.[220] IATA가 1996.11.1. 발효를 목표로 추진하였던 IIA는 미국 교통부의 승인이 있었던 1996.11.12.부터 참여 항공사들 간에 발효되었다.[221]

IIA 채택 후 IATA는 IIA에 참여한 각 항공사가 의무적 또는 선택하여 구체 실천하는 내용을 1996년 MIA(Agreement on Measures to Implement the IATA Intercarrier Agreement)라는 항공사 간 협정으로 작성하였으며, 미국 항공사의 연합체인 A4A[222]가 IIA를 미국 내에서 실천하는 내용인 IPA(Implementing Provisions Agreement under the IATA Intercarrier Agreement to be Included in Conditions of Carriage and Tariffs)에 수록하였다.[223] 이로써 IATA의 관련 협정은 3개가 되었다.

5개 항으로 구성되어 있는 MIA는 그 성격상 항공사가 자국정부에 신고(file)하는 운송조건 또는 tariff의 내용에 해당한다. 이 중 강제 규정과 임의 규정이 있는데 제1조 1항에서 참여 항공사로 하여금 바르샤바 협약 제22조 1항의 유한책임을 포기토록 한 것과 제1조 2항에서 10만 SDR을 초과하지 않는 배상액의 경우 참여 항공사가 바르샤바 협약 제20조 1항의 비과실 면책을 주장하지 못하게 한 것 등은 강제 조항이다.

MIA의 제2조 1항은 항공사가 원한다면 배상청구권자가 바르샤바 협약 제17조(승객사상 등을 초래한 항공운송사고 시 항공사의 배상의무 규정)상 배상을 다루는 법원이 승객의 거주지나 주소지의 법률을 적용하는 것에 동의할 수 있도록 하여 미국이 오랫동안 주장하여 왔던 바를 임의 조항으로 포함시켰다.

제2조 2항은 10만 SDR까지의 배상금에 대해서는 항공사가 바르샤바 협약 제20조 1항의 항공사 비과실 면책 방어 권리를 포기하여야 하지만 관련 정부 허가 하에 비과실 면책 방어 권리가 포기될 수 있는 운항구간과 배상금액을 별도로 명시할 때에는 이에 따른다고 규정하였다. 가령 서울과 동

---

220) 1976~1985년 10년간 항공사의 배상책임 관련 보험료는 전체 수입의 0.22%이고, 바르샤바 체제와 관련된 부분은 이 중 $\frac{1}{3}$에 불과하였음. 따라서 항공사의 국제 운송사고 시 책임상한을 철폐하더라도 보험료의 약 10%만 더 증가할 것이므로 이는 소송경비나 기타 경비 절약을 통해 충분히 감내할 수 있는 것으로 계산되었기 때문에 무제한 배상청구에 동의하였다는 분석이 있음. Shawcross, VII(184) 참조.

221) IATA가 1996.7.31. IIA와 IIA를 실행하기 위한 MIA(후술)를 미국 교통부에 제출(미국 교통부 Docket OST-95-232로 분류된 Application of the International Air Transport Association for Approval of Agreement, Antitrust Immunity and Related Exemption Relief)한 후 미국 교통부령 96-10-7(1996.10.3.)에 의한 Show Cause Order, 동 Show Cause Order에 대한 IATA와 일부 항공사들의 comments(1996.10.24.자), 미국 교통부령 96-11-6(1996.11.12.)에 의한 3개 협정(후술) 허가, 동 허가 조건을 수정한 미국 교통부령 97-1-2(1997.1.8.)에 의하여 일단락된 내용임. 1996.12.12. 당시 세계 국제 정기운송실적의 약 80%를 점하는 79개 항공사가 IIA에 서명하였음.

222) 과거 Air Transport Association of America로서 1936년 14개 항공사들에 의하여 설립된 항공사 연합체임. 최근 명칭을 Airlines for America(A4A)로 변경하였는바, 미국 내 주요 항공사들 간의 동업단체로서 강력한 영향력과 로비능력을 행사하였으나 2015년 현재 항공사들 간의 통·폐합 등으로 11개 항공사들로 구성되면서 영향력이 다소 약화된 상황임.

223) IPA는 미국 내 운항 항공사를 회원으로 하는 ATA(Air Transport Association of America)가 작성하여 IATA가 미국 교통부에 허가 신청차 제출한 IIA와 MIA의 제출일자인 1996.7.31. 동시에 제출되었음. IPA도 부록에 수록.

경의 항공운항구간에서의 사고 발생 시 20만 SDR까지의 배상금액에 대하여서는 항공사가 비과실 면책 방어권을 행사하지 않는다고 명시하는 것을 그 예로 상정할 수 있다.

MIA도 IIA와 같이 1996.11.1. 발효를 목표로 하였으나(MIA 제5조 3항), 실제로는 IIA와 함께 MIA 서명 항공사들 중 국내 당국의 승인을 획득한 항공사들만을 대상으로 1996.11.12. 발효되었다.[224)]

3.3. EU와 미국의 조치

1985년 이태리 헌법재판소 판결 이후 이태리가 1988년, 일본이 1992년 배상상한을 스스로 인상한 것을 앞서 보았다. 뒤이어 영국이 1992년 자국 항공사에게 10만 SDR을 상한으로 배상금을 지급하도록 규정하였고 비슷한 시기에 호주는 자국 항공사들의 배상상한을 26만 SDR로 인상하는 법을 제정하였으며 우리나라의 대한항공과 아시아나도 스스로 배상상한을 10만 SDR로 인상하였다.

위와 같은 분위기에서 유럽민항회의인 ECAC(European Civil Aviation Conference)은 1994년 유럽 회원국을 상대로 ECAC 회원국의 영토에 진입하는 항공사는 사고 시 배상한도를 25만 SDR로 하는 유럽항공사 간 협정의 체결을 권고하였다. EU 당국도 배상액에 불만인 가운데 EU 집행위가 EU에 취항하는 항공사의 사고 시 배상책임을 최소 60만ECU(약 75만 달러)로 하는 안을 제시하기도 하였다.[225)]

연후 EU는 1997년 Regulation 2027/97을 법으로 채택하여 승객사상 시 10만 SDR까지의 배상금에 대하여서는 절대책임으로 항공사가 책임을 지고 그 이상의 배상은 무제한 과실 책임을 규정하였다.[226)] 이제 상황은 전 세계가 하나의 공동 규범을 새로이 작성하여야 할 때를 말하고 있었다. 그리하여 다음 4항에서 기술하는 1999년 몬트리올 협약이 채택되었다.

1999년 몬트리올 협약이 채택된 후 EU는 자체 역내 적용법인 Council Regulation(EC) 2027/97을 개정하여 동 몬트리올 협약과 일치시키는 작업을 하였는바, 구주연합(EU)의회와 각료 이사회가 2002년에 제정한 Regulation(EC) 889/2002(부록에 수록)가 그 결과물이다. 동 새로운 규정에서 EU는 1999년 몬트리올 협약을 EU 회원국의 국내법으로 적용하고, 짐을 체크인하면서 특별 신고할 경우 이를 위한 운송과 보험을 위한 추가요금을 지불할 수 있도록 하였으며, 항공사고로 사망 시 지급하는 선지급금을 1만 6,000SDR로 인상하였다.[227)]

---

224) IIA, MIA, IPA 등 3개 협정에 대한 미국 교통부의 반독점법 적용면제 승인과 관련 미국 당국은 국제법에 어긋나는 오만한 태도를 취하다가 잠정 승인 결정(미국 교통부령 96-11-6)하면서 1996.11.12.부터 잠정 발효시켰는바, 동 건 상세한 것은 박원화, 항공법 제2판(1997년 명지출판사) pp.262~273 참조.

225) EU 집행위는 그 뒤 EU 각료이사회 규정안(Proposed Council Regulation)을 1995.12.20. 채택하였는바, 동 규정안은 EU 항공사의 사고 시 승객에 대한 유한책임 부적용, 사고 직후 적어도 10일 이내 항공사가 배상 청구권자에게 5만ECU를 우선 지급기로 하는 것을 내용으로 한 전문과 10개 항으로 구성.

226) 동 절대책임은 과실상계를 허용하고 자책으로 인한 피해 배상을 면제하는 것임.

또한 EU는 항공 승객의 보호를 위한 입법에 앞서 가는데 비행취소, 지연, 탑승거부에 관한 항공사의 의무와 승객의 권리를 EC Regulation No. 261/2004(부록에 수록)로 제정하여 시행중이다.

한편 IATA의 IIA를 실천하는 내용의 MIA를 미국에서 적용하는 것과 IIA를 미국 항공사들이 실천하는 내용으로 A4A가 합의한 IPA를 미국 교통부가 Order 96－11－6으로 승인하였는바, 그 요지는 다음과 같다.

① 바르샤바 협약 상 제22조 1항의 유한책임 원용 불가

② 10만 SDR까지는 협약 제20조 1항의 항공사 비과실 면책 방어권 원용 불가

③ 항공사의 제3자에 대한 과실상계 및 구상권 등을 포함한 방어 권리는 행사

④ 적용법규가 허용한다면 배상액을 승객의 거주지 또는 주소지국가의 법률에 따라 결정하는 것에 동의

⑤ 미국 교통부의 모든 법령상 의무적인 1966년 몬트리올 협정을 MIA나 IPA가 대체

미국 교통부는 상기 승인 후 IATA와 A4A의 의견을 감안하여 Order 96－11－6을 일부 수정한 Order 97－1－2[228]를 1997.1.8. 공표하였는바, 동 내용은 MIA 참가 항공사와 IPA 참가 항공사 간의 차별 적용을 인정하는 것이다. 이에 따라 외국 항공사들의 합의 내용인 MIA에 대해서는 상기 ④항의 적용을 배제하여 주었다. 즉 미국 정부가 큰 관심을 보여 왔던 제5재판권 관할 인정을 해외 항공사들에게 강제할 수 없음을 인정하여 이를 선택사항으로 하였지만 IPA에 참여하는 모든 미국 항공사들에게는 의무사항이다.

그런데 1999년 몬트리올 협약 채택 후 미국 A4A는 동 협약의 내용과 EU의 관련 규정인 Regulation 889/2002를 감안하여 기존 1996년 IPA를 대체하는 내용으로 미국 교통부에 2005년 IPA Agreement를 제안하였는바, 미 교통부는 Order 2006－6－4로 이를 반영하여 시행하였다. 연후 A4A는 미 교통부가 2005년 IPA Agreement를 Order 2006－6－4로 수용한 내용에 이견이 있다면서 2006년 IPA Agreement로 포장된 내용으로 수정하여 줄 것을 청원하였다. 수정 내용은 짐이 보안 검색이나 기타 운송인의 통제 밖에 있는 조치로 인하여 파괴, 분실, 손상 또는 지연될 경우 운송인이 책임을 지지 않는다는 내용이다.

미 교통부가 A4A의 2006년 IPA Agreement를 승인하는 내용으로 Order 2006－10－14[229]를 2006.10.26. 공표하였는바, 요지는 다음과 같다.

① 운송인의 10만 SDR 미만 책임 배제 또한 제한 금지. 그 이상의 금액인 경우 운송인의 사고

---

227) Shawcross, Ⅶ(214－217).

228) 1997.1.10. 시행. Docket OST－95－232－75(IATA); Docket OST－96－1607－45(ATA)

229) 2006.10.31. 시행. Docket OST－2005－22617.

유발 과실 책임이 있지 않는 한 배상 불가

② 승객의 사망 시 최소 1만 6,000SDR을 선 지급금으로 지급

③ 휴대 수하물 경우 운송인은 자신 또는 자신의 사용인과 대리인의 잘못으로 인한 피해만 배상

④ 지연 관련 운송인의 통제 밖에 있는 공항, 관제소, 기타 공항시설의 공・사 기관원의 잘못으로 인한 지연에 대하여서는 운송인의 책임 부재

⑤ 피해 발생 시 1929년 바르샤바 협약이나 1999년 몬트리올 협약의 배상상한이 적용되나 승객의 피해에 있어서 정신적 피해는 배제

⑥ 2006년 IPA Agreement 참여 항공사는 1966년 몬트리올 협정 대신 2006년 IPA Agreement 적용

⑦ 보안 점검과 기타 운송인의 통제 밖에 있는 조치로 인하여 짐이 파괴, 분실 또는 지연 되는 경우 운송인의 책임 면제

⑧ 본 협정에의 참가를 희망하는 모든 항공사는 협정에 서명하여 미 교통부에 제출한 후 60일 이내에 협정상 새로운 조건을 미 교통부에 신고하여 시행

상기 내용 중 ②는 앞서가는 유로연합(EU)의 관련 규정을 답습한 것이다. ④와 ⑦은 바르샤바 체제의 내용에 반한다. ③의 내용은 바르샤바 체제를 현대화한 1999년 몬트리올 협약(후술)이 휴대용 짐(또는 수하물)의 피해 배상을 과실추정책임에서 과실 책임 제도로 변경한[230] 것을 감안할 때 휴대용 짐에 관련하여서는 조약과 부응한다고 할 수 있으나 이미 지적한바와 같이 ⑦의 짐, 특히 위탁용 짐과 관련한 내용은 현존 조약의 내용과 상치한다.

한편 IATA는 국제 운항 항공사들이 어느 구역을 운항하든지 간에 유효한 중립적인 내용의 배상 관련 규정을 작성하여 자체 내부회의에서 채택[231]한 후 이를 2008.1.31. 미 교통부에 제출하였다. 미 교통부는 항공승객의 이해를 돕는 IATA의 피해 배상 관련 고지 내용이 공익에도 기여한다는 판단 하에 Order 2009－6－8[232]로 2009.6.10. 공표하였는바, 고지되는 내용으로 특기할 사항은 다음과 같다.

① 여권과 비자 등 모든 필요한 여행 서류 없이 여행할 수 없음

② 항공사는 정부의 요청에 따라 여행객의 신상 자료를 관련 정부에 제공할 수 있음

③ 탑승 거부(denied boarding)에 관한 안내

④ 짐의 위탁과 휴대에 관한 상세한 안내와 함께 미국 국내 여행 시(국내 구간) 짐의 피해 배상상한액으로서 최소 3,000달러 또는 미국 법 14CFR 254.5[233]의 내용 적용

---

230) Shawcross, VII(225－282).

231) 2007.10.9.~10. 캐나다 토론토 개최 제29차 여객서비스회의(Passenger Services Conference)에서 Ticket Notices(승객 표 고지)에 관한 IATA 결의 724를 개정한 것.

23?) 2009.6.15. 시행. Docket OST－2008－0047.

⑤ 체크인과 탑승시간 안내

⑥ 위험물질 운반 경고

미국은 또 후술하는 1999년 몬트리올 협약이 5년마다 배상상한액 조정을 한다는 규정에 의거하여 2009년 말 배상액 인상에 대비하여 교통부 Order 2009－12－20[234]을 2009.12.23. 공표하였다. 그 내용은 A4A가 2009.11.6.자로 1999년 몬트리올 협약 상 항공운송 피해 배상상한액을 13.1% 인상 조정하겠다는 내용으로 2006년 IPA Agreement를 수정하겠다는 안을 승인하고 2006년 IPA Agreement에 참여하는 항공사는 1966년 몬트리올 협정을 적용할 필요가 없음을 반복한 것이다. 이에 따라 승객 피해 배상액은 이전의 10만 SDR에서 113,100 SDR로 인상되었다.

4. 1999년 몬트리올 협약(Montreal Convention 1999)[235]

4.1. 채택 배경

ICAO는 1975년 몬트리올 추가 의정서 3과 4를 채택한 후 기 발효 중인 바르샤바 협약과 헤이그 의정서를 본질적으로 개선하였다는 자부심을 가진 채 ICAO 총회 시마다 채택되는 결의를 통하여 동 2개의 추가 의정서에 대한 ICAO 회원국들의 비준만을 촉구하고 있었다.

그러나 미국이 수용하기에 필요한 핵심내용인 승객의 배상금 상한과 승객 주소지국을 제5 재판관할권으로 인정한 과테말라시티 의정서와 추가 의정서 3은 세월이 흘러가면서 더 큰 배상금을 요구하는 미국 내 여론 때문에 미국의 관심에서 벗어나 있었고, 정부 간의 협의를 통해 국제 항공운송 사고 시 적용할 하나의 통일적인 규범의 제정 가능성은 더욱 멀어 지는듯한 상황에서 항공사들과 IATA 등 관련 협회 측에서는 시스템 자체의 붕괴를 내심 우려하는 지경에 이르렀다. 이런 배경에서 이태리, 일본, 호주, 영국, IATA, EU의 항공사들과 국가들은 자발적으로 절대책임하의 배상상한 인상이라는 선도적인 조치를 취하면서 굼뜬 정부를 채찍질하는 효과를 가져왔다.

그 결과 IATA의 여러 회원항공사가 10만 SDR 또는 그 이상도 절대책임하의 배상상한으로 수용하는 IIA와 MIA를 채택하여 시행하는 것에 ICAO는 내심 충격을 받으면서 그간 총회 시마다 몬트

233) 미국은 1984.2.10. 중형(60석) 이상의 항공기 탑승 승객의 짐 피해 시 배상액이 최소 1,250달러는 되어야 한다는 내용의 법을 제정한 후 국내 여론을 반영하여 1999년 이를 2,500달러로 인상하고 또 2년마다 도시물가지수를 반영하여 계속 인상토록 하였는바, 14CFR 254.5는 1999년 제정된 동법 내용임. 이 법에 따라 미 국내 여행 시 적용되는 짐 배상상한액도 2008.11.21. 3,300달러로 인상 개정됨.

234) 2009.12.23. 시행. Docket OST－2005－22617. 부록 참조.

235) 정식 명칭이 Convention for the Unification of Certain Rules for International Carriage by Air로서 2003.11.4. 발효 후 2016.1.4 현재 119개 당사국. 우리나라는 2007년 가입하여 2007.12.29.부터 당사국이 되었음. 협약문은 부록에 수록.

리올 추가 의정서 3과 4의 비준만을 촉구하는 결의 채택 반복이라는 동면에서 깨어나게 되었다.[236]

또 재미있는 것은 민간 산업계의 배상상한과 절대책임, 그리고 승객 거주지국의 재판관할권, 즉 제5재판 관할권을 인정하는 추세가 대세로 자리 잡은 상황에서 긴 잠으로부터 깨어난 ICAO는 자신의 직무유기라는 책임론을 벗어나려고 하는 듯이 아래와 같은 조약 제정절차도 도외시한 채 초고속의 편법으로 바르샤바 체제를 새로운 조약으로 대체하는 작업을 진행하였다.

ICAO에서의 협약안 승인절차는 ICAO 총회 결의[237]에 의해 규율되며 법률위원회의 조직 및 작업방식과 함께 1965년 제15차 ICAO 총회에서 승인[238]되었다. ICAO 법률위원회는 1967년 제16차 회의 시 승인한 '협약안 준비절차'를 연후 수십 년간 적용하여 왔다. 이는 ① ICAO 사무국 내 법률국이 연구한 후 법률위원회의 작업편의를 위하여 문서를 준비, ② 법률위원회 토의 후 보고자(Rapporteur)나 소위(sub-committee) 또는 양자에게 검토를 의뢰하고, ③ 보고자나 소위는 조약의 내용이 채택시기에 이르렀나 등에 관한 의견과 함께 법률위원회에 보고하면 동 내용이 조약 초안에 포함되며, ④ 법률위원회가 조약 초안을 검토한 후 소위의 재검토를 요구하면서 문제되는 내용의 개선을 도모, ⑤ 연후 법률위원회는 소위가 수정한 조약안을 접수하여 토의 후 채택에 문제가 없다고 판단할 경우 ICAO 이사회에 상정하면, ⑥ 이사회가 조약 채택을 위한 국제회의 소집을 결정하는 것이다.

ICAO가 지난 수십 년간 상기 절차를 밟아 조약안을 마련하였지만 이러한 절차를 처음으로 일탈하여 투명성도 결여된 채 급조된 것이 1999년 몬트리올 협약이다. 이는 ICAO 이사회 의장이 IATA의 이니시어티브를 뒤따라 잡기 위하여, 시간이 소요되는 정상절차를 배제하면서 조약체결을 가속화시킨 때문으로 보이는데, ICAO는 이러한 절차 위반에 대하여 아무런 설명도 하지 않았다.

법률위원회의 소위를 소집하는 대신 규정에도 없는 ICAO 사무국의 작업반(working group)을 사무국의 법률국 직원과 이사회 의장이 지명한 전문가들로 구성하여 이들이 1996년 2회 회합하였다. 연후 보고자(Rapporteur)가 임명된 후 동인의 보고서가 정상 절차에 의하면 법률위원회나 동 위원회 소위에 제출되어야 하나 이를 무시한 채 1997년 초 ICAO 이사회에 제출되었다. ICAO 이사회는 1997.4.30.~5.9.간 제30차 법률위원회 회의를 소집하였는바, 61개국의 대표가 참석한 법률위원회 회의는 대부분이 토의내용을 모르는 채 내용 파악에 분주하면서 무질서하고 혼란스러운 시간을 보냈다. IATA의 승객배상책임협정에 기초한 조약 초안에 대해 법률위원회 회의 참가 대표들은 2단계 배상책임(1단계는 일정금액까지 항공사의 절대책임, 2단계는 승객의 거증 하에 무제한 배상책임)제도

---

236) IATA의 IIA가 1995년 10월 채택되는 상황에서 개최된 1995년 9월~10월 ICAO 제31차 총회는 IATA 옵서버의 정보 제공에도 불구하고 몬트리올 추가 의정서 3과 4의 비준을 촉구하는 결의만을 채택하였음. ICAO 사무국의 여사한 안이한 대처와 무책임에 관하여 Paul Dempsey & Michael Milde, International Air Carrier Liability: The Montreal Convention of 1999(2005년 McGill 대학 항공우주법 연구센터 발간) pp.36~43 참조.

237) A7-6로서 오늘날 Resolution A31-15, Appendix B에 수록되어 있음.

238) ICAO Doc 8517, A15-LE/10에 수록.

와 제5 재판 관할권 문제에 관하여 의견이 분분하였지만, 문제가 되는 표현은 괄호 안에 대체 안을 포함한 채 최종안으로 선언한 후 채택을 위해 외교회의에 상정한다고 결정하였다.

ICAO 이사회는 법률위원회가 준비한 최종안에 대하여 논평도 하지 않고 외교회의 소집도 하지 않은 채 사무국 작업반 회의를 2차례 더 소집한 후 유례가 없고 대표성도 결여된 '바르샤바 체재 현대화 특별그룹'(SGMW)을 이사회 의장이 임명한 인사들로 구성하였다.[239] SGMW는 1998년 4월 회의를 갖고 'Text approved by the 30th session of the ICAO Legal Committee, Montreal, 28 April－9 May 1997 and refined by the Special Group on the Modernization and Consolidation of the 'Warsaw System', Montreal, 14－18 April 1998' 제하로 새로운 조약안을 제출하였다.

이 조약안은 법률위원회 회의 시 괄호 안에 넣었던 표현을 모두 삭제하였음은 물론 법률위원회가 승인한 안과 다른 내용으로서 미국의 최대 관심사인 제5 재판 관할권을 포함하면서 IATA의 IIA/MIA와 EU Regulation 2027/97의 내용을 많이 답습한 것이기 때문에 'refined' 된 것도 아니었다. 또한 바르샤바 체제의 내용으로서 과거 60년간 논란이 되어 온 '사고', '신체 피해' 등의 개념에 대하여 일체의 언급이 없는 것이기도 하였다.

이런 내용으로 작성된 조약안은 1999.5.11.~5.22. 캐나다 몬트리올 개최 외교회의에 채택을 위하여 상정되었다. 118개국의 대표가 참석한 외교회의는 제30차 법률위원회 회의와 비슷한 양상을 보이면서 SGMW가 작성한 안에 신뢰를 보이지 않는 분위기였으며 계속 조약안의 핵심내용인 2단계 또는 3단계 배상책임제도와 제5 재판 관할권 문제로 특히 선・후진국 간 이견이 컸다. 일주일간의 소모적 토론 끝에 외교회의 의장[240]은 '의장 친구단'(Friends of the President Group)이라는 회의절차 규칙에도 없는 비공식 자문기구를 구성하여 7일간 논의토록 한 후 '컨센서스 패키지'(consensus package)가 외교회의에 보고되어 박수갈채로 채택되었는바, 일부 대표들은 영문도 모른 채 1999.5.28. 채택된 동 조약이 국제 항공운송에 있어서 일부규칙의 통일에 관한 협약(Convention for the Unification of Certain Rules for International Carriage by Air)이다. 약칭 1999년 몬트리올 협약 또는 몬트리올 협약으로 통한다.

몬트리올 협약은 과거 70여 년간 적용되었던 항공운송에 있어서의 사고 시 배상책임에 관한 특정 규칙을 수록하고 있는 바르샤바 체제의 내용이 여러 조약과 항공사 간의 협정으로 분산 규율되어 있는 바를 하나의 통일적 규범으로 통합하면서 배상상한 인상 등을 현대화한 것이다. 내용상 일부 문제가 있는 동 조약은 미국과 주요 항공대국의 순조로운 비준과 가입으로 조만간 바르샤바 체제를 대체할 것으로 기대된다.

---

239) Special Group on the Modernization of the Warsaw System(SGMW)의 구성 역시 ICAO의 조약 성안 절차에 위배되는 것임.

240) 해양법에서 이름이 더 알려진 Dr Kenneth Rattray로 자메이카 순회 대사 겸 법무장관.

항공운송사고 발생 시 상황에 따라 다음과 같은 여러 가지 상이한 배상 적용 법률이 적용된다.

① 구주연합(EU) 회원국에 등록된 항공기의 사고 시 EU의 법(Regulation 889/2002 등)

② 미국을 목적지, 출발지 또는 경유지로 할 경우 1966년 몬트리올 협정을 대체한 IPA

③ 상기 지역(EU) 소속 항공기가 아니거나 상기 국가(미국) 이외 지역을 비행하는 항공사로서 IATA의 IIA/MIA에 참여하는 항공사의 항공기 사고 시 자발적으로 상향된 배상액

④ EU 소속 항공기가 아니거나 미국을 비행하지 않으면서 IATA의 IIA/MIA 참여 항공사도 아닌 경우 바르샤바 체제(배상액 관련 1929년 바르샤바 협약이나 1955년 헤이그 의정서, 1975년 몬트리올 추가 의정서 1, 2, 4 등)가 선택적으로 적용

⑤ 1999년 몬트리올 협약 당사국 간에는 동 협약

⑥ 적용 조약이 없고 IIA/MIA에 참여하지도 않은 항공사의 항공기 사고 발생 시 동 항공사 약관 적용

위와 같이 상정한 배상상황은 최소한 바르샤바 체제나 1999년 몬트리올 협약의 배상내용과 동일하든지 또는 보다 유리한 배상을 받는 것이겠다.

현재 국제 항공운송 시 배상을 요하는 사고가 발생할 경우 바르샤바 체제가 적용되든지 또는 몬트리올 협약이 적용되든지 간에 기본적으로 배상에 관련된 당사자의 운송계약 장소와 항공기 등록국 및 목적지의 국가가 어느 조약의 당사자이냐에 달려 있다. 2016.1.4 현재 바르샤바 체제의 근간인 바르샤바 협약의 당사국이 152개국인 데 반하여 몬트리올 협약의 당사국은 119개국임을 감안할 때 승객 사상 시 배상액인 113,1000 SDR의 적용을 제외하고는 동 적용의 근거와 해석 등에 있어서 아직까지 바르샤바 체제의 내용이 많이 적용되는 상황이다. 또 몬트리올 협약의 내용들이 수십 년간 적용된 바르샤바 체제에 바탕을 두고 있기 때문에 본서는 앞의 제2항에서 바르샤바 체제를 상세 기술하였다. 이제 1999년 몬트리올 협약내용을 살펴본다.

4.2. 주요 내용

4.2.1. 승객사상 배상상한 인상

제21조는 2단계 배상상한을 도입하였다. 제17조 1항(바르샤바 협약 상 제17조)에서 승객사상 시 10만 SDR까지의 피해에 대하여서는 절대책임으로 운송인이 배상하도록 하였고 그 이상의 피해액에 대하여서는 운송인이 자신의 무과실을 증명하거나 오로지 제3자의 과실로 인한 것이라고 증명하는 한 책임을 지지 않도록 하였다. 승객측이 이를 반박할 수 있는 한 무제한 배상받을 수 있다. 또 제21

조 5항에 의거하여 항공 운송인이 wilful misconduct에 해당하는 행위, 즉 피해를 야기할 의도를 가지고 또는 피해가 발생할 것이라는 인식하에 무모하게 행한 작위 또는 부작위의 결과로 인하여 피해가 발생하였을 경우 승객사상뿐만 아니라 승객의 지연, 짐의 파손, 분실, 지연 등에 관한 각기의 상한 적용이 철폐된다.

추후 인상되었지만 제1단계 배상액인 10만 SDR은 어떠한 상황에서도 지급되는 것이 아니고 제20조상 과실상계 등이 적용되고 실제 피해내용을 감안하여 지급되는 상한액이다.

10만 SDR은 헤이그 의정서의 1만 6,600달러와 몬트리올 협정의 7만 5,000달러[241]보다 훨씬 큰 금액이지만 이미 여러 선진국과 EU에서 실시 중인 금액이었다.

4.2.2. 제5 재판 관할권

제33조는 승객의 사상 시 승객의 주소지국에서 배상청구를 허용하는 제5 재판 관할권을 인정하였다. 과테말라시티 의정서 상 인정되었으나 이는 10만 달러의 배상상한이 여하한 경우에도 파기되지 않는 것을 전제로 한 것이었지만 발효되지 않고 사장된 관계상 의미가 없었다. 이는 미국의 그간 입장을 반영한 것이나, 짐과 화물에 있어서는 제5재판 관할권이 인정되지 않아 항공사고 시 소송이 각기 다른 두 곳에서 진행될 상황이다. 이러한 이원적 체제는 간과된 실수라기보다는 미국이 핵심 관심사인 승객에 대한 제5 재판 관할권 인정으로 만족한 가운데 더 이상의 통일(짐과 화물에게도 제5재판 관할권 인정)은 미국의 과도하지만 큰 의미 없는 욕심으로 비추어졌기 때문일 것이다.

4.2.3. 승객운송 지연 시 배상금 명시

바르샤바 협약이 제22조 4개 항에서 승객과 짐, 화물에 대한 배상책임을 모두 규정하고 있으나 1999년 몬트리올 협약(이하 M99로 표기)은 제21조에서 승객, 제22조에서 짐과 화물에 대한 배상으로 분리 규정하면서 과테말라시티 의정서에서와 같이 승객의 지연 도착 시 4,150SDR을 배상액으로 정하였다.

그러나 지연의 정의가 없고 어떤 경우에 지연에 따라 배상금을 유효하게 청구할 수 있는지 등에 대한 규정이 일체 없어 상징적 성격의 규정이라는 인상도 준다. 한편 동 지연 배상금을 활성화시키는 규정이 있다면 항공사들이 무리한 항공운항을 하면서 사고 발생 가능성이 그만큼 높아질 것이기 때문에 문제가 되는 것도 사실이다.

---

241) 미국 교통부가 IATA의 MIA와 함께 IPA를 1996.11.12.부터 승인하였는바, 이에 따라 미국의 여행 시 적용되어 왔던 1966년 몬트리올 협정은 IPA로 대체되었음. 따라서 승객 1인당 사상에 대한 배상상한액은 10만 SDR로 이미 상향 조정된 결과가 되었음.

4.2.4. 짐 피해 시 일정 총액으로의 배상상한

M99는 휴대하거나 체크인하거나 구별함이 없이 짐의 파손, 분실, 지연 시 승객 1인당 1,000 SDR의 배상을 규정(제22조 2항)하였으나 화물의 피해에 있어서는 kg당 17 SDR을 고수(제22조 3항)하였다.

1929년 바르샤바 협약과 M99의 승객배상액을 비교할 때 후자의 10만 SDR은 전자의 8,300달러보다 18배 증가한 금액이지만, 화물의 피해 배상액은 1929년 1파운드당 9.07달러가 1999년 가치로 환산 시 89달러에 해당하기 때문에 M99의 실질배상액은 $\frac{1}{8}$로 축소된 것이다. 그리고 M99는 기존 바르샤바 체제의 내용과는 달리 위탁 수하물은 무과실 책임, 휴대 수하물과 개인 지참품 피해 시에는 과실 책임을 적용하는 것으로 수하물의 종류에 따라 책임기준을 달리하였다(제17조 2항).

4.2.5. 화물 관련 몬트리올 추가 의정서 4 수용

화물의 파손, 분실, 지연에 있어서 몬트리올 추가 의정서 4의 제8조는 바르샤바 협약 제24조를 개정하여 승객과 짐의 배상상한이 wilful misconduct 경우 파기되지만 화물의 경우에는 어떠한 상황에서도 kg당 17 SDR의 배상상한이 파기될 수 없다고 규정하였다.

M99도 기 발효 중인 몬트리올 추가 의정서 4의 화물에 관한 상기 규정을 답습하여 제22조 5항에서 승객의 상해 및 지연과 짐의 파손, 분실, 지연으로 인한 피해의 경우에만 wilful misconduct가 적용되도록 함으로써 화물의 경우에 적용하는 것은 배제하였다.

그런데 몬트리올 추가 의정서 4가 화물과 특정 우편수송에 있어서 현대화된 내용으로 잘 적용되고 있는 현실을 감안할 때 몬트리올 협약이 이를 존중하여 화물에 관한 규정은 동 추가 의정서 4의 내용을 적용한다는 조약 제정의 기술을 이용할 수도 있었겠지만 그러하지 아니하고 모든 내용을 총괄하는 조약문을 구성하고 있다. 그러면서 화물 피해에 대한 배상을 규정한 제18조 2항에서 항공운송인의 책임이 면제되는 네 가지 경우를 나열하면서 추가 의정서 4에 포함된 '단지'(solely)라는 표현을 누락시킴으로써 항공운송인의 면책 경우가 4가지 이상일 수 있다는 해석을 가능하게 하여 추가 의정서 4의 내용과 충돌할 소지가 있게 되었다.

4.2.6. 운송서류의 하자와 배상상한 파기

바르샤바 협약이 운송서류의 형식에 일탈한 경우 배상상한 파기라는 제재를 가하였다. 컴퓨터 등 전자수단의 등장으로 옛날과 같이 운송서류를 별도로 발급하고 제시하여야 할 필요성이 없어졌고 이러한 기술발전 내용을 과테말라시티 의정서와 몬트리올 추가 의정서 4에 반영하였지만 전자는 사장된 채 후자만 발효 중이다.

M99는 상기 2개 조약의 운송서류 관련 내용을 반영하면서 제3조에서 11조에 걸쳐 관련 내용을 바르샤바 협약에 비교하여 대폭 간소화하고 현대화하면서 운송서류의 강제적 성격도 삭제하였다. 이에 따라 제3조에서 승객과 짐에 관한 표 발급을 언급하면서 5항에서는 표 발급 관련 규정을 이행하지 않더라도 운송계약은 유효하다고 언급한다.

제4조부터 8조까지 화물의 운송서류 발급 내용과 절차를 설명하면서 전자수단 등의 기록 보관 장치가 운송서류 발급을 대신할 수 있도록 하였다. 그러면서 제9조에서는 4~8조상의 규정에 위배되더라도 운송계약의 유효성에 지장이 없으며, 배상상한 적용도 변함이 없다고 규정하였다.

그리고 헤이그 의정서 상 처음 도입된 내용으로서 화물의 손상 시 한 부분이 손상되어 다른 부분도 손상이 될 경우 전체의 손상을 배상 대상으로 한다고 규정하였다(제22조 4항).

4.2.7. 화물 관련 중재 도입

바르샤바 협약은 제32조에서 화물운송 관련 중재를 허용하면서 4개 재판 관할권에서 동 중재가 되도록 규정한 바 있다. M99의 제34조도 화물의 운송 관련 중재를 보다 확실히 규정하면서 역시 4개 재판 관할권 내에서 중재가 되도록 하고 중재관이나 중재재판소는 M99의 규정을 적용토록 하였다. 동 중재 허용 규정은 헤이그 의정서, 과테말라시티 의정서, 몬트리올 추가 의정서에도 있는 내용이다.

M99 채택 외교회의 시 일부 대표가 신체 사상의 경우에도 중재를 허용토록 하자는 제안을 하였으나 받아들여지지 않았다.

4.2.8. 5년 주기 배상 조정 검토

M99의 3개 핵심내용 중 하나가 물가변동을 감안하여 배상액을 조정할 수 있는 장치를 마련한 것이다.[242] 1929년 바르샤바 협약과 1955년 헤이그 의정서가 제 기능을 못 하면서 후속 개정의정서와 협정이 탄생되고 또 보편적 조약으로 수용되는 데 애로가 있었던 것은 한번 정해진 사고 배상상한액이 세월이 지나면서 인플레이션 영향을 받으면서 그렇지 않아도 다른 운송수단(철도, 자동차 등)의 사고 발생 시 적용되는 배상액에 비교하여 적은 금액이 더욱더 적은 금액으로 변하였기 때문이다.

M99 제24조는 5년마다 SDR을 구성하는 4개 통화, 즉 미국 달러, 유로, 엔화, 파운드의 사용국에서 소비자 물가지수를 가중치로 계산하여 10%를 상회할 경우 모든 배상상한을 그만큼 반영하여 인상

---

242) 나머지 2개의 핵심내용은 하나가 승객의 사상 시 배상액을 2단계로 하여 제1단계에서의 10만 SDR까지는 운송인이 절대책임으로 배상하는 것이며 다른 하나가 승객 주소지국에서 배상소송을 제기 할 수 있는 제5재판 관할권을 허용하는 것임.

한다는 것이다. 이럴 경우 ICAO가 인상통보를 하는데 통보 후 3개월 이내에 다수가 반대하면 당사국 총회에서 논의하여 결정하나 그렇지 않을 경우 통보한 지 6개월 후에 새로운 배상상한이 적용된다. 이에 따라 몬트리올 협약 발효 후 5년 기간 동안 SDR 구성 4개의 통화 사용 국가에서의 소비자 물가지수를 반영하여 2009.12.30.부터 모든 종류의 배상상한액을 13.1% 인상 조정하는 조치가 단행되었다.[243] 그 결과 화물 17 SDR은 19 SDR로, 수하물은 1,000 SDR에서 1,131 SDR로, 승객지연은 4,150 SDR에서 4,694 SDR로, 승객사상의 배상상한 10만 SDR은 11만 3,100 SDR로 인상 적용 중이다.

4.2.9. 징벌 배상 금지 명시

바르샤바 협약을 적용하면서 징벌적 배상(punitive damages) 판결을 한 기록은 없다. 이는 항공운송인의 영업성격상 고의적이나 사회정의에 반하는 행위 또는 부작위를 통하여 인명이나 물건에 손상을 끼칠 이유가 없기 때문이다.

과거 바르샤바 체제상 어느 조약도 징벌적 배상에 관한 언급을 하지 않았다. 그러나 M99는 배상상한을 인상하고, 경우에 따라서는 운송인이 무제한 배상토록 하며, 5년마다 물가상승을 감안한 배상상한 조정도 허용하는 대신 제29조에서 징벌적 배상은 불가하다고 규정함으로써 이론적인 균형을 이루었다.

5. 항공운송 관련 국내법

5.1. 관련 법령

항공 공법 성격의 항공법,[244] 항공보안법,[245] 항공・철도 사고조사에 관한 법률,[246] 소음・진동관리법,[247] 공항소음 방지 및 소음대책지역 지원에 관한 법률[248] 등이 있고 항공 사법 성격의 내용으로서 상법 중 항공운송편으로 신설되는 상법 개정안[249]이 정부 안으로 제출되어 2년 반 동안 국

243) 2009.11.4.자 ICAO State letter Ref. LE 3/38.1-09/87.
244) 법률 제11690호. 2013.3.23. 시행.
245) 법률 제12257호. 2014.4.6. 시행.
246) 법률 제11690호. 2013.3.23. 시행.
247) 법률 제11907호. 2014.2.6. 시행.
248) 법률 제11690호. 2013.3.23. 시행.
249) 2008.8.6. 법무부 공고 제2008-102호.

회에 계류 중이다가 2011.5.23. 법률 제10696호로 공표되어 2011.11.24. 시행되었다. 그러나 후술하는 5.2.4항의 배상 상한 인상의 문제점을 주로 해결하기 위하여 다시 개정하여 법률 제12591호로 2014.5.20 공포 즉시 시행중이다. (다시 개정된 상법 제6편 '항공운송' 부분을 부록에 수록).

이들 국내법에 대하여 몇 가지 문제점이라고 생각되는 바를 적는다.

항공법 제2조 1항에서 항공기를 정의하면서 "항공기라 함은 비행기, 비행선, 활공기, 회전익 항공기 그 밖에 대통령령이 정하는 것으로서 항공에 사용할 수 있는 기기를 말한다"라고 하였는데 '비행기'를 항공기의 한 종류로 표현한 것이 잘못이다. 비행기를 항공기와 다른 뜻으로 해석하였다면 비행기의 정의를 별도로 두었어야 하는데 그렇지 않은 것을 볼 때 항공기와 같은 의미로 사용하면서 보편적인 항공기를 지칭하고자 한 것이 아닌가 본다. 그러나 이는 법률규정 내용으로는 부적합한 기술이다. 시카고 협약 부속서 7(항공기 국적과 등록 표지)이 사용한 항공기의 정의, 즉 '지상 표면에 대한 반작용이 아니고 공기의 반작용으로 대기에서 지탱되는 힘을 내는 기계'(Any machine that can derive support in the atmosphere from the reactions of the air other than the reactions of the air against the Earth's surface)를 수용하는 것이 바람직하였다.

항공법 제50조는 기장의 권한을 언급하면서 권한이 아니고 책임과 의무만을 나열하였다. 또 제166조는 기장 등의 권리행사·방해의 죄라 하여 직권을 남용한 기장 또는 조종사에 대한 징역형을 언급하고 제167~168조도 기장에 대한 처벌내용을 담고 있다. 항공기상 범죄에 관한 1963년 동경 협약에서 언급한 기장의 권한은 항공기상 안전과 질서 유지를 위한 진정한 권한인 것을 감안하고, 다른 한편 오늘날 항공여행에서 문제 되는 것은 직업의식이 투철한 기장과 조종사의 일탈행위에서 오는 것이 아니고 타인에게 방해를 주는 소요승객(unruly passenger)임을 감안할 때 균형 잡힌 내용이 아니다.

항공보안법 제22조상 기장 등의 권한에 관한 조항이 '권한'에 관한 사항을 언급한다고 하였으나 동 내용은 미흡하다. 이는 1963년 동경 협약 제6조 2항은 범죄자 제압과 항공안전을 위하여 승무원뿐만 아니라 승객의 도움을 직접 또는 승무원을 통해 간접 요청을 하면서 항공안전 질서 유지를 하도록 허용하고 제10조에서 제압을 당한 문제승객이 이에 대해 책임을 묻지 못하도록 규정한 것을 감안할 때 그러하다. 동 제22조는 문제의 승객 제압을 위하여 승무원이나 항공운송사업자 소속 직원에게만 지원 요청을 하도록 하고 추후 소송 제기 시 면책규정도 마련하지 않음으로써 스스로 항공기 안전조치 영역을 축소시켰다.

5.2. 상법 개정내용

항공운송을 제6편으로 신설한 상법 개정내용[250]을 보건대 동 제6편 제2장 항공운송사고 시 배상에 관하여서는 1999년 몬트리올 협약의 내용을 적용하고 제3장 지상 제3자의 손해에 대한 책임에 있어서는 1978년 몬트리올 의정서의 내용을 적용하였다. 그러나 몇 가지 문제가 있는데 이는 다음과 같다.[251]

5.2.1. 지상 제3자에 대한 배상책임 규율내용

지상 제3자에 대한 배상책임을 규율하는 조약으로 1952년 로마 협약(1958년 발효. 2015년 12월 현재 49개 당사국. 한국은 비당사국)과 동 협약을 개정한 1978년 몬트리올 의정서(2002년 발효. 2015년 10월 현재 12개 당사국. 한국은 비당사국)가 있으나 오늘날 193개 유엔회원국이 있음을 감안할 때 주요 항공대국이 당사국이 아닌 채 12개국만을 당사국으로 하고 있는 몬트리올 의정서는 사문화된 실정이다.

그런데 현 상법 개정내용은 사문화되다시피 하면서 채택된 지 30년도 넘은 몬트리올 의정서에서 배상상한으로 정한 금액을 국내에서의 제3자 피해 발생 시 그대로 적용토록 하는 내용으로 되어 있어 오늘날의 배상상한으로 부적합할 뿐만 아니라 항공대국인 한국이 자발적으로 상대적 피해를 보는 결과를 초래하게 된다. 이는 해외에서 한국 항공기가 지상 피해를 주는 사고를 유발할 경우 현지법에 따라 상한 제한이 없이 실비 배상을 하여야 하지만 외국항공기가 국내에서 사고를 유발할 경우 몬트리올 의정서에 반영된 상한액을 반영한 상법 제932조의 낮은 액수만을 배상받게 되니 국내 피해자에 대한 배상 차별과 국익 손실이라는 결과가 발생한다.

그러면 얼마만큼 손해를 보느냐 하는 의문이 들게 되는데 실비 배상을 하는 외국의 경우[252]를 염두에 둘 경우 1인당 인체 피해 배상액이 수백만 달러도 가능하겠지만 우리의 경우에는 최대 12만 5,000SDR, 즉 국제통화기금(IMF)의 특별 인출권을 말하는 Special Drawing Rights로서 약 20만 달러에 한정되게 된다. 이는 인체 피해에서만의 비교이지만 재산 피해를 포함한 또 하나의 비교는 2009년에 항공기의 제3자 피해 배상을 규율한 내용으로 채택된 2개의 몬트리올 협약의 배상상한액을 살펴

---

250) 2008.12.31. 정부 입법으로 국회에 제출. 국회는 동 개정안 검토의 일환으로 2010.11.22. 공청회를 개최하였는바, 진술인으로서 필자도 참가한 동 공청회 내용은
http://likms.assembly.go.kr/bill/jsp/BillDetail.jsp?bill_id=ARC_E0O8R1E2A3Y1H1D7N3C9H1T2I6L9D6 참고.

251) 상법 개정안 통과를 앞두고 국회 법사위가 개최한 공청회가 2010.11.22. 개최되었을 때 필자가 진술인으로 발표한 내용과 2010.12.2.자 ≪법률신문≫에 기고한 내용을 바탕으로 함.

252) 미국은 60석 이상 또는 무게 18,000파운드 이상이 되는 민항기가 상업 운송시 승객 이외인 제3자 피해 발생시 1인당 최소 300,000불을 배상하고 또 피해 발생 건당 최소 2천만 불을 배상할 수 있는 보험을 들도록 강제하고 있음. P Dempsey, "Liability for Damage Caused by Space Objects Under International and National Law" XXXVII AASL(2012) 357.

보는 것이다. 지상 피해에 대한 배상액 상한은 통상 항공기 중량에 따라 상한이 결정되는데 관련 조약은 큰 중량의 항공기일수록 배상액이 증가하는 것으로 규정하고 있다. 항공기 대형화를 감안하여 중량이 400톤인 보잉 747 점보항공기를 예로 들어 보자. 동 항공기가 한국에서 추락함으로써 지상 피해를 야기할 경우 국내 피해자는 제932조에 따라 실제 피해가 아무리 크더라도 2,655만 SDR, 즉 약 4,000만 달러의 배상만을 받게 된다. 그러나 2009년 몬트리올 협약 중 일반위험협약에서는 5억 SDR인 약 7억 5,000만 달러까지, 불법방해배상협약에서는 35억 SDR인 약 52억 5,000만 달러까지 배상을 받게 되니 각기 약 20배와 130배의 차이가 난다. 물론 2009년 몬트리올 협약이 발효되지 않았지만 국제사회가 인식하는 배상수준을 제시한 것임을 감안할 때 우리의 배상상한액은 미미하기 짝이 없다. 반복하지만 국내 항공사고로 인한 지상 피해 시 국내인은 미미한 액수를 배상받지만 외국에서의 사고 시 우리 항공사는 실비의 엄청난 배상을 하게 되니 내국인에 대한 차별이며 국익 손실이다. 이와 관련, 2001년 미국에서 발생한 9/11사태로 총 380억 달러의 피해가 발생하였으며 이때 근 3,000명의 사망자 중 810만 달러까지 배상액을 받은 경우도 있었음을 참고로 하여야겠다.

또 제3자 피해 배상책임과 관련하여 추가로 문제점을 지적한다면 제932조에서 SDR이라고 기술하는 대신 '계산단위'를 사용한 것은 '1978년 지상 제3자 피해 배상에 관한 몬트리올 의정서' 제3조와 '국제 항공운송에 있어서의 일부 규칙 통일에 관한 협약'(약칭 1999년 몬트리올 협약) 제23조 2항에서 계산단위(monetary unit)라는 표현을 과거 프랑스 프랑의 가치를 의미하는 것으로 사용한 것을 감안할 때 혼선을 가져오는 것이다. 위와 같은 모든 문제점은 지상 제3자 손해에 대한 책임을 규정한 제3장을 전면 삭제함으로써 해결될 수 있다.

이를 삭제할 경우 국내 항공사고로 인한 제3자 피해 배상은 현재와 같이 민법상 불법행위책임으로 실비 배상을 하도록 하면 되는데 이러한 방법이 여러 국가에서 원용되고 있는 방법이다.

5.2.2. 기타 본질 규정의 문제점

첫째, 위탁 수하물에 관한 제911조와 화물에 관한 제916조에서 멸실·훼손을 '일부' 멸실·훼손으로 표현하였는데 이는 개정내용의 근거가 되는 1999년 몬트리올 협약에서 '일부'라는 표현을 사용하지 않고 있으며 멸실·훼손이라는 표현은 일부이건 전부이건 간에 모두 적용되는 개념임을 감안할 때 '일부'라는 표현을 삭제하는 것이 좋다.

둘째, 멸실·훼손을 즉시 발견한 때와 즉시 발견할 수 없을 때로 분리하여 위탁 수하물의 경우 제911조에서 수령일로부터 7일, 화물의 경우 제916조에서 14일 이내에 신고토록 한 규정은 각기 7일과 14일 이내에만 신고하도록 하면 되지 이를 즉시 발견할 때와 즉시 발견할 수 없을 때로 구분하여 규정할 실익이 없다. 여사한 규정의 근거가 되었을 1999년 몬트리올 협약의 제31조 2항에도 '즉시'라는 표현은 없다.

셋째, 위탁 수하물에 관한 제911조와 운송물에 관한 제916조의 각기 마지막 문장에서 "연착의 경우 처분할 수 있는 날로부터 21일 이내에 이의를 제기하여야 한다"에서 '처분'이라는 표현에 문제가 있다. 동 처분을 의미하는 1999년 몬트리올 협약 제31조 2항의 영문 표현은 placed at his or her disposal로서 '자기 수중에 넣다'라는 뜻의 '추심하다'로 표현하여야지 '처분하다'라고 할 경우 '없애다' 등의 의미를 갖게 된다. 이럴 경우 소유자가 찾지도 못한 짐이나 운송물이 자기 수중에 들어오지도 않았는데 이를 없애다 뜻의 '처분'을 하는 것을 말하게 되므로 적절치 않다.

넷째, 제3장에서 규정하고 있는 '지상 제3자의 손해에 대한 책임'의 표현과 내용은 국제항공법에서 지난 2009년 채택한 몬트리올 협약으로 시정한 내용을 간과한 것이다. 1978년 몬트리올 의정서까지는 지상 제3자라는 표현을 사용하여 제3자의 피해 대상을 지상과 수면 위의 피해로만 국한하였지만 비행 중인 항공기로 인하여 비행 중인 다른 항공기가 피해를 당하는 것도 제3자 피해임에는 변함이 없기 때문에 이를 포함시키기 위하여 연후 채택된, 즉 2009.5.2. 채택된 제3자 피해 배상에 관한 2개의 몬트리올 협약은 모두 제3자라고만 표현하면서 피해 대상으로서 비행 중인 항공기도 포함시키는 것을 상정하였다. 우리는 여사한 국제법적 지식이 없기 때문에 1978년 몬트리올 의정서 채택시점에 머무르는 입법을 하였다.

다섯째, 국제항공법상의 문제이기도 하지만 연착의 피해를 규정한 상법 개정의 내용, 즉 승객의 연착은 907조에서, 수하물의 연착은 908~909조에서, 화물의 연착은 914~915조에서 운송인의 배상책임과 배상상한을 규정한 것과 관련하여 연착의 의미와 기준은 무엇인지에 관한 설명이 없다.

5.2.3. 적절한 용어의 선택과 번역에 관한 문제

첫째, 제899조 2항 등 다섯 군데에서 '사용인'이라는 표현을 하였는데 이는 1999년 몬트리올 협약 제30조의 영문 표현인 servants를 번역한 내용으로서 '피고용인'으로 표현하여야 한다. 우리나라의 1999년 몬트리올 협약 가입 시 외교통상부는 servants를 '고용인'으로 번역하였는데 정확히는 '피고용인'을 말하는 것이고 '고용인'은 고용주를 말한다. 그러나 일상 통용되는 용어로 '피고용인'을 의미하면서 '고용인'이라고 잘못 표현한 것이다. '사용인'이라는 표현도 마찬가지인데 일상 통용되지만 잘못된 용어인 '사용인'으로 사용할 경우 '대리인'(agents)도 '사용인'의 의미에 들어간다. 그런데 1999년 몬트리올 협약과 상법 개정내용 모두 '고용인' 또는 '사용인'과 '대리인'을 구별하여 표현하고 있는바, 이는 두 개의 다른 카테고리의 인력을 말하는 것이며 servants의 정확한 국문 표현은 '피고용인'이 되어야 한다.

둘째, 개정안 제896조에서 제935조까지 여러 조항에서 '화물'과 '운송물'의 용어 중 하나만을 또는 병행 사용하고 있는데 이는 '화물'로 통일하여 표기하여야 한다. 그 이유는 운송물이라 할 경우 승객은 물론 수하물도 모두 운송물에 들어가기 때문이다.

셋째, 제904조의 "…사고가 항공기상에서 또는 '승강을 위한 작업 중에'…"라는 표현에 있어서 '승강을 위한 작업 중에'라는 표현이 1999년 몬트리올 협약의 제17조 1항의 영어 표현인 in the course of any of the operations of embarking or disembarking을 말하는 것으로서 이는 '승강 중에'로 간략 표현함이 바람직하다. 그렇지 않을 경우 '작업'이라는 한국어 표현 상 승객이 어떤 노고를 한다든지 또는 어떠한 기관이 특정 작위를 하는 의미를 주기 때문이다.

5.2.4. 배상상한 인상의 주기적 검토

1999년 몬트리올 협약을 반영한 상법 개정은 협약이 규정하고 있는 5년마다의 배상상한 조정을 포함하고 있지 않다. 협약의 제24조에 의거하여 2003.11.4. 발효 후 5년간 SDR 구성통화국가의 물가 상승률을 반영하여 2009.12.30.부터 여객 사상 등 모든 배상상한액을 13.1% 인상하여 적용 중에 있는데 우리 상법 개정내용은 여기에 대한 언급이 일체 없다.

또 상법 제905조가 항공승객의 사망과 신체 상해 시 10만 계산단위(SDR)를, 제907조에서 승객의 연착 시 4,150SDR(국내 경우에는 500SDR), 제910조에서 수하물의 멸실, 훼손, 지연 시 1,000 SDR, 제915조에서 화물의 손해(멸실, 훼손, 지연)에 대하여 kg당 17(국내 운송의 경우에는 15)SDR을 운송인이 배상토록 한 것은 이미 ICAO가 2009.12.30.부터 모든 ICAO 회원국들에게 상기 SDR 배상액을 각기 13.1% 인상하여 11만 3,100 SDR, 4,694 SDR, 1,131 SDR 및 19 SDR로 인상 적용된다고 통보한 것을 도외시한 처사이다. 즉 2011.5.23. 국회에서 통과된 중요한 상법 개정의 내용은 이미 1년 반 전에 변경된 해당 조약의 단순한 내용조차 반영하지 못하고 있는 것이다. 이는 현재 우리나라 항공사들(대한항공과 아시아나)이 상기 ICAO의 13.1% 인상률을 반영하여 이미 시행하고 있는 현실에도 상치하는 바로서 국제법에 무지할 뿐만 아니라 국내 관련 상황도 파악하지 못하면서 법을 제정한다는 어이없는 일을 저지른 것이다. 이러고도 OECD 회원국인 선진국 운운하며 세계 8번째 항공대국으로서의 한국을 이야기할 수 있는지 의문이다.

5.2.5. 상법 재 개정 내용

2014.5.20자로 재 개정된 내용은 1999년 몬트리올 협약 제24조에 의거 항공운송에 있어서 피해 배

상액 상한을 5년 주기로 인상을 할 수 있다는 규정에 따라 2009.12.30부터 13.1% 인상되어 국제적으로 시행중이며 우리나라 국적기의 운송약관에도 명기되어 시행중인 사항을 우리의 입법 제정자가 뒤늦게 인지하여 이를 시정하고자 상법상의 피해 배상액을 13.1% 인상하는 것을 주 내용으로 한다. 그러나 차후 5년 단위로 10% 이상의 인플레이션이 발생하여 몬트리올 협약 상 피해 배상액이 인상되면 그때 마다 또 우리 상법을 개정하여 해결할 것인지 의문이 드는 불완전한 입법방식이다.

개정의 또 다른 내용은 상법 제907조 연착에 대한 책임에 있어서 국내 운송일 경우 1인 당 500 SDR을 배상하기로 규정된 것을 1,000 SDR로 배증한 것이다. 반면 국제운송의 경우 기존의 4,150 SDR을 다른 종류의 피해 배상액들과 같이 13.1% 인상하여 4,694 SDR로 인상한 것이다. 국내운송과 국제운송을 또 차별화 한 것은 제915조에서 화물의 국내 운송의 경우 피해 배상액을 kg당 15 SDR로 규정된 것을 그대로 유지하면서 국제운송의 경우에는 kg 당 피해 배상액 17 SDR을 역시 13.1% 인상하여 19 SDR로 한 것이다. 미국 등 선진국의 예를 보건데 국내운송의 경우 피해 배상액을 국제운송시의 배상액보다 높게 책정하고 EU에서는 적어도 동일하게 규정하는데 우리는 반대의 경우이니 국내 차별이다. 또 국내운송이라고 간략 표기하면 될 내용을 제907조와 915조에서 "출발지, 도착지 및 중간 착륙지가 대한민국 영토 내에 있는 운송의 경우"로 불필요하게 길게 표현한 것은 전문성 부족에서 오는 결과로 본다.

한편 지상 제3자 피해의 배상액과 관련하여 터무니없는 피해배상액의 문제점을 완화하기 위한 것으로 보이는 상법 일부 개정안이 2014년 10월 정부입법으로 또 국회에 제출되었다.[253] 항공기 추락 시 지상 피해배상액을 5배 인상하는 내용을 담고 있는 동 개정안은 당초 포함시켜서는 아니 되는 내용을 땜질 처방하는 형식이다.

5.3. 관련 판례

국제 운송에 있어서 승객 배상을 위요한 국내 판례는 드물다. 화물에 관한 판례는 여러 건 있다. 그런데 바르샤바 체제를 이해하고 관련 조약을 적용하여야 하는 판결을 하는 것이 국내에서 공부하고 훈련받은 법관으로서는 매우 어려운 일이다. 따라서 오판과 문제 있는 판결이 상당 부분을 차지한다.[254]

선진 외국에서는 국제법과 관련된 판결을 함에 있어서 외국 법원의 판례와 관련 저서 연구 및 전문가의 자문을 구하고[255] 그 내용을 모두 판결문에 포함시킴으로써 법학도의 교과서 역할을 하

253) 의안번호 12098, 2014.10.22 정부제출.

254) 필자가 국내 항공 판례를 정리하여 문제점 등과 함께 연구한 내용을 2013년 "항공운송법"(교보문고의 Purple 출판)제하로 출판하였음.

는 판결문도 나오는데 이는 우리나라의 현실과는 크게 비교되는 바이다. 또 오늘날 갈수록 전문화되고 복잡다기한 각 분야의 분쟁을 제대로 판결하기 위하여서는 상식적인 법률지식과 우수한 두뇌에만 의존하는 것에 한계가 있기 때문에 일부 선진국 판사는 자국 내에서 해당 전문분야를 공부할 수 없을 경우 해외 저명한 대학이나 연구기관에서 연수를 하면서 실력을 함양하기도 한다.

우리나라는 과거 바르샤바 체제에 뒤늦게 참여하였다. 1967년에야 1955년 헤이그 의정서에만 가입하면서 헤이그 의정서의 모법이 되는 1929년 바르샤바 협약에 가입하지 않는 실수를 범하였다. 이에 따라 1929년 바르샤바 협약에는 가입하였지만 1955년 헤이그 의정서에는 가입하지 않은 미국과 같은 나라와 우리나라 사이에 국제 항공운송에 관한 조약이 적용될 여지가 없는 결과가 초래되었다.[256)]

우리나라와 같이 1955년 헤이그 의정서만 가입하고 모법인 1929년 바르샤바 협약에 가입하지 않은 나라가 상금 7개국[257)](한국, 엘살바도르, 그레나다, 카자흐스탄, 리투아니아, 모나코, 스와질란드)이나 한국만이 세계 10위권 이내의 항공대국으로서 국제 항공 관련 배상소송의 당사국이 되는 사례를 주로 갖는바, 한국 정부의 실수는 국제 항공운송에 있어서 긴밀한 관례를 가지고 있는 미국을 불편하고 혼란스럽게 하는 결과를 초래하였다.

우리나라 정부는 이러한 내용도 모른 채, 바르샤바 체제를 전면 개선한 1999년 몬트리올 협약이 채택되었으며, 미국 상원은 이에 따라 1955년 헤이그 의정서를 비준함이 없이 몬트리올 협약만 비준하면 되는 상황에서 한국이라는 항공대국과의 국제법적 적용에 있어서의 문제 소지를 제거하기 위한 목적으로 2003년 몬트리올 협약을 비준한 지 열흘 후 헤이그 의정서도 비준한 것으로 본다.

현대 산업기술의 발달과 국제사회의 상호 관계 긴밀화로 각 분야에서의 국제법 제정과 적용이 활발하여지고 있다. 그러나 현재의 우리 정부조직과 체제는 복잡다기한 각 분야별 국제법을 정부 당국자가 모두 파악하기에 불가능한 실정이다. 따라서 정부는 국제법의 분야별(항공, 우주, 무역, 인권, 환경, 마약, 군축, 해양, 범죄, 상거래 등)로 전문가위원회를 설치하여 위원회의 건의내용을 경청함으로써 조약 비준이나 가입 여부 등에 있어서 국익과 국격에 맞는 결정을 하여야 한다.

---

255) 국제문제에 관련한 판결을 할 때 영국 등 선진국의 법원은 판결에 앞서 외교부의 의견을 구하기도 함.

256) Chubb & Son v. Asiana Airlines 사건에서 미국 제2고법은 1929년 바르샤바 협약만을 가입한 미국과 1955년 헤이그 의정서만 가입한 한국 사이에 발생한 화물배상 관련 소송에서 양국 간에 적용할 조약이 없다고 판결(2000년)하였음. 214 F. 3rd 301(2nd Cir. 2000), cert. denied, 533 U.S. 928(2001).

257) 반대로 바르샤바 협약의 당사국이긴 하나 헤이그 의정서의 당사국이 아닌 나라는 약 20개국이 됨. 이들 국가 중 미국은 헤이그 의정서의 배상상한에 확실한 불만을 갖고 비준하지 않은 것이고, 어느 조약의 당사국이 된 후 동 조약의 개정내용이 되는 조약에의 당사국이 되지 않는다 하여도 법적 무지의 결과는 아니고 불만 등의 결과이겠음. 한편 1969년 조약법에 관한 비엔나 협약 제40조 5항은 어떤 조약이 있고 동 조약을 개정한 협정이 발효된 후 조약의 당사국이 된 나라는 별도의 의사를 표명하지 않는 한 개정 협정의 당사국으로 간주된다고 규정하면서 우리나라와 같이 개정 협정이 되는 헤이그 의정서에만 가입하고 모법의 조약에 해당하는 바르샤바 협약의 당사국이 되지 않은 경우는 무지한 실수 이외의 것으로는 설명할 수 없게끔 하였음.

제 11장

분쟁 해결

1. 국제 항공분쟁의 중재

2. ICAO 이사회 결정

3. 국제사법재판소(ICJ) 판결

제11장

분쟁 해결

현재 약 3,000개의 양자 간 항공협정이 유효하게 존재한다. 동 협정에서 운수권, 요율, 용량, 안전(safety), 보안(security), 환경, 경쟁 등을 규정하는바, 이러한 여러 내용들의 적용과 해석에 있어서 협정 당사자들 간의 분쟁이 없을 수 없다. 그래서 양자협정은 통상 분쟁 해결에 관한 내용을 하나의 장(Chapter)이나 조항에 포함시킨다.

초기의 양자항공협정들은 분쟁 발생 시 ICAO의 재정(裁定) 또는 권고적 의견에 의존토록 하였고 시카고 협약은 분쟁 해결에 관한 규정을 두면서 ICAO 이사회가 결정하도록 하였다. 그러나 최근 양자협정은 분쟁 해결 포럼으로서 ICAO 대신 3인으로 구성되는 중재(仲裁)에 의존하는 내용을 포함시키고 있다.

분쟁 해결에 있어서 중재, ICAO 이사회 결정, 국제사법재판소 판결에 의존한 국제 항공분쟁은 많지 않아 2010년 말 기준 각기 6, 5, 12건에 불과한바, 이를 차례로 살펴보겠다.

1. 국제 항공분쟁의 중재

1.1. 양자 간 항공협정

양자협정은 표본적으로 6개 문제를 규정하는바, 이는 ① 진입(항공사 지정과 노선), ② 용량, ③ 요율, ④ 차별과 공개경쟁, ⑤ 안전, ⑥ 분쟁 해결이다. 1978년 항공 자유화가 시작되기 이전까지 성행하였던 Bermuda Ⅰ Type의 항공협정에서 ICAO를 분쟁 해결 포럼으로 지정하였지만 현재 유효한 오늘날의 항공협정은 많은 경우 강제적 임시 중재재판을 이용토록 언급하고 있다.

통상 3명의 중재재판관으로 구성되는 임시 중재재판소는 분쟁 당사국이 1명씩 중재재판관을 선정하고, 이렇게 선정된 2인이 제3국인으로서 제3의 중재재판관을 선정하도록 하고 있는바, 제3 중재재판관 선정이 불가한 경우 ICAO 이사회 의장에게 선정을 의뢰하는 내용의 협정도 있다. 양자항공협정에서 발생하는 분쟁은 정부 간의 법률적(*de jure*) 분쟁의 형식을 취하지만 실질적으로는 항공사들 간 또는 하나의 항공사와 외국 공항 또는 외국 정부기관 간의 사실상(*de facto*) 분쟁의 성격을 갖는다.

1.1.1. 미국-프랑스(1963)

많은 항공협정이 강제 중재를 언급하고 있었지만 1962년까지 중재에 회부된 적이 없었다. 이는 정부 당국과 항공사 간 협의와 협상을 통하여 해결하였기 때문이며 항공협정은 이러한 해결을 가장 바람직한 방안으로 권장하고 있기도 하다.

따라서 분쟁 해결 역사에 있어서 1963년 미국 국적기의 파리 이원(以遠)으로의 운수권 관련 프랑스와의 분쟁에 관한 중재판정은 주목을 끄는 내용이었다.

문제는 1946년 양국 간 항공운송 협정상 ① 미국 항공사 Pan Am의 미국-파리 경유-터키 이스탄불로의 운수권과 ② 미국-파리경유-이란 테헤란으로의 운수권이 허용되는 것이냐 였다. 3명의 중재관으로 구성된 중재재판은 협정에서 허용하지는 않았지만 프랑스가 묵인하고 이를 미국 정부와 교환각서(Exchange of Notes)로 동의하여 주었기 때문에 허용되는 것으로 판정하였다.

1.1.2. 미국-이태리(1965)

미국과 이태리 로마 사이의 화물전용 항공기 운송 허용 여부에 관한 분쟁이다. 미국 항공사 TWA는 양국 간 임시 항공협정에 따라 1946년 미국에서 이태리로 승객운송을 시작한 후 1년 뒤에는 화물전용 항공기 운항을 시작하였다.

양국은 1948년에야 항공협정을 Bermuda Ⅰ Type으로 체결하였으며 이에 따라 Pan Am도 1950년 양국 간 운항을 시작하였다. 한편 TWA의 화물전용기는 한국전쟁 발발로 중단되다가 1958년에야 재개되었고 Pan Am은 1960년, 이태리의 Alitalia는 1961년에 화물전용기 운항을 시작하였다. 1963년 Pan Am은 화물전용기 운항횟수를 주 4회로, 여객은 주 6회로 증편할 것을 제안하였으나 이태리 정부가 거절하며 1964년 양국 정부 간 협의가 개최되었다. 이태리 정부는 1948년 양국 항공협정에 양국 간 '승객, 화물 그리고 우편'을 운송한다고 적힌 것을 승객과 화물의 복합 운송을 의미하는 것임을 주장하며 협의가 결렬된 후 1964년 미국이 협정상 중재조항을 원용하여 중재재판에 회부되었다.

3명의 중재관으로 구성된 중재법원은 2:1로 미국의 입장에 동조하는 판정을 내렸는바, 이는 양국간 항공협정이 택한 Bermuda Ⅰ 타입에 동일한 용어가 있다는 것과 양국의 항공사들이 1963년까지 어느 정부의 이의도 없이 화물전용기 운항을 하였다는 것에 근거하였다.

상기 결정 불구 미국은 보다 중요한 승객운송 이익이 걸려 있는 만큼 이태리가 1948년 양국항공협정을 폐기할 것을 우려하여 중재법원의 판정을 시행하지 않고 있었는데 1966년 미국의 항공청(CAB)이 제3의 미국 항공사인 Seaboard에 화물전용 운송 허가를 부여한 것을 계기로 이태리는 양국 간 항공협정을 폐기하였다. 연후 33회에 걸친 양국 간 협상결과 1970년 새로운 항공협정이 체결되었으나 이태리가 신 협정 체결 당시 존재하지 않았던 대형 화물운송기 B747F의 운항에 반대하였기 때문에 미국은 동 기종을 투입하지 못하였다.

1.1.3. 미국 - 프랑스(1978)

중재판정 중 가장 흥미로운 내용일 수 있는 동 건은 미국의 Pan Am이 샌프란시스코-런던-파리행 운항에 있어서 첫 비행구간에는 다수 승객을 수용하는 B-747을 이용하고 런던 경유 시 파리행 소수의 잔여 승객을 위하여서는 작은 기종인 B-727을 이용하겠다는 제안을 한 데서 발단하였다. 프랑스는 양국 간 항공협정에 위배된다는 이유로 이를 허용치 않았고 연이어 문제 해결을 위한 양국 간 협의가 있었으나 성과가 없었다.

Pan Am은 이런 상황에서 1978.5.1. 기종 변경(change of gauge)을 시행하는 운항을 하였는바, 프랑스 정부는 처음 2회는 경고만 하고 3번째 운항 시 B-727기를 억류한 후, 승객의 하기를 허용치 않은 채 런던으로의 회항을 강제하였다.

Pan Am은 더 이상의 운행을 중단하고 프랑스 정부의 결정을 번복하기 위해 프랑스 법원에 소송을 제기하고 미국 정부는 동년 5.4. 양국 간 항공협정 제10조에 따라 분쟁의 신속 중재를 요청하였다. 그러나 프랑스 측으로부터 만족할 만한 조치가 없자 미국 CAB은 경제규제법[1]에 의거 7.12.부터 에어프랑스의 파리 -몬트리올-LA 운항을 중단한다는 결정을 하였다. 양국은 동 중단이 발효되는 7.11. 직전에 신속한 중재재판과 CAB의 중단 결정을 철회하는 중재합의서(Arbitral Compromis)를 채택하였다.

1978.12.9. 중재법원은 Pan Am의 기종 변경을 거절한 프랑스가 잘못하였고 CAB의 경제규제법에 의한 위협적인 조치는 합법하다고 판결하였다.

혹자는 양국 간의 진정한 알력이 기종 변경 권리 여부에 관한 법적 문제가 아니고 프랑스가 미국으로 하여금 자국항공기 에어프랑스의 미국 서부 운항 시 북극 경유 항해를 허용하여 주도록 유도하기 위하여 Pan Am의 기종 변경을 문제 삼았다고 한다. 그렇다면 제3자에게 해결을 의뢰하는 중재재판은 당장의 문제 되는 법적 문제만 취급하는 관계상 양국 간 소통을 통한 정치적 합의에 번거로

---

1) 미국 Economic Regulation의 213은 미국 국익을 손상하는 외국의 항공사에 대하여 자국에 대한 항공운항을 중지할 수 있음.

운 절차만 되었을 것이다.

1.1.4. 벨기에－아일랜드(1981)

미국이 개입되지 않은 유일한 중재판정의 건이다.

문제는 양국 간 항공협정상 용량조항(capacity clause)의 해석에 관한 것으로서 Bermuda Ⅰ 타입의 협정은 용량이 '양국 간 항공 수요'에 따라 정하도록 규정하고 있고 1955년 벨기에－아일랜드 간 항공협정 제8조도 다음과 같이 규정하고 있다.

(1) 합의된 노선에서의 체약 당사국의 항공사들이 제공하는 운송 용량은 운송 수요에 부응하여야 한다.

(2) 공동 운항 노선(joint routes)에서 체약 당사국이 지정한 항공사는 상호 이익을 고려하여 각기의 항공운송이 부적절한 영향을 받지 않도록 하여야 한다.

벨기에는 용량 과다인 양국 간 노선의 탑승률이 과거 22년간 36～43%에 불과하니 주 11편 운항을 8회로 축소하여 양국 항공사가 반분하자는 주장을 하였다. 아일랜드는 이에 대해 수입, 경비, 운송량 증가 등을 고려할 때 용량 과다가 아니며 용량을 2등분할 경우 자국 항공사 Aer Lingus가 시장을 개발한 것과 양국 정부 간 사전 용량 합의한 것을 무시하는 것이라고 대응하였다.

이 상황에서 양국은 상호 협의하여 1인 중재재판관 선정에 합의하였다.[2] 동 재판관은 용량 과다를 인정하는 한편 Aer Lingus가 1979년 벨기에 항공사 Sabena의 노선 취항 시까지 독자 운항을 하여 왔으며, 운송량의 60%가 아일랜드에서 발생한다는 이유를 들어, 주 11회 운항을 7회로 줄여 Aer Lingus는 6회를 4회로, Sabena는 4회를 3회로 축소할 것을 판정하였다.

1.1.5. 미국－영국(1992)

뿌리가 같은 국민이고 문화와 역사를 공유하는 양국 사이이지만 경제적 이익을 추구하는 데에 있어서는 인간의 이기적인 성정을 그대로 보여주는 사례이다.

시카고 협약 제15조는 ICAO 회원국들로 하여금 자국의 공항과 항행시설을 이용하는 타국 항공사들을 차별하지 말도록 규정하고 있다. 그런데 미국과 영국 정부 간의 오래된 분쟁은 영국 공항이 미국 항공사 항공기들에 대하여 공항 착륙료와 사용료를 과다하게 징수하고 있는 것에 관련된다. 영국은 동 사용료를 업무 제공을 위해 발생한 경비와 관련이 없이 장거리 비행이거나 항공기 중량을 감안한 피크타임 대 착륙 항공기에게 과다하게 청구함으로써 미국 항공기들에 차별 조치를 취하

---

2) 스웨덴의 민항청장과 유럽 민간항공회의(ECAC)의 의장을 역임한 H. Winberg가 1인 중재재판관으로 합의 선임되었음.

였다. 미국 정부가 1975년 동 건을 정식 제기하기 시작하여 영국 당국이 일부 개선을 하였으나 런던 히스로(Heathrow) 공항 사용과 관련된 사용료는 불투명한 가운데 B-747기종을 주로 이용하는 미국 항공사들에게 계속 불리하게 작용하였다.

미국은 줄기차게 영국 정부를 상대로 공항 사용료 원가 내역 등 공개와 시정을 요구하였으나 반응이 없자 컨설팅사를 고용하여 조사를 실시하였으며 해당 컨설팅사는 1979년 공항사용료의 과다 징수를 지적하였다.

항공 행정상 감가상각을 제외하고 합리적인 투자 회수 이상 수준으로 사용료 청구를 하지 않도록 감독하여야 할 의무를 지고 있는 영국 정부는 자국의 공항공사(BAA)의 불투명하고 과도한 사용료 청구를 계속 방치하고 미국 정부는 적극 개입 의사가 없는 상황에서 미국의 Pan Am은 영국 법원에 BAA를 상대로 1980.4.1.~8.31. 과도하고 불법적인 사용료 10.5백만 달러 반환 소송을 제기하였다.[3)]

1983년 체결된 양국 간 양해각서(MOU)를 계기로 일부 개선이 있었으나 문제가 상존한 가운데 미국 정부는 1988년 영국 정부가 히스로 공항 감독을 부실하게 하면서 미국 항공사들에게 과도하고 차별적인 사용료를 부담한다는 것을 이유로 중재판정을 요구하였고 이에 따라 3인의 중재재판관이 1991년 5주간 네덜란드 헤이그에서 청문회를 개최한 후 1992년 369페이지에 달하는 중재판정을 하였다.

중재법원은 영국이 1983~1989년 사이 런던 히스로 공항 착륙료를 공정하고 합리적으로 청구되도록 감독하는 데 실패하였다고 판정하였다. 이에 따라 영국은 분쟁 해결을 위해 29.5백만 달러를 지불하고 히스로 공항에서의 국제 운항 항공기에 대하여 적용하였던 피크타임 요금 체계를 1995.4.1.부터 1998년까지 4단계로 퇴출(phase-out)시킨 후 2003.4.1. 이전까지는 부과하지 않기로 하였다.

상기 사건은 중재 판결 이후 5개월간의 집중 협상 결과 해결되었지만 5년간의 문제 해결 협상 실패 끝에 나온 것이다.

1.1.6. 호주-미국(1993)

1946년 양국 간 항공협정에 의거 미국은 자국에서 출발하여 캐나다, 일본, 동남아와 필리핀을 경유하여 호주의 4개 도시(브리스베인, 케인즈, 멜버른, 시드니) 중 2곳을 운항하는 항공사를 지정할 수 있게 되어 있었다. 그런데 수십 년간 양국은 상기 권한을 행사하지 않다가 1991년 6월에

---

3) Pan Am은 동 소송에서 BAA에게 경비(cost)와 투여 자본의 6% 이자 회수를 허용하는 영국의 Airport Authority Act of 1955에 도전하였음.

Northwest가 뉴욕-오사카-시드니를 운항하는 것으로 지정받았다. 그런데 1991.10.27. 시작된 운항 항공기에 탑승한 승객은 80~85%가 일본인과 호주인 이었다.[4)]

미국 뉴욕을 출발하는 항공편이 호주로 비행하는 데 직선상에 있지 않은 일본 오사카에 경유하면서 10시간 이상을 소비하는 관계상 동 노선에는 출발지와 목적지를 여행하는 미국인이나 호주인은 별로 없이, 오사카와 시드니 사이를 여행하는 일본인과 호주인만 북적이는 결과가 되었는데 관련 양국 항공협정에는 사후(*ex post facto*)용량 검토라는 시정방안이 마련되어 있었다.

호주 정부는 1992.12.1. 노스웨스트의 주 3회 오사카-시드니 운항 중 2편은 50% 미만으로 제5의 자유승객(즉 오사카-시드니만 여행하는 승객)을 줄이고 나머지 한편에는 제5의 자유승객이 일체 운송되지 못하도록 노스웨스트 항공사에 통보하였다. 노스웨스트 항공은 1993.1.22. 미 교통부에 FCPA[5)]법에 의존하는 불만을 제출하고 미국 정부가 보복조치로서 호주 Qantas의 LA-시드니 운항을 중지할 것을 요구하는 한편, 호주 법원에 호주 정부의 제한조치가 불법이라고 제소하였다.

연이어 양국 간 협의가 있었으나 성과가 없는 가운데 호주는 항공협상에 따라 중재재판을 요청하였고 양국은 각기 1명의 재판관을 선정한 후 제3의 재판관 선정을 남겨 두고 있었다. 이때 호주 정부는 1993.4.29. 미국 정부에게 통보하기를 노스웨스트 항공이 자국의 제한조치에 불응하였기 때문에 5.30.자로 제5의 자유구간인 오사카-시드니 구간 운항을 폐지하겠으며, 노스웨스트가 운항 재신청 시 주 2회로 줄여 제5의 자유 운송량을 최대 50%로 제한하겠다고 하였다.

미 교통부는 이를 '정당화할 수 없고 비합리적인 제한'이라고 언급한 후 협상에 들어갔으나 다시 실패하여 미국은 노스웨스트의 오사카-시드니 운항이 폐지되는 시점에 Qantas가 LA-시드니 간 주 10회 운항 중 3회를 폐지당할 것이라고 위협하였다.

양국은 다시 협상에 들어간 결과 1993.6.17. 합의하기를 연말까지 새로운 항공협정을 체결하도록 노력하고, 노스웨스트는 뉴욕 대신 본사 소재지인 디트로이트를 시발점으로 운항하며, 오사카-시드니 구간의 현지 운송량은 전체 승객의 50%가 되지 않는다는 내용이었다. 따라서 중재판정까지 가지 않은 동 건은 원만히 합의되었지만 오사카-시드니 구간은 수익성이 없어 폐쇄되었다.

---

4) 항공협정 제4항 5조는 노선 운항에 있어서 지정된 항공사의 국가와 목적지 국가 사이의 운송 수요에 적합한 용량의 제공을 '주목적'으로 한다는 내용을 포함하면서 제3국의 국제 운송은 양국 정부가 수용하는 질서 있는 발전이라는 일반원칙에 따라 적용되어야 한다고 규정하고 있음.

5) 미국의 International Air Transportation Fair Competitive Practices Act of 1974로서 국제 항공운송 시장에서 경쟁에 반하는 불공정한 조치를 조사하고 시정하는 절차와 내용을 담고 있음.

2. ICAO 이사회 결정

시카고 협약 제18장(제84~88조)은 동 협약과 부속서의 해석과 관련하여 ICAO 회원국 간 이견으로 야기되는 분쟁의 해결 메커니즘을 규정하고 있다. 분쟁을 당사국 간 협상으로 해결하지 못할 경우 ICAO 이사회에 제기할 수 있고 이를 심의한 ICAO 이사회의 결정에 이의가 있는 국가는 ICJ에 제소하든지 임시 중재법원에 제기할 수 있다(협약 제85~86조).

제18장은 또한 분쟁 해결에 관련한 결정에 불복하는 국가에 대하여 회원국들이 동국의 항공사가 자신들 영공을 통과하지 말도록 함과 동시에 ICAO 총회 시 동국의 투표권을 정지할 수 있도록 하였다(제87~88조).

그 의미가 거의 없는 1944년 국제항공통과협정과 국제항공운송협정 공히 위와 같은 분쟁 해결절차를 규정하고 있다. 이들 협정 모두 일국이 피해를 당한 경우 ICAO 이사회에 심의를 요청하도록 하며, 이사회는 당사국 간 협의를 하도록 한다. 분쟁 해결을 위한 협의가 실패할 경우 이사회는 적절한 결론(finding)과 권고를 할 수 있다고 규정하고 있다.

1957년 ICAO 이사회는 시카고 협약 제18장에 의거 제기되는 분쟁의 해결절차를 수록한 규칙을 공표하였다.[6] 동 규칙은 여러 절차를 규정하면서 제14조에서는 본류를 벗어나 분쟁 해결을 위한 수단으로서 이사회의 주선(good offices), 중개(mediation), 조정(conciliation) 등을 강조하고 있다.

실제 분쟁이 발생하면 대다수 경우 공개적으로 해결되기보다는 분쟁 당사국과 비공개 협의와 교섭을 통하여 해결된다. 시카고 협약 발효 후 ICAO 이사회에 제기된 분쟁이 5건에 불과하였으나 그 어느 경우에도 ICAO 이사회가 본안(merits of the case) 결정으로까지 간 사례는 없었다.

2.1. 인도-파키스탄(1952)

1952.4.21. 인도는 파키스탄이 시카고 협약과 국제항공통과협정을 위반하여 아프가니스탄 국경을 따라 금지구역을 설정함으로써 인도의 정기 운항 항공기가 Delhi에서 Kabul 사이를 운항하는 노선이 폐쇄되는 결과를 가져온다는 불평을 ICAO 이사회에 제기하였다. 인도는 파키스탄이 이란 정기 항공사의 금지구역 비행은 허용하면서 인도 항공기에 대해서는 비행을 거부하는 차별적 조치를 취한다고 불평하였다. 동 분쟁은 인도와 파키스탄 간의 타협으로 추후 해결되었다.

---

6) Rules for the Settlement of Difference, ICAO Doc 7782/2(2nd ed. 1975).

2.2. 영국 – 스페인(1969)

1969.4.12. 스페인 정부는 영(decree)을 발표하여 국가안전 이유로 스페인의 남부 Tarifa로부터 지브랄타 중심을 포함한 Estepona까지의 40마일 해안 상공에서의 군용 및 민간 비행을 금지하였다. 지브랄타를 해외영토로 하고 있는 영국 정부는 동 건을 ICAO 이사회에 제기하였다. 이때 이사회는 스페인의 협약 위반 여부 결정을 거절하였다. 스페인의 금지령이 발효된 후 영국과 스페인의 교섭이 실패하자 영국은 동 건을 협약 제84조에 따른 협약 해석상의 이견(disagreement)의 문제로 다시 이사회에 제기하였다. 이사회는 동 건을 처리하지 못하였으며 동 건은 영국과 스페인의 요청에 의하여 무기한 토의 연기하는 것으로 종결되었다.

2.3. 파키스탄 – 인도(1971)

1971년 1월 인도가 모든 파키스탄 항공기에 대하여 인도 영공 비행을 중지시킴으로써 동·서 파키스탄 간의 직선 운항이 불가능하게 되자 파키스탄은 1971.3.3. 인도의 조치가 시카고 협약 제5조와 국제항공통과협정 제1조 위반임을 들어 동 건을 ICAO 이사회에 제기하였다.

이에 대하여 인도는 1965년에 발생하였던 인도와 파키스탄 간 분쟁에 따라 양국이 전쟁 상태에 있기 때문에 양국 간 협약시행이 정지[7]된 상태라는 것을 이유로 ICAO 이사회의 관할권에 이의를 제기하였다.

그러나 이사회는 1971.7.29. 동 건에 대한 관할권 인정 결정을 내렸으며 인도는 이러한 이사회의 결정에 불복하여 ICJ에 제소하였다. 한편 파키스탄은 인도의 ICJ 제소에 대하여 ICJ는 동 건에 대한 관할권이 없다고 이의를 제기하였는바, ICJ는 다음과 같은 이유로 파키스탄의 이의를 배척하였다.

첫째, 인도는 양국 간에 있어 협약이 무효임을 주장한 것이 아니라 '중지'임을 주장하였고,

둘째, 일방 당사국의 일방적인 협약 중지 선언이 동 협약의 관할권 조항을 무효로 만드는 것은 아니며,

셋째, ICJ의 관할권을 배제하려는 고려에 의해서 좌우될 수 없으며,

넷째, 당사국은 관할권 조항을 발동시킬 수 있는 자유가 있어야 한다.[8]

또한 ICJ는 1972년 8월 인도가 제기한 이사회의 관할권 문제에 대해서, ICAO 이사회가 협약의 해석과 적용에 관한 관할권을 갖는다는 판결을 내렸다.[9]

---

7) 시카고 협약 제89조는 전쟁 시 협약의 규정이 체약국의 행동자유에 영향을 미치지 않는다고 규정함.

8) ICJ Judgment of 18 Aug. 1972, Appeal relating to the Jurisdiction of the ICAO Council(India v. Pakistan), pp.11~12.

상기 ICJ 결정 후 인도는 ICAO 이사회에 Counter memorial을 제출하여 이사회의 본안 심리에 대응하였으나, 동 파키스탄이 방글라데시로 독립함으로써 동 절차는 더 이상 계속되지 않았으며 1976년 7월 인도와 파키스탄 양국이 공동성명을 통해 동 절차의 중지를 선언함으로써 이사회의 본안 결정이 없이 동 분쟁사건은 종료되었다.

2.4. 쿠바 – 미국(1998)

미국과 쿠바의 관계는 사회주의 지도자 피델 카스트로가 쿠바에서 집권한 후 악화되었으며 1960년대 미국은 안보를 이유로 쿠바 항공기의 미국 영공 비행을 금지하였다. 이러한 비행금지 조치는 1998년 Air Cubana의 뉴욕 주 상공비행과 악천후 시 쿠바 항공기의 미국 영공 진입을 허용하는 것으로 수정되었다. 그 과정은 다음과 같다.

1991년 소련 붕괴 후 양국 간 정치 역학 관계가 변화하였지만 미국의 쿠바에 대한 차별적인 조치가 완전 해소되지는 않았다. 쿠바는 1995년 ICAO 이사회에 미국 정부의 쿠바 민항기에 대한 미국 영공 비행금지 정책이 시카고 협약과 국제항공통과협정에 위배된다는 이유로 ICAO 이사회에 공식 불평을 제기하였다.

미국 항공기들은 수십 년간 쿠바 영공을 통과하여 남미로 운항하였는바, 1990년대 중반 매일 약 120대 미국 상업항공기가 쿠바 영공을 통과하면서 연 6백만 달러의 영공 통과비를 지불하였다 한다. 이는 그렇지 않고 우회 비행을 하였을 경우에 대비하여 연 약 1억 5,000달러를 절약한 것이었다. 그러나 쿠바 항공기는 쿠바에서 캐나다 토론토나 몬트리올로 비행하는 데에 있어서 미국 영공 통과를 하지 못하는 관계상 직선 항로보다도 200마일 이상을 더 비행하면서 30분 정도 더 소요하였다.

상기 상황에서 제기된 쿠바의 공식 불평을 접수한 ICAO 이사회는 미국의 잘못을 지적하는 결정을 하지 않을 수 없었는바, 이러한 분위기에서 1998년 6월 미국이 백기를 들었다. 그 결과 Air Cubana가 캐나다로 비행하는 데 있어서 미국 영공을 통과하고 미국은 항공관제업무를 제공하게 되었다.

2.5. 미국 – EU(2000)

영공제한에 관련되지 않은 유일한 경우이다. 또 본안 결정은 아니었지만 유일하게 ICAO 이사회가 자신에게 제기된 회원국의 불평에 대하여 처음으로 결정을 한 경우이기도 하다.

---

9) 상동 p.28.

미국의 공항은 도심하고 통상 떨어져 있지만 유럽의 공항은 인구 밀집지역에 둘러싸여 있는 경우가 많다. 유럽 국가들이 항공기 소음 제한에 있어서 앞서가고 있지만 여타 환경문제에 있어서도 세계 리더 역할을 하는 유럽을 꼭 지리적 인구 분포로만 그 배경을 해석할 수는 없다.

제4장(공항, 소음, 환경)에서 소음규제에 관한 국제협력을 기술하였지만, 금번 미국과 EU의 분쟁은 항공기 소음규제를 강화하는 것과 관련된 것이다.

EU 각료이사회가 1989년 Chapter 2[10] 항공기 취항을 금지하는 내용의 법인 Council Directive 89/629/EEC를 제정하였다. 그러나 Chapter 3 이상의 소음수준 항공기만 취항을 허용하는 동법은 고소음 항공기가 엔진기관에 변경을 가하는 reconditioning이나 운항방법을 변경[11]하여 Chapter 3이나 Chapter 4 수준 항공기 소음을 충족하는 것으로 재 증명(recertified)받는 것을 금지한 것은 아니었다. 따라서 많은 항공사들이 Chapter 2 항공기들을 폐기하는 것보다는 비용이 덜 드는 항공기 '변경'방법을 택하여 항공기 엔진에 소음 저감 장치인 hushkit[12]을 장착하였다.

EU로서는 상기 '변경'이 예상치 못한 편법으로서 원래 목적하였던 기술 향상을 통한 소음 저감 항공기, 즉 Chapter 3 기준에 맞추어 제작된 신형 항공기에 비하여 시끄럽다는 데 불만이 있었다. 이에 따라 여사한 편법을 불식시키기 위한 새로운 법 Regulation 925/1999를 1999년 제정하였다. 새로운 법은 항공기 엔진의 by－pass ratio[13]가 3:1 이하가 되도록 요구하는 것으로서 편법적인 변경을 통하여 Chapter 3 소음기준을 충족하는 항공기의 취항을 금지하는 것이었다. 또한 EU 항공기에 대하여서는 유리하게 대우하면서 편법적인 변경에 의한 재 증명(recertified)받은 모든 역외 항공기들은 2002.4.1.부터 EU 취항을 금지한다는 내용을 담고 있었다.

Hushkitting 항공기에 주로 의존하고 있는 미국 노스웨스트 항공은 1999년 EU 15개 회원국을 상대로 미국 정부에 보복을 요청[14]하는 불평을 제기하였고, 미국 정부는 2000.3.14. EU 회원국들을 상대로 시카고 협약 제84조에 따른 공식 불평을 제기하였다.[15] 미국은 불평 근거로 EU의 조치가 차별적일 뿐만 아니라, 법이 항공기의 소음 정도를 기준으로 하는 효능표준(performance standards)에 의존하는 것이 아니고 대부분 미국산인 특정 항공기, 엔진 기술 및 장비에 관련된 것으로서 이들을 소유하

---

10) ICAO 부속서 16, Volume Ⅰ에 항공기 소음 정도에 따라 Chapter 2, Chapter 3, Chapter 4로 구분하여 기술하고 있는바, Chapter 2가 가장 큰 소음을 내는 수준으로서 대부분 국가가 1988년 운항금지를 시작하였음. Chapter 4는 소음 정도가 낮은 수준을 언급함. Chapter 2 항공기는 보잉 727, 보잉 737의 초기 모델, 맥도날 더글라스 DC－9의 초기 모델을 포함함.

11) 항공기의 운항방법(operating profile)을 변경하는 것은 최대 용량으로 짐을 싣지 않는다든지, 특정 고도로만 비행한다든지, 특정 시간대만 운항하는 것을 말함.

12) Chapter 3 기준을 충족하지 못하는 Chapter 2 기종에 hushkit을 설치할 경우 100만불이 소요되고 무게가 330 파운드, 연료 소비가 0.5% 증가하지만 17 데시벨이 감소되는 효과가 있음.

13) 비행을 가능하게 하는 항공기 엔진 연소 시 공기가 엔진에 흡입되는 양과 엔진 연소에 사용되는 공기의 양의 비율을 말함. 동 비율이 높은 전투기는 소음이 더 큼.

14) 미국의 Federal Aviation Act, Section 41310에 의거 미국 정부는 외국의 차별관행에 대하여 구제조치를 취할 수 있음.

15) EU가 ICAO의 회원국, 즉 시카고 협약의 당사국이 아닌 이상 당시 EU(정확하는 EEC)의 회원국 15개국을 상대로 불평을 제기한 것임.

고 운항하는 미국 항공사들을 겨냥한다는 것을 이유로 들었다.[16)]

상기 미국의 불평 제기에 대해 EU는 Regulation 925/1999의 시행을 1년 연기하면서 미국으로 하여금 소음 미 충족 항공기 자연 퇴출과 고성능 엔진으로 항공기 엔진을 교체하는 시간을 허용하는 데 동의하였다. 미국은 이에 만족하지 않고 문제를 계속 제기하였는바 EU는 ICAO 이사회에 미국의 불평 제기에 대한 예비적 반박문을 제출하였다. 동 반박문 중 특기할 사항은 ICAO 이사회가 일반적인 관할권을 행사하는 형평의 법정이 아니고 시카고 협약과 부속서의 해석과 적용에 관한 회원국들의 이견에 대하여서만 규율할 수 있으며, 자신이 '적절하고 정당하다고 생각하는'(deems proper and just) 행위를 회원국들에게 명령하는 기관이 아니라는 것이었다.

ICAO 이사회는 EU의 반박에 대하여 2000.11.16. 사상 초유의 결정을 발표하였는바, 그 내용은 다음과 같다.

첫째, EU가 주장한 '적절한 교섭'이 없이 미국이 이사회에 불평을 제기하였다는 주장에 대해 양측 간 교섭이 있었다고 결론지으면서 미국 측 입장에 동조

둘째, EU가 미국이 ICAO에 제기하기 전에 EU 국가들 내에서의 지역 구제[17)](local remedies)를 소진하지 않았다는 주장에 대하여 미국은 자국 국민들만이 아니고 협약 상 자신의 법적 입장을 보호하려는 것이기 때문에 지역 구제 소진을 할 필요가 없다고 결론

셋째, EU의 주장 중, 미국이 당사국 간 기 합의된 내용을 벗어나 협약 상 새로운 의무를 부과하려 한다고 주장하면서 이는 협약의 제84조를 잘못 적용하는 것이기 때문에 미국의 제기를 수용 불가한 것으로 각하시켜야 한다는 것에 대하여, 이사회는 미국의 입장에 동조하면서 EU의 반박이 예비적(preliminary) 반박내용에서 일탈하는 것으로서 본안(merits) 심리 시까지 결정을 유보

상기 이사회 결정이 있은 후 EU 회원국들은 ICJ에 제소하지 않고 대신 동년 12.2. 항변서(counter-memorial)를 제출한바, 이사회는 당사국들의 협상재개를 권고하고 미국과 EU는 이를 받아들였다. 연후 ICAO 이사회 의장의 주선(good offices) 결과 2001년 10월 분쟁을 해결하였는바, 그 내용은 EU가 2002년 4월 문제의 법(Regulation)을 폐기하고 미국은 이사회에 대한 불평 제기를 철회한 것이었다.

그런데 오늘날 중요한 문제의 하나인 환경기준에 관한 본 분쟁의 건은 ICAO 이사회가 절차적 문제만 다루면서 문제의 핵심인 내용, 즉 ICAO의 환경기준이 회원국들이 준수하여야 하는 최대의 요건을 수립하는 것인지 아니면 최소의 요건을 수립하는 것으로서 회원국들이 이를 보강하여야 하는지의 본안을 취급하지 않았다.

---

16) Hushkit은 미국에서만 제조되었고 by-pass ratio를 충족 못 하는 엔진은 미국의 엔진 제조업체 Pratt & Whitney 제품이었음.

17) 국제법에서 국가 간 분쟁이 개인의 피해를 배상받는 것을 위요하여 발생할 때, 피해를 본 개인이나 동 소속 국가는 피해를 유발한 국가의 국내법에 따라 배상받을 수 있는 모든 구제수단을 취한 후, 즉 모든 조치를 소진(exhaust)한 후 그래도 배상이 이루어지지 않을 경우 피해자 소속 국가가 가해국에 배상을 청구할 수 있다는 국제법의 일반이론임.

3. 국제사법재판소(ICJ) 판결

ICJ가 현존하는 세계 최고의 사법기관이긴 하지만 ICJ 규정의 당사국이라도 분쟁 해결에 있어서 ICJ의 강제 관할권을 인정하는 선언을 하지 않는 국가들에 대하여서는 ICJ가 관할권을 가지지 못한다.

상금 12건의 항공분쟁사건이 ICJ에 제소되었지만 10건은 관할권 부재로 ICJ가 기각하였고 1건은 분쟁 당사국이 장외(out of court) 해결에 합의하였으며 마지막 1건(리비아－미국)에서만 ICJ가 본안 판결을 하였다.

3.1. 냉전 사례

1950년대 미국은 소련과 소련의 동맹국인 체코슬로바키아와 헝가리 등 바르샤바 조약(Warsaw Pact) 당사국의 군용기들이 미국 또는 미국인 탑승 항공기들을 공격하는 것에 대하여 ICJ에 6차례 제소하였다.[18] 그러나 제소당한 국가들 모두 ICJ 관할권을 인정하지 않는 관계로 ICJ는 모두 기각하였다. 그럼에도 미국이 왜 계속 ICJ에 제소하였는가에 대한 의문이 제기되는바, 아마도 미국은 공산권 국가들의 불법성을 국제사회에 정식 제기하여 여론을 통해 망신 주고자 하는 의도였을 수 있다.

3.2. 리비아－미국(1992)

항공기 불법 납치 억제에 관한 1970년 헤이그 협약과 민간항공안전에 대한 불법행위 억제에 관한 1971년 몬트리올 협약은 협약 상 규정한 범죄의 범인이 협약 당사국에 있을 경우 자국에서 저지른 범죄가 아니더라도 범죄에 대하여 처벌 관할하는 국가(범죄 발생국, 범죄 발생 항공기 소속국, 범죄가 일어난 항공기가 범인을 태우고 도착하는 국가와 범죄 발생 항공기 임차인 주소지국 등)로 범인 인도를 하지 않는 한 관할권을 행사하여 중죄에 처할 의무를 진다고 규정한다. 또한 동 협약들은 당사국들 간 분쟁을 협상으로 해결토록 요구하고, 연후 중재에 회부하며 이에 불복할 때 ICJ에 제소하도록 규정하고 있다.

그런데 1971년 몬트리올 협약의 결함을 보여주는 사건이 발생한바, 이는 1988년 런던 발 뉴욕 행 미국 Pan Am 103편 보잉 747기가 영국 스코틀랜드 Lockerbie 상공에서 폭발, 추락하여 탑승원 259명

18) 1952.10.7. 항공사건(미국－소련), 1954.9.4. 항공사건(미국－소련), 1954.11.7. 항공사건(미국－소련), 헝가리 내 미국 항공기와 승무원 대우(미국－헝가리, 미국－소련), 1953.3.10. 항공사건, 1955.7.27. 항공사건 등 총 6건인바, 마지막 불가리아에서의 항공사건에 관한 내용의 상세한 것은 제5장(비행권) 1.3.2. 참조.

전부와 Lockerbie 마을 주민 11명 등 도합 270명이 몰사한 것이다. 미국과 영국은 사건조사 결과 1991년 리비아 정보요원 2명을 범인으로 지목하고 범인을 영국으로 인도하고 배상을 하도록 요구하였다. 리비아는 범인을 자국 국내법에 의해 처벌하는 것이 몬트리올 협약 상 정당하다면서 ICJ에 동 건을 제소하여 이러한 리비아의 권리 확인을 요청하는 한편 미국의 몬트리올 협약에 위배되는 행동과 리비아에 대한 무력 위협을 중단할 것도 요청하였다.

기술적으로 볼 때 리비아가 옳고 미국이 틀린 것으로 보이는 사건이다. 그러나 미국은 리비아 정부가 범죄행위에 개입한 것으로 확신하고 동 건을 유엔 안보리에 제기하였는바, 1992년 유엔 안보리는 2개의 결의를 채택하여 리비아가 Pan Am 103의 테러행위에 대한 책임을 질 것과 더 이상 테러행위에 개입하지 말 것을 촉구하였다.[19]

ICJ는 이런 상황에서 유엔 헌장 제25조에 따라 리비아와 미국 모두 안보리 결의를 이행할 의무가 있다고 하면서 동 의무는 몬트리올 협약을 포함한 어떠한 기타 국제협정보다도 우선하는 것이라고 결정[20]함으로써 리비아가 패소하였다.[21] 리비아는 2002년 피해자 270명의 가족에 대한 27억 달러의 배상을 제의하고 2003년에는 주유엔 리비아 대사의 유엔 안보리 앞 서한을 통하여 사건 책임을 인정하였는바, 이는 테러 후원자로 지목된 국가가 테러 피해자에게 배상을 하는 최초의 경우가 되었다.

3.3. 이란－미국(1996)

1980년대 이란－이라크 간 장기 전쟁 기간 중 미국 등 일부 서방 국가는 안전한 원유 수송을 위하여 홍해에 전함을 배치하여 순시 중에 있었다. 이렇게 배치되었던 미국 전함 Vincennes호가 1988.7.3. 이란 Bandar Abbas를 출발하여 사우디 메카로 비행 중이던 이란 항공 655편 에어버스 300을 군용기로 오인하여 격추하는 바람에 탑승원 290명이 몰사하였다.

이란은 즉각 ICAO에 진상 조사를 요구하였고 ICAO 이사회는 1989.3.17. 결의를 채택하여 민간과 군용활동의 효율적인 조정을 포함한 민간항공안전운항을 위해 모든 국가가 필요한 조치를 취할 것을 촉구하고 민항기에 대한 무력 사용 자제를 요구하는 국제법의 일반원칙을 상기하면서 시카고 협

19) 유엔 안보리 결의 731(1992.1.21.)과 748(1992.3.31.)의 내용인바, 전자는 모든 국가들이 리비아에 항공기와 동 부품 조달 및 보험계약 등을 제공하지 말도록 하고 후자는 모든 국가들이 리비아로의 항공기 운항을 금지하는 등의 내용을 담고 있음.

20) ICJ Order of 14 April 1992, para 42, on the Case Concerning Questions of Interpretation and Application of the 1971 Montreal Convention from the Aerial Incident at Lockerbie(Lybia v. USA).

21) 사건 발생 약 10년 후 리비아가 태도를 변경하여 범죄 혐의자 2명을 1999년 제3국인 네덜란드에서 영국 경찰에게 인도 후 네덜란드에서 스코틀랜드법에 의해 재판을 받도록 한 결과 2001년 1월 2명 중 1명인 Al－Megrahi는 27년 징역형을 언도받고 나머지 1명은 무죄판결 후 리비아로 귀환하였음. 그런데 2009년 8월 스코틀랜드 감옥소에 수감 중인 Al－Megrahi를 스코틀랜드 지방정부가 동인의 질병을 감안, 인도적 이유(compassionate grounds)로 징역살이 8년 만에 석방시켜 리비아로 귀환시켰음. 이에 미국이 격분한 가운데 영국 정부에 항의하였음. 소문은 영국 정부가 리비아의 대규모 프로젝트 수주를 위해 정치적 고려를 하였다고 하나 영국 정부는 이를 부인한 채 스코틀랜드 지방 정부의 단순한 결정이었다고 설명하였음.

약 제3조 2비준을 권장하였다.

미국에 면죄부를 주는 상기 결의에 불만인 이란은 두 달 후 미국의 민항기 격추가 시카고 협약과 1971년 몬트리올 협약 위반이라는 이유로 ICJ에 미국을 제소하였다. 미국은 법적으로 변명할 근거가 없어 전전긍긍하는 입장에 있을 수밖에 없었는데 양국은 막후 협상을 통하여 1996.2.22. 장외(out of court) 해결 하는 것에 타협하였다고 발표함으로써 이란에 유리한 ICJ 판결이 있을 뻔 하였던 경우가 무산되었다.[22]

3.4. 파키스탄 - 인도(2000)

1999.9.21. 파키스탄은 인도가 자국영토에서 자국군용기를 격추(1999.8.10.)한 것에 대해 ICJ에 제소하였다. 파키스탄은 양국이 ICJ 규정(statute) 제36조에 따라 ICJ의 강제관할권을 수용하였고 British India가 '1928년 국제분쟁의 평화적 해결을 위한 일반법'[23]에 가입하였기 때문에 ICJ의 양국에 대한 관할권에 문제가 없다고 말하였다.

인도는 상기 '일반법'이 과거 국제연맹과 같이 더 이상 유효하지 않고 자국의 독립 후 동법에 구속된다고 생각한 적이 없으며 ICJ 규정 관할권을 제외한다는 유보를 하였다고 주장하였다.

ICJ는 2000.6.21. 14:2의 표결로 1928년의 일반법이 국제연맹의 소멸과 관련 없이 유효한지 불명확하고, 1928년 일반법에 영국이 가입하였지만 파키스탄이 ICJ에 제소한 시점에 인도가 동법의 당사국이 아니라는 이유와 또한 인도의 ICJ 규정 제36조상 유보의 주장을 받아들여 ICJ의 관할권이 없음을 선언하면서 사건을 각하하였다.[24]

22) 막후타협의 내용은 비공개이나, 레이건 당시 미국 대통령은 사건 발생 직후 피해자 한 가족 당 약 30만 달러를 시혜금(*ex gratia*)으로 제공하는 것을 제안한 적이 있었음.

23) General Act for the Pacific Settlement of International Disputes of 1928.

24) ICJ Judgment of 21 June 2000, para 56, on the Case Concerning the Aerial Incident of 10 August 1999(Pakistan v. India).

부 록

국제 항공 공법 관련 조약

국제 항공 사법 관련 조약

국제민간항공협약

[우리나라 관련사항]
국회비준동의 필요 1952년 2월 4일
가입서 기탁일 1952년 11월 11일
발효일 1952년 12월 11일(조약 제38호)
관보게재일 1952년 12월 11일
수록문헌 다자조약집 제1권

전 문

국제민간항공의 장래의 발달은 세계의 각국과 각 국민 간에 있어서의 우호와 이해를 창조하고 유지하는 것을 크게 조장할 수 있으나 그 남용은 일반적 안전에 대한 위협이 될 수 있으므로,

각국과 각 국민 간에 있어서의 마찰을 피하고 세계평화의 기초인 각국과 각 국민간의 협력을 촉진하는 것을 희망하므로,

따라서 하기서명 정부는 국제민간항공이 안전하고 정연하게 발달하도록 또 국제항공운송업체가 기회균등주의를 기초로 하여 확립되어서 건전하고 또 경제적으로 운영되도록 하게 하기 위하여 일정한 원칙과 작정에 대한 의견이 일치하여,

이에 본협약을 결정한다.

제 1 부
항 공

제 1 장
협약의 일반원칙과 적용

제 1 조 【주권】
체약국은 각국이 그 영역상의 공간에 있어서 완전하고 배타적인 주권을 보유한다는 것을 승인한다.

제 2 조 【영역】
본협약의 적용상 국가의 영역이라 함은 그 나라의 주권, 종주권보호 또는 위임통치하에 있는 육지와 그에 인접하는 영수를 말한다.

제 3 조 【민간항공기 및 국가항공기】
(a) 본협약은 민간 항공기에 한하여 적용하고 국가의 항공기에는 적용하지 아니한다.
(b) 군, 세관과 경찰업무에 사용하는 항공기는 국가의 항공기로 간주한다.
(c) 어떠한 체약국의 국가 항공기도 특별협정 또는 기타방법에 의한 허가를 받고 또한 그 조건에 따르지 아니하고는 타국의 영역의 상공을 비행하거나 또는 그 영역에 착륙하여서는 아니 된다.
(d) 체약국은 자국의 국가항공기에 관한 규칙을 제정하는 때에는 민간항공기의 항행의 안전을 위하여 타당한 고려를 할 것을 약속한다.

제 4 조 【민간항공의 남용】
각 체약국은, 본협약의 목적과 양립하지 아니하는 목적을 위하여 민간항공을 사용하지 아니할 것을 동의한다.

제 2 장
체약국영역 상공의 비행

제 5 조 【부정기비행의 권리】
각 체약국은, 타 체약국의 모든 항공기로서 정기 국제항공업무에 종사하지 아니하는 항공기가 사전의 허가를 받을 필요 없이 피비행국의 착륙요구권에 따를 것을 조건으로, 체약국의 영역 내에의 비행 또는 그 영역을 무착륙으로 횡단비행하는 권리와 또 운수 이외의 목적으로서 착륙하는 권리를 본 협약의 조항을 준수하는 것을 조건으로 향유하는 것에 동의한다. 단 각 체약국은 비행의 안전을 위하여, 접근하기 곤란하거나 또는 적당한 항공 보안시설이 없는 지역의 상공의 비행을 희망하는 항공기에 대하여 소정의 항로를 비행할 것 또는 이러한 비행을 위하여 특별한 허가를 받을 것을 요구하는 권리를 보류한다. 전기의 항공기는 정기 국제항공업무로서가 아니고 유상 또는 대체로서 여객화물 또는 우편물의 운수에 종사하는 경우에도 제7조의 규정에 의할 것을 조건으로, 여객, 화물, 또는 우편물의 적재와 하재를 하는 권리를 향유한다. 단 적재 또는 하재가 실행되는 국가는 그가 필요하다고 인정하는 규칙, 조건 또는 제한을 설정하는 권리를 향유한다.

제 6 조 【정기 항공업무】

정기 국제항공업무는 체약국의 특별한 허가 또는 타의 인가를 받고 그 허가 또는 인가의 조건에 따르는 경우를 제외하고 그 체약국의 영역의 상공을 비행하거나 또는 그 영역에 비입할 수 없다.

제 7 조 【국내영업】

각 체약국은, 자국영역 내에서 유상 또는 대체의 목적으로 타지점으로 향하는 여객, 우편물, 화물을 적재하는 허가를 타체약국의 항공기에 대하여 거부하는 권리를 향유한다. 각 체약국은 타국 또는 타국의 항공기업에 대하여 배타적인 기초위에 전기의 특권을 특별히 부여하는 협약을 하지 아니하고 또 타국으로부터 전기의 배타적인 특권을 취득하지도 아니할 것을 약속한다.

제 8 조 【무조종자 항공기】

조종자 없이 비행할 수 있는 항공기는 체약국의 특별한 허가 없이 또 그 허가의 조건에 따르지 아니하고는 체약국의 영역의 상공을 조종자 없이 비행하여서는 아니 된다. 각 체약국은 민간 항공기에 개방되어 있는 지역에 있어서 전기 무조종자항공기의 비행이 민간 항공기에 미치는 위험을 예방하도록 통제하는 것을 보장하는데 약속한다.

제 9 조 【금지구역】

(a) 각 체약국은 타국의 항공기가 자국의 영역 내의 일정한 구역의 상공을 비행하는 것을 군사상의 필요 또는 공공의 안전의 이유에 의하여 일률적으로 제한하고 또는 금지할 수 있다. 단, 이에 관하여서는 그 영역소속국의 항공기로서 국제정기 항공업무에 종사하는 항공기와 타 체약국의 항공기로서 우와 동양의 업무에 종사하는 항공기간에 차별을 두어서는 아니 된다. 전기 금지구역은 항공을 불필요하게 방해하지 아니하는 적당한 범위와 위치로 한다. 체약국의 영역 내에 있는 이 금지구역의 명세와 그 후의 변경은 가능한 한 조속히 타 체약국과 국제민간항공기구에 통보한다.

(b) 각 체약국은 특별사태 혹은 비상시기에 있어서 또는 공공의 안전을 위하여, 즉각적으로 그 영역의 전부 또는 일부의 상공비행을 일시적으로 제한하고 또는 금지하는 권리를 보류한다. 단, 이 제한 또는 금지는 타의 모든 국가의 항공기에 대하여 국적의 여하를 불문하고 적용하는 것이라는 것을 조건으로 한다.

(c) 각 체약국은 동국이 정하는 규칙에 의거하여 전기 (a) 또는 (b)에 정한 구역에 들어가는 항공기에 대하여 그 후 가급적 속히 그 영역 내 어느 지정한 공항에 착륙하도록 요구할 수가 있다.

제 10 조 【세관공항에의 착륙】

항공기가 본협약 또는 특별한 허가조항에 의하여 체약국의 영역을 무착륙 횡단하는 것이 허용되어 있는 경우를 제외하고 체약국의 영역에 입국하는 모든 항공기는 그 체약국의 규칙이 요구할 때에는 세관 기타의 검사를 받기 위하여 동국이 지정한 공항에 착륙한다. 체약국의 영역으로부터 출발할 때 전기의 항공기는 동양으로 지정된 세관공항으로부터 출발한다. 지정된 모든 세관공항의 상세는 그 체약국이 발표하고 또 모든 타 체약국에 통보하기 위하여 본협약의 제2부에 의하여 설립된 국제민간항공기구에 전달한다.

제 11 조 【항공에 관한 규제의 적용】

국제항공에 종사하는 항공기의 체약국 영역에의 입국 혹은 그 영역으로부터의 출국에 관한 또는 그 항공기의 동영역내에 있어서의 운항과 항행에 관한 체약국의 법률과 규칙은 본 협약의 규정에 따를 것을 조건으로 하여 국적의 여하를 불문하고 모든 체약국의 항공기에 적용되고 또 체약국의 영역에의 입국 혹은 그 영역으로부터의 출국시 또는 체약국의 영역 내에 있는 동안은 전기의 항공기에 의하여 준수된다.

제 12 조 【항공규칙】
각 체약국은 그 영역의 상공을 비행 또는 동 영역 내에서 동작하는 모든 항공기와 그 소재의 여하를 불문하고 그 국적표지를 게시하는 모든 항공기가 당해지에 시행되고 있는 항공기의 비행 또는 동작에 관한 법규와 규칙에 따르는 것을 보장하는 조치를 취하는 것을 약속한다. 각 체약국은 이에 관한 자국의 규칙을 가능한 한 광범위하게 본협약에 의하여 수시 설정되는 규칙에 일치하게 하는 것을 약속한다. 공해의 상공에서 시행되는 법규는 본협약에 의하여 설정된 것으로 한다. 각 체약국은 적용되는 규칙에 위반한 모든 자의 소추를 보증하는 것을 약속한다.

제 13 조 【입국 및 출국에 관한 규칙】
항공기의 여객 승무원 또는 화물의 체약국 영역에의 입국 또는 그 영역으로부터의 출국에 관한 동국의 법률과 규칙, 예를 들면 입국, 출국, 이민, 여권, 세관과 검역에 관한 규칙은 동국영역에의 입국 혹은 그 영역으로부터 출국을 할 때 또는 그 영역에 있는 동안 항공기의 여객, 승무원 또는 화물이 스스로 준수하든지 또는 이들의 명의에서 준수되어야 한다.

제 14 조 【병역의 만연의 방지】
각 체약국은 콜레라, 티프스, 천연두, 황열, 흑사병과 체약국이 수시 지정을 결정하는 타의 전염병의 항공에 의한 만연을 방지하는 효과적인 조치를 취하는 것에 동의하고 이 목적으로서 체약국은 항공기에 대하여 적용할 위생상의 조치에 관하여 국제적 규칙에 관계가 있는 기관과 항시 긴밀한 협의를 한다. 이 협의는 체약국이 이 문제에 대한 현재국제조약의 당사국으로 있는 경우에는 그 적용을 방해하지 아니한다.

제 15 조 【공항의 사용료 및 기타의 사용요금】
체약국내의 공항으로서 동국 항공기 일반의 사용에 공개되어 있는 것은 제86조의 규정에 따를 것을 조건으로, 모든 타 체약국이 항공기에 대하여 동일한 균등 조건하에 공개한다. 동일한 균등 조건은 무선전신과 기상의 업무를 포함한 모든 항공 보안시설로 항공의 안전과 신속화를 위하여 공공용에 제공되는 것을 각 체약국의 항공기가 사용하는 경우에 적용한다. 타 체약국의 항공기가 이 공항과 항공보안시설을 사용하는 경우에 체약국으로서 부과하고 또는 부과하는 것을 허여하는 요금은 다음의 것보다 고액이 되어서는 안된다.

(a) 국제정기항공업무에 종사하지 아니하는 항공기에 관하여서는 동양의 운행에 종사하고 있는 자국의 동급의 항공기가 지불하는 것;
(b) 국제정기항공업무에 종사하고 있는 항공기에 관하여는 동양의 국제항공기업무에 종사하고 있는 자국의 항공기가 지불하는 것. 전기의 요금은 모두 공표하고 국제민간항공기구에 통보한다. 단, 관계체약국의 신입이 있을 때에는 공항과 타시설의 사용에 대하여 부과된 요금은 이사회의 심사를 받고 이사회는 관계국 또는 관계제국에 의한 심의를 위하여 이에 관하여 보고하고 또 권고한다. 어느 체약국이라도 체약국의 항공기 또는 동양상의 인 혹은 재산이 자국의 영역의 상공의 통과, 동영역에의 입국 또는 영역으로부터의 출국을 하는 권리에 관한 것에 대해서만은 수수료, 세 또는 타의 요금을 부과하여서는 아니 된다.

제 16 조 【항공기의 검사】
각 체약국의 당해 관헌은 부당히 지체하는 일 없이, 착륙 또는 출발시에 타 체약국의 항공기를 검사하고 또 본 협약에 의하여 규정된 증명서와 타서류를 검열하는 권리를 향유한다.

제 3 장
항공기의 국적

제 17 조 【항공기의 국적】
항공기는 등록국의 국적을 보유한다.

제 18 조 【이중등록】
항공기는 일개이상의 국가에 유효히 등록할 수 없다. 단, 그 등록은 일국으로부터 타국으로 변경할 수는 있다.

제 19 조 【등록에 관한 국내법】

체약국에 있어서 항공기의 등록 또는 등록의 변경은 그 국가의 법률과 규칙에 의하여 시행한다.

제 20 조 【기호의 표시】

국제항공에 종사하는 모든 항공기는 그 적당한 국적과 등록의 표지를 게시한다.

제 21 조 【등록의 보고】

각 체약국은 자국에서 등록된 특정한 항공기의 등록과 소유권에 관한 정보를, 요구가 있을 때에는, 타 체약국 또는 국제민간항공기구에 제공할 것을 약속한다. 또 각 체약국은 국제민간항공기구에 대하여 동기구가 규정하는 규칙에 의하여 자국에서 등록되고 또 항상 국제항공에 종사하고 있는 항공기의 소유권과 관리에 관한 입수 가능한 관계 자료를 게시한 보고서를 제공한다. 국제민간항공기구는 이와 같이 입수한 자료를 타체약국이 청구할 때에는 이용시킨다.

제 24 조 【관세】

(a) 타 체약국의 영역을 향하여, 그 영역으로부터 또는 그 영역을 횡단하고 비행하는 항공기는, 그 국가의 세관규정에 따를 것을 조건으로, 잠정적으로 관세의 면제가 인정된다. 체약국의 항공기가 타 체약국의 영역에 도착할 때에 동항공기상에 있는 연료, 윤골유, 예비부분품 및 항공기저장품으로서 그 체약국으로부터 출발하는 때에 기상에 적재하고 있는 것은 관세, 검사, 수수료 등 국가 혹은 지방세와 과금이 면제된다. 이 면제는 항공기로부터, 내려진 양 또는 물품에는 적용하지 아니한다. 단, 동량 또는 불품을 세관의 감시하에 두는 것을 요구하는 그 국가의 세과규칙에 따르는 경우에는 제외한다.

(b) 국제항공에 종사하는 타 체약국의 항공기에 부가하거나 또는 그 항공기가 사용하기 위하여 체약국의 영역에 수입된 예비부분품과 기기는 그 물품을 세관의 감시와 관리 하에 두는 것을 규정한 관계국의 규칙에 따를 것을 조건으로 관세의 면세가 인정된다.

제 4 장
운항을 용이케 하는 조치

제 22 조 【수적의 간이화】

각 체약국은 체약국 영역 간에 있어서 항공기의 항행을 용이하게 하고 신속하게 하기 위하여 또 특히 입국항검역, 세관과 출국에 관한 법률의 적용에 있어서 발생하는 항공기 승무원 여객 및 화물의 불필요한 지연을 방지하기 위하여 특별한 규칙의 제정 또는 타 방법으로 모든 실행 가능한 조치를 취하는 것에 동의한다.

제 23 조 【세관 및 출입국의 수속】

각 체약국은, 실행 가능하다고 인정하는 한 본협약에 의하여 수시 인정되고 권고되는 방식에 따라 국제항공에 관한 세관 및 출입국절차를 설정할 것을 약속한다. 본조약의 여하한 규정도 자유공항의 설치를 방해하는 것이라고 해석되어서는 아니 된다.

제 25 조 【조난 항공기】

각 체약국은 그 영역 내에서 조난한 항공기에 대하여 실행 가능하다고 인정되는 구호조치를 취할 것을 약속하고 또 동 항공기의 소유자 또는 동항공기의 등록국의 관헌이 상황에 따라 필요한 구호조치를 취하는 것을, 그 체약국의 관헌의 감독에 따르는 것을 조건으로, 허가할 것을 약속한다. 각 체약국은 행방불명의 항공기의 수색에 종사하는 경우에 있어서는 본 협약에 따라 수시 권고되는 공동조치에 협력한다.

제 26 조 【사고의 조사】

체약국의 항공기가 타 체약국의 영역에서 사고를 발생시키고 또 그 사고가 사망 혹은 중상을 포함하든가 또는 항공기 또는 항공보안시설의 중대한 기술적 결함을 표시하는 경우에는 사고가 발생한 국가는 자국의 법률이 허용하는 한 국제민간항공기구가 권고하는 절차에 따라 사고의 진상 조사를 개시한다. 그 항공기의 등록국에는 조사에 임석할 입회인을 파견할 기회를 준다. 조사를 하는 국가는 등록 국가에 대하여 그 사항에 관한 보고와 소견을 통보하여야 한다.

제 27 조 【특허권에 의하여 청구된 차압의 면제】

(a) 국제항공에 종사하고 있는 한 체약국의 항공기가 타체약국의 영역에의 허가된 입국, 착륙 혹은 무착륙으로 동 영역의 허가된 횡단을 함에 있어서는, 항공기의 구조, 기계장치, 부분품, 부속품 또는 항공기의 운항이, 동항공기가 입국한 영역 소속국에서 합법적으로 허여되고 또는 등록된 발명특허, 의장 또는 모형을 침해한다는 이유로 전기의 국가 또는 동국 내에 있는 국민에 의하던가 또는 차등의 명의에 의하여 항공기의 차압 혹은 억류항공기의 소유자 혹은 운항자에 대한 청구 또는 항공기에 대한 타의 간섭을 하여서는 아니 된다. 항공기의 차압 또는 억류로부터 전기의 면제에 관한 보증금의 공탁은 그 항공기가 입국한 국가에서는 여하한 경우에 있어서라도 요구되지 아니하는 것으로 한다.

(b) 본조 (a)항의 규정은, 체약국의 항공기를 위하여 예비부분품과 예비기기를 타체약국의 영역 내에 보관하는 것에 대하여 또 체약국의 항공기를 타체약국의 영역 내에서 수리하는 경우에 전기의 물품을 사용하고 또 장치하는 권리에 대하여 적용한다. 단, 이와 같이 보관되는 어떠한 특허부분품 또는 특허 기기라도 항공기가 입국하는 체약국에서 국내적으로 판매하고 혹은 배부하고 또는 그 체약국으로부터 상업의 목적으로서 수출하여서는 아니 된다.

(c) 본조의 이익은 본협약의 당사국으로서, (1) 공업 소유권 보호에 관한 국제협약과 그 개정의 당사국인 국가 또는 (2) 본협약의 타당사국 국민에 의한 증명을 승인하고 또 이에 적당한 보호를 부여하는 특허법을 제정한 국가에 한하여 적용한다.

제 28 조 【항공시설 및 표준양식】

각 체약국은, 실행 가능하다고 인정하는 한, 다음 사항을 약속한다.

(a) 본협약에 의하여 수시 권고되고 또는 설정되는 표준과 방식에 따라, 영역 내에 공항, 무선업무, 기상업무와 국제항공을 용이하게 하는 타의 항공보안시설을 설정하는 것.

(b) 통신수속, 부호, 기호, 신호, 조명의 적당한 표준양식 또는 타의 운항상의 방식과 규칙으로서 본협약에 의하여 수시 권고되고 또는 설정되는 것을 채택하여 실시하는 것.

(c) 본협약에 의하여 수시 권고되고 또는 설정되는 표준에 따라, 항공지도와 항공지도의 간행을 확실하게 하기 위한 국제적 조치에 협력하는 것.

제 5 장
항공기에 관하여 이행시킬 요건

제 29 조 【항공기가 휴대하는 서류】

국제항공에 종사하는 체약당사국의 모든 항공기는, 본협약에 정한 조건에 따라 다음의 서류를 휴대하여야 한다:

(a) 등록증명서;
(b) 내항증명서;
(c) 각 승무원의 적당한 면허장;
(d) 항공일지;
(e) 무선전신장치를 장비할 때에는 항공기무선전신국면허장;
(f) 여객을 수송할 때는 그 성명 및 승지와 목적지의 표시;
(g) 화물을 운송할 때는 적하목록과 화물의 세목신고서.

제 30 조 【항공기의 무선장비】

(a) 각 체약국의 항공기는, 그 등록국의 적당한 관헌으로부터, 무선송신기를 장비하고 또 운

용하는 면허장을 받은 때에 한하여, 타 체약국의 영역 내에서 또는 그 영역의 상공에서 전기의 송신기를 휴행할 수 있다. 피 비행 체약국의 영역에서의 무선송신기의 사용은 동국이 정하는 규칙에 따라야 한다.

(b) 무선송신기의 사용은 항공기등록국의 적당한 관헌에 의하여 발급된 그 목적을 위한 특별한 면허장을 소지하는 항공기 승무원에 한한다.

제 31 조 【내항증명서】

국제항공에 종사하는 모든 항공기는 그 등록국이 발급하거나 또는 유효하다고 인정한 내항증명서를 비치한다.

제 32 조 【항공종사자의 면허장】

(a) 국제항공에 종사하는 모든 항공기의 조종자와 기타의 운항승무원은 그 항공기의 등록국이 발급하거나 또는 유효하다고 인정한 기능증명서와 면허장을 소지한다.

(b) 각 체약국은 자국민에 대하여 타체약국이 부여한 기능증명서와 면허장을 자국영역의 상공 비행에 있어서 인정하지 아니하는 권리를 보류한다.

제 33 조 【증명서 및 면허장의 승인】

항공기의 등록국이 발급하거나 또는 유효하다고 인정한 내항증명서, 기능증명서 및 면허장은 타체약국도 이를 유효한 것으로 인정하여야 한다. 단, 전기의 증명서 또는 면허장을 발급하거나 또는 유효하다고 인정한 요건은 본협약에 따라 수시 설정되는 최저 표준과 그 이상이라는 것을 요한다.

제 34 조 【항공일지】

국제항공에 종사하는 모든 항공기에 관하여서는 본협약에 따라 수시 특정하게 되는 형식으로 그 항공기 승무원과 각 항공의 세목을 기입한 항공일지를 보지한다.

제 35 조 【화물의 제한】

(a) 군수품 또는 군용기재는 체약국의 영역 내 또는 상공을 그 국가의 허가 없이 국가항공에 종사하는 항공기로 운송하여서는 아니 된다. 각국은 통일성을 부여하기 위하여 국제민간항공기구가 수시로 하는 권고에 대하여 타당한 고려를 하여 본조에 군수품 또는 군용기재가 무엇이라는 것은 규칙으로서 결정한다.

(b) 각 체약국은 공중의 질서와 안전을 위하여 (a)항에 게시된 이외의 물품에 관하여 그 영역내 또는 그 영역의 상공운송을 제한하고 또는 금지하는 권리를 보류한다. 단, 이에 관하여서는 국제항공에 종사하는 자국의 항공기와 타체약국의 동양의 항공기관에 차별을 두어서는 아니 되며, 또한 항공기의 운항 혹은 항행 또는 직원 혹은 여객의 안전을 위하여 필요한 장치의 휴행과 기상사용을 방해하는 제한을 하여서는 아니 된다.

제 36 조 【사진기】

각 체약국은 그 영역의 상공을 비행하는 항공기에서 사진기를 사용하는 것을 금지하거나 또는 제한할 수 있다.

제 6 장
국제표준과 권고관행

제 37 조 【국제표준 및 수속의 채택】

각 체약국은, 항공기직원, 항공로 및 부속업무에 관한 규칙, 표준, 수속과 조직에 있어서의 실행 가능한 최고도의 통일성을 확보하는 데에 협력할 것을 약속하여, 이와 같은 통일성으로 운항이 촉진되고 개선되도록 한다. 이 목적으로서 국제민간항공기구는 다음의 사항에 관한 국제표준 및 권고되는 방식과 수속을 필요에 응하여 수시 채택하고 개정한다.

(a) 통신조직과 항공 보안시설 (지상표지를 포함);

(b) 공항과 이착륙의 성질;
(c) 항공규칙과 항공 교통관리방식;
(d) 운항관계 및 정비관계 종사자의 면허;
(e) 항공기의 내항성;
(f) 항공기의 등록과 식별;
(g) 기상정보의 수집과 교환;
(h) 항공일지;
(i) 항공지도 및 항공도;
(j) 세관과 출입국의 수속;
(k) 조난 항공기 및 사고의 조사. 또한 항공의 안전, 정확 및 능률에 관계가 있는 타의 사항으로서 수시 적당하다고 인정하는 것.

제 38 조 【국제표준 및 수속의 배제】
모든 점에 관하여 국제표준 혹은 수속에 추종하며, 또는 국제표준 혹은 수속의 개정 후 자국의 규칙 혹은 방식을 이에 완전히 일치하게 하는 것이 불가능하다고 인정하는 국가, 혹은 국제표준에 의하여 설정된 것과 특정한 점에 있어 차이가 있는 규칙 또는 방식을 채용하는 것이 필요하다고 인정하는 국가는, 자국의 방식과 국제표준에 의하여 설정된 방식간의 차이를 직시로 국제민간항공기구에 통고한다. 국제표준의 개정이 있을 경우에, 자국의 규칙 또는 방식에 적당한 개정을 가하지 아니하는 국가는, 국제표준의 개정의 채택으로부터 60일 이내에 이사회에 통지하든가 또는 자국이 취하는 조치를 명시하여야 한다. 이 경우에 있어서 이사회는 국제표준의 특이점과 이에 대응하는 국가의 국내 방식 간에 있는 차이를 직시로 타의 모든 국가에 통고하여야 한다.

제 39 조 【증명서 및 면허장의 이서】

(a) 내항성 또는 성능의 국제표준이 존재하는 항공기 또는 부분품으로서 증명서에 어떤 점에 있어 그 표준에 합치하지 못한 것은 그 합치하지 못한 점에 관한 완전한 명세를 그 내항증명서에 이서하든가 또는 첨부하여야 한다.
(b) 면장을 소지하는 자로서 그 소지하는 면장 또는 증명서의 등급에 관하여 국제표준에 정한 조건을 완전히 이행 못하는 자는 그 조건을 이행 못하는 점에 관한 완전한 명세를 우자의 면허장에 보증하든가 또는 첨부한다.

제 40 조 【이서된 증명서 및 면허장의 효력】
전기와 같이 보증된 증명서 또는 면허장을 소지하는 항공기 또는 직원은 입국하는 영역의 국가의 허가 없이 국제항공에 종사하여서는 아니 된다. 전기의 항공기 또는 증명을 받은 항공기 부분품으로서 최초에 증명을 받은 국가 이외의 국가에 있어서의 등록 또는 사용은 그 항공기 또는 부분품을 수입하는 국가가 임의로 정한다.

제 41 조 【내항성의 현행표준의 승인】
본장의 규정은 항공기기로서 그 기기에 대한 내항성의 국제표준을 채택한 일시 후 3년을 경과하기 전에 그 원형이 적당한 국내 관헌에게 증명을 받기 위하여 제출된 형식의 항공기와 항공기 기기에는 적용하지 아니한다.

제 42 조 【항공종사자의 기능에 관한 현행표준의 승인】
본장의 규정은 항공종사자에 대한 자격증명서의 국제표준을 최초로 채택한 후 1년을 경과하기 전에 면허장이 최초로 발급되는 직원에게는 적용하지 아니한다. 그러나 전기의 표준을 채택한 일자 후 5년을 경과하고 상금 유효한 면허장을 소지하는 모든 항공종사자에게는 어떠한 경우에 있어서도 적용한다.

제 2 부
국제민간항공기구

제 7 장
기 구

제 43 조 【명칭 및 구성】
본협약에 의하여 국제민간항공기구라는 기구를 조직한다. 본 기구는 총회, 이사회 및 필요한 타의 기관으로 구성된다.

제 44 조 【목적】
본기구의 목적은 다음의 사항을 위하여 국제항공의 원칙과 기술을 발달시키고 또한 국제항공수송의 계획과 발달을 조장하는 것에 있다:
(a) 세계를 통하여 국제민간항공의 안전하고도 정연한 발전을 보장하는 것;
(b) 평화적 목적을 위하여 항공기의 설계와 운항의 기술을 장려하는 것;
(c) 국제민간항공을 위한 항공로, 공항과 항공보안시설의 발달을 장려하는 것;
(d) 안전하고 정확하며 능률적인 그리고 경제적인 항공수송에 대한 세계제인민의 요구에 응하는 것;
(e) 불합리한 경쟁으로 발생하는 경제적 낭비를 방지하는 것;
(f) 체약국의 권리가 충분히 존중될 것과 체약국이 모든 국제항공 기업을 운영하는 공정한 기회를 갖도록 보장하는 것;
(g) 체약국간의 차별대우를 피하는 것;
(h) 국제항공에 있어서 비행의 안전을 증진하는 것;
(i) 국제민간항공의 모든 부문의 발달을 일반적으로 촉진하는 것:

제 45 조 【항구적 소재지】
본 기구의 항구적 소재지는 1944년 12월 7일 시카고에서 서명된 국제민간항공에 관한 중간협정에 의하여 설립된 임시 국제민간항공기구의 중간총회의 최종회합에서 결정되는 장소로 한다. 이 소재지는 이사회의 결정에 의하여 일시적으로 타의 장소에 또한 총회의 결정에 의하여 일시적이 아니 타의 장소로 이전할 수 있다. 이러한 총회의 결정은 총회가 정하는 표수에 의하여 취하여져야 한다. 총회가 정하는 표수는 체약국의 총수의 5분의3 미만이어서는 아니 된다.

제 46 조 【총회의 제1차 회합】
총회의 제1차 회합은 전기의 임시기구의 중간이사회가 결정하는 시일과 장소에서 회합하도록 본협약의 효력발생 후 직시 중간이사회가 소집한다.

제 47 조 【법률상의 행위능력】
기구는, 각 체약국의 영역 내에서 임무의 수행에 필요한 법률상의 행위능력을 향유한다. 완전한 법인격은 관계국의 헌법과 법률에 양립하는 경우에 부여된다.

제 8 장
총 회

제 48 조 【총회의 회합 및 표결】
(a) 총회는 적어도 매 3년에 1회 회합하고 적당한 시일과 장소에서 이사회가 소집한다. 임시총회는 이사회의 소집 또는 사무장에게 발송된 10개 체약국의 요청이 있을 때 하시라도 개최할 수 있다.
(b) 모든 체약국은 총회의 회합에 대표를 파견할 평등한 권리를 향유하고, 각 체약국은 일개의 투표권을 보유한다. 체약국을 대표하는 대표는 회합에는 참가할 수 있으나 투표권을 보유하지 아니하는 기술고문의 원조력을 받을 수 있다.
(c) 총회의 정족수를 구성하기 위하여서는 체약국의 과반수를 필요로 한다. 본협약에 별단의 규정이 없는 한, 총회의 결정은 투표의 과반수에 의하여 성립된다.

제 49 조 【총회의 권한 및 임무】
총회의 권한과 임무는 다음과 같다.
(a) 매 회합시에 의장 및 기타 역원을 선출하는 것;
(b) 제9장의 규정에 의하여 이사회에 대표자를 파견할 체약국을 선출하는 것;
(c) 이사회의 보고를 심사하고 적당한 조치를

취할 것과 이사회로부터 총회에 위탁한 사항을 결정하는 것;

(d) 자체의 의사규칙을 결정하고 필요하다고 인정하는 보조위원회를 설립하는 것;

(e) 제12장의 규정에 의하여 기구의 연도예산을 표결하고 재정상의 분배를 결정하는 것;

(f) 기구의 지출을 검사하고 결산보고를 승인하는 것;

(g) 그 활동범위내의 사항을 이사회, 보조위원회 또는 타 기관에 임의로 위탁하는 것;

(h) 기구의 임무를 이행하기 위하여 필요한 또는 회구되는 권능과 권한을 이사회에 위탁하고 전기의 권한의 위탁을 하시라도 취소 또는 변경하는 것;

(i) 제13장의 적당한 규정을 실행하는 것;

(j) 본협약의 규정의 변경 또는 개정을 위한 제안을 심의하고 동제안을 승인한 경우에는 제21장의 규정에 의하여 이를 체약국에 권고하는 것;

(k) 기구의 활동 범위내의 사항에서 특히 이사회의 임무로 되지 아니한 것을 처리하는 것.

제 9 장
이사회

제 50 조 【이사회의 구성 및 선거】

(a) 이사회는 총회에 대하여 책임을 지는 상설기관이 된다. 이사회는 총회가 선거한 27개국의 체약국으로서 구성된다. 선거는 총회의 제1차 회합에서 또 그 후는 매 3년에 행하고 또 이와 같이 선거된 이사회의 구성원은 차기의 선거까지 재임한다.

(b) 이사회의 구성원을 선거함에 있어서, 총회는, (1) 항공운송에 있어 가장 중요한 국가 (2) 타점에서 포함되지 아니하나 국제민간항공을 위한 시설의 설치에 최대의 공헌을 하는 국가 (3) 타점에서는 포함되지 아니하나 그 국가를 지명함으로써 세계의 모든 중요한 지리적 지역이 이사회에 확실히 대표되는 국가를 적당히 대표가 되도록 한다. 이사회의 공석은 총회가 가급적 속히 보충하여야 한다. 이와 같이 이사회에 선거된 체약국은 전임자의 잔임기간 중 재임한다.

(c) 이사회에 있어서 체약국의 대표자는, 국제항공업무의 운영에 적극적으로 참여하거나 또는 그 업무에 재정적으로 관계하여서는 아니된다.

제 51 조 【이사회의 의장】

이사회는 그 의장을 3년의 임기로서 선거한다. 의장은 재선할 수 있다. 의장은 투표권을 보유하지 아니한다. 이사회는 그 구성원 중에서 1인 또는 2인 이상의 부의장을 선거한다. 부의장은 의장대리가 되는 때라도 투표권을 보지한다. 의장은 이사회의 구성원의 대표자 중에서 선거할 필요는 없지만 대표자가 선거된 경우에는 그 의석은 공석으로 간주하고 그 대표자가 대표하는 국가에서 보충한다. 의장의 임무는 다음과 같다:

(a) 이사회, 항공운송위원회 및 항공위원회의 회합을 소집하는 것;

(b) 이사회의 대표자가 되는 것;

(c) 이사회가 지정하는 임무를 이사회를 대리하여 수행하는 것.

제 52 조 【이사회에 있어서의 표결】

이사회의 결정은 그 구성원의 과반수의 승인을 필요로 한다. 이사회는 특정의 사항에 관한 권한을 그 구성원으로서 구성되는 위원회에 위탁할 수 있다. 이사회와 위원회의 결정에 관하여서는 이해관계가 있는 체약국이 이사회에 소송할 수 있다.

제 53 조 【투표권 없는 참석】

체약국은 그 이해에 특히 영향이 미치는 문제에 관한 이사회 또는 그 위원회와 전문위원회의 심의에 투표권 없이 참가할 수 있다. 이사회의 구성원은 자국이 당사국이 되는 분쟁에 관한 이사회의 심의에 있어 투표할 수 없다.

제 54 조 【이사회의 수임기능】

이사회는 다음 사항을 장악한다:

(a) 총회에 연차보고를 제출하는 것;

(b) 총회의 지령을 수행하고 본협약이 부과한 임무와 의무를 이행하는 것,

(c) 이사회의 조직과 의사규칙을 결정하는 것;

(d) 항공운송위원회를 임명하고 그 임무를 규정하는 것 동 위원회는 이사회의 구성원의 대표자 중에서 선거되고 또 이사회에 대하여 책임을 진다.

(e) 제10장의 규정에 의하여 항공위원회를 설립하는 것;

(f) 제12장과 제15장의 규정에 의하여 기구의 재정을 관리하는 것;

(g) 이사회 의장의 보수를 결정하는 것;

(h) 제11장의 규정에 의하여 사무총장이라 칭하는 수석 행정관을 임명하고 필요한 타직원의 임명에 관한 규정을 작성하는 것,

(i) 항공의 진보와 국제항공업무의 운영에 관한 정보를 요청, 수집, 심사 그리고 공표하는 것. 이 정보에는 운영의 비용에 관한 것과 공공 자금으로부터 항공기업에 지불된 보조금의 명세에 관한 것을 포함함.

(j) 본협약의 위반과 이사회의 권고 또는 결정의 불이행을 체약국에 통보하는 것;

(k) 본협약의 위반을 통고한 후, 상당한 기한내에 체약국이 적당한 조치를 취하지 아니 하였을 경우에는 그 위반을 총회에 보고하는 것;

(l) 국제표준과 권고되는 방식을, 본협약 제6장의 규정에 의하여, 채택하며 편의상 이를 본협약의 부속서로 하고 또한 취한 조치를 모든 체약국에 통고하는 것;

(m) 부속서의 개정에 대한 항공위원회의 권고를 심의하고, 제20장의 규정에 의하여 조치를 취하는 것;

(n) 체약국이 위탁한 본협약에 관한 문제를 심의하는 것.

제 55 조 【이사회의 임의기능】

이사회는 다음의 사항을 행할 수 있다:

(a) 적당한 경우와 경험에 의하여 필요성을 인정하는 때에는 지역적 또는 타의 기초에 의한 항공운송소위원회를 창설할 것과 국가 또는 항공기업의 집합 범위를 정하여 이와 함께 또는 이를 통하여 본협약의 목적수행을 용이하게 하도록 하는 것;

(b) 본협약에 정한 임무에 추가된 임무를 항공위원회에 위탁하고 그 권한위탁을 하시든지 취소하거나 또는 변경하는 것;

(c) 국제적 중요성을 보유하는 항공운송과 항공의 모든 부문에 관하여 조사를 하는 것; 그 조사의 결과를 체약국에 통보하고 항공운송과 항공상의 문제에 관한 체약국간의 정보교환을 용이하게 하는 것;

(d) 국제간선항공업무의 국제적인 소유 및 운영을 포함하는 국제항공운송의 조직과 운영에 영향을 미치는 문제를 연구하고 이에 관한 계획을 총회에 제출하는 것;

(e) 피할 수 있는 장해가 국제항공의 발달을 방해한다고 인정하는 사태를 체약국의 요청에 의하여 조사하고 그 조사 후 필요하다고 인정하는 보고를 발표하는 것.

제 10 장
항공위원회

제 56 조 【위원의 지명 및 임명】

항공위원회는 이사회가 체약국이 지명한 자중에서 임명된 12인의 위원으로서 구성한다. 이들은 항공의 이론과 실제에 관하여 적당한 자격과 경험을 가지고 있어야 한다. 이사회는 모든 체약국에 지명의 제출을 요청한다. 항공위원회의 위원장은 이사회가 임명된다.

제 57 조 【위원회의 의무】

항공위원회는 다음의 사항을 관장한다.

(a) 본협약의 부속서의 변경을 심의하고 그 채택을 이사회에 권고하는 것;

(b) 희망된다고 인정되는 경우에는 어떠한 체약국이라도 대표자를 파견할 수 있는 전문소위원회를 설치하는 것;

(c) 항공의 진보에 필요하고 또한 유용하다고 인정하는 모든 정보의 수집과 그 정보의 체약국에의 통보에 관하여 이사회에 조언하는 것.

제 11 장
직 원

제 58 조 【직원의 임명】

총회가 정한 규칙과 본협약의 규정에 따를 것을 조건으로, 이사회는 사무총장과 기구의 타직원의 임명과 임기종료의 방법, 훈련, 제수당 및 근무조건을 결정하고 또 체약국의 국민을 고용하거나 또는 그 역무를 이용할 수 있다.

제 59 조 【직원의 국제적 성질】

이사회의 의장, 사무총장 및 타 직원은 그 책임의 이행에 있어 기구외의 권위자로부터 훈령을 요구하거나 또는 수락하여서는 아니 된다. 각 체약국은 직원의 책임의 국제적인 성질을 충분히 존중할 것과 자국민이 그 책임을 이행함에 있어서 이들에게 영향을 미치지 아니할 것을 약속한다.

제 60 조 【직원의 면제 및 특권】

각 체약국은, 그 헌법상의 절차에 의하여 가능한 한도 내에서, 이사회의 의장, 사무총장 및 기구의 타직원에 대하여 타의 공적 국제기관이 상당하는 직원에 부여되는 면제와 특권을 부여할 것을 약속한다. 국제적 공무원의 면제와 특권에 관한 일반 국제 협정이 체결된 경우에는, 의장, 사무총장 및 기구의 타 직원에 부여하는 면제와 특권은 그 일반 국제협정에 의하여 부여하는 것으로 한다.

제 12 장
재 정

제 61 조 【예산 및 경비의 할당】

이사회는 연차예산, 연차 결산서 및 모든 수입에 관한 개산을 총회에 제출한다. 총회는 적당하다고 인정하는 수정을 가하여 예산을 표결하고 또 제15장에 의한 동의국에의 할당금을 제외하고 기구의 경비를 총회가 수시 결정하는 기초에 의하여 체약국간에 할당한다.

제 62 조 【투표권의 정지】

총회는 기구에 대한 재정상의 의무를 상당한 기간 내에 이행하지 아니한 체약국의 총회와 이사회에 있어서의 투표권을 정지할 수 있다.

제 63 조 【대표단 및 기타대표자의 경비】

각 체약국은 총회에의 자국 대표단의 경비, 이사회 근무를 명한 자 및 기구의 보조적인 위원회 또는 전문 위원회 또는 전문 위원회에 대한 지명자 또는 대표자의 보수, 여비 및 기타 경비를 부담한다.

제 13 장
기타 국제약정

제 64 조 【안전보장 약정】

기구는 그 권한 내에 있는 항공문제로서 세계의 안전보장에 직접으로 영향을 미치는 것에 관하여 세계의 제국이 평화를 유지하기 위하여 설립한 일반기구와 총회의 표결에 의하여 상당한 협정을 할 수 있다.

제 65 조 【타 국제단체와의 약정】

이사회는, 공동업무의 유지 및 직원에 관한 공동의 조정을 위하여, 그 기구를 대표하여, 타 국제단체와 협정을 체결할 수 있고 또한 총회의 승인을 얻어, 기구의 사업을 용이하게 하는 타의 협정을 체결할 수 있다.

제 66 조 【타 협정에 관한 기능】

(a) 기구는 또 1944년 12월 7일 시카고에서 작성된 국제항공업무통과협정과 국제항공운송협정에 의하여 부과된 임무를 이 협약에 정한 조항과 조건에 따라 수행한다.

(b) 총회 및 이사회의 구성원으로서 1944년 12월 7일 시카고에서 작성된 국제항공업무통과협정 또는 국제항공운송협정을 수락하지 아니한 구성원은 관계협정의 규정에 의하여 총회 또는 이사회에 기탁된 사항에 대하여서는 투표권을 보유하지 아니한다.

제 3 부
국제항공운송

제 14 장
정보와 보고

제 67 조 【이사회에 대한 보고제출】

각 체약국은, 그 국제항공기업이 교통보고, 지출통계 및 재정상의 보고서로서 모든 수입과 그 원천을 표시하는 것을, 이사회가 정한 요건에 따라 이사회에 제출할 것을 약속한다.

제 15 장
공과 타의 항공보안시설

제 68 조 【항공로 및 공항의 지정】

각 체약국은, 본협약의 규정을 따를 것을 조건으로, 국제항공업무가 그 영역 내에서 종사할 공로와 그 업무가 사용할 수 있는 공항을 지정할 수 있다.

제 69 조 【항공시설의 개선】

이사회는, 무선전신과 기상의 업무를 포함하는 체약국의 공항 또는 타의 항공보안시설이 현존 또는 계획 중의 국제항공업무의 안전하고 정확하며, 또 능률적이고 경제적인 운영을 기하기 위하여 합리적으로 고찰하여 적당하지 아니한 경우에는 그 사태를 구제할 방법을 발견하기 위하여 직접 관계국과 영향을 받은 타국과 협의하고 또 이 목적을 위하여 권고를 할 수 있다. 체약국은 이 권고를 실행하지 아니한 경우라도 본협약의 위반의 책임은 없다.

제 70 조 【항공시설비용의 부담】

체약국은 제69조의 규정에 의하여 생기는 사정하에 전기의 권고를 실시하기 위하여 이사회와 협정을 할 수 있다. 동 체약국은 전기의 협정에 포함된 모든 비용을 부담할 수 있다. 동국이 이를 부담하지 아니할 경우에 이사회는 동국의 요청에 의하여 비용의 전부 또는 일부의 제공에 대하여 동의할 수 있다.

제 71 조 【이사회에 의한 시설의 설치 및 유지】

체약국이 요청하는 경우에는, 이사회는 무선전신과 기상의 업무를 포함한 공항과 기타 항공보안시설의 일부 또는 전부로서 타체약국의 국제항공업무의 안전하고 정확하며, 또 능률적이고 경제적인 운영을 위하여 영역 내에서 필요하다고 하는 것에 설치, 배원, 유지 및 관리를 하는 것에 동의하고 또 설치된 시설의 사용에 대하여 정당하고 합리적인 요금을 정할 수 있다.

제 72 조 【토지의 취득 및 사용】

체약국의 요청에 의하여 이사회가 전면적으로 또는 부분적으로 출자하는 시설을 위하여 토지가 필요한 경우에는, 그 국가는 그가 희망하는 때에는 소유권을 보류하고 토지 그 자체를 제공하든가 또는 이사회가 정당하고 합리적인 조건으로 또 당해국의 법률에 의하여 토지를 사용할 것을 용이하게 한다.

제 73 조 【자금의 지출 및 할당】
이사회는, 총회가 제12장에 의하여 이사회의 사용에 제공하는 자금의 한도 내에서, 기구의 일반자금으로부터 본장의 목적을 위하여 경상적 지출을 할 수 있다. 이사회는 본장의 목적을 위하여 필요한 시설자금을 상당한 기간에 선하여 사전에 협정한 율로서 시설을 이용하는 항공기업에 속하는 체약국에서 동의한 자에게 할당한다. 이사회는 필요한 운영자금을 동의하는 국가에 할당할 수 있다.

제 74 조 【기술원조 및 수입의 이용】
체약국의 요청에 의하여, 이사회가 자금을 전불하든가 또는 항공 혹은 타시설을 전면적으로 혹은 부분적으로 설치하는 경우에, 그 협정은, 그 국가의 동의를 얻어, 그 공항과 타 시설의 감독과 운영에 관하여 기술적 원조를 부여할 것을 규정하고 또 그 공항과 타 시설의 운영비와 이자 그리고 할부상환비를 그 공항과 타시설의 운영에 의하여 생긴 수입으로부터 지불할 것을 규정할 수 있다.

제 75 조 【이사회로부터의 시설의 인계】
체약국은, 하시라도 그 상황에 따라 합리적이라고 이사회가 인정하는 액을 이사회에 지불하는 것에 의하여, 제70조에 의하여 부담한 채무를 이행하고 또 이사회가 제71조와 제72조의 규정에 의하여 자국의 영역 내에 설치한 공항과 타 시설을 인수할 수 있다. 체약국은, 이사회가 정한 액이 부당하다고 인정하는 경우에는, 이사회의 결정에 대하여 총회에 이의를 제기할 수 있다. 총회는 이사회의 결정을 확인하거나 또는 수정할 수 있다.

제 76 조 【자금의 반제】
이사회가 제55조에 의한 변제 또는 제74조에 의한 이자와 할부상환금의 수령으로부터 얻은 자금은, 제73조에 의하여 체약국이 최초에 전불금을 출자하고 있을 경우에는, 최초에 출자가 할당된 그 할당시에 이사회가 결정한 율로서 반제한다.

제 16 장
공동운영조직과 공동계산업무

제 77 조 【공동운영조직의 허가】
본협약은 두 개 이상의 체약국이 공동의 항공운송운영조직 또는 국제운영기관을 조직하는 것과 어느 공로 또는 지역에서 항공업무를 공동 계산하는 것을 방해하지 아니한다. 단, 그 조직 또는 기관과 그 공동 계산업무는 협정의 이사회에의 대 등록에 관한 규정을 포함하는 본협약의 모든 규정에 따라야 한다. 이사회는 국제운영기관이 운영하는 항공기의 국적에 관한 본협약의 규정을 여하한 방식으로 적용할 것인가를 결정한다.

제 78 조 【이사회의 기능】
이사회는 어느 공로 또는 지역에 있어 항공업무를 운영하기 위하여 공동 조직을 설치할 것을 관계 체약국에 제의할 수 있다.

제 79 조 【운영조직에의 참가】
국가는 자국정부를 통하여 또는 자국정부가 지정한 1 또는 2 이상의 항공회사를 통하여 공동운영조직 또는 공동 계산협정에 참가할 수 있다. 그 항공 회사는 관계국의 단독적인 재량으로 국유 또는 일부국유 또는 사유로 할 수 있다.

제 4 부
최종규정

제 17 장
타항공협정의 항공약정

제 80 조 【파리협약 및 하바나협약】
체약국은, 1919년 10월 13일 파리에서 서명된 항공법규에 관한 조약 또는 1928년 2월 20일 하바나에서 서명된 상업 항공에 관한 협약 중 어느 하나의 당사국인 경우에는, 그 폐기를 본협약의 효력 발생 후 즉시 통보할 것을 약속한다. 체약국간에 있어 본협약은 전기 파리협약과 하바나 협약에 대치한다.

제 81 조 【현존협정의 등록】
본 협약의 효력발생시에 존재하는 모든 항공협정으로서 체약국과 타국간 또는 체약국의 항공기업과 타국 혹은 타국의 항공기업간의 협정은 직시로 이사회에 등록되어야 한다.

제 82 조 【양립할 수 없는 협정의 폐지】
체약국은, 본협약이 본협약의 조항과 양립하지 아니하는 상호간의 모든 의무와 양해를 폐지한다는 것을 승인하고 또한 이러한 의무와 양해를 성립시키지 아니할 것을 약속한다. 기구의 가맹국이 되기 전에 본협약의 조항과 양립하지 아니하는 의무를 비체약국 혹은 비체약국의 국민에 대하여 약속한 체약국은 그 의무를 면제하는 조치를 즉시 그 조치를 취하여야 한다.

제 83 조 【신 협정의 등록】
체약국은 전조의 규정에 의할 것을 조건으로, 본협약의 규정과 양립하는 협정을 체결할 수 있다. 그 협정은 직시 이사회에 등록하게 되고 이사회는 가급적 속히 이를 공표한다.

제 18 장 분쟁과 위약

제 84 조 【분쟁의 해결】
본 협약과 부속서의 해석 또는 적용에 관하여 둘 이상의 체약국간의 의견의 상위가 교섭에 의하여 해결되지 아니하는 경우에는, 그 의견의 상위는 관계 국가의 신청이 있을 때 이사회가 해결한다. 이사회의 구성원은 자국이 당사국이 되는 분쟁에 관하여 이사회의 심리 중에는 투표하여서는 아니된다. 어느 체약국도 제85조에 의할 것을 조건으로, 이사회의 결정에 대하여 타의 분쟁 당사국과 합의한 중재재판 또는 상설국제사법재판소에 제소할 수 있다. 그 제소는 이사회의 결정통고의 접수로부터 60일 이내에 이사회에 통고한다.

제 85 조 【중재절차】
이사회의 결정이 요청되어 있는 분쟁에 대한 당사국인 어느 체약국이 상설 국제사법재판소 규정을 수락하지 아니하고 또 분쟁당사국인 체약국이 중재재판소의 선정에 대하여 동의할 수 없는 경우에는 분쟁당사국인 각 체약국은 일인의 재판위원을 지명하는 일인의 중재위원을 지명한다. 그 분쟁 당사국인 어느 체약국의 제소의 일자로부터 3개월의 기간 내에 중재위원을 지정하지 아니할 경우에는 중재위원도 이사회가 조치하고 있는 유자격자의 현재원 명부 중에서 이사회의 의장이 그 국가를 대리하여 지명한다. 중재위원이 중재재판장에 대하여 30일 이내에 동의할 수 없는 경우에는 이사회의 의장은 그 명부 중에서 중재재판장을 지명한다. 중재의원과 중재재판장은 중재재판소를 공동으로 구성한다. 본조 또는 전조에 의하여 설치된 중재재판소는 그 절차를 정하고 또 다수결에 의하여 결정을 행한다. 단 과도하게 지연된다고 이사회가 인정하는 경우에는 이사회도 절차문제를 스스로 결정할 수 있다.

제 86 조 【이의신청】
이사회가 별도로 정하는 경우를 제외하고, 국제항공기업이 본협약의 규정에 따라서 운영되고 있는가의 여부에 관한 이사회의 결정은, 이의신입에 의하여 파기되지 아니하는 한, 계속하여 유효로 한다. 타의 사항에 관한 이사회의 결정은, 이의신청이 있는 경우에는, 그 이의신청이 결정되기까지 정지된다. 상설국제사법재판소와 중재재판소의 결정은 최종적이고 구속력을 가진다.

제 87 조 【항공기업의 위반에 대한 제재】
각 체약국은 자국의 영토상의 공간을 통과하는 체약국의 항공기업의 운영을 당해 항공기업이 전조에 의하여 표시된 최종결정에 위반하고 있다고 이사회가 결정한 경우에는 허가하지 아니할 것을 약속한다.

제 88 조 【국가의 위반에 대한 제재】
총회는 본장의 규정에 의하여 위약국으로 인정된 체약국에 대하여 총회 및 이사회에 있어서의 투표권을 정지하여야 한다.

제 19 장
전 쟁

제 89 조 【전쟁 및 긴급사태】
전쟁의 경우에, 본협약의 규정은, 교전국 또는 중립국으로서 영향을 받는 체약국의 행동자유에 영향을 미치지 아니한다. 이러한 원칙은 국가긴급사태를 선언하고 그 사실을 이사회에 통고한 체약국의 경우에도 적용한다.

제 20 장
부속서

제 90 조 【부속서의 채택 및 개정】
(a) 제54조에 언급된 이사회에 의한 부속서의 채택은 그 목적으로 소집된 회합에 있어 이사회의 3분의 2의 찬성투표를 필요로 하고, 다음에 이사회가 각 체약국에 송부한다. 이 부속서 또는 그 개정은 각 체약국에의 송달 후 3개월 이내, 또는 이사회가 정하는 그 이상의 기간의 종료시에 효력을 발생한다. 단, 체약국의 과반수가 그 기간 내에 그 불승인을 이사회에 계출한 경우에는 차한에 부재한다.
(b) 이사회는 부속서 또는 그 개정의 효력 발생을 모든 체약국에 직시 통고한다.

제 21 장
비준, 가입, 개정과 폐기

제 91 조 【협약의 비준】
(a) 본협약은 서명국에 의하여 비준을 받을 것을 요한다. 비준서는 미합중국정부의 기록보관소에 기탁된다. 동국 정부는 각 서명국과 가입국에 기탁일을 통고한다.
(b) 본협약은 26개국이 비준하거나 또는 가입한 때 제26번의 문서의 기탁 후 30일에 이들 국가 간에 대하여 효력을 발생한다. 본협약은 그 후 비준하는 각국에 대하여서는 그 비준서의 기탁 후 30일에 효력을 발생한다.
(c) 본협약이 효력을 발생한 일을 각 서명국과 가입국의 정부에 통고하는 것은 미합중국정부의 임무로 한다.

제 92 조 【협약에의 가입】
(a) 본협약은 연합국과 이들 국가와 연합하고 있는 국가 및 금차 세계전쟁 중 중립이었던 국가의 가입을 위하여 개방된다.
(b) 가입은 미합중국정부에 송달하는 통고에 의하여 행하고 또 미합중국정부가 통고를 수령 후 30일부터 효력을 발생한다. 동국정부는 모든 체약국에 통고한다.

제 93 조 【기타 국가의 가입승인】
제91조와 제92조(a)에 규정한 국가 이외의 국가는, 세계의 제국이 평화를 유지하기 위하여 설립하는 일반적 국제기구의 승인을 받을 것을 조건으로, 총회의 5분의 2의 찬반투표에 의하여 또 총회가 정하는 조건에 의하여 본협약에 참가할 것이 용인된다. 단, 각 경우에 있어 용인을 요구하는 국가에 의하여 금차 전쟁 중에 침략되고 또는 공격된 국가의 동의를 필요로 한다.

제 94 조 【협약의 개정】

(a) 본협약의 개정안은 총회의 3분의 2의 찬성투표에 의하여 승인되어야 하고 또 총회가 정하는 수의 체약국이 비준한 때에 그 개정을 비준한 국가에 대하여 효력을 발생한다. 총회의 정하는 수는 체약국의 총수의 3분의 2의 미만이 되어서는 아니 된다.

(b) 총회는 전항의 개정이 성질상 정당하다고 인정되는 경우에는, 채택을 권고하는 결의에 있어 개정의 효력 발생 후 소정의 기간 내에 비준하지 아니하는 국가는 직시 기구의 구성원과 본협약의 당사국의 지위를 상실하게 된다는 것을 규정할 수 있다.

제 95 조 【협약의 폐기】

(a) 체약국은 이 협약의 효력 발생의 3년 후에 미합중국정부에 보낸 통고에 의하여서 이 협약의 폐기를 통고할 수 있다. 동국정부는 직시 각 체약국에 통보한다.

(b) 폐기는 통고의 수령일로부터 1년 후에 효력을 발생하고 또 폐기를 행한 국가에 대하여서만 유효하다.

제 22 장
정 의

제 96 조

본협약의 적용상:

(a) 「항공업무」라 함은 여객, 우편물 또는 화물의 일반수송을 위하여 항공기로서 행하는 정기항공업무를 말한다.

(b) 「국제항공업무」라 함은 2 이상의 국가의 영역상의 공간을 통과하는 항공업무를 말한다.

(c) 「항공기업」이라 함은 국제항공업무를 제공하거나 또는 운영하는 항공수송기업을 말한다.

(d) 「운수이외의 목적으로서의 착륙」이라 함은 여객, 화물 또는 우편물의 적재 또는 하재 이외의 목적으로서의 착륙을 말한다.

협약의 서명

이상의 증거로서 하명의 전권위원은, 정당한 권한을 위임받아, 각자의 정부를 대표하여 그 서명의 반대편에 기재된 일자에 본협약에 서명한다.

1944년 12월 7일 시카고에서 영어로서 본문을 작성한다. 영어, 불란서어와 서반아어로서 기술한 본문 1통을 각어와 같이 동등한 정문으로 하고 워싱톤 D.C.에서 서명을 위하여 공개한다. 양 본문은 미합중국정부의 기록보관소에 기탁되고 인증등본은 동국 정부가 본협약에 서명하거나 또는 가입한 모든 국가의 정부에 송달한다.

CONVENTION* ON INTERNATIONAL CIVIL AVIATION SIGNED AT CHICAGO, ON 7 DECEMBER 1944 [CHICAGO CONVENTION]

Source: ICAO Doc. 7300/9

Preamble

WHEREAS the future development of international civil aviation can greatly help to create and preserve friendship and understanding among the nations and peoples of the world, yet its abuse can become a threat to the general security; and

WHEREAS it is desirable to avoid friction and to promote that cooperation between nations and peoples upon which the peace of the world depends;

THEREFORE, the undersigned governments having agreed on certain principles and arrangements in order that international civil aviation may be developed in a safe and orderly manner and that international air transport services may be established on the basis of equality of opportunity and operated soundly and economically;

Have accordingly concluded this Convention to that end.

PART I
AIR NAVIGATION

CHAPTER I
GENERAL PRINCIPLES AND APPLICATION OF THE CONVENTION

Article 1
Sovereignty

The contracting States recognize that every State has complete and exclusive sovereignty over the airspace above its territory.

Article 2
Territory

For the purposes of this Convention the territory of a State shall be deemed to be the land areas and territorial waters adjacent thereto under the sovereignty, suzerainty, protection or mandate of such State.

Article 3
Civil and state aircraft

(a) This Convention shall be applicable only to civil aircraft, and shall not be applicable to state aircraft.

(b) Aircraft used in military, customs and police services shall be deemed to be state aircraft.

(c) No state aircraft of a contracting State shall fly over the territory of another

State or land thereon without authorization by special agreement or otherwise, and in accordance with the terms thereof.

(d) The contracting States undertake, when issuing regulations for their state aircraft, that they will have due regard for the safety of navigation of civil aircraft.

Article 3*bis*[1]

(a) The contracting States recognize that every State must refrain from resorting to the use of weapons against civil aircraft in flight and that, in case of interception, the lives of persons on board and the safety of aircraft must not be endangered. This provision shall not be interpreted as modifying in any way the rights and obligations of States set forth in the Charter of the United Nations.

(b) The contracting States recognize that every State, in the exercise of its sovereignty, is entitled to require the landing at some designated airport of a civil aircraft flying above its territory without authority or if there are reasonable grounds to conclude that it is being used for any purpose inconsistent with the aims of this Convention; it may also give such aircraft any other instructions to put an end to such violations. For this purpose, the contracting States may resort to any appropriate means consistent with relevant rules of international law, including the relevant provisions of this Convention, specifically paragraph (a) of this Article. Each contracting State agrees to publish its regulations in force regarding the interception of civil aircraft.

(c) Every civil aircraft shall comply with an order given in conformity with paragraph (b) of this Article. To this end each contracting State shall establish all necessary provisions in its national laws or regulations to make such compliance mandatory for any civil aircraft registered in that State or operated by an operator who has his principal place of business or permanent residence in that State. Each contracting State shall make any violation of such applicable laws or regulations punishable by severe penalties and shall submit the case to its competent authorities in accordance with its laws or regulations.

(d) Each contracting State shall take appropriate measures to prohibit the deliberate use of any civil aircraft registered in that State or operated by an operator who has his principal place of business or permanent residence in that State for any purpose inconsistent with the aims of this Convention. This provision shall not affect paragraph (a) or derogate from paragraphs (b) and (c) of this Article.

Article 4

Misuse of civil aviation

Each contracting State agrees not to use civil aviation for any purpose inconsistent with the aims of this Convention.

---

[1] On May 1984 the ICAO Assembly amended the Convention by adopting the Protocol introducing Article 3*bis*. Under Article 94(b) of the Convention, the amendment came into force on 1 October 1998 in respect of those States which have ratified it.

CHAPTER II
FLIGHT OVER TERRITORY OF CONTRACTING STATES

Article 5
Right of non-scheduled flight

Each contracting State agrees that all aircraft of the other contracting States, being aircraft not engaged in scheduled international air services shall have the right, subject to the observance of the terms of this Convention, to make flights into or in transit non-stop across its territory and to make stops for non-traffic purposes without the necessity of obtaining prior permission, and subject to the right of the State flown over to require landing. Each contracting State nevertheless reserves the right, for reasons of safety of flight, to require aircraft desiring to proceed over regions which are inaccessible or without adequate air navigation facilities to follow prescribed routes, or to obtain special permission for such flights.

Such aircraft, if engaged in the carriage of passengers, cargo, or mail for remuneration or hire on other than scheduled international air services, shall also, subject to the provisions of Article 7, have the privilege of taking on or discharging passengers, cargo, mail, subject to the right of any State where such embarkation or discharge takes place to impose such regulations, conditions or limitations at it may consider desirable.

Article 6
Scheduled air services

No scheduled international air service may be operated over or into the territory of a contracting State, except with the special permission or other authorization of that State, and in accordance with the terms of such permission or authorization.

Article 7
Cabotage

Each contracting State shall have the right to refuse permission to the aircraft of other contracting States to take on in its territory passengers, mail and cargo carried for remuneration or hire and destined for another point within its territory. Each contracting State undertakes not to enter into any arrangements which specifically grant any such privilege on an exclusive basis, to any other State or an airline of any other State, and not to obtain any such exclusive privilege from any other State.

Article 8
Pilotless aircraft

No aircraft capable of being flown without a pilot shall be flown without a pilot over the territory of a contracting State without special authorization by that State and in accordance with the terms of such authorization. Each contracting State undertakes to insure that the flight of such aircraft without a pilot in regions open to civil aircraft shall be so controlled as to obviate danger to civil aircraft.

Article 9

Prohibited areas

(a) Each contracting State may, for reasons of military necessity or public safety, restrict or prohibit uniformly the aircraft of other States from flying over certain areas of its territory, provided that no distinction in this respect is made between the aircraft of the State whose territory is involved, engaged in international scheduled airline services, and the aircraft of the other contracting States likewise engaged. Such prohibited areas shall be of reasonable extent and location so as not to interfere unnecessarily with air navigation. Descriptions of such prohibited areas in the territory of a contracting State, as well as any subsequent alterations therein, shall be communicated as soon as possible to the other contracting States and to the International Civil Aviation Organization.

(b) Each contracting State reserves also the right, in exceptional circumstances or during a period of emergency, or in the interest of public safety, and with immediate effect, temporarily to restrict or prohibit flying over the whole or any part of its territory, on condition that such restriction or prohibition shall be applicable without distinction of nationality to aircraft of all other States.

(c) Each contracting State, under such regulations as it may prescribe, may require any aircraft entering the areas contemplated in subparagraphs (a) or (b) above to effect a landing as soon as practicable thereafter at some designated airport within its territory.

Article 10

Landing at customs airport

Except in a case where, under the terms of this Convention or a special authorization, aircraft are permitted to cross the territory of a contracting State without landing, every aircraft which enters the territory of a contracting State shall, if the regulations of that State so require, land at an airport designated by that State for the purpose of customs and other examination. On departure from the territory of a contracting State, such aircraft shall depart from a similarly designated customs airport. Particulars of all designated customs airports shall be published by the State and transmitted to the International Civil Aviation Organization established under Part II of this Convention for communication to all other contracting States.

Article 11

Applicability of air regulations

Subject to the provisions of this Convention, the laws and regulations of a contracting State relating to the admission to or departure from its territory of aircraft engaged in international air navigation, or to the operation and navigation of such aircraft while within its territory, shall be applied to the aircraft of all contracting States without distinction as to nationality, and shall be complied with by such aircraft upon entering or departing from or while within the territory of that State.

Article 12

Rules of the air

Each contracting State undertakes to adopt measures to insure that every aircraft flying over or maneuvering within its territory and that every aircraft carrying its nationality mark, wherever such aircraft may be, shall comply with the rules and regulations relating to the flight and maneuver of aircraft there in force. Each contracting State undertakes to keep its own regulations in these respects uniform, to the greatest possible extent, with those established from time to time under this Convention. Over the high seas, the rules in force shall be those established under this Convention. Each contracting State undertakes to insure the prosecution of all persons violating the regulations applicable.

Article 13

Entry and clearance regulations

The laws and regulations of a contracting State as to the admission to or departure from its territory of passengers, crew or cargo of aircraft, such as regulations relating to entry, clearance, immigration, passports, customs, and quarantine shall be complied with by or on behalf of such passengers, crew or cargo upon entrance into or departure from, or while within the territory of that State.

Article 14

Prevention of spread of disease

Each contracting State agrees to take effective measures to prevent the spread by means of air navigation of cholera, typhus (epidemic), smallpox, yellow fever, plague, and such other communicable diseases as the contracting States shall from time to time decide to designate, and to that end contracting States will keep in close consultation with the agencies concerned with international regulations relating to sanitary measurer, applicable to aircraft. Such consultation shall be without prejudice to the application of any existing international convention on this subject to which the contracting States may be parties.

Article 15

Airport and similar charges

Every airport in a contracting State which is open to public use by its national aircraft shall likewise, subject to the provisions of Article 68, be open under uniform conditions to the aircraft of all the other contracting States. The like uniform conditions shall apply to the use, by aircraft of every contracting State, of all air navigation facilities, including radio and meteorological services, which may be provided for public use for the safety and expedition of air navigation.

Any charges that may be imposed or permitted to be imported by a contracting State for the use of such airports and air navigation facilities by the aircraft of any other contracting State shall not be higher,

(a) As to aircraft not engaged in scheduled international air services, than those that would be paid by its national aircraft of the same class engaged in similar operations, and

(b) As to aircraft engaged in scheduled international air services, than those that would be paid by its national aircraft engaged in similar international air services.

All such charges shall be published and communicated to the International Civil Aviation Organization: provided that, upon representation by an interested contracting State, the charge, imposed for the use of airports and other facilities shall be subject to review by the Council, which shall report and make recommendations thereon for the consideration of the State or States concerned. No fees, dues or other charges shall be imposed by any contracting State in respect solely of the right of transit over or entry into or exit from its territory of any aircraft of a contracting State or persons or property thereon.

Article 16

Search of aircraft

The appropriate authorities of each of the contracting States shall have the right, without unreasonable delay, to search aircraft of the other contracting States on landing or departure, and to inspect the certificates and other documents prescribed by this Convention.

CHAPTER III
NATIONALITY OF AIRCRAFT

Article 17

Nationality of aircraft

Aircraft have the nationality of the State in which they are registered.

Article 18

Dual registration

An aircraft cannot be validly registered in more than one State, but its registration may be changed from one State to another.

Article 19

National laws governing registration

The registration or transfer of registration of aircraft in any contracting State shall be made in accordance with its laws and regulations.

Article 20

Display of marks

Every aircraft engaged in international air navigation shall bear its appropriate nationality and registration marks.

Article 21

Report of registrations

Each contracting State undertakes to supply to any other contracting State or to the International Civil Aviation Organization, on demand, information concerning the registration and ownership of any particular aircraft registered in that State. In addition, each contracting State shall furnish reports to the International Civil Aviation Organization, under such regulations as the latter may prescribe, giving such pertinent data as can be made available concerning the ownership and control of aircraft registered in that State and habitually engaged in international air navigation. The data thus obtained by the

International Civil Aviation Organization shall be made available by it on request to the other contracting States.

CHAPTER IV
MEASURES TO FACILITATE AIR NAVIGATION

Article 22
Facilitation of formalities

Each contracting State agrees to adopt all practicable measures, through the issuance of special regulations or otherwise, to facilitate and expedite navigation by aircraft between the territories of contracting States, and to prevent unnecessary delays to aircraft, crews, passengers and cargo, especially in the administration of the laws relating to immigration, quarantine, customs and clearance.

Article 23
Customs and immigration procedures

Each contracting State undertakes, so far as it may find practicable, to establish customs and immigration procedures affecting international air navigation in accordance with the practices which may be established or recommended from time to time, pursuant to this Convention. Nothing in this Convention shall be construed as preventing the establishment of customs-free airports.

Article 24
Customs duty

(a) Aircraft on a flight to, from, or across the territory of another contracting State shall be admitted temporarily free of duty, subject to the customs regulations of the State. Fuel, lubricating oils, spare parts, regular equipment and aircraft stores on board an aircraft of a contracting State, on arrival in the territory of another contracting State and retained on board on leaving the territory of that State shall be exempt from customs duty, inspection fees or similar national or local duties and charges. This exemption shall not apply to any quantities or articles unloaded, except in accordance with the customs regulations of the State, which may require that they shall be kept under customs supervision.

(b) Spare parts and equipment imported into the territory of a contracting State for incorporation in or use on an aircraft of another contracting State engaged in international air navigation shall be admitted free of customs duty, subject to compliance with the regulations of the State concerned, which may provide that the articles shall be kept under customs supervision and control.

Article 25
Aircraft in distress

Each contracting State undertakes to provide such measures of assistance to aircraft in distress in its territory as it may find practicable, and to permit, subject to control by its own authorities, the owners of the aircraft or authorities of the State in which the aircraft is registered to provide such measures of assistance as may be necessitated by the circumstances. Each contracting State, when undertaking search for missing aircraft, will collaborate in coordinated measures which may be recommended from time to time pursuant to this Convention.

Article 26

Investigation of accidents

In the event of an accident to an aircraft of a contracting State occurring in the territory of another contracting State, and involving death or serious injury, or indicating serious technical defect in the aircraft or air navigation facilities, the State in which the accident occurs will institute an inquiry into the circumstances of the accident, in accordance, so far as its laws permit, with the procedure which may be recommended by the International Civil Aviation Organization. The State in which the aircraft is registered shall be given the opportunity to appoint observers to be present at the inquiry and the State holding the inquiry shall communicate the report and findings in the matter to that State.

Article 27

Exemption from seizure on patent claims

(a) While engaged in international air navigation, any authorized entry of aircraft of a contracting State into the territory of another contracting State or authorized transit across the territory of such State with or without landings shall not entail any seizure or detention of the aircraft or any claim against the owner or operator thereof or any other interference therewith by or on behalf of such State or any person therein, on the ground that the construction, mechanism, parts, accessories or operation of the aircraft is an infringement of any patent, design, or model duly granted or registered in the State whose territory is entered by the aircraft, it being agreed that no deposit of security in connection with the foregoing exemption from seizure or detention of the aircraft shall in any case be required in the State entered by such aircraft.

(b) The provisions of paragraph (a) of this Article shall also be applicable to the storage of spare parts and spare equipment for the aircraft and the right to use and install the same in the repair of an aircraft of a contracting State in the territory of any other contracting State, provided that any patented part or equipment so stored shall not be sold or distributed internally in or exported commercially from the contracting State entered by the aircraft.

(c) The benefits of this Article shall apply only to such States, parties to this Convention, as either (1) are parties to the International Convention for the Protection of Industrial Property and to any amendments thereof; or (2) have enacted patent laws which recognize and give adequate protection to inventions made by the nationals of the other States parties to this Convention.

Article 28

Air navigation facilities and standard systems

Each contracting State undertakes, so far as it may find practicable, to:

(a) Provide, in its territory, airports, radio services, meteorological services and other air navigation facilities to facilitate international air navigation, in accordance with the standards and practices recommended or established from time to time, pursuant to this Convention;

(b) Adopt and put into operation the appropriate standard systems of communications procedure, codes, markings, signals, lighting and other operational practices and rules which may be recommended or established from time to time, pursuant to this Convention;
(c) Collaborate in international measures to secure the publication of aeronautical maps and charts in accordance with standards which may be recommended or established from time to time, pursuant to this Convention.

CHAPTER V
CONDITIONS TO BE FULFILLED WITH RESPECT TO AIRCRAFT

Article 29
Documents carried in aircraft

Every aircraft of a contracting State, engaged in international navigation, shall carry the following documents in conformity with the conditions prescribed in this Convention:
(a) Its certificate of registration;
(b) Its certificate of airworthiness;
(c) The appropriate licenses for each member of the crew;
(d) Its journey log book;
(e) If it is equipped with radio apparatus, the aircraft radio station license;
(f) If it carries passengers, a list of their names and places of embarkation and destination;
(g) If it carries cargo, a manifest and detailed declarations of the cargo.

Article 30
Aircraft radio equipment

(a) Aircraft of each contracting State may, in or over the territory of other contracting States, carry radio transmitting apparatus only if a license to install and operate such apparatus has been issued by the appropriate authorities of the State in which the aircraft is registered. The use of radio transmitting apparatus in the territory of the contracting State whose territory is flown over shall be in accordance with the regulations prescribed by that State.
(b) Radio transmitting apparatus may be used only by members of the flight crew who are provided with a special license for the purpose, issued by the appropriate authorities of the State in which the aircraft is registered.

Article 31
Certificates of airworthiness

Every aircraft engaged in international navigation shall be provided with a certificate of airworthiness issued or rendered valid by the State in which it is registered.

Article 32
Licenses of personnel

(a) The pilot of every aircraft and the other members of the operating crew of every aircraft engaged in international navigation shall be provided with certificates

of competency and licenses issued or rendered valid by the State in which the aircraft is registered.
(b) Each contracting State reserves the right to refuse to recognize, for the purpose of flight above its own territory, certificates of competency and licenses granted to any of its nationals by another contracting State.

Article 33
Recognition of certificates and licenses

Certificates of airworthiness and certificates of competency and licenses issued or rendered valid by the contracting State in which the aircraft is registered, shall be recognized as valid by the other contracting States, provided that the requirements under which such certificates or licenses were issued or rendered valid are equal to or above the minimum standards which may be established from time to time pursuant to this Convention.

Article 34
Journey log books

There shall be maintained in respect of every aircraft engaged in inter national navigation a journey log book in which shall be entered particulars of the aircraft, its crew and of each journey, in such form as may be prescribed from time to time pursuant to this Convention.

Article 35
Cargo restrictions

(a) No munitions of war or implements of war may be carried in or above the territory of a State in aircraft engaged in international navigation, except by permission of such State. Each State shall determine by regulations what constitutes munitions of war or implement, of war for the purposes of this Article, giving due consideration, for the purposes of uniformity, to such recommendations as the International Civil Aviation Organization may from time to time make.
(b) Each contracting State reserves the right, for reasons of public order and safety, to regulate or prohibit the carriage in or above its territory of articles other than those enumerated in paragraph (a): provided that no distinction is made in this respect between its national aircraft engaged in international navigation and the aircraft of the other States so engaged; and provided further that no restriction shall be imposed which may interfere with the carriage and use on aircraft of apparatus necessary for the operation or navigation of the aircraft or the safety of the personnel or passengers.

Article 36
Photographic apparatus

Each contracting State may prohibit or regulate the use of photographic apparatus in aircraft over its territory.

CHAPTER VI
INTERNATIONAL STANDARDS AND RECOMMENDED PRACTICES

Article 37

Adoption of international standards and procedures

Each contracting State undertakes to collaborate in securing the highest practicable degree of uniformity in regulations, standards, procedures, and organization in relation to aircraft, personnel, airways and auxiliary services in all matters in which such uniformity will facilitate and improve air navigation.

To this end the International Civil Aviation Organization shall adopt and amend from time to time, as may be necessary, international standards and recommended practices and procedures dealing with:

(a) Communications systems and air navigation aids, including ground marking;
(b) Characteristics of airports and landing areas;
(c) Rules of the air and air traffic control practices;
(d) Licensing of operating and mechanical personnel;
(e) Airworthiness of aircraft;
(f) Registration and identification of aircraft;
(g) Collection and exchange of meteorological information;
(h) Log books;
(i) Aeronautical maps and charts;
(j) Customs and immigration procedures;
(k) Aircraft in distress and investigation of accidents;

and such other matters concerned with the safety, regularity, and efficiency of air navigation as may from time to time appear appropriate.

Article 38

Departure from international standards and procedures

Any State which finds it impracticable to comply in all respects with any such international standards or procedure, or to bring its own regulations or practices into full accord with any international standard or procedure after amendment of the latter, or which deems it necessary to adopt regulations or practices differing in any particular respect from those established by an international standard, shall give immediate notification to the International Civil Aviation Organization of the differences between its own practice and that established by the international standard. In the case of amendments to inter national standards, any State which does not make the appropriate amendments to its own regulations or practices shall give notice to the Council within sixty days of the adoption of the amendment to the international standard, or indicate the action which it proposes to take. In any such case, the Council shall make immediate notification to all other States of the difference which exists between one or more features of an international standard and the corresponding national practice of that State.

Article 39

Endorsement of certificates and licenses

(a) Any aircraft or part thereof with respect to which there exists an

international standard of airworthiness or performance, and which failed in any respect to satisfy that standard at the time of its certification, shall have endorsed on or attached to its airworthiness certificate a complete enumeration of the details in respect of which it so failed.
(b) Any person holding a license who does not satisfy in full the conditions laid down in the international standard relating to the class of license or certificate which he holds shall have endorsed on or attached to his license a complete enumeration of the particulars in which he does not satisfy such conditions.

Article 40

Validity of endorsed certificates and licenses

No aircraft or personnel having certificates or licenses so endorsed shall participate in international navigation, except with the permission of the State or States whose territory is entered. The registration or use of any such aircraft, or of any certificated aircraft part, in any State other than that in which it was originally certificated shall be at the discretion of the State into which the aircraft or part is imported.

Article 41

Recognition of exiting standards of airworthiness

The provisions of this Chapter shall not apply to aircraft and aircraft equipment of types of which the prototype is submitted to the appropriate national authorities for certification prior to a date three years after the date of adoption of an international standard of airworthiness for such equipment.

Article 42

Recognition of exiting standards of competency of personnel

The provisions of this Chapter shall not apply to personnel whose licenses are originally issued prior to a date one year after initial adoption of an international standard of qualification for such personnel; but they shall in any case apply to all personnel whose licenses remain valid five years after the date of adoption of such standard.

PART II
THE INTERNATIONAL CIVIL AVIATION ORGANIZATION

CHAPTER VII
THE ORGANIZATION

Article 43

Name and composition

An organization to be named the International Civil Aviation Organization is formed by the Convention. It is made up of an Assembly, a Council, and such other bodies as may be necessary.

Article 44

Objectives

The aims and objectives of the Organization are to develop the principles and techniques of international air navigation and to foster the planning and development of international air transport so as to:

(a) Insure the safe and orderly growth of international civil aviation throughout the world;

(b) Encourage the arts of aircraft design and operation for peaceful purposes;

(c) Encourage the development of airways, airports, and air navigation facilities for international civil aviation;

(d) Meet the needs of the peoples of the world for safe, regular, efficient and economical air transport;

(e) Prevent economic waste caused by unreasonable competition;

(f) Insure that the rights of contracting States are fully respected and that every contracting State has a fair opportunity to operate international airlines;

(g) Avoid discrimination between contracting States;

(h) Promote safety of flight in international air navigation;

(i) Promote generally the development of all aspects of international civil aeronautics.

Article 45[2]

Permanent seat

The permanent seat of the Organization shall be at such place as shall be determined at the final meeting of the Interim Assembly of the Provisional International Civil Aviation Organization set up by the Interim Agreement on International Civil Aviation signed at Chicago on December 7, 1944. The seat may be temporarily transferred elsewhere by decision of the Council, and otherwise than temporarily by decision of the Assembly, such decision to be taken by the number of votes specified by the Assembly. The number of votes so specified will not be less than three-fifths of the total number of contracting States.

Article 46

First meeting of Assembly

The first meeting of the Assembly shall be summoned by the Interim Council of the above-mentioned Provisional Organization as soon as the Convention has come into force, to meet at a time and place to be decided by the

---

[2] This is the text of the Article as amended by the Eighth Session of the Assembly on 14 June 1954; it entered into force on 16 May 1958. Under Article 94(a) of the Convention, the amended text is in force in respect of those States which have ratified the amendment. In respect of those States which have not ratified the amendment, the original text is still in force and, therefore, that text is reproduced below:

> The permanent seat of the Organization shall be at such place as shall be determined at the final meeting of the Interim Assembly of the Provisional International Civil Aviation Organization set up by the Interim Agreement on International Civil Aviation signed at Chicago on December 7, 1944. The seat may be temporarily transferred elsewhere by decision of the Council.

Interim Council.

Article 47
Legal Capacity

The Organization shall enjoy in the territory of each contracting State such legal capacity as may be necessary for the performance of its functions. Full juridical personality shall be granted wherever compatible with the constitution and laws of the State concerned.

CHAPTER VIII
THE ASSEMBLY

Article 48
Meetings of the Assembly and voting

(a) The Assembly shall meet annually and shall be convened by the Council at a suitable time and place. Extraordinary meetings of the Assembly may be held at any time upon the call of the Council or at the request of any ten contracting States addressed to the Secretary General.

(b) All contracting States shall have an equal right to be represented at the meetings of the Assembly and each contracting State shall be entitled to one vote. Delegates representing contracting States may be assisted by technical advisers who may participate in the meetings but shall have no vote.

(c) A majority of the contracting States is required to constitute a quorum for the meetings of the Assembly. Unless otherwise provided in this Convention, decisions of the Assembly shall be taken by a majority of the votes cast.

Article 49
Powers and duties of the Assembly

The powers and duties of the Assembly shall be to:

(a) Elect at each meeting its President and other officers;

(b) Elect the contracting States to be represented on the Council, in accordance with the provisions of Chapter IX;

(c) Examine and take appropriate action on the reports of the Council and decide on any matter referred to it by the Council;

(d) Determine its own rules of procedure and establish such subsidiary commissions as it may consider to be necessary or desirable;

(e) Vote an annual budget and determine the financial arrangements of the Organization, in accordance with the provisions of Chapter XII;

(f) Review expenditures and approve the accounts of the Organization;

(g) Refer, at its discretion, to the Council, to subsidiary commissions or to any other body any matter within its sphere of action;

(h) Delegate to the Council the powers and authority necessary or desirable for the discharge of the duties of the Organization and revoke or modify the delegations of authority at any time;

(i) Carry out the appropriate provisions of Chapter XIII;

(j) Consider proposals for the modification or amendment of the provisions of this Convention and, if it approves of the proposals, recommend them to the contracting States in accordance with the provisions of Chapter XXI;

(k) Deal with any matter within the sphere of action of the Organization not specifically assigned to the Council.

CHAPTER IX
THE COUNCIL

Article 50
Composition and election of Council

(a) The Council shall be a permanent body responsible to the Assembly. It shall be composed of thirty-six contracting States elected by the Assembly. An election shall be held at the first meeting of the Assembly and thereafter every three years, and the members of the Council so elected shall hold office until the next following election.[3]

(b) In electing the members of the Council, the Assembly shall give adequate representation to (1) the States of chief importance in air transport; (2) the States not otherwise included which make the largest contribution to the provision of facilities for international civil air navigation; and (3) the States not otherwise included whose designation will insure that all major geographic areas of the world are represented on the Council. Any vacancy on the Council shall be filled by the Assembly as soon as possible; any contracting State so elected to the Council shall hold office for the unexpired portion of its predecessor's term of office.

(c) No representative of a contracting State on the Council shall be actively associated with the operation of an international air service or financially interested in such a service.

Article 51
President of Council

The Council shall elect its President for a term of three years. He may be reelected. He shall have no vote. The Council shall elect from among its members one or more Vice Presidents who shall retain their right to vote when serving as acting President. The President need not be selected from among the representatives of the members of the Council but, if a representative is elected, his seat shall be deemed vacant and it shall be filled by the State which he represented. The duties of the President shall be to:

(a) Convene meetings of the Council, the Air Transport Committee, and the Air Navigation Commission;

---

[3] This is the text of the Article as amended by the 28th Session of the assembly on 25 October 1990; it entered into force on 28 November 2002. The original text of the Convention provided for twenty-one Members of the Council. The text was subsequently amended to the 13th (Extraordinary) Session of the Assembly on 19 June 1961; that amendment entered into force on 17 July 1962 and provided for twenty-seven Members of the Council; a further amendment was approved by the 17th (A) (Extraordinary) Session of the Assembly on 12 March 1971 providing for thirty Members of the Council; this amendment entered into force on 16 January 1973; a further amendment was approved by the 21st Session of the Assembly on 14 October 1974 providing for thirty-three Members of the Council; this amendment entered into force on 15 February 1980.

(b) Serve as representative of the Council; and

(c) Carry out on behalf of the Council the functions which the Council assigns to him.

Article 52

Voting in Council

Decisions by the Council shall require approval by a majority of its members. The Council may delegate authority with respect to any particular matter to a committee of its members. Decisions of any committee of the Council may be appealed to the Council by any interested contracting State.

Article 53

Participation without a vote

Any contracting State may participate, without a vote, in the consideration by the Council and by its committees and commissions on any question which especially affects its interests. No member of the Council shall vote in the consideration by the Council of a dispute to which it is a party.

Article 54

Mandatory functions of Council

The Council shall:

(a) Submit annual reports to the Assembly;

(b) Carry out the directions of the Assembly and discharge the duties and obligations which are laid on it by this Convention;

(c) Determine its organization and rules of procedure;

(d) Appoint and define the duties of an Air Transport Committee, which shall be chosen from among the representatives of the members of the Council, and which shall be responsible to it;

(e) Establish an Air Navigation Commission, in accordance with the provisions of Chapter X;

(f) Administer the finances of the Organization in accordance with the provisions of Chapters XII and XV;

(g) Determine the emoluments of the President of the Council;

(h) Appoint a chief executive officer who shall be called the Secretary General, and make provision for the appointment of such other personnel as may be necessary, in accordance with the provisions of Chapter XI;

(i) Request, collect, examine and publish information relating to the advancement of air navigation and the operation of international air services, including information about the costs of operation and particulars of subsidies paid to airlines from public funds;

(j) Report to contracting States any infraction of this Convention, as well as any failure to carry out recommendations or determinations of the Council;

(k) Report to the Assembly any infraction of this Convention where a contracting State has failed to take appropriate action within a reasonable time after notice of the infraction;

(l) Adopt, in accordance with the provisions of Chapter VI of this Convention, international standards and recommended practices; for convenience, designate them as Annexes to this Convention; and notify all

contracting States of the action taken;
(m) Consider recommendations of the Air Navigation Commission for amendment of the Annexes and take action in accordance with the provisions of Chapter XX;
(n) Consider any matter relating to the Convention which any contracting State refers to it.

Article 55

Permissive functions of Council

The Council may:
(a) Where appropriate and as experience may show to be desirable, create subordinate air transport commissions on a regional or other basis and define groups of states or airlines with or through which it may deal to facilitate the carrying out of the aims of this Convention;
(b) Delegate to the Air Navigation Commission duties additional to those set forth in the Convention and revoke or modify such delegations of authority at any time;
(c) Conduct research into all aspects of air transport and air navigation which are of international importance, communicate the results of its research to the contracting States, and facilitate the exchange of information between contracting States on air transport and air navigation matters;
(d) Study any matters affecting the organization and operation of international air transport, including the international ownership and operation of international air services on trunk routes, and submit to the Assembly plans in relation thereto;
(e) Investigate, at the request of any contracting State, any situation which may appear to present avoidable obstacles to the development of international air navigation; and, after such investigation, issue such reports as may appear to it desirable.

CHAPTER X
THE AIR NAVIGATION COMMISSION

Article 56[4]

Nomination and appointment of Commission

The Air Navigation Commission shall be composed of nineteen members appointed by the Council from among persons nominated by contracting States. These persons shall have suitable qualifications and experience in the science and practice of aeronautics. The Council shall request all contracting States to submit nominations. The President of the Air Navigation Commission shall be appointed by the Council.

[4] This is the text of the Article as amended by the 27th Session of the Assembly on 6 October 1989; it entered into force on 18 April 2005. The original text of the Convention provided for twelve members of the Air Navigation Commission. That text was subsequently amended by the 18th Session of the Assembly on 7 July 1971; this amendment entered into force on 19 December 1974 and provided for fifteen members of the Air Navigation Commission.

Article 57

Duties of the Commission

The Air Navigation Commission shall:

(a) Consider, and recommend to the Council for adoption, modifications of the Annexes to this Convention;

(b) Establish technical subcommissions on which any contracting State may be represented, if it so desires;

(c) Advise the Council concerning the collection and communication to the contracting States of all information which it considers necessary and useful for the advancement of air navigation.

CHAPTER XI
PERSONNEL

Article 58

Appointment of personnel

Subject to any rules laid down by the Assembly and to the provisions of this Convention, the Council shall determine the method of appointment and of termination of appointment, the training, and the salaries, allowances, and conditions of service of the Secretary General and other personnel of the Organization, and may employ or make use of the services of nationals of any contracting State.

Article 59

International character of personnel

The President of the Council, the Secretary General, and other personnel shall not seek or receive instructions in regard to the discharge of their responsibilities from any authority external to the Organization. Each contracting State undertakes fully to respect the international character of the responsibilities of the personnel and not to seek to influence any of its nationals in the discharge of their responsibilities.

Article 60

Immunities and privileges of personnel

Each contracting State undertakes, so far as possible under its constitutional procedure, to accord to the President of the Council, the Secretary General, and the other personnel of the Organization, the immunities and privileges which are accorded to corresponding personnel of other public international organizations. If a general international agreement on the immunities and privileges of international civil servants is arrived at, the immunities and privileges accorded to the President, the Secretary General, and the other personnel of the Organization shall be the immunities and privileges accorded under that general international agreement.

CHAPTER XII
FINANCE

Article 61[5]

Budget and apportionment of expenses

The Council shall submit to the Assembly annual budgets, annual statements of accounts and estimates of all receipts and expenditures. The Assembly shall vote the budgets with whatever modification it sees fit to prescribe, and, with the exception of assessments under Chapter XV to States consenting thereto, shall apportion the expenses of the Organization among the contracting States on the basis which it shall from time to time determine.

Article 62

Suspension of voting power

The Assembly may suspend the voting power in the Assembly and in the Council of any contracting State that fails to discharge within a reasonable period its financial obligations to the Organization.

Article 63

Expenses of delegations and other representatives

Each contracting State shall bear the expenses of its own delegation to the Assembly and the remuneration, travel, and other expenses of any person whom it appoints to serve on the Council, and of its nominees or representatives on any subsidiary committees or commissions of the Organization.

CHAPTER XIII
OTHER INTERNATIONAL ARRANGEMENTS

Article 64

Security arrangements

The Organization may, with respect to air matters within its competence directly affecting world security, by vote of the Assembly enter into appropriate arrangements with any general organization set up by the nations of the world to preserve peace.

Article 65

Arrangements with other international bodies

The Council, on behalf of the Organization, may enter into agreements

---

[5] This is the text of the Article as amended by the Eighth Session of the Assembly on 14 June 1954; it entered into force on 12 December 1956. Under Article 94(a) of the Convention, the amended text is in force in respect of the States which have ratified the amendment. In respect of the States which have not ratified the amendment, the original text is still in force and, therefore, that text is reproduced below:

> The Council shall submit to the Assembly an annual budget, annual statements of accounts and estimates of all receipts and expenditures. The Assembly shall vote the budget with whatever modification it sees fit to prescribe, and, with the exception of assessments under Chapter XV to States consenting thereto, shall apportion the expenses of the Organization among the contracting States on the basis which it shall from time to time determine.

with other international bodies for the maintenance of common services and for common arrangements concerning personnel and, with the approval of the Assembly, may enter into such other arrangements as may facilitate the work of the Organization.

Article 66

Functions related to other agreements

(a) The Organization shall also carry out the functions placed upon it by the International Air Services Transit Agreement and by the International Air Transport Agreement drawn up at Chicago on December 7, 1944, in accordance with the terms and conditions therein set forth.

(b) Members of the Assembly and the Council who have not accepted the International Air Services Transit Agreement or the International Air Transport Agreement drawn up at Chicago on December 7, 1944 shall not have the right to vote on any questions referred to the Assembly or Council under the provisions of the relevant Agreement.

PART III
INTERNATIONAL AIR TRANSPORT

CHAPTER XIV
INFORMATION AND REPORTS

Article 67

File reports with Council

Each contracting State undertakes that its international airlines shall, in accordance with requirements laid down by the Council, file with the Council traffic reports, cost statistics and financial statements showing among other things all receipts and the sources thereof.

CHAPTER XV
AIRPORTS AND OTHER AIR NAVIGATION FACILITIES

Article 68

Designation of routes and airports

Each contracting State may, subject to the provisions of this Convention, designate the route to be followed within its territory by any international air service and the airports which any such service may use.

Article 69

Improvement of air navigation facilities

If the Council is of the opinion that the airports or other air navigation facilities, including radio and meteorological services, of a contracting State are not reasonably adequate for the safe, regular, efficient, and economical operation of international air services, present or contemplated, the Council shall consult with the State directly concerned, and other States affected, with a view to finding means by which the situation may be remedied, and may make recommendations for that purpose. No contracting State shall be guilty of an infraction of this Convention if it fails to carry out these recommendations.

Article 70

Financing of air navigation facilities

A contracting State, in the circumstances arising under the provisions of Article 69, may conclude an arrangement with the Council for giving effect to such recommendations. The State may elect to bear all of the costs involved in any such arrangement. If the States does not so elect, the Council may agree, at the request of the State, to provide for all or a portion of the cost.

Article 71

Provision and maintenance of facilities by Council

If a contracting State so requests, the Council may agree to provide, man, maintain, and administer any or all of the airports and other air navigation facilities, including radio and meteorological services, required in its territory for the safe, regular, efficient and economical operation of the international air services of the other contracting States, and may specify just and reasonable charges for the use of the facilities provided.

Article 72

Acquisition or use of land

Where land is needed for facilities financed in whole or in part by the Council at the request of a contracting State, that State shall either provide the land itself, retaining title if it wishes, or facilitate the use of the land by the Council on just and reasonable terms and in accordance with the laws of the State concerned.

Article 73

Expenditure and assessment of funds

Within the limit of the funds which may be made available to it by the Assembly under Chapter XII, the Council may make current expenditures for the purposes of this Chapter from the general funds of the Organization. The Council shall assess the capital funds required for the purposes of this Chapter in previously agreed proportions over a reasonable period of time to the contracting States consenting thereto whose airlines use the facilities. The Council may also assess to States that consent any working funds that are required.

Article 74

Technical assistance and utilization of revenues

When the Council, at the request of a contracting State, advances funds or provides airports or other facilities in whole or in part, the arrangement may provide, with the consent of that State, for technical assistance in the supervision and operation of the airports and other facilities, and for the payment, from the revenues derived from the operation of the airports and other facilities, of the operating expenses of the airports and the other facilities, and of interest and amortization charges.

Article 75

Taking over of facilities from Council

A contracting State may at any time discharge any obligation into which it has entered under Article 70, and take over airports and other facilities which the Council has provided in its territory pursuant to the provisions of Articles 71 and 72, by paying to the Council an amount which in the opinion of the Council is reasonable in the circumstances. If the State considers that the amount fixed by the Council is unreasonable it may appeal to the Assembly against the decision of the Council and the Assembly may confirm or amend the decision of the Council.

Article 76

Return of funds

Funds obtained by the Council through reimbursement under Article 75 and from receipts of interest and amortization payments under Article 74 shall, in the case of advances originally financed by States under Article 73, be returned to the States which were originally assessed in the proportion of their assessments, as determined by the Council.

CHAPTER XVI
JOINT OPERATING ORGANIZATIONS AND POOLED SERVICES

Article 77

Joint operating organizations permitted

Nothing in this Convention shall prevent two or more contracting States from constituting joint air transport operating organizations or international operating agencies and from pooling their air services on any routes or in any regions, but such organizations or agencies and such pooled services shall be subject to all the provisions of this Convention, including those relating to the registration of agreements with the Council. The Council shall determine in what manner the provisions of this Convention relating to nationality of aircraft shall apply to aircraft operated by international operating agencies.

Article 78

Function of Council

The Council may suggest to contracting States concerned that they form joint organizations to operate air services on any routes or in any regions.

Article 79

Participation in operating organizations

A State may participate in joint operating organizations or in pooling arrangements, either through its government or through an airline company or companies designated by its government. The companies may, at the sole discretion of the State concerned, be state-owned or partly state-owned or privately owned.

PART IV
FINAL PROVISIONS

CHAPTER XVII
OTHER AERONAUTICAL AGREEMENTS AND ARRANGEMENTS

Article 80
Paris and Habana Conventions

Each contracting State undertakes, immediately upon the coming into force of this Convention, to give notice of denunciation of the Convention relating to the Regulation of Aerial Navigation signed at Paris on October 13, 1919 or the Convention on Commercial Aviation signed at Habana on February 20, 1928, if it is a party to either. As between contracting States, this Convention supersedes the Conventions of Paris and Habana previously referred to.

Article 81
Registration of exiting agreements

All aeronautical agreements which are in existence on the coming into force of this Convention, and which are between a contracting State and any other State or between an airline of a contracting State and any other State or the airline of any other State, shall be forthwith registered with the Council.

Article 82
Abrogation of inconsistent arrangements

The contracting States accept this Convention as abrogating all obligations and understandings between them which are inconsistent with its terms, and undertake not to enter into any such obligations and understandings. A contracting State which, before becoming a member of the Organization has under taken any obligations toward a non-contracting State or a national of a contracting State or of a non-contracting State inconsistent with the terms of this Convention, shall take immediate steps to procure its release from the obligations. If an airline of any contracting State has entered into any such inconsistent obligations, the State of which it is a national shall use its best efforts to secure their termination forthwith and shall in any event cause them to be terminated as soon as such action can lawfully be taken after the coming into force of this Convention.

Article 83
Registration of new arrangements

Subject to the provisions of the preceding Article, any contracting State may make arrangements not inconsistent with the provisions of this Convention. Any such arrangement shall be forthwith registered with the Council, which shall make it public as soon as possible.

Article 83*bis*[6]

Transfer of certain functions and duties

(a) Notwithstanding the provisions of Articles 12, 30, 31 and 32(a), when an aircraft registered in a contracting State is operated pursuant to an agreement for the lease, charter or interchange of the aircraft or any similar arrangement by an operator who has his principal place of business or, if he has no such place of business, his permanent residence in another contracting State, the State of registry may, by agreement with such other State, transfer to it all or part of its functions and duties as State of registry in respect of that aircraft under Articles 12, 30, 31, and 32(a). The State of registry shall be relieved of responsibility in respect of the functions and duties transferred.

(b) The transfer shall not have effect in respect of other contracting States before either the agreement between States in which it is embodied has been registered with the Council and made public pursuant to Article 83 or the existence and scope of the agreement have been directly communicated to the authorities of the other contracting State or States concerned by a State party to the agreement.

(c) The provisions of paragraphs (a) and (b) above shall also be applicable to cases covered by Article 77.

CHAPTER XVIII
DISPUTES AND DEFAULT

Article 84

Settlement of disputes

If any disagreement between two or more contracting States relating to the interpretation or application of this Convention and its Annexes cannot be settled by negotiation, it shall, on the application of any State concerned in the disagreement, be decided by the Council. No member of the Council shall vote in the consideration by the Council of any dispute to which it is a party. Any contracting State may, subject to Article 85, appeal from the decision of the Council to an *ad hoc* arbitral tribunal agreed upon with the other parties to the dispute or to the Permanent Court of International Justice. Any such appeal shall be notified to the Council within sixty days of receipt of notification of the decision of the Council.

Article 85

Arbitration procedure

If any contracting State party to a dispute in which the decision of de Council is under appeal has not accepted the Statute of the Permanent Court of International Justice and the contracting States parties to the dispute cannot agree on the choice of the arbitral tribunal, each of the contracting States parties to the dispute shall name a single arbitrator who shall name an umpire. If either contracting State party to the dispute fails to name an arbitrator within a period

---

[6] On 6 October 1980 the Assembly decided to amend the *Chicago Convention* by introducing Article 83*bis*. Under Article 94(b) of the *Convention*, the amendment came into force on 20 June 1997 in respect with those States which have ratified it.

of three months from the date of the appeal, an arbitrator shall be named on behalf of that State by the President of the Council from a list of qualified and available persons maintained by the Council. If, within thirty days, the arbitrators cannot agree on an umpire, the President of the Council shall designate an umpire from the list previously referred to. The arbitrators and the umpire shall then jointly constitute an arbitral tribunal. Any arbitral tribunal established under this or the preceding Article shall settle its own procedure and give its decisions by majority vote, provided that the Council may determine procedural questions in the event of any delay which in the opinion of the Council is excessive.

Article 86

Appeals

Unless the Council decides otherwise, any decision by the Council on whether an international airline is operating in conformity with the provisions of this Convention shall remain in effect unless reversed on appeal. On any other matter, decisions of the Council shall, if appealed from, be suspended until the appeal is decided. The decisions of the Permanent Court of International Justice and of an arbitral tribunal shall be final and binding.

Article 87

Penalty for non-conformity of airline

Each contracting State undertakes not to allow the operation of an airline of a contracting State through the airspace above its territory if the Council has decided that the airline concerned is not conforming to a final decision rendered in accordance with the previous Article.

Article 88

Penalty for non-conformity by State

The Assembly shall suspend the voting power in the Assembly and in the Council of any contracting State that is found in default under the provisions of this Chapter.

CHAPTER XIX
WAR

Article 89

War and emergency conditions

In case of war, the provisions of this Convention shall not affect the freedom of action of any of the contracting States affected, whether as belligerents or as neutrals. The same principle shall apply in the case of any contracting State which declares a state of national emergency and notifies the fact to the Council.

CHAPTER XX
ANNEXES

Article 90
Adoption and amendment of Annexes

(a) The adoption by the Council of the Annexes described in Article 54, subparagraph (I), shall require the vote of two-thirds of the Council at a meeting called for that purpose and shall then be submitted by the Council to each contracting State. Any such Annex or any amendment of an Annex shall become effective within three months after its submission to the contracting States or at the end of such longer period of time as the Council may prescribe, unless in the meantime a majority of the contracting States register their disapproval with the Council.

(b) The Council shall immediately notify all contracting States of the coming into force of any Annex or amendment thereto.

CHAPTER XXI
RATIFICATIONS, ADHERENCES, AMENDMENTS, AND DENUNCIATIONS

Article 91
Ratification of Convention

(a) This Convention shall be subject to ratification by the signatory States. The instruments of ratification shall be deposited in the archives of the Government of the United States of America, which shall give notice of the date of the deposit to each of the signatory and adhering States.

(b) As soon as this Convention has been ratified or adhered to by twenty six States it shall come into force between them on the thirtieth day after deposit of the twenty-sixth instrument. It shall come into force for each State ratifying thereafter on the thirtieth day after the deposit of its instrument of ratification.

(c) It shall be the duty of the Government of the United States of America to notify the government of each of the signatory and adhering States of the date on which this Convention comes into force.

Article 92
Adherence to Convention

(a) This Convention shall be open for adherence by members of the United Nations and States associated with them, and States which remained neutral during the present world conflict.

(b) Adherence shall be effected by a notification addressed to the Government of the United States of America and shall take effect as from the thirtieth day from the receipt of the notification by the Government of the United States of America, which shall notify all the contracting States.

Article 93
Admission of other States

States other than those provided for in Articles 91 and 92 (a) may, subject to approval by any general international organization set up by the nations of the world to preserve peace, be admitted to participation in this Convention by means of a four-fifths vote of the Assembly and on such conditions as the Assembly may prescribe: provided that in each case the assent of any State invaded or attacked during the present war by the State seeking admission shall be necessary.

Article 93*bis*[7]

(a) Notwithstanding the provisions of Articles 91, 92 and 93 above:

(1) A State whose government the General Assembly of the United Nations has recommended be debarred from membership in international agencies established by or brought into relationship with the United Nations shall automatically cease to be a member of the International Civil Aviation Organization;

(2) A State which has been expelled from membership in the United Nations shall automatically cease to be a member of the International Civil Aviation Organization unless the General Assembly of the United Nations attaches to its act of expulsion a recommendation to the contrary.

(b) A State which ceases to be a member of the International Civil Aviation Organization as a result of the provisions of paragraph (a) above may, after approval by the General Assembly of the United Nations, be readmitted to the International Civil Aviation Organization upon application and upon approval by a majority of the Council.

(c) Members of the Organization which are suspended from the exercise of the rights and privileges of membership in the United Nations shall, upon the request of the latter, be suspended from the rights and privileges of membership in this Organization.

Article 94

Amendment of Convention

(a) Any proposed amendment to this Convention must be approved by a two-thirds vote of the Assembly and shall then come into force in respect of States which have ratified such amendment when ratified by the number of contracting States specified by the Assembly. The number so specified shall not be less than two-thirds of the total number of contracting States.

(b) If in its opinion the amendment is of such a nature as to justify this course, the Assembly in its resolution recommending adoption may provide that any State which has not ratified within a specified period after the amendment has come into force shall thereupon cease to be a member of the Organization and a party to the Convention.

Article 95

Denunciation of Convention

(a) Any contracting State may give notice of denunciation of this Convention three years after its coming into effect by notification addressed to the Government of the United States of America, which shall at once inform each of

---

[7] On 27 May 1947 the Assembly decided to amend the *Chicago Convention* by introducing Article 93*bis*. Under Article 94(a) of the Convention, the amendment came into force on 20 March 1961 in respect of States which have ratified it.

the contracting States.

(b) Denunciation shall take effect one year from the date of the receipt of the notification and shall operate only as regards the State effecting the denunciation.

CHAPTER XXII
DEFINITIONS

Article 96

For the purpose of this Convention the expression:

(a) "Air service"- means any scheduled air service performed by air craft for the public transport of passengers, mail or cargo.

(b) "International air service" means an air service which pas through the air space over the territory of more than one State.

(c) "Airline" means any air transport enterprise offering or operating an international air service.

(d) "Stop for non-traffic purposes" means a landing for any purpose other than taking on or discharging passengers, cargo or mail.

SIGNATURE OF CONVENTION

IN WITNESS WHEREOF, the undersigned plenipotentiaries, having been duly authorized, sign this Convention on behalf of their respective governments on the dates appearing opposite their signatures.

DONE at Chicago the seventh day of December 1944, in the English language. A text drawn up in the English, French, Russian and Spanish languages, each of which shall be of equal authenticity. These texts shall be deposited in the archives of the Government of the United States of America, and certified copies shall be transmitted by that Government to the Governments of all the States which may sign or adhere to this Convention. This Convention shall be open for signature at Washington, D.C.[8]

---

[8] This is the text of the final Paragraph as amended by the 22nd Session of the Assembly on 30 September 1977. It entered into force on 17 August 1999. Under Article 94(a) of the Convention, the amended text is in force in respect of those States which have ratified the amendment. In respect of the States which have not ratified the amendment, the original text is still in force and, therefore, that text is reproduced below:

> DONE at Chicago the seventh day of December 1944, in the English language. A text drawn up in the English, French and Spanish languages, each of which shall be of equal authenticity, shall be open for signature at Washington, D.C. Both texts shall be deposited in the archives of the Government of the United States of America, and certified copies shall be transmitted by that Government to the governments of all the States which may sign or adhere to this Convention.

항공기내에서 행한 범죄 및 기타 행위에 관한 협약

[우리나라 관련사항]
국회비준동의 필요1970년 12월 22일
비준서 기탁일 1971년 2월 19일
발효일 1971년 5월 20일(조약 제385호)
관보게재일 1971년 5월 20일
수록문헌 다자조약집 제2권
당사국현황 2006년 4월 10일 현재

본 협약의 당사국은
다음과 같이 합의하였다.

제 1 장
협약의 범위

제 1 조

1. 본 협약은 다음 사항에 대하여 적용된다.
   (a) 형사법에 위반하는 범죄
   (b) 범죄의 구성여부를 불문하고 항공기와 기내의 인명 및 재산의 안전을 위태롭게 할 수 있거나 하는 행위 또는 기내의 질서 및 규율을 위협하는 행위

2. 제3장에 규정된 바를 제외하고는 본 협약은 체약국에 등록된 항공기가 비행중이거나 공해 수면상에 있거나 또는 어느 국가의 영토에도 속하지 않는 지역의 표면에 있을 때에 동 항공기에 탑승한 자가 범한 범죄 또는 행위에 관하여 적용된다.

3. 본 협약의 적용상 항공기는 이륙의 목적을 위하여 시동이 된 순간부터 착륙 활주가 끝난 순간까지를 비행중인 것으로 간주한다.

4. 본 협약은 군용, 세관용, 경찰용 업무에 사용되는 항공기에는 적용되지 아니한다.

제 2 조

제4조의 규정에도 불구하고, 또한 항공기와 기내의 인명 및 재산의 안전이 요청하는 경우를 제외하고는 본 협약의 어떠한 규정도 형사법에 위반하는 정치적 성격의 범죄나 또는 인종 및 종교적 차별에 기인하는 범죄에 관하여 어떠한 조치를 허용하거나 요구하는 것으로 해석되지 아니한다.

Convention on Offenses and Certain Other Acts Committed on Board Aircraft

[일반사항]
조약명(국문) 항공기내에서 행한 범죄 및 기타 행위에 관한 협약
조약명(영문) Convention on Offenses and Certain Other Acts Committed on Board Aircraft
체결일자 및 장소 1963년 9월 14일 동경에서 작성
발효일 1969년 12월 4일
기탁처 ICAO
분야명 국제범죄(테러리즘)
Crimes of International Concern(Terrorism)

THE STATES Parties to this Convention HAVE AGREED as follows:

CHAPTER I
SCOPE OF THE CONVENTION

Article 1

1. This Convention shall apply in respect of:
   (a) offences against penal law;
   (b) acts which, whether or not they are offences, may or do jeopardize the safety of the aircraft or of persons or property therein or which jeopardize good order and discipline on board.
2. Except as provided in Chapter III, this Convention shall apply in respect of offences committed or acts done by a person on board any aircraft registered in a Contracting State, while that aircraft is in flight or on the surface of the high seas or of any other area outside the territory of any State.
3. For the purposes of this Convention, an aircraft is considered to be in flight from the moment when power is applied for the purpose of take-off until the moment when the landing run ends.
4. This Convention shall not apply to aircraft used in military, customs or police services.

Article 2

Without prejudice to the provisions of Article 4 and except when the safety of the aircraft or of persons or property on board so requires, no provision of this Convention shall be interpreted as authorizing or requiring any action in respect of offences against penal laws of a political nature or those based on racial or religious discrimination.

제 2 장
재판관할권

제 3 조

1. 항공기의 등록국은 동 항공기내에서 범하여진 범죄나 행위에 대한 재판관할권을 행사할 권한을 가진다.
2. 각 체약국은 자국에 등록된 항공기내에서 범하여진 범죄에 대하여 등록국으로서의 재판관할권을 확립하기 위하여 필요한 조치를 취하여야 한다.
3. 본 협약은 국내법에 따라 행사하는 어떠한 형사재판관할권도 배제하지 아니한다.

제 4 조

체약국으로서 등록국이 아닌 국가는 다음의 경우를 제외하고는 기내에서의 범죄에 관한 형사재판관할권의 행사를 위하여 비행중의 항공기에 간섭하지 아니하여야 한다.

(a) 범죄가 상기 국가의 영역에 영향을 미칠 경우,
(b) 상기 국가의 국민이나 또는 영주자에 의하여 또는 이들에 대하여 범죄가 범하여진 경우,
(c) 범죄가 상기 국가의 안전에 반하는 경우,
(d) 상기 국가에서 효력을 발생하고 있는 비행 및 항공기의 조종에 관한 규칙이나 법규를 위반한 범죄가 범하여진 경우,
(e) 상기 국가가 다변적인 국제협정 하에 부담하고 있는 의무의 이행을 보장함에 있어서 재판관할권의 행사가 요구되는 경우.

CHAPTER II
JURISDICTION

Article 3

1. The State of registration of the aircraft is competent to exercise jurisdiction over offences and acts committed on board.
2. Each Contracting State shall take such measures as may be necessary to establish its jurisdiction as the State of registration over offences committed on board aircraft registered in such State.
3. This Convention does not exclude any criminal jurisdiction exercised in accordance with national law.

Article 4

A Contracting State which is not the State of registration may not interfere with an aircraft in flight in order to exercise its criminal jurisdiction over an offence committed on board except in the following cases:

(a) the offence has effect on the territory of such State
(b) the offence has been committed by or against a national or permanent resident of such State
(c) the offence is against the security of such State;
(d) the offence consists of a breach of any rules or regulations relating to the flight or manoeuvre of aircraft in force in such State;
(e) the exercise of jurisdiction is necessary to ensure the observance of any obligation of such State under a multilateral international agreement.

제 3 장
항공기 기장의 권한

제 5 조

1. 본 장의 규정들은 최종 이륙지점이나 차기 착륙예정지점이 등록국 이외의 국가에 위치하거나 또는 범인이 탑승한 채로 동 항공기가 등록국 이외 국가의 공역으로 계속적으로 비행하는 경우를 제외하고는 등록국의 공역이나 공해상

CHAPTER III
POWERS OF THE AIRCRAFT COMMANDER

Article 5

1. The provisions of this Chapter shall not apply to offences and acts committed or about to be committed by a person on board an aircraft in flight in the airspace of the State of registration or over the high

공 또는 어느 국가의 영역에도 속하지 아니하는 지역 상공을 비행하는 중에 항공기에 탑승한 자가 범하였거나 범하려고 하는 범죄 및 행위에는 적용되지 아니한다.

2. 제1조 제3항에 관계없이 본장의 적용상 항공기는 승객의 탑승이후 외부로 통하는 모든 문이 폐쇄된 순간부터 승객이 내리기 위하여 상기 문들이 개방되는 순간까지를 비행중인 것으로 간주한다. 불시착의 경우에는 본장의 규정은 당해국의 관계당국이 항공기 및 기내의 탑승자와 재산에 대한 책임을 인수할 때까지 기내에서 범하여진 범죄와 행위에 관하여 계속 적용된다.

제 6 조

1. 항공기 기장은 항공기 내에서 어떤 자가 제1조 제1항에 규정된 범죄나 행위를 범하였거나 범하려고 한다는 것을 믿을 만한 상당한 이유가 있는 경우에는 그 자에 대하여 다음을 위하여 요구되는 감금을 포함한 필요한 조치를 부과할 수 있다.
   (a) 항공기와 기내의 인명 및 재산의 안전의 보호
   (b) 기내의 질서와 규율의 유지
   (c) 본 장의 규정에 따라 상기 자를 관계당국에 인도하거나 또는 항공기에서 하기조치(Disembarkation)를 취할 수 있는 기장의 권한 확보

2. 항공기 기장은 자기가 감금할 권한이 있는 자를 감금하기 위하여 다른 승무원의 원조를 요구하거나 권한을 부여할 수 있으며, 승객의 원조를 요청하거나 권한을 부여할 수 있으나 이를 요구할 수는 없다. 승무원이나 승객도 누구를 막론하고 항공기와 기내의 인명 및 재산의 안전을 보호하기 위하여 합리적인 예방조치가 필요하다고 믿을만한 상당한 이유가 있는 경우에는 기장의 권한부여가 없어도 즉각적으로 상기 조치를 취할 수 있다.

제 7 조

1. 제6조에 따라서 특정인에게 가하여진 감금조

seas or any other area outside the territory of any State unless the last point of take-off or the next point of intended landing is situated in a State other than that of registration, or the aircraft subsequently flies in the airspace of a State other than that of registration with such person still on board.

2. Notwithstanding the provisions of Article 1, paragraph 3, an aircraft shall for the purposes of this Chapter, be considered to be in flight at any time from the moment when all its external doors are closed following embarkation until the moment when any such door is opened for disembarkation. In the case of a forced landing, the provisions of this Chapter shall continue to apply with respect to offences and acts committed on board until competent authorities of a State take over the responsibility for the aircraft and for the persons and property on board.

Article 6

1. The aircraft commander may, when he has reasonable grounds to believe that a person has committed, or is about to commit, on board the aircraft, an offence or act contemplated in Article 1, paragraph 1, impose upon such person reasonable measures including restraint which are necessary:
   (a) to protect the safety of the aircraft, or of persons or property therein; or
   (b) to maintain good order and discipline on board; or
   (c) to enable him to deliver such person to competent authorities or to disembark him in accordance with the provisions of this Chapter.

2. The aircraft commander may require or authorize the assistance of other crew members and may request or authorize, but not require, the assistance of passengers to restrain any person whom he is entitled to restrain. Any crew member or passenger may also take reasonable preventive measures without such authorization when he has reasonable grounds to believe that such action is immediately necessary to protect the safety of the aircraft, or of persons or property therein.

Article 7

1. Measures of restraint imposed upon a

치는 다음 경우를 제외하고는 항공기가 착륙하는 지점을 넘어서까지 계속되어서는 아니 된다.

(a) 착륙지점이 비체약국의 영토 내에 있으며, 동 국가의 당국이 상기특정인의 상륙을 불허하거나, 제6조 제1항 (c)에 따라서 관계당국에 대한 동인의 인도를 가능하게 하기 위하여 이와 같은 조치가 취하여진 경우,

(b) 항공기가 불시착하여 기장이 상기 특정인을 관계당국에 인도할 수 없는 경우,

(c) 동 특정인이 감금상태 하에서 계속 비행에 동의하는 경우.

2. 항공기 기장은 제6조의 규정에 따라 기내에 특정인을 감금한 채로 착륙하는 경우 가급적 조속히 그리고 가능하면 착륙이전에 기내에 특정인이 감금되어 있다는 사실과 그 사유를 당해국의 당국에 통보하여야 한다.

제 8 조

1. 항공기 기장은 제6조 제1항의 (a) 또는 (b)의 목적을 위하여 필요한 경우에는 기내에서 제1조 제1항 (b)의 행위를 범하였거나 범하려고 한다는 믿을만한 상당한 이유가 있는 자에 대하여 누구임을 막론하고 항공기가 착륙하는 국가의 영토에 그 자를 하기시킬 수 있다.

2. 항공기 기장은 본조에 따라서 특정인을 하기시킨 국가의 당국에 대하여 특정인을 하기시킨 사실과 그 사유를 통보하여야 한다.

제 9 조

1. 항공기 기장은 자신의 판단에 따라 항공기의 등록국의 형사법에 규정된 중대한 범죄를 기내에서 범하였다고 믿을만한 상당한 이유가 있는 자에 대하여 누구임을 막론하고 항공기가 착륙하는 영토국인 체약국의 관계당국에 그 자를 인도할 수 있다.

2. 항공기 기장은 전항의 규정에 따라 인도하려고 하는 자를 탑승시킨 채로 착륙하는 경우 가급적 조속히 그리고 가능하면 착륙이전에 동 특정인을 인도하겠다는 의도와 그 사유를 동 체약국의 관계당국에 통보하여야 한다.

person in accordance with Article 6 shall not be continued beyond any point at which the aircraft lands unless:

(a) such point is in the territory of a non-Contracting State and its authorities refuse to permit disembarkation of that person or those measures have been imposed in accordance with Article 6, paragraph 1 (c) in order to enable his delivery to competent authorities;

(b) the aircraft makes a forced landing and the aircraft commander is unable to deliver that person to competent authorities; or

(c) that person agrees to onward carriage under restraint.

2. The aircraft commander shall as soon as practicable, and if possible before landing in the territory of a State with a person on board who has been placed under restraint in accordance with the provisions of Article 6, notify the authorities of such State of the fact that a person on board is under restraint and of the reasons for such restraint.

Article 8

1. The aircraft commander may, in so far as it is necessary for the purpose of subparagraph (a) or (b) of paragraph 1 of Article 6, disembark in the territory of any State in which the aircraft lands any person who he has reasonable grounds to believe has committed, or is about to commit, on board the aircraft an act contemplated in Article 1, paragraph 1 (b).

2. The aircraft commander shall report to the authorities of the State in which he disembarks any person pursuant to this Article, the fact of, and the reasons for, such disembarkation.

Article 9

1. The aircraft commander may deliver to the competent authorities of any Contracting State in the territory of which the aircraft lands any person who he has reasonable grounds to believe has committed on board the aircraft an act which, in his opinion, is a serious offence according to the penal law of the State of registration of the aircraft.

2. The aircraft commander shall as soon as practicable and if possible before landing in the territory of a Contracting State with a person on board whom the aircraft commander intends to deliver in accordance with the preceding paragraph, notify the

3. 항공기 기장은 본조의 규정에 따라 범죄인 혐의자를 인수하는 당국에게 항공기등록국의 법률에 따라 기장이 합법적으로 소지하는 증거와 정보를 제공하여야 한다.

authorities of such State of his intention to deliver such person and the reasons therefor.

3. The aircraft commander shall furnish the authorities to whom any suspected offender is delivered in accordance with the provisions of this Article with evidence and information which, under the law of the State of registration of the aircraft, are lawfully in his possession.

제 10 조

본 협약에 따라서 제기되는 소송에 있어서 항공기 기장이나 기타 승무원, 승객, 항공기의 소유자나 운항자는 물론 비행의 이용자는 피소된 자가 받은 처우로 인하여 어떠한 소송상의 책임도 부담하지 아니한다.

Article 10

For actions taken in accordance with this Convention, neither the aircraft commander, any other member of the crew, any passenger, the owner or operator of the aircraft, nor the person on whose behalf the flight was performed shall be held responsible in any proceeding on account of the treatment undergone by the person against whom the actions were taken.

제 4 장
항공기의 불법점유

CHAPTER IV
UNLAWFUL SEIZURE OF AIRCRAFT

제 11 조

1. 기내에 탑승한 자가 폭행 또는 협박에 의하여 비행중인 항공기를 방해하거나 점유하는 행위 또는 기타 항공기의 조종을 부당하게 행사하는 행위를 불법적으로 범하였거나 또는 이와 같은 행위가 범하여지려고 하는 경우에는 체약국은 동 항공기가 합법적인 기장의 통제 하에 들어가고, 그가 항공기의 통제를 유지할 수 있도록 모든 적절한 조치를 취하여야 한다.

2. 전항에 규정된 사태가 야기되는 경우 항공기가 착륙하는 체약국은 승객과 승무원이 가급적 조속히 여행을 계속하도록 허가하여야 하며, 또한 항공기와 화물을 각각 합법적인 소유자에게 반환하여야 한다.

Article 11

1. When a person on board has unlawfully committed by force or threat thereof an act of interference, seizure, or other wrongful exercise of control of an aircraft in flight or when such an act is about to be committed, Contracting States shall take all appropriate measures to restore control of the aircraft to its lawful commander or to preserve his control of the aircraft.

2. In the cases contemplated in the preceding paragraph, the Contracting State in which the aircraft lands shall permit its passengers and crew to continue their journey as soon as practicable, and shall return the aircraft and its cargo to the persons lawfully entitled to possession.

제 5 장
체약국의 권한과 의무

CHAPTER V
POWERS AND DUTIES OF STATES

제 12 조

체약국은 어느 국가를 막론하고 타 체약국에 등록된 항공기의 기장에게 제8조 제1항에 따른 특정인의 하기조치를 인정하여야 한다.

Article 12

Any Contracting State shall allow the commander of an aircraft registered in another Contracting State to disembark any person pursuant to Article 8, paragraph 1.

제 13 조

1. 체약국은 제9조 제1항에 따라 항공기 기장이 인도하는 자를 인수하여야 한다.

2. 사정이 그렇게 함을 정당화한다고 확신하는 경우에는 체약국은 제11조 제1항에 규정된 행위를 범한 피의자와 동국이 인수한 자의 신병을 확보하기 위하여 구금 또는 기타 조치를 취하여야 한다. 동 구금과 기타 조치는 동국의 법률이 규정한 바에 따라야 하나, 형사적 절차와 범죄인 인도에 따른 절차의 착수를 가능하게 하는 데에 합리적으로 필요한 시기까지에만 계속되어야 한다.

3. 전항에 따라 구금된 자는 동인의 국적국의 가장 가까이 소재하고 있는 적절한 대표와 즉시 연락을 취할 수 있도록 도움을 받아야 한다.

4. 제9조 제1항에 따라 특정인을 인수하거나 또는 제11조 제1항에 규정된 행위가 범하여진 후 항공기가 착륙하는 영토국인 체약국은 사실에 대한 예비조사를 즉각 취하여야 한다.

5. 본 조에 따라 특정인을 구금한 국가는 항공기의 등록국 및 피구금자의 국적국과 타당하다고 사료할 경우에는 이해관계를 가진 기타 국가에 대하여 특정인이 구금되고 있으며 그의 구금을 정당화하는 상황 등에 관한 사실을 즉시 통보하여야 한다. 본 조 제4항에 따라 예비조사를 취하는 국가는 조사의 결과와 재판권을 행사할 의사가 있는가의 여부에 대하여 상기 국가들에게 즉시 통보하여야 한다.

제 14 조

1. 제8조 제1항에 따라 특정인이 하기조치를 당하였거나 또는 제9조 제1항에 따라 인도되었거나 제11조 제1항에 규정된 행위를 범한 후 항공기에서 하기조치를 당하였을 경우, 또한 동인이 여행을 계속할 수 없거나 계속할 의사가 없는 경우에 항공기가 착륙한 국가가 그의 입국을 허가하지 아니할 때에는 동인이 착륙국가의 국민이거나 영주자가 아니라면 착륙국가는 동인이 국적을 가졌거나 영주권을 가진 국가의 영토에 송환하거나 동인이 항공여행을 시작한 국가의 영토에 송환할 수 있다.

Article 13

1. Any Contracting State shall take delivery of any person whom the aircraft commander delivers pursuant to Article 9, paragraph 1.
2. Upon being satisfied that the circumstances so warrant, any Contracting State shall take custody or other measures to ensure the presence of any person suspected of an act contemplated in Article 11, paragraph 1 and of any person of whom it has taken delivery. The custody and other measures shall be as provided in the law of that State but may only be continued for such time as is reasonably necessary to enable any criminal or extradition proceedings to be instituted.
3. Any person in custody pursuant to the previous paragraph shall be assisted in communicating immediately with the nearest appropriate representative of the State of which he is a national.
4. Any Contracting State, to which a person is delivered pursuant to Article 9, paragraph 1, or in whose territory an aircraft lands following the commission of an act contemplated in Article 11, paragraph 1, shall immediately make a preliminary inquiry into the facts.
5. When a State, pursuant to this Article, has taken a person into custody, it shall immediately notify the State of registration of the aircraft and the State of nationality of the detained person and, if it considers it advisable, any other interested State of the fact that such person is in custody and of the circumstances which warrant his detention. The State which makes the preliminary enquiry contemplated in paragraph 4 of this Article shall promptly report its findings to the said States and shall indicate whether it intends to exercise jurisdiction.

Article 14

1. When any person has been disembarked in accordance with Article 8, paragraph 1, or delivered in accordance with Article 9, paragraph 1, or has disembarked after committing an act contemplated in Article 11, paragraph 1, and when such person cannot or does not desire to continue his journey and the State of landing refuses to admit him, that State may, if the person in question is not a national or permanent resident of that State, return him to the

2. 특정인의 상륙, 인도 및 제13조 제2항에 규정된 구금 또는 기타 조치나 동인의 송환은 당해 체약국의 입국관리에 관한 법률의 적용에 따라 동국 영토에 입국이 허가된 것으로 간주되지 아니하며, 본 협약의 어떠한 규정도 자국 영토로부터의 추방을 규정한 법률에 영향을 미치지 아니한다.

territory of the State of which he is a national or permanent resident or to the territory of the State in which he began his journey by air.

2. Neither disembarkation, nor delivery, nor the taking of custody or other measures contemplated in Article 13, paragraph 2, nor return of the person concerned, shall be considered as admission to the territory of the Contracting State concerned for the purpose of its law relating to entry or admission of persons and nothing in this Convention shall affect the law of a Contracting State relating to the expulsion of persons from its territory.

제 15 조

1. 제14조의 규정에도 불구하고 제8조 제1항에 따라 항공기에서 하기조치를 당하였거나, 제9조 제1항에 따라 인도되었거나, 제11조 제1항에 규정된 행위를 범한 후 항공기에서 내린 자가 여행을 계속할 것을 원하는 경우에는 범죄인 인도나 형사적 절차를 위하여 착륙국의 법률이 그의 신병확보를 요구하지 않는 한 그가 선택하는 목적지로 향발할 수 있도록 가급적 조속히 자유롭게 행동할 수 있게 하여야 한다.

2. 입국관리와 자국 영토로부터의 추방 및 범죄인 인도에 관한 법률에도 불구하고, 제8조 제1항에 따라 특정인이 하기조치를 당하였거나 제9조 제1항에 따라 인도되었거나 제11조 제1항에 규정된 행위를 범한 것으로 간주된 자가 항공기에서 내린 경우에는 체약국은 동인의 보호와 안전에 있어 동국이 유사한 상황 하에서 자국민에게 부여하는 대우보다 불리하지 않는 대우를 부여하여야 한다.

Article 15

1. Without prejudice to Article 14, any person who has been disembarked in accordance with Article 8, paragraph 1, or delivered in accordance with Article 9, paragraph 1, or has disembarked after committing an act contemplated in Article 11, paragraph 1, and who desires to continue his journey shall be at liberty as soon as practicable to proceed to any destination of his choice unless his presence is required by the law of the State of landing for the purpose of extradition or criminal proceedings.

2. Without prejudice to its law as to entry and admission to, and extradition and expulsion from its territory, a Contracting State in whose territory a person has been disembarked in accordance with Article 8, paragraph 1, or delivered in accordance with Article 9, paragraph 1 or has disembarked and is suspected of having committed an act contemplated in Article 11, paragraph 1, shall accord to such person treatment which is no less favourable for his protection and security than that accorded to nationals of such Contracting State in like circumstances.

제 6 장
기타 규정

CHAPTER VI
OTHER PROVISIONS

제 16 조

1. 체약국에서 등록된 항공기 내에서 범하여진 범행은 범죄인 인도에 있어서는 범죄가 실제로 발생한 장소에서 뿐만 아니라 항공기 등록국의 영토에서 발생한 것과 같이 취급되어야 한다.

Article 16

1. Offences committed on aircraft registered in a Contracting State shall be treated, for the purpose of extradition, as if they had been committed not only in the place in which they have occurred but also in the

2. 전항의 규정에도 불구하고 본 협약의 어떠한 규정도 범죄인을 허용하는 의무를 창설하는 것으로 간주되지 아니한다.

territory of the State of registration of the aircraft.

2. Without prejudice to the provisions of the preceding paragraph, nothing in this Convention shall be deemed to create an obligation to grant extradition.

제 17 조

항공기 내에서 범하여진 범죄와 관련하여 수사 또는 체포 조치를 취하거나 재판권을 행사함에 있어서 체약국은 비행의 안전과 이에 관련된 기타 권익에 대하여 상당한 배려를 하여야 하며 항공기, 승객, 승무원 및 화물의 불필요한 지연을 피하도록 노력하여야 한다.

Article 17

In taking any measures for investigation or arrest or otherwise exercising jurisdiction in connection with any offence committed on board an aircraft the Contracting States shall pay due regard to the safety and other interests of air navigation and shall so act as to avoid unnecessary delay of the aircraft, passengers, crew or cargo.

제 18 조

여러 체약국들이 이들 중 어느 한 국가에도 등록되지 아니한 항공기를 운항하는 공동 항공운송 운영기구나 국제적인 운영기구를 설치할 경우에는 이들 체약국은 그때그때의 상황에 따라서 본 협약의 적용상 등록국으로 간주될 국가를 그들 중에서 지정하여야 하며, 이 사실을 국제민간항공기구에 통보하여 본 협약의 모든 당사국에게 통보하도록 하여야 한다.

Article 18

If Contracting States establish joint air transport operating organizations or international operating agencies, which operate aircraft not registered in any one State those States shall, according to the circumstances of the case, designate the State among them which, for the purposes of this Convention, shall be considered as the State of registration and shall give notice thereof to the International Civil Aviation Organization which shall communicate the notice to all States Parties to this Convention.

제 7 장
최종 조항

CHAPTER VII
FINAL CLAUSES

제 19 조

제21조에 따라 효력을 발생하는 날까지 본 협약은 서명시에 국제연합 회원국이거나 또는 전문기구의 회원국인 모든 국가에게 서명을 위하여 개방된다.

Article 19

Until the date on which this Convention comes into force in accordance with the provisions of Article 21, it shall remain open for signature on behalf of any State which at that date is a Member of the United Nations or of any of the Specialized Agencies.

제 20 조

1. 본 협약은 각국의 헌법절차에 따라서 서명국이 비준하여야 한다.

2. 비준서는 국제민간항공기구에 기탁된다.

Article 20

1. This Convention shall be subject to ratification by the signatory States in accordance with their constitutional procedures.
2. The instruments of ratification shall be deposited with the International Civil Aviation Organization.

제 21 조

1. 12개의 서명국이 본 협약에 대한 비준서를 기탁한 후 본 협약은 12번째의 비준서 기탁일부터 90일이 되는 날에 동 국가들 간에 발효한다.

Article 21

1. As soon as twelve of the signatory States have deposited their instruments of ratification of this Convention, it shall come into force

이후 본 협약은 이를 비준하는 국가에 대하여 비준서 기탁이후 90일이 되는 날에 발효한다.

2. 본 협약이 발효하면 국제민간항공기구는 본 협약을 국제연합사무총장에게 등록한다.

제 22 조

1. 본 협약은 효력 발생 후 국제연합 회원국이나 전문기구의 회원국이 가입할 수 있도록 개방된다.

2. 상기 국가의 가입은 국제민간항공기구에 가입서를 기탁함으로써 효력을 발생하며, 동 기탁 이후 90일이 되는 날에 동국에 대하여 발효한다.

제 23 조

1. 체약국은 국제민간항공기구 앞으로 된 통고로서 본 협약을 폐기할 수 있다.

2. 상기 폐기는 국제민간항공기구 앞으로 된 폐기통고가 접수된 날로부터 6개월 이후에 효력을 발생한다.

제 24 조

1. 본 협약의 해석이나 적용에 있어서 둘 또는 그 이상의 체약국간에 협상을 통한 해결을 볼 수 없는 분쟁이 있을 경우에는 이중 어느 국가이든지 중재회부를 요청할 수 있다. 중재요청의 날로부터 6개월 이내에 당사자들이 중재기구에 관한 합의에 도달하지 못하는 경우에는 이중 어느 당사자든지 국제사법재판소의 규정에 따른 요청으로 동 분쟁을 국제사법재판소에 제소할 수 있다.

2. 각국은 본 협약에 대한 서명, 비준 또는 가입시에 자국이 전항에 구속되지 아니한다는 바를 선언할 수 있다.기타 체약국은 상기와 같은 유보를 선언한 체약국과의 관계에서는 전항에 구속되지 아니한다.

3. 전항에 따라 유보를 선언한 체약국은 언제든지 국제민간항공기구에 대한 통고로서 동 유보를 철회할 수 있다.

between them on the ninetieth day after the date of the deposit of the twelfth instrument of ratification. It shall come into force for each State ratifying thereafter on the ninetieth day after the deposit of its instrument of ratification.

2. As soon as this Convention comes into force, it shall be registered with the Secretary-General of the United Nations by the International Civil Aviation Organization.

Article 22

1. This Convention shall, after it has come into force, be open for accession by any State Member of the United Nations or of any of the Specialized Agencies.

2. The accession of a State shall be effected by the deposit of an instrument of accession with the International Civil Aviation Organization and shall take effect on the ninetieth day after the date of such deposit.

Article 23

1. Any Contracting State may denounce this Convention by notification addressed to the International Civil Aviation Organization.

2. Denunciation shall take effect six months after the date of receipt by the International Civil Aviation Organization of the notification of denunciation.

Article 24

1. Any dispute between two or more Contracting States concerning the interpretation or application of this Convention which cannot be settled through negotiation, shall, at the request of one of them, be submitted to arbitration. If within six months from the date of the request for arbitration the Parties are unable to agree on the organization of the arbitration, any one of those Parties may refer the dispute to the International Court of Justice by request in conformity with the Statute of the Court.

2. Each State may at the time of signature or ratification of this Convention or accession thereto, declare that it does not consider itself bound by the preceding paragraph. The other Contracting States shall not be bound by the preceding paragraph with respect to any Contracting State having made such a reservation.

3. Any Contracting State having made a reservation in accordance with the preceding paragraph may at any time withdraw this reservation by notification to the International

Civil Aviation Organization.

제 25 조

제24조에 규정한 이외에는 본 협약에 대한 유보를 할 수 없다.

Article 25

Except as provided in Article 24 no reservation may be made to this Convention.

제 26 조

국제민간항공기구는 모든 국제연합 회원국과 전문기구의 회원국에 대하여 다음 사항을 통보한다.

(a) 본 협약에 대한 서명과 그 일자.
(b) 비준서 또는 가입서의 기탁과 그 일자.
(c) 제21조 제1항에 따른 본 협약의 발효 일자.
(d) 폐기통고의 접수와 그 일자.
(e) 제24조에 따른 선언 또는 통고의 접수와 그 일자.

Article 26

The International Civil Aviation Organization shall give notice to all States Members of the United Nations or of any of the Specialized Agencies:

(a) of any signature of this Convention and the date thereof;
(b) of the deposit of any instrument of ratification or accession and the date thereof;
(c) of the date on which this Convention comes into force in accordance with Article 21, paragraph 1;
(d) of the receipt of any notification of denunciation and the date thereof; and
(e) of the receipt of any declaration or notification made under Article 24 and the date thereof.

이상의 증거로서 하기 전권위원은 정당히 권한을 위임받고 본 협약에 서명하였다.

IN WITNESS WHEREOF the undersigned Plenipotentiaries, having been duly authorized, have signed this Convention.

1963년 9월 14일 토오쿄오에서 동등히 정본인 영어, 불어 및 서반아어본의 3부를 작성하였다.

DONE at Tokyo on the fourteenth day of September One Thousand Nine Hundred and Sixty-three in three authentic texts drawn up in the English, French and Spanish languages.

본 협약은 국제민간항공기구에 기탁되고 제19조에 따라 서명이 개방되며, 동기구는 모든 국제연합 회원국과 전문기구의 회원국에게 협약의 인증등본을 송부하여야 한다.

This Convention shall be deposited with the International Civil Aviation Organization with which, in accordance with Article 19, it shall remain open for signature and the said Organization shall send certified copies thereof to all States Members of the United Nations or of any Specialized Agency.

항공기의 불법납치 억제를 위한 협약

[우리나라 관련사항]
국회비준동의 필요1972년 11월 28일
가입서 기탁일 1973년 1월 18일
발효일 1973년 2월 17일(조약 제460호)
관보게재일 1973년 2월 17일
수록문헌 다자조약집 제3권
선언내용 동 협약에 대한 대한민국 정부의 가입은 대한민국 정부가 국가 또는 정부로 승인하지 아니한 영역 또는 집단의 승인을 의미하는 것은 아니다.

전 문

본 협약 당사국들은,
비행 중에 있는 항공기의 불법적인 납치 또는 점거행위가 인명 및 재산의 안전에 위해를 가하고 항공업무의 수행에 중대한 영향을 미치며 또한 민간항공의 안전에 대한 세계 인민의 신뢰를 저해하는 것임을 고려하고,

그와 같은 행위의 발생이 중대한 관심사임을 고려하고,
그와 같은 행위를 방지하기 위하여 범인들의 처벌에 관한 적절한 조치들을 규정하기 위한 긴박한 필요성이 있음을 고려하여,

다음과 같이 합의하였다.

제 1 조
비행 중에 있는 항공기에 탑승한 여하한 자도
(가) 폭력 또는 그 위협에 의하여 또는 그 밖의 어떠한 다른 형태의 협박에 의하여 불법적으로 항공기를 납치 또는 점거하거나 또는 그와 같은 행위를 하고자 시도하는 경우, 또는
(나) 그와 같은 행위를 하거나 하고자 시도하는 자의 공범자인 경우에는 죄(이하 "범죄"라 한다)를 범한 것으로 한다.

제 2 조
각 체약국은 범죄를 엄중한 형벌로 처벌할 수 있도록 할 의무를 진다.

제 3 조
1. 본 협약의 목적을 위하여 항공기는 탑승 후 모든 외부의 문이 닫힌 순간으로부터 하기를 위하여 그와 같은 문이 열려지는 순간까지의 어떠한 시간에도 비행 중에 있는 것으로 본다. 강제착륙의 경우, 비행은 관계당국이 항공기와 기상의 인원 및 재산에 대한 책임을 인수할 때까지 계속하는 것으로 본다.

Convention for the Suppression of Unlawful Seizure of Aircraft

[일반사항]
조약명(국문) 항공기의 불법납치 억제를 위한 협약
조약명(영문) Convention for the Suppression of Unlawful Seizure of Aircraft
체결일자 및 장소 1970년 12월 16일 헤이그에서 작성
발효일 1971년 10월 14일
분야명 국제범죄(테러리즘)
Crimes of International Concern(Terrorism)

PREAMBLE

THE STATES PARTIES TO THIS CONVENTION:
CONSIDERING that unlawful acts of seizure or exercise of control of aircraft in flight jeopardize the safety of persons and property, seriously affect the operation of air services, and undermine the confidence of the peoples of the world in the safety of civil aviation;
CONSIDERING that the occurrence of such acts is a matter of grave concern;
CONSIDERING that, for the purpose of deterring such acts, there is an urgent need to provide appropriate measures for punishment of offenders;

HAVE AGREED AS FOLLOWS:

Article 1
Any person who on board an aircraft in flight:
(a) unlawfully, by force or threat thereof, or by any other form of intimidation; seizes, or exercises control of, that aircraft, or attempts to perform any such act, or
(b) is an accomplice of a person who performs or attempts to perform any such act commits an offence (hereinafter referred to as "the offence").

Article 2
Each Contracting State undertakes to make the offence punishable by severe penalties.

Article 3
1. For the purposes of this Convention, an aircraft is considered to be in flight at any time from the moment when all its external doors are closed following embarkation until the moment when any such door is opened for disembarkation. In the case of a forced landing, the flight shall be deemed to continue until the competent authorities

2. 본 협약은 군사, 세관 또는 경찰업무에 사용되는 항공기에는 적용하지 아니 한다.
3. 본 협약은 기상에서 범죄가 행하여지고 있는 항공기의 이륙장소 또는 실제의 착륙장소가 그 항공기의 등록국가의 영토 외에 위치한 경우에만 적용되며, 그 항공기가 국제 혹은 국내 항행에 종사하는지 여부는 가리지 아니 한다.

4. 제5조에서 언급된 경우에 있어서 본 협약은 기상에서 범죄가 행하여지고 있는 항공기의 이륙장소 및 실제의 착륙장소가 동조에 언급된 국가 중의 하나에 해당하는 국가의 영토 내에 위치한 경우에는 적용하지 아니 한다.

5. 본조 제3항 및 제4항에 불구하고, 만약 범인 또는 범죄혐의자가 그 항공기의 등록국가 이외의 국가의 영토 내에서 발견된 경우에는 그 항공기의 이륙장소 또는 실재의 착륙장소 여하를 불문하고 제6조, 제7조, 제8조 및 제10조가 적용된다.

제 4 조

1. 각 체약국은 범죄 및 범죄와 관련하여 승객 또는 승무원에 대하여 범죄혐의자가 행한 기타 폭력행위에 관하여 다음과 같은 경우에 있어서 관할권을 확립하기 위하여 필요한 제반 조치를 취하여야 한다.
   (가) 범죄가 당해국에 등록된 항공기 기상에서 행하여진 경우
   (나) 기상에서 범죄가 행하여진 항공기가 아직 기상에 있는 범죄혐의자를 싣고 그 영토 내에 착륙한 경우
   (다) 범죄가 주된 사업장소 또는 그와 같은 사업장소를 가지지 않은 경우에는 주소를 그 국가에 가진 임차인에게 승무원 없이 임대된 항공기 기상에서 행하여진 경우

2. 각 체약국은 또한 범죄혐의자가 그 영토 내에 존재하고 있으며, 제8조에 따라 본조 제1항에서 언급된 어떠한 국가에도 그를 인도하지 않는 경우에 있어서 범죄에 관한 관할권을 확립하기 위하여 필요한 제반 조치를 취하여야 한다.

3. 본 협약은 국내법에 의거하여 행사되는 어떠한 형사 관할권도 배제하지 아니한다.

take over the responsibility for the aircraft and for persons and property on board.

2. This Convention shall not apply to aircraft used in military, customs or police services.
3. This Convention shall apply only if the place of take-off or the place of actual landing of the aircraft on board which the offence is committed is situated outside the territory of the State of registration of that aircraft; it shall be immaterial whether the aircraft is engaged in an international or domestic flight.
4. In the cases mentioned in Article 5, this Convention shall not apply if the place of take-off and the place of actual landing of the aircraft on board which the offence is committed are situated within the territory of the same State where that State is one of those referred to in that Article.
5. Notwithstanding paragraphs 3 and 4 of this Article, Articles 6, 7, 8 and 10 shall apply whatever the place of take-off or the place of actual landing of the aircraft, if the offender or the alleged offender is found in the territory of a State other than the State of registration of that aircraft.

Article 4

1. Each Contracting State shall take such measures as may be necessary to establish its jurisdiction over the offence and any other act of violence against passengers or crew committed by the alleged offender in connection with the offence, in the following cases:
   (a) when the offence is committed on board an aircraft registered in that State;
   (b) when the aircraft on board which the offence is committed lands in its territory with the alleged offender still on board;
   (c) when the offence is committed on board an aircraft leased without crew to a lessee who has his principal place of business or, if the lessee has no such place of business, his permanent residence, in that State.
2. Each Contracting State shall likewise take such measures as may be necessary to establish its jurisdiction over the offence in the case where the alleged offender is present in its territory and it does not extradite him pursuant to Article 8 to any of the States mentioned in paragraph 1 of this Article.
3. This Convention does not exclude any criminal jurisdiction exercised in accordance with national law.

제 5 조

공동 또는 국제등록에 따라 항공기를 운영하는 공동 항공운수 운영기구 또는 국제운영기관을 설치한 체약국들은 적절한 방법에 따라 각 항공기에 대하여 관할권을 행사하고 본 협약이 목적을 위하여 등록국가의 자격을 가지는 국가를 당해국 중에서 지명하여야 하며, 또한 국제민간항공기구에 그에 관한 통고를 하여야 하며, 동 기구는 본 협약의 전 체약국에 동 통고를 전달하여야 한다.

Article 5

The Contracting States which establish joint air transport operating organizations or international operating agencies, which operate aircraft which are subject to joint or international registration shall, by appropriate means, designate for each aircraft the State among them which shall exercise the jurisdiction and have the attributes of the State of registration for the purpose of this Convention and shall give notice thereof to the International Civil Aviation Organization which shall communicate the notice to all States Parties to this Convention.

제 6 조

1. 사정이 그와 같이 허용한다고 인정한 경우, 범인 및 범죄혐의자가 그 영토 내에 존재하고 있는 체약국은 그를 구치하거나 그의 신병확보를 위한 기타 조치를 취하여야 한다. 동 구치 및 기타 조치는 그 국가의 국내법에 규정된 바에 따라야 하나, 형사 또는 인도절차를 취함에 필요한 시간 동안만 계속될 수 있다.
2. 그러한 국가는 사실에 대한 예비조사를 즉시 행하여야 한다.
3. 본조 제1항에 따라 구치 중에 있는 어떠한 자도 최근거리에 있는 본국의 적절한 대표와 즉시 연락을 취하는데 도움을 받아야 한다.
4. 본조에 의거하여 체약국이 어떠한 자를 구치하였을 때, 그 국가는 항공기의 등록국가, 제4조 제1항(다)에 언급된 국가, 피구치자가 국적을 가진 국가 및 타당하다고 생각할 경우 기타 관계국가에 대하여 그와 같은 자가 구치되어 있다는 사실과 그의 구치를 정당화하는 사정을 즉시 통고하여야 한다. 본조 제2항에 규정된 예비조사를 행한 국가는 전기 국가에 대하여 그 조사결과를 즉시 보고하여야 하며 그 관할권을 행사할 의도가 있는지 여부를 명시하여야 한다.

Article 6

1. Upon being satisfied that the circumstances so warrant, any Contracting State in the territory of which the offender or the alleged offender is present, shall take him into custody or take other measures to ensure his presence. The custody and other measures shall be as provided in the law of that State but may only be continued for such time as is necessary to enable any criminal or extradition proceedings to be instituted.
2. Such state, shall immediately make a preliminary enquiry into the facts.
3. Any person in custody pursuant to paragraph 1 of this Article shall be assisted in communicating immediately with the nearest appropriate representative of the State of which he is a national.
4. When a State, pursuant to this Article, has taken a person into custody, it shall immediately notify the State of registration of the aircraft, the State mentioned in Article 4, paragraph 1 (c), the State of nationality of the detained person and, if it considers it advisable, any other interested States of the fact that such person is in custody and of the circumstances which warrant his detention. The State which makes the preliminary enquiry contemplated in paragraph 2 of this Article shall promptly report its findings to the said States and shall indicate whether it intends to exercise jurisdiction.

제 7 조

그 영토 내에서 범죄혐의자가 발견된 체약국은 만약 동인을 인도하지 않을 경우에는, 예외 없이, 또한 그 영토 내에서 범죄가 행하여진 것인지 여부를 불문하고 소추를 하기 위하여 권한 있는 당국에 동 사건을 회부하여야 한다. 그러한 당국은 그 국가의 법률상 중대한 성질의 일반적인 범죄의 경우에 있어서와 같은 방법으로 결정을 내려야 한다.

Article 7

The Contracting State in the territory of which the alleged offender is found shall, if it does not extradite him, be obliged, without exception whatsoever and whether or not the offence was committed in its territory, to submit the case to its competent authorities for the purpose of prosecution. Those authorities shall take their decision in the same manner as in the case of any ordinary offence of a serious nature under the law of that State.

제 8 조

1. 범죄는 체약국들 간에 현존하는 인도조약상의 인도범죄에 포함되는 것으로 간주된다. 체약국들은 범죄를 그들 사이에 체결될 모든 인도조약에 인도범죄로서 포함할 의무를 진다.
2. 인도에 관하여 조약의 존재를 조건으로 하는 체약국이 상호 인도조약을 체결하지 않은 타 체약국으로부터 인도 요청을 받은 경우에는, 그 선택에 따라 본 협약을 범죄에 관한 인도를 위한 법적인 근거로서 간주할 수 있다. 인도는 피요청국의 법률에 규정된 기타 제조건에 따라야 한다.
3. 인도에 관하여 조약의 존재를 조건으로 하지 않는 체약국들은 피요청국의 법률에 규정된 제조건에 따를 것을 조건으로 범죄를 동 국가들 간의 인도범죄로 인정하여야 한다.
4. 범죄는, 체약국간의 인도목적을 위하여, 그것이 발생한 장소에서뿐만 아니라 제4조 제1항에 따라 관할권을 확립하도록 되어 있는 국가들의 영토 내에서 행하여진 것과 같이 다루어진다.

Article 8

1. The offence shall be deemed to be included as an extraditable offence in any extradition treaty existing between Contracting States. Contracting States undertake to include the offence as an extraditable offence in every extradition treaty to be concluded between them.
2. If a Contracting State which makes extradition conditional on the existence of a treaty receives a request for extradition from another Contracting State with which it has no extradition treaty, it may at its option consider this Convention as the legal basis for extradition in respect of the offence. Extradition shall be subject to the other conditions provided by the law of the requested State.
3. Contracting States which do not make extradition conditional on the existence of a treaty shall recognize the offence as an extraditable offence between themselves subject to the conditions provided by the law of the requested State.
4. The offence shall be treated, for the purpose of extradition between Contracting States, as if it had been committed not only in the place in which it occurred but also in the territories of the States required to establish their jurisdiction in accordance with Article 4, paragraph 1.

제 9 조

1. 제1조(가)에서 언급된 어떠한 행위가 발생하였거나 또는 발생하려고 하는 경우 체약국은 항공기에 대한 통제를 적법한 기장에게 회복시키거나 또는 그의 항공기에 대한 통제를 보전시키기 위하여 적절한 모든 조치를 취하여야 한다.
2. 전항에 규정된 경우에 있어서 항공기, 그 승객 또는 승무원이 자국 내에 소재하고 있는 어떠한 체약국도 실행이 가능한 한 조속히 승객 및 승무원의 여행의 계속을 용이하게 하여야 하며, 항공기 및 그 화물을 정당한 점유권자에게 지체 없이 반환하여야 한다.

Article 9

1. When any of the acts mentioned in Article 1 (a) has occurred or is about to occur, Contracting States shall take all appropriate measures to restore control of the aircraft to its lawful commander or to preserve his control of the aircraft.
2. In the cases contemplated by the preceding paragraph, any Contracting State in which the aircraft or its passengers or crew are present shall facilitate the continuation of the journey of the passengers and crew as soon as practicable, and shall without delay return the aircraft and its cargo to the persons lawfully entitled to possession.

제 10 조

1. 체약국들은 범죄 및 제4조에 언급된 기타 행위와 관련하여 제기된 형사소송절차에 관하여 상호간 최대의 협조를 제공하여야 한다. 피요청국의 법률은 모든 경우에 있어서 적용된다.

Article 10

1. Contracting States shall afford one another the greatest measure of assistance in connection with criminal proceedings brought in respect of the offence and other acts mentioned in Article 4. The law of the State

2. 본조 제1항의 규정은 형사문제에 있어서 전반적 또는 부분적인 상호협조를 규정하거나 또는 규정할 그 밖의 어떠한 양자 또는 다자조약상의 의무에도 영향을 미치지 아니한다.

제 11 조

각 체약국은 그 국내법에 의거하여 국제민간항공기구이사회에 그 국가가 소유하고 있는 다음에 관한 어떠한 관계 정보도 가능한 한 조속히 보고하여야 한다.

(가) 범죄의 상황.

(나) 제9조에 의거하여 취하여진 조치.

(다) 범인 또는 범죄혐의자에 대하여 취하여진 조치, 또한 특히 인도절차 또는 기타 법적절차의 결과.

제 12 조

1. 협상을 통하여 해결될 수 없는 본 협약의 해석 또는 적용에 관한 2개국 또는 그 이상의 체약국들 간의 어떠한 분쟁도 그들 중 일 국가의 요청에 의하여 중재에 회부된다. 중재 요청일로부터 6개월 이내에 체약국들이 중재 구성에 합의하지 못할 경우에는, 그들 당사국 중의 어느 일국가가 국제사법재판소에 동 재판소규정에 따라 분쟁을 부탁할 수 있다.

2. 각 체약국은 본 협약의 서명 또는 비준, 또는 가입시에 자국이 전항규정에 구속되지 아니하는 것으로 본다는 것을 선언할 수 있다. 타방체약국들은 그러한 유보를 행한 체약국에 관하여 전항규정에 의한 구속을 받지 아니한다.

3. 전항규정에 의거하여 유보를 행한 어떠한 체약국도 기탁정부에 대한 통고로써 동 유보를 언제든지 철회할 수 있다.

제 13 조

1. 본 협약은 1970년 12월 1일부터 16일까지 헤이그에서 개최된 항공법에 관한 국제회의(이하 "헤이그회의"라 한다)에 참가한 국가들에 대하여 1970년 12월 16일 헤이그에서 서명을 위하여 개방된다. 1970년 12월 31일 이후 협약은 모스크바, 런던 및 워싱톤에서 서명을 위하여 모든 국가에 개방된다. 본조 제3항에 따른 발효 이전에 본 협약에 서명하지 않은 어떠한 국가도 언제든지 본 협약에 가입할 수 있다.

requested shall apply in all cases.

2. The provisions of paragraph 1 of this Article shall not affect obligations under any other treaty, bilateral or multilateral, which governs or will govern, in whole or in part, mutual assistance in criminal matters.

Article 11

Each Contracting State shall in accordance with its national law report to the Council of the International Civil Aviation Organization as promptly as possible any relevant information in its possession concerning:

(a) the circumstances of the offence;

(b) the action taken pursuant to Article 9;

(c) the measures taken in relation to the offender or the alleged offender, and, in particular, the results of any extradition proceedings or other legal proceedings.

Article 12

1. Any dispute between two or more Contracting States concerning the interpretation or application of this Convention which cannot be settled through negotiation, shall, at the request of one of them, be submitted to arbitration. If within six months from the date of the request for arbitration the Parties are unable to agree on the organization of the arbitration, any one of those Parties may refer the dispute to the International Court of Justice by request in conformity with the Statute of the Court.

2. Each State may at the time of signature or ratification of this Convention or accession thereto, declare that it does not consider itself bound by the preceding paragraph. The other Contracting States shall not be bound by the preceding paragraph with respect to any Contracting State having made such a reservation.

3. Any Contracting State having made a reservation in accordance with the preceding paragraph may at any time withdraw this reservation by notification to the Depositary Governments.

Article 13

1. This Convention shall be open for signature at The Hague on 16 December 1970, by States participating in the International Conference on Air Law held at The Hague from 1 to 16 December 1970 (hereinafter referred to as The Hague Conference). After 31 December 1970, the Convention shall be open to all States for signature in Moscow, London and Washington. Any State which does not sign this Convention before its

entry into force in accordance with paragraph 3 of this Article may accede to it at any time.

2. 본 협약은 서명국에 의한 비준을 받아야 한다. 비준서 및 가입서는 이에 기탁정부로 지정된 소련, 영국 및 미국정부에 기탁되어야 한다.

2. This Convention shall be subject to ratification by the signatory States. Instruments of ratification and instruments of accession shall be deposited with the Governments of the Union of Soviet Socialist Republics, the United Kingdom of Great Britain and Northern Ireland, and the United States of America, which are hereby designated the Depositary Governments.

3. 본 협약은 헤이그회의에 참석한 본 협약의 10개 서명국에 의한 비준서 기탁일 후 30일에 효력을 발생한다.

3. This Convention shall enter into force thirty days following the date of the deposit of instrument of ratification by ten States signatory to this Convention which participated in The Hague Conference.

4. 기타 국가들에 대하여, 본 협약은 본조 제3항에 따른 본 협약의 발효일자 또는 당해국의 비준서 또는 가입서를 기탁한 일자 후 30일 중에서 나중의 일자에 효력을 발생한다.

4. For other States, this Convention shall enter into force on the date of entry into force of this Convention in accordance with paragraph 3 of this Article, or thirty days following the date of deposit of their instruments of ratification or accession, whichever is later.

5. 기탁 정부들은 모든 서명 및 가입국에 대하여 매 서명일자, 매 비준서 또는 가입서의 기탁일자, 본 협약의 발효일자 및 기타 통고를 즉시 통보하여야 한다.

5. The Depositary Governments shall promptly inform all signatory and acceding States of the date of each signature, the date of deposit of each instrument of ratification or accession, the date of entry into force of this Convention, and other notices.

6. 본 협약은 발효하는 즉시 국제연합헌장 제102조에 따라, 또한 국제민간항공협약(시카고, 1944) 제83조에 따라 기탁정부들에 의하여 등록되어야 한다.

6. As soon as this Convention comes into force, it shall be registered by the Depositary Governments pursuant to Article 102 of the Charter of the United Nations and pursuant tp Article 83 of the Convention on International Civil Aviation. (Chicago, 1944)

제 14 조

Article 14

1. 어떠한 체약국도 기탁정부들에 대한 서면통고로써 본 협약을 폐기할 수 있다.

1. Any Contracting State may denounce this Convention by written notification to the Depositary Governments.

2. 폐기는 기탁정부들에 의하여 통고가 접수된 일자의 6개월 후에 효력을 발생한다.

2. Denunciation shall take effect six months following the date on which notification is received by the Depositary Governments.

이상의 증거로써 하기 전권 대표들은, 그들 정부로부터 정당히 권한을 위임받아 본 협정에 서명하였다.

IN WITNESS WHEREOF the undersigned Plenipotentiaries, being duly authorised thereto by their Governments, have signed this Convention.

일천구백칠십년 십이월 십육일, 각기 영어, 불어, 노어 및 서반아어로 공정히 작성된 원본 3부로 작성하였다.

DONE at The Hague, this sixteenth day of December, one thousand nine hundred and seventy, in three originals, each being drawn up in four authentic texts in the English, French, Russian and Spanish languages.

민간항공의 안전에 대한 불법적 행위의 억제를 위한 협약

[우리나라 관련사항]
국회비준동의 필요1973년 6월 2일
가입서 기탁일 1973년 8월 2일
발효일 1973년 9월 1일(조약 제484호)
관보게재일 1973년 9월 1일
수록문헌 다자조약집 제3권
선언내용 동 협약에 대한 대한민국 정부의 가입은 대한민국 정부가 국가 또는 정부로 승인하지 아니한 영역 또는 집단의 승인을 의미하는 것은 아니다.

본 협약 당사국들은,
민간항공의 안전에 대한 불법적 행위가 인명 및 재산의 안전에 위해를 가하고, 항공업무의 수행에 중대한 영향을 미치며, 또한 민간항공의 안전에 대한 세계인민의 신뢰를 저해하는 것입을 고려하고,

그러한 행위의 발생이 중대한 관심사임을 고려하고;
그러한 행위를 방지하기 위하여 범인들의 처벌에 관한 적절한 조치를 규정할 긴박한 필요성이 있음을 고려하여,

다음과 같이 합의하였다.

제 1 조

1. 여하한 자도 불법적으로 그리고 고의적으로:
   (가) 비행중인 항공기에 탑승한자에 대하여 폭력 행위를 행하고 그 행위가 그 항공기의 안전에 위해를 가할 가능성이 있는 경우; 또는
   (나) 운항중인 항공기를 파괴하는 경우 또는 그러한 비행기를 훼손하여 비행을 불가능하게 하거나 또는 비행의 안전에 위해를 줄 가능성이 있는 경우; 또는
   (다) 여하한 방법에 의하여서라도, 운항중인 항공기상에 그 항공기를 파괴할 가능성이 있거나 또는 그 항공기를 훼손하여 비행을 불가능하게 할 가능성이 있거나 또는 그 항공기를 훼손하여 비행의 안전에 위해를 줄 가능성이 있는 장치나 물질을 설치하거나 또는 설치되도록 하는 경우; 또는
   (라) 항공시설을 파괴 혹은 손상하거나 또는 그 운용을 방해하고 그러한 행위가 비행중인 항공기의 안전에 위해를 줄 가능성이 있는 경우; 또는
   (마) 그가 허위임을 아는 정보를 교신하여, 그에 의하여 비행중인 항공기의 안전에 위해를 주

Convention for the Suppression of Unlawful Acts Against the Safety of Civil Aviation

[일반사항]
조약명(국문) 민간항공의 안전에 대한 불법적 행위의 억제를 위한 협약
조약명(영문) Convention for the Suppression of Unlawful Acts against the Safety of Civil Aviation
체결일자 및 장소 1971년 9월 23일 몬트리올에서 작성
발효일 1973년 1월 26일
분야명 국제범죄(테러리즘)
Crimes of International Concern(Terrorism)

The States Parties to the Convention,
Considering that unlawful acts against the safety of civil aviation jeopardize the safety of persons and property, seriously affect the operation of air services, and undermine the confidence of the peoples of the world in the safety of civil aviation;
Considering that the occurrence of such acts is a matter of grave concern;
Considering that, for the purpose of deterring such acts, there is an urgent need to provide appropriate measures for punishment of offenders;

Have agreed as follows:

Article 1

1. Any person commits an offence if he unlawfully and intentionally:
   (a) performs an act of violence against a person on board an aircraft in flight if that act is likely to endanger the safety of that aircraft; or
   (b) destroys an aircraft in service or causes damage to such an aircraft which renders it incapable of flight or which is likely to endanger its safety in flight; or
   (c) places or causes to be placed on an aircraft in service, by any means whatsoever, a device or substance which is likely to destroy that aircraft, or to cause damage to it which renders it incapable of flight, or to cause damage to it which is likely to endanger its safety in flight; or
   (d) destroys or damages air navigation facilities or interferes with their operation, if any such act is likely to endanger the

는 경우에는 범죄를 범한 것으로 한다.

2. 여하한 자도:
(가) 본 조 1항에 규정된 범죄를 범하려고 시도한 경우; 또는
(나) 그러한 범죄를 범하거나 또는 범하려고 시도하는 자의 공범자인 경우에도 또한 범죄를 범한 것으로 한다.

제 2 조

본 협약의 목적을 위하여:
(가) 항공기는 탑승 후 모든 외부의 문이 닫힌 순간으로부터 하기를 위하여 그러한 문이 열려지는 순간까지의 어떠한 시간에도 비행 중에 있는 것으로 본다. 강제착륙의 경우, 비행은 관계당국이 항공기와 기상의 인원 및 재산에 대한 책임을 인수할 때까지 계속하는 것으로 본다;
(나) 항공기는 일정 비행을 위하여 지상원 혹은 승무원에 의하여 항공기의 비행 전 준비가 시작된 때부터 착륙 후 24시간까지 운항 중에 있는 것으로 본다. 운항의 기간은, 어떠한 경우에도, 항공기가 본 조 1항에 규정된 비행 중에 있는 전 기간동안 계속된다.

제 3 조

각 체약국은 제1조에 규정된 범죄를 엄중한 형벌로 처벌할 수 있도록 할 의무를 진다.

제 4 조

1. 본 협약은 군사, 세관 또는 경찰 업무에 사용되는 항공기에는 적용되지 아니한다.
2. 제1조 1항의 세항 (가), (나), (다) 및 (마)에 규정된 경우에 있어서, 본 협약은 항공기가 국제 또는 국내선에 종사하는지를 불문하고:
(가) 항공기의 실제 또는 예정된 이륙 또는 착륙 장소가 그 항공기의 등록국가의 영토 외에 위치한 경우; 또는
(나) 범죄가 그 항공기 등록국가 이외의 국가 영토 내에서 범하여진 경우에만 적용된다.

3. 본 조 2항에 불구하고 제1조 1항 세항 (가), (나), (다) 및 (마)에 규정된 경우에 있어서, 본

safety of aircraft in flight; or
(e) communicates information which he knows to be false, thereby endangering the safety of an aircraft in flight.
2. Any person also commits an offence if he:
(a) attempts to commit any of the offences mentioned in paragraph 1 of this Article; or
(b) is an accomplice of a person who commits or attempts to commit any such offence.

Article 2

For the purposes of this Convention:
(a) an aircraft is considered to be in flight at any time from the moment when all its external doors are closed following embarkation until the moment when any such door is opened for disembarkation; in the case of a forced landing, the flight shall be deemed to continue until the competent authorities take over the responsibility for the aircraft and for persons and property on board;
(b) an aircraft is considered to be in service from the beginning of the preflight preparation of the aircraft by ground personnel or by the crew for a specific flight until twenty-four hours after any landing; the period of service shall, in any event, extend for the entire period during which the aircraft is in flight as defined in paragraph (a) of this Article.

Article 3

Each Contracting State undertakes to make the offences mentioned in Article 1 punishable by severe penalties.

Article 4

1. This Convention shall not apply to aircraft used in military, customs or police services.
2. In the cases contemplated in subparagraphs (a), (b), (c) and (e) of paragraph 1 of Article 1, this Convention shall apply, irrespective of whether the aircraft is engaged in an international or domestic flight, only if:
(a) the place of take-off or landing, actual or intended, of the aircraft is situated outside the territory of the State of registration of that aircraft; or
(b) the offence is committed in the territory of a State other than the State of registration of the aircraft.
3. Notwithstanding paragraph 2 of this Article, in the cases contemplated in subparagraphs

협약은 범인 및 범죄 혐의자가 항공기 등록 국가 이외의 국가 영토 내에서 발견된 경우에도 적용된다.

4. 제9조에 언급된 국가와 관련하여 또한 제1조 1항 세항 (가), (나), (다) 및 (마)에 언급된 경우에 있어서, 본 협약은 본 조 2항 세항 (가)에 규정된 장소들이 제9조에 규정된 국가의 하나에 해당하는 국가의 영토 내에 위치한 경우에는, 그 국가 이외의 국가 영토 내에서 범죄가 범하여지거나 또는 범인이나 범죄 혐의자가 발견되지 아니하는 한, 적용되지 아니한다.

5. 제1조 1항 세항 (라)에 언급된 경우에 있어서, 본 협약은 항공시설이 국제 항공에 사용되는 경우에만 적용된다.

6. 본 조 2항, 3항, 4항 및 5항의 규정들은 제1조 2항에 언급된 경우에도 적용된다.

제 5 조

1. 각 체약국은 다음과 같은 경우에 있어서 범죄에 대한 관할권을 확립하기 위하여 필요한 제반조치를 취하여야 한다.
   (가) 범죄가 그 국가의 영토 내에서 범하여진 경우.
   (나) 범죄가 그 국가에 등록된 항공기에 대하여 또는 기상에서 범하여진 경우.
   (다) 범죄가 기상에서 범하여지고 있는 항공기가 아직 기상에 있는 범죄 혐의자와 함께 그 영토 내에 착륙한 경우.
   (라) 범죄가 주된 사업장소 또는 그러한 사업장소를 가지지 않은 경우에는 영구 주소를 그 국가 내에 가진 임차인에게 승무원 없이 임대된 항공기에 대하여 또는 기상에서 범하여진 경우.

2. 각 체약국은 범죄혐의자가 그 영토 내에 소재하고 있으며, 그를 제8조에 따라 본 조 1항에 언급된 어떠한 국가에도 인도하지 않는 경우에 있어서, 제1조 1항 (가), (나) 및 (다)에 언급된 범죄에 관하여 또한 제1조 2항에 언급된 범죄에 관하여, 동조가 그러한 범죄에 효력을 미치는 한, 그 관할권을 확립하기 위하여 필요한 제반조치를 또한 취하여야 한다.

(a), (b), (c) and (e) of paragraph 1 of Article 1, this Convention shall also apply if the offender or the alleged offender is found in the territory of a State other than the State of registration of the aircraft.

4. With respect to the States mentioned in Article 9 and in the cases mentioned in subparagraphs (a), (b), (c) and (e) of paragraph 1 of Article 1, this Convention shall not apply if the places referred to in subparagraph (a) of paragraph 2 of this Article are situated within the territory of the same State where that State is one of those referred to in Article 9, unless the offence is committed or the offender or alleged offender is found in the territory of a State other than that State.
5. In the cases contemplated in subparagraph (d) of paragraph 1 of Article 1, this Convention shall apply only if the air navigation facilities are used in international air navigation.
6. The provisions of paragraphs 2, 3, 4 and 5 of this Article shall also apply in the cases contemplated in paragraph 2 of Article 1.

Article 5

1. Each Contracting State shall take such measures as may be necessary to establish its jurisdiction over the offences in the following cases:
   (a) when the offence is committed in the territory of that State;
   (b) when the offence is committed against or on board an aircraft registered in that State;
   (c) when the aircraft on board which the offence is committed lands in its territory with the alleged offender still on board;
   (d) when the offence is committed against or on board an aircraft leased without crew to a lessee who has his principal place of business or, if the lessee has no such place of business, his permanent residence, in that State.
2. Each Contracting State shall likewise take such measures as may be necessary to establish its jurisdiction over the offences mentioned in Article 1, paragraph 1 (a), (b) and (c), and in Article 1, paragraph 2, in so far as that paragraph relates to those offences, in the case where the alleged offender is present in its territory and it does not extradite him pursuant to Article 8 to any of the States mentioned in paragraph

3. 본 협약은 국내법에 따라 행사되는 어떠한 형사 관할권도 배제하지 아니한다.

제 6 조

1. 사정이 그와 같이 허용한다고 인정한 경우, 범인 및 범죄혐의자가 그 영토 내에 소재하고 있는 체약국은 그를 구치하거나 그의 신병확보를 위한 기타 조치를 취하여야 한다. 동 구치 및 기타 조치는 그 국가의 국내법에 규정된 바에 따라야 하나, 형사 또는 인도 절차를 취함에 필요한 시간 동안만 계속될 수 있다.
2. 그러한 국가는 사실에 대한 예비 조사를 즉시 행하여야 한다.
3. 본 조 1항에 따라 구치 중에 있는 어떠한 자도 최근거리에 있는 그 본국의 적절한 대표와 즉시 연락을 취하는데 도움을 받아야 한다.
4. 본 조에 의거하여 체약국이 어떠한 자를 구치하였을 때, 그 국가는 제5조 1항에 언급된 국가, 피구치자가 국적을 가진 국가 및 타당하다고 생각할 경우 기타 관계국가에 대하여 그와 같은 자가 구치되어 있다는 사실과 그의 구치를 정당화하는 사정을 즉시 통고하여야 한다. 본 조 2항에 규정된 예비조사를 행한 국가는 전기 국가에 대하여 그 조사 결과를 즉시 보고하여야 하며, 그 관할권을 행사할 의도가 있는지의 여부를 명시하여야 한다.

제 7 조

그 영토 내에서 범죄 혐의자가 발견된 체약국은 만약 동인을 인도하지 않은 경우, 예외 없이 또한 그 영토 내에서 범죄가 범하여진 것인지 여부를 불문하고, 소추를 하기 위하여 권한 있는 당국에 동 사건을 회부하여야 한다. 그러한 당국은 그 국가의 법률상 중대한 성질의 일반 범죄의 경우에 있어서와 같은 방법으로 그 결정을 내려야 한다.

제 8 조

1. 범죄는 체약국간에 현존하는 인도 조약상의 인도 범죄에 포함되는 것으로 간주된다. 체약국은 범죄를 그들 사이에 체결될 모든 인도 조약

1 of this Article.

3. This Convention does not exclude any criminal jurisdiction exercised in accordance with national law.

Article 6

1. Upon being satisfied that the circumstances so warrant, any Contracting State in the territory of which the offender or the alleged offender is present, shall take him into custody or take other measures to ensure his presence. The custody and other measures shall be as provided in the law of that State but may only be continued for such time as is necessary to enable any criminal or extradition proceedings to be instituted.
2. Such State shall immediately make a preliminary enquiry into the facts.
3. Any person in custody pursuant to paragraph 1 of this Article shall be assisted in communicating immediately with the nearest appropriate representative of the State of which he is a national.
4. When a State, pursuant to this Article, has taken a person into custody, it shall immediately notify the States mentioned in Article 5, paragraph 1, the State of nationality of the detained person and, if it considers it advisable, any other interested State of the fact that such person is in custody and of the circumstances which warrant his detention. The State which makes the preliminary enquiry contemplated in paragraph 2 of this Article shall promptly report its findings to the said States and shall indicate whether it intends to exercise jurisdiction.

Article 7

The Contracting State in the territory of which the alleged offender is found shall, if it does not extradite him, be obliged, without exception whatsoever and whether or not the offence was committed in its territory, to submit the case to its competent authorities for the purpose of prosecution. Those authorities shall take their decision in the same manner as in the case of any ordinary offence of a serious nature under the law of that State.

Article 8

1. The offences shall be deemed to be included as extraditable offences in any extradition treaty existing between Contracting States.

에 인도 범죄로 포함할 의무를 진다.

2. 인도에 관하여 조약의 존재를 조건으로 하는 체약국이 상호 인도조약을 체결하지 않은 타 체약국으로부터 인도 요청을 받은 경우에는, 그 선택에 따라 본 협약을 범죄에 관한 인도를 위한 법적인 근거로서 간주할 수 있다. 인도는 피요청국의 법률에 규정된 기타 제 조건에 따라야 한다.

3. 인도에 관하여 조약의 존재를 조건으로 하지 않는 체약국들은 피 요청국의 법률에 규정된 제조건에 따를 것을 조건으로 범죄를 동 국가들 간의 인도범죄로 인정하여야 한다.

4. 각 범죄는, 체약국간의 인도 목적을 위하여, 그것이 발생한 장소에서 뿐만 아니라 제5조 1항 (나), (다) 및 (라)에 의거하여 그 관할권을 확립하도록 되어 있는 국가의 영토 내에서 범하여진 것처럼 취급된다.

제 9 조

공동 또는 국제 등록에 따라 항공기를 운영하는 공동 항공운수 운영기구 또는 국제운영기관을 설치한 체약국들은 적절한 방법에 따라 각 항공기에 대하여 관할권을 행사하고 본 협약의 목적을 위하여 등록국가의 자격을 가지는 국가는 당해국 중에서 지명하여야 하며 또한 국제민간항공기구에 그에 관한 통고를 하여야 하며, 동 기구는 본 협약의 전 체약국에 동 통고를 전달하여야 한다.

제 10 조

1. 체약국은, 국제법 및 국내법에 따라, 제1조에 언급된 범죄를 방지하기 위한 모든 실행 가능한 조치를 취하도록 노력하여야 한다.

2. 제1조에 언급된 범죄의 하나를 범함으로써, 비행이 지연되거나 또는 중단된 경우, 항공기, 승객 또는 승무원이 자국 내에 소재하고 있는 어떠한 체약국도 실행이 가능한 한 조속히 승객 및 승무원의 여행의 계속을 용이하게 하여야 하며, 항공기 및 그 화물을 정당한 점유권자

Contracting States undertake to include the offences as extraditable offences in every extradition treaty to be concluded between them.

2. If a Contracting State which makes extradition conditional on the existence of a treaty receives a request for extradition from another Contracting State with which it has no extradition treaty, it may at its option consider this Convention as the legal basis for extradition in respect of the offences. Extradition shall be subject to the other conditions provided by the law of the requested State.
3. Contracting States which do not make extradition conditional on the existence of a treaty shall recognize the offences as extraditable offences between themselves subject to the conditions provided by the law of the requested State.
4. Each of the offences shall be treated, for the purpose of extradition between Contracting States, as if it had been committed not only in the place in which it occurred but also in the territories of the States required to establish their jurisdiction in accordance with Article 5, paragraph 1 (b), (c) and (d).

Article 9

The Contracting States which establish joint air transport operating organizations or international operating agencies, which operate aircraft which are subject to joint or international registration shall, by appropriate means, designate for each aircraft the State among them which shall exercise the jurisdiction and have the attributes of the State of registration for the purpose of this Convention and shall give notice thereof to the International Civil Aviation Organization which shall communicate the notice to all States Parties to this Convention.

Article 10

1. Contracting States shall, in accordance with international and national law, endeavour to take all practicable measure for the purpose of preventing the offences mentioned in Article 1.
2. When, due to the commission of one of the offences mentioned in Article 1, a flight has been delayed or interrupted, any Contracting State in whose territory the aircraft or passengers or crew are present shall facilitate the continuation of the journey of

에게 지체 없이 반환하여야 한다.

the passengers and crew as soon as practicable, and shall without delay return the aircraft and its cargo to the persons lawfully entitled to possession.

제 11 조

1. 체약국들은 범죄와 관련하여 제기된 형사 소송절차에 관하여 상호간 최대의 협조를 제공하여야 한다. 피요청국의 법률은 모든 경우에 있어서 적용된다.

2. 본 조 1항의 규정은 형사문제에 있어서 전반적 또는 부분적인 상호 협조를 규정하거나 또는 규정할 그 밖의 어떠한 양자 또는 다자조약상의 의무에 영향을 미치지 아니한다.

Article 11

1. Contracting States shall afford one another the greatest measure of assistance in connection with criminal proceedings brought in respect of the offences. The law of the State requested shall apply in all cases.
2. The provisions of paragraph 1 of this Article shall not affect obligations under any other treaty, bilateral or multilateral, which governs or will govern, in whole or in part, mutual assistance in criminal matters.

제 12 조

제1조에 언급된 범죄의 하나가 범하여질 것이라는 것을 믿게 할 만한 이유를 가지고 있는 어떠한 체약국도, 그 국내법에 따라 제5조 1항에 언급된 국가에 해당한다고 믿어지는 국가들에게 그 소유하고 있는 관계정보를 제공하여야 한다.

Article 12

Any Contracting State having reason to believe that one of the offences mentioned in Article 1 will be committed shall, in accordance with its national law, furnish any relevant information in its possession to those States which it believes would be the States mentioned in Article 5, paragraph 1.

제 13 조

각 체약국은 그 국내법에 의거하여 국제민간항공기구 이사회에 그 국가가 소유하고 있는 다음에 관한 어떠한 관계 정보도 가능한 한 조속히 보고하여야 한다.

(가) 범죄의 상황.
(나) 제10조 2항에 의거하여 취하여진 조치.
(다) 범인 또는 범죄 혐의자에 대하여 취하여진 조치, 또한 특히 인도절차 기타 법적 절차의 결과.

Article 13

Each Contracting State shall in accordance with its national law report to the Council of the International Civil Aviation Organization as promptly as possible any relevant information in its possession concerning:

(a) the circumstances of the offence;
(b) the action taken pursuant to Article 10, paragraph 2;
(c) the measures taken in relation to the offender or the alleged offender and, in particular, the results of any extradition proceedings or other legal proceedings.

제 14 조

1. 협상을 통하여 해결될 수 없는 본 협약의 해석 또는 적용에 관한 2개국 또는 그 이상의 체약국들 간의 어떠한 분쟁도 그들 중 일국가의 요청에 의하여 중재에 회부된다. 중재 요청일로부터 6개월 이내에 체약국들이 중재구성에 합의하지 못할 경우에는, 그들 당사국 중의 어느 일국가가 국제사법재판소에 동 재판소 규정에 따라 분쟁을 부탁할 수 있다.

2. 각 체약국은 본 협약의 서명, 비준, 또는 가입시에 자국이 전항 규정에 구속되지 아니한 것으로 본다는 것을 선언할 수 있다. 타방 체약국

Article 14

1. Any dispute between two or more Contracting States concerning the interpretation or application of this Convention which cannot be settled through negotiation, shall, at the request of one of them, be submitted to arbitration. If within six months from the date of the request for arbitration the Parties are unable to agree on the organization of the arbitration, any one of those Parties may refer the dispute to the International Court of Justice by request in conformity with the Statute of the Court.
2. Each State may at the time of signature or ratification of this Convention or accession thereto, declare that it does not consider

들은 그러한 유보를 행한 체약국에 관하여 전항 규정에 의한 구속을 받지 아니한다.

3. 전항 규정에 의거하여 유보를 행한 어떠한 체약국도 수탁정부에 대한 통고로써 동 유보를 언제든지 철회할 수 있다.

제 15 조

1. 본 협약은 1971년 9월 8일부터 23일까지 몬트리올에서 개최된 항공법에 관한 국제회의(이하 몬트리올 회의라 한다)에 참가한 국가들에 대하여 1971년 9월 23일 몬트리올에서 서명을 위하여 개방된다. 1971년 10월 10일 이후 본 협약은 모스크바, 런던 및 워싱턴에서 서명을 위하여 모든 국가에 개방된다. 본 조 3항에 따른 발효 이전에 본 협약에 서명하지 않은 어떠한 국가도 언제든지 본 협약에 가입할 수 있다.

2. 본 협약은 서명국에 의한 비준을 받아야 한다. 비준서 및 가입서는 이에 수탁정부로 지정된 소련, 영국 및 미국 정부에 기탁되어야 한다.

3. 본 협약은 몬트리올 회의에 참석한 본 협약의 10개 서명국에 의한 비준서 기탁일로부터 30일 후에 효력을 발생한다.

4. 기타 국가들에 대하여, 본 협약은 본 조 3항에 따른 본 협약의 발효일자 또는 당해국의 비준서 또는 가입서 기탁일자 후 30일 중에서 나중의 일자에 효력을 발생한다.

5. 수탁정부들은 모든 서명 및 가입국에 대하여 서명일자, 비준서 또는 가입서의 기탁일자, 본 협약의 발효일자 및 기타 통고를 즉시 통보하여야 한다.

6. 본 협약은 발효하는 즉시 국제연합 헌장 제102조에 따라, 또한 국제민간항공협약(시카고, 1944) 제83조에 따라 수탁정부들에 의하여 등

itself bound by the preceding paragraph. The other Contracting States shall not be bound by the preceding paragraph with respect to any Contracting State having made such a reservation.

3. Any Contracting State having made a reservation in accordance with the preceding paragraph may at any time withdraw this reservation by notification to the Depositary Governments.

Article 15

1. This Convention shall be open for signature at Montreal on 23 September 1971, by States participating in the International Conference on Air Law held at Montreal from 8 to 23 September 1971 (hereinafter referred to as the Montreal Conference). After 10 October 1971, the Convention shall be open to all States for signature in Moscow, London and Washington. Any State which does not sign this Convention before its entry into force in accordance with paragraph 3 of this Article may accede to it at any time.

2. This Convention shall be subject to ratification by the signatory States. Instruments of ratification and instruments of accession shall be deposited with the Governments of the Union of Soviet Socialist Republics, the United Kingdom of Great Britain and Northern Ireland, and the United States of America, which are hereby designated the Depositary Governments.

3. This Convention shall enter into force thirty days following the date of the deposit of instruments of ratification by ten States signatory to this Convention which participated in the Montreal Conference.

4. For other States, this Convention shall enter into force on the date of entry into force of this Convention in accordance with paragraph 3 of this Article, or thirty days following the date of deposit of their instruments of ratification or accession, whichever is later.

5. The Depositary Governments shall promptly inform all signatory and acceding States of the date of each signature, the date of deposit of each instrument of ratification or accession, the date of entry into force of this Convention, and other notices.

6. As soon as this Convention comes into force, it shall be registered by the Depositary Governments pursuant to Article

록되어야 한다.

102 of the Convention on International Civil Aviation(Chicago, 1944).

제 16 조

1. 어떠한 체약국도 수탁정부들에 대한 서면통고로써 본 협약을 폐기할 수 있다.

2. 폐기는 수탁정부들에 의하여 통고가 접수된 일자로부터 6개월 후에 효력을 발생한다.

이상의 증거로써 하기 전권대표들은, 그들 정부로부터 정당히 권한을 위임받아 본 협약에 서명하였다.

일천구백칠십일년 구월 이십삼일, 각기 영어, 불어, 로어 및 서반아어로 공정히 작성된 원본 3부로 작성하였다.

Article 16

1. Any Contracting State may denounce this Convention by written notification to the Depositary Governments.
2. Denunciation shall take effect six months following the date on which notification is received by the Depositary Governments.

IN WITNESS WHEREOF the undersigned Plenipotentiaries, being duly authorized thereto by their Governments, have signed this Convention.

DONE at Montreal, this twenty-third day of September, one thousand nine hundred and seventy-one, in three originals, each being drawn up in four authentic texts in the English, French, Russian and Spanish languages.

PROTOCOL FOR THE SUPPRESSION OF UNLAWFUL ACTS OF VIOLENCE AT AIRPORTS SERVING INTERNATIONAL CIVIL AVIATION, SUPPLEMENTARY TO THE CONVENTION FOR THE SUPPRESSION OF UNLAWFUL ACTS AGAINST THE SAFETY OF CIVIL AVIATION, DONE AT MONTREAL ON 23 SEPTEMBER 1971

SIGNED AT MONTREAL, ON 24 FEBRUARY 1988 [MONTREAL PROTOCOL 1988]

Source: ICAO Doc. 9518

THE STATES PARTIES TO THIS PROTOCOL,

CONSIDERING that unlawful acts of violence which endanger or are likely to endanger the safety of persons at airports serving international civil aviation or which jeopardize the safe operation of such airports undermine the confidence of the peoples of the world in safety at such airports and disturb the safe and orderly conduct of civil aviation for all States;

CONSIDERING that the occurrence of such acts is a matter of grave concern to the international community and that, for the purpose of deterring such acts, there is an urgent need to provide appropriate measures for punishment of offenders;

CONSIDERING that it is necessary to adopt provisions supplementary to those of the Convention for the Suppression of Unlawful Acts against the Safety of Civil Aviation, done at Montreal on 23 September 1971, to deal with such unlawful acts of violence at airports serving international civil aviation;

HAVE AGREED AS FOLLOWS:

Article I

This Protocol supplements the Convention for the Suppression of Unlawful Acts against the Safety of Civil Aviation, done at Montreal on 23 September 1971 (hereinafter referred to as "the Convention"), and, as between the Parties to this Protocol, the Convention and the Protocol shall be read and interpreted together as one single instrument.

Article II

In Article 1 of the Convention, the following shall be added as new paragraph 1*bis*:

"1*bis*. Any person commits an offence if he unlawfully and intentionally, using any device, substance or weapon:

(a) performs an act of violence against a person at an airport serving international civil aviation which causes or is likely to cause serious injury or death; or

(b) destroys or seriously damages the facilities of an airport serving international civil aviation or aircraft not in service located thereon or disrupts the services of the airport, if such an act endangers or is likely to endanger safety at that airport."

2. In paragraph 2 (a) of Article 1 of the Convention, the following words shall be inserted after the words "paragraph 1":

"or paragraph 1*bis*".

Article III

In Article 5 of the Convention, the following shall be added as paragraph 2*bis*:

"2*bis*. Each Contracting State shall likewise take such measures as may be necessary to establish its jurisdiction over the offences mentioned in Article 1, paragraph 1*bis*, and in Article 1, paragraph 2, in so far as that paragraph relates to those offences, in the case where the alleged offender is present in its territory and it does not extradite him pursuant to Article 8 to the State mentioned in paragraph 1(a) of this Article."

Article IV

This Protocol shall be open for signature at Montreal on 24 February 1988 by States participating in the International Conference on Air Law held at Montreal from 9 to 24 February 1988. After I March 1988, the Protocol shall be open for signature to all States in London, Moscow, Washington and Montreal, until it enters into force in accordance with Article VI.

Article V

1. This Protocol shall be subject to ratification by the signatory States.

2. Any State which is not a Contracting State to the Convention may ratify this Protocol if at the same time it ratifies or accedes to the Convention in accordance with Article 15 thereof.

3. Instruments of ratification shall be deposited with the Governments of the Union of Soviet Socialist Republics, the United Kingdom of Great Britain and Northern Ireland and the United States of America or with the International Civil Aviation Organization, which are hereby designated the Depositaries.

Article VI

1. As soon as ten of the signatory States have deposited their instruments of ratification of this Protocol, it shall enter into force between them on the thirtieth day after the date of the deposit of the tenth instrument of ratification. It shall enter into force for each State which deposits its instrument of ratification after that date on the thirtieth day after deposit of its instrument of ratification

2. As soon as this Protocol enters into force, it shall be registered by the Depositaries pursuant to Article 102 of the Charter of the United Nations and pursuant to Article 83 of the Convention on International Civil Aviation (Chicago, 1944).

Article VII

1. This Protocol shall, after it has entered into force, be open for

accession by any nonsignatory State.

2. Any State which is not a Contracting State to the Convention may accede to this Protocol if at the same time it ratifies or accedes to the Convention in accordance with Article 15 thereof.

3. Instruments of accession shall be deposited with the Depositaries and accession shall take effect on the thirtieth day after the deposit.

Article VIII

1. Any Party to this Protocol may denounce it by written notification addressed to the Depositaries.

2. Denunciation shall take effect six months following the date on which notification is received by the Depositaries.

3. Denunciation of this Protocol shall not of itself have the effect of denunciation of the Convention.

4. Denunciation of the Convention by a Contracting State to the Convention as supplemented by this Protocol shall also have the effect of denunciation of this Protocol.

Article IX

1. The Depositaries shall promptly inform all signatory and acceding States to this Protocol and all signatory and acceding States to the Convention:

(a) of the date of each signature and the date of deposit of each instrument of ratification of, or accession to, this Protocol, and

(b) of the receipt of any notification of denunciation of this Protocol and the date thereof.

2. The Depositaries shall also notify the States referred to in paragraph I of the date on which this Protocol enters into force in accordance with Article VI.

IN WITNESS WHEREOF the undersigned Plenipotentiaries, being duly authorized thereto by their Governments, have signed this Protocol.

DONE at Montreal on the twenty-fourth day of February of the year One Thousand Nine Hundred and Eighty-eight, in four originals, each being drawn up in four authentic texts in the English, French, Russian and Spanish languages.

CONVENTION ON THE MARKING OF PLASTIC EXPLOSIVES FOR THE PURPOSE OF DETECTION SIGNED AT MONTREAL, ON 1 MARCH 1991[MONTREAL CONVENTION 1991]

Source: ICAO Doc. 9571

THE STATES PARTIES TO THIS CONVENTION,

CONSCIOUS of the implications of acts of terrorism for international security;

EXPRESSING deep concern regarding terrorist acts aimed at destruction of aircraft, other means of transportation and other targets;

CONCERNED that plastic explosives have been used for such terrorist acts;

CONSIDERING that the marking of such explosives for the purpose of detection would contribute significantly to the prevention of such unlawful acts;

RECOGNIZING that for the purpose of deterring such unlawful acts there is an urgent need for an international instrument obliging States to adopt appropriate measures to ensure that plastic explosives are duly marked;

CONSIDERING United Nations Security Council Resolution 635 of 14 June 1989, and United Nations General Assembly Resolution 44/29 of 4 December 1989 urging the International Civil Aviation Organization to intensify its work on devising an international regime for the marking of plastic or sheet explosives for the purpose of detection;

BEARING IN MIND Resolution A27-8 adopted unanimously by the 27th Session of the Assembly of the International Civil Aviation Organization which endorsed with the highest and overriding priority the preparation of a new international instrument regarding the marking of plastic or sheet explosives for detection;

NOTING with satisfaction the role played by the Council of the International Civil Aviation Organization in the preparation of the Convention as well as its willingness to assume functions related to its implementation;

HAVE AGREED AS FOLLOWS:

Article I

For the purposes of this Convention:

1. "Explosives" mean explosive products, commonly known as "plastic explosives", including explosives in flexible or elastic sheet form, as described in the Technical Annex to this Convention.
2. "Detection agent" means a substance as described in the Technical Annex to this Convention which is introduced into an explosive to render it detectable.
3. "Marking" means introducing into an explosive a detection agent in accordance with the Technical Annex to this Convention.
4. "Manufacture" means any process, including reprocessing, that produces explosives.
5. "Duly authorized military devices" include, but are not restricted to, shells, bombs, projectiles, mines, missiles, rockets, shaped charges, grenades

and perforators manufactured exclusively for military or police purposes according to the laws and regulations of the State Party concerned.

6. "Producer State" means any State in whose territory explosives are manufactured.

Article II

Each State Party shall take the necessary and effective measures to prohibit and prevent the manufacture in its territory of unmarked explosives.

Article III

1. Each State Party shall take the necessary and effective measures to prohibit and prevent the movement into or out of its territory of unmarked explosives.

2. The preceding paragraph shall not apply in respect of movements for purposes not inconsistent with the objectives of this Convention, by authorities of a State Party performing military or police functions, of unmarked explosives under the control of that State Party in accordance with paragraph 1 of Article IV.

Article IV

1. Each State Party shall take the necessary measures to exercise strict and effective control over the possession and transfer of possession of unmarked explosives which have been manufactured in or brought into its territory prior to the entry into force of this Convention in respect of that State, so as to prevent their diversion or use for purposes inconsistent with the objectives of this Convention.

2. Each State Party shall take the necessary measures to ensure that all stocks of those explosives referred to in paragraph 1 of this Article not held by its authorities performing military or police functions are destroyed or consumed for purposes not inconsistent with the objectives of this Convention, marked or rendered permanently ineffective, within a period of three years from the entry into force of this Convention in respect of that State.

3. Each State Party shall take the necessary measures to ensure that all stocks of those explosives referred to in paragraph 1 of this Article held by its authorities performing military or police functions and that are not incorporated as an integral part of duly authorized military devices are destroyed or consumed for purposes not inconsistent with the objectives of this Convention, marked or rendered permanently ineffective, within a period of fifteen years from the entry into force of this Convention in respect of that State.

4. Each State Party shall take the necessary measures to ensure the destruction, as soon as possible, in its territory of unmarked explosives which may be discovered therein and which are not referred to in the preceding paragraphs of this Article, other than stocks of unmarked explosives held by its authorities performing military or police functions and incorporated as an integral part of duly authorized military devices at the date of the entry into force of this Convention in respect of that State.

5. Each State Party shall take the necessary measures to exercise strict and effective control over the possession and transfer of possession of the

explosives referred to in paragraph II of Part 1 of the Technical Annex to this Convention so as to prevent their diversion or use for purposes inconsistent with the objectives of this Convention.

6. Each State Party shall take the necessary measures to ensure the destruction, as soon as possible, in its territory of unmarked explosives manufactured since the coming into force of this Convention in respect of that State that are not incorporated as specified in paragraph II (d) of Part 1 of the Technical Annex to this Convention and of unmarked explosives which no longer fall within the scope of any other sub-paragraphs of the said paragraph II.

Article V

1. There is established by this Convention an International Explosives Technical Commission (hereinafter referred to as "the Commission") consisting of not less than fifteen nor more than nineteen members appointed by the Council of the International Civil Aviation Organization (hereinafter referred to as "the Council") from among persons nominated by States Parties to this Convention.

2. The members of the Commission shall be experts having direct and substantial experience in matters relating to the manufacture or detection of, or research in, explosives.

3. Members of the Commission shall serve for a period of three years and shall be eligible for re-appointment.

4. Sessions of the Commission shall be convened, at least once a year at the Headquarters of the International Civil Aviation Organization, or at such places and times as may be directed or approved by the Council.

5. The Commission shall adopt its rules of procedure, subject to the approval of the Council.

Article VI

1. The Commission shall evaluate technical developments relating to the manufacture, marking and detection of explosives.

2. The Commission, through the Council, shall report its findings to the States Parties and international organizations concerned.

3. Whenever necessary, the Commission shall make recommendations to the Council for amendments to the Technical Annex to this Convention. The Commission shall endeavour to take its decisions on such recommendations by consensus. In the absence of consensus the Commission shall take such decisions by a two-thirds majority vote of its members.

4. The Council may, on the recommendation of the Commission, propose to States Parties amendments to the Technical Annex to this Convention.

Article VII

1. Any State Party may, within ninety days from the date of notification of a proposed amendment to the Technical Annex to this Convention, transmit to the Council its comments. The Council shall communicate these comments to the Commission as soon as possible for its consideration. The Council shall invite any State Party which comments on or objects to the proposed amendment to consult the Commission.

2. The Commission shall consider the views of States Parties made

pursuant to the preceding paragraph and report to the Council. The Council, after consideration of the Commission's report, and taking into account the nature of the amendment and the comments of States Parties, including producer States, may propose the amendment to all States Parties for adoption.

3. If a proposed amendment has not been objected to by five or more States Parties by means of written notification to the Council within ninety days from the date of notification of the amendment by the Council, it shall be deemed to have been adopted, and shall enter into force one hundred and eighty days thereafter or after such other period as specified in the proposed amendment for States Parties not having expressly objected thereto.

4. States Parties having expressly objected to the proposed amendment may, subsequently, by means of the deposit of an instrument of acceptance or approval, express their consent to be bound by the provisions of the amendment.

5. If five or more States Parties have objected to the proposed amendment, the Council shall refer it to the Commission for further consideration.

6. If the proposed amendment has not been adopted in accordance with paragraph 3 of this Article, the Council may also convene a conference of all States Parties.

Article VIII

1. States Parties shall, if possible, transmit to the Council information that would assist the Commission in the discharge of its functions under paragraph 1 of Article VI.

2. States Parties shall keep the Council informed of measures they have taken to implement the provisions of this Convention. The Council shall communicate such information to all States Parties and international organizations concerned.

Article IX

The Council shall, in co-operation with States Parties and international organizations concerned, take appropriate measures to facilitate the implementation of this Convention, including the provision of technical assistance and measures for the exchange of information relating to technical developments in the marking and detection of explosives.

Article X

The Technical Annex to this Convention shall form an integral part of this Convention.

Article XI

1. Any dispute between two or more States Parties concerning the interpretation or application of this Convention which cannot be settled through negotiation shall, at the request of one of them, be submitted to arbitration. If within six months from the date of the request for arbitration the Parties are unable to agree on the organization of the arbitration, any one of those Parties may refer the dispute to the International Court of Justice by request in conformity with the Statute of the

Court.

2. Each State Party may, at the time of signature, ratification, acceptance or approval of this Convention or accession thereto, declare that it does not consider itself bound by the preceding paragraph. The other States Parties shall not be bound by the preceding paragraph with respect to any State Party having made such a reservation.

3. Any State Party having made a reservation in accordance with the preceding paragraph may at any time withdraw this reservation by notification to the Depositary.

Article XII

Except as provided in Article XI no reservation may be made to this Convention.

Article XIII

1. This Convention shall be open for signature in Montreal on 1 March 1991 by States participating in the International Conference on Air Law held at Montreal from 12 February to 1 March 1991. After 1 March 1991 the Convention shall be open to all States for signature at the Headquarters of the International Civil Aviation Organization in Montreal until it enters into force in accordance with paragraph 3 of this Article. Any State which does not sign this Convention may accede to it at any time.

2. This Convention shall be subject to ratification, acceptance, approval or accession by States. Instruments of ratification, acceptance, approval or accession shall be deposited with the International Civil Aviation Organization, which is hereby designated the Depositary. When depositing its instrument of ratification, acceptance, approval or accession, each State shall declare whether or not it is a producer State.

3. This Convention shall enter into force on the sixtieth day following the date of deposit of the thirty-fifth instrument of ratification, acceptance, approval or accession with the Depositary, provided that no fewer than five such States have declared pursuant to paragraph 2 of this Article that they are producer States. Should thirty-five such instruments be deposited prior to the deposit of their instruments by five producer States, this Convention shall enter into force on the sixtieth day following the date of deposit of the instrument of ratification, acceptance, approval or accession of the fifth producer State.

4. For other States, this Convention shall enter into force sixty days following the date of deposit of their instruments of ratification, acceptance, approval or accession.

5. As soon as this Convention comes into force, it shall be registered by the Depositary pursuant to Article 102 of the Charter of the United Nations and pursuant to Article 83 of the Convention on International Civil Aviation (Chicago, 1944).

Article XIV

The Depositary shall promptly notify all signatories and States Parties of:

1. each signature of this Convention and date thereof;
2. each deposit of an instrument of ratification, acceptance, approval

or accession and date thereof, giving special reference to whether the State has identified itself as a producer State;

3. the date of entry into force of this Convention;

4. the date of entry into force of any amendment to this Convention or its Technical Annex;

5. any denunciation made under Article XV; and

6. any declaration made under paragraph 2 of Article XI.

Article XV

1. Any State Party may denounce this Convention by written notification to the Depositary.

2. Denunciation shall take effect one hundred and eighty days following the date on which notification is received by the Depositary.

IN WITNESS WHEREOF the undersigned Plenipotentiaries, being duly authorized thereto by their Governments, have signed this Convention.

DONE at Montreal, this first day of March, one thousand nine hundred and ninety-one, in one original, drawn up in five authentic texts in the English, French, Russian, Spanish and Arabic languages.

TECHNICAL ANNEX

PART 1: DESCRIPTION OF EXPLOSIVES

I. The explosives referred to in paragraph 1 of Article 1 of this Convention are those that:

(a) are formulated with one or more high explosives which in their pure form have a vapour pressure less than 10^{-4} Pa at a temperature of 25°C;

(b) are formulated with a binder material; and

(c) are, as a mixture, malleable or flexible at normal room temperature.

II. The following explosives, even though meeting the description of explosive in paragraph 1 of this Part, shall not be considered to be explosives as long as they continue to be held or used for the purposes specified below or remain incorporated as there specified, namely those explosive that:

(a) are manufactured, or held, in limited quantities solely for use in duly authorized research, development or testing of new or modified explosives;

(b) are manufactured, or held, in limited quantities solely for use in duly authorized training in explosives detection and/or development or testing of explosives detection equipment;

(c) are manufactured, or held, in limited quantities solely for duly authorized forensic science purposes; or

(d) are destined to be and are incorporated as an integral part of duly authorized military devices in the territory of the producer State within three years after the coming into force of this Convention in respect of that State. Such devices produced in this period of three years shall be deemed to be duly authorized military devices within paragraph 4 of Article 4 of this Convention.

III. In this Part:

"duly authorized" in paragraph 2 (a), (b) and (c) means permitted according to the laws and regulations of the State Party concerned; and

"high explosives" include but are not restricted to cyclotetramethylenetetranitramine (HMX), pentaerythritol tetranitrate (PETN) and cyclotrimethylenetrinitramine (RDX).

PART 2: DETECTION AGENTS

A detection agent is any one of those substances set out in the following Table. Detection agents described in this Table are intended to be used to enhance the detectability of explosives by vapour detection means. In each case, the introduction of a detection agent into an explosive shall be done in such a manner as to achieve homogeneous distribution in the finished product. The minimum concentration of a detection agent in the finished product at the time of manufacture shall be as shown in the said Table.

Table:

Name of detection	Molecular formula	Molecular weight	Minimum concentration
Ethylene glycol dinitrate (EGDN)	$C_2H_4(NO_3)_2$	152	0.2% by mass
2,3-Dimethyl-2,3 dinitrobutane (DMNB)	$C_6H_{12}(NO_2)_2$	176	0.1% by mass
para-Mononitrotoluene (p-MNT)	$C_7H_7NO_2$	137	0.5% by mass
ortho-Mononitrotoluene (o-MNT)	$C_7H_7NO_2$	137	0.5% by mass

Any explosive which, as a result of its normal formulation, contains any of the designated detection agents at or above the required minimum concentration level shall be deemed to be marked.

CONVENTION

ON THE SUPPRESSION OF UNLAWFUL ACTS
RELATING TO INTERNATIONAL CIVIL AVIATION

THE STATES PARTIES TO THIS CONVENTION,

DEEPLY CONCERNED that unlawful acts against civil aviation jeopardize the safety and security of persons and property, seriously affect the operation of air services, airports and air navigation, and undermine the confidence of the peoples of the world in the safe and orderly conduct of civil aviation for all States;

RECOGNIZING that new types of threats against civil aviation require new concerted efforts and policies of cooperation on the part of States; and

BEING CONVINCED that in order to better address these threats, there is an urgent need to strengthen the legal framework for international cooperation in preventing and suppressing unlawful acts against civil aviation;

HAVE AGREED AS FOLLOWS:

Article 1

1. Any person commits an offence if that person unlawfully and intentionally:

   (a) performs an act of violence against a person on board an aircraft in flight if that act is likely to endanger the safety of that aircraft; or

   (b) destroys an aircraft in service or causes damage to such an aircraft which renders it incapable of flight or which is likely to endanger its safety in flight; or

   (c) places or causes to be placed on an aircraft in service, by any means whatsoever, a device or substance which is likely to destroy that aircraft, or to cause damage to it which renders it incapable of flight, or to cause damage to it which is likely to endanger its safety in flight; or

   (d) destroys or damages air navigation facilities or interferes with their operation, if any such act is likely to endanger the safety of aircraft in flight; or

   (e) communicates information which that person knows to be false, thereby endangering the safety of an aircraft in flight; or

(f) uses an aircraft in service for the purpose of causing death, serious bodily injury, or serious damage to property or the environment; or

(g) releases or discharges from an aircraft in service any BCN weapon or explosive, radioactive, or similar substances in a manner that causes or is likely to cause death, serious bodily injury or serious damage to property or the environment; or

(h) uses against or on board an aircraft in service any BCN weapon or explosive, radioactive, or similar substances in a manner that causes or is likely to cause death, serious bodily injury or serious damage to property or the environment; or

(i) transports, causes to be transported, or facilitates the transport of, on board an aircraft:

(1) any explosive or radioactive material, knowing that it is intended to be used to cause, or in a threat to cause, with or without a condition, as is provided for under national law, death or serious injury or damage for the purpose of intimidating a population, or compelling a government or an international organization to do or to abstain from doing any act; or

(2) any BCN weapon, knowing it to be a BCN weapon as defined in Article 2; or

(3) any source material, special fissionable material, or equipment or material especially designed or prepared for the processing, use or production of special fissionable material, knowing that it is intended to be used in a nuclear explosive activity or in any other nuclear activity not under safeguards pursuant to a safeguards agreement with the International Atomic Energy Agency; or

(4) any equipment, materials or software or related technology that significantly contributes to the design, manufacture or delivery of a BCN weapon without lawful authorization and with the intention that it will be used for such purpose;

provided that for activities involving a State Party, including those undertaken by a person or legal entity authorized by a State Party, it shall not be an offence under subparagraphs (3) and (4) if the transport of such items or materials is consistent with or is for a use or activity that is consistent with its rights, responsibilities and obligations under the applicable multilateral non-proliferation treaty to which it is a party including those referred to in Article 7.

2. Any person commits an offence if that person unlawfully and intentionally, using any device, substance or weapon:

(a) performs an act of violence against a person at an airport serving international civil aviation which causes or is likely to cause serious injury or death; or

(b) destroys or seriously damages the facilities of an airport serving international civil aviation or aircraft not in service located thereon or disrupts the services of the airport,

if such an act endangers or is likely to endanger safety at that airport.

3. Any person also commits an offence if that person:

(a) makes a threat to commit any of the offences in subparagraphs (a), (b), (c), (d), (f), (g) and (h) of paragraph 1 or in paragraph 2 of this Article; or

(b) unlawfully and intentionally causes any person to receive such a threat,

under circumstances which indicate that the threat is credible.

4. Any person also commits an offence if that person:

(a) attempts to commit any of the offences set forth in paragraph 1 or 2 of this Article; or

(b) organizes or directs others to commit an offence set forth in paragraph 1, 2, 3 or 4(a) of this Article; or

(c) participates as an accomplice in an offence set forth in paragraph 1, 2, 3 or 4(a) of this Article; or

(d) unlawfully and intentionally assists another person to evade investigation, prosecution or punishment, knowing that the person has committed an act that constitutes an offence set forth in paragraph 1, 2, 3, 4(a), 4(b) or 4(c) of this Article, or that the person is wanted for criminal prosecution by law enforcement authorities for such an offence or has been sentenced for such an offence.

5. Each State Party shall also establish as offences, when committed intentionally, whether or not any of the offences set forth in paragraph 1, 2 or 3 of this Article is actually committed or attempted, either or both of the following:

(a) agreeing with one or more other persons to commit an offence set forth in paragraph 1, 2 or 3 of this Article and, where required by national law, involving an act undertaken by one of the participants in furtherance of the agreement; or

(b) contributing in any other way to the commission of one or more offences set forth in paragraph 1, 2 or 3 of this Article by a group of persons acting with a common purpose, and such contribution shall either:

(i) be made with the aim of furthering the general criminal activity or purpose of the group, where such activity or purpose involves the commission of an offence set forth in paragraph 1, 2 or 3 of this Article; or

(ii) be made in the knowledge of the intention of the group to commit an offence set forth in paragraph 1, 2 or 3 of this Article.

Article 2

For the purposes of this Convention:

(a) an aircraft is considered to be in flight at any time from the moment when all its external doors are closed following embarkation until the moment when any such door is opened for disembarkation; in the case of a forced landing, the flight shall be deemed to continue until the competent authorities take over the responsibility for the aircraft and for persons and property on board;

(b) an aircraft is considered to be in service from the beginning of the preflight preparation of the aircraft by ground personnel or by the crew for a specific flight until twenty-four hours after any landing; the period of service shall, in any event, extend for the entire period during which the aircraft is in flight as defined in paragraph (a) of this Article;

(c) "Air navigation facilities" include signals, data, information or systems necessary for the navigation of the aircraft;

(d) "Toxic chemical" means any chemical which through its chemical action on life processes can cause death, temporary incapacitation or permanent harm to humans or animals. This includes all such chemicals, regardless of their origin or of their method of production, and regardless of whether they are produced in facilities, in munitions or elsewhere;

(e) "Radioactive material" means nuclear material and other radioactive substances which contain nuclides which undergo spontaneous disintegration (a process accompanied by emission of one or more types of ionizing radiation, such as alpha-, beta-, neutron particles and gamma rays) and which may, owing to their radiological or fissile properties, cause death, serious bodily injury or substantial damage to property or to the environment;

(f) "Nuclear material" means plutonium, except that with isotopic concentration exceeding 80 per cent in plutonium-238; uranium-233; uranium enriched in the isotope 235 or 233; uranium containing the mixture of isotopes as occurring in nature other than in the form of ore or ore residue; or any material containing one or more of the foregoing;

(g) "Uranium enriched in the isotope 235 or 233" means uranium containing the isotope 235 or 233 or both in an amount such that the abundance ratio of the sum of these isotopes to the isotope 238 is greater than the ratio of the isotope 235 to the isotope 238 occurring in nature;

(h) "BCN weapon" means:

(a) "biological weapons", which are:

(i) microbial or other biological agents, or toxins whatever their origin or method of production, of types and in quantities that have no justification for prophylactic, protective or other peaceful purposes; or

(ii) weapons, equipment or means of delivery designed to use such agents or toxins for hostile purposes or in armed conflict.

(b) "chemical weapons", which are, together or separately:

(i) toxic chemicals and their precursors, except where intended for:

(A) industrial, agricultural, research, medical, pharmaceutical or other peaceful purposes; or

(B) protective purposes, namely those purposes directly related to protection against toxic chemicals and to protection against chemical weapons; or

(C) military purposes not connected with the use of chemical weapons and not dependent on the use of the toxic properties of chemicals as a method of warfare; or

(D) law enforcement including domestic riot control purposes,

as long as the types and quantities are consistent with such purposes;

(ii) munitions and devices specifically designed to cause death or other harm through the toxic properties of those toxic chemicals specified in subparagraph (b)(i), which would be released as a result of the employment of such munitions and devices;

(iii) any equipment specifically designed for use directly in connection with the employment of munitions and devices specified in subparagraph (b)(ii).

(c) nuclear weapons and other nuclear explosive devices.

(i) "Precursor" means any chemical reactant which takes part at any stage in the production by whatever method of a toxic chemical. This includes any key component of a binary or multicomponent chemical system;

(j) the terms "source material" and "special fissionable material" have the same meaning as given to those terms in the Statute of the International Atomic Energy Agency, done at New York on 26 October 1956.

Article 3

Each State Party undertakes to make the offences set forth in Article 1 punishable by severe penalties.

Article 4

1. Each State Party, in accordance with its national legal principles, may take the necessary measures to enable a legal entity located in its territory or organized under its laws to be held liable

2. Such liability is incurred without prejudice to the criminal liability of individuals having committed the offences.

3. If a State Party takes the necessary measures to make a legal entity liable in accordance with paragraph 1 of this Article, it shall endeavour to ensure that the applicable criminal, civil or administrative sanctions are effective, proportionate and dissuasive. Such sanctions may include monetary sanctions.

Article 5

1. This Convention shall not apply to aircraft used in military, customs or police services.

2. In the cases contemplated in subparagraphs (a), (b), (c), (e), (f), (g), (h) and (i) of paragraph 1 of Article 1, this Convention shall apply irrespective of whether the aircraft is engaged in an international or domestic flight, only if:

(a) the place of take-off or landing, actual or intended, of the aircraft is situated outside the territory of the State of registry of that aircraft; or

(b) the offence is committed in the territory of a State other than the State of registry of the aircraft.

3. Notwithstanding paragraph 2 of this Article, in the cases contemplated in subparagraphs (a), (b), (c), (e), (f), (g), (h) and (i) of paragraph 1 of Article 1, this Convention shall also apply if the offender or the alleged offender is found in the territory of a State other than the State of registry of the aircraft.

4. With respect to the States Parties mentioned in Article 15 and in the cases set forth in subparagraphs (a), (b), (c), (e), (f), (g), (h) and (i) of paragraph 1 of Article 1, this Convention shall not apply if the places referred to in subparagraph (a) of paragraph 2 of this Article are situated within the territory of the same State where that State is one of those referred to in Article 15, unless the offence is committed or the offender or alleged offender is found in the territory of a State other than that State.

5. In the cases contemplated in subparagraph (d) of paragraph 1 of Article 1, this Convention shall apply only if the air navigation facilities are used in international air navigation.

6. The provisions of paragraphs 2, 3, 4 and 5 of this Article shall also apply in the cases contemplated in paragraph 4 of Article 1.

Article 6

1. Nothing in this Convention shall affect other rights, obligations and responsibilities of States and individuals under international law, in particular the purposes and principles of the Charter of the United Nations, the Convention on International Civil Aviation and international humanitarian law.

2. The activities of armed forces during an armed conflict, as those terms are understood under international humanitarian law, which are governed by that law are not governed by this Convention, and the activities undertaken by military forces of a State in the exercise of their official duties, inasmuch as they are governed by other rules of international law, are not governed by this Convention.

3. The provisions of paragraph 2 of this Article shall not be interpreted as condoning or making lawful otherwise unlawful acts, or precluding prosecution under other laws.

Article 7

Nothing in this Convention shall affect the rights, obligations and responsibilities under the Treaty on the Non-Proliferation of Nuclear Weapons, signed at London, Moscow and Washington on 1 July 1968, the Convention on the Prohibition of the Development, Production and Stockpiling of Bacteriological (Biological) and Toxin Weapons and on Their Destruction, signed at London, Moscow and Washington on 10 April 1972, or the Convention on the Prohibition of the Development, Production, Stockpiling and Use of Chemical Weapons and on Their Destruction, signed at Paris on 13 January 1993, of States Parties to such treaties.

Article 8

1. Each State Party shall take such measures as may be necessary to establish its jurisdiction over the offences set forth in Article 1 in the following cases:

(a) when the offence is committed in the territory of that State;

(b) when the offence is committed against or on board an aircraft registered in that State;

(c) when the aircraft on board which the offence is committed lands in its territory with the alleged offender still on board;

(d) when the offence is committed against or on board an aircraft leased without crew to a lessee whose principal place of business or, if the lessee has no such place of business, whose permanent residence is in that State;

(e) when the offence is committed by a national of that State.

2. Each State Party may also establish its jurisdiction over any such offence in the following cases:

(a) when the offence is committed against a national of that State;

(b) when the offence is committed by a stateless person whose habitual residence is in the territory of that State.

3. Each State Party shall likewise take such measures as may be necessary to establish its jurisdiction over the offences set forth in Article 1, in the case where the alleged offender is present in its territory and it does not extradite that person pursuant to Article 12 to any of the States Parties that have established their jurisdiction in accordance with the applicable paragraphs of this Article with regard to those offences.

4. This Convention does not exclude any criminal jurisdiction exercised in accordance with national law.

Article 9

1. Upon being satisfied that the circumstances so warrant, any State Party in the territory of which the offender or the alleged offender is present, shall take that person into custody or take other measures to ensure that person's presence. The custody and other measures shall be as provided in the law of that State but may only be continued for such time as is necessary to enable any criminal or extradition proceedings to be instituted.

2. Such State shall immediately make a preliminary enquiry into the facts.

3. Any person in custody pursuant to paragraph 1 of this Article shall be assisted in communicating immediately with the nearest appropriate representative of the State of which that person is a national.

4. When a State Party, pursuant to this Article, has taken a person into custody, it shall immediately notify the States Parties which have established jurisdiction under paragraph 1 of Article 8 and established jurisdiction and notified the Depositary under subparagraph (a) of paragraph 4 of Article 21 and, if it considers it advisable, any other interested States of the fact that such person is in custody and of the circumstances which warrant that person's detention. The State Party which makes the preliminary enquiry contemplated in paragraph 2 of this Article shall promptly report its findings to the said States Parties and shall indicate whether it intends to exercise jurisdiction.

Article 10

The State Party in the territory of which the alleged offender is found shall, if it does not extradite that person, be obliged, without exception whatsoever and whether or not the offence was committed in its territory, to submit the case to its competent authorities for the purpose of prosecution. Those authorities shall take their decision in the same manner as in the case of any ordinary offence of a serious nature under the law of that State.

Article 11

Any person who is taken into custody, or regarding whom any other measures are taken or proceedings are being carried out pursuant to this Convention, shall be guaranteed fair treatment, including enjoyment of all rights and guarantees in conformity with the law of the State in the territory of which that person is present and applicable provisions of international law, including international human rights law.

Article 12

1. The offences set forth in Article 1 shall be deemed to be included as extraditable offences in any extradition treaty existing between States Parties. States Parties undertake to include the offences as extraditable offences in every extradition treaty to be concluded between them.

2. If a State Party which makes extradition conditional on the existence of a treaty receives a request for extradition from another State Party with which it has no extradition treaty, it may at its option consider this Convention as the legal basis for extradition in respect of the offences set forth in Article 1. Extradition shall be subject to the other conditions provided by the law of the requested State.

3. States Parties which do not make extradition conditional on the existence of a treaty shall recognize the offences set forth in Article 1 as extraditable offences between themselves subject to the conditions provided by the law of the requested State.

4. Each of the offences shall be treated, for the purpose of extradition between States Parties, as if it had been committed not only in the place in which it occurred but also in the territories of the States Parties required to establish their jurisdiction in accordance with subparagraphs (b), (c), (d) and (e) of paragraph 1 of Article 8, and who have established jurisdiction in accordance with paragraph 2 of Article 8.

5. The offences set forth in subparagraphs (a) and (b) of paragraph 5 of Article 1 shall, for the purpose of extradition between States Parties, be treated as equivalent.

Article 13

None of the offences set forth in Article 1 shall be regarded, for the purposes of extradition or mutual legal assistance, as a political offence or as an offence connected with a political offence or as an offence inspired by political motives. Accordingly, a request for extradition or for mutual legal assistance based on such an offence may not be refused on the sole ground that it concerns a political offence or an offence connected with a political offence or an offence inspired by political motives.

Article 14

Nothing in this Convention shall be interpreted as imposing an obligation to extradite or to afford mutual legal assistance if the requested State Party has substantial grounds for believing that the request for extradition for offences set forth in Article 1 or for mutual legal assistance with respect to such offences has been made for the purpose of prosecuting or punishing a person on account of that person's race, religion, nationality, ethnic origin, political opinion or gender, or that compliance with the request would cause prejudice to that person's position for any of these reasons.

Article 15

The States Parties which establish joint air transport operating organizations or international operating agencies, which operate aircraft which are subject to joint or international registration shall, by appropriate means, designate for each aircraft the State among them which shall exercise the jurisdiction and have the attributes of the State of registry for the purpose of this Convention and shall give notice thereof to the Secretary General of the International Civil Aviation Organization who shall communicate the notice to all States Parties to this Convention.

Article 16

1. States Parties shall, in accordance with international and national law, endeavour to take all practicable measures for the purpose of preventing the offences set forth in Article 1.

2. When, due to the commission of one of the offences set forth in Article 1, a flight has been delayed or interrupted, any State Party in whose territory the aircraft or passengers or crew are present shall facilitate the continuation of the journey of the passengers and crew as soon as practicable, and shall without delay return the aircraft and its cargo to the persons lawfully entitled to possession.

Article 17

1. States Parties shall afford one another the greatest measure of assistance in connection with criminal proceedings brought in respect of the offences set forth in Article 1. The law of the State requested shall apply in all cases.

2. The provisions of paragraph 1 of this Article shall not affect obligations under any other treaty, bilateral or multilateral, which governs or will govern, in whole or in part, mutual assistance in criminal matters.

Article 18

Any State Party having reason to believe that one of the offences set forth in Article 1 will be committed shall, in accordance with its national law, furnish any relevant information in its possession to those States Parties which it believes would be the States set forth in paragraphs 1 and 2 of Article 8.

Article 19

Each State Party shall in accordance with its national law report to the Council of the International Civil Aviation Organization as promptly as possible any relevant information in its possession concerning:

(a) the circumstances of the offence;

(b) the action taken pursuant to paragraph 2 of Article 16;

(c) the measures taken in relation to the offender or the alleged offender and, in particular, the results of any extradition proceedings or other legal proceedings.

Article 20

1. Any dispute between two or more States Parties concerning the interpretation or application of this Convention which cannot be settled through negotiation, shall, at the request of one of them, be submitted to arbitration. If within six months from the date of the request for arbitration the Parties are unable to agree on the organization of the arbitration, any one of those Parties may refer the dispute to the International Court of Justice by request in conformity with the Statute of the Court.

2. Each State may at the time of signature, ratification, acceptance or approval of this Convention or accession thereto, declare that it does not consider itself bound by the preceding paragraph. The other States Parties shall not be bound by the preceding paragraph with respect to any State Party having made such a reservation.

3. Any State Party having made a reservation in accordance with the preceding paragraph may at any time withdraw this reservation by notification to the Depositary.

Article 21

1. This Convention shall be open for signature in Beijing on 10 September 2010 by States participating in the Diplomatic Conference on Aviation Security held at Beijing from 30 August to 10 September 2010. After 27 September 2010, this Convention shall be open to all States for signature at the Headquarters of the International Civil Aviation Organization in Montréal until it enters into force in accordance with Article 22.

2. This Convention is subject to ratification, acceptance or approval. The instruments of ratification, acceptance or approval shall be deposited with the Secretary General of the International Civil Aviation Organization, which is hereby designated as the Depositary.

3. Any State which does not ratify, accept or approve this Convention in accordance with paragraph 2 of this Article may accede to it at any time. The instrument of accession shall be deposited with the Depositary.

4. Upon ratifying, accepting, approving or acceding to this Convention, each State Party:

(a) shall notify the Depositary of the jurisdiction it has established under its national law in accordance with paragraph 2 of Article 8, and immediately notify the Depositary of any change; and

(b) may declare that it shall apply the provisions of subparagraph (d) of paragraph 4 of Article 1 in accordance with the principles of its criminal law concerning family exemptions from liability.

Article 22

1. This Convention shall enter into force on the first day of the second month following the date of the deposit of the twenty-second instrument of ratification, acceptance, approval or accession.

2. For each State ratifying, accepting, approving or acceding to this Convention after the deposit of the twenty-second instrument of ratification, acceptance, approval or accession, this Convention shall enter into force on the first day of the second month following the date of the deposit by such State of its instrument of ratification, acceptance, approval or accession.

3. As soon as this Convention enters into force, it shall be registered with the United Nations by the Depositary.

Article 23

1. Any State Party may denounce this Convention by written notification to the Depositary.

2. Denunciation shall take effect one year following the date on which notification is received by the Depositary.

Article 24

As between the States Parties, this Convention shall prevail over the following instruments:

(a) the Convention for the Suppression of Unlawful Acts Against the Safety of Civil Aviation, Signed at Montreal on 23 September 1971; and

(b) the Protocol for the Suppression of Unlawful Acts of Violence at Airports Serving International Civil Aviation, Supplementary to the Convention for the Suppression of Unlawful Acts Against the Safety of Civil Aviation, Done at Montreal on 23 September 1971, Signed at Montreal on 24 February 1988.

Article 25

The Depositary shall promptly inform all States Parties to this Convention and all signatory or acceding States to this Convention of the date of each signature, the date of deposit of each instrument of ratification, approval, acceptance or accession, the date of coming into force of this Convention, and other relevant information.

IN WITNESS WHEREOF the undersigned Plenipotentiaries, having been duly authorized, have signed this Convention.

DONE at Beijing on the tenth day of September of the year Two Thousand and Ten in the English, Arabic, Chinese, French, Russian and Spanish languages, all texts being equally authentic, such authenticity to take effect upon verification by the Secretariat of the Conference under the authority of the President of the Conference within ninety days hereof as to the conformity of the texts with one another. This Convention shall remain deposited in the archives of the International Civil Aviation Organization, and certified copies thereof shall be transmitted by the Depositary to all Contracting States to this Convention.

PROTOCOL

SUPPLEMENTARY TO THE CONVENTION FOR THE SUPPRESSION OF UNLAWFUL SEIZURE OF AIRCRAFT

THE STATES PARTIES TO THIS PROTOCOL,

DEEPLY CONCERNED about the worldwide escalation of unlawful acts against civil aviation;

RECOGNIZING that new types of threats against civil aviation require new concerted efforts and policies of cooperation on the part of States; and

BELIEVING that in order to better address these threats, it is necessary to adopt provisions supplementary to those of the Convention for the Suppression of Unlawful Seizure of Aircraft signed at The Hague on 16 December 1970, to suppress unlawful acts of seizure or exercise of control of aircraft and to improve its effectiveness;

HAVE AGREED AS FOLLOWS:

Article I

This Protocol supplements the Convention for the Suppression of Unlawful Seizure of Aircraft, signed at The Hague on 16 December 1970 (hereinafter referred to as "the Convention").

Article II

Article 1 of the Convention shall be replaced by the following:

“**Article 1**

1. Any person commits an offence if that person unlawfully and intentionally seizes or exercises control of an aircraft in service by force or threat thereof, or by coercion, or by any other form of intimidation, or by any technological means.

2. Any person also commits an offence if that person:

(a) makes a threat to commit the offence set forth in paragraph 1 of this Article; or

(b) unlawfully and intentionally causes any person to receive such a threat,

under circumstances which indicate that the threat is credible.

3. Any person also commits an offence if that person:

(a) attempts to commit the offence set forth in paragraph 1 of this Article; or

(b) organizes or directs others to commit an offence set forth in paragraph 1, 2 or 3 (a) of this Article; or

(c) participates as an accomplice in an offence set forth in paragraph 1, 2 or 3 (a) of this Article; or

(d) unlawfully and intentionally assists another person to evade investigation, prosecution or punishment, knowing that the person has committed an act that constitutes an offence set forth in paragraph 1, 2, 3 (a), 3 (b) or 3 (c) of this Article, or that the person is wanted for criminal prosecution by law enforcement authorities for such an offence or has been sentenced for such an offence.

4. Each State Party shall also establish as offences, when committed intentionally, whether or not any of the offences set forth in paragraph 1 or 2 of this Article is actually committed or attempted, either or both of the following:

(a) agreeing with one or more other persons to commit an offence set forth in paragraph 1 or 2 of this Article and, where required by national law, involving an act undertaken by one of the participants in furtherance of the agreement; or

(b) contributing in any other way to the commission of one or more offences set forth in paragraph 1 or 2 of this Article by a group of persons acting with a common purpose, and such contribution shall either:

(i) be made with the aim of furthering the general criminal activity or purpose of the group, where such activity or purpose involves the commission of an offence set forth in paragraph 1 or 2 of this Article; or

(ii) be made in the knowledge of the intention of the group to commit an offence set forth in paragraph 1 or 2 of this Article."

Article III

Article 2 of the Convention shall be replaced by the following:

“Article 2

Each State Party undertakes to make the offences set forth in Article 1 punishable by severe penalties.”

Article IV

The following shall be added as Article 2 bis of the Convention:

“Article 2 bis

1. Each State Party, in accordance with its national legal principles, may take the necessary measures to enable a legal entity located in its territory or organized under its laws to be held liable when a person responsible for management or control of that legal entity has, in that capacity, committed an offence set forth in Article 1. Such liability may be criminal, civil or administrative.

2. Such liability is incurred without prejudice to the criminal liability of individuals having committed the offences.

3. If a State Party takes the necessary measures to make a legal entity liable in accordance with paragraph 1 of this Article, it shall endeavour to ensure that the applicable criminal, civil or administrative sanctions are effective, proportionate and dissuasive. Such sanctions may include monetary sanctions.”

Article V

1. Article 3, paragraph 1, of the Convention shall be replaced by the following:

“Article 3

1. For the purposes of this Convention, an aircraft is considered to be in service from the beginning of the pre-flight preparation of the aircraft by ground personnel or by the crew for a specific flight until twenty-four hours after any landing. In the case of a forced landing, the flight shall be deemed to continue until the competent authorities take over the responsibility for the aircraft and for persons and property on board.”

2. In Article 3, paragraph 3, of the Convention, “registration” shall be replaced by “registry”.

3. In Article 3, paragraph 4, of the Convention, “mentioned” shall be replaced by “set forth”.

4. Article 3, paragraph 5, of the Convention shall be replaced by the following:

“5. Notwithstanding paragraphs 3 and 4 of this Article, Articles 6, 7, 7 bis, 8, 8 bis, 8 ter and 10 shall apply whatever the place of take-off or the place of actual landing of the aircraft, if the offender or the alleged offender is found in the territory of a State other than the State of registry of that aircraft.”

Article VI

The following shall be added as Article 3 bis of the Convention:

“Article 3 bis

1. Nothing in this Convention shall affect other rights, obligations and responsibilities of States and individuals under international law, in particular the purposes and principles of the Charter of the United Nations, the Convention on

International Civil Aviation and international humanitarian law.

2. The activities of armed forces during an armed conflict, as those terms are understood under international humanitarian law, which are governed by that law are not governed by this Convention, and the activities undertaken by military forces of a State in the exercise of their official duties, inasmuch as they are governed by other rules of international law, are not governed by this Convention.

3. The provisions of paragraph 2 of this Article shall not be interpreted as condoning or making lawful otherwise unlawful acts, or precluding prosecution under other laws."

Article VII

Article 4 of the Convention shall be replaced by the following:

"Article 4

1. Each State Party shall take such measures as may be necessary to establish its jurisdiction over the offences set forth in Article 1 and any other act of violence against passengers or crew committed by the alleged offender in connection with the offences, in the following cases:

(a) when the offence is committed in the territory of that State;

(b) when the offence is committed against or on board an aircraft registered in that State;

(c) when the aircraft on board which the offence is committed lands in its territory with the alleged offender still on board;

(d) when the offence is committed against or on board an aircraft leased without crew to a lessee whose principal place of business or, if the lessee has no such place of business, whose permanent residence is in that State;

(e) when the offence is committed by a national of that State.

2. Each State Party may also establish its jurisdiction over any such offence in the following cases:

(a) when the offence is committed against a national of that State;

(b) when the offence is committed by a stateless person whose habitual residence is in the territory of that State.

3. Each State Party shall likewise take such measures as may be necessary to establish its jurisdiction over the offences set forth in Article 1 in the case where the alleged offender is present in its territory and it does not extradite that person pursuant to Article 8 to any of the States Parties that have established their jurisdiction in accordance with the applicable paragraphs of this Article with regard to those offences.

4. This Convention does not exclude any criminal jurisdiction exercised in accordance with national law."

Article VIII

Article 5 of the Convention shall be replaced by the following:

“Article 5

The States Parties which establish joint air transport operating organizations or international operating agencies, which operate aircraft which are subject to joint or international registration shall, by appropriate means, designate for each aircraft the State among them which shall exercise the jurisdiction and have the attributes of the State of registry for the purpose of this Convention and shall give notice thereof to the Secretary General of the International Civil Aviation Organization who shall communicate the notice to all States Parties to this Convention.”

Article IX

Article 6, paragraph 4, of the Convention shall be replaced by the following:

“Article 6

4. When a State Party, pursuant to this Article, has taken a person into custody, it shall immediately notify the States Parties which have established jurisdiction under paragraph 1 of Article 4, and established jurisdiction and notified the Depositary under paragraph 2 of Article 4 and, if it considers it advisable, any other interested States of the fact that such person is in custody and of the circumstances which warrant that person’s detention. The State Party which makes the preliminary enquiry contemplated in paragraph 2 of this Article shall promptly report its findings to the said States Parties and shall indicate whether it intends to exercise jurisdiction.”

Article X

The following shall be added as Article 7 bis of the Convention:

"Article 7 bis

Any person who is taken into custody, or regarding whom any other measures are taken or proceedings are being carried out pursuant to this Convention, shall be guaranteed fair treatment, including enjoyment of all rights and guarantees in conformity with the law of the State in the territory of which that person is present and applicable provisions of international law, including international human rights law."

Article XI

Article 8 of the Convention shall be replaced by the following:

"Article 8

1. The offences set forth in Article 1 shall be deemed to be included as extraditable offences in any extradition treaty existing between States Parties. States Parties undertake to include the offences as extraditable offences in every extradition treaty to be concluded between them.

2. If a State Party which makes extradition conditional on the existence of a treaty receives a request for extradition from another State Party with which it has no extradition treaty, it may at its option consider this Convention as the legal basis for extradition in respect of the offences set forth in Article 1. Extradition shall be subject to the other conditions provided by the law of the requested State.

3. States Parties which do not make extradition conditional on the existence of a treaty shall recognize the offences set forth in Article 1 as extraditable offences between themselves subject to the conditions provided by the law of the requested State.

4. Each of the offences shall be treated, for the purpose of extradition between States Parties, as if it had been committed not only in the place in which it occurred but also in the territories of the States Parties required to establish their jurisdiction in accordance with subparagraphs (b), (c), (d) and (e) of paragraph 1 of Article 4 and who have established jurisdiction in accordance with paragraph 2 of Article 4.

5. The offences set forth in subparagraphs (a) and (b) of paragraph 4 of Article 1 shall, for the purpose of extradition between States Parties, be treated as equivalent."

Article XII

The following shall be added as Article 8 bis of the Convention:

"Article 8 bis

None of the offences set forth in Article 1 shall be regarded, for the purposes of extradition or mutual legal assistance, as a political offence or as an offence connected with a political offence or as an offence inspired by political motives. Accordingly, a request for extradition or for mutual legal assistance based on such an offence may not be refused on the sole ground that it concerns a political offence or an offence connected with a political offence or an offence inspired by political motives."

Article XIII

The following shall be added as Article 8 ter of the Convention:

"Article 8 ter

Nothing in this Convention shall be interpreted as imposing an obligation to extradite or to afford mutual legal assistance, if the requested State Party has substantial grounds for believing that the request for extradition for offences set forth in Article 1 or for mutual legal assistance with respect to such offences has been made for the purpose of prosecuting or punishing a person on account of that person's race, religion, nationality, ethnic origin, political opinion or gender, or that compliance with the request would cause prejudice to that person's position for any of these reasons."

Article XIV

Article 9, paragraph 1, of the Convention shall be replaced by the following:

"Article 9

1. When any of the acts set forth in paragraph 1 of Article 1 has occurred or is about to occur, States Parties shall take all appropriate measures to restore control of the aircraft to its lawful commander or to preserve the commander's control of the aircraft."

Article XV

Article 10, paragraph 1, of the Convention shall be replaced by the following:

"Article 10

1. States Parties shall afford one another the greatest measure of assistance in connection with criminal proceedings brought in respect of the offences set forth in

Article 1 and other acts set forth in Article 4. The law of the State requested shall apply in all cases."

Article XVI

The following shall be added as Article 10 bis of the Convention:

"Article 10 *bis*

Any State Party having reason to believe that one of the offences set forth in Article 1 will be committed shall, in accordance with its national law, furnish any relevant information in its possession to those States Parties which it believes would be the States set forth in paragraphs 1 and 2 of Article 4."

Article XVII

1. All references in the Convention to "Contracting State" and "Contracting States" shall be replaced by "State Party" and "States Parties" respectively.

2. All references in the Convention to "him" and "his" shall be replaced by "that person" and "that person's" respectively.

Article XVIII

The texts of the Convention in the Arabic and Chinese languages annexed to this Protocol shall, together with the texts of the Convention in the English, French, Russian and Spanish languages, constitute texts equally authentic in the six languages.

Article XIX

As between the States Parties to this Protocol, the Convention and this Protocol shall be read and interpreted together as one single instrument and shall be known as The Hague Convention as amended by the Beijing Protocol, 2010.

Article XX

This Protocol shall be open for signature in Beijing on 10 September 2010 by States participating in the Diplomatic Conference on Aviation Security held at Beijing from 30 August to 10 September 2010. After 27 September 2010, this Protocol shall be open to all States for signature at the Headquarters of the International Civil Aviation Organization in Montreal until it enters into force in accordance with Article XXIII.

Article XXI

1. This Protocol is subject to ratification, acceptance or approval. The instruments of ratification, acceptance or approval shall be deposited with the Secretary General of the International Civil Aviation Organization, who is hereby designated as the Depositary.

2. Ratification, acceptance or approval of this Protocol by any State which is not a Party to the Convention shall have the effect of ratification, acceptance or approval of The Hague Convention as amended by the Beijing Protocol, 2010.

3. Any State which does not ratify, accept or approve this Protocol in accordance with paragraph 1 of this Article may accede to it at any time. The instruments of accession shall be deposited with the Depositary.

Article XXII

Upon ratifying, accepting, approving or acceding to this Protocol, each State Party:

(a) shall notify the Depositary of the jurisdiction it has established under its national law in accordance with paragraph 2 of Article 4 of The Hague Convention as amended by the Beijing Protocol, 2010, and immediately notify the Depositary of any change; and

(b) may declare that it shall apply the provisions of subparagraph (d) of paragraph 3 of Article 1 of The Hague Convention as amended by the Beijing Protocol, 2010 in accordance with the principles of its criminal law concerning family exemptions from liability.

Article XXIII

1. This Protocol shall enter into force on the first day of the second month following the date of the deposit of the twenty-second instrument of ratification, acceptance, approval or accession with the Depositary.

2. For each State ratifying, accepting, approving or acceding to this Protocol after the deposit of the twenty-second instrument of ratification, acceptance, approval or accession, this Protocol shall enter into force on the first day of the second month following the date of the deposit by such State of its instrument of ratification, acceptance, approval or accession.

3. As soon as this Protocol enters into force, it shall be registered with the United Nations by the Depositary.

Article XXIV

1. Any State Party may denounce this Protocol by written notification to the Depositary.

2. Denunciation shall take effect one year following the date on which notification is received by the Depositary.

Article XXV

The Depositary shall promptly inform all States Parties to this Protocol and all signatory or acceding States to this Protocol of the date of each signature, the date of deposit of each instrument of ratification, acceptance, approval or accession, the date of coming into force of this Protocol, and other relevant information.

IN WITNESS WHEREOF the undersigned Plenipotentiaries, having been duly authorized, have signed this Protocol.

DONE at Beijing on the tenth day of September of the year Two Thousand and Ten in the English, Arabic, Chinese, French, Russian and Spanish languages, all texts being equally authentic, such authenticity to take effect upon verification by the Secretariat of the Conference under the authority of the President of the Conference within ninety days hereof as to the conformity of the texts with one another. This Protocol shall remain deposited in the archives of the International Civil Aviation Organization, and certified copies thereof shall be transmitted by the Depositary to all Contracting States to this Protocol.

WARSAW CONVENTION (1929)

CONVENTION FOR THE UNIFICATION OF CERTAIN RULES RELATING TO INTERNATIONAL TRANSPORTATION BY AIR*

The President of the German Reich, the Federal President of the Republic of Austria, His Majesty the King of the Belgians, the President of the United States of Brazil, His Majesty the King of the Bulgarians, the President of the Nationalist Government of China, His Majesty the King of Denmark and Iceland, His Majesty the King of Egypt, His Majesty the King of Spain, the Chief of State of the Republic of Estonia, the President of the Republic of Finland, the President of the French Republic, His Majesty the King of Great Britain, Ireland, and the British Dominions beyond the Seas, Emperor of India, the President of the Hellenic Republic, His Most Serene Highness the Regent of the Kingdom of Hungary, His Majesty the King of Italy, His Majesty the Emperor of Japan, the President of the Republic of Latvia, Her Royal Highness the Grand Duchess of Luxemburg, the President of the United Mexican States, His Majesty the King of Norway, Her Majesty the Queen of the Netherlands, the President of the Republic of Poland, His Majesty the King of Rumania, His Majesty the King of Sweden, the Swiss Federal Council, the President of the Czechoslovak Republic, the Central Executive Committee of the Union of Soviet Socialist Republics, the President of the United States of Venezuela, His Majesty the King of Yugoslavia:

Having recognized the advantage of regulating in a uniform manner the conditions of international transportation by air in respect of the documents used for such transportation and of the liability of the carrier,

Have nominated to this end their respective Plenipotentiaries, who, being thereto duly authorized, have concluded and signed the following convention:

CHAPTER I

Scope — Definitions

Article 1

1. This convention shall apply to all international transportation of persons, baggage, or goods performed by aircraft for hire. It shall apply equally to gratuitous transportation by aircraft performed by an air transportation enterprise.
2. For the purposes of this convention the expression "international transportation" shall mean any transportation in which, according to the contract made by the parties, the place of departure and the place of destination, whether or not there be a break in the transportation or a transshipment, are situated either within the territories of two High

* *The French text is the only authoritative text. The translation presented here is that followed by the United States. [49 Stat. 3000; T.S: 876]*

THE HAGUE PROTOCOL (1955)

PROTOCOL TO AMEND THE CONVENTION FOR THE UNIFICATION OF CERTAIN RULES RELATING TO INTERNATIONAL CARRIAGE BY AIR SIGNED AT WARSAW ON 12 OCTOBER 1929*

THE GOVERNMENTS UNDERSIGNED

CONSIDERING that it is desirable to amend the Convention for the Unification of Certain Rules Relating to International Carriage by Air signed at Warsaw on 12 October 1929,

HAVE AGREED as follows:

CHAPTER I

Amendments to the Convention

Article I

In Article 1 of the Convention —

a) paragraph 2 shall be deleted and replaced by the following:

"2. For the purposes of this Convention, the expression *international carriage* means any carriage in which, according to the agreement between the parties, the place of departure and the place of destination, whether or not there be a break in the carriage or a transhipment, are situated either within the territories of two High Contracting Parties or within the territory of a single High Contracting Party if there is an agreed stopping place within the

* ICAO Doc. 7632

GUATEMALA CITY PROTOCOL (1971)

PROTOCOL TO AMEND THE CONVENTION FOR THE UNIFICATION OF CERTAIN RULES RELATING TO INTERNATIONAL CARRIAGE BY AIR SIGNED AT WARSAW ON 12 OCTOBER 1929 AS AMENDED BY THE PROTOCOL DONE AT THE HAGUE ON 28 SEPTEMBER 1955*

THE GOVERNMENTS UNDERSIGNED

CONSIDERING that it is desirable to amend the Convention for the Unification of Certain Rules Relating to International Carriage by Air signed at Warsaw on 12 October 1929 as amended by the Protocol done at The Hague on 28 September 1955,

HAVE AGREED as follows:

CHAPTER I

Amendments to the Convention

Article I

The Convention which the provisions of the present Chapter modify is the Warsaw Convention as amended at The Hague in 1955.

* ICAO Doc. 8932

MONTREAL PROTOCOL No. 4 (1975)

PROTOCOL TO AMEND THE CONVENTION FOR THE UNIFICATION OF CERTAIN RULES RELATING TO INTERNATIONAL CARRIAGE BY AIR SIGNED AT WARSAW ON 12 OCTOBER 1929 AS AMENDED BY THE PROTOCOL DONE AT THE HAGUE ON 28 SEPTEMBER 1955*

THE GOVERNMENTS UNDERSIGNED

CONSIDERING that it is desirable to amend the Convention for the Unification of Certain Rules Relating to International Carriage by Air signed at Warsaw on 12 October 1929 as amended by the Protocol done at The Hague on 28 September 1955,

HAVE AGREED as follows:

CHAPTER I

Amendments to the Convention

Article I

The Convention which the provisions of the present Chapter modify is the Warsaw Convention as amended at The Hague in 1955.

* ICAO Doc. 9148

WARSAW CONVENTION (1929)

Contracting Parties, or within the territory of a single High Contracting Party, if there is an agreed stopping place within a territory subject to the sovereignty, suzerainty, mandate or authority of another power, even though that power is not a party to this convention. Transportation without such an agreed stopping place between territories subject to the sovereignty, suzerainty, mandate, or authority of the same High Contracting Party shall not be deemed to be international for the purposes of this convention.

3. Transportation to be performed by several successive air carriers shall be deemed, for the purposes of this convention, to be one undivided transportation, if it has been regarded by the parties as a single operation, whether it has been agreed upon under the form of a single contract or of a series of contracts, and it shall not lose its international character merely because one contract or a series of contracts is to be performed entirely within a territory subject to the sovereignty, suzerainty, mandate, or authority of the same High Contracting Party.

THE HAGUE PROTOCOL (1955)

territory of another State, even if that State is not a High Contracting Party. Carriage between two points within the territory of a single High Contracting Party without an agreed stopping place within the territory of another State is not international carriage for the purposes of this Convention."

b) paragraph 3 shall be deleted and replaced by the following:

"3. Carriage to be performed by several successive air carriers is deemed, for the purposes of this Convention, to be one undivided carriage if it has been regarded by the parties as a single operation, whether it had been agreed upon under the form of a single contract or of a series of contracts, and it does not lose its international character merely because one contract or a series of contracts is to be performed entirely within the territory of the same State."

Article 2

1. This convention shall apply to transportation performed by the state or by legal entities constituted under public law provided it falls within the conditions laid down in Article 1.

2. This convention shall not apply to transportation performed under the terms of any international postal convention.

Article II

In Article 2 of the Convention paragraph 2 shall be deleted and replaced by the following:

"2. This Convention shall not apply to carriage of mail and postal packages."

CHAPTER II

SECTION I — Passenger Ticket

Article 3

1. For the transportation of passengers the carrier must deliver a passenger ticket which shall contain the following particulars:

   a) the place and date of issue;
   b) the place of departure and of destination;
   c) the agreed stopping places, provided that the carrier may reserve the right to alter the stopping places in case of necessity, and that if he exercises that right, the alteration shall not have the effect of depriving the transportation of its international character;
   d) the name and address of the carrier or carriers;

Article III

In Article 3 of the Convention —

a) paragraph 1 shall be deleted and replaced by the following:

"1. In respect of the carriage of passengers a ticket shall be delivered containing:

   a) an indication of the places of departure and destination;
   b) if the places of departure and destination are within the territory of a single High Contracting Party, one or more agreed stopping places being within the territory of another State, an indication of at least one such stopping place;
   c) a notice to the effect that, if the

GUATEMALA CITY PROTOCOL (1971) | **MONTREAL PROTOCOL No. 4 (1975)**

Article II (Montreal Protocol No. 4)

In Article 2 of the Convention —
paragraph 2 shall be deleted and replaced by the following:
"2. In the carriage of postal items the carrier shall be liable only to the relevant postal administration in accordance with the rules applicable to the relationship between the carriers and the postal administrations.
3. Except as provided in paragraph 2 of this Article, the provisions of this Convention shall not apply to the carriage of postal items."

Article II (Guatemala City Protocol)

Article 3 of the Convention shall be deleted and replaced by the following:

"Article 3

1. In respect of the carriage of passengers an individual or collective document of carriage shall be delivered containing:
   a) an indication of the places of departure and destination;
   b) if the places of departure and destination are within the territory of a single High Contracting Party, one or more agreed

WARSAW CONVENTION (1929)

e) a statement that the transportation is subject to the rules relating to liability established by this convention.

2. The absence, irregularity, or loss of the passenger ticket shall not affect the existence or the validity of the contract of transportation, which shall none the less be subject to the rules of this convention. Nevertheless, if the carrier accepts a passenger without a passenger ticket having been delivered he shall not be entitled to avail himself of those provisions of this convention which exclude or limit his liability.

THE HAGUE PROTOCOL (1955)

passenger's journey involves an ultimate destination or stop in a country other than the country of departure, the Warsaw Convention may be applicable and that the Convention governs and in most cases limits the liability of carriers for death or personal injury and in respect of loss of or damage to baggage."

b) paragraph 2 shall be deleted and replaced by the following:

"2. The passenger ticket shall constitute *prima facie* evidence of the conclusion and conditions of the contract of carriage. The absence, irregularity or loss of the passenger ticket does not affect the existence or the validity of the contract of carriage which shall, none the less, be subject to the rules of this Convention. Nevertheless, if, with the consent of the carrier, the passenger embarks without a passenger ticket having been delivered, or if the ticket does not include the notice required by paragraph 1 c) of this Article, the carrier shall not be entitled to avail himself of the provisions of Article 22."

SECTION II — Baggage Check

Article 4

1. For the transportation of baggage, other than small personal objects of which the passenger takes charge himself, the carrier must deliver a baggage check.

2. The baggage check shall be made out in duplicate, one part for the passenger and the other part for the carrier.

3. The baggage check shall contain the following particulars:

a) the place and date of issue;
b) the place of departure and of destination;
c) the name and address of the carrier or carriers;
d) the number of the passenger ticket;
e) a statement that delivery of the baggage will be made to the bearer of the baggage check;
f) the number and weight of the packages;
g) the amount of the value declared in accordance with Article 22 (2);
h) a statement that the transportation is subject to the rules relating to liability established by this convention.

4. The absence, irregularity, or loss of the baggage check shall not affect the existence of the validity of the contract of transportation which shall none the less be subject to the rules of this convention. Nevertheless, if the carrier accepts baggage without a baggage check having been delivered, or if the baggage check does not contain the particulars set out at d), f) and h) above, the carrier shall not be entitled to avail himself of those

Article IV

In Article 4 of the Convention —

a) paragraphs 1, 2 and 3 shall be deleted and replaced by the following:

"1. In respect of the carriage of registered baggage, a baggage check shall be delivered, which, unless combined with or incorporated in a passenger ticket which complies with the provisions of Article 3, paragraph 1, shall contain:

a) an indication of the places of departure and destination;
b) if the places of departure and destination are within the territory of a single High Contracting Party, one or more agreed stopping places being within the territory of another State, an indication of at least one such stopping place;
c) a notice to the effect that, if the carriage involves an ultimate destination or stop in a country other than the country of departure, the Warsaw Convention may be applicable and that the Convention governs and in most cases limits the liability of carriers in respect of loss of or damage to baggage."

b) paragraph 4 shall be deleted and replaced by the following:

"2. The baggage check shall constitute *prima facie* evidence of the registration of the baggage and of the conditions of the contract of carriage. The absence, irregularity or loss of the baggage check does not affect the existence or the validity of the contract of carriage which shall, none the less, stopping places being within the territory of another State, an indication of at least one such stopping place.

2. Any other means which would preserve a record of the information indicated in a) and b) of the foregoing paragraph may be substituted for the delivery of the document referred to in that paragraph.

3. Non-compliance with the provisions of the foregoing paragraphs shall not affect the existence or the validity of the contract of carriage, which shall, none the less, be subject to the rules of this Convention including those relating to limitation of liability."

Article III

Article 4 of the Convention shall be deleted and replaced by the following:

"Article 4

1. In respect of the carriage of checked baggage, a baggage check shall be delivered, which, unless combined with or incorporated in a document of carriage which complies with the provisions of Article 3, paragraph 1, shall contain:

a) an indication of the places of departure and destination;
b) if the places of departure and destination are within the territory of a single High Contracting Party, one or more agreed stopping places being within the territory of another State, an indication of at least one such stopping place.

2. Any other means which would preserve a record of the information indicated in a) and b) of the foregoing paragraph may be substituted for the delivery of the baggage check referred to in that paragraph.

3. Non-compliance with the provisions of the foregoing paragraphs shall not affect the existence or the validity of the contract of carriage, which shall, none the less, be subject to the rules of this Convention including those relating to limitation of liability."

WARSAW CONVENTION (1929)	THE HAGUE PROTOCOL (1955)
provisions of the convention which exclude or limit his liability.	be subject to the rules of this Convention. Nevertheless, if the carrier takes charge of the baggage without a baggage check having been delivered or if the baggage check (unless combined with or incorporated in the passenger ticket which complies with the provisions of Article 3, paragraph 1 c)) does not include the notice required by paragraph 1 c) of this Article, he shall not be entitled to avail himself of the provisions of Article 22, paragraph 2."
SECTION III — Air Waybill	
Article 5	
1. Every carrier of goods has the right to require the consignor to make out and hand over to him a document called an "air waybill"; every consignor has the right to require the carrier to accept this document. 2. The absence, irregularity, or loss of this document shall not affect the existence or the validity of the contract of transportation which shall, subject to the provisions of Article 9, be none the less governed by the rules of this convention.	
Article 6	**Article V**
1. The air waybill shall be made out by the consignor in three original parts and be handed over with the goods. 2. The first part shall be marked "for the carrier", and shall be signed by the consignor. The second part shall be marked "for the consignee"; it shall be signed by the consignor and by the carrier and shall accompany the goods. The third part shall be signed by the carrier and handed by him to the consignor after the goods have been accepted. 3. The carrier shall sign on acceptance of the goods. 4. The signature of the carrier may be stamped; that of the consignor may be printed or stamped. 5. If, at the request of the consignor, the carrier	In Article 6 of the Convention paragraph 3 shall be deleted and replaced by the following: "3. The carrier shall sign prior to the loading of the cargo on board the aircraft.".

Article III

In Chapter II of the Convention —
Section III (Articles 5 to 16) shall be deleted and replaced by the following:

"Section III — Documentation relating to cargo

Article 5

1. In respect of the carriage of cargo an air waybill shall be delivered.
2. Any other means which would preserve a record of the carriage to be performed may, with the consent of the consignor, be substituted for the delivery of an air waybill. If such other means are used, the carrier shall, if so requested by the consignor, deliver to the consignor a receipt for the cargo permitting identification of the consignment and access to the information contained in the record preserved by such other means.
3. The impossibility of using, at points of transit and destination, the other means which would preserve the record of the carriage referred to in paragraph 2 of this Article does not entitle the carrier to refuse to accept the cargo for carriage.

Article 6

1. The air waybill shall be made out by the consignor in three original parts.
2. The first part shall be marked "for the carrier"; it shall be signed by the consignor. The second part shall be marked "for the consignee"; it shall be signed by the consignor and by the carrier. The third part shall be signed by the carrier and handed by him to the consignor after the cargo has been accepted.
3. The signature of the carrier and that of the consignor may be printed or stamped.
4. If, at the request of the consignor, the carrier makes out the air waybill, he shall be deemed, subject to proof to the contrary, to have done so on behalf of the consignor.

makes out the air waybill, he shall be deemed, subject to proof to the contrary, to have done so on behalf of the consignor.

Article 7

The carrier of goods has the right to require the consignor to make out separate waybills when there is more than one package.

Article 8

The air waybill shall contain the following particulars:

a) the place and date of its execution;
b) the place of departure and of destination;
c) the agreed stopping places, provided that the carrier may reserve the right to alter the stopping places in case of necessity, and that if he exercises that right the alteration shall not have the effect of depriving the transportation of its international character;
d) the name and address of the consignor;
e) the name and address of the first carrier;
f) the name and address of the consignee, if the case so requires;
g) the nature of the goods;
h) the number of packages, the method of packing, and the particular marks or numbers upon them;
i) the weight, the quantity, the volume, or dimensions of the goods;
j) the apparent condition of the goods and of the packing;
k) the freight, if it has been agreed upon, the date and place of payment, and the person who is to pay it;
l) if the goods are sent for payment on delivery, the price of the goods, and, if the case so requires, the amount of the expenses incurred;
m) the amount of the value declared in accordance with Article 22 (2);
n) the number of parts of the air waybill;
o) the documents handed to the carrier to accompany the air waybill;
p) the time fixed for the completion of the transportation and a brief note of the route to be followed, if these matters have been agreed upon;
q) a statement that the transportation is subject to the rules relating to liability established by this convention.

Article VI

Article 8 of the Convention shall be deleted and replaced by the following:

"The air waybill shall contain:

a) an indication of the places of departure and destination;
b) if the places of departure and destination are within the territory of a single High Contracting Party, one or more agreed stopping places being within the territory of another State, an indication of at least one such stopping place;
c) a notice to the consignor to the effect that, if the carriage involves an ultimate destination or stop in a country other than the country of departure, the Warsaw Convention may be applicable and that the Convention governs and in most cases limits the liability of carriers in respect of loss of or damage to cargo."

Article 7

When there is more than one package:

a) the carrier of cargo has the right to require the consignor to make out separate air waybills;
b) the consignor has the right to require the carrier to deliver separate receipts when the other means referred to in paragraph 2 of Article 5 are used.

Article 8

The air waybill and the receipt for the cargo shall contain:

a) an indication of the places of departure and destination;
b) if the places of departure and destination are within the territory of a single High Contracting Party, one or more agreed stopping places being within the territory of another State, an indication of at least one such stopping place; and
c) an indication of the weight of the consignment.

WARSAW CONVENTION (1929)	THE HAGUE PROTOCOL (1955)
Article 9 If the carrier accepts goods without an air waybill having been made out, or if the air waybill does not contain all the particulars set out in Article 8 a) to i), inclusive, and q), the carrier shall not be entitled to avail himself of the provisions of this convention which exclude or limit his liability.	**Article VII** Article 9 of the Convention shall be deleted and replaced by the following: "If, with the consent of the carrier, cargo is loaded on board the aircraft without an air waybill having been made out, or if the air waybill does not include the notice required by Article 8, paragraph c), the carrier shall not be entitled to avail himself of the provisions of Article 22, paragraph 2."
Article 10 1. The consignor shall be responsible for the correctness of the particulars and statements relating to the goods which he inserts in the air waybill. 2. The consignor shall be liable for all damages suffered by the carrier or any other person by reason of the irregularity, incorrectness or incompleteness of the said particulars and statements.	**Article VIII** In Article 10 of the Convention — paragraph 2 shall be deleted and replaced by the following: "2. The consignor shall indemnify the carrier against all damage suffered by him, or by any other person to whom the carrier is liable, by reason of the irregularity, incorrectness or incompleteness of the particulars and statements furnished by the consignor."
Article 11 1. The air waybill shall be *prima facie* evidence of the conclusion of the contract, of the receipt of the goods and of the conditions of transportation. 2. The statements in the air waybill relating to the weight, dimensions, and packing of the goods, as well as those relating to the number of packages, shall be *prima facie* evidence of the facts stated; those relating to the quantity, volume, and condition of the goods shall not constitute evidence against the carrier except so far as they both have been, and are stated in the air waybill to have been, checked by him in the presence of the consignor, or relate to the apparent condition of the goods.	
Article 12 1. Subject to his liability to carry out all his obligations under the contract of transportation, the consignor shall have the right to dispose of the	

Article 9

Non-compliance with the provisions of Articles 5 to 8 shall not affect the existence or the validity of the contract of carriage, which shall, none the less, be subject to the rules of this Convention including those relating to limitation of liability.

Article 10

1. The consignor is responsible for the correctness of the particulars and statements relating to the cargo inserted by him or on his behalf in the air waybill or furnished by him or on his behalf to the carrier for insertion in the receipt for the cargo or for insertion in the record preserved by the other means referred to in paragraph 2 of Article 5.
2. The consignor shall indemnify the carrier against all damage suffered by him, or by any other person to whom the carrier is liable, by reason of the irregularity, incorrectness or incompleteness of the particulars and statements furnished by the consignor or on his behalf.
3. Subject to the provisions of paragraphs 1 and 2 of this Article, the carrier shall indemnify the consignor against all damage suffered by him, or by any other person to whom the consignor is liable, by reason of the irregularity, incorrectness or incompleteness of the particulars and statements inserted by the carrier or on his behalf in the receipt for the cargo or in the record preserved by the other means referred to in paragraph 2 of Article 5.

Article 11

1. The air waybill or the receipt for the cargo is *prima facie* evidence of the conclusion of the contract, of the acceptance of the cargo and of the conditions of carriage mentioned therein.
2. Any statements in the air waybill or the receipt for the cargo relating to the weight, dimensions and packing of the cargo, as well as those relating to the number of packages, are *prima facie* evidence of the facts stated; those relating to the quantity, volume and condition of the cargo do not constitute evidence against the carrier except so far as they both have been, and are stated in the air waybill to have been, checked by him in the presence of the consignor, or relate to the apparent condition of the cargo.

Article 12

1. Subject to his liability to carry out all his obligations under the contract of carriage, the consignor has the right to dispose of the cargo by

goods by withdrawing them at the airport of departure or destination, or by stopping them in the course of the journey on any landing, or by calling for them to be delivered at the place of destination or in the course of the journey to a person other than the consignee named in the air waybill, or by requiring them to be returned to the airport of departure. He must not exercise this right of disposition in such a way as to prejudice the carrier or other consignors, and he must repay any expenses occasioned by the exercise of this right.
2. If it is impossible to carry out the orders of the consignor the carrier must so inform him forthwith.
3. If the carrier obeys the orders of the consignor for the disposition of the goods without requiring the production of the part of the air waybill delivered to the latter, he will be liable, without prejudice to his right of recovery from the consignor, for any damage which may be caused thereby to any person who is lawfully in possession of that part of the air waybill.
4. The right conferred on the consignor shall cease at the moment when that of the consignee begins in accordance with Article 13, below. Nevertheless, if the consignee declines to accept the waybill or the goods, or if he cannot be communicated with, the consignor shall resume his right of disposition.

Article 13

1. Except in the circumstances set out in the preceding Article, the consignee shall be entitled, on arrival of the goods at the place of destination, to require the carrier to hand over to him the air waybill and to deliver the goods to him, on payment of the charges due and on complying with the conditions of transportation set out in the air waybill.
2. Unless it is otherwise agreed, it shall be the duty of the carrier to give notice to the consignee as soon as the goods arrive.
3. If the carrier admits the loss of the goods, or if the goods have not arrived at the expiration of seven days after the date on which they ought to have arrived, the consignee shall be entitled to put into force against the carrier the rights which flow from the contract of transportation.

Article 14

The consignor and the consignee can respectively enforce all the rights given them by Articles 12 and 13, each in his own name, whether he is acting in his own interest or in the interest of another, provided that he carries out the obligations imposed by the contract.

withdrawing it at the airport of departure or destination, or by stopping it in the course of the journey on any landing, or by calling for it to be delivered at the place of destination or in the course of the journey to a person other than the consignee originally designated, or by requiring it to be returned to the airport of departure. He must not exercise this right of disposition in such a way as to prejudice the carrier or other consignors and he must repay any expenses occasioned by the exercise of this right.

2. If it is impossible to carry out the orders of the consignor the carrier must so inform him forthwith.

3. If the carrier obeys the orders of the consignor for the disposition of the cargo without requiring the production of the part of the air waybill or the receipt for the cargo delivered to the latter, he will be liable, without prejudice to his right of recovery from the consignor, for any damage which may be caused thereby to any person who is lawfully in possession of that part of the air waybill or the receipt for the cargo.

4. The right conferred on the consignor ceases at the moment when that of the consignee begins in accordance with Article 13. Nevertheless, if the consignee declines to accept the cargo, or if he cannot be communicated with, the consignor resumes his right of disposition.

Article 13

1. Except when the consignor has exercised his right under Article 12, the consignee is entitled, on arrival of the cargo at the place of destination, to require the carrier to deliver the cargo to him, on payment of the charges due and on complying with the conditions of carriage.

2. Unless it is otherwise agreed, it is the duty of the carrier to give notice to the consignee as soon as the cargo arrives.

3. If the carrier admits the loss of the cargo, or if the cargo has not arrived at the expiration of seven days after the date on which it ought to have arrived, the consignee is entitled to enforce against the carrier the rights which flow from the contract of carriage.

Article 14

The consignor and the consignee can respectively enforce all the rights given them by Articles 12 and 13, each in his own name, whether he is acting in his own interest or in the interest of another, provided that he carries out the obligations imposed by the contract of carriage

WARSAW CONVENTION (1929)

Article 15

1. Articles 12, 13 and 14 shall not affect either the relations of the consignor and the consignee with each other or the relations of third parties whose rights are derived either from the consignor or from the consignee.
2. The provisions of Articles 12, 13 and 14 can only be varied by express provision in the air waybill.

Article 16

1. The consignor must furnish such information and attach to the air waybill such documents as are necessary to meet the formalities of customs, octroi, or police before the goods can be delivered to the consignee. The consignor shall be liable to the carrier for any damage occasioned by the absence, insufficiency, or irregularity of any such information or documents, unless the damage is due to the fault of the carrier or his agents.
2. The carrier is under no obligation to inquire into the correctness or sufficiency of such information or documents.

CHAPTER III

Liability of the Carrier

Article 17

The carrier shall be liable for damage sustained in the event of the death or wounding of a passenger or any other bodily injury suffered by a passenger, if the accident which caused the damage so sustained took place on board the aircraft or in the course of any of the operations of embarking or disembarking.

THE HAGUE PROTOCOL (1955)

Article IX

To Article 15 of the Convention —
the following paragraph shall be added:
"3. Nothing in this Convention prevents the issue of a negotiable air waybill."

GUATEMALA CITY PROTOCOL (1971) | MONTREAL PROTOCOL No. 4 (1975)

Article 15

1. Articles 12, 13 and 14 do not affect either the relations of the consignor and the consignee with each other or the mutual relations of third parties whose rights are derived either from the consignor or from the consignee.
2. The provisions of Articles 12, 13 and 14 can only be varied by express provision in the air waybill or the receipt for the cargo.

Article 16

1. The consignor must furnish such information and such documents as are necessary to meet the formalities of customs, octroi or police before the cargo can be delivered to the consignee. The consignor is liable to the carrier for any damage occasioned by the absence, insufficiency or irregularity of any such information or documents, unless the damage is due to the fault of the carrier, his servants or agents.
2. The carrier is under no obligation to enquire into the correctness or sufficiency of such information or documents."

Article IV

Article 17 of the Convention shall be deleted and replaced by the following:

"Article 17

1. The carrier is liable for damage sustained in case of death or personal injury of a passenger upon condition only that the event which caused the death or injury took place on board the aircraft or in the course of any of the operations of embarking or disembarking. However, the carrier is not liable if the death or injury resulted solely from the state of health of the passenger.
2. The carrier is liable for damage sustained in case of destruction or loss of, or of damage to, baggage upon condition only that the event which caused the destruction, loss or damage took place on board the aircraft or in the course of any of the operations of embarking or disembarking or during any period within which the baggage was in charge of the carrier. However, the carrier is not liable if the damage resulted solely from the inherent defect, quality or vice of the baggage.
3. Unless otherwise specified, in this Convention the term "baggage" means both checked baggage and objects carried by the passenger."

WARSAW CONVENTION (1929) | **THE HAGUE PROTOCOL (1955)**

Article 18

1. The carrier shall be liable for damage sustained in the event of the destruction or loss of, or of damage to, any checked baggage or any goods, if the occurrence which caused the damage so sustained took place during the transportation by air.
2. The transportation by air within the meaning of the preceding paragraph shall comprise the period during which the baggage or goods are in charge of the carrier, whether in an airport or on board an aircraft, or, in the case of a landing outside an airport, in any place whatsoever.
3. The period of the transportation by air shall not extend to any transportation by land, by sea, or by river performed outside an airport. If, however, such transportation takes place in the performance of a contract for transportation by air, for the purpose of loading, delivery or transshipment, any damage is presumed, subject to proof to the contrary, to have been the result of an event which took place during the transportation by air.

Article 19

The carrier shall be liable for damage occasioned by delay in the transportation by air of passengers, baggage, or goods.

Article 20

1. The carrier shall not be liable if he proves that he and his agents have taken all necessary measures to avoid the damage or that it was

Article X

Paragraph 2 of Article 20 of the Convention shall be deleted.

GUATEMALA CITY PROTOCOL (1971)

Article V

In Article 18 of the Convention —
paragraphs 1 and 2 shall be deleted and replaced by the following:
"1. The carrier is liable for damage sustained in the event of the destruction or loss of, or of damage to, any cargo, if the occurrence which caused the damage so sustained took place during the carriage by air.
2. The carriage by air within the meaning of the preceding paragraph comprises the period during which the cargo is in charge of the carrier, whether in an airport or on board an aircraft, or, in the case of a landing outside an airport, in any place whatsoever.".

MONTREAL PROTOCOL No. 4 (1975)

Article IV

Article 18 of the Convention shall be deleted and replaced by the following:

"Article 18

1. The carrier is liable for damage sustained in the event of the destruction or loss of, or damage to, any registered baggage, if the occurrence which caused the damage so sustained took place during the carriage by air.
2. The carrier is liable for damage sustained in the event of the destruction or loss of, or damage to, cargo upon condition only that the occurrence which caused the damage so sustained took place during the carriage by air.
3. However, the carrier is not liable if he proves that the destruction, loss of, or damage to, the cargo resulted solely from one or more of the following:
   a) inherent defect, quality or vice of that cargo;
   b) defective packing of that cargo performed by a person other than the carrier or his servants or agents;
   c) an act of war or an armed conflict;
   d) an act of public authority carried out in connexion with the entry, exit or transit of the cargo.
4. The carriage by air within the meaning of the preceding paragraphs of this Article comprises the period during which the baggage or cargo is in the charge of the carrier, whether in an airport or on board an aircraft, or, in the case of a landing outside an airport, in any place whatsoever.
5. The period of the carriage by air does not extend to any carriage by land, by sea or by river performed outside an airport. If, however, such carriage takes place in the performance of a contract for carriage by air, for the purpose of loading, delivery or transhipment, any damage is presumed, subject to proof to the contrary, to have been the result of an event which took place during the carriage by air."

GUATEMALA CITY PROTOCOL (1971)

Article VI

Article 20 of the Convention shall be deleted and replaced by the following:

MONTREAL PROTOCOL No. 4 (1975)

Article V

Article 20 of the Convention shall be deleted and replaced by the following:

impossible for him or them to take such measures.
2. In the transportation of goods and baggage the carrier shall not be liable if he proves that the damage was occasioned by an error in piloting, in the handling of the aircraft, or in navigation and that, in all other respects, he and his agents have taken all necessary measures to avoid the damage.

Article 21

If the carrier proves that the damage was caused by or contributed to by the negligence of the injured person the court may, in accordance with the provisions of its own law, exonerate the carrier wholly or partly from his liability.

Article 22*

1. In the transportation of passengers the liability of the carrier for each passenger shall be limited to the sum of 125 000 francs *(8 300 Special Drawing Rights)*. Where, in accordance with the law of the court to which the case is submitted, damages may be awarded in the form of periodical payments the equivalent capital value of the said payments shall not exceed 125 000 francs. Nevertheless, by special contract, the carrier and the passenger may agree to a higher limit of liability.
2. In the transportation of checked baggage and of goods, the liability of the carrier shall be limited to a sum of 250 francs *(17 Special Drawing Rights)* per kilogram, unless the consignor has made, at the time when the package was handed over to the carrier, a special declaration of the value at delivery and has paid a supplementary sum if the case so requires. In that case the carrier will be liable to pay

* *Montreal Additional Protocol No. 1 amends paragraphs 1, 2 and 3 of Article 22 by replacing the amounts expressed in francs by amounts expressed in Special Drawing Rights as indicated in italics. This Protocol also amends paragraph 4 (for amended text, see page 48).*

Article XI*

Article 22 of the Convention shall be deleted and replaced by the following:

"Article 22

1. In the carriage of persons the liability of the carrier for each passenger is limited to the sum of two hundred and fifty thousand francs *(16 600 Special Drawing Rights)*. Where, in accordance with the law of the court seised of the case, damages may be awarded in the form of periodical payments, the equivalent capital value of the said payments shall not exceed two hundred and fifty thousand francs. Nevertheless, by special contract, the carrier and the passenger may agree to a higher limit of liability.
2. a) In the carriage of registered baggage and

* *Montreal Additional Protocol No. 2 amends paragraphs 1, 2 and 3 of Article 22 by replacing the amounts expressed in francs by amounts expressed in Special Drawing Rights as indicated in italics. This Protocol also amends paragraph 5 (for amended text, see pages 51-52).*

GUATEMALA CITY PROTOCOL (1971)

"Article 20

1. In the carriage of passengers and baggage the carrier shall not be liable for damage occasioned by delay if he proves that he and his servants and agents have taken all necessary measures to avoid the damage or that it was impossible for them to take such measures.
2. In the carriage of cargo the carrier shall not be liable for damage resulting from destruction, loss, damage or delay if he proves that he and his servants and agents have taken all necessary measures to avoid the damage or that it was impossible for them to take such measures."

Article VII

Article 21 of the Convention shall be deleted and replaced by the following:

"Article 21

If the carrier proves that the damage was caused or contributed to by the negligence or other wrongful act or omission of the person claiming compensation, the carrier shall be wholly or partly exonerated from his liability to such person to the extent that such negligence or wrongful act or omission caused or contributed to the damage. When by reason of the death or injury of a passenger compensation is claimed by a person other than the passenger, the carrier shall likewise be wholly or partly exonerated from his liability to the extent that he proves that the damage was caused or contributed to by the negligence or other wrongful act or omission of that passenger."

Article VIII*

Article 22 of the Convention shall be deleted and replaced by the following:

"Article 22

1. a) In the carriage of persons the liability of the carrier is limited to the sum of one million five hundred thousand francs *(100 000 Special Drawing Rights)* for the aggregate of the claims, however founded, in respect of damage suffered as a result of the death or personal injury of each passenger. Where, in accordance with the law of the court seised of the case, damages may be awarded in the form of periodic payments, the equivalent capital value of the said payments shall

* *Montreal Additional Protocol No. 3 amends paragraphs 1 and 2 of Article 22 by replacing the amounts expressed in francs by amounts expressed in Special Drawing Rights as indicated in italics. This Protocol also amends paragraph 4 (for amended text, see pages 54-55).*

MONTREAL PROTOCOL No. 4 (1975)

"Article 20

In the carriage of passengers and baggage, and in the case of damage occasioned by delay in the carriage of cargo, the carrier shall not be liable if he proves that he and his servants and agents have taken all necessary measures to avoid the damage or that it was impossible for them to take such measures.".

Article VI

Article 21 of the Convention shall be deleted and replaced by the following:

"Article 21

1. In the carriage of passengers and baggage, if the carrier proves that the damage was caused by or contributed to by the negligence of the person suffering the damage the Court may, in accordance with the provisions of its own law, exonerate the carrier wholly or partly from his liability.
2. In the carriage of cargo, if the carrier proves that the damage was caused by or contributed to by the negligence or other wrongful act or omission of the person claiming compensation, or the person from whom he derives his rights, the carrier shall be wholly or partly exonerated from his liability to the claimant to the extent that such negligence or wrongful act or omission caused or contributed to the damage."

Article VII

In Article 22 of the Convention —
- a) in paragraph 2 a) the words "and of cargo" shall be deleted.
- b) after paragraph 2 a) the following paragraph shall be inserted:
  "b) In the carriage of cargo, the liability of the carrier is limited to a sum of 17 Special Drawing Rights per kilogramme, unless the consignor has made, at the time when the package was handed over to the carrier, a special declaration of interest in delivery at destination and has paid a supplementary sum if the case so requires. In that case the carrier will be liable to pay a sum not exceeding the declared sum, unless he proves that the sum is greater than the consignor's actual interest in delivery at destination."

WARSAW CONVENTION (1929)	THE HAGUE PROTOCOL (1955)
a sum not exceeding the declared sum, unless he proves that that sum is greater than the actual value to the consignor at delivery. 3. As regards objects of which the passenger takes charge himself the liability of the carrier shall be limited to 5 000 francs *(332 Special Drawing Rights)* per passenger. 4. The sums mentioned above shall be deemed to refer to the French franc consisting of 65-1/2 milligrams of gold at the standard of fineness of nine hundred thousandths. These sums may be converted into any national currency in round figures.	of cargo, the liability of the carrier is limited to a sum of two hundred and fifty francs *(17 Special Drawing Rights)* per kilogramme, unless the passenger or consignor has made, at the time when the package was handed over to the carrier, a special declaration of interest in delivery at destination and has paid a supplementary sum if the case so requires. In that case the carrier will be liable to pay a sum not exceeding the declared sum, unless he proves that that sum is greater than the passenger's or consignor's actual interest in delivery at destination. b) In the case of loss, damage or delay of part of registered baggage or cargo, or of any object contained therein, the weight to be taken into consideration in determining the amount to which the carrier's liability is limited shall be only the total weight of the package or packages concerned. Nevertheless, when the loss, damage or delay of a part of the registered baggage or cargo, or of an object contained therein, affects the value of other packages covered by the same baggage check or the same air waybill, the total weight of such package or packages shall also be taken into consideration in determining the limit of liability. 3. As regards objects of which the passenger takes charge himself the liability of the carrier is limited to five thousand francs *(332 Special Drawing Rights)* per passenger. 4. The limits prescribed in this article shall not prevent the court from awarding, in accordance with its own law, in addition, the whole or part of the court costs and of the other expenses of the litigation incurred by the plaintiff. The foregoing provision shall not apply if the amount of the damages awarded, excluding court costs and other expenses of the litigation, does not exceed the sum which the carrier has offered in writing to the plaintiff within a period of six months from the date of the occurrence causing the damage, or before the commencement of the action, if that is later. 5. The sums mentioned in francs in this Article shall be deemed to refer to a currency unit consisting of sixty-five and a half milligrammes of gold of millesimal fineness nine hundred. These sums may be converted into national currencies in round figures. Conversion of the sums into national currencies other than gold shall, in case of judicial proceedings, be made according to the gold value of such currencies at the date of the judgment."

not exceed one million five hundred thousand francs *(100 000 Special Drawing Rights)*.

b) In the case of delay in the carriage of persons the liability of the carrier for each passenger is limited to sixty-two thousand five hundred francs *(4 150 Special Drawing Rights)*.

c) In the carriage of baggage the liability of the carrier in the case of destruction, loss, damage or delay is limited to fifteen thousand francs *(1 000 Special Drawing Rights)* for each passenger.

2. a) In the carriage of cargo, the liability of the carrier is limited to a sum of two hundred and fifty francs *(17 Special Drawing Rights)* per kilogramme, unless the consignor has made, at the time when the package was handed over to the carrier, a special declaration of interest in delivery at destination and has paid a supplementary sum if the case so requires. In that case the carrier will be liable to pay a sum not exceeding the declared sum, unless he proves that that sum is greater than the consignor's actual interest in delivery at destination.

b) In the case of loss, damage or delay of part of the cargo, or of any object contained therein, the weight to be taken into consideration in determining the amount to which the carrier's liability is limited shall be only the total weight of the package or packages concerned. Nevertheless, when the loss, damage or delay of a part of the cargo, or of an object contained therein, affects the value of other packages covered by the same air waybill, the total weight of such package or packages shall also be taken into consideration in determining the limit of liability.

3. a) The courts of the High Contracting Parties which are not authorized under their law to award the costs of the action, including lawyers' fees, shall, in actions to which this Convention applies, have the power to award, in their discretion, to the claimant the whole or part of the costs of the action, including lawyers' fees which the court considers reasonable.

b) The costs of the action including lawyers' fees shall be awarded in accordance with subparagraph a) only if the claimant gives a written notice to the carrier of the amount claimed including the particulars of the calculation of that amount and the carrier does not make, within a period of six months after his receipt of such notice, a written offer of settlement in an amount at least equal to the compensation awarded within the applicable limit. This

c) paragraph 2 b) shall be designated as paragraph 2 c).

d) after paragraph 5 the following paragraph shall be inserted:

"6. The sums mentioned in terms of the Special Drawing Right in this Article shall be deemed to refer to the Special Drawing Right as defined by the International Monetary Fund. Conversion of the sums into national currencies shall, in case of judicial proceedings, be made according to the value of such currencies in terms of the Special Drawing Right at the date of the judgment. The value of a national currency, in terms of the Special Drawing Right, of a High Contracting Party which is a Member of the International Monetary Fund, shall be calculated in accordance with the method of valuation applied by the International Monetary Fund, in effect at the date of the judgment, for its operations and transactions. The value of a national currency, in terms of the Special Drawing Right, of a High Contracting Party which is not a Member of the International Monetary Fund, shall be calculated in a manner determined by that High Contracting Party.

Nevertheless, those States which are not Members of the International Monetary Fund and whose law does not permit the application of the provisions of paragraph 2 b) of Article 22 may, at the time of ratification or accession or at any time thereafter, declare that the limit of liability of the carrier in judicial proceedings in their territories is fixed at a sum of two hundred and fifty monetary units per kilogramme. This monetary unit corresponds to sixty-five and a half milligrammes of gold of millesimal fineness nine hundred. This sum may be converted into the national currency concerned in round figures. The conversion of this sum into the national currency shall be made according to the law of the State concerned."

WARSAW CONVENTION (1929)	THE HAGUE PROTOCOL (1955)
Article 23 Any provision tending to relieve the carrier of liability or to fix a lower limit than that which is laid down in this convention shall be null and void, but the nullity of any such provision shall not involve the nullity of the whole contract, which shall remain subject to the provisions of this convention.	**Article XII** In Article 23 of the Convention, the existing provision shall be renumbered as paragraph 1 and another paragraph shall be added as follows: "2. Paragraph 1 of this Article shall not apply to provisions governing loss or damage resulting from the inherent defect, quality or vice of the cargo carried."
Article 24 1. In the cases covered by Articles 18 and 19 any action for damages, however founded, can only be brought subject to the conditions and limits set out in this convention. 2. In the cases covered by Article 17 the provisions of the preceding paragraph shall also apply, without prejudice to the questions as to who are the persons who have the right to bring suit and what are their respective rights.	
Article 25 1. The carrier shall not be entitled to avail himself of the provisions of this convention which exclude	**Article XIII** In Article 25 of the Convention — paragraphs 1 and 2 shall be deleted and replaced by

period will be extended until the time of commencement of the action if that is later.

c) The costs of the action including lawyers' fees shall not be taken into account in applying the limits under this Article.

4. The sums mentioned in francs in this Article and Article 42 shall be deemed to refer to a currency unit consisting of sixty-five and a half milligrammes of gold of millesimal fineness nine hundred. These sums may be converted into national currencies in round figures. Conversion of the sums into national currencies other than gold shall, in case of judicial proceedings, be made according to the gold value of such currencies at the date of the judgment."

Article IX

Article 24 of the Convention shall be deleted and replaced by the following:

"Article 24

1. In the carriage of cargo, any action for damages, however founded, can only be brought subject to the conditions and limits set out in this Convention.

2. In the carriage of passengers and baggage any action for damages, however founded, whether under this Convention or in contract or in tort or otherwise, can only be brought subject to the conditions and limits of liability set out in this Convention without prejudice to the question as to who are the persons who have the right to bring suit and what are their respective rights. Such limits of liability constitute maximum limits and may not be exceeded whatever the circumstances which gave rise to the liability."

Article X

Article 25 of the Convention shall be deleted and replaced by the following:

Article VIII

Article 24 of the Convention shall be deleted and replaced by the following:

"Article 24

1. In the carriage of passengers and baggage, any action for damages, however founded, can only be brought subject to the conditions and limits set out in this Convention, without prejudice to the question as to who are the persons who have the right to bring suit and what are their respective rights.

2. In the carriage of cargo, any action for damages, however founded, whether under this Convention or in contract or in tort or otherwise, can only be brought subject to the conditions and limits of liability set out in this Convention without prejudice to the question as to who are the persons who have the right to bring suit and what are their respective rights. Such limits of liability constitute maximum limits and may not be exceeded whatever the circumstances which gave rise to the liability."

Article IX

Article 25 of the Convention shall be deleted and replaced by the following:

WARSAW CONVENTION (1929)	THE HAGUE PROTOCOL (1955)
or limit his liability, if the damage is caused by his wilful misconduct or by such default on his part as, in accordance with the law of the court to which the case is submitted, is considered to be equivalent to wilful misconduct. 2. Similarly the carrier shall not be entitled to avail himself of the said provisions, if the damage is caused under the same circumstances by any agent of the carrier acting within the scope of his employment.	the following: "The limits of liability specified in Article 22 shall not apply if it is proved that the damage resulted from an act or omission of the carrier, his servants or agents, done with intent to cause damage or recklessly and with knowledge that damage would probably result; provided that, in the case of such act or omission of a servant or agent, it is also proved that he was acting within the scope of his employment."
	Article XIV After Article 25 of the Convention, the following article shall be inserted: "Article 25A 1. If an action is brought against a servant or agent of the carrier arising out of damage to which this Convention relates, such servant or agent, if he proves that he acted within the scope of his employment, shall be entitled to avail himself of the limits of liability which that carrier himself is entitled to invoke under Article 22. 2. The aggregate of the amounts recoverable from the carrier, his servants and agents, in that case, shall not exceed the said limits. 3. The provisions of paragraphs 1 and 2 of this Article shall not apply if it is proved that the damage resulted from an act or omission of the servant or agent done with intent to cause damage or recklessly and with knowledge that damage would probably result."
Article 26 1. Receipt by the person entitled to the delivery of baggage or goods without complaint shall be *prima facie* evidence that the same have been delivered in good condition and in accordance with the document of transportation. 2. In case of damage, the person entitled to delivery must complain to the carrier forthwith after the discovery of the damage, and, at the latest, within 3 days from the date of receipt in the case of baggage and 7 days from the date of receipt in the case of goods. In case of delay the complaint must be made at the latest within 14 days from the date on which the baggage or goods have been placed at his disposal. 3. Every complaint must be made in writing upon the document of transportation or by separate notice in writing dispatched within the times aforesaid.	**Article XV** In Article 26 of the Convention — paragraph 2 shall be deleted and replaced by the following: "2. In the case of damage, the person entitled to delivery must complain to the carrier forthwith after the discovery of the damage, and, at the latest, within seven days from the date of receipt in the case of baggage and fourteen days from the date of receipt in the case of cargo. In the case of delay the complaint must be made at the latest within twenty-one days from the date on which the baggage or cargo have been placed at his disposal."

GUATEMALA CITY PROTOCOL (1971)

"Article 25

The limit of liability specified in paragraph 2 of Article 22 shall not apply if it is proved that the damage resulted from an act or omission of the carrier, his servants or agents, done with intent to cause damage or recklessly and with knowledge that damage would probably result; provided that, in the case of such act or omission of a servant or agent, it is also proved that he was acting within the scope of his employment."

Article XI

In Article 25A of the Convention —
paragraphs 1 and 3 shall be deleted and replaced by the following:
"1. If an action is brought against a servant or agent of the carrier arising out of damage to which the Convention relates, such servant or agent, if he proves that he acted within the scope of his employment, shall be entitled to avail himself of the limits of liability which that carrier himself is entitled to invoke under this Convention.
3. The provisions of paragraphs 1 and 2 of this Article shall not apply to the carriage of cargo if it is proved that the damage resulted from an act or omission of the servant or agent done with intent to cause damage or recklessly and with knowledge that damage would probably result."

MONTREAL PROTOCOL No. 4 (1975)

"Article 25

In the carriage of passengers and baggage, the limits of liability specified in Article 22 shall not apply if it is proved that the damage resulted from an act or omission of the carrier, his servants or agents, done with intent to cause damage or recklessly and with knowledge that damage would probably result; provided that, in the case of such act or omission of a servant or agent, it is also proved that he was acting within the scope of his employment."

Article X

In Article 25A of the Convention —
paragraph 3 shall be deleted and replaced by the following:
"3. In the carriage of passengers and baggage, the provisions of paragraphs 1 and 2 of this Article shall not apply if it is proved that the damage resulted from an act or omission of the servant or agent done with intent to cause damage or recklessly and with knowledge that damage would probably result."

4. Failing complaint within the times aforesaid, no action shall lie against the carrier, save in the case of fraud on his part.

Article 27

In the case of the death of the person liable, an action for damages lies in accordance with the terms of this convention against those legally representing his estate.

Article 28

1. An action for damages must be brought, at the option of the plaintiff, in the territory of one of the High Contracting Parties, either before the court of the domicile of the carrier or of his principal place of business, or where he has a place of business through which the contract has been made, or before the court at the place of destination.
2. Questions of procedure shall be governed by the law of the court to which the case is submitted.

Article 29

1. The right to damages shall be extinguished if an action is not brought within 2 years, reckoned from the date of arrival at the destination, or from the date on which the aircraft ought to have arrived, or from the date on which the transportation stopped.
2. The method of calculating the period of limitation shall be determined by the law of the court to which the case is submitted.

Article 30

1. In the case of transportation to be performed by various successive carriers and falling within the definition set out in the third paragraph of Article 1, each carrier who accepts passengers, baggage or goods shall be subject to the rules set out in this convention, and shall be deemed to be one of the contracting parties to the contract of transportation insofar as the contract deals with that part of the transportation which is performed under his supervision.
2. In the case of transportation of this nature, the passenger or his representative can take action only against the carrier who performed the

Article XII

In Article 28 of the Convention —
the present paragraph 2 shall be renumbered as paragraph 3 and a new paragraph 2 shall be inserted as follows:
"2. In respect of damage resulting from the death, injury or delay of a passenger or the destruction, loss, damage or delay of baggage, the action may be brought before one of the Courts mentioned in paragraph 1 of this Article, or in the territory of one of the High Contracting Parties, before the Court within the jurisdiction of which the carrier has an establishment if the passenger has his domicile or permanent residence in the territory of the same High Contracting Party."

transportation during which the accident or the delay occurred, save in the case where, by express agreement, the first carrier has assumed liability for the whole journey.

3. As regards baggage or goods, the passenger or consignor shall have a right of action against the first carrier, and the passenger or consignee who is entitled to delivery shall have a right of action against the last carrier, and further, each may take action against the carrier who performed the transportation during which the destruction, loss, damage, or delay took place. These carriers shall be jointly and severally liable to the passenger or to the consignor or consignee.

CHAPTER IV

Provisions Relating to Combined Transportation

Article 31

1. In the case of combined transportation performed partly by air and partly by any other mode of transportation, the provisions of this convention shall apply only to the transportation by air, provided that the transportation by air falls within the terms of Article 1.

2. Nothing in this convention shall prevent the parties in the case of combined transportation from inserting in the document of air transportation conditions relating to other modes of transportation, provided that the provisions of this convention are observed as regards the transportation by air.

CHAPTER V

General and Final Provisions

Article 32

Any clause contained in the contract and all special agreements entered into before the damage occurred by which the parties purport to infringe

GUATEMALA CITY PROTOCOL (1971)

Article XIII

After Article 30 of the Convention, the following Article shall be inserted:

"Article 30A

Nothing in this Convention shall prejudice the question whether a person liable for damage in accordance with its provisions has a right of recourse against any other person."

MONTREAL PROTOCOL No. 4 (1975)

Article XI

After Article 30 of the Convention, the following Article shall be inserted:

"Article 30A

Nothing in this Convention shall prejudice the question whether a person liable for damage in accordance with its provisions has a right of recourse against any other person."

WARSAW CONVENTION (1929)	THE HAGUE PROTOCOL (1955)
the rules laid down by this convention, whether by deciding the law to be applied, or by altering the rules as to jurisdiction, shall be null and void. Nevertheless for the transportation of goods arbitration clauses shall be allowed, subject to this convention, if the arbitration is to take place within one of the jurisdictions referred to in the first paragraph of Article 28.	
Article 33	
Nothing contained in this convention shall prevent the carrier either from refusing to enter into any contract of transportation or from making regulations which do not conflict with the provisions of this convention.	
Article 34	**Article XVI**
This convention shall not apply to international transportation by air performed by way of experimental trial by air navigation enterprises with the view to the establishment of regular lines of air navigation, nor shall it apply to transportation performed in extraordinary circumstances outside the normal scope of an air carrier's business.	Article 34 of the Convention shall be deleted and replaced by the following: "The provisions of Articles 3 to 9 inclusive relating to documents of carriage shall not apply in the case of carriage performed in extraordinary circumstances outside the normal scope of an air carrier's business."
Article 35	
The expression "days" when used in this convention means current days, not working days.	

Article XII

Article 33 of the Convention shall be deleted and replaced by the following:

"Article 33

Except as provided in paragraph 3 of Article 5, nothing in this Convention shall prevent the carrier either from refusing to enter into any contract of carriage or from making regulations which do not conflict with the provisions of this Convention."

Article XIII

Article 34 of the Convention shall be deleted and replaced by the following:

"Article 34

The provisions of Articles 3 to 8 inclusive relating to documents of carriage shall not apply in the case of carriage performed in extraordinary circumstances outside the normal scope of an air carrier's business."

Article XIV

After Article 35 of the Convention, the following Article shall be inserted:

"Article 35A

No provision contained in this Convention shall prevent a State from establishing and operating within its territory a system to supplement the compensation payable to claimants under the Convention in respect of death, or personal injury, of passengers. Such a system shall fulfil the

Article 36

This convention is drawn up in French in a single copy which shall remain deposited in the archives of the Ministry for Foreign Affairs of Poland and of which one duly certified copy shall be sent by the Polish Government to the Government of each of the High Contracting Parties.

Article 37

1. This convention shall be ratified. The instruments of ratification shall be deposited in the archives of the Ministry for Foreign Affairs of Poland, which shall give notice of the deposit to the Government of each of the High Contracting Parties.
2. As soon as this convention shall have been ratified by five of the High Contracting Parties it shall come into force as between them on the ninetieth day after the deposit of the fifth ratification. Thereafter it shall come into force between the High Contracting Parties which shall have ratified and the High Contracting Party which deposits its instrument of ratification on the ninetieth day after the deposit.
3. It shall be the duty of the Government of the Republic of Poland to notify the Government of each of the High Contracting Parties of the date on which this convention comes into force as well as the date of the deposit of each ratification.

Article 38

1. This convention shall, after it has come into force, remain open for adherence by any state.

following conditions:

a) it shall not in any circumstances impose upon the carrier, his servants or agents, any liability in addition to that provided under this Convention;

b) it shall not impose upon the carrier any financial or administrative burden other than collecting in that State contributions from passengers if required so to do;

c) it shall not give rise to any discrimination between carriers with regard to the passengers concerned and the benefits available to the said passengers under the system shall be extended to them regardless of the carrier whose services they have used;

d) if a passenger has contributed to the system, any person suffering damage as a consequence of death or personal injury of such passenger shall be entitled to the benefits of the system."

2. The adherence shall be effected by a notification addressed to the Government of the Republic of Poland, which shall inform the Government of each of the High Contracting Parties thereof.
3. The adherence shall take effect as from the ninetieth day after the notification made to the Government of the Republic of Poland.

Article 39

1. Any one of the High Contracting Parties may denounce this convention by a notification addressed to the Government of the Republic of Poland, which shall at once inform the Government of each of the High Contracting Parties.
2. Denunciation shall take effect six months after the notification of denunciation, and shall operate only as regards the party which shall have proceeded to denunciation.

Article 40

1. Any High Contracting Party may, at the time of signature or of deposit of ratification or of adherence, declare that the acceptance which it gives to this convention does not apply to all or any of its colonies, protectorates, territories under mandate, or any other territory subject to its sovereignty or its authority, or any other territory under its suzerainty.
2. Accordingly any High Contracting Party may subsequently adhere separately in the name of all or any of its colonies, protectorates, territories under mandate, or any other territory subject to its sovereignty or to its authority or any other territory under its suzerainty which have been thus excluded by its original declaration.
3. Any High Contracting Party may denounce this convention, in accordance with its provisions, separately or for all or any of its colonies, protectorates, territories under mandate, or any other territory subject to its sovereignty or to its authority, or any other territory under its suzerainty.

Article XVII

After Article 40 of the Convention, the following Article shall be inserted:

"Article 40A

1. In Article 37, paragraph 2 and Article 40, paragraph 1, the expression *High Contracting Party* shall mean State. In all other cases, the expression *High Contracting Party* shall mean a State whose ratification of or adherence to the Convention has

GUATEMALA CITY PROTOCOL (1971)	MONTREAL PROTOCOL No. 4 (1975)

become effective and whose denunciation thereof has not become effective.

2. For the purposes of the Convention the word *territory* means not only the metropolitan territory of a State but also all other territories for the foreign relations of which that State is responsible."

Article 41

Any High Contracting Party shall be entitled not earlier than two years after the coming into force of this convention to call for the assembling of a new international conference in order to consider any improvements which may be made in this convention. To this end it will communicate with the Government of the French Republic which will take the necessary measures to make preparations for such conference.

This convention, done at Warsaw on October 12, 1929, shall remain open for signature until January 31, 1930.

Additional Protocol

With Reference to Article 2

The High Contracting Parties reserve to themselves the right to declare at the time of ratification or of adherence that the first paragraph of Article 2 of this convention shall not apply to international transportation by air performed directly by the state, its colonies, protectorates, or mandated territories, or by any other territory under its sovereignty, suzerainty, or authority

Article XV

After Article 41 of the Convention, the following Article shall be inserted:

"Article 42

1. Without prejudice to the provisions of Article 41, Conferences of the Parties to the Protocol done at Guatemala City on the eighth March 1971 shall be convened during the fifth and tenth years respectively after the date of entry into force of the said Protocol for the purpose of reviewing the limit established in Article 22, paragraph 1 a) of the Convention as amended by that Protocol.
2. At each of the Conferences mentioned in paragraph 1 of this Article the limit of liability in Article 22, paragraph 1 a) in force at the respective dates of these Conferences shall not be increased by an amount exceeding one hundred and eighty-seven thousand five hundred francs *(12 500 Special Drawing Rights)*.
3. Subject to paragraph 2 of this Article, unless before the thirty-first December of the fifth and tenth years after the date of entry into force of the Protocol referred to in paragraph 1 of this Article the aforesaid Conferences decide otherwise by a two-thirds majority vote of the Parties present and voting, the limit of liability in Article 22, paragraph 1 a) in force at the respective dates of these Conferences shall on those dates be increased by one hundred and eighty-seven thousand five hundred francs *(12 500 Special Drawing Rights)*.
4. The applicable limit shall be that which, in accordance with the preceding paragraphs, is in effect on the date of the event which caused the death or personal injury of the passenger."

- *Montreal Additional Protocol No. 3 amends paragraphs 2 and 3 of Article 42 by replacing the amounts expressed in francs by amounts expressed in Special Drawing Rights as indicated in italics (for amended text, see page 55).*

THE HAGUE PROTOCOL (1955)

CHAPTER II

Scope of Application of the Convention as Amended

Article XVIII

The Convention as amended by this Protocol shall apply to international carriage as defined in Article 1 of the Convention, provided that the places of departure and destination referred to in that Article are situated either in the territories of two parties to this Protocol or within the territory of a single party to this Protocol with an agreed stopping place within the territory of another State.

CHAPTER III

Final Clauses

Article XIX

As between the Parties to this Protocol, the Convention and the Protocol shall be read and interpreted together as one single instrument and shall be known as the *Warsaw Convention as amended at The Hague, 1955.*

Article XX

Until the date on which this Protocol comes into force in accordance with the provisions of Article XXII, paragraph 1, it shall remain open for signature on behalf of any State which up to that date has ratified or adhered to the Convention or which has participated in the Conference at which this Protocol was adopted.

Article XXI

1. This Protocol shall be subject to ratification by the signatory States.
2. Ratification of this Protocol by any State which is not a Party to the Convention shall have the effect of adherence to the Convention as amended by this Protocol.
3. The instruments of ratification shall be deposited with the Government of the People's Republic of Poland.

GUATEMALA CITY PROTOCOL (1971)

CHAPTER II

Scope of Application of the Convention as Amended

Article XVI

The Warsaw Convention as amended at The Hague in 1955 and by this Protocol shall apply to international carriage as defined in Article 1 of the Convention, provided that the places of departure and destination referred to in that Article are situated either in the territories of two Parties to this Protocol or within the territory of a single Party to this Protocol with an agreed stopping place in the territory of another State.

CHAPTER III

Final Clauses

Article XVII

As between the Parties to this Protocol, the Warsaw Convention as amended at The Hague in 1955 and this Protocol shall be read and interpreted together as one single instrument and shall be known as the *Warsaw Convention as amended at The Hague, 1955, and at Guatemala City, 1971.*

Article XVIII

Until the date on which this Protocol enters into force in accordance with the provisions of Article XX, it shall remain open for signature by all States Members of the United Nations or of any of the Specialized Agencies or of the International Atomic Energy Agency or Parties to the Statute of the International Court of Justice, and by any other State invited by the General Assembly of the United Nations to become a Party to this Protocol.

Article XIX

1. This Protocol shall be subject to ratification by the signatory States.
2. Ratification of this Protocol by any State which is not a Party to the Warsaw Convention or by any State which is not a Party to the Warsaw Convention as amended at The Hague, 1955, shall have the effect of accession to the *Warsaw Convention as amended at The Hague, 1955, and at Guatemala City, 1971.*
3. The instruments of ratification shall be deposited with the International Civil Aviation Organization.

MONTREAL PROTOCOL No. 4 (1975)

CHAPTER II

Scope of Application of the Convention as Amended

Article XIV

The Warsaw Convention as amended at The Hague in 1955 and by this Protocol shall apply to international carriage as defined in Article 1 of the Convention, provided that the places of departure and destination referred to in that Article are situated either in the territories of two Parties to this Protocol or within the territory of a single Party to this Protocol with an agreed stopping place in the territory of another State.

CHAPTER III

Final Clauses

Article XV

As between the Parties to this Protocol, the Warsaw Convention as amended at The Hague in 1955 and this Protocol shall be read and interpreted together as one single instrument and shall be known as the *Warsaw Convention as amended at The Hague, 1955, and by Protocol No. 4 of Montreal, 1975.*

Article XVI

Until the date on which this Protocol enters into force in accordance with the provisions of Article XVIII, it shall remain open for signature by any State.

Article XVII

1. This Protocol shall be subject to ratification by the signatory States.
2. Ratification of this Protocol by any State which is not a Party to the Warsaw Convention or by any State which is not a Party to the Warsaw Convention as amended at The Hague, 1955, shall have the effect of accession to the *Warsaw Convention as amended at The Hague, 1955, and by Protocol No. 4 of Montreal, 1975.*
3. The instruments of ratification shall be deposited with the Government of the Polish People's Republic.

THE HAGUE PROTOCOL (1955)

Article XXII

1. As soon as thirty signatory States have deposited their instruments of ratification of this Protocol, it shall come into force between them on the ninetieth day after the deposit of the thirtieth instrument of ratification. It shall come into force for each State ratifying thereafter on the ninetieth day after the deposit of its instrument of ratification.
2. As soon as this Protocol comes into force it shall be registered with the United Nations by the Government of the People's Republic of Poland.

Article XXIII

1. This Protocol shall, after it has come into force, be open for adherence by any non-signatory State.
2. Adherence to this Protocol by any State which is not a Party to the Convention shall have the effect of adherence to the Convention as amended by this Protocol.
3. Adherence shall be effected by the deposit of an instrument of adherence with the Government of the People's Republic of Poland and shall take effect on the ninetieth day after the deposit.

Article XXIV

1. Any Party to this Protocol may denounce the Protocol by notification addressed to the Government of the People's Republic of Poland.
2. Denunciation shall take effect six months after the date of receipt by the Government of the People's Republic of Poland of the notification of denunciation.
3. As between the Parties to this Protocol, denunciation by any of them of the Convention in accordance with Article 39 thereof shall not be construed in any way as a denunciation of the Convention as amended by this Protocol.

Article XXV

1. This Protocol shall apply to all territories for the foreign relations of which a State Party to this Protocol is responsible, with the exception of territories in respect of which a declaration has been made in accordance with paragraph 2 of this Article.
2. Any State may, at the time of deposit of its instrument of ratification or adherence, declare that its acceptance of this Protocol does not apply to any one or more of the territories for the foreign relations of which such State is responsible.
3. Any State may subsequently, by notification to the Government of the People's Republic of Poland, extend the application of this Protocol to

GUATEMALA CITY PROTOCOL (1971)

Article XX

1. This Protocol shall enter into force on the ninetieth day after the deposit of the thirtieth instrument of ratification on the condition, however, that the total international scheduled air traffic, expressed in passenger-kilometers, according to the statistics for the year 1970 published by the International Civil Aviation Organization, of the airlines of five States which have ratified this Protocol, represents at least 40% of the total international scheduled air traffic of the airlines of the member States of the International Civil Aviation Organization in that year. If, at the time of deposit of the thirtieth instrument of ratification, this condition has not been fulfilled, the Protocol shall not come into force until the ninetieth day after this condition shall have been satisfied. This Protocol shall come into force for each State ratifying after the deposit of the last instrument of ratification necessary for entry into force of this Protocol on the ninetieth day after the deposit of its instrument of ratification.
2. As soon as this Protocol comes into force it shall be registered with the United Nations by the International Civil Aviation Organization.

Article XXI

1. After the entry into force of this Protocol it shall be open for accession by any State referred to in Article XVIII.
2. Accession to this Protocol by any State which is not a Party to the Warsaw Convention or by any State which is not a Party to the Warsaw Convention as amended at The Hague, 1955, shall have the effect of accession to the *Warsaw Convention as amended at The Hague, 1955, and at Guatemala City, 1971.*
3. Accession shall be effected by the deposit of an instrument of accession with the International Civil Aviation Organization and shall take effect on the ninetieth day after the deposit.

Article XXII

1. Any Party to this Protocol may denounce the Protocol by notification addressed to the International Civil Aviation Organization.
2. Denunciation shall take effect six months after the date of receipt by the International Civil Aviation Organization of the notification of denunciation.
3. As between the Parties to this Protocol, denunciation by any of them of the Warsaw Convention in accordance with Article 39 thereof or of The Hague Protocol in accordance with Article XXIV thereof shall not be construed in any way as a denunciation of the *Warsaw Convention as amended at The Hague, 1955, and at Guatemala City, 1971.*

MONTREAL PROTOCOL No. 4 (1975)

Article XVIII

1. As soon as thirty signatory States have deposited their instruments of ratification of this Protocol, it shall come into force between them on the ninetieth day after the deposit of the thirtieth instrument of ratification. It shall come into force for each State ratifying thereafter on the ninetieth day after the deposit of its instrument of ratification.
2. As soon as this Protocol comes into force it shall be registered with the United Nations by the Government of the Polish People's Republic.

Article XIX

1. This Protocol, after it has come into force, shall be open for accession by any non-signatory State.
2. Accession to this Protocol by any State which is not a Party to the Warsaw Convention or by any State which is not a Party to the Warsaw Convention as amended at The Hague, 1955, shall have the effect of accession to the *Warsaw Convention as amended at The Hague, 1955, and by Protocol No. 4 of Montreal, 1975.*
3. Accession shall be effected by the deposit of an instrument of accession with the Government of the Polish People's Republic and shall take effect on the ninetieth day after the deposit.

Article XX

1. Any Party to this Protocol may denounce the Protocol by notification addressed to the Government of the Polish People's Republic.
2. Denunciation shall take effect six months after the date of receipt by the Government of the Polish People's Republic of the notification of denunciation.
3. As between the Parties to this Protocol, denunciation by any of them of the Warsaw Convention in accordance with Article 39 thereof or of The Hague Protocol in accordance with Article XXIV thereof shall not be construed in any way as a denunciation of the *Warsaw Convention as amended at The Hague, 1955, and by Protocol No. 4 of Montreal, 1975.*

Article XXI

1. Only the following reservations may be made to this Protocol:
   a) a State may at any time declare by a notification addressed to the Government of the Polish People's Republic that the *Warsaw Convention as amended at The Hague, 1955, and by Protocol No. 4 of*

any or all of the territories regarding which it has made a declaration in accordance with paragraph 2 of this Article. The notification shall take effect on the ninetieth day after its receipt by that Government.

4. Any State Party to this Protocol may denounce it, in accordance with the provisions of Article XXIV, paragraph 1, separately for any or all of the territories for the foreign relations of which such State is responsible.

Article XXVI

No reservation may be made to this Protocol except that a State may at any time declare by a notification addressed to the Government of the People's Republic of Poland that the Convention as amended by this Protocol shall not apply to the carriage of persons, cargo and baggage for its military authorities on aircraft, registered in that State, the whole capacity of which has been reserved by or on behalf of such authorities.

Article XXVII

The Government of the People's Republic of Poland shall give immediate notice to the Governments of all States signatories to the Convention or this Protocol, all States Parties to the Convention or this Protocol, and all States Members of the International Civil Aviation Organization or of the United Nations and to the International Civil Aviation Organization:

a) of any signature of this Protocol and the date thereof;
b) of the deposit of any instrument of ratification or adherence in respect of this Protocol and the date thereof;
c) of the date on which this Protocol comes into force in accordance with Article XXII, paragraph 1;
d) of the receipt of any notification of denunciation and the date thereof;
e) of the receipt of any declaration or notification made under Article XXV and the date thereof; and
f) of the receipt of any notification made under Article XXVI and the date thereof.

IN WITNESS WHEREOF the undersigned Plenipotentiaries, having been duly authorized, have signed this Protocol.

DONE at The Hague on the twenty-eighth day of the month of September of the year One Thousand Nine Hundred and Fifty-five, in three authentic texts in the English, French and Spanish languages. In the case of any inconsistency, the text

GUATEMALA CITY PROTOCOL (1971)

Article XXIII

1. Only the following reservations may be made to this Protocol:

a) a State whose courts are not authorized under its law to award the costs of the action including lawyers' fees may at any time by a notification addressed to the International Civil Aviation Organization declare that Article 22, paragraph 3 a) shall not apply to its courts; and

b) a State may at any time declare by a notification addressed to the International Civil Aviation Organization that the *Warsaw Convention as amended at The Hague, 1955, and at Guatemala City, 1971* shall not apply to the carriage of persons, baggage and cargo for its military authorities on aircraft, registered in that State, the whole capacity of which has been reserved by or on behalf of such authorities.

2. Any State having made a reservation in accordance with the preceding paragraph may at any time withdraw such reservation by notification to the International Civil Aviation Organization.

Article XXIV

The International Civil Aviation Organization shall promptly inform all signatory or acceding States of the date of each signature, the date of deposit of each instrument of ratification or accession, the date of entry into force of this Protocol, and other relevant information.

Article XXV

As between the Parties to this Protocol which are also Parties to the Convention, Supplementary to the Warsaw Convention, for the Unification of Certain Rules Relating to International Carriage by Air Performed by a Person Other than the Contracting Carrier, signed at Guadalajara on 18 September 1961 (hereinafter referred to as the "Guadalajara Convention") any reference to the "Warsaw Convention" contained in the Guadalajara Convention shall include reference to the *Warsaw Convention as amended at The Hague, 1955, and at Guatemala City, 1971*, in cases where the carriage under the agreement referred to in Article 1, paragraph b) of the Guadalajara Convention is governed by this Protocol.

MONTREAL PROTOCOL No. 4 (1975)

Montreal, 1975, shall not apply to the carriage of persons, baggage and cargo for its military authorities on aircraft, registered in that State, the whole capacity of which has been reserved by or on behalf of such authorities, and

b) any State may declare at the time of ratification of or accession to the Additional Protocol No. 3 of Montreal, 1975, or at any time thereafter, that it is not bound by the provisions of the *Warsaw Convention as amended at The Hague, 1955, and by Protocol No. 4 of Montreal, 1975*, in so far as they relate to the carriage of passengers and baggage. Such declaration shall have effect ninety days after the date of receipt of the declaration by the Government of the Polish People's Republic.

2. Any State having made a reservation in accordance with the preceding paragraph may at any time withdraw such reservation by notification to the Government of the Polish People's Republic.

Article XXII

The Government of the Polish People's Republic shall promptly inform all States Parties to the Warsaw Convention or to that Convention as amended, all signatory or acceding States to the present Protocol, as well as the International Civil Aviation Organization, of the date of each signature, the date of deposit of each instrument of ratification or accession, the date of coming into force of this Protocol, and other relevant information.

Article XXIII

As between the Parties to this Protocol which are also Parties to the Convention, Supplementary to the Warsaw Convention, for the Unification of Certain Rules Relating to International Carriage by Air Performed by a Person Other than the Contracting Carrier, signed at Guadalajara on 18 September 1961 (hereinafter referred to as the "Guadalajara Convention") any reference to the "Warsaw Convention" contained in the Guadalajara Convention shall include reference to the *Warsaw Convention as amended at The Hague, 1955, and by Protocol No. 4 of Montreal, 1975*, in cases where the carriage under the agreement referred to in Article 1, paragraph b) of the Guadalajara Convention is governed by this Protocol.

in the French language, in which language the Convention was drawn up, shall prevail.

This Protocol shall be deposited with the Government of the People's Republic of Poland with which, in accordance with Article XX, it shall remain open for signature, and that Government shall send certified copies thereof to the Governments of all States signatories to the Convention or this Protocol, all States Parties to the Convention or this Protocol, and all States Members of the International Civil Aviation Organization or of the United Nations, and to the International Civil Aviation Organization.

GUATEMALA CITY PROTOCOL (1971)

Article XXVI

This Protocol shall remain open, until 30 September 1971, for signature by any State referred to in Article XVIII, at the Ministry of External Relations of the Republic of Guatemala and thereafter, until it enters into force in accordance with Article XX, at the International Civil Aviation Organization. The Government of the Republic of Guatemala shall promptly inform the International Civil Aviation Organization of any signature and the date thereof during the time that the Protocol shall be open for signature in Guatemala.

IN WITNESS WHEREOF the undersigned Plenipotentiaries, having been duly authorized, have signed this Protocol.

DONE at Guatemala City on the eighth day of the month of March of the year One Thousand Nine Hundred and Seventy-one in three authentic texts in the English, French and Spanish languages. The International Civil Aviation Organization shall establish an authentic text of this Protocol in the Russian language. In the case of any inconsistency, the text in the French language, in which language the Warsaw Convention of 12 October 1929 was drawn up, shall prevail.

MONTREAL PROTOCOL No. 4 (1975)

Article XXIV

If two or more States are Parties both to this Protocol and to the Guatemala City Protocol, 1971, or to the Additional Protocol No. 3 of Montreal, 1975, the following rules shall apply between them:

a) the provisions resulting from the system established by this Protocol, concerning cargo and postal items, shall prevail over the provisions resulting from the system established by the Guatemala City Protocol, 1971, or by the Additional Protocol No. 3 of Montreal, 1975;

b) the provisions resulting from the system established by the Guatemala City Protocol, 1971, or by the Additional Protocol No. 3 of Montreal, 1975, concerning passengers and baggage, shall prevail over the provisions resulting from the system established by this Protocol.

Article XXV

This Protocol shall remain open for signature until 1 January 1976 at the Headquarters of the International Civil Aviation Organization and thereafter until it comes into force in accordance with Article XVIII at the Ministry for Foreign Affairs of the Polish People's Republic. The International Civil Aviation Organization shall promptly inform the Government of the Polish People's Republic of any signature and the date thereof during the time that the Protocol shall be open for signature at the Headquarters of the International Civil Aviation Organization.

IN WITNESS WHEREOF the undersigned Plenipotentiaries, having been duly authorized, have signed this Protocol.

DONE AT MONTREAL on the twenty-fifth day of September of the year One Thousand Nine Hundred and Seventy-five in four authentic texts in the English, French, Russian and Spanish languages. In the case of any inconsistency, the text in the French language, in which language the Warsaw Convention of 12 October 1929 was drawn up, shall prevail.

MONTREAL AGREEMENT OF 1966

3 Agreement—CAB No. 18900

Approved by the Civil Aeronautics Board 13th May 1966

The undersigned carriers(hereinafter referrde to as "the Carriers") hereby agree as follows:

1. Each of the Carriers shall effective 16th May 1966, include the following in its conditions of carriage, including tariffs embodying conditions of carriage filed by it with any government:

"The Carrier shall avail itself of the limitation of liability provided in the Convention for the Unification of Certain Rules Relating to International Carriage by Air signed at Warsaw 12th October 1929, or provided in the said Convention as amended by the Protocol signed at The Hague 28th September 1955. However in accordance with Article 22 (I) of said Convention, or said Convention as amended by said Protocol, the Carrier agrees that, as to all international transportation by the Carrier as defined in the said Convention, or said Convention as amended by said Protocol, which, according to the Contract of Carriage, includes a point in the United States of America as a point of origin, point of destination, or agreed stopping place

(i) The limit for each passenger for death, wounding, or other bodily injury shall be the sum of US $75,000 inclusive of legal fees and costs, except that, in case of a claim brought in a State where provision is made for separate award of legal fees and costs, the limit shall be the sum of US $58,000 exclusive of legal fees and costs.

(ii) The Carrier shall not, with respect to any claim arising out of the death, wounding, or other bodily injury of a passenger, avail itself of any defense under Article 20 (I) of said Convention or said Convention as amended by said Protocol.

Nothing herein shall be deemed to affect the rights and liabilities of the Carrier with regard to any claim brought by, on behalf of, or in respect of any person who has wilfully caused damage which resulted in death, wounding, or other bodily injury of a passenger".

2. Each carrier shall, at the time of delivery of the ticket, furnish to each passenger whose transportation is governed by the Convention, or the Convention as amended by the Hague Protocol, and by the special contract described in paragraph I, the following notice, which shall be printed in type at least as large as 10 point modern type and in ink contrasting with the stock in (i) each ticket; (ii) a piece of paper either placed in the ticket envelope with the ticket or attached to the ticket; or (iii) on the ticket envelope:

ADVICE TO INTERNATIONAL PASSENGERS ON LIMITATION OF LIABILITY[1]

Passengers on a journey involving an ultimate destination or a stop in a country other than the country of origin are advised that the provisions of the treaty known as the Warsaw Convention may be applicable to the entire journey, including any portion entirely within the country of origin or destination. For such passengers on a journey to, from, or with an agreed stopping place in the United States of America, the Convention and special contracts of carriage embodied in applicable tariffs provide that the liability of [(name of carrier) and certain other][2] carriers parties to such special contracts for death of or personal injury to passengers is limited in most cases to proven damages not to exceed US $ 75,000 per passenger[3] and that this liability up to such limit shall not depend on negligence on the part of the carrier. For such passengers travelling by a carrier not a party to such special contracts or on a journey not to, from, or having an agreed stopping place in the United States of America, liability of the carrier for death or personal injury to passengers is limited in most cases to approximately US $ 10,000 or US $ 20,000[4]

The names of Carriers parties to such special contracts are available at all ticket offices of such carriers and may be examined on request.

Additional protection can usually be obtained by purchasing insurance from a private company. Such insurance is not affected by any limitation of the carrier's liability under the Warsaw Convention or such special contracts of carriage. For further information please consult your airline or insurance company representative[3].

3. This Agreement shall be filed with the Civil Aeronautics Board of the United States for approval pursuant to Section 412 of the Federal Aviation Act of 1958, as amended and filed with other governments as required. The Agreement shall become effective upon approval by said Board pursuant to said Section 412.

4. This Agreement may be signed in any number of counterparts, all of which shall constitute one Agreement. Any carrier may become a party to this Agreement by signing a counterpart hereof and depositing it with Civil Aeronautics Board.

5. Any carrier party hereto may withdraw from this Agreement by giving twelve (12) months' written notice of withdrawal to said Civil Aeronautics Board and the other Carriers parties to the Agreement.

NOTICE OF BAGGAGE LIABILITY LIMITATIONS[5]

Liability for loss, delay, or damage to baggage is limited as follows unless a highter value is declared in advance and additional charges are paid : (1) for most international travel (in cluding domestic portions of international journeys) to approximately US $ 9.07 per pound(US $ 20,000 per kilo) for checked baggage and US $ 400 per passenger for unchecked baggage ; (2) for travel wholly between US points, to US $ 500 per passenger on most carriers(a few have lower limits). Excess valuation may not be declared on certain types of valuable articles. Carriers assume no liability for fragile or perishable articles. Further information may be obtained from the carrier.

1. this advice note is set in 10 point type as required by clause 2, supra.
2. The word "certain" may be used as an alternative to the words in square brackets.
3. Subsequent to this agreement the carriers have been authorised to add a note at the end of their Advice to International Passengers :

   "The limit of liability of US $ 75,000 above is inclusive of legal fees and costs except that in the case of a claim brought in a State where provision is made for separate award of legal fees and costs, the limit shall be the sum of US $ 58,000 exclusive of legal fees and costs."
4. BY CAB Order 74-1-16 adopted on 3rd January 1974 the US $ equivalent of 125,000 and 250,000 Convention francs were fixed at US $ 10,000 and US $ 20,000 respectively.
5. By CAB Regulation ER837(27th February 1974) each air carrier and foreign air carrier must include on each ticket in the prescribed form, a notice of baggage liability limitations.

IATA INTERCARRIER AGREEMENT ON PASSENGER LIABILITY,

Endorsed by the 51st IATA Annual Meeting on 30-31 October 1995

(IIA)

<u>Source</u>: International Air Transport Association website: <http://www.iata.org/NR/ContentConnector/CS2000/Siteinterface/sites/legal/file/iia.pdf>

IATA INTERCARRIER AGREEMENT ON PASSENGER LIABILITY (IIA)[1]

WHEREAS: The Warsaw Convention system is of great benefit to international air transportation; and

NOTING THAT: The Convention's limits of liability, which have not been amended since 1955, are now grossly inadequate in most countries and that international airlines have previously acted together to increase them to the benefit of passengers;

The undersigned carriers agree

1. To take action to waive the limitation of liability on recoverable compensatory damages in Article 22 paragraph 1 of the Warsaw Convention[2] as to claims for death, wounding or other bodily injury of a passenger within the meaning of Article 17 of the Convention, so that recoverable compensatory damages may be determined and awarded by reference to the law of the domicile of the passenger.

2. To reserve all available defences pursuant to the provisions of the Convention; nevertheless, any carrier may waive any defence up to a specified monetary amount of recoverable compensatory damages as circumstances may warrant.

---

[1] The text of this Agreement was endorsed by the 51st IATA Annual General Meeting on 30-31 October 1995. The text reproduced herein is the official version of the Agreement and Explanatory Note as available on the International Air Transport Association website: <http://www.iata.org/NR/ContentConnector/CS2000/Siteinterface/sites/legal/file/iia.pdf> (date accessed: May 23, 2005).

The Intercarrier Agreement, opened for signature on 31 October 1995, is an "umbrella accord;" the precise legal rights and responsibilities of the signatory carriers with respect to passengers will be spelled out in the applicable Conditions of Carriage and tariff filings.

The carriers signatory to the Agreement undertake to waive such limitations of liability as are set out in the *Warsaw Convention* (1929), *The Hague Protocol* (1955), the *Montreal Agreement of 1966*, and/or limits they may have previously agreed to implement or were required by governments to implement.

Such waiver by a carrier may be made conditional on the law of the domicile of the passenger governing the calculation of the recoverable compensatory damages under the Intercarrier Agreement. But this is an option. Should a carrier wish to waive the limits of liability but not insist on the law of the domicile of the passenger governing the calculation of the recoverable compensatory damages, or not be so required by a governmental authority, it may rely on the law of the court to which the case is submitted.

The *Warsaw Convention* system defences will remain available, in whole or in part, to the carriers signatory to the Agreement, unless a carrier decides to waive them or is so required by a governmental authority.

The IIA should be read in conjunction with the "Agreement on Measures to Implement the IATA Intercarrier Agreement".

[2] "Warsaw Convention" as used herein means the *Convention for the Unification of Certain Rules Relating to International Carriage by Air* signed at Warsaw, 12th October 1929, or that *Convention as amended at The Hague*, 28th September 1955, whichever may be applicable.

3. To reserve their rights of recourse against any other person, including rights of contribution or indemnity, with respect to any sums paid by the carrier.

4. To encourage other airlines involved in the international carriage of passengers to apply the terms of this Agreement to such carriage.

5. To implement the provisions of this Agreement no later than 1 November 1996 or upon receipt of requisite government approvals, whichever is later.

6. That nothing in this Agreement shall affect the rights of the passenger or the claimant otherwise available under the Convention.

7. That this Agreement may be signed in any number of counterparts, all of which shall constitute one Agreement. Any carrier may become a party to this Agreement by signing a counterpart hereof and depositing it with the Director General of the International Air Transport Association (IATA).

8. That any carrier party hereto may withdraw from this Agreement by giving twelve (12) months' written notice of withdrawal to the Director General of IATA and to the other carriers parties to the Agreement.

Signed this ________ day of ________ 199__

IATA INTERCARRIER AGREEMENT ON
PASSENGER LIABILITY (IIA)

List of Carriers Signatories
(Status as of March 2005: 131 Signatories)[1]

Carrier	Date of Signature
1. Air Canada	31 Oct 95
2. Air Mauritius	31 Oct 95
3. Austrian Airlines	31 Oct 95
4. Canadian Airlines International	31 Oct 95
5. Egyptair	31 Oct 95
6. Japan Airlines Co. Ltd.	31 Oct 95
7. KLM Royal Dutch Airlines	31 Oct 95
8. Saudi Arabian Airlines Corp.	31 Oct 95
9. Scandinavian Airlines System (SAS)	31 Oct 95
10. South African Airways	31 Oct 95
11. Swissair	31 Oct 95
12. TACA	31 Oct 95
13. Aer Lingus	09 Dec 95
14. Finnair Oy	11 Dec 95
15. Icelandair	11 Dec 95
16. Aeromexpress	11 Dec 95
17. LAPSA Línéas Aéreas Paraguayas	12 Dec 95
18. Kenya Airways	13 Dec 95
19. Air Afrique	14 Dec 95
20. Croatia Airlines	15 Dec 95
21. BWIA International (Trinidad and Tobago Airways Corporation)	15 Dec 95
22. Jet Airways (India) Pvt Ltd.	18 Dec 95
23. Varig S.A.	19 Dec 95
24. TAP Air Portugal	20 Dec 95
25. Air UK Limited	11 Jan 96
26. VIASA	17 Jan 96
27. Garuda Indonesia	01 Feb 96
28. Royal Air Maroc	28 Feb 96
29. Crossair	08 Mar 96
30. Pakistan International Airlines (PIA)	16 Apr 96
31. Regional Airlines	10 May 96
32. British Airways p.l.c.	28 May 96
33. Augsburg Airways GmbH	03 June 96
34. Hawaiian Airlines	12 June 96
35. Continental Airlines Inc.	14 June 96
36. Air Exel Commuter	24 June 96
38. Delta Air Lines, Inc.	24 June 96
39. KLM Cityhopper B.V.	24 June 96
40. Piedmont Airlines, Inc.	24 June 96
41. PSA Airlines, Inc.	24 June 96
42. UPS Airlines	24 June 96
43. US Air, Inc	24 June 96
44. American Trans Air, Inc.	25 June 96

[1] The authors are grateful to Ms. Constance O'Keefe and Ms. Marilena Perrella, from the IATA Legal Department, for providing this updated list of signatories.

Carrier	Date of Signature
46. Qantas Airways Limited	02 July 96
47. American Airlines	08 July 96
48. Cathay Pacific Airways	12 July 96
49. Cimber Air A/S	16 July 96
50. Air Baltic Corporation	18 July 96
51. GB Airways Limited	18 July 96
52. Air New Zealand	26 July 96
53. Trans World Airlines Inc. (TWA)	26 July 96
54. United Airlines	27 July 96
55. Malaysia Airlines	28 July 96
56. Reeve Aleutian Airways, Inc.	29 July 96
57. Midwest Express Airlines, Inc.	30 July 96
58. Northwest Airlines, Inc.	30 July 96
59. Singapore Airlines Ltd.	31 July 96
60. Deutsche BA Luftfahrtgesellschaft mbH	01 August 96
61. Deutsche Lufthansa AG	09 August 96
62. Alaska Airlines	12 Aug 96
63. Air Vanuatu	19 August 96
64. Transavia airlines C.V.	28 August 96
65. TAT European Airlines	02 September 96
66. Luxair	10 September 96
67. Air Aruba	16 September 96
68. Air France	14 October 96
69. Iberia	18 October 96
70. Aerovías de México, S.A. de C.V. (Aeromexico)	21 October 96
71. Korean Air Lines Co., Ltd.	22 October 1996
72. Japan Air System	23 October 1996
73. All Nippon Airways Co. Ltd	24 October 1996
74. Azerbaijan Hava Yollary	28 October 1996
75. SABENA	30 October 1996
76. MALEV - Hungarian Airlines Public Ltd. Company	01 November 1996
77. Tyrolean Airways - Tiroler Luftfahrt-AG	01 November 1996
78. Aerolineas Argentinas S. A.	05 December 1996
79. Martinair Holland N. V.	12 December 1996
80. Maersk Air Ltd.	20 December 1996
81. Continental Express	23 January 1997
82. Continental Micronesia	25 January 1997
83. Heli Air A.G.	March 1997
84. Türk Hava Yollari A.O. (Turkish Airlines)	06 March 1997
85. America West Airlines, Inc.	19 March 1997
86. Compagnie Air France Europe	30 March 1997
87. LOT Polish Airlines	17 April 1997
88. Alitalia	28 April 1997
89. Air Pacific Limited	16 June 1997
90. Interimpex-Avioimpex	16 June 1997
91. Lauda Air Luftfahrt AG	14 July 1997
92. Asiana	25 August 1997
93. Japan Asia Airways (JAA)	27 August 1997
94. Japan Air Charter (JAZ)	11 September 1997
95. Transbrasil S/A Linhas Aéreas	24 October 1997

Carrier	Date of Signature
96. Eurowings Luftverkehrs AG	15 November 1997
97. Emirates	16 November 1997
98. Central Mountain Air Ltd	4 December 1997
99. Maersk Air A/S	23 December 1997
100. Avianca	24 December 1997
101. Braathens S.A.F.E.	20 January 1998
102. CSA - Czech Airlines	23 January 1998
103. Sobelair	20 March 1998
104. Air Jamaica Limited	1 April 1998
105. PGA Portugália Airlines	25 May 1998
106. Estonian Air	19 June 1998
107. China Eastern Airlines Co., Ltd	9 July 1998
108. Air China International	23 July 1998
109. Royal Brunei Airlines	13 August 1998
110. China Southern Airlines Co. Ltd.	20 August 1998
111. Thai Airways International	3 September 1998
112. Cyprus Airways Ltd.	10 September 1998
113. Viação Aérea São Paulo S/A - VASP	16 September 1998
114. Eurocypria Airlines Ltd	5 October 1998
115. Lithuanian Airlines	5 October 1998
116. Lan Airlines	23 October 1998
117. Ecuatoriana de Aviacion S.A.	4 November 1998
118. Cubana de Aviación S.A.	10 November 1998
119. Aeroflot	30 December 1998
120. Ansett Australia Limited	4 February 1999
121. Ansett International Limited	4 February 1999
122. JAL Express Co. Ltd	31 March 1999
123. Japan TransOcean Air	31 March 1999
124. Compañia Panameña de Aviacíon	30 June 1999
125. North American Airlines, Inc.	07 July 2003
126. Aviateca, S.A.	26 January 2004
127. Lineas Aereas Costarricenses, S.A. (LACSA)	26 January 2004
128. Trans American Airlines, S.A. (dba Taca Perú)	26 January 2004
129. Taca de Honduras, S.A. de C.V.	28 January 2004
130. Nicaragüense de Aviación, S.A.	2 February 2004
131. Xiamen Airlines	25 October 2004

AGREEMENT ON MEASURES TO IMPLEMENT THE IATA INTERCARRIER AGREEMENT (MIA)

Source: International Air Transport Association website: <http://www.iata.org/NR/ContentConnector/CS2000/Siteinterface/sites/legal/file/mia.pdf>

AGREEMENT ON MEASURES TO IMPLEMENT THE IATA INTERCARRIER AGREEMENT (MIA)[1]

I. Pursuant to the IATA Intercarrier Agreement of 31 October 1995, the undersigned carriers agree to implement said Agreement by incorporating in their conditions of carriage and tariffs, where necessary, the following:

1. {CARRIER} shall not invoke the limitation of liability in Article 22(1) of the Convention as to any claim for recoverable compensatory damages arising under Article 17 of the Convention.

2. {CARRIER} shall not avail itself of any defence under Article 20(1) of the Convention with respect to that portion of such claim which does not exceed 100,000 SDRs* [unless option II(2) is used].

3. Except as otherwise provided in paragraphs 1 and 2 hereof, {CARRIER} reserves all defences available under the Convention to any such claim. With respect to third parties, the carrier also reserves all rights of recourse against any other person, including without limitation, rights of contribution and indemnity.

II. At the option of the carrier, its conditions of carriage and tariffs also may include the following provisions:

1. {CARRIER} agrees that subject to applicable law, recoverable compensatory damages for such claims may be determined by reference to the law of the domicile or permanent residence of the passenger.

2. {CARRIER} shall not avail itself of any defence under Article 20(1) of the Convention with respect to that portion of such claims which does not exceed 100,000 SDRs, except that such waiver is limited to the amounts shown below for the routes indicated, as may be authorised by governments concerned with the transportation involved.

[Amounts and routes to be inserted]

3. Neither the waiver of limits nor the waiver of defences shall be applicable in respect of claims made by public social insurance or similar bodies however asserted. Such claims shall

[1] The text reproduced herein is the official version of the Agreement as available on the International Air Transport Association website: < http://www.iata.org/NR/Content Connector/CS2000/Siteinterface/sites/legal/file/mia.pdf> (date accessed: 23 May 2005).
* Defined if necessary.

be subject to the limit in Article 22(1) and to the defences under Article 20(1) of the Convention. The carrier will compensate the passenger or his dependents for recoverable compensatory damages in excess of payments received from any public social insurance or similar body.

III. Furthermore, at the option of a carrier, additional provisions may be included in its conditions of carriage and tariffs, provided they are not inconsistent with this Agreement and are in accordance with applicable law.

IV. Should any provision of this Agreement or a provision incorporated in a condition of carriage or tariff pursuant to this Agreement be determined to be invalid, illegal or unenforceable by a court of competent jurisdiction, all other provisions shall nevertheless remain valid, binding and effective.

V. 1. This Agreement may be signed in any number of counterparts, all of which shall constitute one Agreement. Any carrier may become Party to this Agreement by signing a counterpart hereof and depositing it with the Director general of the International Air Transport Association (IATA).

2. Any carrier Party hereto may withdraw from this Agreement by giving twelve (12) months' written notice of withdrawal to the Director General of IATA and to the other carriers Parties to the Agreement.

3. The Director General of IATA shall declare this Agreement effective on November 1st, 1996 or such later date as all requisite Government approvals have been obtained for this Agreement and the IATA Intercarrier Agreement of 31 October 1995.

Signed this ________ day of ________

MEASURES TO IMPLEMENT THE IATA INTERCARRIER AGREEMENT (MIA)

List of Carriers Signatories
(Status as of March 2005: 95 Signatories)[1]

Carrier	Date of Signature
1. BWIA (Trinidad and Tobago Airways Corporation)	15 December 1995
2. British Airways p.l.c.	28 May 1996
3. Hawaiian Airlines	12 June 1996
4. Continental Airlines Inc.	14 June 1996
5. Scandinavian Airlines System (SAS)	18 June 1996
6. Allegheny Airlines, Inc.	24 June 1996
7. Delta Air Lines, Inc.	24 June 1996
8. Piedmont Airlines, Inc.	24 June 1996
9. PSA Airlines, Inc.	24 June 1996
10. UPS Airlines	24 June 1996
11. USAir, Inc.	24 June 1996
12. American Trans Air, Inc.	25 June 1996
13. Air Canada	28 June 1996
14. AMR Combs BJS, Inc.	28 June 1996
15. AMR Eagle, Inc.	28 June 1996
16. Kiwi International Air Lines	28 June 1996
17. Qantas Airways Limited	02 July 1996
18. Varig S.A.	02 July 1996
19. American Airlines	08 July 1996
20. KLM Royal Dutch Airlines	11 July 1996
21. Cathay Pacific Airways	12 July 1996
22. Swissair	12 July 1996
23. GB Airways	18 July 1996
24. Air Baltic Corporation	18 July 1996
25. Austrian Airlines	23 July 1996
26. Air New Zealand	26 July 1996
27. Trans World Airlines Inc. (TWA)	26 July 1996
28. United Airlines	27 July 1996
29. Reeve Aleutian Airways, Inc.	29 July 1996
30. Midwest Express Airlines, Inc.	30 July 1996
31. Northwest Airlines, Inc.	30 July 1996
32. Deutsche BA Luftfahrtgesellschaft mbH	01 August 1996
33. Finnair OY	01 August 1996
34. Deutsche Lufthansa AG	09 August 1996
35. Alaska Airlines	15 August 1996
36. Canadian Airlines International	28 August 1996
37. Transavia airlines C.V.	28 August 1996
38. TAT European Airlines	02 September 1996
39. Crossair	05 September 1996
40. Icelandair	09 September 1996
41. Luxair	10 September 1996
42. Air France	14 October 1996
43. Kenya Airways	16 October 1996
44. Singapore Airlines Ltd.	18 October 1996

[1] The authors are grateful to Ms. Constance O'Keefe and Ms. Marilena Perrella, from the IATA Legal Department, for providing this updated list of signatories.

Carrier	Date of Signature
45. Korean Air Lines Co. Ltd.	22 October 1996
46. SABENA	30 October 1996
47. Tyrolean Airways - Tiroler Luftfahrt-AG	01 November 1996
48. Maersk Air Ltd.	20 December 1996
49. Continental Express	23 January 1997
50. Continental Micronesia	25 January 1997
51. Türk Hava Yollari A.O. (Turkish Airlines Inc.)	06 March 1997
52. Heli Air AG	March 1997
53. Heli-Linth AG[2]	11 March 1997
54. America West Airlines, Inc.	19 March 1997
55. Compagnie Air France Europe	30 March 1997
56. Air Pacific Limited	16 June 1997
57. Interimpex-Avioimpex	16 June 1997
58. Lauda Air Luftfahrt AG	14 July 1997
59. Asiana	25 August 1997
60. Transbrasil S/A Linhas Aéreas	24 October 1997
61. Royal Air Maroc	14 November 1997
62. TAP Air Portugal	3 December 1997
63. Central Mountain Air Ltd	4 December 1997
64. Air Afrique	16 December 1997
65. Maersk Air A/S	23 December 1997
66. Avianca	24 December 1997
67. CSA - Czech Airlines	23 January 1998
68. Sobelair	3 April 1998
69. PGA Portugália Airlines	25 May 1998
70. Estonian Air	19 June 1998
71. China Eastern Airlines Co., Ltd	9 July 1998
72. Air China International	23 July 1998
73. Royal Brunei Airlines	13 August 1998
74. China Southern Airlines Co. Ltd	20 August 1998
75. LOT Polish Airlines	28 August 1998
76. Thai Airways International	3 September 1998
77. Cyprus Airways Ltd	10 September 1998
78. Viação Aérea São Paulo S/A - VASP	16 September 1998
79. MALEV Hungarian Airlines	23 September 1998
80. Eurocypria Airlines Ltd.	5 October 1998
81. Lithuanian Airlines	5 October 1998
82. Egyptair	7 October 1998
83. South African Airways	21 October 1998
84. Lan-Chile	23 October 1998
85. Ecuatoriana de Aviacion S.A.	4 November 1998
86. Air Mauritius	5 November 1998
87. Cubana de Aviación S.A.	10 November 1998
88. Croatia Airlines	15 November 1998
89. Aeroflot	30 December 1998
90. Ansett Australia Limited	4 February 1999
91. Ansett International Limited	4 February 1999
92. Braathens	12 March 1999
93. Compañia Panameña de Aviacíon (COPA)	20 October 1999
94. North American Airlines, Inc.	07 July 2003
95. Xiamen Airlines	25 October 2004

[2] Carrier notified IATA of withdrawal effective 18 June 2000.

Order 2009-12-20

UNITED STATES OF AMERICA
DEPARTMENT OF TRANSPORTATION
OFFICE OF THE SECRETARY

Served: December 23, 2009

Issued by the Department of Transportation
On the 23rd day of December, 2009

AIR TRANSPORT ASSOCIATION OF AMERICA, INC. AGREEMENT RELATING TO INTERNATIONAL AIR CARRIER LIABILITY LIMITS	DOCKET OST-2005-22617

ORDER APPROVING AGREEMENT

By this order we approve and grant antitrust immunity for an airline agreement that would amend a prior agreement, among other things, to reflect an increase in liability limits of air carriers to passengers.

By application filed November 9, 2009, the Air Transport Association of America (ATA) filed an Application for Approval of Amendments to the 2006 Implementing Provisions Agreement and for other relief. [1] The proposed agreement entitled "Implementing Provisions Agreement Under the Warsaw and Montreal Conventions to be included in Conditions of Carriage and Tariffs Concerning Carrier Liability to Passengers" ("2006 IPA, as amended") would modify certain provisions of the 2006 IPA, which was approved by the Department in Order 2006-6-4, served June 8, 2006 and Order 2006-10-14, served October 31, 2006 (Docket OST-2005-22617).

The 2006 IPA Agreement replaced and expanded carrier waivers of the provisions of the 1929 Warsaw Convention, and the Warsaw Convention as amended by the 1955 Hague Protocol, with respect to liability to passengers for death and injury. The 2006 IPA Agreement provided for waiver of the Warsaw/Hague liability limits to conform to the provisions of the 1999 Montreal Convention (effective November 4, 2003), eliminating the Warsaw/Hague passenger liability limits for death or injuries, and providing for waiver of the Warsaw defense of proof of non-negligence up to 100,000 SDRs. In addition, the 2006 IPA Agreement, *inter alia*, expanded prior carrier agreements to adopt, through waivers, the 1999 Montreal Convention provisions for baggage liability of 1,000 SDRs per passenger for both checked and unchecked baggage, and included provisions for advance payments to passengers.

[1] ATA also filed a Motion for Expedited Process and Shortened Answer Period. ACVFG opposed this motion. The procedural issue is now moot.

Now, ATA's revised agreement includes certain clarifications of, and greater specificity with respect to, certain provisions in the 2006 IPA. It also specifically provides for the upward revision of the limits of liability specified in the IPA to track the liability limits of the Montreal Convention (Convention), which increase to reflect inflation as provided for in Article 24 of the Convention.[2] ATA expressly notes that these amendments would not be applicable to Canada as the Canadian Transportation Agency has not approved the 2006 IPA.

On November 16, 2008, the Air Crash Victims Families Group (ACVFG) filed comments. On November 17, 2009, the ATA filed a reply to these comments, accompanied by a motion for leave to file an otherwise unauthorized document.

In its comments, the ACVFG states that the 2006 IPA failed to address clearly and adequately the public interest. Specifically, ACVFG states that the 1995 IATA Intercarrier Agreements and the Montreal Convention have worked well without the need for a more restrictive IPA. Therefore, ACVFG argues that it would be better to address the Convention's implementation either by legislation or through a DOT regulatory procedure to create a "mandatory real uniformity of conditions of carriage for all carriers, irrespective whether they are all ATA members or not" to harmonize international and domestic air transportation liability.

In response, ATA states that the 2006 IPA and the amendments as filed, constitute the only framework that provides passengers subject to the Warsaw Convention with the same added protection and benefit of advance payments as afforded to them by European carriers in the EC Regulations. Also, ATA states that approval is necessary in order to implement the increased limits for both Montreal and Warsaw Convention passengers because, without Departmental approval, Warsaw Convention passengers will not be able to obtain the benefits of the new liability limits.

We find that the agreement to amend the 2006 IPA is not adverse to the public interest and should be approved in the form submitted. We also find it in the public interest to grant antitrust immunity with respect to the agreement, and will provide further exemptions from our regulations, to the extent that they maybe inconsistent with this agreement, for carriers who become, and remain, parties to the agreement.[3]

The amendments proposed are very limited in scope and serve to clarify certain provisions in the 2006 IPA, as amended, which should be of benefit to passengers. In addition, the provision relating to revisions of the limits of liability establishes the predicate for an across the board application of higher limits that will come into effect December 30, 2009 by virtue of the inflation adjustment mechanism of the Convention.

---

[2] For example, the strict-liability limit increases from 100,000 to 113,100 SDRs.

[3] Our regulations require waiver of certain Warsaw/Hague limits, and set forth the form of passenger and baggage liability notices. See 14 CFR Parts 203, 221.105 and 221.106.

We find no basis in the comments of the ACVFG to deny this application. The Convention expressly applies to the international carriage of persons, baggage and cargo: therefore, the ACVFG's desire to harmonize domestic and international rules falls outside of the scope of the issues in this proceeding.

ACCORDINGLY:

1. We approve, under 49 U.S.C. 41309, the "Implementing Provisions Agreement Under the Warsaw and Montreal Conventions to be included in Conditions of Carriage and Tariffs Concerning Carrier Liability to Passengers" (2006 IPA, as amended), as filed in this docket on November 9, 2009;

2. Carriers implementing the 2006 IPA, as amended, by filing a signed counterpart with the Department in this Docket OST-2005-22617, will by such filing substitute the 2006 IPA Agreement for the 1966 Montreal Intercarrier Interim Agreement (Agreement 18900) for the purpose of all DOT Regulations and conditions on operating authority requiring participation in the 1966 Agreement for so long as they are parties to the 2006 IPA Agreement;

3. Carriers Party to the 2006 IPA, as amended, may withdraw from the IATA intercarrier Agreement and the ATA's Provisions Implementing the IATA Intercarrier Agreement, for such period as they remain Parties to the 2006 IPA Agreement, as amended, in accordance with paragraph IV of the Agreement, by filing a notice in this Docket 22617 that all steps for withdrawal from such Agreements under section IV have been completed;

4. We grant immunity under the Antitrust Laws, in accordance with 49 U.S.C. 41308, solely to the extent necessary for the implementation of the 2006 IPA Agreement, as amended, and for Carrier Parties to the 2006 IPA Agreement, as amended, or any other carriers, to encourage other carriers engaged in international carriage or transportation as defined in the Convention to become parties to the 2006 IPA Agreement, as amended, or any other satisfactory implementation of the Convention;

5. Carrier Parties to the 2006 IPA Agreement, as amended, to the extent not otherwise provided for in ordering paragraph 2 above, or as otherwise ordered by the Department, are exempted from all DOT regulations and authority conditions only to the extent necessary to implement this Agreement in the manner contemplated by this order;

6. We grant ATA's motion for leave to file an otherwise unauthorized document;

7. To the extent not granted in this order, we deny all other requests for relief;

8. This order may be amended, revoked, or further conditioned, at any time, as the Department may find to be consistent with the public interest.

9. We will serve this order on the Air Transport Association, Inc., the International Air Transportation Association, all U.S. air carriers holding certificates, all foreign air carriers holding foreign air carrier permits, all other direct air carriers holding authority (including exemption authority) to engage in air transportation, all parties to this proceeding, and the Secretary of State, the Attorney General, the Federal Aviation Administration, and ACVFG.

By:

Susan Kurland
Assistant Secretary for Aviation
And International Affairs

(SEAL)

An electronic version of this document is available on the World Wide Web at:
http://www.regulations.gov

국제항공운송에 있어서의 일부 규칙 통일에 관한 협약

이 협약의 당사국은,
1929년 10월 12일 바르샤바에서 서명된 국제항공운송에 있어서의 일부 규칙 통일에 관한 협약(이하 '바르샤바협약'이라 한다) 및 기타 관련 문서들이 국제항공사법의 조화에 지대한 공헌을 하여왔음을 인식하며,

바르샤바협약 및 관련 문서를 현대화하고 통합하여야 할 필요성을 인식하며,

국제항공운송에 있어서 소비자 이익 보호의 중요성과 원상회복의 원칙에 근거한 공평한 보상의 필요성을 인식하며,

1944년 12월 7일 시카고에서 작성된 국제민간항공협약의 원칙과 목적에 따른 국제항공운송사업의 질서정연한 발전과 승객·수하물 및 화물의 원활한 이동이 바람직함을 재확인하며,

새로운 협약을 통하여 국제항공운송을 규율하는 일부 규칙의 조화 및 성문화를 진작하기 위한 국가의 공동행동이 공평한 이익균형의 달성에 가장 적합한 수단임을 확신하며,

다음과 같이 합의하였다.

제 1 장
총 칙

제 1 조 [적용 범위]
1. 이 협약은 항공기에 의하여 유상으로 수행되는 승객·수하물 또는 화물의 모든 국제운송에 적용된다. 이 협약은 항공운송기업이 항공기에 의하여 무상으로 수행되는 운송에도 동일하게 적용된다.

2. 이 협약의 목적상, 국제운송이라 함은 운송의 중단 또는 환적이 있는지 여부를 불문하고, 당사자간 합의에 따라 출발지와 도착지가 두 개의 당사국의 영역 내에 있는 운송, 또는 출발지와 도착지가 단일의 당사국 영역 내에 있는 운

Convention for the Unification of Ceratin Rules for International Carriage by Air

THE STATES PARTIES TO THIS CONVENTION,
RECOGNIZING the significant contribution of the Convention for the Unification of Certain Rules relating to International Carriage by Air signed in Warsaw on 12 October 1929, hereinafter referred to as the "Warsaw Convention", and other related instruments to the harmonization of private international air law;
RECOGNIZING the need to modernize and consolidate the Warsaw Convention and related instruments;
RECOGNIZING the importance of ensuring protection of the interests of consumers in international carriage by air and the need for equitable compensation based on the principle of restitution;
REAFFIRMING the desirability of an orderly development of international air transport operations and the smooth flow of passengers, baggage and cargo in accordance with the principles and objectives of the Convention on International Civil Aviation, done at Chicago on 7 December 1944;
CONVINCED that collective State action for further harmonization and codification of certain rules governing international carriage by air through a new Convention is the most adequate means of achieving an equitable balance of interests;

HAVE AGREED AS FOLLOWS:

Chapter 1
General Provisions

Article 1 **[Scope of Application]**
1. This Convention applies to all international carriage of persons, baggage or cargo performed by aircraft for reward. It applies equally to gratuitous carriage by aircraft performed by an air transport undertaking.
2. For the purposes of this Convention, the expression international carriage means any carriage in which, according to the agreement between the parties, the place of departure and the place of destination, whether or not

송으로서 합의된 예정 기항지가 타 국가의 영역 내에 존재하는 운송을 말한다. 이때 예정 기항지가 존재한 타 국가가 이 협약의 당사국인지 여부는 불문한다. 단일의 당사국 영역내의 두 지점간 수행하는 운송으로서 타 국가의 영역 내에 합의된 예정 기항지가 존재하지 아니하는 것은 이 협약의 목적상 국제운송이 아니다.

3. 2인 이상의 운송인이 연속적으로 수행하는 운송은 이 협약의 목적상, 당사자가 단일의 취급을 한 때에는, 단일의 계약형식 또는 일련의 계약형식으로 합의하였는지 여부를 불문하고 하나의 불가분의 운송이라고 간주되며, 이러한 운송은 단지 단일의 계약 또는 일련의 계약이 전적으로 동일국의 영역 내에서 이행된다는 이유로 국제적 성질이 상실되는 것은 아니다.

4. 이 협약은 또한, 제5장의 조건에 따라, 동장에 규정된 운송에도 적용된다.

제 2 조 【국가가 수행하는 운송 및 우편물의 운송】

1. 이 협약은 제1조에 규정된 조건에 합치하는 한, 국가 또는 법적으로 설치된 공공기관이 수행하는 운송에도 적용된다.

2. 우편물의 운송의 경우, 운송인은 운송인과 우정당국간 관계에 적용되는 규칙에 따라 관련 우정당국에 대해서만 책임을 진다.

3. 본 조 제2항에서 규정하고 있는 경우를 제외한 이 협약의 규정은 우편물의 운송에 적용되지 아니한다.

제 2 장
승객 · 수하물 및 화물의 운송과 관련된 증권과 당사자 의무

제 3 조 【승객 및 수하물】

1. 승객의 운송에 관하여 다음 사항을 포함한 개인용 또는 단체용 운송증권을 교부한다.
   가. 출발지 및 도착지의 표시

there be a break in the carriage or a transhipment, are situated either within the territories of two States Parties, or within the territory of a single State Party if there is an agreed stopping place within the territory of another State, even if that State is not a State Party. Carriage between two points within the territory of a single State Party without an agreed stopping place within the territory of another State is not international carriage for the purposes of this Convention.

3. Carriage to be performed by several successive carriers is deemed, for the purposes of this Convention, to be one undivided carriage if it has been regarded by the parties as a single operation, whether it had been agreed upon under the form of a single contract or of a series of contracts, and it does not lose its international character merely because one contract or a series of contracts is to be performed entirely within the territory of the same State.

4. This Convention applies also to carriage as set out in Chapter V, subject to the terms contained therein.

***Article 2* 【Carriage Performed by State and Carriage of Postal Items】**

1. This Convention applies to carriage performed by the State or by legally constituted public bodies provided it falls within the conditions laid down in Article 1.

2. In the carriage of postal items, the carrier shall be liable only to the relevant postal administration in accordance with the rules applicable to the relationship between the carriers and the postal administrations.

3. Except as provided in paragraph 2 of this Article, the provisions of this Convention shall not apply to the carriage of postal items.

Chapter II
Documentation and Duties of the Parties Relating to the Carriage of Passengers, Baggage and Cargo

***Article 3* 【Passengers and Baggage】**

1. In respect of carriage of passengers, an individual or collective document of carriage shall be delivered containing:

나. 출발지 및 도착지가 단일의 당사국 영역 내에 있고 하나 또는 그 이상의 예정 기항지가 타 국가의 영역 내에 존재하는 경우에는 그러한 예정 기항지 중 최소한 한곳의 표시

2. 제1항에 명시된 정보를 보존하는 다른 수단도 동항에 언급된 증권의 교부를 대체할 수 있다. 그러한 수단이 사용되는 경우, 운송인은 보존된 정보에 관한 서면 신고서의 교부를 승객에게 제안한다.

3. 운송인은 개개의 위탁수하물에 대한 수하물 식별표를 여객에게 교부한다.

4. 운송인은 이 협약이 적용 가능한 경우 승객의 사망 또는 부상 및 수하물의 파괴·분실 또는 손상 및 지연에 대한 운송인의 책임을 이 협약이 규율하고 제한할 수 있음을 승객에게 서면으로 통고한다.

5. 전항의 규정에 따르지 아니한 경우에도 운송계약의 존재 및 유효성에는 영향을 미치지 아니하며, 책임의 한도에 관한 규정을 포함한 이 협약의 규정이 적용된다.

제 4 조 【화물】

1. 화물 운송의 경우, 항공운송장이 교부된다.

2. 운송에 관한 기록을 보존하는 다른 수단도 항공운송장의 교부를 대체할 수 있다. 그러한 수단이 사용되는 경우, 운송인은 송하인의 요청에 따라 송하인에게 운송을 증명하고 그러한 수단에 의하여 보존되는 기록에 포함된 정보를 수록한 화물수령증을 교부한다.

제 5 조 【항공운송장 또는 화물수령증의 기재사항】

항공운송장 또는 화물수령증에는 다음의 사항을 기재한다.

가. 출발지 및 도착지의 표시

나. 출발지 및 도착지가 단일의 당사국 영역 내에 존재하고 하나 또는 그 이상의 예정 기항지가 타 국가의 영역 내에 존재하는 경우에는 그러한 예정 기항지의 최소한 한 곳의 표시

(a) an indication of the places of departure and destination;

(b) if the places of departure and destination are within the territory of a single State Party, one or more agreed stopping places being within the territory of another State, an indication of at least one such stopping place.

2. Any other means which preserves the information indicated in paragraph 1 may be substituted for the delivery of the document referred to in that paragraph. If any such other means is used, the carrier shall offer to deliver to the passenger a written statement of the information so preserved.

3. The carrier shall deliver to the passenger a baggage identification tag for each piece of checked baggage.

4. The passenger shall be given written notice to the effect that where this Convention is applicable it governs and may limit the liability of carriers in respect of death or injury and for destruction or loss of, or damage to, baggage, and for delay.

5. Non-compliance with the provisions of the foregoing paragraphs shall not affect the existence or the validity of the contract of carriage, which shall, nonetheless, be subject to the rules of this Convention including those relating to limitation of liability.

***Article 4* 【Cargo】**

1. In respect of the carriage of cargo, an air waybill shall be delivered.

2. Any other means which preserves a record of the carriage to be performed may be substituted for the delivery of an air waybill. If such other means are used, the carrier shall, if so requested by the consignor, deliver to the consignor a cargo receipt permitting identification of the consignment and access to the information contained in the record preserved by such other means.

***Article 5* 【Contents of Air Waybill of Cargo Receipt】**

The air waybill or the cargo receipt shall include:

(a) an indication of the places of departure and destination;

(b) if the places of departure and destination are within the territory of a single State Party, one or more agreed stopping places being within the territory of another State,

다. 화물의 중량 표시

an indication of at least one such stopping place; and

(c) an indication of the weight of the consignment.

제 6 조 【화물의 성질에 관련된 서류】

세관·경찰 및 유사한 공공기관의 절차를 이행하기 위하여 필요한 경우, 송하인은 화물의 성질을 명시한 서류를 교부할 것을 요구받을 수 있다. 이 규정은 운송인에게 어떠한 의무·구속 또는 그에 따른 책임을 부과하지 아니한다.

***Article 6* 【Document Relating to the Nature of the Cargo】**

The consignor may be required, if necessary, to meet the formalities of customs, police and similar public authorities to deliver a document indicating the nature of the cargo. This provision creates for the carrier no duty, obligation or liability resulting therefrom.

제 7 조 【항공운송장의 서식】

1. 항공운송장은 송하인에 의하여 원본 3통이 작성된다.
2. 제1의 원본에는 '운송인용'이라고 기재하고 송하인이 서명한다. 제2의 원본에는 '수하인용'이라고 기재하고 송하인 및 운송인이 서명한다. 제3의 원본에는 운송인이 서명하고, 화물을 접수받은 후 송하인에게 인도한다.
3. 운송인 및 송하인의 서명은 인쇄 또는 날인하여도 무방하다.
4. 송하인의 청구에 따라 운송인이 항공운송장을 작성하였을 경우, 반증이 없는 한 운송인은 송하인을 대신하여 항공운송장을 작성한 것으로 간주된다.

***Article 7* 【Description of Air Waybill】**

1. The air waybill shall be made out by the consignor in three original parts.
2. The first part shall be marked "for the carrier"; it shall be signed by the consignor. The second part shall be marked "for the consignee"; it shall be signed by the consignor and by the carrier. The third part shall be signed by the carrier who shall hand it to the consignor after the cargo has been accepted.
3. The signature of the carrier and that of the consignor may be printed or stamped.
4. If, at the request of the consignor, the carrier makes out the air waybill, the carrier shall be deemed, subject to proof to the contrary, to have done so on behalf of the consignor.

제 8 조 【복수화물을 위한 증권】

1개 이상의 화물이 있는 경우,

가. 화물의 운송인은 송하인에게 개별적인 항공운송장을 작성하여 줄 것을 청구할 권리를 갖는다.

나. 송하인은 제4조 제2항에 언급된 다른 수단이 사용되는 경우에는 운송인에게 개별적인 화물수령증의 교부를 청구할 권리를 갖는다.

***Article 8* 【Documentation for Multiple Packages】**

When there is more than one package:

(a) the carrier of cargo has the right to require the consignor to make out separate air waybills;

(b) the consignor has the right to require the carrier to deliver separate cargo receipts when the other means referred to in paragraph 2 of Article 4 are used.

제 9 조 【증권상 요건의 불이행】

제4조 내지 제8조의 규정에 따르지 아니하는 경우에도 운송계약의 존재 및 유효성에는 영향을 미치지 아니하며, 책임의 한도에 관한 규정을 포함한 이 협약의 규정이 적용된다.

***Article 9* 【Non-compliance with Documentary Requirements】**

Non-compliance with the provisions of Articles 4 to 8 shall not affect the existence or the validity of the contract of carriage, which shall, nonetheless, be subject to the rules of this Convention including those relating to limitation of liability.

제 10 조 【증권의 기재사항에 대한 책임】

1. 송하인은 본인 또는 대리인이 화물에 관련하여 항공운송장에 기재한 사항, 본인 또는 대리

***Article 10* 【Responsibility for Particulars of Documentation】**

1. The consignor is responsible for the correctness of the particulars and statements relating to the

인이 화물수령증에의 기재를 위하여 운송인에게 제공한 사항, 또는 제4조 제2항에 언급된 다른 수단에 의하여 보존되는 기록에의 기재를 위하여 운송인에게 제공한 사항의 정확성에 대하여 책임진다. 이는 송하인을 대신하여 행동하는 자가 운송인의 대리인인 경우에도 적용된다.

cargo inserted by it or on its behalf in the air waybill or furnished by it or on its behalf to the carrier for insertion in the cargo receipt or for insertion in the record preserved by the other means referred to in paragraph 2 of Article 4. The foregoing shall also apply where the person acting on behalf of the consignor is also the agent of the carrier.

2. 송하인은 본인 또는 대리인이 제공한 기재사항의 불비·부정확 또는 불완전으로 인하여 운송인이나 운송인이 책임을 부담하는 자가 당한 모든 손해에 대하여 운송인에게 보상한다.

2. The consignor shall indemnify the carrier against all damage suffered by it, or by any other person to whom the carrier is liable, by reason of the irregularity, incorrectness or incompleteness of the particulars and statements furnished by the consignor or on its behalf.

3. 본 조 제1항 및 제2항의 규정을 조건으로, 운송인은 본인 또는 대리인이 화물수령증 또는 제4조 제2항에 언급된 다른 수단에 의하여 보존되는 기록에 기재한 사항의 불비·부정확 또는 불완전으로 인하여 송하인이나 송하인이 책임을 부담하는 자가 당한 모든 손해에 대하여 송하인에게 보상한다.

3. Subject to the provisions of paragraphs 1 and 2 of this Article, the carrier shall indemnify the consignor against all damage suffered by it, or by any other person to whom the consignor is liable, by reason of the irregularity, incorrectness or incompleteness of the particulars and statements inserted by the carrier or on its behalf in the cargo receipt or in the record preserved by the other means referred to in paragraph 2 of Article 4.

제 11 조 【증권의 증거력】

1. 항공운송장 또는 화물수령증은 반증이 없는 한, 그러한 증권에 언급된 계약의 체결, 화물의 인수 및 운송의 조건에 관한 증거가 된다.

2. 화물의 개수를 포함한, 화물의 중량·크기 및 포장에 관한 항공운송장 및 화물수령증의 기재사항은 반증이 없는 한, 기재된 사실에 대한 증거가 된다. 화물의 수량·부피 및 상태는 운송인이 송하인의 입회하에 점검하고, 그러한 사실을 항공운송장이나 화물수령증에 기재한 경우 또는 화물의 외양에 관한 기재의 경우를 제외하고는 운송인에게 불리한 증거를 구성하지 아니한다.

***Article 11* 【Evidentiary Value of Documentation】**

1. The air waybill or the cargo receipt is *prima facie* evidence of the conclusion of the contract, of the acceptance of the cargo and of the conditions of carriage mentioned therein.
2. Any statements in the air waybill or the cargo receipt relating to the weight, dimensions and packing of the cargo, as well as those relating to the number of packages, are *prima facie* evidence of the facts stated; those relating to the quantity, volume and condition of the cargo do not constitute evidence against the carrier except so far as they both have been, and are stated in the air waybill or the cargo receipt to have been, checked by it in the presence of the consignor, or relate to the apparent condition of the cargo.

제 12 조 【화물의 처분권】

1. 송하인은 운송계약에 따른 모든 채무를 이행할 책임을 조건으로, 출발공항 또는 도착공항에서 화물을 회수하거나, 운송도중 착륙할 때에 화물을 유치하거나, 최초 지정한 수하인 이외의 자에 대하여 도착지에서 또는 운송도중에 화물을 인도할 것을 요청하거나 또는 출발공항으로 화물을 반송할 것을 청구함으로써 화물을 처분할 권리를 보유한다. 송하인은 운송인 또는 다

***Article 12* 【Right of Disposition of Cargo】**

1. Subject to its liability to carry out all its obligations under the contract of carriage, the consignor has the right to dispose of the cargo by withdrawing it at the airport of departure or destination, or by stopping it in the course of the journey on any landing, or by calling for it to be delivered at the place of destination or in the course of the

른 송하인을 해하는 방식으로 이러한 처분권을 행사해서는 아니 되며, 이러한 처분권의 행사에 의하여 발생한 어떠한 비용도 변제하여야 한다.

journey to a person other than the consignee originally designated, or by requiring it to be returned to the airport of departure. The consignor must not exercise this right of disposition in such a way as to prejudice the carrier or other consignors and must reimburse any expenses occasioned by the exercise of this right.

2. 송하인의 지시를 이행하지 못할 경우, 운송인은 즉시 이를 송하인에게 통보하여야 한다.

2. If it is impossible to carry out the instructions of the consignor, the carrier must so inform the consignor forthwith.

3. 운송인은 송하인에게 교부한 항공운송장 또는 화물수령증의 제시를 요구하지 아니하고 화물의 처분에 관한 송하인의 지시에 따른 경우, 이로 인하여 항공운송장 또는 화물수령증의 정당한 소지인에게 발생된 어떠한 손해에 대하여도 책임을 진다. 단, 송하인에 대한 운송인의 구상권은 침해받지 아니한다.

3. If the carrier carries out the instructions of the consignor for the disposition of the cargo without requiring the production of the part of the air waybill or the cargo receipt delivered to the latter, the carrier will be liable, without prejudice to its right of recovery from the consignor, for any damage which may be caused thereby to any person who is lawfully in possession of that part of the air waybill or the cargo receipt.

4. 송하인에게 부여된 권리는 수하인의 권리가 제13조에 따라 발생할 때 소멸한다. 그럼에도 불구하고 수하인이 화물의 수취를 거절하거나 또는 수하인을 알 수 없는 때에는 송하인은 처분권을 회복한다.

4. The right conferred on the consignor ceases at the moment when that of the consignee begins in accordance with Article 13. Nevertheless, if the consignee declines to accept the cargo, or cannot be communicated with, the consignor resumes its right of disposition.

제 13 조 【화물의 인도】

1. 송하인이 제12조에 따른 권리를 행사하는 경우를 제외하고, 수하인은 화물이 도착지에 도착하였을 때 운송인에게 정당한 비용을 지급하고 운송의 조건을 충족하면 화물의 인도를 요구할 권리를 가진다.
2. 별도의 합의가 없는 한, 운송인은 화물이 도착한 때 수하인에게 통지를 할 의무가 있다.
3. 운송인이 화물의 분실을 인정하거나 또는 화물이 도착되었어야 할 날로부터 7일이 경과하여도 도착되지 아니하였을 때에는 수하인은 운송인에 대하여 계약으로부터 발생된 권리를 행사할 권리를 가진다.

Article 13 【Delivery of the Cargo】

1. Except when the consignor has exercised its right under Article 12, the consignee is entitled, on arrival of the cargo at the place of destination, to require the carrier to deliver the cargo to it, on payment of the charges due and on complying with the conditions of carriage.
2. Unless it is otherwise agreed, it is the duty of the carrier to give notice to the consignee as soon as the cargo arrives.
3. If the carrier admits the loss of the cargo, or if the cargo has not arrived at the expiration of seven days after the date on which it ought to have arrived, the consignee is entitled to enforce against the carrier the rights which flow from the contract of carriage.

제 14 조 【송하인과 수하인의 권리행사】

송하인과 수하인은 운송계약에 의하여 부과된 채무를 이행할 것을 조건으로 하여 자신 또는 타인의 이익을 위하여 행사함을 불문하고 각각 자기의 명의로 제12조 및 제13조에 의하여 부여된 모든 권리를 행사할 수 있다.

Article 14 【Enforcement of the Rights of Consignor and Consignee】

The consignor and the consignee can respectively enforce all the rights given to them by Articles 12 and 13, each in its own name, whether it is acting in its own interest or in the interest of another, provided that it carries out the obligations imposed by the contract of carriage.

제 15 조 【송하인과 수하인의 관계 또는 제3자와의 상호관계】

1. 제12조·제13조 및 제14조는 송하인과 수하인의 상호관계 또는 송하인 및 수하인과 이들 중 어느 한쪽으로부터 권리를 취득한 제3자와의 상호관계에는 영향을 미치지 아니한다.
2. 제12조·제13조 및 제14조의 규정은 항공운송장 또는 화물수령증에 명시적인 규정에 의해서만 변경될 수 있다.

제 16 조 【세관·경찰 및 기타 공공기관의 절차】

1. 송하인은 화물이 수하인에게 인도될 수 있기 전에 세관·경찰 또는 기타 공공기관의 절차를 이행하기 위하여 필요한 정보 및 서류를 제공한다. 송하인은 그러한 정보 및 서류의 부재·불충분 또는 불비로부터 발생한 손해에 대하여 운송인에게 책임을 진다. 단, 그러한 손해가 운송인·그의 고용인 또는 대리인의 과실에 기인한 경우에는 그러하지 아니한다.
2. 운송인은 그러한 정보 또는 서류의 정확성 또는 충분성 여부를 조사할 의무가 없다.

제 3 장
운송인의 책임 및 손해배상의 범위

제 17 조 【승객의 사망 및 부상 - 수하물에 대한 손해】

1. 운송인은 승객의 사망 또는 신체의 부상의 경우에 입은 손해에 대하여 사망 또는 부상을 야기한 사고가 항공기상에서 발생하였거나 또는 탑승과 하강의 과정에서 발생하였을 때에 한하여 책임을 진다.
2. 운송인은 위탁수하물의 파괴·분실 또는 손상으로 인한 손해에 대하여 파괴·분실 또는 손상을 야기한 사고가 항공기상에서 발생하였거나 또는 위탁수하물이 운송인의 관리 하에 있는 기간 중 발생한 경우에 한하여 책임을 진다. 그러나, 운송인은 손해가 수하물 고유의 결함·성질 또는 수하물의 불완전에 기인하는 경우 및 그러한 범위 내에서는 책임을 부담하지 아

***Article 15* 【Relations of Consignor and Consignee or Mutual Relations of Third Parties】**

1. Articles 12, 13 and 14 do not affect either the relations of the consignor and the consignee with each other or the mutual relations of third parties whose rights are derived either from the consignor or from the consignee.
2. The provisions of Articles 12, 13 and 14 can only be varied by express provision in the air waybill or the cargo receipt.

***Article 16* 【Formalities of Customs, Police or Other Public Authorities】**

1. The consignor must furnish such information and such documents as are necessary to meet the formalities of customs, police and any other public authorities before the cargo can be delivered to the consignee. The consignor is liable to the carrier for any damage occasioned by the absence, insufficiency or irregularity of any such information or documents, unless the damage is due to the fault of the carrier, its servants or agents.
2. The carrier is under no obligation to enquire into the correctness or sufficiency of such information or documents.

Chapter III
Liability of the Carrier and Extent of Compensation for Damage

***Article 17* 【Death and Injury of Passengers-Damage to Baggage】**

1. The carrier is liable for damage sustained in case of death or bodily injury of a passenger upon condition only that the accident which caused the death or injury took place on board the aircraft or in the course of any of the operations of embarking or disembarking.
2. The carrier liable for damage sustained in case of destruction or loss of, or of damage to, checked baggage upon condition only that the event which caused the destruction, loss or damage took place on board the aircraft or during any period within which the checked baggage was in the charge of the carrier. However, the carrier is not liable if and to the

니한다. 개인소지품을 포함한 휴대수하물의 경우, 운송인·그의 고용인 또는 대리인의 과실에 기인하였을 때에만 책임을 진다.

extent that the damage resulted from the inherent defect, quality or vice of the baggage. In the case of unchecked baggage, including personal items, the carrier is liable if the damage resulted from its fault or that of its servants or agents.

3. 운송인이 위탁수하물의 분실을 인정하거나 또는 위탁수하물이 도착하였여야 하는 날로부터 21일이 경과하여도 도착하지 아니하였을 때 승객은 운송인에 대하여 운송계약으로부터 발생되는 권리를 행사할 권한을 가진다.

3. If the carrier admits the loss of the checked baggage, or if the checked baggage has not arrived at the expiration of twenty-one days after the date on which it ought to have arrived, the passenger is entitled to enforce against the carrier the rights which flow from the contract of carriage.

4. 별도의 구체적인 규정이 없는 한, 이 협약에서 '수하물'이라는 용어는 위탁수하물 및 휴대 수하물 모두를 의미한다.

4. Unless otherwise specified, in this Convention the term "baggage" means both checked baggage and unchecked baggage.

제 18 조 【화물에 대한 손해】

Article 18 **【Damage to Cargo】**

1. 운송인은 화물의 파괴·분실 또는 손상으로 인한 손해에 대하여 손해를 야기한 사고가 항공운송 중에 발생하였을 경우에 한하여 책임을 진다.

1. The carrier is liable for damage sustained in the event of the destruction or loss of or damage to, cargo upon condition only that the event which caused the damage so sustained took place during the carriage by air.

2. 그러나, 운송인은 화물의 파괴·분실 또는 손상이 다음중 하나이상의 사유에 기인하여 발생하였다는 것이 입증되었을 때에는 책임을 지지 아니한다.
   가. 화물의 고유한 결함·성질 또는 화물의 불완전
   나. 운송인·그의 고용인 또는 대리인이외의 자가 수행한 화물의 결함이 있는 포장
   다. 전쟁 또는 무력분쟁행위
   라. 화물의 입출국 또는 통과와 관련하여 행한 공공기관의 행위

2. However, the carrier is not liable if and to the extent it proves that the destruction, or loss of, or damage to, the cargo resulted from one or more of the following:
   (a) inherent defect, quality or vice of that cargo;
   (b) defective packing of that cargo performed by a person other than the carrier or its servants or agents;
   (c) an act of war or an armed conflict;
   (d) an act of public authority carried out in connection with the entry, exit or transit of the cargo.

3. 본 조 제1항의 의미상 항공운송은 화물이 운송인의 관리 하에 있는 기간도 포함된다.

3. The carriage by air within the meaning of paragraph 1 of this Article comprises the period during which the cargo is in the charge of the carrier.

4. 항공운송의 기간에는 공항외부에서 행한 육상·해상운송 또는 내륙수로운송은 포함되지 아니한다. 그러나, 그러한 운송이 항공운송계약을 이행함에 있어서, 화물의 적재·인도 또는 환적을 목적으로 하여 행하여졌을 때에는 반증이 없는 한 어떠한 손해도 항공운송 중에 발생한 사고의 결과라고 추정된다. 운송인이 송하인의 동의 없이 당사자간 합의에 따라 항공운송으로 행할 것이 예정되어 있었던 운송의 전부 또는 일부를 다른 운송수단의 형태에 의한 운송으로 대체하였을 때에는 다른 운송수단의 형태에 의한 운송은 항공운송의 기간 내에 있는 것으로 간주된다.

4. The period of the carriage by air does not extend to any carriage by land, by sea or by inland waterway performed outside an airport. If, however, such carriage takes place in the performance of a contract for carriage by air, for the purpose of loading, delivery or transhipment, any damage is presumed, subject to proof to the contrary, to have been the result of an event which took place during the carriage by air. If a carrier, without the consent of the consignor, substitutes carriage by another mode of transport for the whole or part of a carriage intended by the agreement between

the parties to be carriage by air, such carriage by another mode of transport is deemed to be within the period of carriage by air.

제 19 조 【지연】

운송인은 승객·수하물 또는 화물의 항공운송 중 지연으로 인한 손해에 대한 책임을 진다. 그럼에도 불구하고, 운송인은 본인·그의 고용인 또는 대리인이 손해를 피하기 위하여 합리적으로 요구되는 모든 조치를 다하였거나 또는 그러한 조치를 취할 수 없었다는 것을 증명한 경우에는 책임을 지지 아니한다.

***Article 19* 【Delay】**

The carrier is liable for damage occasioned by delay in the carriage by air of passengers, baggage or cargo. Nevertheless, the carrier shall not be liable for damage occasioned by delay if it proves that it and its servants and agents took all measures that could reasonably be required to avoid the damage or that it was impossible for it or them to take such measures.

제 20 조 【책임 면제】

운송인이 손해배상을 청구하는 자 또는 그로부터 권한을 위임받은 자의 과실·기타 불법적인 작위 또는 부작위가 손해를 야기하였거나 또는 손해에 기여하였다는 것을 증명하였을 때에는 그러한 과실·불법적인 작위 또는 부작위가 손해를 야기하였거나 손해에 기여한 정도에 따라 청구자에 대하여 책임의 전부 또는 일부를 면제받는다. 승객의 사망 또는 부상을 이유로 하여 손해배상이 승객이외의 자에 의하여 청구되었을 때, 운송인은 손해가 승객의 과실·불법적인 작위 또는 부작위에 기인하였거나 이에 기여하였음을 증명한 정도에 따라 책임의 전부 또는 일부를 면제받는다. 본 조는 제21조 제1항을 포함한 이 협약의 모든 배상책임규정에 적용된다.

***Article 20* 【Exoneration】**

If the carrier proves that the damage was caused or contributed to by the negligence or other wrongful act or omission of the person claiming compensation, or the person from whom he or she derives his or her rights, the carrier shall be wholly or partly exonerated from its liability to the claimant to the extent that such negligence or wrongful act or omission caused or contributed to the damage. When by reason of death or injury of a passenger compensation is claimed by a person other than the passenger, the carrier shall likewise be wholly or partly exonerated from its liability to the extent that it proves that the damage was caused or contributed to by the negligence or other wrongful act or omission of that passenger. This Article applies to all the liability provisions in this Convention, including paragraph 1 of Article 21.

제 21 조 【승객의 사망 또는 부상에 대한 배상】

1. 운송인은 승객당 100,000 SDR을 초과하지 아니한 제17조 제1항상의 손해에 대한 책임을 배제하거나 제한하지 못한다.

2. 승객당 100,000 SDR을 초과하는 제17조 제1항상의 손해에 대하여, 운송인이 다음을 증명하는 경우에는 책임을 지지 아니한다.
   가. 그러한 손해가 운송인·그의 고용인 또는 대리인의 과실·기타 불법적인 작위 또는 부작위에 기인하지 아니하였거나,
   나. 그러한 손해가 오직 제3자의 과실·기타 불법적인 작위 또는 부작위에 기인하였을 경우

***Article 21* 【Compensation in Case of Death or Injury of Passengers】**

1. For damages arising under paragraph 1 of Article 17 not exceeding 100,000 Special Drawing Rights for each passenger, the carrier shall not be able to exclude or limit its liability.
2. The carrier shall not be liable for damages arising under paragraph 1 of Article 17 to the extent that they exceed for each passenger 100,000 Special Drawing Rights if the carrier proves that:
   (a) such damage was not due to the negligence or other wrongful act or omission of the carrier or its servants or agents; or
   (b) such damage was solely due to the negligence or other wrongful act or omission of a third party.

제 22 조 【지연 · 수하물 및 화물과 관련한 배상 책임의 한도】

1. 승객의 운송에 있어서 제19조에 규정되어 있는 지연에 기인한 손해가 발생한 경우, 운송인의 책임은 승객 1인당 4,150 SDR로 제한된다.

2. 수하물의 운송에 있어서 수하물의 파괴 · 분실 · 손상 또는 지연이 발생한 경우 운송인의 책임은 승객 1인당 1,000 SDR로 제한된다. 단, 승객이 위탁수하물을 운송인에게 인도할 때에 도착지에서 인도시 이익에 관한 특별신고를 하였거나 필요에 따라 추가요금을 지급한 경우에는 그러하지 아니한다. 이러한 경우, 운송인은 신고가액이 도착지에 있어서 인도시 승객의 실질이익을 초과한다는 것을 증명하지 아니하는 한 신고가액을 한도로 하는 금액을 지급할 책임을 진다.

3. 화물의 운송에 있어서 화물의 파괴 · 분실 · 손상 또는 지연이 발생한 경우 운송인의 책임은 1 킬로그램당 17 SDR로 제한된다. 단, 송하인이 화물을 운송인에게 인도할 때에 도착지에서 인도시 이익에 관한 특별신고를 하였거나 필요에 따라 추가 요금을 지급한 경우에는 그러하지 아니하다. 이러한 경우, 운송인은 신고가액이 도착지에 있어서 인도시 송하인의 실질이익을 초과한다는 것을 증명하지 아니하는 한 신고가액을 한도로 하는 금액을 지급할 책임을 진다.

4. 화물의 일부 또는 화물에 포함된 물건의 파괴 · 분실 · 손상 또는 지연의 경우, 운송인의 책임한도를 결정함에 있어서 고려하여야 할 중량은 관련 화물의 총 중량이다. 그럼에도 불구하고 화물의 일부 또는 화물에 포함된 물건의 파괴 · 분실 · 손상 또는 지연이 동일한 항공운송장 또는 화물수령증에 기재하거나 또는 이러한 증권이 발행되지 아니하였을 때에는 제4조 제2항에 언급된 다른 수단에 의하여 보존되고 있는 동일한 기록에 기재되어 있는 기타 화물의 가액에 영향을 미칠 때에는 운송인의 책임한도를 결정함에 있어 그러한 화물의 총 중량도 고려되어야 한다.

5. 손해가 운송인 · 그의 고용인 또는 대리인이

Article 22 **【Limits of Liability in Relation to Delay, Baggage and Cargo】**

1. In the case of damage caused by delay as specified in Article 19 in the carriage of persons, the liability of the carrier for each passenger is limited to 4,150 Special Drawing Rights.
2. In the carriage of baggage, the liability of the carrier in the case of destruction, loss, damage or delay is limited to 1,000 Special Drawing Rights for each passenger unless the passenger has made, at the time when the checked baggage was handed over to the carrier, a special declaration of interest in delivery at destination and has paid a supplementary sum if the case so requires. In that case the carrier will be liable to pay a sum not exceeding the declared sum, unless it proves that the sum is greater than the passenger's actual interest in delivery at destination.
3. In the carriage of cargo, the liability of the carrier in the case of destruction, loss, damage or delay is limited to a sum of 17 Special Drawing Rights per kilogram, unless the consignor has made, at the time when the package was handed over to the carrier, a special declaration of interest in delivery at destination and has paid a supplementary sum if the case so requires. In that case the carrier will be liable to pay a sum not exceeding the declared sum, unless it proves that the sum is greater than the consignor's actual interest in delivery at destination.
4. In the case of destruction, loss, damage or delay of part of the cargo, or of any object contained therein, the weight to be taken into consideration in determining the amount to which the carrier's liability is limited shall be only the total weight of the package or packages concerned. Nevertheless, when the destruction, loss, damage or delay of a part of the cargo, or of an object contained therein, affects the value of other packages covered by the same air waybill, or the same receipt or, if they were not issued, by the same record preserved by the other means referred to in paragraph 2 of Article 4, the total weight of such package or packages shall also be taken into consideration in determining the limit of liability.
5. The foregoing provisions of paragraphs 1

손해를 야기할 의도를 가지거나 또는 무모하게 손해가 야기될 것을 인지하고 행한 작위 또는 부작위로부터 발생되었다는 것이 입증되었을 때에는 본 조 제1항 및 제2항에 전술한 규정은 적용되지 아니한다. 단, 고용인 또는 대리인이 작위 또는 부작위를 행한 경우에는 그가 자기의 고용업무의 범위 내에서 행하였다는 것이 입증되어야 한다.

6. 제21조 및 본 조에 규정된 책임제한은 자국법에 따라 법원이 원고가 부담하는 소송비용 및 소송과 관련된 기타 비용에 이자를 포함한 금액의 전부 또는 일부를 재정하는 것을 방해하지 아니한다. 전기 규정은 소송비용 및 소송과 관련된 기타 비용을 제외한, 재정된 손해액이 손해를 야기한 사건의 발생일로부터 6월의 기간 내에 또는 소송의 개시가 상기 기간 이후일 경우에는 소송 개시 전에 운송인이 원고에게 서면으로 제시한 액수를 초과하지 아니한 때에는 적용되지 아니한다.

제 23 조 【화폐단위의 환산】

1. 이 협약에서 특별인출권으로 환산되어 언급된 금액은 국제통화기금이 정의한 특별인출권을 의미하는 것으로 간주된다. 재판절차에 있어서 국내통화로의 환산은 판결일자에 특별인출권의 국내통화환산액에 따라 정한다. 국제통화기금의 회원국의 특별인출권의 국내통화환산금액은 국제통화기금의 운영과 거래를 위하여 적용하는 평가방식에 따라 산출하게 되며, 동 방식은 판결일자에 유효하여야 한다. 국제통화기금의 비회원국인 당사국의 특별인출권의 국내통화환산금액은 동 당사국이 결정한 방식에 따라 산출된다.

2. 그럼에도 불구하고, 국제통화기금의 비회원국이며 자국법에 따라 본 조 제1항의 적용이 허용되지 아니하는 국가는 비준·가입시 또는 그 이후에 언제라도 제21조에 규정되어 있는 운송인의 책임한도가 자국의 영역에서 소송이 진행중인 경우 승객 1인당 1,500,000 화폐단위, 제22조 제1항과 관련해서는 승객 1인당 62,500

and 2 of this Article shall not apply if it is proved that the damage resulted from an act or omission of the carrier, its servants or agents, done with intent to cause damage or recklessly and with knowledge that damage would probably result; provided that, in the case of such act or omission of a servant or agent, it is also proved that such servant or agent was acting within the scope of its employment.

6. The limits prescribed in Article 21 and in this Article shall not prevent the court from awarding, in accordance with its own law, in addition, the whole or part of the court costs and of the other expenses of the litigation incurred by the plaintiff, including interest. The foregoing provision shall not apply if the amount of the damages awarded, excluding court costs and other expenses of the litigation, does not exceed the sum which the carrier has offered in writing to the plaintiff within a period of six months from the date of the occurrence causing the damage, or before the commencement of the action, if that is later.

Article 23 **【Conversion of Monetary Units】**

1. The sums mentioned in terms of Special Drawing Right in this Convention shall be deemed to refer to the Special Drawing Right as defined by the International Monetary Fund. Conversion of the sums into national currencies shall, in case of judicial proceedings, be made according to the value of such currencies in terms of the Special Drawing Right at the date of the judgement. The value of a national currency, in terms of the Special Drawing Right, of a State Party which is a Member of the International Monetary Fund, shall be calculated in accordance with the method of valuation applied by the International Monetary Fund, in effect at the date of the judgement, for its operations and transactions. The value of a national currency, in terms of the Special Drawing Right, of a State Party which is not a Member of the International Monetary Fund, shall be calculated in a manner determined by that State.

2. Nevertheless, those States which are not Members of the International Monetary Fund and whose law does not permit the application of the provisions of paragraph 1 of this Article may, at the time of ratification or accession or at any time thereafter, declare that the limit of liability

화폐단위, 제22조 제2항과 관련해서는 승객 1인당 15,000 화폐단위 및 제22조 제3항과 관련해서는 1킬로그램당 250 화폐단위로 고정된다고 선언할 수 있다. 이와 같은 화폐단위는 1000분의 900의 순도를 가진 금 65.5 밀리그램에 해당한다. 국내통화로 환산된 금액은 관계국 통화의 단수가 없는 금액으로 환산할 수 있다. 국내통화로 환산되는 금액은 관련국가의 법률에 따른다.

of the carrier prescribed in Article 21 is fixed at a sum of 1,500,000 monetary units per passenger in judicial proceedings in their territories; 62,500 monetary units per passenger with respect to paragraph 1 of Article 22; 15,000 monetary units per passenger with respect to paragraph 2 of Article 22; and 250 monetary units per kilogram with respect to paragraph 3 of Article 22. This monetary unit corresponds to sixty-five and a half milligrams of gold of millesimal fineness nine hundred. These sums may be converted into the national currency concerned in round figures. The conversion of these sums into national currency shall be made according to the law of the State concerned.

3. 본 조 제1항 후단에 언급된 계산 및 제2항에 언급된 환산방식은 본 조 제1항의 전 3단의 적용에 기인되는 제21조 및 제22조의 가액과 동일한 실질가치를 가능한 한 동 당사국의 국내통화로 표시하는 방법으로 할 수 있다. 당사국들은 본 조 제1항에 따른 산출방식 또는, 경우에 따라 본 조 제2항에 의한 환산의 결과를 이 협약의 비준서·수락서·승인서 또는 가입서 기탁시 또는 상기 산출방식이나 환산결과의 변경시 수탁자에 통보한다.

3. The calculation mentioned in the last sentence of paragraph I of this Article and the conversion method mentioned in paragraph 2 of this Article shall be made in such manner as to express in the national currency of the State Party as far as possible the same real value for the amounts in Articles 21 and 22 as would result from the application of the first three sentences of paragraph 1 of this Article. States Parties shall communicate to the depositary the manner of calculation pursuant to paragraph 1 of this Article, or the result of the conversion in paragraph 2 of this Article as the case may be, when depositing an instrument of ratification, acceptance, approval of or accession to this Convention and whenever there is a change in either.

제 24 조 【한도의 검토】

1. 이 협약 제25조의 규정을 침해하지 아니하고 하기 제2항을 조건으로 하여, 제21조 내지 제23조에 규정한 책임한도는 5년 주기로 수탁자에 의하여 검토되어야 하며, 최초의 검토는 이 협약의 발효일로부터 5년이 되는 해의 연말에 실시된다. 만일 이 협약이 서명을 위하여 개방된 날로부터 5년 내에 발효가 되지 못하면 발효되는 해에 협약의 발효일 이후 또는 이전 수정이후 누적 물가상승률에 상응하는 물가상승요인을 참고하여 검토된다. 물가상승요인의 결정에 사용되는 물가상승률의 기준은 제23조 제1항에 언급된 특별인출권을 구성하는 통화를 가진 국가의 소비자물가지수의 상승 또는 하강률의 가중평균치를 부여하여 산정한다.

***Article 24* 【Review of Limits】**

1. Without prejudice to the provisions of Article 25 of this Convention and subject to paragraph 2 below, the limits of liability prescribed in Articles 21, 22 and 23 shall be reviewed by the Depositary at five-year intervals, the first such review to take place at the end of the fifth year following the date of entry into force of this Convention, or if the Convention does not enter into force within five years of the date it is first open for signature, within the first year of its entry into force, by reference to an inflation factor which corresponds to the accumulated rate of inflation since the previous revision or in the first instance since the date of entry into force of the Convention. The measure of the rate of inflation to be used in determining the inflation factor shall be the weighted

average of the annual rates of increase or decrease in the Consumer Price Indices of the States whose currencies comprise the Special Drawing Right mentioned in paragraph 1 of Article 23.

2. 전항의 규정에 따라 검토를 행한 결과 인플레이션 계수가 10퍼센트를 초과하였다면 수탁자는 당사국에게 책임한도의 수정을 통고한다. 이러한 수정은 당사국에게 통고된 후 6월 경과시 효력을 발생한다. 만일 당사국에게 통고된 후 3월 이내에 과반수의 당사국들이 수정에 대한 불승인을 표명한 때에는 수정은 효력을 발생하지 아니하며, 수탁자는 동 문제를 당사국의 회합에 회부한다. 수탁자는 모든 당사국에게 수정의 발효를 즉시 통보한다.

2. If the review referred to in the preceding paragraph concludes that the inflation factor has exceeded 10 percent, the Depositary shall notify States Parties of a revision of the limits of liability. Any such revision shall become effective six months after its notification to the States Parties. If within three months after its notification to the States Parties a majority of the States Parties register their disapproval, the revision shall not become effective and the Depositary shall refer the matter to a meeting of the States Parties. The Depositary shall immediately notify all States Parties of the coming into force of any revision.

3. 본 조 제1항에도 불구하고, 본 조 제2항에 언급된 절차는 당사국의 3분의 1 이상이 이전의 수정 또는 이전에 수정이 없었다면 이 협약의 발효일이래 본 조 제1항에 언급된 인플레이션 계수가 30퍼센트를 초과할 것을 조건으로 하여 그러한 효과에 대한 의사를 표시한 경우에는 언제나 적용 가능하다. 본 조 제1항에 기술된 절차를 사용한 추가검토는 본 항에 따른 검토일로부터 5년이 되는 해의 연말에 개시하여 5년 주기로 한다.

3. Notwithstanding paragraph 1 of this Article, the procedure referred to in paragraph 2 of this Article shall be applied at any time provided that one-third of the States Parties express a desire to that effect and upon condition that the inflation factor referred to in paragraph 1 has exceeded 30 percent since the previous revision or since the date of entry into force of this Convention if there has been no previous revision. Subsequent reviews using the procedure described in paragraph 1 of this Article will take place at five-year intervals starting at the end of the fifth year following the date of the reviews under the present paragraph.

제 25 조 【한도의 규정】

운송인은 이 협약이 정한 책임한도보다 높은 한도를 정하거나 어떤 경우에도 책임의 한도를 두지 아니한다는 것을 운송계약에 규정할 수 있다.

***Article 25* 【Stipulation on Limits】**

A carrier may stipulate that the contract of carriage shall be subject to higher limits of liability than those provided for in this Convention or to no limits of liability whatsoever.

제 26 조 【계약조항의 무효】

운송인의 책임을 경감하거나 또는 이 협약에 규정된 책임한도보다 낮은 한도를 정하는 어떠한 조항도 무효다. 그러나, 그러한 조항의 무효는 계약 전체를 무효로 하는 것은 아니며 계약은 이 협약의 조항에 따른다.

***Article 26* 【Invalidity of Contractual Provisions】**

Any provision tending to relieve the carrier of liability or to fix a lower limit than that which is laid down in this Convention shall be null and void, but the nullity of any such provision does not involve the nullity of the whole contract, which shall remain subject to the provisions of this Convention.

제 27 조 【계약의 자유】

이 협약의 어떠한 규정도 운송인이 운송계약의 체결을 거절하거나, 이 협약상의 항변권을 포기하거나 또는 이 협약의 규정과 저촉되지 아니하는 운송조건을 설정하는 것을 방해하지 못한다.

***Article 27* 【Freedom to Contract】**

Nothing contained in this Convention shall prevent the carrier from refusing to enter into any contract of carriage, from waiving any defences available under the Convention, or from laying down conditions which do not conflict with the provisions of this Convention.

제 28 조 【선배상지급】

승객의 사망 또는 부상을 야기하는 항공기사고 시, 운송인은 자국법이 요구하는 경우 자연인 또는 배상을 받을 권한이 있는 자의 즉각적인 경제적 필요성을 충족시키기 위하여 지체 없이 선배상금을 지급한다. 이러한 선배상지급은 운송인의 책임을 인정하는 것은 아니며, 추후 운송인이 지급한 배상금과 상쇄될 수 있다.

***Article 28* 【Advance Payments】**

In the case of aircraft accidents resulting in death or injury of passengers, the carrier shall, if required by its national law, make advance payments without delay to a natural person or persons who are entitled to claim compensation in order to meet the immediate economic needs of such persons. Such advance payments shall not constitute a recognition of liability and may be offset against any amounts subsequently paid as damages by the carrier.

제 29 조 【청구의 기초】

승객·수하물 및 화물의 운송에 있어서, 손해에 관한 어떠한 소송이든지 이 협약·계약·불법행위 또는 기타 어떠한 사항에 근거하는지 여부를 불문하고, 소를 제기할 권리를 가지는 자와 그들 각각의 권리에 관한 문제를 침해함이 없이, 이 협약에 규정되어 있는 조건 및 책임한도에 따르는 경우에만 제기될 수 있다. 어떠한 소송에 있어서도, 징벌적 배상 또는 비보상적 배상은 회복되지 아니한다.

***Article 29* 【Basis of Claims】**

In the carriage of passengers, baggage and cargo, any action for damages, however founded, whether under this Convention or in contract or in tort or otherwise, can only be brought subject to the conditions and such limits of liability as are set out in this Convention without prejudice to the question as to who are the persons who have the right to bring suit and what are their respective rights. In any such action, punitive, exemplary or any other non-compensatory damages shall not be recoverable.

제 30 조 【고용인·대리인 - 청구의 총액】

1. 이 협약과 관련된 손해로 인하여 운송인의 고용인 또는 대리인을 상대로 소송이 제기된 경우, 그들이 고용범위 내에서 행동하였음이 증명된다면 이 협약 하에서 운송인 자신이 주장할 수 있는 책임의 조건 및 한도를 원용할 권리를 가진다.
2. 그러한 경우, 운송인·그의 고용인 및 대리인으로부터 회수 가능한 금액의 총액은 전술한 한도를 초과하지 아니한다.
3. 화물운송의 경우를 제외하고는 본 조 제1항 및 제2항의 규정은 고용인 또는 대리인이 손해를 야기할 의도로 무모하게, 또는 손해가 발생할 것을 알고 행한 작위 또는 부작위에 기인한 손해임이 증명된 경우에는 적용되지 아니한다.

***Article 30* 【Servants, Agents - Aggregation of Claims】**

1. If an action is brought against a servant or agent of the carrier arising out of damage to which the Convention relates, such servant or agent, if they prove that they acted within the scope of their employment, shall be entitled to avail themselves of the conditions and limits of liability which the carrier itself is entitled to invoke under this Convention.
2. The aggregate of the amounts recoverable from the carrier, its servants and agents, in that case, shall not exceed the said limits.
3. Save in respect of the carriage of cargo, the provisions of paragraphs 1 and 2 of this Article shall not apply if it is proved that the damage resulted from an act or omission of the servant or agent done with intent to cause damage or recklessly and with knowledge that damage would probably result.

제 31 조 【이의제기의 시한】

1. 위탁수하물 또는 화물을 인도받을 권리를 가지고 있는 자가 이의를 제기하지 아니하고 이를 수령하였다는 것은 반증이 없는 한 위탁수

***Article 31* 【Timely Notice of Complaints】**

1. Receipt by the person entitled to delivery of checked baggage or cargo without complaint is *prima facie* evidence that the

하물 또는 화물이 양호한 상태로 또한 운송서류 또는 제3조 제2항 및 제4조 제2항에 언급된 기타 수단으로 보존된 기록에 따라 인도되었다는 명백한 증거가 된다.

2. 손상의 경우, 인도받을 권리를 가지는 자는 손상을 발견한 즉시 또한 늦어도 위탁수하물의 경우에는 수령일로부터 7일 이내에 그리고 화물의 경우에는 수령일로부터 14일 이내에 운송인에게 이의를 제기하여야 한다. 지연의 경우, 이의는 인도받을 권리를 가지는 자가 수하물 또는 화물을 처분할 수 있는 날로부터 21일 이내에 제기되어야 한다.

3. 개개의 이의는 서면으로 작성되어야 하며, 전술한 기한 내에 발송하여야 한다.
4. 전술한 기한 내에 이의가 제기되지 아니한 때에는 운송인에 대하여 제소할 수 없다. 단, 운송인측의 사기인 경우에는 그러하지 아니한다.

제 32 조 【책임 있는 자의 사망】

책임 있는 자가 사망하는 경우, 손해에 관한 소송은 이 협약의 규정에 따라 동인의 재산의 법정대리인에 대하여 제기할 수 있다.

제 33 조 【재판관할권】

1. 손해에 관한 소송은 원고의 선택에 따라 당사국중 하나의 영역 내에서 운송인의 주소지, 운송인의 주된 영업소 소재지, 운송인이 계약을 체결한 영업소 소재지의 법원 또는 도착지의 법원 중 어느 한 법원에 제기한다.

2. 승객의 사망 또는 부상으로 인한 손해의 경우, 소송은 본 조 제1항에 언급된 법원 또는 사고 발생당시 승객의 주소지와 주된 거주지가 있고 운송인이 자신이 소유한 항공기 또는 상업적 계약에 따른 타 운송인의 항공기로 항공운송서비스를 제공하는 장소이며, 운송인 자신 또는 상업적 계약에 의하여 타 운송인이 소유하거나 임대한 건물로부터 항공운송사업을 영위하고 있는 장소에서 소송을 제기할 수 있다.

3. 제2항의 목적을 위하여,

가. '상업적 계약'이라 함은 대리점 계약을 제외

same has been delivered in good condition and in accordance with the document of carriage or with the record preserved by the other means referred to in paragraph 2 of Article 3 and paragraph 2 of Article 4.

2. In the case of damage, the person entitled to delivery must complain to the carrier forthwith after the discovery of the damage, and, at the latest, within seven days from the date of receipt in the case of checked baggage and fourteen days from the date of receipt in the case of cargo. In the case of delay, the complaint must be made at the latest within twenty-one days from the date on which the baggage or cargo have been placed at his or her disposal.
3. Every complaint must be made in writing and given or dispatched within the times aforesaid.
4. If no complaint is made within the times aforesaid, no action shall lie against the carrier, save in the case of fraud on its part.

***Article 32* 【Death of Person Liable】**

In the case of the death of the person liable, an action for damages lies in accordance with the terms of this Convention against those legally representing his or her estate.

***Article 33* 【Jurisdiction】**

1. An action for damages must be brought, at the option of the plaintiff, in the territory of one of the States Parties, either before the court of the domicile of the carrier or of its principal place of business, or where it has a place of business through which the contract has been made or before the court at the place of destination.
2. In respect of damage resulting from the death or injury of a passenger, an action may be brought before one of the courts mentioned in paragraph 1 of this Article, or in the territory of a State Party in which at the time of the accident the passenger has his or her principal and permanent residence and to or from which the carrier operates services for the carriage of passengers by air, either on its own aircraft or on another carrier's aircraft pursuant to a commercial agreement, and in which that carrier conducts its business of carriage of passengers by air from premises leased or owned by the carrier itself or by another carrier with which it has a commercial agreement.
3. For the purposes of paragraph 2,

(a) "commercial agreement" means an agreement,

한, 항공승객운송을 위한 공동서비스의 제공과 관련된 운송인간의 계약을 말한다.

나. '주소지 및 영구거주지'라 함은 사고발생당시 승객의 고정적이고 영구적인 하나의 주소를 말한다. 이 경우 승객의 국적은 결정요인이 되지 않는다.

4. 소송절차에 관한 문제는 소송이 계류중인 법원의 법률에 의한다.

제 34 조 【중재】

1. 본 조의 규정에 따를 것을 조건으로, 화물운송계약의 당사자들은 이 협약에 따른 운송인의 책임에 관련된 어떠한 분쟁도 중재에 의하여 해결한다고 규정할 수 있다.

2. 중재절차는 청구인의 선택에 따라 제33조에 언급된 재판관할권중 하나에서 진행된다.

3. 중재인 또는 중재법원은 이 협약의 규정을 적용한다.

4. 본 조 제2항 및 제3항의 규정은 모든 중재조항 또는 협정의 일부라고 간주되며, 이러한 규정과 일치하지 아니하는 조항 또는 협정의 어떠한 조건도 무효이다.

제 35 조 【제소기한】

1. 손해에 관한 권리가 도착지에 도착한 날 · 항공기가 도착하였어만 하는 날 또는 운송이 중지된 날로부터 기산하여 2년 내에 제기되지 않을 때에는 소멸된다.

2. 그러한 기간의 산정방법은 소송이 계류된 법원의 법률에 의하여 결정된다.

제 36 조 【순차운송】

1. 2인 이상의 운송인이 순차로 행한 운송으로서 이 협약 제1조 제3항에 규정된 정의에 해당하는 운송의 경우, 승객 · 수하물 또는 화물을 인수하는 각 운송인은 이 협약에 규정된 규칙에 따라야 하며, 또한 운송계약이 각 운송인의 관리 하에 수행된 운송부분을 다루고 있는 한 동 운송계약의 당사자중 1인으로 간주된다.

2. 이러한 성질을 가지는 운송의 경우, 승객 또는 승객에 관하여 손해배상을 받을 권한을 가지는 자는, 명시적 합의에 의하여 최초의 운송인이 모든 운송구간에 대한 책임을 지는 경우를 제

other than an agency agreement, made between carriers and relating to the provision of their joint services for carriage of passengers by air;

(b) "principal and permanent residence" means the one fixed and permanent abode of the passenger at the time of the accident. The nationality of the passenger shall not be the determining factor in this regard.

4. Questions of procedure shall be governed by the law of the court seized of the case.

***Article 34* 【Arbitration】**

1. Subject to the provisions of this Article, the parties to the contract of carriage for cargo may stipulate that any dispute relating to the liability of the carrier under this Convention shall be settled by arbitration. Such agreement shall be in writing.

2. The arbitration proceedings shall, at the option of the claimant, take place within one of the jurisdictions referred to in Article 33.

3. The arbitrator or arbitration tribunal shall apply the provisions of this Convention.

4. The provisions of paragraphs 2 and 3 of this Article shall be deemed to be part of every arbitration clause or agreement, and any term of such clause or agreement which is inconsistent therewith shall be null and void.

***Article 35* 【Limitation of Actions】**

1. The right to damages shall be extinguished if an action is not brought within a period of two years, reckoned from the date of arrival at the destination, or from the date on which the aircraft ought to have arrived, or from the date on which the carriage stopped.

2. The method of calculating that period shall be determined by the law of the court seized of the case.

***Article 36* 【Successive Carriage】**

1. In the case of carriage to be performed by various successive carriers and falling within the definition set out in paragraph 3 of Article 1, each carrier which accepts passengers, baggage or cargo is subject to the rules set out in this Convention and is deemed to be one of the parties to the contract of carriage in so far as the contract deals with that part of the carriage which is performed under its supervision.

2. In the case of carriage of this nature, the passenger or any person entitled to compensation in respect of him or her can take action only against the carrier which performed the

외하고는, 사고 또는 지연이 발생된 동안에 운송을 수행한 운송인에 대하여 소송을 제기할 수 있다.

3. 수하물 또는 화물과 관련하여, 승객 또는 송하인은 최초 운송인에 대하여 소송을 제기할 수 있는 권리를 가지며, 인도받을 권리를 가지는 승객 또는 수하인은 최종 운송인에 대하여 소송을 제기할 권리를 가지며, 또한, 각자는 파괴·분실·손상 또는 지연이 발생한 기간 중에 운송을 수행한 운송인에 대하여 소송을 제기할 수 있다. 이들 운송인은 여객·송하인 또는 수하인에 대하여 연대하거나 또는 단독으로 책임을 진다.

제 37 조【제3자에 대한 구상권】
이 협약의 어떠한 규정도 이 협약의 규정에 따라 손해에 대하여 책임을 지는 자가 갖고 있는 다른 사람에 대한 구상권을 행사할 권리가 있는지 여부에 관한 문제에 영향을 미치지 아니한다.

제 4 장
복합운송

제 38 조【복합운송】
1. 운송이 항공과 다른 운송형식에 의하여 부분적으로 행하여지는 복합운송의 경우에는 이 협약의 규정들은, 제18조 제4항을 조건으로 하여, 항공운송에 대하여만 적용된다. 단, 그러한 항공운송이 제1조의 조건을 충족시킨 경우에 한한다.

2. 이 협약의 어떠한 규정도 복합운송의 경우 당사자가 다른 운송형식에 관한 조건을 항공운송의 증권에 기재하는 것을 방해하지 아니한다. 단, 항공운송에 관하여 이 협약의 규정이 준수되어야 한다.

제 5 장
계약운송인 이외의 자에 의한 항공운송

제 39 조【계약운송인 - 실제운송인】
본 장의 규정은 어떤 사람(이하 '계약운송인'이라

carriage during which the accident or the delay occurred, save in the case where, by express agreement, the first carrier has assumed liability for the whole journey.

3. As regards baggage or cargo, the passenger or consignor will have a right of action against the first carrier, and the passenger or consignee who is entitled to delivery will have a right of action against the last carrier, and further, each may take action against the carrier which performed the carriage during which the destruction, loss, damage or delay took place. These carriers will be jointly and severally liable to the passenger or to the consignor or consignee.

***Article 37* 【Right of Recourse against Third Parties】**
Nothing in this Convention shall prejudice the question whether a person liable for damage in accordance with its provisions has a right of recourse against any other person.

Chapter IV
Combined Carriage

***Article 38* 【Combined Carriage】**
1. In the case of combined carriage performed partly by air and partly by any other mode of carriage, the provisions of this Convention shall, subject to paragraph 4 of Article 18, apply only to the carriage by air, provided that the carriage by air falls within the terms of Article 1.
2. Nothing in this Convention shall prevent the parties in the case of combined carriage from inserting in the document of air carriage conditions relating to other modes of carriage, provided that the provisions of this Convention are observed as regards the carriage by air.

Chapter V
Carriage by Air Performed by a Person other than the Contracting Carrier

***Article 39* 【Contracting Carrier - Actual Carrier】**
The provisions of this Chapter apply when a

한다.)이 승객 또는 송하인·승객 또는 송하인을 대신하여 행동하는 자와 이 협약에 의하여 규율되는 운송계약을 체결하고, 다른 사람(이하 '실제운송인'이라 한다.)이 계약운송인으로부터 권한을 받아 운송의 전부 또는 일부를 행하지만 이 협약의 의미 내에서 그러한 운송의 일부에 관하여 순차운송인에는 해당되지 않는 경우에 적용된다. 이와 같은 권한은 반증이 없는 한 추정된다.

person (hereinafter referred to as "the contracting carrier") as a principal makes a contract of carriage governed by this Convention with a passenger or consignor or with a person acting on behalf of the passenger or consignor, and another person (hereinafter referred to as "the actual carrier") performs, by virtue of authority from the contracting carrier, the whole or part of the carriage, but is not with respect to such part a successive carrier within the meaning of this Convention. Such authority shall be presumed in the absence of proof to the contrary.

제 40 조 【계약운송인과 실제운송인의 개별적 책임】

실제운송인이 제39조에 언급된 계약에 따라 이 협약이 규율하는 운송의 전부 또는 일부를 수행한다면, 본 장에 달리 정하는 경우를 제외하고, 계약운송인 및 실제운송인 모두는 이 협약의 규칙에 따른다. 즉, 계약운송인이 계약에 예정된 운송의 전부에 관하여 그리고 실제운송인은 자기가 수행한 운송에 한하여 이 협약의 규칙에 따른다.

***Article 40* 【Respective Liability of Contracting and Actual Carriers】**

If an actual carrier performs the whole or part of carriage which, according to the contract referred to in Article 39, is governed by this Convention, both the contracting carrier and the actual carrier shall, except as otherwise provided in this Chapter, be subject to the rules of this Convention, the former for the whole of the carriage contemplated in the contract, the latter solely for the carriage which it performs.

제 41 조 【상호 책임】

1. 실제운송인이 수행한 운송과 관련하여, 실제운송인·자신의 고용업무의 범위 내에서 행동한 고용인 및 대리인의 작위 또는 부작위도 또한 계약운송인의 작위 또는 부작위로 간주된다.

2. 실제운송인이 수행한 운송과 관련하여, 계약운송인, 자신의 고용업무의 범위 내에서 행동한 고용인 및 대리인의 작위 또는 부작위도 또한 실제운송인의 작위 및 부작위로 간주된다. 그럼에도 불구하고, 그러한 작위 및 부작위로 인하여 실제운송인은 이 협약 제21조 내지 제24조에 언급된 금액을 초과하는 책임을 부담하지 아니한다. 이 협약이 부과하지 아니한 의무를 계약운송인에게 부과하는 특별 합의·가 협약이 부여한 권리의 포기 또는 이 협약 제22조에서 예정된 도착지에서의 인도 이익에 관한 특별신고는 실제운송인이 합의하지 아니하는 한 그에게 영향을 미치지 아니한다.

***Article 41* 【Mutual Liability】**

1. The acts and omissions of the actual carrier and of its servants and agents acting within the scope of their employment shall, in relation to the carriage performed by the actual carrier, be deemed to be also those of the contracting carrier.
2. The acts and omissions of the contracting carrier and of its servants and agents acting within the scope of their employment shall, in relation to the carriage performed by the actual carrier, be deemed to be also those of the actual carrier. Nevertheless, no such act or omission shall subject the actual carrier to liability exceeding the amounts referred to in Articles 21, 22, 23 and 24. Any special agreement under which the contracting carrier assumes obligations not imposed by this Convention or any waiver of rights or defences conferred by this Convention or any special declaration of interest in delivery at destination contemplated in Article 22 shall not affect the actual carrier unless agreed to by it.

제 42 조 【이의제기 및 지시의 상대방】

이 협약에 근거하여 운송인에게 행한 이의나 지시는 계약운송인 또는 실제운송인 어느 쪽에 행하여도 동일한 효력이 있다. 그럼에도 불구하고,

***Article 42* 【Addressee of Complaints and Instructions】**

Any complaint to be made or instruction to be given under this Convention to the carrier

이 협약 제12조에 언급된 지시는 계약운송인에게 행한 경우에 한하여 효력이 있다.

shall have the same effect whether addressed to the contracting carrier or to the actual carrier. Nevertheless, instructions referred to in Article 12 shall only be effective if addressed to the contracting carrier.

제 43 조 【고용인 및 대리인】

실제운송인이 수행한 운송과 관련하여, 실제운송인 또는 계약운송인의 고용인 또는 대리인은 자기의 고용업무의 범위내의 행위를 증명할 경우 이 협약 하에서 자신이 귀속되는 운송인에게 적용할 이 협약상 책임의 조건 및 한도를 원용할 권리를 가진다. 단, 그들이 책임한도가 이 협약에 따라 원용되는 것을 방지하는 방식으로 행동하는 것이 증명된 경우에는 그러하지 아니한다.

***Article 43* 【Servants and Agents】**

In relation to the carriage performed by the actual carrier, any servant or agent of that carrier or of the contracting carrier shall, if they prove that they acted within the scope of their employment, be entitled to avail themselves of the conditions and limits of liability which are applicable under this Convention to the carrier whose servant or agent they are, unless it is proved that they acted in a manner that prevents the limits of liability from being invoked in accordance with this Convention.

제 44 조 【손해배상총액】

실제운송인이 수행한 운송과 관련하여, 실제운송인과 계약운송인, 또는 자기의 고용업무의 범위내에서 행동한 고용인 및 대리인으로부터 회수가능한 배상총액은 이 협약에 따라 계약운송인 또는 실제운송인의 어느 한쪽에 대하여 재정할 수 있는 최고액을 초과하여서는 아니 된다. 그러나, 상기 언급된 자중 누구도 그에게 적용 가능한 한도를 초과하는 금액에 대하여 책임을 지지 아니한다.

***Article 44* 【Aggregation of Damages】**

In relation to the carriage performed by the actual carrier, the aggregate of the amounts recoverable from that carrier and the contracting carrier, and from their servants and agents acting within the scope of their employment, shall not exceed the highest amount which could be awarded against either the contracting carrier or the actual carrier under this Convention, but none of the persons mentioned shall be liable for a sum in excess of the limit applicable to that person.

제 45 조 【피청구자】

실제운송인이 수행한 운송과 관련하여, 손해에 관한 소송은 원고의 선택에 따라 실제운송인 또는 계약운송인에 대하여 공동 또는 개별적으로 제기될 수 있다. 소송이 이들 운송인 중 하나에 한하여 제기된 때에는 동 운송인은 다른 운송인에게 소송절차에 참가할 것을 요구할 권리를 가지며, 그 절차와 효과는 소송이 계류되어 있는 법원의 법률에 따르게 된다.

***Article 45* 【Addressee of Claims】**

In relation to the carriage performed by the actual carrier, an action for damages may be brought, at the option of the plaintiff, against that carrier or the contracting carrier, or against both together or separately. If the action is brought against only one of those carriers, that carrier shall have the right to require the other carrier to be joined in the proceedings, the procedure and effects being governed by the law of the court seized of the case.

제 46 조 【추가재판관할권】

제45조에 예정된 손해에 대한 소송은 원고의 선택에 따라 이 협약 제33조에 규정된 바에 따라 당사국 중 하나의 영역 내에서 계약운송인에 대한 소송이 제기될 수 있는 법원 또는 실제운송인의 주소지나 주된 영업소 소재지에 대하여 관할권을 가지는 법원에 제기되어야 한다.

***Article 46* 【Additional Jurisdiction】**

Any action for damages contemplated in Article 45 must be brought, at the option of the plaintiff, in the territory of one of the States Parties, either before a court in which an action may be brought against the contracting carrier, as provided in Article 33, or before the court having jurisdiction at the place where the actual carrier has its domicile or its principal place of business.

제 47 조 【계약조항의 무효】

본 장에 따른 계약운송인 또는 실제운송인의 책임을 경감하거나 또는 본 장에 따라 적용 가능한 한도보다 낮은 한도를 정하는 것은 무효로 한다. 그러나, 그러한 조항의 무효는 계약 전체를 무효로 하는 것은 아니며 계약은 이 협약의 조항에 따른다.

제 48 조 【계약운송인 및 실제운송인의 상호관계】

제45조에 규정된 경우를 제외하고는 본 장의 여하한 규정도 여하한 구상권 또는 손실보상청구권을 포함하는, 계약운송인 또는 실제운송인간 운송인의 권리 및 의무에 영향을 미치지 아니한다.

제 6 장
기타 규정

제 49 조 【강제적용】

적용될 법을 결정하거나 관할권에 관한 규칙을 변경함으로써 이 협약에 규정된 규칙을 침해할 의도를 가진 당사자에 의하여 손해가 발생되기 전에 발효한 운송계약과 모든 특별합의에 포함된 조항은 무효로 한다.

제 50 조 【보험】

당사국은 이 협약에 따른 손해배상책임을 담보하는 적절한 보험을 유지하도록 운송인에게 요구한다. 운송인은 취항지국으로부터 이 협약에 따른 손해배상책임을 담보하는 보험을 유지하고 있음을 증명하는 자료를 요구받을 수 있다.

제 51 조 【비정상적인 상황 하에서의 운송】

운송증권과 관련된 제3조 내지 제5조·제7조 및 제8조의 규정은 운송인의 정상적인 사업범위를 벗어난 비정상적인 상황에는 적용되지 아니한다.

제 52 조 【일의 정의】

이 협약에서 사용되는 '일(日)'이라 함은 영업일(營業日)이 아닌 역일(曆日)을 말한다.

***Article 47* 【Invalidity of Contractual Provisions】**

Any contractual provision tending to relieve the contracting carrier or the actual carrier of liability under this Chapter or to fix a lower limit than that which is applicable according to this Chapter shall be null and void, but the nullity of any such provision does not involve the nullity of the whole contract, which shall remain subject to the provisions of this Chapter.

***Article 48* 【Mutual Relations of Contracting and Actual Carriers】**

Except as provided in Article 45, nothing in this Chapter shall affect the rights and obligations of the carriers between themselves, including any right of recourse or indemnification.

Chapter VI
Other Provisions

***Article 49* 【Mandatory Application】**

Any clause contained in the contract of carriage and all special agreements entered into before the damage occurred by which the parties purport to infringe the rules laid down by this Convention, whether by deciding the law to be applied, or by altering the rules as to jurisdiction, shall be null and void.

***Article 50* 【Insurance】**

States Parties shall require their carriers to maintain adequate insurance covering their liability under this Convention. A carrier may be required by the State Party into which it operates to furnish evidence that it maintains adequate insurance covering its liability under this Convention.

***Article 51* 【Carriage Performed in Extraordinary Circumstances】**

The provisions of Articles 3 to 5, 7 and 8 relating to the documentation of carriage shall not apply in the case of carriage performed in extraordinary circumstances outside the normal scope of a carrier's business.

***Article 52* 【Definition of Days】**

The expression "days" when used in this Convention means calendar days, not working days.

제 7 장
최종 조항

제 53 조 【서명 · 비준 및 발효】

1. 이 협약은 1999년 5월 10일부터 28일간 몬트리올에서 개최된 항공법에 관한 국제회의에 참가한 국가의 서명을 위하여 1999년 5월 28일 개방된다. 1999년 5월 28일 이후에는 본 조 제6항에 따라 이 협약이 발효하기 전까지 국제민간항공기구 본부에서 서명을 위하여 모든 국가에 개방된다.

2. 이 협약은 지역경제통합기구의 서명을 위하여 동일하게 개방된다. 이 협약의 목적상, '지역경제통합기구'라 함은 이 협약이 규율하는 특정 문제에 관하여 권한을 가진, 일정지역의 주권국가로 구성된 기구이며, 이 협약의 서명 · 비준 · 수락 · 승인 및 가입을 위한 정당한 권한을 가진 기구를 말한다. 이 협약상의 '당사국'이란 용어는 제1조 제2항 · 제3조 제1항 나목 · 제5조 나항 · 제23조 · 제33조 · 제46조 및 제57조 나항을 제외하고, 지역경제통합기구에도 동일하게 적용된다. 제24조의 목적상, '당사국의 과반수' 및 '당사국의 3분의 1'이란 용어는 지역경제통합기구에는 적용되지 아니한다.

3. 이 협약은 서명한 당사국 및 지역경제통합기구의 비준을 받는다.

4. 이 협약에 서명하지 아니한 국가 및 지역경제통합기구는 언제라도 이를 수락 · 승인하거나 또는 이에 가입할 수 있다.

5. 비준서 · 수락서 · 승인서 또는 가입서는 국제민간항공기구 사무총장에게 기탁된다. 국제민간항공기구 사무총장은 이 협약의 수탁자가 된다.

6. 이 협약은 30번째 비준서, 수락서, 승인서 및 가입서가 기탁된 날로부터 60일이 되는 날 기탁한 국가 간에 발효한다. 지역경제통합기구가 기탁한 문서는 본 항의 목적상 산입되지 아니한다.

Chapter VII
Final Clauses

Article 53 **【Signature, Ratification and Entry into Force】**

1. This Convention shall be open for signature in Montreal on 28 May 1999 by States participating in the International Conference on Air Law held at Montreal from 10 to 28 May 1999. After 28 May 1999, the Convention shall be open to all States for signature at the headquarters of the International Civil Aviation Organization in Montreal until it enters into force in accordance with paragraph 6 of this Article.
2. This Convention shall similarly be open for signature by Regional Economic Integration Organizations. For the purpose of this Convention, a "Regional Economic Integration Organization" means any organization which is constituted by sovereign States of a given region which has competence in respect of certain matters governed by this Convention and has been duly authorized to sign and to ratify, accept, approve or accede to this Convention. A reference to a "State Party" or "States Parties" in this Convention, otherwise than in paragraph 2 of Article 1, paragraph 1(b) of Article 3, paragraph (b) of Article 5, Articles 23, 33, 46 and paragraph (b) of Article 57, applies equally to a Regional Economic Integration Organization. For the purpose of Article 24, the references to "a majority of the States Parties" and "one-third of the States Parties" shall not apply to a Regional Economic Integration Organization.
3. This Convention shall be subject to ratification by States and by Regional Economic Integration Organizations which have signed it.
4. Any State or Regional Economic Integration Organization which does not sign this Convention may accept, approve or accede to it at any time.
5. Instruments of ratification, acceptance, approval or accession shall be deposited with the International Civil Aviation Organization, which is hereby designated the Depositary.
6. This Convention shall enter into force on the sixtieth day following the date of deposit of the thirtieth instrument of ratification, acceptance, approval or accession with the Depositary between the States which have

deposited such instrument. An instrument deposited by a Regional Economic Integration Organization shall not be counted for the purpose of this paragraph.

7. 다른 국가 및 지역경제통합기관에 대하여 이 협약은 비준서·수락서·승인서 및 가입서가 기탁된 날로부터 60일이 경과하면 효력을 발생한다.

7. For other States and for other Regional Economic Integration Organizations, this Convention shall take effect sixty days following the date of deposit of the instrument of ratification, acceptance, approval or accession.

8. 수탁자는 아래의 내용을 모든 당사국에 지체없이 통고한다.
   가. 이 협약의 서명자 및 서명일
   나. 비준서·수락서·승인서 및 가입서의 제출 및 제출일
   다. 이 협약의 발효일
   라. 이 협약이 정한 배상책임한도의 수정의 효력발생일

8. The Depositary shall promptly notify all signatories and States Parties of:
   (a) each signature of this Convention and date thereof;
   (b) each deposit of an instrument of ratification, acceptance, approval or accession and date thereof;
   (c) the date of entry into force of this Convention;
   (d) the date of the coming into force of any revision of the limits of liability established under this Convention;
   (e) any denunciation under Article 54.

제 54 조【폐기】

1. 모든 당사국은 수탁자에 대한 서면통고로써 이 협약을 폐기할 수 있다.
2. 폐기에 관한 통고는 수탁자에게 접수된 날로부터 180일 경과 후 효력을 갖는다.

***Article 54* 【Denunciation】**

1. Any State Party may denounce this Convention by written notification to the Depositary.
2. Denunciation shall take effect one hundred and eighty days following the date on which notification is received by the Depositary.

제 55 조【기타 바르샤바 협약문서와의 관계】

1. 이 협약은 아래 협약들의 당사국인 이 협약의 당사국간에 국제항공운송에 적용되는 모든 규칙에 우선하여 적용된다.
   가. 1929년 10월 12일 바르샤바에서 서명된 '국제항공운송에 있어서의 일부 규칙의 통일에 관한 협약'(이하 바르샤바협약이라 부른다.)
   나. 1955년 9월 28일 헤이그에서 작성된 '1929년 10월 12일 바르샤바에서 서명된 국제항공운송에 있어서의 일부 규칙의 통일에 관한 협약의 개정의정서'(이하 헤이그의정서라 부른다.)
   다. 1961년 9월 18일 과달라하라에서 서명된 '계약운송인을 제외한 자에 의하여 수행된 국제항공운송에 있어서의 일부 규칙의 통일을 위한 협약'(이하 과달라하라협약이라 부른다.)
   라. 1971년 3월 8일 과테말라시티에서 서명된 '1955년 9월 28일 헤이그에서 작성된 의정서에 의하여 개정된, 1929년 10월 12일 바르샤바에서 서명된 국제항공운송에 있어서의 일부 규칙의 통일에 관한 협약의 개정의정서'(이하 과테말라시티의정서라 부른다.)

***Article 55* 【Relationship with other Warsaw Convention Instruments】**

1. This Convention shall prevail over any rules which apply to international carriage by air: between States Parties to this Convention by virtue of those States commonly being Party to
   (a) the Convention for the Unification of Certain Rules relating to International Carriage by Air signed at Warsaw on 12 October 1929 (hereinafter called the Warsaw Convention);
   (b) the Protocol to amend the Convention for the Unification of Certain Rules relating to International Carriage by Air signed at Warsaw on 12 October 1929, done at The Hague on 28 September 1955(hereinafter called The Hague Protocol);
   (c) the Convention, Supplementary to the Warsaw Convention, for the Unification of Certain Rules relating to International Carriage by Air Performed by a Person other than the Contracting Carrier, signed at Guadalajara on 18 September 1961 (hereinafter called the Guadalajara

마. 1975년 9월 25일 몬트리올에서 서명된 '헤이그의정서와 과테말라시티의정서 또는 헤이그의정서에 의하여 개정된 바르샤바협약을 개정하는 몬트리올 제1.2.3.4. 추가의정서' (이하 몬트리올의정서라 부른다.)

2. 이 협약은 상기 가목 내지 마목의 협약중 하나 이상의 당사국인 이 협약의 단일당사국 영역 내에서 적용된다.

제 56 조 【하나 이상의 법체계를 가진 국가】

1. 이 협약에서 다루는 사안과 관련하여 서로 상이한 법체계가 적용되는 둘 이상의 영역단위를 가지는 국가는 이 협약의 서명·비준·수락·승인 및 가입시 이 협약이 모든 영역에 적용되는지 또는 그중 하나 또는 그 이상의 지역에 미치는가를 선언한다. 이는 언제든지 다른 선언을 제출함으로써 변경할 수 있다.

2. 그러한 선언은 수탁자에게 통고되어야 하며, 이 협약이 적용되는 영역단위에 대하여 명시적으로 진술하여야 한다.

3. 그러한 선언을 행한 당사국과 관련하여,
   가. 제23조상 '국내통화'라는 용어는 당사국의 관련 영역단위의 통화를 의미하는 것으로 해석된다.
   나. 제28조상 '국내법'이라는 용어는 당사국의 관련 영역단위의 법을 의미하는 것으로 해석된다.

제 57 조 【유보】

이 협약은 유보될 수 없다. 그러나 당사국이 아래의 내용에 대하여 이 협약이 적용되지 않음을 수탁자에 대한 통고로서 선언한 경우에는 그러하지 아니하다.

Convention);

(d) the Protocol to amend the Convention for the Unification of Certain Rules relating to International Carriage by Air signed at Warsaw on 12 October 1929 as amended by the Protocol done at The Hague on 28 September 1955, signed at Guatemala City on 8 March 1971 (hereinafter called the Guatemala City Protocol);

(e) Additional Protocol Nos. 1 to 3 and Montreal Protocol No. 4 to amend the Warsaw Convention as amended by The Hague Protocol or the Warsaw Convention as amended by both The Hague Protocol and the Guatemala City Protocol, signed at Montreal on 25 September 1975 (hereinafter called the Montreal Protocols); or

2. within the territory of any single State Party to this Convention by virtue of that State being Party to one or more of the instruments referred to in sub-paragraphs (a) to (e) above.

Article 56 **【States with more than one System of Law】**

1. If a State has two or more territorial units in which different systems of law are applicable in relation to matters dealt with in this Convention, it may at the time of signature, ratification, acceptance, approval or accession declare that this Convention shall extend to all its territorial units or only to one or more of them and may modify this declaration by submitting another declaration at any time.

2. Any such declaration shall be notified to the Depositary and shall state expressly the territorial units to which the Convention applies.

3. In relation to a State Party which has made such a declaration:
   (a) references in Article 23 to "national currency" shall be construed as referring to the currency of the relevant territorial unit of that State; and
   (b) the reference in Article 28 to "national law" shall be construed as referring to the law of the relevant territorial unit of that State.

Article 57 **【Reservations】**

No reservation may be made to this Convention except that a State Party may at any time declare by a notification addressed to the Depositary that this Convention shall not apply

가. 주권국가로서의 기능과 의무에 관하여 비상업적 목적을 위하여 당사국이 직접 수행하거나 운영하는 국제운송
나. 당사국에 등록된 항공기 또는 당사국이 임대한 항공기로서 군당국을 위한 승객·화물 및 수하물의 운송. 그러한 권한전체는 상기 당국에 의하여 또는 상기 당국을 대신하여 보유된다.

이상의 증거로서 아래 전권대표는 정당하게 권한을 위임받아 이 협약에 서명하였다.

이 협약은 1999년 5월 28일 몬트리올에서 영어·아랍어·중국어·프랑스어·러시아어 및 서반아어로 작성되었으며, 동등하게 정본이다. 이 협약은 국제민간항공기구 문서보관소에 기탁되며, 수탁자는 인증등본은 바르샤바협약·헤이그의정서·과달라하라협약·과테말라시티의정서 및 몬트리올 추가의정서의 당사국과 이 협약의 모든 당사국에 송부한다.

to:
(a) international carriage by air performed and operated directly by that State Party for non-commercial purposes in respect to its functions and duties as a sovereign State; and/or
(b) the carriage of persons, cargo and baggage for its military authorities on aircraft registered in or leased by that State Party, the whole capacity of which has been reserved by or on behalf of such authorities.

IN WITNESS WHEREOF the undersigned Plenipotentiaries, having been duly authorized, have signed this Convention.

DONE at Montreal on the 28th day of May of the year one thousand nine hundred and ninety-nine in the English, Arabic, Chinese, French, Russian and Spanish languages, all texts being equally authentic. This Convention shall remain deposited in the archives of the International Civil Aviation Organization, and certified copies thereof shall be transmitted by the Depositary to all States Parties to this Convention, as well as to all States Parties to the Warsaw Convention, The Hague Protocol, the Guadalajara Convention, the Guatemala City Protocol and the Montreal Protocols.

REGULATION (EC) No 889/2002 OF THE EUROPEAN PARLIAMENT AND OF THE COUNCIL

OF 13 MAY 2002

AMENDING COUNCIL REGULATION (EC) No 2027 ON AIR CARRIER LIABILITY IN THE EVENT OF ACCIDENTS

(TEXT WITH EEA RELEVANCE)

Source: Official Journal no. 140, 30/5/2002 p. 0002 - 0005.

THE EUROPEAN PARLIAMENT AND THE COUNCIL OF THE EUROPEAN UNION,

Having regard to the Treaty establishing the European Community, and in particular Article 84 (2) thereof,

Having regard to the proposal from the Commission[1],

Having regard to the opinion of the Economic and Social Committee[2],

Following consultation of the Committee of the Regions,

Acting in accordance with the procedure laid down in Article 251 of the Treaty[3],

Whereas

(1) In the framework of the common transport policy, it is important to ensure a proper level of compensation for passengers involved in air accidents.

(2) A new Convention for the Unification of Certain Rules Relating to International Carriage by Air was agreed at Montreal on 28 May 1999 setting new global rules on liability in the event of accidents for international air transport replacing those in the Warsaw Convention of 1929 and its subsequent amendments[4].

(3) The Warsaw Convention will continue to exist alongside the Montreal Convention for an indefinite period.

(4) The Montreal Convention provides for a regime of unlimited liability in the case of death or injury of air passengers.

(5) The Community has signed the Montreal Convention indicating its intention to become a party to the agreement by ratifying it.

(6) It is necessary to amend Council Regulation (EC) No 2027/97 of 9 October 1997 on air carrier liability in the event of accidents[5] in order to align it with the provisions of the Montreal Convention, thereby creating a uniform system of liability for international air transport.

(7) This Regulation and the Montreal Convention reinforce the protection of passengers and their dependants and cannot be interpreted so as to weaken their protection in relation to the present legislation on the date of adoption of this Regulation.

---

[1] OJ C 337 E, 28.11.2000, p. 68 and OJ C 213 E, 31.7.2001, p. 298.

[2] OJ C 123, 25.4.2001, p. 47.

[3] Opinion of the European Parliament of 5 April 2001 (OJ C 21, 24.1.2002, p. 256) Council Common Position of 19 December 2001 (OJ C 58 E, 5.3.2002, p. 8) and Decision of the European Parliament of 12 March 2002.

[4] OJ L 194, 18.7.2001, p. 38.

[5] OJ L 285, 17.10.1997, p. 1.

(8) In the internal aviation market, the distinction between national and international transport has been eliminated and it is therefore appropriate to have the same level and nature of liability in both international and national transport within the Community.

(9) In compliance with the principle of subsidiarity, action at Community level is desirable in order to create a single set of rules for all Community air carriers.

(10) A system of unlimited liability in case of death or injury to passengers is appropriate in the context of a safe and modern air transport system.

(11) The Community air carrier should not be able to avail itself of Article 21(2) of the Montreal Convention unless it proves that the damage was not due to the negligence or other wrongful act or omission of the carrier or its servants or agents.

(12) Uniform liability limits for loss of, damage to, or destruction of, baggage and for damage occasioned by delay, which apply to all travel on Community carriers, will ensure simple and clear rules for both passengers and airlines and enable passengers to recognise when additional insurance is necessary.

(13) It would be impractical for Community air carriers and confusing for their passengers if they were to apply different liability regimes on different routes across their networks.

(14) It is desirable to relieve accident victims and their dependants of short-term financial concerns in the period immediately after an accident.

(15) Article 50 of the Montreal Convention requires parties to ensure that air carriers are adequately insured and it is necessary to take account of Article 7 of Council Regulation (EEC) No 2407/92 of 23 July 1992 on licensing of air carriers[6] in complying with this provision.

(16) It is desirable to provide basic information on the liability rules applicable to every passenger so that they can make additional insurance arrangements in advance of travel if necessary.

(17) It will be necessary to review the monetary amounts set down in this Regulation in order to take account of inflation and any review of the liability limits in the Montreal Convention.

(18) To the extent that further rules are required in order to implement the Montreal Convention on points that are not

---

[6] OJ L 240, 24.8.1992, p. 1.

covered by Regulation (EC) No 2027/97, it is the responsibility of the Member States to make such provisions,

HAS ADOPTED THIS REGULATION

Article 1

Regulation (EC) No 2027/97 is hereby amended as follows:

1. the title shall be replaced by the following:

   "Regulation (EC) No 2027/97 on air carrier liability in respect of the carriage of passengers and their baggage by air.";

2. Article 1 shall be replaced by the following:

   "Article 1

   This Regulation implements the relevant provisions of the Montreal Convention in respect of the carriage of passengers and their baggage by air and lays down certain supplementary provisions. It also extends the application of these provisions to carriage by air within a single Member State.";

3. Article 2 shall be replaced by the following:

   "Article 2

   1. For the purpose of this Regulation:

      (a) "air carrier" shall mean an air transport undertaking with a valid operating licence;
      (b) "Community air carrier" shall mean an air carrier with a valid operating licence granted by a Member State in accordance with the provisions of Regulation (EEC) No 2407/92;
      (c) "person entitled to compensation" shall mean a passenger or any person entitled to claim in respect of that passenger, in accordance with applicable law;
      (d) "baggage", unless otherwise specified, shall mean both checked and unchecked baggage with the meaning of Article 17(4) of the Montreal Convention;
      (e) "SDR" shall mean a special drawing right as defined by the International Monetary Fund;
      (f) "Warsaw Convention" shall mean the Convention for the Unification of Certain Rules Relating to International Carriage by Air, signed at Warsaw on 12 October 1929, or the Warsaw Convention as amended at The Hague on 28 September 1955 and the Convention supplementary to the Warsaw Convention done at Guadalajara on 18 September 1961;

(g) "Montreal Convention" shall mean the "Convention for the Unification of Certain Rules Relating to International Carriage by Air", signed at Montreal on 28 May 1999.

2. Concepts contained in this Regulation which are not defined in paragraph 1 shall be equivalent to those used in the Montreal Convention.";

4. Article 3 shall be replaced by the following:

"Article 3

1. The liability of a Community air carrier in respect of passengers and their baggage shall be governed by all provisions of the Montreal Convention relevant to such liability.

2. The obligation of insurance set out in Article 7 of Regulation (EEC) No 2407/92 as far as it relates to liability for passengers shall be understood as requiring that a Community air carrier shall be insured up to a level that is adequate to ensure that all persons entitled to compensation receive the full amount to which they are entitled in accordance with this Regulation.";

5. the following Article shall be inserted:

"Article 3a

The supplementary sum which, in accordance with Article 22(2) of the Montreal Convention, may be demanded by a Community air carrier when a passenger makes a special declaration of interest in delivery of their baggage at destination, shall be based on a tariff which is related to the additional costs involved in transporting and insuring the baggage concerned over and above those for baggage valued at or below the liability limit. The tariff shall be made available to passengers on request.";

6. Article 4 shall be deleted;

7. Article 5 shall be replaced by the following:

"Article 5

1. The Community air carrier shall without delay, and in any event not later than fifteen days after the identity of the natural person entitled to compensation has been established, make such advance payments as may be required to meet immediate economic needs on a basis proportional to the hardship suffered.

2. Without prejudice to paragraph 1, an advance payment shall not be less than the equivalent in euro of 16 000 SDRs per passenger in the event of death.

3. An advance payment shall not constitute recognition of liability and may be offset against any subsequent sums paid on the basis of Community air carrier liability, but is not returnable, except in the cases prescribed in Article 20 of the Montreal Convention or where the person who received the advance payment was not the person entitled to compensation.";

8. Article 6 shall be replaced by the following:

"*Article 6*

1. All air carriers shall, when selling carriage by air in the Community, ensure that a summary of the main provisions governing liability for passengers and their baggage, including deadlines for filing an action for compensation and the possibility of making a special declaration for baggage, is made available to passengers at all points of sale, including sale by telephone and via the Internet. In order to comply with this information requirement, Community air carriers shall use the notice contained in the Annex. Such summary or notice cannot be used as a basis for a claim for compensation, nor to interpret the provisions of this Regulation or the Montreal Convention.

2. In addition to the information requirements set out in paragraph 1, all air carriers shall in respect of carriage by air provided or purchased in the Community, provide each passenger with a written indication of:

— the applicable limit for that flight on the carrier's liability in respect of death or injury, if such a limit exists,

— the applicable limit for that flight on the carrier's liability in respect of destruction, loss of or damage to baggage and a warning that baggage greater in value than this figure should be brought to the airline's attention at check-in or fully insured by the passenger prior to travel;

— the applicable limit for that flight on the carrier's liability for damage occasioned by delay.

3. In the case of all carriage performed by Community air carriers, the limits indicated in accordance with the information requirements of paragraphs 1 and 2 shall be those established by this Regulation unless the Community air carrier applies higher limits by way of voluntary undertaking. In the case of all carriage performed by non-Community air carriers, paragraphs 1 and 2 shall apply only in relation to carriage to, from or within the Community";

9. Article 7 shall be replaced by the following:

"Article 7

No later than three years after the date on which Regulation (EC) No 889/2002 (*) begins to apply, the Commission shall draw up a report on the application of this Regulation. In particular, the Commission shall examine the need to revise the amounts mentioned in the relevant Articles of the Montreal Convention in the light of economic developments and the notifications of the ICAO Depositary.

(*)OJ L 140, 30.5.2002, p. 2.";

10. the following Annex shall be added:

"ANNEX

Air carrier liability for passengers and their baggage

This information notice summarises the liability rules applied by Community air carriers as required by Community legislation and the Montreal Convention.

Compensation in the case of death or injury

There are no financial limits to the liability for passenger injury or death. For damages up to 100 000 SDRs (approximate amount in local currency) the air carrier cannot contest claims for compensation. Above that amount, the air carrier can defend itself against a claim by proving that it was not negligent or otherwise at fault.

Advance payments

If a passenger is killed or injured, the air carrier must make an advance payment, to cover immediate economic needs, within 15 days from the identification of the person entitled to compensation. In the event of death, this advance payment shall not be less than 16 000 SDRs (approximate amount in local currency).

Passenger delays

In case of passenger delay, the air carrier is liable for damage unless it took all reasonable measures to avoid the damage or it was impossible to take such measures. The liability for passenger delay is limited to 4 150 SDRs (approximate amount in local currency).

Baggage delays

In case of baggage delay, the air carrier is liable for damage unless it took all reasonable measures to avoid the damage or it was impossible to take such measures. The liability for baggage delay is limited to 1 000 SDRs (approximate amount in local currency).

Destruction, loss or damage to baggage

The air carrier is liable for destruction, loss or damage to baggage up to 1 000 SDRs (approximate amount in local currency). In the case of checked baggage, it is liable even if not at fault, unless the baggage was defective. In the case of unchecked baggage, the carrier is liable only if at fault.

Higher limits for baggage

A passenger can benefit from a higher liability limit by making a special declaration at the latest at check-in and by paying a supplementary fee.

Complaints on baggage

If the baggage is damaged, delayed, lost or destroyed, the passenger must write and complain to the air carrier as soon as possible. In the case of damage to checked baggage, the passenger must write and complain within seven days, and in the case of delay within 21 days, in both cases from the date on which the baggage was placed at the passenger's disposal.

Liability of contracting and actual carriers

If the air carrier actually performing the flight is not the same as the contracting air carrier, the passenger has the right to address a complaint or to make a claim for damages against either. If the name or code of an air carrier is indicated on the ticket, that air carrier is the contracting air carrier.

Time limit for action

Any action in court to claim damages must be brought within two years from the date of arrival of the aircraft, or from the date on which the aircraft ought to have arrived.

Basis for the information

The basis for the rules described above is the Montreal Convention of 28 May 1999, which is implemented in the Community by Regulation (EC) No 2027/97 (as amended by Regulation (EC) No 889/2002) and national legislation of the Member States."

Article 2

This Regulation shall enter into force on the day of its publication in the *Official Journal of the European Communities.*

It shall apply from the date of its entry into force or from the date of the entry into force of the Montreal Convention for the Community, whichever is the later.

This Regulation shall be binding in its entirety and directly applicable in all Member States.

Done at Brussels, 13 May 2002.

For the European Parliament
The President
P. COX

For the Council
The President
J. PIQUÉ I CAMPS

I

(Acts whose publication is obligatory)

REGULATION (EC) No 261/2004 OF THE EUROPEAN PARLIAMENT AND OF THE COUNCIL

of 11 February 2004

establishing common rules on compensation and assistance to passengers in the event of denied boarding and of cancellation or long delay of flights, and repealing Regulation (EEC) No 295/91

(Text with EEA relevance)

THE EUROPEAN PARLIAMENT AND THE COUNCIL OF THE EUROPEAN UNION,

Having regard to the Treaty establishing the European Community, and in particular Article 80(2) thereof,

Having regard to the proposal from the Commission [1],

Having regard to the opinion of the European Economic and Social Committee [2],

After consulting the Committee of the Regions,

Acting in accordance with the procedure laid down in Article 251 of the Treaty [3], in the light of the joint text approved by the Conciliation Committee on 1 December 2003,

Whereas:

(1) Action by the Community in the field of air transport should aim, among other things, at ensuring a high level of protection for passengers. Moreover, full account should be taken of the requirements of consumer protection in general.

(2) Denied boarding and cancellation or long delay of flights cause serious trouble and inconvenience to passengers.

(3) While Council Regulation (EEC) No 295/91 of 4 February 1991 establishing common rules for a denied boarding compensation system in scheduled air transport [4] created basic protection for passengers, the number of passengers denied boarding against their will remains too high, as does that affected by cancellations without prior warning and that affected by long delays.

(4) The Community should therefore raise the standards of protection set by that Regulation both to strengthen the rights of passengers and to ensure that air carriers operate under harmonised conditions in a liberalised market.

(5) Since the distinction between scheduled and non-scheduled air services is weakening, such protection should apply to passengers not only on scheduled but also on non-scheduled flights, including those forming part of package tours.

(6) The protection accorded to passengers departing from an airport located in a Member State should be extended to those leaving an airport located in a third country for one situated in a Member State, when a Community carrier operates the flight.

(7) In order to ensure the effective application of this Regulation, the obligations that it creates should rest with the operating air carrier who performs or intends to perform a flight, whether with owned aircraft, under dry or wet lease, or on any other basis.

(8) This Regulation should not restrict the rights of the operating air carrier to seek compensation from any person, including third parties, in accordance with the law applicable.

(9) The number of passengers denied boarding against their will should be reduced by requiring air carriers to call for volunteers to surrender their reservations, in exchange for benefits, instead of denying passengers boarding, and by fully compensating those finally denied boarding.

[1] OJ C 103 E, 30.4.2002, p. 225 and OJ C 71 E, 25.3.2003, p. 188.
[2] OJ C 241, 7.10.2002, p. 29.
[3] Opinion of the European Parliament of 24 October 2002 (OJ C 300 E, 11.12.2003, p. 443), Council Common Position of 18 March 2003 (OJ C 125 E, 27.5.2003, p. 63) and Position of the European Parliament of 3 July 2003. Legislative Resolution of the European Parliament of 18 December 2003 and Council Decision of 26 January 2004.
[4] OJ L 36, 8.2.1991, p. 5.

(10) Passengers denied boarding against their will should be able either to cancel their flights, with reimbursement of their tickets, or to continue them under satisfactory conditions, and should be adequately cared for while awaiting a later flight.

(11) Volunteers should also be able to cancel their flights, with reimbursement of their tickets, or continue them under satisfactory conditions, since they face difficulties of travel similar to those experienced by passengers denied boarding against their will.

(12) The trouble and inconvenience to passengers caused by cancellation of flights should also be reduced. This should be achieved by inducing carriers to inform passengers of cancellations before the scheduled time of departure and in addition to offer them reasonable re-routing, so that the passengers can make other arrangements. Air carriers should compensate passengers if they fail to do this, except when the cancellation occurs in extraordinary circumstances which could not have been avoided even if all reasonable measures had been taken.

(13) Passengers whose flights are cancelled should be able either to obtain reimbursement of their tickets or to obtain re-routing under satisfactory conditions, and should be adequately cared for while awaiting a later flight.

(14) As under the Montreal Convention, obligations on operating air carriers should be limited or excluded in cases where an event has been caused by extraordinary circumstances which could not have been avoided even if all reasonable measures had been taken. Such circumstances may, in particular, occur in cases of political instability, meteorological conditions incompatible with the operation of the flight concerned, security risks, unexpected flight safety shortcomings and strikes that affect the operation of an operating air carrier.

(15) Extraordinary circumstances should be deemed to exist where the impact of an air traffic management decision in relation to a particular aircraft on a particular day gives rise to a long delay, an overnight delay, or the cancellation of one or more flights by that aircraft, even though all reasonable measures had been taken by the air carrier concerned to avoid the delays or cancellations.

(16) In cases where a package tour is cancelled for reasons other than the flight being cancelled, this Regulation should not apply.

(17) Passengers whose flights are delayed for a specified time should be adequately cared for and should be able to cancel their flights with reimbursement of their tickets or to continue them under satisfactory conditions.

(18) Care for passengers awaiting an alternative or a delayed flight may be limited or declined if the provision of the care would itself cause further delay.

(19) Operating air carriers should meet the special needs of persons with reduced mobility and any persons accompanying them.

(20) Passengers should be fully informed of their rights in the event of denied boarding and of cancellation or long delay of flights, so that they can effectively exercise their rights.

(21) Member States should lay down rules on sanctions applicable to infringements of the provisions of this Regulation and ensure that these sanctions are applied. The sanctions should be effective, proportionate and dissuasive.

(22) Member States should ensure and supervise general compliance by their air carriers with this Regulation and designate an appropriate body to carry out such enforcement tasks. The supervision should not affect the rights of passengers and air carriers to seek legal redress from courts under procedures of national law.

(23) The Commission should analyse the application of this Regulation and should assess in particular the opportunity of extending its scope to all passengers having a contract with a tour operator or with a Community carrier, when departing from a third country airport to an airport in a Member State.

(24) Arrangements for greater cooperation over the use of Gibraltar airport were agreed in London on 2 December 1987 by the Kingdom of Spain and the United Kingdom in a joint declaration by the Ministers of Foreign Affairs of the two countries. Such arrangements have yet to enter into operation.

(25) Regulation (EEC) No 295/91 should accordingly be repealed,

HAVE ADOPTED THIS REGULATION:

Article 1

Subject

1. This Regulation establishes, under the conditions specified herein, minimum rights for passengers when:

(a) they are denied boarding against their will;

(b) their flight is cancelled;

(c) their flight is delayed.

2. Application of this Regulation to Gibraltar airport is understood to be without prejudice to the respective legal positions of the Kingdom of Spain and the United Kingdom with regard to the dispute over sovereignty over the territory in which the airport is situated.

3. Application of this Regulation to Gibraltar airport shall be suspended until the arrangements in the Joint Declaration made by the Foreign Ministers of the Kingdom of Spain and the United Kingdom on 2 December 1987 enter into operation. The Governments of Spain and the United Kingdom will inform the Council of such date of entry into operation.

Article 2

Definitions

For the purposes of this Regulation:

(a) 'air carrier' means an air transport undertaking with a valid operating licence;

(b) 'operating air carrier' means an air carrier that performs or intends to perform a flight under a contract with a passenger or on behalf of another person, legal or natural, having a contract with that passenger;

(c) 'Community carrier' means an air carrier with a valid operating licence granted by a Member State in accordance with the provisions of Council Regulation (EEC) No 2407/92 of 23 July 1992 on licensing of air carriers (1);

(d) 'tour operator' means, with the exception of an air carrier, an organiser within the meaning of Article 2, point 2, of Council Directive 90/314/EEC of 13 June 1990 on package travel, package holidays and package tours (2);

(e) 'package' means those services defined in Article 2, point 1, of Directive 90/314/EEC;

(f) 'ticket' means a valid document giving entitlement to transport, or something equivalent in paperless form, including electronic form, issued or authorised by the air carrier or its authorised agent;

(g) 'reservation' means the fact that the passenger has a ticket, or other proof, which indicates that the reservation has been accepted and registered by the air carrier or tour operator;

(h) 'final destination' means the destination on the ticket presented at the check-in counter or, in the case of directly connecting flights, the destination of the last flight; alternative connecting flights available shall not be taken into account if the original planned arrival time is respected;

(i) 'person with reduced mobility' means any person whose mobility is reduced when using transport because of any physical disability (sensory or locomotory, permanent or temporary), intellectual impairment, age or any other cause of disability, and whose situation needs special attention and adaptation to the person's needs of the services made available to all passengers;

(j) 'denied boarding' means a refusal to carry passengers on a flight, although they have presented themselves for boarding under the conditions laid down in Article 3(2), except where there are reasonable grounds to deny them boarding, such as reasons of health, safety or security, or inadequate travel documentation;

(k) 'volunteer' means a person who has presented himself for boarding under the conditions laid down in Article 3(2) and responds positively to the air carrier's call for passengers prepared to surrender their reservation in exchange for benefits.

(l) 'cancellation' means the non-operation of a flight which was previously planned and on which at least one place was reserved.

Article 3

Scope

1. This Regulation shall apply:

(a) to passengers departing from an airport located in the territory of a Member State to which the Treaty applies;

(b) to passengers departing from an airport located in a third country to an airport situated in the territory of a Member State to which the Treaty applies, unless they received benefits or compensation and were given assistance in that third country, if the operating air carrier of the flight concerned is a Community carrier.

2. Paragraph 1 shall apply on the condition that passengers:

(a) have a confirmed reservation on the flight concerned and, except in the case of cancellation referred to in Article 5, present themselves for check-in,

— as stipulated and at the time indicated in advance and in writing (including by electronic means) by the air carrier, the tour operator or an authorised travel agent,

or, if no time is indicated,

— not later than 45 minutes before the published departure time; or

(b) have been transferred by an air carrier or tour operator from the flight for which they held a reservation to another flight, irrespective of the reason.

3. This Regulation shall not apply to passengers travelling free of charge or at a reduced fare not available directly or indirectly to the public. However, it shall apply to passengers having tickets issued under a frequent flyer programme or other commercial programme by an air carrier or tour operator.

(1) OJ L 240, 24.8.1992, p. 1.
(2) OJ L 158, 23.6.1990, p. 59.

4. This Regulation shall only apply to passengers transported by motorised fixed wing aircraft.

5. This Regulation shall apply to any operating air carrier providing transport to passengers covered by paragraphs 1 and 2. Where an operating air carrier which has no contract with the passenger performs obligations under this Regulation, it shall be regarded as doing so on behalf of the person having a contract with that passenger.

6. This Regulation shall not affect the rights of passengers under Directive 90/314/EEC. This Regulation shall not apply in cases where a package tour is cancelled for reasons other than cancellation of the flight.

Article 4

Denied boarding

1. When an operating air carrier reasonably expects to deny boarding on a flight, it shall first call for volunteers to surrender their reservations in exchange for benefits under conditions to be agreed between the passenger concerned and the operating air carrier. Volunteers shall be assisted in accordance with Article 8, such assistance being additional to the benefits mentioned in this paragraph.

2. If an insufficient number of volunteers comes forward to allow the remaining passengers with reservations to board the flight, the operating air carrier may then deny boarding to passengers against their will.

3. If boarding is denied to passengers against their will, the operating air carrier shall immediately compensate them in accordance with Article 7 and assist them in accordance with Articles 8 and 9.

Article 5

Cancellation

1. In case of cancellation of a flight, the passengers concerned shall:

(a) be offered assistance by the operating air carrier in accordance with Article 8; and

(b) be offered assistance by the operating air carrier in accordance with Article 9(1)(a) and 9(2), as well as, in event of re-routing when the reasonably expected time of departure of the new flight is at least the day after the departure as it was planned for the cancelled flight, the assistance specified in Article 9(1)(b) and 9(1)(c); and

(c) have the right to compensation by the operating air carrier in accordance with Article 7, unless:

(i) they are informed of the cancellation at least two weeks before the scheduled time of departure; or

(ii) they are informed of the cancellation between two weeks and seven days before the scheduled time of departure and are offered re-routing, allowing them to depart no more than two hours before the scheduled time of departure and to reach their final destination less than four hours after the scheduled time of arrival; or

(iii) they are informed of the cancellation less than seven days before the scheduled time of departure and are offered re-routing, allowing them to depart no more than one hour before the scheduled time of departure and to reach their final destination less than two hours after the scheduled time of arrival.

2. When passengers are informed of the cancellation, an explanation shall be given concerning possible alternative transport.

3. An operating air carrier shall not be obliged to pay compensation in accordance with Article 7, if it can prove that the cancellation is caused by extraordinary circumstances which could not have been avoided even if all reasonable measures had been taken.

4. The burden of proof concerning the questions as to whether and when the passenger has been informed of the cancellation of the flight shall rest with the operating air carrier.

Article 6

Delay

1. When an operating air carrier reasonably expects a flight to be delayed beyond its scheduled time of departure:

(a) for two hours or more in the case of flights of 1 500 kilometres or less; or

(b) for three hours or more in the case of all intra-Community flights of more than 1 500 kilometres and of all other flights between 1 500 and 3 500 kilometres; or

(c) for four hours or more in the case of all flights not falling under (a) or (b),

passengers shall be offered by the operating air carrier:

(i) the assistance specified in Article 9(1)(a) and 9(2); and

(ii) when the reasonably expected time of departure is at least the day after the time of departure previously announced, the assistance specified in Article 9(1)(b) and 9(1)(c); and

(iii) when the delay is at least five hours, the assistance specified in Article 8(1)(a).

2. In any event, the assistance shall be offered within the time limits set out above with respect to each distance bracket.

Article 7

Right to compensation

1. Where reference is made to this Article, passengers shall receive compensation amounting to:

(a) EUR 250 for all flights of 1 500 kilometres or less;

(b) EUR 400 for all intra-Community flights of more than 1 500 kilometres, and for all other flights between 1 500 and 3 500 kilometres;

(c) EUR 600 for all flights not falling under (a) or (b).

In determining the distance, the basis shall be the last destination at which the denial of boarding or cancellation will delay the passenger's arrival after the scheduled time.

2. When passengers are offered re-routing to their final destination on an alternative flight pursuant to Article 8, the arrival time of which does not exceed the scheduled arrival time of the flight originally booked

(a) by two hours, in respect of all flights of 1 500 kilometres or less; or

(b) by three hours, in respect of all intra-Community flights of more than 1 500 kilometres and for all other flights between 1 500 and 3 500 kilometres; or

(c) by four hours, in respect of all flights not falling under (a) or (b),

the operating air carrier may reduce the compensation provided for in paragraph 1 by 50 %.

3. The compensation referred to in paragraph 1 shall be paid in cash, by electronic bank transfer, bank orders or bank cheques or, with the signed agreement of the passenger, in travel vouchers and/or other services.

4. The distances given in paragraphs 1 and 2 shall be measured by the great circle route method.

Article 8

Right to reimbursement or re-routing

1. Where reference is made to this Article, passengers shall be offered the choice between:

(a) — reimbursement within seven days, by the means provided for in Article 7(3), of the full cost of the ticket at the price at which it was bought, for the part or parts of the journey not made, and for the part or parts already made if the flight is no longer serving any purpose in relation to the passenger's original travel plan, together with, when relevant,

— a return flight to the first point of departure, at the earliest opportunity;

(b) re-routing, under comparable transport conditions, to their final destination at the earliest opportunity; or

(c) re-routing, under comparable transport conditions, to their final destination at a later date at the passenger's convenience, subject to availability of seats.

2. Paragraph 1(a) shall also apply to passengers whose flights form part of a package, except for the right to reimbursement where such right arises under Directive 90/314/EEC.

3. When, in the case where a town, city or region is served by several airports, an operating air carrier offers a passenger a flight to an airport alternative to that for which the booking was made, the operating air carrier shall bear the cost of transferring the passenger from that alternative airport either to that for which the booking was made, or to another close-by destination agreed with the passenger.

Article 9

Right to care

1. Where reference is made to this Article, passengers shall be offered free of charge:

(a) meals and refreshments in a reasonable relation to the waiting time;

(b) hotel accommodation in cases

— where a stay of one or more nights becomes necessary, or

— where a stay additional to that intended by the passenger becomes necessary;

(c) transport between the airport and place of accommodation (hotel or other).

2. In addition, passengers shall be offered free of charge two telephone calls, telex or fax messages, or e-mails.

3. In applying this Article, the operating air carrier shall pay particular attention to the needs of persons with reduced mobility and any persons accompanying them, as well as to the needs of unaccompanied children.

Article 10

Upgrading and downgrading

1. If an operating air carrier places a passenger in a class higher than that for which the ticket was purchased, it may not request any supplementary payment.

2. If an operating air carrier places a passenger in a class lower than that for which the ticket was purchased, it shall within seven days, by the means provided for in Article 7(3), reimburse

(a) 30 % of the price of the ticket for all flights of 1 500 kilometres or less, or

(b) 50 % of the price of the ticket for all intra-Community flights of more than 1 500 kilometres, except flights between the European territory of the Member States and the French overseas departments, and for all other flights between 1 500 and 3 500 kilometres, or

(c) 75 % of the price of the ticket for all flights not falling under (a) or (b), including flights between the European territory of the Member States and the French overseas departments.

Article 11

Persons with reduced mobility or special needs

1. Operating air carriers shall give priority to carrying persons with reduced mobility and any persons or certified service dogs accompanying them, as well as unaccompanied children.

2. In cases of denied boarding, cancellation and delays of any length, persons with reduced mobility and any persons accompanying them, as well as unaccompanied children, shall have the right to care in accordance with Article 9 as soon as possible.

Article 12

Further compensation

1. This Regulation shall apply without prejudice to a passenger's rights to further compensation. The compensation granted under this Regulation may be deducted from such compensation.

2. Without prejudice to relevant principles and rules of national law, including case-law, paragraph 1 shall not apply to passengers who have voluntarily surrendered a reservation under Article 4(1).

Article 13

Right of redress

In cases where an operating air carrier pays compensation or meets the other obligations incumbent on it under this Regulation, no provision of this Regulation may be interpreted as restricting its right to seek compensation from any person, including third parties, in accordance with the law applicable. In particular, this Regulation shall in no way restrict the operating air carrier's right to seek reimbursement from a tour operator or another person with whom the operating air carrier has a contract. Similarly, no provision of this Regulation may be interpreted as restricting the right of a tour operator or a third party, other than a passenger, with whom an operating air carrier has a contract, to seek reimbursement or compensation from the operating air carrier in accordance with applicable relevant laws.

Article 14

Obligation to inform passengers of their rights

1. The operating air carrier shall ensure that at check-in a clearly legible notice containing the following text is displayed in a manner clearly visible to passengers: 'If you are denied boarding or if your flight is cancelled or delayed for at least two hours, ask at the check-in counter or boarding gate for the text stating your rights, particularly with regard to compensation and assistance'.

2. An operating air carrier denying boarding or cancelling a flight shall provide each passenger affected with a written notice setting out the rules for compensation and assistance in line with this Regulation. It shall also provide each passenger affected by a delay of at least two hours with an equivalent notice. The contact details of the national designated body referred to in Article 16 shall also be given to the passenger in written form.

3. In respect of blind and visually impaired persons, the provisions of this Article shall be applied using appropriate alternative means.

Article 15

Exclusion of waiver

1. Obligations vis-à-vis passengers pursuant to this Regulation may not be limited or waived, notably by a derogation or restrictive clause in the contract of carriage.

2. If, nevertheless, such a derogation or restrictive clause is applied in respect of a passenger, or if the passenger is not correctly informed of his rights and for that reason has accepted compensation which is inferior to that provided for in this Regulation, the passenger shall still be entitled to take the necessary proceedings before the competent courts or bodies in order to obtain additional compensation.

Article 16

Infringements

1. Each Member State shall designate a body responsible for the enforcement of this Regulation as regards flights from airports situated on its territory and flights from a third country to such airports. Where appropriate, this body shall take the measures necessary to ensure that the rights of passengers are respected. The Member States shall inform the Commission of the body that has been designated in accordance with this paragraph.

No. 4492

ARGENTINA, AUSTRALIA, BELGIUM, BRAZIL, CHILE, etc.

Convention on the International Recognition of Rights in Aircraft. Done at Geneva, on 19 June 1948

Official texts: English, French and Spanish.

Registered by the International Civil Aviation Organization on 9 September 1958.

ARGENTINE, AUSTRALIE, BELGIQUE, BRÉSIL, CHILI, etc.

Convention relative à la reconnaissance internationale des droits sur aéronef. Faite à Genève, le 19 juin 1948

Textes officiels anglais, français et espagnol.

Enregistrée par l'Organisation de l'aviation civile internationale le 9 septembre 1958.

No. 4492. CONVENTION[1] ON THE INTERNATIONAL RECOGNITION OF RIGHTS IN AIRCRAFT. DONE AT GENEVA, ON 19 JUNE 1948

Whereas the International Civil Aviation Conference, held at Chicago in November-December 1944, recommended the early adoption of a Convention dealing with the transfer of title to aircraft,

Whereas it is highly desirable in the interest of the future expansion of international civil aviation that rights in aircraft be recognised internationally,

The undersigned, duly authorized, have agreed, on behalf of their respective Governments, as follows :

Article I

(1) The Contracting States undertake to recognise :

(*a*) rights of property in aircraft ;

(*b*) rights to acquire aircraft by purchase coupled with possession of the aircraft ;

(*c*) rights to possession of aircraft under leases of six months or more ;

(*d*) mortgages, hypotheques and similar rights in aircraft which are contractually created as security for payment of an indebtedness ;

[1] In accordance with articles XX(1) and XXI, the Convention came into force as between the United States of America and Pakistan on 17 September 1953, the ninetieth day after the deposit of the second instrument of ratification and for each State which deposited its instrument of ratification or adherence after that date, on the ninetieth day after the deposit of its instrument of ratification or adherence. Following is a list of States which deposited the instruments of ratification or adherence (*a*) in the archives of the International Civil Aviation Organization showing the dates of deposit and of the entry into force of the Convention :

	Date of deposit	*Date of entry into force*
United States of America	6 September 1949	17 September 1953
Pakistan	19 June 1953	17 September 1953
Brazil	3 July 1953	1 October 1953
Norway	5 March 1954	2 June 1954
Sweden	16 November 1955	14 February 1956
Chile	19 December 1955	18 March 1956
Laos (*a*)	4 June 1956	2 September 1956
Argentina	31 January 1958	1 May 1958
Ecuador (*a*)	14 July 1958	12 October 1958
El Salvador (*a*)	14 August 1958	12 November 1958

provided that such rights

(i) have been constituted in accordance with the law of the Contracting State in which the aircraft was registered as to nationality at the time of their constitution, and

(ii) are regularly recorded in a public record of the Contracting State in which the aircraft is registered as to nationality.

The regularity of successive recordings in different Contracting States shall be determined in accordance with the law of the State where the aircraft was registered as to nationality at the time of each recording.

(2) Nothing in this Convention shall prevent the recognition of any rights in aircraft under the law of any Contracting State ; but Contracting States shall not admit or recognise any right as taking priority over the rights mentioned in paragraph (1) of this Article.

Article II

(1) All recordings relating to a given aircraft must appear in the same record.

(2) Except as otherwise provided in this Convention, the effects of the recording of any right mentioned in Article I, paragraph (1), with regard to third parties shall be determined according to the law of the Contracting State where it is recorded.

(3) A Contracting State may prohibit the recording of any right which cannot validly be constituted according to its national law.

Article III

(1) The address of the authority responsible for maintaining the record must be shown on every aircraft's certificate of registration as to nationality.

(2) Any person shall be entitled to receive from the authority duly certified copies or extracts of the particulars recorded. Such copies or extracts shall constitute *prima facie* evidence of the contents of the record.

(3) If the law of a Contracting State provides that the filing of a document for recording shall have the same effect as the recording, it shall have the same effect for the purposes of this Convention. In that case, adequate provision shall be made to ensure that such document is open to the public.

(4) Reasonable charges may be made for services performed by the authority maintaining the record.

Article IV

(1) In the event that any claims in respect of :

(*a*) compensation due for salvage of the aircraft, or

(*b*) extraordinary expenses indispensable for the preservation of the aircraft

give rise, under the law of the Contracting State where the operations of salvage or preservation were terminated, to a right conferring a charge against the aircraft, such right shall be recognised by Contracting States and shall take priority over all other rights in the aircraft.

(2) The rights enumerated in paragraph (1) shall be satisfied in the inverse order of the dates of the incidents in connexion with which they have arisen.

(3) Any of the said rights may, within three months from the date of the termination of the salvage or preservation operation, be noted on the record.

(4) The said rights shall not be recognised in other Contracting States after expiration of the three months mentioned in paragraph (3) unless, within this period,

(*a*) the right has been noted on the record in conformity with paragraph (3), and

(*b*) the amount has been agreed upon or judicial action on the right has been commenced. As far as judicial action is concerned, the law of the forum shall determine the contingencies upon which the three months period may be interrupted or suspended.

(5) This Article shall apply notwithstanding the provisions of Article I, paragraph (2).

Article V

The priority of a right mentioned in Article I, paragraph (1) (*d*), extends to all sums thereby secured. However, the amount of interest included shall not exceed that accrued during the three years prior to the execution proceedings together with that accrued during the execution proceedings.

Article VI

In case of attachment or sale of an aircraft in execution, or of any right therein, the Contracting States shall not be obliged to recognise, as against the attaching or executing creditor or against the purchaser, any right mentioned in Article I, paragraph (1), or the transfer of any such right, if constituted or effected with knowledge of the sale or execution proceedings by the person against whom the proceedings are directed.

Article VII

(1) The proceedings of a sale of an aircraft in execution shall be determined by the law of the Contracting State where the sale takes place.

(2) The following provisions shall however be observed :

(*a*) The date and place of the sale shall be fixed at least six weeks in advance.

(*b*) The executing creditor shall supply to the Court or other competent authority a certified extract of the recordings concerning the aircraft. He shall give public notice of the sale at the place where the aircraft is registered as to nationality, in accordance with the law there applicable, at least one month before the day fixed, and shall concurrently notify by registered letter, if possible by air mail, the recorded owner and the holders of recorded rights in the aircraft and of rights noted on the record under Article IV, paragraph (3), according to their addresses as shown on the record.

(3) The consequences of failure to observe the requirements of paragraph (2) shall be as provided by the law of the Contracting State where the sale takes place. However, any sale taking place in contravention of the requirements of that paragraph may be annulled upon demand made within six months from the date of the sale by any person suffering damage as the result of such contravention.

(4) No sale in execution can be effected unless all rights having priority over the claim of the executing creditor in accordance with this Convention which are established before the competent authority, are covered by the proceeds of sale or assumed by the purchaser.

(5) When injury or damage is caused to persons or property on the surface of the Contracting State where the execution sale takes place, by any aircraft subject to any right referred to in Article I held as security for an indebtedness, unless adequate and effective insurance by a State or an insurance undertaking in any State has been provided by or on behalf of the operator to cover such injury or damage, the national law of such Contracting State may provide in case of the seizure of such aircraft or any other aircraft owned by the same person and encumbered with any similar right held by the same creditor :

(*a*) that the provisions of paragraph (4) above shall have no effect with regard to the person suffering such injury or damage or his representative if he is an executing creditor ;

(*b*) that any right referred to in Article I held as security for an indebtedness encumbering the aircraft may not be set up against any person suffering such injury or damage or his representative in excess of an amount equal to 80 % of the sale price.

In the absence of other limit established by the law of the Contracting State where the execution sale takes place, the insurance shall be considered adequate within the meaning of the present paragraph if the amount of the insurance corresponds to the value when new of the aircraft seized in execution.

(6) Costs legally chargeable under the law of the Contracting State where the sale takes place, which are incurred in the common interest of creditors in the course of execution proceedings leading to sale, shall be paid out of the proceeds of sale before any claims, including those given preference by Article IV.

Article VIII

Sale of an aircraft in execution in conformity with the provisions of Article VII shall effect the transfer of the property in such aircraft free from all rights which are not assumed by the purchaser.

Article IX

Except in the case of a sale in execution in conformity with the provisions of Article VII, no transfer of an aircraft from the nationality register or the record of a Contracting State to that of another Contracting State shall be made, unless all holders of recorded rights have been satisfied or consent to the transfer.

Article X

(1) If a recorded right in an aircraft of the nature specified in Article I, and held as security for the payment of an indebtedness, extends, in conformity with the law of the Contracting State where the aircraft is registered, to spare parts stored in a specified place or places, such right shall be recognised by all Contracting States, as long as the spare parts remain in the place or places specified, provided that an appropriate public notice, specifying the description of the right, the name and address of the holder of this right and the record in which such right is recorded, is exhibited at the place where the spare parts are located, so as to give due notification to third parties that such spare parts are encumbered.

(2) A statement indicating the character and the approximate number of such spare parts shall be annexed to or included in the recorded document. Such parts may be replaced by similar parts without affecting the right of the creditor.

(3) The provisions of Article VII, paragraphs (1) and (4), and of Article VIII shall apply to a sale of spare parts in execution. However, where the executing creditor is an unsecured creditor, paragraph 4 of Article VII in its application to such a sale shall be construed so as to permit the sale to take place if a bid is received in an amount not less than two-thirds of the value of the spare parts as determined by experts appointed by the authority responsible for the sale. Further, in the distribution of the proceeds of sale, the competent authority may, in order to provide for the claim of the executing creditor, limit the amount payable to holders of prior rights to two-thirds of such proceeds of sale after payment of the costs referred to in Article VII, paragraph (6).

(4) For the purpose of this Article the term "spare parts" means parts of aircraft, engines, propellers, radio apparatus, instruments, appliances, furnishings,

parts of any of the foregoing, and generally any other articles of whatever description maintained for installation in aircraft in substitution for parts or articles removed.

Article XI

(1) The provisions of this Convention shall in each Contracting State apply to all aircraft registered as to nationality in another Contracting State.

(2) Each Contracting State shall also apply to aircraft there registered as to nationality :

(*a*) The provisions of Articles II, III, IX, and

(*b*) The provisions of Article IV, unless the salvage or preservation operations have been terminated within its own territory.

Article XII

Nothing in this Convention shall prejudice the right of any Contracting State to enforce against an aircraft its national laws relating to immigration, customs or air navigation.

Article XIII

This Convention shall not apply to aircraft used in military, customs or police services.

Article XIV

For the purpose of this Convention, the competent judicial and administrative authorities of the Contracting States may, subject to any contrary provision in their national law, correspond directly with each other.

Article XV

The Contracting States shall take such measures as are necessary for the fulfilment of the provisions of this Convention and shall forthwith inform the Secretary General of the International Civil Aviation Organization of these measures.

Article XVI

For the purposes of this Convention the term "aircraft" shall include the airframe, engines, propellers, radio apparatus, and all other articles intended for use in the aircraft whether installed therein or temporarily separated therefrom.

Article XVII

If a separate register of aircraft for purposes of nationality is maintained in any territory for whose foreign relations a Contracting State is responsible, references in this Convention to the law of the Contracting State shall be construed as references to the law of that territory.

Article XVIII

This Convention shall remain open for signature until it comes into force in accordance with the provisions of Article XX.

Article XIX

(1) This Convention shall be subject to ratification by the signatory States.

(2) The instruments of ratification shall be deposited in the archives of the International Civil Aviation Organization, which shall give notice of the date of deposit to each of the signatory and adhering States.

Article XX

(1) As soon as two of the signatory States have deposited their instruments of ratification of this Convention, it shall come into force between them on the ninetieth day after the date of the deposit of the second instrument of ratification. It shall come into force, for each State which deposits its instrument of ratification after that date, on the ninetieth day after the deposit of its instrument of ratification.

(2) The International Civil Aviation Organization shall give notice to each signatory State of the date on which this Convention comes into force.

(3) As soon as this Convention comes into force, it shall be registered with the United Nations by the Secretary General of the International Civil Aviation Organization.

Article XXI

(1) This Convention shall, after it has come into force, be open for adherence by non-signatory States.

(2) Adherence shall be effected by the deposit of an instrument of adherence in the archives of the International Civil Aviation Organization, which shall give notice of the date of the deposit to each signatory and adhering State.

(3) Adherence shall take effect as from the ninetieth day after the date of the deposit of the instrument of adherence in the archives of the International Civil Aviation Organization.

Article XXII

(1) Any Contracting State may denounce this Convention by notification of denunciation to the International Civil Aviation Organization, which shall give notice of the date of receipt of such notification to each signatory and adhering State.

(2) Denunciation shall take effect six months after the date of receipt by the International Civil Aviation Organization of the notification of denunciation.

Article XXIII

(1) Any State may at the time of deposit of its instrument of ratification or adherence, declare that its acceptance of this Convention does not apply to any one or more of the territories for the foreign relations of which such State is responsible.

(2) The International Civil Aviation Organization shall give notice of any such declaration to each signatory and adhering State.

(3) With the exception of territories in respect of which a declaration has been made in accordance with paragraph (1) of this Article, this Convention shall apply to all territories for the foreign relations of which a Contracting State is responsible.

(4) Any State may adhere to this Convention separately on behalf of all or any of the territories regarding which it has made a declaration in accordance with paragraph (1) of this Article and the provisions of paragraphs (2) and (3) of Article XXI shall apply to such adherence.

(5) Any Contracting State may denounce this Convention, in accordance with the provisions of Article XXII, separately for all or any of the territories for the foreign relations of which such State is responsible.

IN WITNESS WHEREOF the undersigned Plenipotentiaries, having been duly authorized, have signed this Convention.

DONE at Geneva, on the nineteenth day of the month of June of the year one thousand nine hundred and forty-eight in the English, French and Spanish languages, each text being of equal authenticity.

This Convention shall be deposited in the archives of the International Civil Aviation Organization where, in accordance with Article XVIII, it shall remain open for signature.

CONVENTION

ON INTERNATIONAL INTERESTS IN MOBILE EQUIPMENT

THE STATES PARTIES TO THIS CONVENTION,

AWARE of the need to acquire and use mobile equipment of high value or particular economic significance and to facilitate the financing of the acquisition and use of such equipment in an efficient manner,

RECOGNISING the advantages of asset-based financing and leasing for this purpose and desiring to facilitate these types of transaction by establishing clear rules to govern them,

MINDFUL of the need to ensure that interests in such equipment are recognised and protected universally,

DESIRING to provide broad and mutual economic benefits for all interested parties,

BELIEVING that such rules must reflect the principles underlying asset-based financing and leasing and promote the autonomy of the parties necessary in these transactions,

CONSCIOUS of the need to establish a legal framework for international interests in such equipment and for that purpose to create an international registration system for their protection,

TAKING INTO CONSIDERATION the objectives and principles enunciated in existing Conventions relating to such equipment,

HAVE AGREED upon the following provisions:

Chapter I

Sphere of application and general provisions

Article 1 — Definitions

In this Convention, except where the context otherwise requires, the following terms are employed with the meanings set out below:

(a) "agreement" means a security agreement, a title reservation agreement or a leasing agreement;

(b) "assignment" means a contract which, whether by way of security or otherwise, confers on the assignee associated rights with or without a transfer of the related international interest;

(c) "associated rights" means all rights to payment or other performance by a debtor under an agreement which are secured by or associated with the object;

(d) "commencement of the insolvency proceedings" means the time at which the insolvency proceedings are deemed to commence under the applicable insolvency law;

(e) "conditional buyer" means a buyer under a title reservation agreement;

(f) "conditional seller" means a seller under a title reservation agreement;

(g) "contract of sale" means a contract for the sale of an object by a seller to a buyer which is not an agreement as defined in (a) above;

(h) "court" means a court of law or an administrative or arbitral tribunal established by a Contracting State;

(i) "creditor" means a chargee under a security agreement, a conditional seller under a title reservation agreement or a lessor under a leasing agreement;

(j) "debtor" means a chargor under a security agreement, a conditional buyer under a title reservation agreement, a lessee under a leasing agreement or a person whose interest in an object is burdened by a registrable non-consensual right or interest;

(k) "insolvency administrator" means a person authorised to administer the reorganisation or liquidation, including one authorised on an interim basis, and includes a debtor in possession if permitted by the applicable insolvency law;

(l) "insolvency proceedings" means bankruptcy, liquidation or other collective judicial or administrative proceedings, including interim proceedings, in which the assets and affairs of the debtor are subject to control or supervision by a court for the purposes of reorganisation or liquidation;

(m) "interested persons" means:

(i) the debtor;

(ii) any person who, for the purpose of assuring performance of any of the obligations in favour of the creditor, gives or issues a suretyship or demand guarantee or a standby letter of credit or any other form of credit insurance;

(iii) any other person having rights in or over the object;

(n) "internal transaction" means a transaction of a type listed in Article 2(2)(a) to (c) where the centre of the main interests of all parties to such transaction is situated, and the relevant object located (as specified in the Protocol), in the same Contracting State at the time of the conclusion of the contract and where the interest created by the transaction has been registered in a national registry in that Contracting State which has made a declaration under Article 50(1);

(o) "international interest" means an interest held by a creditor to which Article 2 applies;

(p) "International Registry" means the international registration facilities established for the purposes of this Convention or the Protocol;

(q) "leasing agreement" means an agreement by which one person (the lessor) grants a right to possession or control of an object (with or without an option to purchase) to another person (the lessee) in return for a rental or other payment;

(r) "national interest" means an interest held by a creditor in an object and created by an internal transaction covered by a declaration under Article 50(1);

(s) "non-consensual right or interest" means a right or interest conferred under the law of a Contracting State which has made a declaration under Article 39 to secure the performance of an obligation, including an obligation to a State, State entity or an intergovernmental or private organisation;

(t) "notice of a national interest" means notice registered or to be registered in the International Registry that a national interest has been created;

(u) "object" means an object of a category to which Article 2 applies;

(v) "pre-existing right or interest" means a right or interest of any kind in or over an object created or arising before the effective date of this Convention as defined by Article 60(2)(a);

(w) "proceeds" means money or non-money proceeds of an object arising from the total or partial loss or physical destruction of the object or its total or partial confiscation, condemnation or requisition;

(x) "prospective assignment" means an assignment that is intended to be made in the future, upon the occurrence of a stated event, whether or not the occurrence of the event is certain;

(y) "prospective international interest" means an interest that is intended to be created or provided for in an object as an international interest in the future, upon the occurrence of a stated event (which may include the debtor's acquisition of an interest in the object), whether or not the occurrence of the event is certain;

(z) "prospective sale" means a sale which is intended to be made in the future, upon the occurrence of a stated event, whether or not the occurrence of the event is certain;

(aa) "Protocol" means, in respect of any category of object and associated rights to which this Convention applies, the Protocol in respect of that category of object and associated rights;

(bb) "registered" means registered in the International Registry pursuant to Chapter V;

(cc) “registered interest” means an international interest, a registrable non-consensual right or interest or a national interest specified in a notice of a national interest registered pursuant to Chapter V;

(dd) “registrable non-consensual right or interest” means a non-consensual right or interest registrable pursuant to a declaration deposited under Article 40;

(ee) “Registrar” means, in respect of the Protocol, the person or body designated by that Protocol or appointed under Article 17(2)(b);

(ff) “regulations” means regulations made or approved by the Supervisory Authority pursuant to the Protocol;

(gg) “sale” means a transfer of ownership of an object pursuant to a contract of sale;

(hh) “secured obligation” means an obligation secured by a security interest;

(ii) “security agreement” means an agreement by which a chargor grants or agrees to grant to a chargee an interest (including an ownership interest) in or over an object to secure the performance of any existing or future obligation of the chargor or a third person;

(jj) “security interest” means an interest created by a security agreement;

(kk) “Supervisory Authority” means, in respect of the Protocol, the Supervisory Authority referred to in Article 17(1);

(ll) “title reservation agreement” means an agreement for the sale of an object on terms that ownership does not pass until fulfilment of the condition or conditions stated in the agreement;

(mm) “unregistered interest” means a consensual interest or non-consensual right or interest (other than an interest to which Article 39 applies) which has not been registered, whether or not it is registrable under this Convention; and

(nn) “writing” means a record of information (including information communicated by teletransmission) which is in tangible or other form and is capable of being reproduced in tangible form on a subsequent occasion and which indicates by reasonable means a person’s approval of the record.

Article 2 — The international interest

1. This Convention provides for the constitution and effects of an international interest in certain categories of mobile equipment and associated rights.

2. For the purposes of this Convention, an international interest in mobile equipment is an interest, constituted under Article 7, in a uniquely identifiable object of a category of such objects listed in paragraph 3 and designated in the Protocol:

(a) granted by the chargor under a security agreement;

(b) vested in a person who is the conditional seller under a title reservation agreement; or

(c) vested in a person who is the lessor under a leasing agreement.

An interest falling within sub-paragraph (a) does not also fall within sub-paragraph (b) or (c).

3. The categories referred to in the preceding paragraphs are:

(a) airframes, aircraft engines and helicopters;

(b) railway rolling stock; and

(c) space assets.

4. The applicable law determines whether an interest to which paragraph 2 applies falls within sub-paragraph (a), (b) or (c) of that paragraph.

5. An international interest in an object extends to proceeds of that object.

Article 3 — Sphere of application

1. This Convention applies when, at the time of the conclusion of the agreement creating or providing for the international interest, the debtor is situated in a Contracting State.

2. The fact that the creditor is situated in a non-Contracting State does not affect the applicability of this Convention.

Article 4 — Where debtor is situated

1. For the purposes of Article 3(1), the debtor is situated in any Contracting State:

(a) under the law of which it is incorporated or formed;

(b) where it has its registered office or statutory seat;

(c) where it has its centre of administration; or

(d) where it has its place of business.

2. A reference in sub-paragraph (d) of the preceding paragraph to the debtor's place of business shall, if it has more than one place of business, mean its principal place of business or, if it has no place of business, its habitual residence.

Article 5 — Interpretation and applicable law

1. In the interpretation of this Convention, regard is to be had to its purposes as set forth in the preamble, to its international character and to the need to promote uniformity and predictability in its application.

2. Questions concerning matters governed by this Convention which are not expressly settled in it are to be settled in conformity with the general principles on which it is based or, in the absence of such principles, in conformity with the applicable law.

3. References to the applicable law are to the domestic rules of the law applicable by virtue of the rules of private international law of the forum State.

4. Where a State comprises several territorial units, each of which has its own rules of law in respect of the matter to be decided, and where there is no indication of the relevant territorial unit, the law of that State decides which is the territorial unit whose rules shall govern. In the absence of any such rule, the law of the territorial unit with which the case is most closely connected shall apply.

Article 6 — Relationship between the Convention and the Protocol

1. This Convention and the Protocol shall be read and interpreted together as a single instrument.

2. To the extent of any inconsistency between this Convention and the Protocol, the Protocol shall prevail.

Chapter II

Constitution of an international interest

Article 7 — Formal requirements

An interest is constituted as an international interest under this Convention where the agreement creating or providing for the interest:

(a) is in writing;

(b) relates to an object of which the chargor, conditional seller or lessor has power to dispose;

(c) enables the object to be identified in conformity with the Protocol; and

(d) in the case of a security agreement, enables the secured obligations to be determined, but without the need to state a sum or maximum sum secured.

Chapter III

Default remedies

Article 8 — Remedies of chargee

1. In the event of default as provided in Article 11, the chargee may, to the extent that the chargor has at any time so agreed and subject to any declaration that may be made by a Contracting State under Article 54, exercise any one or more of the following remedies:

(a) take possession or control of any object charged to it;

(b) sell or grant a lease of any such object;

(c) collect or receive any income or profits arising from the management or use of any such object.

2. The chargee may alternatively apply for a court order authorising or directing any of the acts referred to in the preceding paragraph.

3. Any remedy set out in sub-paragraph (a), (b) or (c) of paragraph 1 or by Article 13 shall be exercised in a commercially reasonable manner. A remedy shall be deemed to be exercised in a commercially reasonable manner where it is exercised in conformity with a provision of the security agreement except where such a provision is manifestly unreasonable.

4. A chargee proposing to sell or grant a lease of an object under paragraph 1 shall give reasonable prior notice in writing of the proposed sale or lease to:

(a) interested persons specified in Article 1(m)(i) and (ii); and

(b) interested persons specified in Article 1(m)(iii) who have given notice of their rights to the chargee within a reasonable time prior to the sale or lease.

5. Any sum collected or received by the chargee as a result of exercise of any of the remedies set out in paragraph 1 or 2 shall be applied towards discharge of the amount of the secured obligations.

6. Where the sums collected or received by the chargee as a result of the exercise of any remedy set out in paragraph 1 or 2 exceed the amount secured by the security interest and any reasonable costs incurred in the exercise of any such remedy, then unless otherwise ordered by the court the chargee shall distribute the surplus among holders of subsequently ranking interests which have been registered or of which the chargee has been given notice, in order of priority, and pay any remaining balance to the chargor.

Article 9 — Vesting of object in satisfaction; redemption

1. At any time after default as provided in Article 11, the chargee and all the interested persons may agree that ownership of (or any other interest of the chargor in) any object covered by the security interest shall vest in the chargee in or towards satisfaction of the secured obligations.

2. The court may on the application of the chargee order that ownership of (or any other interest of the chargor in) any object covered by the security interest shall vest in the chargee in or towards satisfaction of the secured obligations.

3. The court shall grant an application under the preceding paragraph only if the amount of the secured obligations to be satisfied by such vesting is commensurate with the value of the object after taking account of any payment to be made by the chargee to any of the interested persons.

4. At any time after default as provided in Article 11 and before sale of the charged object or the making of an order under paragraph 2, the chargor or any interested person may discharge the security interest by paying in full the amount secured, subject to any lease granted by the chargee under Article 8(1)(b) or ordered under Article 8(2). Where, after such default, the payment of the amount secured is made in full by an interested person other than the debtor, that person is subrogated to the rights of the chargee.

5. Ownership or any other interest of the chargor passing on a sale under Article 8(1)(b) or passing under paragraph 1 or 2 of this Article is free from any other interest over which the chargee's security interest has priority under the provisions of Article 29.

Article 10 — Remedies of conditional seller or lessor

In the event of default under a title reservation agreement or under a leasing agreement as provided in Article 11, the conditional seller or the lessor, as the case may be, may:

(a) subject to any declaration that may be made by a Contracting State under Article 54, terminate the agreement and take possession or control of any object to which the agreement relates; or

(b) apply for a court order authorising or directing either of these acts.

Article 11 — Meaning of default

1. The debtor and the creditor may at any time agree in writing as to the events that constitute a default or otherwise give rise to the rights and remedies specified in Articles 8 to 10 and 13.

2. Where the debtor and the creditor have not so agreed, "default" for the purposes of Articles 8 to 10 and 13 means a default which substantially deprives the creditor of what it is entitled to expect under the agreement.

Article 12 — Additional remedies

Any additional remedies permitted by the applicable law, including any remedies agreed upon by the parties, may be exercised to the extent that they are not inconsistent with the mandatory provisions of this Chapter as set out in Article 15.

Article 13 — Relief pending final determination

1. Subject to any declaration that it may make under Article 55, a Contracting State shall ensure that a creditor who adduces evidence of default by the debtor may, pending final determination of its claim and to the extent that the debtor has at any time so agreed, obtain from a court speedy relief in the form of such one or more of the following orders as the creditor requests:

(a) preservation of the object and its value;

(b) possession, control or custody of the object;

(c) immobilisation of the object; and

(d) lease or, except where covered by sub-paragraphs (a) to (c), management of the object and the income therefrom.

2. In making any order under the preceding paragraph, the court may impose such terms as it considers necessary to protect the interested persons in the event that the creditor:

(a) in implementing any order granting such relief, fails to perform any of its obligations to the debtor under this Convention or the Protocol; or

(b) fails to establish its claim, wholly or in part, on the final determination of that claim.

3. Before making any order under paragraph 1, the court may require notice of the request to be given to any of the interested persons.

4. Nothing in this Article affects the application of Article 8(3) or limits the availability of forms of interim relief other than those set out in paragraph 1.

Article 14 — Procedural requirements

Subject to Article 54(2), any remedy provided by this Chapter shall be exercised in conformity with the procedure prescribed by the law of the place where the remedy is to be exercised.

Article 15 — Derogation

In their relations with each other, any two or more of the parties referred to in this Chapter may at any time, by agreement in writing, derogate from or vary the effect of any of the preceding provisions of this Chapter except Articles 8(3) to (6), 9(3) and (4), 13(2) and 14.

Chapter IV

The international registration system

Article 16 — The International Registry

1. An International Registry shall be established for registrations of:

   (a) international interests, prospective international interests and registrable non-consensual rights and interests;

   (b) assignments and prospective assignments of international interests;

   (c) acquisitions of international interests by legal or contractual subrogations under the applicable law;

   (d) notices of national interests; and

   (e) subordinations of interests referred to in any of the preceding sub-paragraphs.

2. Different international registries may be established for different categories of object and associated rights.

3. For the purposes of this Chapter and Chapter V, the term "registration" includes, where appropriate, an amendment, extension or discharge of a registration.

Article 17 — The Supervisory Authority and the Registrar

1. There shall be a Supervisory Authority as provided by the Protocol.

2. The Supervisory Authority shall:

   (a) establish or provide for the establishment of the International Registry;

   (b) except as otherwise provided by the Protocol, appoint and dismiss the Registrar;

(c) ensure that any rights required for the continued effective operation of the International Registry in the event of a change of Registrar will vest in or be assignable to the new Registrar;

(d) after consultation with the Contracting States, make or approve and ensure the publication of regulations pursuant to the Protocol dealing with the operation of the International Registry;

(e) establish administrative procedures through which complaints concerning the operation of the International Registry can be made to the Supervisory Authority;

(f) supervise the Registrar and the operation of the International Registry;

(g) at the request of the Registrar, provide such guidance to the Registrar as the Supervisory Authority thinks fit;

(h) set and periodically review the structure of fees to be charged for the services and facilities of the International Registry;

(i) do all things necessary to ensure that an efficient notice-based electronic registration system exists to implement the objectives of this Convention and the Protocol; and

(j) report periodically to Contracting States concerning the discharge of its obligations under this Convention and the Protocol.

3. The Supervisory Authority may enter into any agreement requisite for the performance of its functions, including any agreement referred to in Article 27(3).

4. The Supervisory Authority shall own all proprietary rights in the data bases and archives of the International Registry.

5. The Registrar shall ensure the efficient operation of the International Registry and perform the functions assigned to it by this Convention, the Protocol and the regulations.

Chapter V

Other matters relating to registration

Article 18 — Registration requirements

1. The Protocol and regulations shall specify the requirements, including the criteria for the identification of the object:

(a) for effecting a registration (which shall include provision for prior electronic transmission of any consent from any person whose consent is required under Article 20);

(b) for making searches and issuing search certificates, and, subject thereto;

(c) for ensuring the confidentiality of information and documents of the International Registry other than information and documents relating to a registration.

2. The Registrar shall not be under a duty to enquire whether a consent to registration under Article 20 has in fact been given or is valid.

3. Where an interest registered as a prospective international interest becomes an international interest, no further registration shall be required provided that the registration information is sufficient for a registration of an international interest.

4. The Registrar shall arrange for registrations to be entered into the International Registry data base and made searchable in chronological order of receipt, and the file shall record the date and time of receipt.

5. The Protocol may provide that a Contracting State may designate an entity or entities in its territory as the entry point or entry points through which the information required for registration shall or may be transmitted to the International Registry. A Contracting State making such a designation may specify the requirements, if any, to be satisfied before such information is transmitted to the International Registry.

Article 19 — Validity and time of registration

1. A registration shall be valid only if made in conformity with Article 20.

2. A registration, if valid, shall be complete upon entry of the required information into the International Registry data base so as to be searchable.

3. A registration shall be searchable for the purposes of the preceding paragraph at the time when:

(a) the International Registry has assigned to it a sequentially ordered file number; and

(b) the registration information, including the file number, is stored in durable form and may be accessed at the International Registry.

4. If an interest first registered as a prospective international interest becomes an international interest, that international interest shall be treated as registered from the time of registration of the prospective international interest provided that the registration was still current immediately before the international interest was constituted as provided by Article 7.

5. The preceding paragraph applies with necessary modifications to the registration of a prospective assignment of an international interest.

6. A registration shall be searchable in the International Registry data base according to the criteria prescribed by the Protocol.

Article 20 — Consent to registration

1. An international interest, a prospective international interest or an assignment or prospective assignment of an international interest may be registered, and any such registration amended or extended prior to its expiry, by either party with the consent in writing of the other.

2. The subordination of an international interest to another international interest may be registered by or with the consent in writing at any time of the person whose interest has been subordinated.

3. A registration may be discharged by or with the consent in writing of the party in whose favour it was made.

4. The acquisition of an international interest by legal or contractual subrogation may be registered by the subrogee.

5. A registrable non-consensual right or interest may be registered by the holder thereof.

6. A notice of a national interest may be registered by the holder thereof.

Article 21 — Duration of registration

Registration of an international interest remains effective until discharged or until expiry of the period specified in the registration.

Article 22 — Searches

1. Any person may, in the manner prescribed by the Protocol and regulations, make or request a search of the International Registry by electronic means concerning interests or prospective international interests registered therein.

2. Upon receipt of a request therefor, the Registrar, in the manner prescribed by the Protocol and regulations, shall issue a registry search certificate by electronic means with respect to any object:

(a) stating all registered information relating thereto, together with a statement indicating the date and time of registration of such information; or

(b) stating that there is no information in the International Registry relating thereto.

3. A search certificate issued under the preceding paragraph shall indicate that the creditor named in the registration information has acquired or intends to acquire an international interest in the object but shall not indicate whether what is registered is an international interest or a prospective international interest, even if this is ascertainable from the relevant registration information.

Article 23 — List of declarations and declared non-consensual rights or interests

The Registrar shall maintain a list of declarations, withdrawals of declaration and of the categories of non-consensual right or interest communicated to the Registrar by the Depositary as having been declared by Contracting States in conformity with Articles 39 and 40 and the date of each such declaration or withdrawal of declaration. Such list shall be recorded and searchable in the name of the declaring State and shall be made available as provided in the Protocol and regulations to any person requesting it.

Article 24 — Evidentiary value of certificates

A document in the form prescribed by the regulations which purports to be a certificate issued by the International Registry is prima facie proof:

(a) that it has been so issued; and

(b) of the facts recited in it, including the date and time of a registration.

Article 25 — Discharge of registration

1. Where the obligations secured by a registered security interest or the obligations giving rise to a registered non-consensual right or interest have been discharged, or where the conditions of transfer of title under a registered title reservation agreement have been fulfilled, the holder of such interest shall, without undue delay, procure the discharge of the registration after written demand by the debtor delivered to or received at its address stated in the registration.

2. Where a prospective international interest or a prospective assignment of an international interest has been registered, the intending creditor or intending assignee shall, without undue delay, procure the discharge of the registration after written demand by the intending debtor or assignor which is delivered to or received at its address stated in the registration before the intending creditor or assignee has given value or incurred a commitment to give value.

3. Where the obligations secured by a national interest specified in a registered notice of a national interest have been discharged, the holder of such interest shall, without undue delay, procure the discharge of the registration after written demand by the debtor delivered to or received at its address stated in the registration.

4. Where a registration ought not to have been made or is incorrect, the person in whose favour the registration was made shall, without undue delay, procure its discharge or amendment after written demand by the debtor delivered to or received at its address stated in the registration.

Article 26 — Access to the international registration facilities

No person shall be denied access to the registration and search facilities of the International Registry on any ground other than its failure to comply with the procedures prescribed by this Chapter.

Chapter VI

Privileges and immunities of the Supervisory Authority and the Registrar

Article 27 — Legal personality; immunity

1. The Supervisory Authority shall have international legal personality where not already possessing such personality.

2. The Supervisory Authority and its officers and employees shall enjoy such immunity from legal or administrative process as is specified in the Protocol.

3. (a) The Supervisory Authority shall enjoy exemption from taxes and such other privileges as may be provided by agreement with the host State.

   (b) For the purposes of this paragraph, "host State" means the State in which the Supervisory Authority is situated.

4. The assets, documents, data bases and archives of the International Registry shall be inviolable and immune from seizure or other legal or administrative process.

5. For the purposes of any claim against the Registrar under Article 28(1) or Article 44, the claimant shall be entitled to access to such information and documents as are necessary to enable the claimant to pursue its claim.

6. The Supervisory Authority may waive the inviolability and immunity conferred by paragraph 4.

Chapter VII

Liability of the Registrar

Article 28 — Liability and financial assurances

1. The Registrar shall be liable for compensatory damages for loss suffered by a person directly resulting from an error or omission of the Registrar and its officers and employees or from a malfunction of the international registration system except where the malfunction is caused by an event of an inevitable and irresistible nature, which could not be prevented by using the best practices in current use in the field of electronic registry design and operation, including those related to back-up and systems security and networking.

2. The Registrar shall not be liable under the preceding paragraph for factual inaccuracy of registration information received by the Registrar or transmitted by the Registrar in the form in which it

received that information nor for acts or circumstances for which the Registrar and its officers and employees are not responsible and arising prior to receipt of registration information at the International Registry.

3. Compensation under paragraph 1 may be reduced to the extent that the person who suffered the damage caused or contributed to that damage.

4. The Registrar shall procure insurance or a financial guarantee covering the liability referred to in this Article to the extent determined by the Supervisory Authority, in accordance with the Protocol.

Chapter VIII

Effects of an international interest as against third parties

Article 29 — Priority of competing interests

1. A registered interest has priority over any other interest subsequently registered and over an unregistered interest.

2. The priority of the first-mentioned interest under the preceding paragraph applies:

(a) even if the first-mentioned interest was acquired or registered with actual knowledge of the other interest; and

(b) even as regards value given by the holder of the first-mentioned interest with such knowledge.

3. The buyer of an object acquires its interest in it:

(a) subject to an interest registered at the time of its acquisition of that interest; and

(b) free from an unregistered interest even if it has actual knowledge of such an interest.

4. The conditional buyer or lessee acquires its interest in or right over that object:

(a) subject to an interest registered prior to the registration of the international interest held by its conditional seller or lessor; and

(b) free from an interest not so registered at that time even if it has actual knowledge of that interest.

5. The priority of competing interests or rights under this Article may be varied by agreement between the holders of those interests, but an assignee of a subordinated interest is not bound by an agreement to subordinate that interest unless at the time of the assignment a subordination had been registered relating to that agreement.

6. Any priority given by this Article to an interest in an object extends to proceeds.

7. This Convention:

(a) does not affect the rights of a person in an item, other than an object, held prior to its installation on an object if under the applicable law those rights continue to exist after the installation; and

(b) does not prevent the creation of rights in an item, other than an object, which has previously been installed on an object where under the applicable law those rights are created.

Article 30 — Effects of insolvency

1. In insolvency proceedings against the debtor an international interest is effective if prior to the commencement of the insolvency proceedings that interest was registered in conformity with this Convention.

2. Nothing in this Article impairs the effectiveness of an international interest in the insolvency proceedings where that interest is effective under the applicable law.

3. Nothing in this Article affects:

(a) any rules of law applicable in insolvency proceedings relating to the avoidance of a transaction as a preference or a transfer in fraud of creditors; or

(b) any rules of procedure relating to the enforcement of rights to property which is under the control or supervision of the insolvency administrator.

Chapter IX

Assignments of associated rights and international interests; rights of subrogation

Article 31 — Effects of assignment

1. Except as otherwise agreed by the parties, an assignment of associated rights made in conformity with Article 32 also transfers to the assignee:

(a) the related international interest; and

(b) all the interests and priorities of the assignor under this Convention.

2. Nothing in this Convention prevents a partial assignment of the assignor's associated rights. In the case of such a partial assignment the assignor and assignee may agree as to their respective rights

concerning the related international interest assigned under the preceding paragraph but not so as adversely to affect the debtor without its consent.

3. Subject to paragraph 4, the applicable law shall determine the defences and rights of set-off available to the debtor against the assignee.

4. The debtor may at any time by agreement in writing waive all or any of the defences and rights of set-off referred to in the preceding paragraph other than defences arising from fraudulent acts on the part of the assignee.

5. In the case of an assignment by way of security, the assigned associated rights revest in the assignor, to the extent that they are still subsisting, when the obligations secured by the assignment have been discharged.

Article 32 — Formal requirements of assignment

1. An assignment of associated rights transfers the related international interest only if it:

(a) is in writing;

(b) enables the associated rights to be identified under the contract from which they arise; and

(c) in the case of an assignment by way of security, enables the obligations secured by the assignment to be determined in accordance with the Protocol but without the need to state a sum or maximum sum secured.

2. An assignment of an international interest created or provided for by a security agreement is not valid unless some or all related associated rights also are assigned.

3. This Convention does not apply to an assignment of associated rights which is not effective to transfer the related international interest.

Article 33 — Debtor's duty to assignee

1. To the extent that associated rights and the related international interest have been transferred in accordance with Articles 31 and 32, the debtor in relation to those rights and that interest is bound by the assignment and has a duty to make payment or give other performance to the assignee, if but only if:

(a) the debtor has been given notice of the assignment in writing by or with the authority of the assignor; and

(b) the notice identifies the associated rights.

2. Irrespective of any other ground on which payment or performance by the debtor discharges the latter from liability, payment or performance shall be effective for this purpose if made in accordance with the preceding paragraph.

3. Nothing in this Article shall affect the priority of competing assignments.

Article 34 — Default remedies in respect of assignment by way of security

In the event of default by the assignor under the assignment of associated rights and the related international interest made by way of security, Articles 8, 9 and 11 to 14 apply in the relations between the assignor and the assignee (and, in relation to associated rights, apply in so far as those provisions are capable of application to intangible property) as if references:

(a) to the secured obligation and the security interest were references to the obligation secured by the assignment of the associated rights and the related international interest and the security interest created by that assignment;

(b) to the chargee or creditor and chargor or debtor were references to the assignee and assignor;

(c) to the holder of the international interest were references to the assignee; and

(d) to the object were references to the assigned associated rights and the related international interest.

Article 35 — Priority of competing assignments

1. Where there are competing assignments of associated rights and at least one of the assignments includes the related international interest and is registered, the provisions of Article 29 apply as if the references to a registered interest were references to an assignment of the associated rights and the related registered interest and as if references to a registered or unregistered interest were references to a registered or unregistered assignment.

2. Article 30 applies to an assignment of associated rights as if the references to an international interest were references to an assignment of the associated rights and the related international interest.

Article 36 — Assignee's priority with respect to associated rights

1. The assignee of associated rights and the related international interest whose assignment has been registered only has priority under Article 35(1) over another assignee of the associated rights:

(a) if the contract under which the associated rights arise states that they are secured by or associated with the object; and

(b) to the extent that the associated rights are related to an object.

2. For the purposes of sub-paragraph (b) of the preceding paragraph, associated rights are related to an object only to the extent that they consist of rights to payment or performance that relate to:

(a) a sum advanced and utilised for the purchase of the object;

(b) a sum advanced and utilised for the purchase of another object in which the assignor held another international interest if the assignor transferred that interest to the assignee and the assignment has been registered;

(c) the price payable for the object;

(d) the rentals payable in respect of the object; or

(e) other obligations arising from a transaction referred to in any of the preceding sub-paragraphs.

3. In all other cases, the priority of the competing assignments of the associated rights shall be determined by the applicable law.

Article 37 — Effects of assignor's insolvency

The provisions of Article 30 apply to insolvency proceedings against the assignor as if references to the debtor were references to the assignor.

Article 38 — Subrogation

1. Subject to paragraph 2, nothing in this Convention affects the acquisition of associated rights and the related international interest by legal or contractual subrogation under the applicable law.

2. The priority between any interest within the preceding paragraph and a competing interest may be varied by agreement in writing between the holders of the respective interests but an assignee of a subordinated interest is not bound by an agreement to subordinate that interest unless at the time of the assignment a subordination had been registered relating to that agreement.

Chapter X

Rights or interests subject to declarations by Contracting States

Article 39 — Rights having priority without registration

1. A Contracting State may at any time, in a declaration deposited with the Depositary of the Protocol declare, generally or specifically:

(a) those categories of non-consensual right or interest (other than a right or interest to which Article 40 applies) which under that State's law have priority over an interest in an object equivalent to that of the holder of a registered international interest and which shall have priority over a registered international interest, whether in or outside insolvency proceedings; and

(b) that nothing in this Convention shall affect the right of a State or State entity, intergovernmental organisation or other private provider of public services to arrest or detain an object under the laws of that State for payment of amounts owed to such entity, organisation or provider directly relating to those services in respect of that object or another object.

2. A declaration made under the preceding paragraph may be expressed to cover categories that are created after the deposit of that declaration.

3. A non-consensual right or interest has priority over an international interest if and only if the former is of a category covered by a declaration deposited prior to the registration of the international interest.

4. Notwithstanding the preceding paragraph, a Contracting State may, at the time of ratification, acceptance, approval of, or accession to the Protocol, declare that a right or interest of a category covered by a declaration made under sub-paragraph (a) of paragraph 1 shall have priority over an international interest registered prior to the date of such ratification, acceptance, approval or accession.

Article 40 — Registrable non-consensual rights or interests

A Contracting State may at any time in a declaration deposited with the Depositary of the Protocol list the categories of non-consensual right or interest which shall be registrable under this Convention as regards any category of object as if the right or interest were an international interest and shall be regulated accordingly. Such a declaration may be modified from time to time.

Chapter XI

Application of the Convention to sales

Article 41 — Sale and prospective sale

This Convention shall apply to the sale or prospective sale of an object as provided for in the Protocol with any modifications therein.

Chapter XII

Jurisdiction

Article 42 — Choice of forum

1. Subject to Articles 43 and 44, the courts of a Contracting State chosen by the parties to a transaction have jurisdiction in respect of any claim brought under this Convention, whether or not the chosen forum has a connection with the parties or the transaction. Such jurisdiction shall be exclusive unless otherwise agreed between the parties.

2. Any such agreement shall be in writing or otherwise concluded in accordance with the formal requirements of the law of the chosen forum.

Article 43 — Jurisdiction under Article 13

1. The courts of a Contracting State chosen by the parties and the courts of the Contracting State on the territory of which the object is situated have jurisdiction to grant relief under Article 13(1)(a), (b), (c) and Article 13(4) in respect of that object.

2. Jurisdiction to grant relief under Article 13(1)(d) or other interim relief by virtue of Article 13(4) may be exercised either:

(a) by the courts chosen by the parties; or

(b) by the courts of a Contracting State on the territory of which the debtor is situated, being relief which, by the terms of the order granting it, is enforceable only in the territory of that Contracting State.

3. A court has jurisdiction under the preceding paragraphs even if the final determination of the claim referred to in Article 13(1) will or may take place in a court of another Contracting State or by arbitration.

Article 44 — Jurisdiction to make orders against the Registrar

1. The courts of the place in which the Registrar has its centre of administration shall have exclusive jurisdiction to award damages or make orders against the Registrar.

2. Where a person fails to respond to a demand made under Article 25 and that person has ceased to exist or cannot be found for the purpose of enabling an order to be made against it requiring it to procure discharge of the registration, the courts referred to in the preceding paragraph shall have exclusive jurisdiction, on the application of the debtor or intending debtor, to make an order directed to the Registrar requiring the Registrar to discharge the registration.

3. Where a person fails to comply with an order of a court having jurisdiction under this Convention or, in the case of a national interest, an order of a court of competent jurisdiction requiring that person to procure the amendment or discharge of a registration, the courts referred to in paragraph 1 may direct the Registrar to take such steps as will give effect to that order.

4. Except as otherwise provided by the preceding paragraphs, no court may make orders or give judgments or rulings against or purporting to bind the Registrar.

Article 45 — Jurisdiction in respect of insolvency proceedings

The provisions of this Chapter are not applicable to insolvency proceedings.

Chapter XIII

Relationship with other Conventions

Article 45 *bis* — Relationship with the *United Nations Convention on the Assignment of Receivables in International Trade*

This Convention shall prevail over the *United Nations Convention on the Assignment of Receivables in International Trade*, opened for signature in New York on 12 December 2001, as it relates to the assignment of receivables which are associated rights related to international interests in aircraft objects, railway rolling stock and space assets.

Article 46 — Relationship with the *UNIDROIT Convention on International Financial Leasing*

The Protocol may determine the relationship between this Convention and the *UNIDROIT Convention on International Financial Leasing*, signed at Ottawa on 28 May 1988.

Chapter XIV

Final provisions

Article 47 — Signature, ratification, acceptance, approval or accession

1. This Convention shall be open for signature in Cape Town on 16 November 2001 by States participating in the Diplomatic Conference to Adopt a Mobile Equipment Convention and an Aircraft Protocol held at Cape Town from 29 October to 16 November 2001. After 16 November 2001, the Convention shall be open to all States for signature at the Headquarters of the International Institute for the Unification of Private Law (UNIDROIT) in Rome until it enters into force in accordance with Article 49.

2. This Convention shall be subject to ratification, acceptance or approval by States which have signed it.

3. Any State which does not sign this Convention may accede to it at any time.

4. Ratification, acceptance, approval or accession is effected by the deposit of a formal instrument to that effect with the Depositary.

Article 48 — Regional Economic Integration Organisations

1. A Regional Economic Integration Organisation which is constituted by sovereign States and has competence over certain matters governed by this Convention may similarly sign, accept, approve or accede to this Convention. The Regional Economic Integration Organisation shall in that case have the rights and obligations of a Contracting State, to the extent that that Organisation has competence over matters governed by this Convention. Where the number of Contracting States is relevant in this Convention, the Regional Economic Integration Organisation shall not count as a Contracting State in addition to its Member States which are Contracting States.

2. The Regional Economic Integration Organisation shall, at the time of signature, acceptance, approval or accession, make a declaration to the Depositary specifying the matters governed by this Convention in respect of which competence has been transferred to that Organisation by its Member States. The Regional Economic Integration Organisation shall promptly notify the Depositary of any changes to the distribution of competence, including new transfers of competence, specified in the declaration under this paragraph.

3. Any reference to a "Contracting State" or "Contracting States" or "State Party" or "States Parties" in this Convention applies equally to a Regional Economic Integration Organisation where the context so requires.

Article 49 — Entry into force

1. This Convention enters into force on the first day of the month following the expiration of three months after the date of the deposit of the third instrument of ratification, acceptance, approval or accession but only as regards a category of objects to which a Protocol applies:

(a) as from the time of entry into force of that Protocol;

(b) subject to the terms of that Protocol; and

(c) as between States Parties to this Convention and that Protocol.

2. For other States this Convention enters into force on the first day of the month following the expiration of three months after the date of the deposit of their instrument of ratification, acceptance, approval or accession but only as regards a category of objects to which a Protocol applies and subject, in relation to such Protocol, to the requirements of sub-paragraphs (a), (b) and (c) of the preceding paragraph.

Article 50 — Internal transactions

1. A Contracting State may, at the time of ratification, acceptance, approval of, or accession to the Protocol, declare that this Convention shall not apply to a transaction which is an internal transaction in relation to that State with regard to all types of objects or some of them.

2. Notwithstanding the preceding paragraph, the provisions of Articles 8(4), 9(1), 16, Chapter V, Article 29, and any provisions of this Convention relating to registered interests shall apply to an internal transaction.

3. Where notice of a national interest has been registered in the International Registry, the priority of the holder of that interest under Article 29 shall not be affected by the fact that such interest has become vested in another person by assignment or subrogation under the applicable law.

Article 51 — Future Protocols

1. The Depositary may create working groups, in co-operation with such relevant non-governmental organisations as the Depositary considers appropriate, to assess the feasibility of extending the application of this Convention, through one or more Protocols, to objects of any category of high-value mobile equipment, other than a category referred to in Article 2(3), each member of which is uniquely identifiable, and associated rights relating to such objects.

2. The Depositary shall communicate the text of any preliminary draft Protocol relating to a category of objects prepared by such a working group to all States Parties to this Convention, all member States of the Depositary, member States of the United Nations which are not members of the Depositary and the relevant intergovernmental organisations, and shall invite such States and organisations to participate in intergovernmental negotiations for the completion of a draft Protocol on the basis of such a preliminary draft Protocol.

3. The Depositary shall also communicate the text of any preliminary draft Protocol prepared by such a working group to such relevant non-governmental organisations as the Depositary considers appropriate. Such non-governmental organisations shall be invited promptly to submit comments on the text of the preliminary draft Protocol to the Depositary and to participate as observers in the preparation of a draft Protocol.

4. When the competent bodies of the Depositary adjudge such a draft Protocol ripe for adoption, the Depositary shall convene a diplomatic conference for its adoption.

5. Once such a Protocol has been adopted, subject to paragraph 6, this Convention shall apply to the category of objects covered thereby.

6. Article 45 *bis* of this Convention applies to such a Protocol only if specifically provided for in that Protocol.

Article 52 — Territorial units

1. If a Contracting State has territorial units in which different systems of law are applicable in relation to the matters dealt with in this Convention, it may, at the time of ratification, acceptance, approval or accession, declare that this Convention is to extend to all its territorial units or only to one or more of them and may modify its declaration by submitting another declaration at any time.

2. Any such declaration shall state expressly the territorial units to which this Convention applies.

3. If a Contracting State has not made any declaration under paragraph 1, this Convention shall apply to all territorial units of that State.

4. Where a Contracting State extends this Convention to one or more of its territorial units, declarations permitted under this Convention may be made in respect of each such territorial unit, and the declarations made in respect of one territorial unit may be different from those made in respect of another territorial unit.

5. If by virtue of a declaration under paragraph 1, this Convention extends to one or more territorial units of a Contracting State:

(a) the debtor is considered to be situated in a Contracting State only if it is incorporated or formed under a law in force in a territorial unit to which this Convention applies or if it has its registered office or statutory seat, centre of administration, place of business or habitual residence in a territorial unit to which this Convention applies;

(b) any reference to the location of the object in a Contracting State refers to the location of the object in a territorial unit to which this Convention applies; and

(c) any reference to the administrative authorities in that Contracting State shall be construed as referring to the administrative authorities having jurisdiction in a territorial unit to which this Convention applies.

Article 53 — Determination of courts

A Contracting State may, at the time of ratification, acceptance, approval of, or accession to the Protocol, declare the relevant "court" or "courts" for the purposes of Article 1 and Chapter XII of this Convention.

Article 54 — Declarations regarding remedies

1. A Contracting State may, at the time of ratification, acceptance, approval of, or accession to the Protocol, declare that while the charged object is situated within, or controlled from its territory the chargee shall not grant a lease of the object in that territory.

2. A Contracting State shall, at the time of ratification, acceptance, approval of, or accession to the Protocol, declare whether or not any remedy available to the creditor under any provision of this Convention which is not there expressed to require application to the court may be exercised only with leave of the court.

Article 55 — Declarations regarding relief pending final determination

A Contracting State may, at the time of ratification, acceptance, approval of, or accession to the Protocol, declare that it will not apply the provisions of Article 13 or Article 43, or both, wholly or in part. The declaration shall specify under which conditions the relevant Article will be applied, in case it will be applied partly, or otherwise which other forms of interim relief will be applied.

Article 56 — Reservations and declarations

1. No reservations may be made to this Convention but declarations authorised by Articles 39, 40, 50, 52, 53, 54, 55, 57, 58 and 60 may be made in accordance with these provisions.

2. Any declaration or subsequent declaration or any withdrawal of a declaration made under this Convention shall be notified in writing to the Depositary.

Article 57 — Subsequent declarations

1. A State Party may make a subsequent declaration, other than a declaration authorised under Article 60, at any time after the date on which this Convention has entered into force for it, by notifying the Depositary to that effect.

2. Any such subsequent declaration shall take effect on the first day of the month following the expiration of six months after the date of receipt of the notification by the Depositary. Where a longer period for that declaration to take effect is specified in the notification, it shall take effect upon the expiration of such longer period after receipt of the notification by the Depositary.

3. Notwithstanding the previous paragraphs, this Convention shall continue to apply, as if no such subsequent declarations had been made, in respect of all rights and interests arising prior to the effective date of any such subsequent declaration.

Article 58 — Withdrawal of declarations

1. Any State Party having made a declaration under this Convention, other than a declaration authorised under Article 60, may withdraw it at any time by notifying the Depositary. Such withdrawal is to take effect on the first day of the month following the expiration of six months after the date of receipt of the notification by the Depositary.

2. Notwithstanding the previous paragraph, this Convention shall continue to apply, as if no such withdrawal of declaration had been made, in respect of all rights and interests arising prior to the effective date of any such withdrawal.

Article 59 — Denunciations

1. Any State Party may denounce this Convention by notification in writing to the Depositary.

2. Any such denunciation shall take effect on the first day of the month following the expiration of twelve months after the date on which notification is received by the Depositary.

3. Notwithstanding the previous paragraphs, this Convention shall continue to apply, as if no such denunciation had been made, in respect of all rights and interests arising prior to the effective date of any such denunciation.

Article 60 — Transitional provisions

1. Unless otherwise declared by a Contracting State at any time, the Convention does not apply to a pre-existing right or interest, which retains the priority it enjoyed under the applicable law before the effective date of this Convention.

2. For the purposes of Article 1(v) and of determining priority under this Convention:

(a) "effective date of this Convention" means in relation to a debtor the time when this Convention enters into force or the time when the State in which the debtor is situated becomes a Contracting State, whichever is the later; and

(b) the debtor is situated in a State where it has its centre of administration or, if it has no centre of administration, its place of business or, if it has more than one place of business, its principal place of business or, if it has no place of business, its habitual residence.

3. A Contracting State may in its declaration under paragraph 1 specify a date, not earlier than three years after the date on which the declaration becomes effective, when this Convention and the Protocol will become applicable, for the purpose of determining priority, including the protection of any existing priority, to pre-existing rights or interests arising under an agreement made at a time when the debtor was

situated in a State referred to in sub-paragraph (b) of the preceding paragraph but only to the extent and in the manner specified in its declaration.

Article 61 — Review Conferences, amendments and related matters

1. The Depositary shall prepare reports yearly or at such other time as the circumstances may require for the States Parties as to the manner in which the international regimen established in this Convention has operated in practice. In preparing such reports, the Depositary shall take into account the reports of the Supervisory Authority concerning the functioning of the international registration system.

2. At the request of not less than twenty-five per cent of the States Parties, Review Conferences of States Parties shall be convened from time to time by the Depositary, in consultation with the Supervisory Authority, to consider:

(a) the practical operation of this Convention and its effectiveness in facilitating the asset-based financing and leasing of the objects covered by its terms;

(b) the judicial interpretation given to, and the application made of the terms of this Convention and the regulations;

(c) the functioning of the international registration system, the performance of the Registrar and its oversight by the Supervisory Authority, taking into account the reports of the Supervisory Authority; and

(d) whether any modifications to this Convention or the arrangements relating to the International Registry are desirable.

3. Subject to paragraph 4, any amendment to this Convention shall be approved by at least a two-thirds majority of States Parties participating in the Conference referred to in the preceding paragraph and shall then enter into force in respect of States which have ratified, accepted or approved such amendment when ratified, accepted, or approved by three States in accordance with the provisions of Article 49 relating to its entry into force.

4. Where the proposed amendment to this Convention is intended to apply to more than one category of equipment, such amendment shall also be approved by at least a two-thirds majority of States Parties to each Protocol that are participating in the Conference referred to in paragraph 2.

Article 62 — Depositary and its functions

1. Instruments of ratification, acceptance, approval or accession shall be deposited with the International Institute for the Unification of Private Law (UNIDROIT), which is hereby designated the Depositary.

2. The Depositary shall:

(a) inform all Contracting States of:

(i) each new signature or deposit of an instrument of ratification, acceptance, approval or accession, together with the date thereof;

(ii) the date of entry into force of this Convention;

(iii) each declaration made in accordance with this Convention, together with the date thereof;

(iv) the withdrawal or amendment of any declaration, together with the date thereof; and

(v) the notification of any denunciation of this Convention together with the date thereof and the date on which it takes effect;

(b) transmit certified true copies of this Convention to all Contracting States;

(c) provide the Supervisory Authority and the Registrar with a copy of each instrument of ratification, acceptance, approval or accession, together with the date of deposit thereof, of each declaration or withdrawal or amendment of a declaration and of each notification of denunciation, together with the date of notification thereof, so that the information contained therein is easily and fully available; and

(d) perform such other functions customary for depositaries.

IN WITNESS WHEREOF the undersigned Plenipotentiaries, having been duly authorised, have signed this Convention.

DONE at Cape Town, this sixteenth day of November, two thousand and one, in a single original in the English, Arabic, Chinese, French, Russian and Spanish languages, all texts being equally authentic, such authenticity to take effect upon verification by the Joint Secretariat of the Conference under the authority of the President of the Conference within ninety days hereof as to the conformity of the texts with one another.

PROTOCOL

TO THE CONVENTION ON INTERNATIONAL INTERESTS IN MOBILE EQUIPMENT ON MATTERS SPECIFIC TO AIRCRAFT EQUIPMENT

THE STATES PARTIES TO THIS PROTOCOL,

CONSIDERING it necessary to implement the *Convention on International Interests in Mobile Equipment* (hereinafter referred to as "the Convention") as it relates to aircraft equipment, in the light of the purposes set out in the preamble to the Convention,

MINDFUL of the need to adapt the Convention to meet the particular requirements of aircraft finance and to extend the sphere of application of the Convention to include contracts of sale of aircraft equipment,

MINDFUL of the principles and objectives of the *Convention on International Civil Aviation*, signed at Chicago on 7 December 1944,

HAVE AGREED upon the following provisions relating to aircraft equipment:

Chapter I

Sphere of application and general provisions

Article I — Defined terms

1. In this Protocol, except where the context otherwise requires, terms used in it have the meanings set out in the Convention.

2. In this Protocol the following terms are employed with the meanings set out below:

(a) "aircraft" means aircraft as defined for the purposes of the Chicago Convention which are either airframes with aircraft engines installed thereon or helicopters;

(b) "aircraft engines" means aircraft engines (other than those used in military, customs or police services) powered by jet propulsion or turbine or piston technology and:

(i) in the case of jet propulsion aircraft engines, have at least 1750 lb of thrust or its equivalent; and

(ii) in the case of turbine-powered or piston-powered aircraft engines, have at least 550 rated take-off shaft horsepower or its equivalent,

together with all modules and other installed, incorporated or attached accessories, parts and equipment and all data, manuals and records relating thereto;

(c) "aircraft objects" means airframes, aircraft engines and helicopters;

(d) "aircraft register" means a register maintained by a State or a common mark registering authority for the purposes of the Chicago Convention;

(e) "airframes" means airframes (other than those used in military, customs or police services) that, when appropriate aircraft engines are installed thereon, are type certified by the competent aviation authority to transport:

(i) at least eight (8) persons including crew; or

(ii) goods in excess of 2750 kilograms,

together with all installed, incorporated or attached accessories, parts and equipment (other than aircraft engines), and all data, manuals and records relating thereto;

(f) "authorised party" means the party referred to in Article XIII(3);

(g) "Chicago Convention" means the *Convention on International Civil Aviation*, signed at Chicago on 7 December 1944, as amended, and its Annexes;

(h) "common mark registering authority" means the authority maintaining a register in accordance with Article 77 of the Chicago Convention as implemented by the Resolution adopted on 14 December 1967 by the Council of the International Civil Aviation Organization on nationality and registration of aircraft operated by international operating agencies;

(i) "de-registration of the aircraft" means deletion or removal of the registration of the aircraft from its aircraft register in accordance with the Chicago Convention;

(j) "guarantee contract" means a contract entered into by a person as guarantor;

(k) "guarantor" means a person who, for the purpose of assuring performance of any obligations in favour of a creditor secured by a security agreement or under an agreement, gives or issues a suretyship or demand guarantee or a standby letter of credit or any other form of credit insurance;

(l) "helicopters" means heavier-than-air machines (other than those used in military, customs or police services) supported in flight chiefly by the reactions of the air on one or more power-driven rotors on substantially vertical axes and which are type certified by the competent aviation authority to transport:

(i) at least five (5) persons including crew; or

(ii) goods in excess of 450 kilograms,

together with all installed, incorporated or attached accessories, parts and equipment (including rotors), and all data, manuals and records relating thereto;

(m) "insolvency-related event" means:

(i) the commencement of the insolvency proceedings; or

(ii) the declared intention to suspend or actual suspension of payments by the debtor where the creditor's right to institute insolvency proceedings against the debtor or to exercise remedies under the Convention is prevented or suspended by law or State action;

(n) "primary insolvency jurisdiction" means the Contracting State in which the centre of the debtor's main interests is situated, which for this purpose shall be deemed to be the place of the debtor's statutory seat or, if there is none, the place where the debtor is incorporated or formed, unless proved otherwise;

(o) "registry authority" means the national authority or the common mark registering authority, maintaining an aircraft register in a Contracting State and responsible for the registration and de-registration of an aircraft in accordance with the Chicago Convention; and

(p) "State of registry" means, in respect of an aircraft, the State on the national register of which an aircraft is entered or the State of location of the common mark registering authority maintaining the aircraft register.

Article II — Application of Convention as regards aircraft objects

1. The Convention shall apply in relation to aircraft objects as provided by the terms of this Protocol.

2. The Convention and this Protocol shall be known as the Convention on International Interests in Mobile Equipment as applied to aircraft objects.

Article III — Application of Convention to sales

The following provisions of the Convention apply as if references to an agreement creating or providing for an international interest were references to a contract of sale and as if references to an international interest, a prospective international interest, the debtor and the creditor were references to a sale, a prospective sale, the seller and the buyer respectively:

Articles 3 and 4;
Article 16(1)(a);
Article 19(4);
Article 20(1) (as regards registration of a contract of sale or a prospective sale);
Article 25(2) (as regards a prospective sale); and
Article 30.

In addition, the general provisions of Article 1, Article 5, Chapters IV to VII, Article 29 (other than Article 29(3) which is replaced by Article XIV(1) and (2)), Chapter X, Chapter XII (other than Article 43), Chapter XIII and Chapter XIV (other than Article 60) shall apply to contracts of sale and prospective sales.

Article IV — Sphere of application

1. Without prejudice to Article 3(1) of the Convention, the Convention shall also apply in relation to a helicopter, or to an airframe pertaining to an aircraft, registered in an aircraft register of a Contracting State which is the State of registry, and where such registration is made pursuant to an agreement for registration of the aircraft it is deemed to have been effected at the time of the agreement.

2. For the purposes of the definition of "internal transaction" in Article 1 of the Convention:

   (a) an airframe is located in the State of registry of the aircraft of which it is a part;

   (b) an aircraft engine is located in the State of registry of the aircraft on which it is installed or, if it is not installed on an aircraft, where it is physically located; and

   (c) a helicopter is located in its State of registry,

at the time of the conclusion of the agreement creating or providing for the interest.

3. The parties may, by agreement in writing, exclude the application of Article XI and, in their relations with each other, derogate from or vary the effect of any of the provisions of this Protocol except Article IX (2)-(4).

Article V — Formalities, effects and registration of contracts of sale

1. For the purposes of this Protocol, a contract of sale is one which:

   (a) is in writing;

   (b) relates to an aircraft object of which the seller has power to dispose; and

   (c) enables the aircraft object to be identified in conformity with this Protocol.

2. A contract of sale transfers the interest of the seller in the aircraft object to the buyer according to its terms.

3. Registration of a contract of sale remains effective indefinitely. Registration of a prospective sale remains effective unless discharged or until expiry of the period, if any, specified in the registration.

Article VI — Representative capacities

A person may enter into an agreement or a sale, and register an international interest in, or a sale of, an aircraft object, in an agency, trust or other representative capacity. In such case, that person is entitled to assert rights and interests under the Convention.

Article VII — Description of aircraft objects

A description of an aircraft object that contains its manufacturer's serial number, the name of the manufacturer and its model designation is necessary and sufficient to identify the object for the purposes of Article 7(c) of the Convention and Article V(1)(c) of this Protocol.

Article VIII — Choice of law

1. This Article applies only where a Contracting State has made a declaration pursuant to Article XXX(1).

2. The parties to an agreement, or a contract of sale, or a related guarantee contract or subordination agreement may agree on the law which is to govern their contractual rights and obligations, wholly or in part.

3. Unless otherwise agreed, the reference in the preceding paragraph to the law chosen by the parties is to the domestic rules of law of the designated State or, where that State comprises several territorial units, to the domestic law of the designated territorial unit.

Chapter II

Default remedies, priorities and assignments

Article IX — Modification of default remedies provisions

1. In addition to the remedies specified in Chapter III of the Convention, the creditor may, to the extent that the debtor has at any time so agreed and in the circumstances specified in that Chapter:

(a) procure the de-registration of the aircraft; and

(b) procure the export and physical transfer of the aircraft object from the territory in which it is situated.

2. The creditor shall not exercise the remedies specified in the preceding paragraph without the prior consent in writing of the holder of any registered interest ranking in priority to that of the creditor.

3. Article 8(3) of the Convention shall not apply to aircraft objects. Any remedy given by the Convention in relation to an aircraft object shall be exercised in a commercially reasonable manner. A

remedy shall be deemed to be exercised in a commercially reasonable manner where it is exercised in conformity with a provision of the agreement except where such a provision is manifestly unreasonable.

4. A chargee giving ten or more working days' prior written notice of a proposed sale or lease to interested persons shall be deemed to satisfy the requirement of providing "reasonable prior notice" specified in Article 8(4) of the Convention. The foregoing shall not prevent a chargee and a chargor or a guarantor from agreeing to a longer period of prior notice.

5. The registry authority in a Contracting State shall, subject to any applicable safety laws and regulations, honour a request for de-registration and export if:

(a) the request is properly submitted by the authorised party under a recorded irrevocable de-registration and export request authorisation; and

(b) the authorised party certifies to the registry authority, if required by that authority, that all registered interests ranking in priority to that of the creditor in whose favour the authorisation has been issued have been discharged or that the holders of such interests have consented to the de-registration and export.

6. A chargee proposing to procure the de-registration and export of an aircraft under paragraph 1 otherwise than pursuant to a court order shall give reasonable prior notice in writing of the proposed de-registration and export to:

(a) interested persons specified in Article 1(m)(i) and (ii) of the Convention; and

(b) interested persons specified in Article 1(m)(iii) of the Convention who have given notice of their rights to the chargee within a reasonable time prior to the de-registration and export.

Article X — Modification of provisions regarding relief pending final determination

1. This Article applies only where a Contracting State has made a declaration under Article XXX(2) and to the extent stated in such declaration.

2. For the purposes of Article 13(1) of the Convention, "speedy" in the context of obtaining relief means within such number of working days from the date of filing of the application for relief as is specified in a declaration made by the Contracting State in which the application is made.

3. Article 13(1) of the Convention applies with the following being added immediately after sub-paragraph (d):

"(e) if at any time the debtor and the creditor specifically agree, sale and application of proceeds therefrom",

and Article 43(2) applies with the insertion after the words "Article 13(1)(d)" of the words "and (e)".

4. Ownership or any other interest of the debtor passing on a sale under the preceding paragraph is free from any other interest over which the creditor's international interest has priority under the provisions of Article 29 of the Convention.

5. The creditor and the debtor or any other interested person may agree in writing to exclude the application of Article 13(2) of the Convention.

6. With regard to the remedies in Article IX(1):

(a) they shall be made available by the registry authority and other administrative authorities, as applicable, in a Contracting State no later than five working days after the creditor notifies such authorities that the relief specified in Article IX(1) is granted or, in the case of relief granted by a foreign court, recognised by a court of that Contracting State, and that the creditor is entitled to procure those remedies in accordance with the Convention; and

(b) the applicable authorities shall expeditiously co-operate with and assist the creditor in the exercise of such remedies in conformity with the applicable aviation safety laws and regulations.

7. Paragraphs 2 and 6 shall not affect any applicable aviation safety laws and regulations.

Article XI — Remedies on insolvency

1. This Article applies only where a Contracting State that is the primary insolvency jurisdiction has made a declaration pursuant to Article XXX(3).

Alternative A

2. Upon the occurrence of an insolvency-related event, the insolvency administrator or the debtor, as applicable, shall, subject to paragraph 7, give possession of the aircraft object to the creditor no later than the earlier of:

(a) the end of the waiting period; and

(b) the date on which the creditor would be entitled to possession of the aircraft object if this Article did not apply.

3. For the purposes of this Article, the "waiting period" shall be the period specified in a declaration of the Contracting State which is the primary insolvency jurisdiction.

4. References in this Article to the "insolvency administrator" shall be to that person in its official, not in its personal, capacity.

5. Unless and until the creditor is given the opportunity to take possession under paragraph 2:

(a) the insolvency administrator or the debtor, as applicable, shall preserve the aircraft object and maintain it and its value in accordance with the agreement; and

(b) the creditor shall be entitled to apply for any other forms of interim relief available under the applicable law.

6. Sub-paragraph (a) of the preceding paragraph shall not preclude the use of the aircraft object under arrangements designed to preserve the aircraft object and maintain it and its value.

7. The insolvency administrator or the debtor, as applicable, may retain possession of the aircraft object where, by the time specified in paragraph 2, it has cured all defaults other than a default constituted by the opening of insolvency proceedings and has agreed to perform all future obligations under the agreement. A second waiting period shall not apply in respect of a default in the performance of such future obligations.

8. With regard to the remedies in Article IX(1):

(a) they shall be made available by the registry authority and the administrative authorities in a Contracting State, as applicable, no later than five working days after the date on which the creditor notifies such authorities that it is entitled to procure those remedies in accordance with the Convention; and

(b) the applicable authorities shall expeditiously co-operate with and assist the creditor in the exercise of such remedies in conformity with the applicable aviation safety laws and regulations.

9. No exercise of remedies permitted by the Convention or this Protocol may be prevented or delayed after the date specified in paragraph 2.

10. No obligations of the debtor under the agreement may be modified without the consent of the creditor.

11. Nothing in the preceding paragraph shall be construed to affect the authority, if any, of the insolvency administrator under the applicable law to terminate the agreement.

12. No rights or interests, except for non-consensual rights or interests of a category covered by a declaration pursuant to Article 39(1), shall have priority in insolvency proceedings over registered interests.

13. The Convention as modified by Article IX of this Protocol shall apply to the exercise of any remedies under this Article.

Alternative B

2. Upon the occurrence of an insolvency-related event, the insolvency administrator or the debtor, as applicable, upon the request of the creditor, shall give notice to the creditor within the time specified in a declaration of a Contracting State pursuant to Article XXX(3) whether it will:

(a) cure all defaults other than a default constituted by the opening of insolvency proceedings and agree to perform all future obligations, under the agreement and related transaction documents; or

(b) give the creditor the opportunity to take possession of the aircraft object, in accordance with the applicable law.

3. The applicable law referred to in sub-paragraph (b) of the preceding paragraph may permit the court to require the taking of any additional step or the provision of any additional guarantee.

4. The creditor shall provide evidence of its claims and proof that its international interest has been registered.

5. If the insolvency administrator or the debtor, as applicable, does not give notice in conformity with paragraph 2, or when the insolvency administrator or the debtor has declared that it will give the creditor the opportunity to take possession of the aircraft object but fails to do so, the court may permit the creditor to take possession of the aircraft object upon such terms as the court may order and may require the taking of any additional step or the provision of any additional guarantee.

6. The aircraft object shall not be sold pending a decision by a court regarding the claim and the international interest.

Article XII — Insolvency assistance

1. This Article applies only where a Contracting State has made a declaration pursuant to Article XXX(1).

2. The courts of a Contracting State in which an aircraft object is situated shall, in accordance with the law of the Contracting State, co-operate to the maximum extent possible with foreign courts and foreign insolvency administrators in carrying out the provisions of Article XI.

Article XIII — De-registration and export request authorisation

1. This Article applies only where a Contracting State has made a declaration pursuant to Article XXX(1).

2. Where the debtor has issued an irrevocable de-registration and export request authorisation substantially in the form annexed to this Protocol and has submitted such authorisation for recordation to the registry authority, that authorisation shall be so recorded.

3. The person in whose favour the authorisation has been issued (the "authorised party") or its certified designee shall be the sole person entitled to exercise the remedies specified in Article IX(1) and may do so only in accordance with the authorisation and applicable aviation safety laws and regulations. Such authorisation may not be revoked by the debtor without the consent in writing of the authorised party. The registry authority shall remove an authorisation from the registry at the request of the authorised party.

4. The registry authority and other administrative authorities in Contracting States shall expeditiously co-operate with and assist the authorised party in the exercise of the remedies specified in Article IX.

Article XIV — Modification of priority provisions

1. A buyer of an aircraft object under a registered sale acquires its interest in that object free from an interest subsequently registered and from an unregistered interest, even if the buyer has actual knowledge of the unregistered interest.

2. A buyer of an aircraft object acquires its interest in that object subject to an interest registered at the time of its acquisition.

3. Ownership of or another right or interest in an aircraft engine shall not be affected by its installation on or removal from an aircraft.

4. Article 29(7) of the Convention applies to an item, other than an object, installed on an airframe, aircraft engine or helicopter.

Article XV — Modification of assignment provisions

Article 33(1) of the Convention applies as if the following were added immediately after sub-paragraph (b):

"and (c) the debtor has consented in writing, whether or not the consent is given in advance of the assignment or identifies the assignee."

Article XVI — Debtor provisions

1. In the absence of a default within the meaning of Article 11 of the Convention, the debtor shall be entitled to the quiet possession and use of the object in accordance with the agreement as against:

(a) its creditor and the holder of any interest from which the debtor takes free pursuant to Article 29(4) of the Convention or, in the capacity of buyer, Article XIV(1) of this Protocol, unless and to the extent that the debtor has otherwise agreed; and

(b) the holder of any interest to which the debtor's right or interest is subject pursuant to Article 29(4) of the Convention or, in the capacity of buyer, Article XIV(2) of this Protocol, but only to the extent, if any, that such holder has agreed.

2. Nothing in the Convention or this Protocol affects the liability of a creditor for any breach of the agreement under the applicable law in so far as that agreement relates to an aircraft object.

Chapter III

Registry provisions relating to international interests in aircraft objects

Article XVII — The Supervisory Authority and the Registrar

1. The Supervisory Authority shall be the international entity designated by a Resolution adopted by the Diplomatic Conference to Adopt a Mobile Equipment Convention and an Aircraft Protocol.

2. Where the international entity referred to in the preceding paragraph is not able and willing to act as Supervisory Authority, a Conference of Signatory and Contracting States shall be convened to designate another Supervisory Authority.

3. The Supervisory Authority and its officers and employees shall enjoy such immunity from legal and administrative process as is provided under the rules applicable to them as an international entity or otherwise.

4. The Supervisory Authority may establish a commission of experts, from among persons nominated by Signatory and Contracting States and having the necessary qualifications and experience, and entrust it with the task of assisting the Supervisory Authority in the discharge of its functions.

5. The first Registrar shall operate the International Registry for a period of five years from the date of entry into force of this Protocol. Thereafter, the Registrar shall be appointed or reappointed at regular five-yearly intervals by the Supervisory Authority.

Article XVIII — First regulations

The first regulations shall be made by the Supervisory Authority so as to take effect upon the entry into force of this Protocol.

Article XIX — Designated entry points

1. Subject to paragraph 2, a Contracting State may at any time designate an entity or entities in its territory as the entry point or entry points through which there shall or may be transmitted to the International Registry information required for registration other than registration of a notice of a national interest or a right or interest under Article 40 in either case arising under the laws of another State.

2. A designation made under the preceding paragraph may permit, but not compel, use of a designated entry point or entry points for information required for registrations in respect of aircraft engines.

Article XX — Additional modifications to Registry provisions

1. For the purposes of Article 19(6) of the Convention, the search criteria for an aircraft object shall be the name of its manufacturer, its manufacturer's serial number and its model designation, supplemented as necessary to ensure uniqueness. Such supplementary information shall be specified in the regulations.

2. For the purposes of Article 25(2) of the Convention and in the circumstances there described, the holder of a registered prospective international interest or a registered prospective assignment of an international interest or the person in whose favour a prospective sale has been registered shall take such steps as are within its power to procure the discharge of the registration no later than five working days after the receipt of the demand described in such paragraph.

3. The fees referred to in Article 17(2)(h) of the Convention shall be determined so as to recover the reasonable costs of establishing, operating and regulating the International Registry and the reasonable costs of the Supervisory Authority associated with the performance of the functions, exercise of the powers, and discharge of the duties contemplated by Article 17(2) of the Convention.

4. The centralised functions of the International Registry shall be operated and administered by the Registrar on a twenty-four hour basis. The various entry points shall be operated at least during working hours in their respective territories.

5. The amount of the insurance or financial guarantee referred to in Article 28(4) of the Convention shall, in respect of each event, not be less than the maximum value of an aircraft object as determined by the Supervisory Authority.

6. Nothing in the Convention shall preclude the Registrar from procuring insurance or a financial guarantee covering events for which the Registrar is not liable under Article 28 of the Convention.

Chapter IV

Jurisdiction

Article XXI — Modification of jurisdiction provisions

For the purposes of Article 43 of the Convention and subject to Article 42 of the Convention, a court of a Contracting State also has jurisdiction where the object is a helicopter, or an airframe pertaining to an aircraft, for which that State is the State of registry.

Article XXII — Waivers of sovereign immunity

1. Subject to paragraph 2, a waiver of sovereign immunity from jurisdiction of the courts specified in Article 42 or Article 43 of the Convention or relating to enforcement of rights and interests relating to an aircraft object under the Convention shall be binding and, if the other conditions to such jurisdiction or enforcement have been satisfied, shall be effective to confer jurisdiction and permit enforcement, as the case may be.

2. A waiver under the preceding paragraph must be in writing and contain a description of the aircraft object.

Chapter V

Relationship with other conventions

Article XXIII — Relationship with the *Convention on the International Recognition of Rights in Aircraft*

The Convention shall, for a Contracting State that is a party to the *Convention on the International Recognition of Rights in Aircraft*, signed at Geneva on 19 June 1948, supersede that Convention as it relates to aircraft, as defined in this Protocol, and to aircraft objects. However, with respect to rights or interests not covered or affected by the present Convention, the Geneva Convention shall not be superseded.

Article XXIV — Relationship with the *Convention for the Unification of Certain Rules Relating to the Precautionary Attachment of Aircraft*

1. The Convention shall, for a Contracting State that is a Party to the *Convention for the Unification of Certain Rules Relating to the Precautionary Attachment of Aircraft*, signed at Rome on 29 May 1933, supersede that Convention as it relates to aircraft, as defined in this Protocol.

2. A Contracting State Party to the above Convention may declare, at the time of ratification, acceptance, approval of, or accession to this Protocol, that it will not apply this Article.

Article XXV — Relationship with the *UNIDROIT Convention on International Financial Leasing*

The Convention shall supersede the *UNIDROIT Convention on International Financial Leasing*, signed at Ottawa on 28 May 1988, as it relates to aircraft objects.

Chapter VI

Final provisions

Article XXVI — Signature, ratification, acceptance, approval or accession

1. This Protocol shall be open for signature in Cape Town on 16 November 2001 by States participating in the Diplomatic Conference to Adopt a Mobile Equipment Convention and an Aircraft

Protocol held at Cape Town from 29 October to 16 November 2001. After 16 November 2001, this Protocol shall be open to all States for signature at the Headquarters of the International Institute for the Unification of Private Law (UNIDROIT) in Rome until it enters into force in accordance with Article XXVIII.

2. This Protocol shall be subject to ratification, acceptance or approval by States which have signed it.

3. Any State which does not sign this Protocol may accede to it at any time.

4. Ratification, acceptance, approval or accession is effected by the deposit of a formal instrument to that effect with the Depositary.

5. A State may not become a Party to this Protocol unless it is or becomes also a Party to the Convention.

Article XXVII — Regional Economic Integration Organisations

1. A Regional Economic Integration Organisation which is constituted by sovereign States and has competence over certain matters governed by this Protocol may similarly sign, accept, approve or accede to this Protocol. The Regional Economic Integration Organisation shall in that case have the rights and obligations of a Contracting State, to the extent that that Organisation has competence over matters governed by this Protocol. Where the number of Contracting States is relevant in this Protocol, the Regional Economic Integration Organisation shall not count as a Contracting State in addition to its Member States which are Contracting States.

2. The Regional Economic Integration Organisation shall, at the time of signature, acceptance, approval or accession, make a declaration to the Depositary specifying the matters governed by this Protocol in respect of which competence has been transferred to that Organisation by its Member States. The Regional Economic Integration Organisation shall promptly notify the Depositary of any changes to the distribution of competence, including new transfers of competence, specified in the declaration under this paragraph.

3. Any reference to a "Contracting State" or "Contracting States" or "State Party" or "States Parties" in this Protocol applies equally to a Regional Economic Integration Organisation where the context so requires.

Article XXVIII — Entry into force

1. This Protocol enters into force on the first day of the month following the expiration of three months after the date of the deposit of the eighth instrument of ratification, acceptance, approval or accession, between the States which have deposited such instruments.

2. For other States this Protocol enters into force on the first day of the month following the expiration of three months after the date of the deposit of its instrument of ratification, acceptance, approval or accession.

Article XXIX — Territorial units

1. If a Contracting State has territorial units in which different systems of law are applicable in relation to the matters dealt with in this Protocol, it may, at the time of ratification, acceptance, approval or accession, declare that this Protocol is to extend to all its territorial units or only to one or more of them and may modify its declaration by submitting another declaration at any time.

2. Any such declaration shall state expressly the territorial units to which this Protocol applies.

3. If a Contracting State has not made any declaration under paragraph 1, this Protocol shall apply to all territorial units of that State.

4. Where a Contracting State extends this Protocol to one or more of its territorial units, declarations permitted under this Protocol may be made in respect of each such territorial unit, and the declarations made in respect of one territorial unit may be different from those made in respect of another territorial unit.

5. If by virtue of a declaration under paragraph 1, this Protocol extends to one or more territorial units of a Contracting State:

(a) the debtor is considered to be situated in a Contracting State only if it is incorporated or formed under a law in force in a territorial unit to which the Convention and this Protocol apply or if it has its registered office or statutory seat, centre of administration, place of business or habitual residence in a territorial unit to which the Convention and this Protocol apply;

(b) any reference to the location of the object in a Contracting State refers to the location of the object in a territorial unit to which the Convention and this Protocol apply; and

(c) any reference to the administrative authorities in that Contracting State shall be construed as referring to the administrative authorities having jurisdiction in a territorial unit to which the Convention and this Protocol apply and any reference to the national register or to the registry authority in that Contracting State shall be construed as referring to the aircraft register in force or to the registry authority having jurisdiction in the territorial unit or units to which the Convention and this Protocol apply.

Article XXX — Declarations relating to certain provisions

1. A Contracting State may, at the time of ratification, acceptance, approval of, or accession to this Protocol, declare that it will apply any one or more of Articles VIII, XII and XIII of this Protocol.

2. A Contracting State may, at the time of ratification, acceptance, approval of, or accession to this Protocol, declare that it will apply Article X of this Protocol, wholly or in part. If it so declares with respect to Article X(2), it shall specify the time-period required thereby.

3. A Contracting State may, at the time of ratification, acceptance, approval of, or accession to this Protocol, declare that it will apply the entirety of Alternative A, or the entirety of Alternative B of

Article XI and, if so, shall specify the types of insolvency proceeding, if any, to which it will apply Alternative A and the types of insolvency proceeding, if any, to which it will apply Alternative B. A Contracting State making a declaration pursuant to this paragraph shall specify the time-period required by Article XI.

4. The courts of Contracting States shall apply Article XI in conformity with the declaration made by the Contracting State which is the primary insolvency jurisdiction.

5. A Contracting State may, at the time of ratification, acceptance, approval of, or accession to this Protocol, declare that it will not apply the provisions of Article XXI, wholly or in part. The declaration shall specify under which conditions the relevant Article will be applied, in case it will be applied partly, or otherwise which other forms of interim relief will be applied.

Article XXXI — Declarations under the Convention

Declarations made under the Convention, including those made under Articles 39, 40, 50, 53, 54, 55, 57, 58 and 60 of the Convention, shall be deemed to have also been made under this Protocol unless stated otherwise.

Article XXXII — Reservations and declarations

1. No reservations may be made to this Protocol but declarations authorised by Articles XXIV, XXIX, XXX, XXXI, XXXIII and XXXIV may be made in accordance with these provisions.

2. Any declaration or subsequent declaration or any withdrawal of a declaration made under this Protocol shall be notified in writing to the Depositary.

Article XXXIII — Subsequent declarations

1. A State Party may make a subsequent declaration, other than a declaration made in accordance with Article XXXI under Article 60 of the Convention, at any time after the date on which this Protocol has entered into force for it, by notifying the Depositary to that effect.

2. Any such subsequent declaration shall take effect on the first day of the month following the expiration of six months after the date of receipt of the notification by the Depositary. Where a longer period for that declaration to take effect is specified in the notification, it shall take effect upon the expiration of such longer period after receipt of the notification by the Depositary.

3. Notwithstanding the previous paragraphs, this Protocol shall continue to apply, as if no such subsequent declarations had been made, in respect of all rights and interests arising prior to the effective date of any such subsequent declaration.

Article XXXIV — Withdrawal of declarations

1. Any State Party having made a declaration under this Protocol, other than a declaration made in accordance with Article XXXI under Article 60 of the Convention, may withdraw it at any time by notifying the Depositary. Such withdrawal is to take effect on the first day of the month following the expiration of six months after the date of receipt of the notification by the Depositary.

2. Notwithstanding the previous paragraph, this Protocol shall continue to apply, as if no such withdrawal of declaration had been made, in respect of all rights and interests arising prior to the effective date of any such withdrawal.

Article XXXV — Denunciations

1. Any State Party may denounce this Protocol by notification in writing to the Depositary.

2. Any such denunciation shall take effect on the first day of the month following the expiration of twelve months after the date of receipt of the notification by the Depositary.

3. Notwithstanding the previous paragraphs, this Protocol shall continue to apply, as if no such denunciation had been made, in respect of all rights and interests arising prior to the effective date of any such denunciation.

Article XXXVI — Review Conferences, amendments and related matters

1. The Depositary, in consultation with the Supervisory Authority, shall prepare reports yearly, or at such other time as the circumstances may require, for the States Parties as to the manner in which the international regime established in the Convention as amended by this Protocol has operated in practice. In preparing such reports, the Depositary shall take into account the reports of the Supervisory Authority concerning the functioning of the international registration system.

2. At the request of not less than twenty-five per cent of the States Parties, Review Conferences of the States Parties shall be convened from time to time by the Depositary, in consultation with the Supervisory Authority, to consider:

(a) the practical operation of the Convention as amended by this Protocol and its effectiveness in facilitating the asset-based financing and leasing of the objects covered by its terms;

(b) the judicial interpretation given to, and the application made of the terms of this Protocol and the regulations;

(c) the functioning of the international registration system, the performance of the Registrar and its oversight by the Supervisory Authority, taking into account the reports of the Supervisory Authority; and

(d) whether any modifications to this Protocol or the arrangements relating to the International Registry are desirable.

3. Any amendment to this Protocol shall be approved by at least a two-thirds majority of States Parties participating in the Conference referred to in the preceding paragraph and shall then enter into force in respect of States which have ratified, accepted or approved such amendment when it has been ratified, accepted or approved by eight States in accordance with the provisions of Article XXVIII relating to its entry into force.

Article XXXVII — Depositary and its functions

1. Instruments of ratification, acceptance, approval or accession shall be deposited with the International Institute for the Unification of Private Law (UNIDROIT), which is hereby designated the Depositary.

2. The Depositary shall:

(a) inform all Contracting States of:

(i) each new signature or deposit of an instrument of ratification, acceptance, approval or accession, together with the date thereof;

(ii) the date of entry into force of this Protocol;

(iii) each declaration made in accordance with this Protocol, together with the date thereof;

(iv) the withdrawal or amendment of any declaration, together with the date thereof; and

(v) the notification of any denunciation of this Protocol together with the date thereof and the date on which it takes effect;

(b) transmit certified true copies of this Protocol to all Contracting States;

(c) provide the Supervisory Authority and the Registrar with a copy of each instrument of ratification, acceptance, approval or accession, together with the date of deposit thereof, of each declaration or withdrawal or amendment of a declaration and of each notification of denunciation, together with the date of notification thereof, so that the information contained therein is easily and fully available; and

(d) perform such other functions customary for depositaries.

IN WITNESS WHEREOF the undersigned Plenipotentiaries, having been duly authorised, have signed this Protocol.

DONE at Cape Town, this sixteenth day of November, two thousand and one, in a single original in the English, Arabic, Chinese, French, Russian and Spanish languages, all texts being equally authentic, such authenticity to take effect upon verification by the Joint Secretariat of the Conference under the authority of the President of the Conference within ninety days hereof as to the conformity of the texts with one another.

FORM OF IRREVOCABLE DE-REGISTRATION AND EXPORT REQUEST AUTHORISATION

Annex referred to in Article XIII

[Insert Date]

To: [Insert Name of Registry Authority]

Re: Irrevocable De-Registration and Export Request Authorisation

The undersigned is the registered [operator] [owner]* of the [insert the airframe/helicopter manufacturer name and model number] bearing manufacturers serial number [insert manufacturer's serial number] and registration [number] [mark] [insert registration number/mark] (together with all installed, incorporated or attached accessories, parts and equipment, the "aircraft").

This instrument is an irrevocable de-registration and export request authorisation issued by the undersigned in favour of [insert name of creditor] ("the authorised party") under the authority of Article XIII of the Protocol to the Convention on International Interests in Mobile Equipment on Matters specific to Aircraft Equipment. In accordance with that Article, the undersigned hereby requests:

(i) recognition that the authorised party or the person it certifies as its designee is the sole person entitled to:

(a) procure the de-registration of the aircraft from the [insert name of aircraft register] maintained by the [insert name of registry authority] for the purposes of Chapter III of the *Convention on International Civil Aviation*, signed at Chicago, on 7 December 1944, and

(b) procure the export and physical transfer of the aircraft from [insert name of country]; and

(ii) confirmation that the authorised party or the person it certifies as its designee may take the action specified in clause (i) above on written demand without the consent of the undersigned and that, upon such demand, the authorities in [insert name of country] shall co-operate with the authorised party with a view to the speedy completion of such action.

The rights in favour of the authorised party established by this instrument may not be revoked by the undersigned without the written consent of the authorised party.

* Select the term that reflects the relevant nationality registration criterion.

Please acknowledge your agreement to this request and its terms by appropriate notation in the space provided below and lodging this instrument in [insert name of registry authority].

[insert name of operator/owner]

____

Agreed to and lodged this
[insert date]

By: [insert name of signatory]
Its: [insert title of signatory]

____
[insert relevant notational details]

CONVENTION

on damage caused by foreign aircraft to third parties on the surface

Signed at Rome, on 7 October 1952

CONVENTION

relative aux dommages causés aux tiers à la surface par des aéronefs étrangers

Signée à Rome, le 7 octobre 1952

CONVENIO

sobre daños causados a terceros en la superficie por aeronaves extranjeras

Firmado en Roma, el 7 de octubre de 1932

1952

INTERNATIONAL CIVIL AVIATION ORGANIZATION
ORGANISATION DE L'AVIATION CIVILE INTERNATIONALE
ORGANIZACIÓN DE AVIACIÓN CIVIL INTERNACIONAL

THE STATES SIGNATORY to this Convention

MOVED by a desire to ensure adequate compensation for persons who suffer damage caused on the surface by foreign aircraft, while limiting in a reasonable manner the extent of the liabilities incurred for such damage in order not to hinder the development of international civil air transport, and also

CONVINCED of the need for unifying to the greatest extent possible, through an international convention, the rules applying in the various countries of the world to the liabilities incurred for such damage,

HAVE APPOINTED to such effect the undersigned Plenipotentiaries who, duly authorised, HAVE AGREED AS FOLLOWS:

CHAPTER I

PRINCIPLES OF LIABILITY

Article 1

1. Any person who suffers damage on the surface shall, upon proof only that the damage was caused by an aircraft in flight or by any person or thing falling therefrom, be entitled to compensation as provided by this Convention. Nevertheless there shall be no right to compensation if the damage is not a direct consequence of the incident giving rise thereto, or if the damage results from the mere fact of passage of the aircraft through the airspace in conformity with existing air traffic regulations.

2. For the purpose of this Convention, an aircraft is considered to be in flight from the moment when power is applied for the purpose of actual take-off until the moment when the landing run ends. In the case of an aircraft lighter than air, the expression « in flight » relates to the period from the moment when it becomes detached from the surface until it becomes again attached thereto.

Article 2

1. The liability for compensation contemplated by Article 1 of this Convention shall attach to the operator of the aircraft.

2. (*a*) For the purposes of this Convention the term « operator » shall mean the person who was making use of the aircraft at the time the damage was caused, provided that if control of the navigation of the aircraft was retained by the person from whom the right to make use of the aircraft was derived, whether directly or indirectly, that person shall be considered the operator.

(*b*) A person shall be considered to be making use of an aircraft when he is using it personally or when his servants or agents are using the aircraft in the course of their employment, whether or not within the scope of their authority.

3. The registered owner of the aircraft shall be presumed to be the operator and shall be liable as such unless, in the proceedings for the determination of his liability, he proves that some other person was the operator and, in so far as legal procedures permit, takes appropriate measures to make that other person a party in the proceedings.

Article 3

If the person who was the operator at the time the damage was caused had not the exclusive right to use the aircraft for a period of more than fourteen days, dating from the moment when the right to use commenced, the person from whom such right was derived shall be liable jointly and severally with the operator, each of them being bound under the provisions and within the limits of liability of this Convention.

Article 4

If a person makes use of an aircraft without the consent of the person entitled to its navigational control, the latter, unless he proves that he has exercised due care to prevent such use, shall be jointly and severally liable with the unlawful user for damage giving a right to compensation under Article 1, each of them being bound under the provisions and within the limits of liability of this Convention.

Article 5

Any person who would otherwise be liable under the provisions of this Convention shall not be liable if the damage is the direct consequence of armed conflict or civil disturbance, or if such person has been deprived of the use of the aircraft by act of public authority.

Article 6

1. Any person who would otherwise be liable under the provisions of this Convention shall not be liable for damage if he proves that the damage was caused solely through the negligence or other wrongful act or omission of the person who suffers the damage or of the latter's servants or agents. If the person liable proves that the damage was contributed to by the negligence or other wrongful act or omission of the person who suffers the damage, or of his servants or agents, the compensation shall be reduced to the extent to which such negligence or wrongful act or omission contributed to the damage. Nevertheless there shall be no such exoneration or reduction if, in the case of the negligence or other wrongful act or omission of a servant or agent, the person who suffers the damage proves that his servant or agent was acting outside the scope of his authority.

2. When an action is brought by one person to recover damages arising from the death or injury of another person, the negligence or other wrongful act or omission of such other person, or of his servants or agents, shall also have the effect provided in the preceding paragraph.

Article 7

When two or more aircraft have collided or interfered with each other in flight and damage for which a right to compensation as contemplated in Article 1 results, or when two or more aircraft have jointly caused such damage, each of the aircraft concerned shall be considered to have caused the damage and the operator of each aircraft shall be liable, each of them being bound under the provisions and within the limits of liability of this Convention.

Article 8

The persons referred to in paragraph 3 of Article 2 and in Articles 3 and 4 shall be entitled to all defences which are available to an operator under the provisions of this Convention.

Article 9

Neither the operator, the owner, any person liable under Article 3 or Article 4, nor their respective servants or agents, shall be liable for damage on the surface caused by an aircraft in flight or any person or thing falling therefrom otherwise than as expressly provided in this Convention. This rule shall not apply to any such person who is guilty of a deliberate act or omission done with intent to cause damage.

Article 10

Nothing in this Convention shall prejudice the question whether a person liable for damage in accordance with its provisions has a right of recourse against any other person.

Chapter II
EXTENT OF LIABILITY

Article 11

1. Subject to the provisions of Articled 12, the liability for damage giving a right to compensation under Article 1, for each aircraft and incident, in respect of all persons liable under this Convention, shall not exceed :

(*a*) 500 000 francs for aircraft weighing 1000 kilogrammes or less ;

(*b*) 500 000 francs plus 400 francs per kilogramme over 1000 kilogrammes for aircraft weighing more than 1000 but not exceeding 6000 kilogrammes ;

(*c*) 2 500 000 francs plus 250 francs per kilogramme over 6000 kilogrammes for aircraft weighing more than 6000 but not exceeding 20 000 kilogrammes ;

(*d*) 6 000 000 francs plus 150 francs per kilogramme over 20 000 kilogrammes for aircraft weighing more than 20 000 but not exceeding 50 000 kilogrammes ;

(*e*) 10 500 000 francs plus 100 francs per kilogramme over 50 000 kilogrammes for aircraft weighing more than 50 000 kilogrammes.

2. The liability in respect of loss of life or personal injury shall not exceed 500 000 francs per person killed or injured.

3. « Weight » means the maximum weight of the aircraft authorised by the certificate of airworthiness for take-off, excluding the effect of lifting gas when used.

4. The sums mentioned in francs in this Article refer to a currency unit consisting of 65 ½ milligrammes of gold of millesimal fineness 900. These sums may be converted into national currencies in round figures. Conversion of the sums into national currencies other than gold shall, in case of judicial proceedings, be made according to the gold value of such currencies at the date of the judgment, or, in cases covered by Article 14, at the date of the allocation.

Article 12

1. If the person who suffers damage proves that it was caused by a deliberate act or omission of the operator, his servants or agents, done with intent to cause damage, the liability of the operator shall be unlimited ; provided that in the case of such act or omission of such servant or agent, it is also proved that he was acting in the course of his employment and within the scope of his authority.

2. If a person wrongfully takes and makes use of an aircraft without the consent of the person entitled to use it, his liability shall be unlimited.

Article 13

1. Whenever, under the provisions of Article 3 or Article 4, two or more persons are liable for damage, or a registered owner who was not the operator is made liable as such as provided in paragraph 3 of Article 2, the persons who suffer damage shall not be entitled to total compensation greater than the highest indemnity which may be awarded under the provisions of this Convention against any one of the persons liable.

2. When the provisions of Article 7 are applicable, the person who suffers the damage shall be entitled to be compensated up to the aggregate of the limits applicable with respect to each of the aircraft involved, but no operator shall be liable for a sum in excess of the limit applicable to his aircraft unless his liability is unlimited under the terms of Article 12.

Article 14

If the total amount of the claims established exceeds the limit of liability applicable under the provisions of this Convention, the following rules shall apply, taking into account the provisions of paragraph 2 of Article 11 :

(*a*) If the claims are exclusively in respect of loss of life or personal injury or exclusively in respect of damage to property, such claims shall be reduced in proportion to their respective amounts.

(*b*) If the claims are both in respect of loss of life or personal injury and in respect of damage to property, one half of the total sum distributable shall be appropriated preferentially to meet claims in respect of loss of life and personal injury and, if insufficient, shall be distributed proportionately between the claims concerned. The remainder of the total sum distributable shall be distributed proportionately among the claims in respect of damage to property and the portion not already covered of the claims in respect of loss of life and personal injury.

Chapter III
SECURITY FOR OPERATOR'S LIABILITY

Article 15

1. Any Contracting State may require that the operator of an aircraft registered in another Contracting State shall be insured in respect of his liability for damage sustained in its territory for which a right to compensation exists under Article 1 by means of insurance up to the limits applicable according to the provisions of Article 11.

2. (*a*) The insurance shall be accepted as satisfactory if it conforms to the provisions of this Convention and has been effected by an insurer authorised to effect such insurance under the laws of the State where the aircraft is registered or of the State where the insurer has his residence or principal place of business, and whose financial responsibility has been verified by either of those States.

(*b*) If insurance has been required by any State under paragraph 1 of this Article, and a final judgment in that State is not satisfied by payment in the currency of that State, any Contracting State may refuse to accept the insurer as financially responsible until such payment, if demanded, has been made.

3. Notwithstanding the last preceding paragraph the State overflown may refuse to accept as satisfactory insurance effected by an insurer who is not authorised for that purpose in a contracting State.

4. Instead of insurance, any of the following securities shall be deemed satisfactory if the security conforms to Article 17 :

(*a*) a cash deposit in a depository maintained by the Contracting State where the aircraft is registered or with a bank authorised to act as a depository by that State ;

(*b*) a guarantee given by a bank authorised to do so by the Contracting State where the aircraft is registered, and whose financial responsibility has been verified by that State;

(*c*) a guarantee given by the contracting State where the aircraft is registered, if that State undertakes that it will not claim immunity from suit in respect of that guarantee.

5. Subject to paragraph 6 of this Article, the State overflown may also require that the aircraft shall carry a certificate issued by the insurer certifying that insurance has been effected in accordance with the provisions of this Convention, and specifying the person or persons whose liability is secured thereby, together with a certificate or endorsement issued by the appropriate authority in the State where the aircraft is registered or in the State where the insurer has his residence or principal place of business certiying the financial responsibility of the insurer. If other security is furnished in accordance with the provisions of paragraph 4 of this Article, a certificate to that effect shall be issued by the appropriate authority in the State where the aircraft is registered.

6. The certificate referred to in paragraph 5 of this Article need not be carried in the aircraft if a certified copy has been filed with the appropriate authority designated by the State overfl[illegible]r, if the International Civil Aviation Organisation agrees, with that Organization, which shall furnish a copy of the certificate to each contracting State.

7. (*a*) Where the State overflown has reasonable grounds for doubting the financial responsibility of the insurer, or of the bank which issues a guarantee under paragraph 4 of this Article, that State may request additional evidence of financial responsibility, and if any question arises as to the adequacy of that evidence the dispute affecting the States concerned shall, at the request of one of those States, be submitted to an arbi-

tral tribunal which shall be either the Council of the International Civil Aviation Organization or a person or body mutually agreed by the parties.

(*b*) Until this tribunal has given its decision the insurance or guarantee shall be considered provisionally valid by the State overflown.

8. Any requirements imposed in accordance with this Article shall be notified to the Secretary General of the International Civil Aviation Organization who shall inform each contracting State thereof.

9. For the purpose of this Article, the term «insurer» includes a group of insurers, and for the purpose of paragraph 5 of this Article, the phrase «appropriate authority in a State» includes the appropriate authority in the highest political subdivision thereof which regulates the conduct of busines by the insurer.

Article 16

1. The insurer or other person providing security required under Article 15 for the liability of the operator may, in addition to the defences available to the operator, and the defence of forgery, set up only the following defences against claims based on the application of this Convention :

(*a*) that the damage occurred after the security ceased to be effective. However, if the security expires during a flight, it shall be continued in force until the next landing specified in the flight plan, but no longer than twenty-four hours ; and if the security ceases to be effective for any reason other than the expiration of its term, or a change of operator, it shall be continued until fifteen days after notification to the appropriate authority of the State which certifies the financial responsibility of the insurer or the guarantor that the security has ceased to be effective, or until effective withdrawal of the certificate of the insurer or the certificate of guarantee if such a certificate has been required under paragraph 5 of Article 15, wichever is the earlier ;

(*b*) that the damage occurred outside the territorial limits provided for by the security, unless flight outside of such limits was caused by *force majeure*, assistance justified by the circumstances, or an error in piloting, operation or navigation.

2. The State which has issued or endorsed a certificate pursuant to paragraph 5 of Article 15 shall notify the termination or cessation, otherwise than by the expiration of its term, of the insurance or other security to the interested contracting States as soon as possible.

3. Where a certificate of insurance or other security is required under paragraph 5 of Article 15 and the operator is changed during the period of the validity of the security, the security shall apply to the liability under this Convention of the new operator, unless he is an unlawful user, but not beyond fifteen days from the time when the insurer or guarantor notifies the appropriate authority of the State where the certificate was issued that the security has become ineffective or until the effective withdrawal of the certificate of the insurer if such a certificate has been required under paragraph 5 of Article 15, whichever is the shorter period.

4. The continuation in force of the security under the provisions of paragraph 1 of this Article shall apply only for the benefit of the person suffering damage.

5. Without prejudice to any right of direct action which he may have under the law governing the contract of insurance or guarantee, the person suffering damage may bring a direct action against the insurer or guarantor only in the following cases :

(*a*) where the security is continued in force under the provisions of paragraph 1 (*a*) and (*b*) of this Article ;

(*b*) the bankruptcy of the operator.

6. Excepting the defences specified in paragraph 1 of this Article, the insurer or other person providing security may not, with respect to direct actions brought by the person suffering damage based upon application of this Convention, avail himself of any grounds of nullity or any right of retroactive cancellation.

7. The provisions of this Article shall not prejudice the question whether the insurer or guarantor has a right of recourse against any other person.

Article 17

1. If security is furnished in accordance with paragraph 4 of Article 15, it shall be specifically and preferentially assigned to payment of claims under the provisions of this Convention.

2. The security shall be deemed sufficient if, in the case of an operator of one aircraft, it is for an amount equal to the limit applicable according to the provisions of Article 11, and in the case of an operator of several aircraft, if it is for an amount not less than the aggregate of the limits of liability applicable to the two aircraft subject to the highest limits.

3. As soon as notice of a claim has been given to the operator, the amount of the security shall be increased up to a total sum equivalent to the aggregate of:

(*a*) the amount of the security then required by paragraph 2 of this Article, and

(*b*) the amount of the claim not exceeding the applicable limit of liability.

This increased security shall be maintained until every claim has been disposed of.

Article 18

Any sums due to an operator from an insurer shall be exempt from seizure and execution by creditors of the operator until claims of third parties under this Convention have been satisfied.

CHAPTER IV
RULES OF PROCEDURE AND LIMITATION OF ACTIONS

Article 19

If a claimant has not brought an action to enforce his claim or if notification of such claim has not been given to the operator within a period of six months from the date of the incident which gave rise to the damage, the claimant shall only be entitled to compensation out of the amount for which the operator remains liable after all claims made within that period have been met in full.

Article 20

1. Actions under the provisions of this Convention may be brought only before the courts of the Contracting State where the damage occurred. Nevertheless, by agreement between any one or more claimants and any one or more defendants, such claimants may take action before the courts of any other Contracting State, but no such proceedings shall have the effect of prejudicing in any way the rights of persons who bring actions in the State where the damage occurred. The parties may also agree to submit disputes to arbitration in any Contracting State.

2. Each Contracting State shall take all necessary measures to ensure that the defendant and all other parties interested are notified of any proceedings concerning them and have a fair and adequate opportunity to defend their interests.

3. Each Contracting State shall so far as possible ensure that all actions arising from a single incident and brought in accordance with paragraph 1 of this Article are consolidated for disposal in a single proceeding before the same court.

4. Where any final judgment, including a judgment by default, is pronounced by a court competent in conformity with this Convention, on which execution can be issued according to the procedural law of that court, the judgment shall be enforceable upon compliance with the formalities prescribed by the laws of the Contracting State, or of any territory, State or province thereof, where execution is applied for:

(*a*) in the Contracting State where the judgment debtor has his residence or principal place of business or,

(*b*) if the assets available in that State and in the State where the judgment was pronounced are insufficient to satisfy the judgment, in any other Contracting State where the judgment debtor has assets.

5. Notwithstanding the provisions of paragraph 4 of this Article, the court to which application is made for execution may refuse to issue execution if it is proved that any of the following circumstances exist :

(*a*) the judgment was given by default and the defendant did not acquire knowledge of the proceedings in sufficient time to act upon it ;

(*b*) the defendant was not given a fair and adequate opportunity to defend his interests ;

(*c*) the judgment is in respect of a cause of action which had already, as between the same parties, formed the subject of a judgment or an arbitral award which, under the law of the State where execution is sought, is recognized as final and conclusive ;

(*d*) the judgment has been obtained by fraud of any of the parties ;

(*e*) the right to enforce the judgment is not vested in the person by whom the application for execution is made.

6. The merits of the case may not be reopened in proceedings for execution under paragraph 4 of this Article.

7. The court to which application for execution is made may also refuse to issue execution if the judgment concerned is contrary to the public policy of the State in which execution is requested.

8. If, in proceedings brought according to paragraph 4 of this Article, execution of any judgment is refused on any of the grounds referred to in sub-paragraphs (*a*), (*b*) or (*d*) of paragraph 5 or paragraph 7 of this Article, the claimant shall be entitled to bring a new action before the courts of the State where execution has been refused. The judgment rendered in such new action may not result in the total compensation awarded exceeding the limits applicable under the provisions of this Convention. In such new action the previous judgment shall be a defence only to the extent to which it has been satisfied. The previous judgment shall cease to be enforceable as soon as the new action has been started.

The right to bring a new action under this paragraph shall, notwithstanding the provisions of Article 21, be subject to a period of limitation of one year from the date on which the claimant has received notification of the refusal to execute the judgment.

9. Notwithstanding the provisions of paragraph 4 of this Article, the court to which application for execution is made shall refuse execution of any judgment rendered by a court of a State other than that in which the damage occurred until all the judgments rendered in that State have been satisfied.

The court applied to shall also refuse to issue execution until final judgment has been given on all actions filed in the State where the damage occurred by those persons who have complied with the time limit referred to in Article 19, if the judgment debtor proves that the total amount of compensation which might be awarded by such judgments might exceed the applicable limit of liability under the provisions of this Convention.

Similarly such court shall not grant execution when, in the case of actions brought in the State where the damage occurred by those persons who have complied with the time limit referred to in Article 19, the aggregate of the judgments exceeds the applicable limit of liability, until such judgments have been reduced in accordance with Article 14.

10. Where a judgment is rendered enforceable under this Article, payment of costs recoverable under the judgment shall also be enforceable. Nevertheless the court applied to for execution may, on the application of the judgment debtor, limit the amount of such costs to a sum equal to ten *per centum* of the amount for which the judgment is rendered enforceable. The limits of liability prescribed by this Convention shall be exclusive of costs.

11. Interest not exceeding four *per centum* per annum may be allowed on the judgment debt from the date of the judgment in respect of which execution is granted.

13. An application for execution of a judgment to which paragraph 4 of this Article applies must be made within five years from the date when such judgment became final.

Article 21

1. Actions under this Convention shall be subject to a period of limitation of two years from the date of the incident which caused the damage.

2. The grounds for suspension or interruption of the period referred to in paragraph 1 of this Article shall be determined by the law of the court trying the action ; but in any case the right to institute an action shall be extinguished on the expiration of three years from the date of the incident which caused the damage.

Article 22

In the event of the death of the person liable, an action in respect of liability under the provisions of this Convention shall lie against those legally responsible for his obligations.

CHAPTER V

APPLICATION OF THE CONVENTION AND GENERAL PROVISIONS

Article 23

1. This Convention applies to damage contemplated in Article 1 caused in the territory of a Contracting State by an aircraft registered in the territory of another Contracting State.

2. For the purpose of this Convention a ship or aircraft on the high seas shall be regarded as part of the territory of the State in which it is registered.

Article 24

This Convention shall not apply to damage caused to an aircraft in flight, or to persons or goods on board such aircraft.

Article 25

This Convention shall not apply to damage on the surface if liability for such damage is regulated either by a contract between the person who suffers such damage and the operator or the person entitled to use the aircraft at the time the damage occurred, or by the law relating to workmen's compensation applicable to a contract of employment between such persons.

Article 26

This Convention shall not apply to damage caused by military, customs or police aircraft.

Article 27

Contracting States will, as far as possible, facilitate payment of compensation under the provisions of this Convention in the currency of the State where the damage occurred.

Article 28

If legislative measures are necessary in any Contracting State to give effect to this Convention, the Secretary General of the International Civil Aviation Organization shall be informed forthwith of the measures so taken.

Article 29

As between Contracting States which have also ratified the International Convention for the Unification of Certain Rules relating to Damage caused by Aircraft to Third Parties on the Surface opened for signature at Rome on the 29 May 1933, the present Convention upon its entry into force shall supersede the said Convention of Rome.

Article 30

For the purposes of this Convention :

– « Person » means any natural or legal person, including a State.

– « Contracting State » means any State which has ratified or adhered to this Convention and whose denunciation thereof has not become effective.

– « Territory of a State » means the metropolitan territory of a State and all territories for the foreign relations of which that State is responsible, subject to the provisions of Article 36.

CHAPTER VI

FINAL PROVISIONS

Article 31

This Convention shall remain open for signature on behalf of any State until it comes into force in accordance with the provisions of Article 33.

Article 32

1. This Convention shall be subject to ratification by the signatory States.

2. The instruments of ratification shall be deposited with the International Civil Aviation Organization.

Article 33

1. As soon as five of the signatory States have deposited their instruments of ratification of this Convention, it shall come into force between them on the ninetieth day after the date of the deposit of the fifth instrument of ratification. It shall come into force, for each State which deposits its instrument of ratification after that date, on the ninetieth day after the deposit of its instrument of ratification.

2. As soon as this Convention comes into force, it shall be registered with the United Nations by the Secretary General of the International Civil Aviation Organization.

Article 34

1. This Convention shall, after it has come into force, be open for adherence by any non-signatory State.

2. The adherence of a State shall be effected by the deposit of an instrument of adherence with the International Civil Aviation Organisation and shall take effect as from the ninetieth day after the date of the deposit.

Article 35

1. Any Contracting State may denounce this Convention by notification of denunciation to the International Civil Aviation Organization.

2. Denunciation shall take effect six months after the date of receipt by the International Civil Aviation Organization of the notification of denunciation; nevertheless, in respect of damage contemplated in Article 1 arising from an incident which occurred before the expiration of the six months period, the Convention shall continue to apply as if the denunciation had not been made.

Article 36

1. This Convention shall apply to all territories for the foreign relations of which a Contracting State is responsible, with the exception of territories in respect of which a declaration has been made in accordance with paragraph 2 of this Article or paragraph 3 of Article 37.

2. Any State may at the time of deposit of its instrument of ratification or adherence, declare that its acceptance of this Convention does not apply to any one or more of the territories for the foreign relations of which such State is responsible.

3. Any Contracting State may subsequently, by notification to the International Civil Aviation Organization, extend the application of this Convention to any or all of the territories regarding which it has made a declaration in accordance with paragraph 2 of this Article or paragraph 3 of Article 37. The notification shall take effect as from the ninetieth day after its receipt by the Organization.

4. Any Contracting State may denounce this Convention, in accordance with the provisions of Article 35, separately for any or all of the territories for the foreign relations of which such State is responsible.

Article 37

1. When the whole or part of the territory of a Contracting State is transferred to a non-contracting State, this Convention shall cease to apply to the territory so transferred, as from the date of the transfer.

2. When part of the territory of a Contracting State becomes an independent State responsible for its own foreign relations, this Convention shall cease to apply to the territory which becomes an independent State, as from the date on which it becomes independent.

3. When the whole or part of the territory of another State is transferred to a Contracting State, the Convention shall apply to the territory so transferred as from the date of the transfer; provided that, if the territory transferred does not become part of the metropolitan territory of the Contracting State concerned, that Contracting State may, before or at the time of the transfer, declare by notification to the International Civil Aviation Organization that the Convention shall not apply to the territory transferred unless a notification is made under paragraph 3 of Article 36.

Article 38

The Secretary General of the International Civil Aviation Organization shall give notice to all signatory and adhering States and to all States members of the Organization or of the United Nations:

(a) of the deposit of any instrument of ratification or adherence and the date thereof, within thirty days from the date of the deposit, and

(b) of the receipt of any denunciation or of any declaration or notification made under Article 36 or 37 and the date thereof, within thirty days from the date of the receipt.

The Secretary General of the Organization shall also notify these States of the date on which the Convention comes into force in accordance with paragraph 1 of Article 33.

Article 39

No reservations may be made to this Convention.

IN WITNESS WHEREOF the undersigned Plenipotentiaries, having been duly authorised, have signed this Convention.

DONE at Rome on the seventh day of the month of October of the year One Thousand Nine Hundred and Fifty Two in the English, French and Spanish languages, each text being of equal authenticity.

This Convention shall be deposited with the International Civil Aviation Organization where, in accordance with Article 31, it shall remain open for signature, and the Secretary General of the Organization shall send certified copies thereof to all signatory and adhering States and to all States members of the Organization or the United Nations.

PROTOCOL

To Amend the Convention on Damage Caused by Foreign Aircraft to Third Parties on the Surface Signed at Rome on 7 October 1952

THE GOVERNMENTS UNDERSIGNED

CONSIDERING that it is desirable to amend the Convention on Damage Caused by Foreign Aircraft to Third Parties on the Surface signed at Rome on 7 October 1952,

HAVE AGREED as follows:

CHAPTER I

AMENDMENTS TO THE CONVENTION

Article I

The Convention which the provisions of the present Chapter modify is the Convention on Damage Caused by Foreign Aircraft to Third Parties on the Surface signed at Rome on 7 October 1952.

Article II

In Article 2 of the Convention the following shall be added as new paragraph 4:—

"4. If the aircraft is registered as the property of a State, the liability devolves upon the person to whom, in accordance with the law of the State concerned, the aircraft has been entrusted for operation."

Article III

Article 11 of the Convention shall be deleted and replaced by the following:–

"Article 11

1. Subject to the provisions of Article 12, the liability for damage giving a right to compensation under Article 1, for each aircraft and incident, in respect of all persons liable under this Convention shall not exceed:

(a) 300 000 Special Drawing Rights for aircraft weighing 2 000 kilogrammes or less;

(b) 300 000 Special Drawing Rights plus 175 Special Drawing Rights per kilogramme over 2 000 kilogrammes for aircraft weighing more than 2 000 but not exceeding 6 000 kilogrammes;

(c) 1 000 000 Special Drawing Rights plus 62.5 Special Drawing Rights per kilogramme over 6 000 kilogrammes for aircraft weighing more than 6 000 but not exceeding 30 000 kilogrammes;

(d) 2 500 000 Special Drawing Rights plus 65 Special Drawing Rights per kilogramme over 30 000 kilogrammes for aircraft weighing more than 30 000 kilogrammes.

2. The liability in respect of loss of life or personal injury shall not exceed 125 000 Special Drawing Rights per person killed or injured.

3. "Weight" means the maximum weight of the aircraft authorized by the certificate of airworthiness for take-off, excluding the effect of lifting gas when used.

4. The sums mentioned in terms of the Special Drawing Right in paragraphs 1 and 2 of this Article shall be deemed to refer to the Special Drawing Right as defined by the International Monetary Fund. Conversion of the sums into national currencies shall, in case of judicial proceedings, be made according to the value of such currencies in terms of the Special Drawing Right at the date of the judgment. The value of a national currency, in terms of the Special Drawing Right, of a Contracting State which is a Member of the International Monetary Fund, shall be calculated in accordance with the method of valuation applied by the International Monetary Fund, in effect at the date of the judgment, for its operations and transactions. The value of a national currency, in terms of the Special Drawing Right, of a Contracting State which is not a Member of the International Monetary Fund, shall be calculated in a manner determined by that Contracting State.

Nevertheless, those States which are not Members of the International Monetary Fund and whose law does not permit the application of the provisions of paragraphs 1 and 2 of this Article and of this paragraph may, at the time of ratification or accession or at any time thereafter, declare that the limit of liability provided for in this Convention shall, in judicial proceedings in their territories, be fixed as follows:

(a) 4 500 000 monetary units for aircraft referred to in subparagraph (a) of paragraph 1 of this Article;

(b) 4 500 000 monetary units plus 2 625 monetary units per kilogramme for aircraft referred to in subparagraph (b) of paragraph 1 of this Article;

(c) 15 000 000 monetary units plus 937.5 monetary units per kilogramme for aircraft referred to in subparagraph (c) of paragraph 1 of this Article;

(d) 37 500 000 monetary units plus 975 monetary units per kilogramme for aircraft referred to in subparagraph (d) of paragraph 1 of this Article;

(e) 1 875 000 monetary units in respect of loss of life or personal injury referred to in paragraph 2 of this Article.

The monetary unit referred to in this paragraph corresponds to sixty-five and a half milligrammes of gold of millesimal fineness nine hundred. This sum may be converted into the national currency concerned in round figures. The conversion of this sum into the national currency shall be made according to the law of the State concerned."

Article IV

Article 14 of the Convention shall be deleted and replaced by the following:-

"Article 14

If the total amount of the claims established exceeds the limit of liability applicable under the provisions of this Convention, the following rules shall apply, taking into account the provisions of paragraph 2 of Article 11:

(a) if the claims are exclusively in respect of loss of life or personal injury or exclusively in respect of damage to property, such claims shall be reduced in proportion to their respective amounts;

(b) if the claims are both in respect of loss of life or personal injury and in respect of damage to property, the total sum distributable shall be appropriated preferentially to meet proportionately the claims in respect of loss of life and personal injury. The remainder, if any, of the total sum distributable shall be distributed proportionately among the claims in respect of damage to property."

Article V

In the title of Chapter III the word "SECURITY" shall be deleted and replaced by "GUARANTEE".

Article VI

In Article 15 of the Convention—

(a) paragraph 1 shall be deleted and replaced by the following:-

"1. Any Contracting State may require that the operator of an aircraft referred to in paragraph 1 of Article 23 shall be covered by insurance or guaranteed by other security in respect of his liability for damage sustained in its territory for which a right of compensation exists under Article 1 up to the limits applicable according to the provisions of Article 11. The operator shall provide evidence of such guarantee if the State overflown so requests."

(b) paragraphs 2, 3, 4, 5 and 6 shall be deleted;

(c) paragraph 7 shall be renumbered as paragraph 2 and shall read as follows:-

"2. A Contracting State overflown may at any time require consultation with the State of the aircraft's registry, with the State of the operator or with any other Contracting State where the guarantees are provided, if it believes that the insurer or other person providing the guarantee is not financially capable of meeting the obligations imposed by this Convention."

(d) paragraph 8 shall be renumbered as paragraph 3;

(e) paragraph 9 shall be deleted.

Article VII

In Article 16 of the Convention—

(a) the word "security" in paragraph 1 shall be deleted and replaced by "guarantee";

(b) subparagraph (a) of paragraph 1 shall be deleted and replaced by the following:-

"(a) that the damage occurred after the guarantee ceased to be effective. However, if the guarantee expires during a flight, it should be continued in force until the next landing specified in the flight plan, but no longer than twenty-four hours;"

(c) subparagraph (b) of paragraph 1 shall be deleted and replaced by the following:-

"(b) that the damage occurred outside the territorial limits provided by the guarantee, unless flight outside of such limits was caused by *force majeure*, assistance justified by the circumstances or an error in piloting, operation or navigation."

(d) paragraphs 2 and 3 shall be deleted;

(e) paragraph 4 shall be renumbered as paragraph 2 and the word "security" shall be deleted and replaced by "guarantee";

(f) paragraph 5 shall be renumbered as paragraph 3 and the words "governing the contract of insurance or guarantee" shall be deleted and replaced by "applicable to the guarantee"; in subparagraph (a) of that paragraph the word "security" shall be deleted and replaced by "guarantee";

(g) paragraphs 6 and 7 shall be renumbered as paragraphs 4 and 5, respectively, and in the new paragraph 4 the word "security" shall be replaced by "guarantee".

Article VIII

In Article 17 of the Convention—

(a) paragraph 1 shall be deleted and replaced by the following:-

"1. If a guarantee is furnished in accordance with Article 15, it shall be specifically and preferentially assigned to payment of claims under the provisions of this Convention."

(b) in paragraph 2 the word "security" shall be deleted and replaced by "guarantee";

(c) paragraph 3 shall be deleted and replaced by the following:-

"3. As soon as notice of a claim has been given to the operator, he shall ensure that the guarantee is maintained up to a sum equivalent to the aggregate of:

(a) the amount of the guarantee then required by paragraph 2 of this Article, and

(b) the amount of the claim not exceeding the applicable limit of liability.

The above-mentioned sum shall be maintained until every claim has been disposed of."

Article IX

In Article 19 of the Convention no amendment has been made in the English text.

Article X

In Article 20 of the Convention—

(a) in paragraph 4 delete the words "or of any territory, State or province thereof" and replace by "or of any of its constituent subdivisions, such as States, Republics, territories or provinces";

(b) in paragraph 9 the subparagraphs shall be designated as (a), (b) and (c), respectively;

(c) paragraph 11 shall be deleted and replaced by the following:-

"11. Interest may be allowed on the judgment debt according to the law of the Court seized of the case."

(d) in paragraph 12 delete the word "five" and replace by "two".

Article XI

In Article 21 of the Convention no amendment has been made in the English text.

Article XII

In Article 23 of the Convention paragraph 1 shall be deleted and replaced by the following:-

"1. This Convention applies to damage contemplated in Article 1 caused in the territory of a Contracting State by an aircraft registered in another Contracting State or by an aircraft, whatever its registration may be, the operator of which has his principal place of business or, if he has no such place of business, his permanent residence in another Contracting State."

Article XIII

Article 26 of the Convention shall be deleted and replaced by the following:-

"Article 26

This Convention shall not apply to damage caused by aircraft used in military, customs and police services."

Article XIV

In the Convention after Article 26 insert Article 27 as follows:-

"Article 27

This Convention shall not apply to nuclear damage."

Article XV

Articles 27 and 28 of the Convention shall be renumbered as Articles 28 and 29, respectively.

Article XVI

Article 29 of the Convention shall be deleted.

Article XVII

In Article 30 of the Convention the last two paragraphs shall be deleted and replaced by the following:-

" — "Contracting State" means a State for which this Convention is in force."

" — "State of the Operator" means any Contracting State other than the State of registry on whose territory the operator has his principal place of business or, if he has no such place of business, his permanent residence."

Article XVIII

Articles 36 and 37 of the Convention shall be deleted and in Article 38, which shall be renumbered as Article 36, the words "or of any declaration of notification made under Articles 36 and 37" shall be deleted; Article 39 shall be renumbered as Article 37.

CHAPTER II

FINAL PROVISIONS

Article XIX

As between the Parties to this Protocol, the Convention and the Protocol shall be read and interpreted together as one single instrument and shall be known as the *Rome Convention of 1952 as Amended at Montreal in 1978.*

Article XX

Until the date on which this Protocol comes into force in accordance with Article XXII, it shall remain open for signature by any State.

Article XXI

1. This Protocol shall be subject to ratification by the signatory States.

2. Ratification of this Protocol by any State which is not a Party to the Convention shall have the effect of accession to the Convention as amended by this Protocol.

3. The instruments of ratification shall be deposited with the International Civil Aviation Organization.

Article XXII

1. As soon as five of the signatory States have deposited their instruments of ratification of this Protocol, it shall come into force between them on the ninetieth day after the date of the deposit of the fifth instrument of ratification. It shall come into force, for each State which deposits its instrument of ratification after that date, on the ninetieth day after its deposit of its instrument of ratification.

2. As soon as this Protocol comes into force, it shall be registered with the United Nations by the Secretary General of the International Civil Aviation Organization.

Article XXIII

1. This Protocol shall, after it has come into force, be open for accession by any non-signatory State.

2. Accession to this Protocol by any State which is not a Party to the Convention shall have the effect of accession to the Convention as amended by this Protocol.

3. Accession shall be effected by the deposit of an instrument of accession with the International Civil Aviation Organization and shall take effect on the ninetieth day after the deposit.

Article XXIV

1. Any Party to this Protocol may denounce the Protocol by notification addressed to the International Civil Aviation Organization.

2. Denunciation shall take effect six months after the date of receipt by the International Civil Aviation Organization of the notification of denunciation; nevertheless, in respect of damage contemplated in Article 1 of the Convention arising from an incident which occurred before the expiration of the six months period, the Convention shall continue to apply as if the denunciation had not been made.

3. As between the Parties to this Protocol, denunciation by any of them of the Rome Convention of 1952 in accordance with Article 35 thereof shall not be construed in any way as a denunciation of the *Rome Convention of 1952 as Amended at Montreal in 1978.*

Article XXV

No reservations may be made to this Protocol.

Article XXVI

1. The Secretary General of the International Civil Aviation Organization shall give notice to all States Parties to the Rome Convention or to that Convention as amended by this Protocol, all signatory and adhering States and to all States members of the Organization or of the United Nations:

(a) of the deposit of any instrument of ratification of, or adherence to, this Protocol and the date of, thereof, within thirty days from the date of the deposit, and

(b) of the receipt of any denunciation of this Protocol and the date thereof, within thirty days from the date of the receipt.

2. The Secretary General of the Organization shall also notify these States of the date on which this Protocol comes into force in accordance with Article XXII.

Article XXVII

This Protocol shall remain open for signature at the Headquarters of the International Civil Aviation Organization until it comes into force in accordance with Article XXII.

DONE at Montreal on the twenty-third day of September of the year One Thousand Nine Hundred and Seventy-eight in four authentic texts in the English, French, Russian and Spanish languages.

IN WITNESS WHEREOF the undersigned Plenipotentiaries, having been duly authorized, have signed this Procotol in the name of

CONVENTION ON COMPENSATION FOR DAMAGE CAUSED BY AIRCRAFT TO THIRD PARTIES

THE STATES PARTIES TO THIS CONVENTION,

RECOGNIZING the need to ensure adequate compensation for third parties who suffer damage resulting from events involving an aircraft in flight;

RECOGNIZING the need to modernize the *Convention on Damage Caused by Foreign Aircraft to Third Parties on the Surface*, Signed at Rome on 7 October 1952, and the *Protocol to Amend the Convention on Damage Caused by Foreign Aircraft to Third Parties on the Surface, Signed at Rome on 7 October 1952*, Signed at Montreal on 23 September 1978;

RECOGNIZING the importance of ensuring protection of the interests of third-party victims and the need for equitable compensation, as well as the need to enable the continued stability of the aviation industry;

REAFFIRMING the desirability of the orderly development of international air transport operations and the smooth flow of passengers, baggage and cargo in accordance with the principles and objectives of the *Convention on International Civil Aviation*, done at Chicago on 7 December 1944; and

CONVINCED that collective State action for further harmonization and codification of certain rules governing the compensation of third parties who suffer damage resulting from events involving aircraft in flight through a new Convention is the most desirable and effective means of achieving an equitable balance of interests;

HAVE AGREED AS FOLLOWS:

Chapter I

Principles

Article 1 — Definitions

For the purposes of this Convention:

(a) an "act of unlawful interference" means an act which is defined as an offence in the *Convention for the Suppression of Unlawful Seizure of Aircraft*, Signed at The Hague on 16 December 1970, or the *Convention for the Suppression of Unlawful Acts Against the Safety of Civil Aviation*, Signed at Montreal on 23 September 1971, and any amendment in force at the time of the event;

(b) an "event" occurs when damage is caused by an aircraft in flight other than as a result of an act of unlawful interference;

(c) an aircraft is considered to be "in flight" at any time from the moment when all its external doors are closed following embarkation or loading until the moment when any such door is opened for disembarkation or unloading;

(d) "international flight" means any flight whose place of departure and whose intended destination are situated within the territories of two States, whether or not there is a break in the flight, or within the territory of one State if there is an intended stopping place in the territory of another State;

(e) "maximum mass" means the maximum certificated take-off mass of the aircraft, excluding the effect of lifting gas when used;

(f) "operator" means the person who makes use of the aircraft, provided that if control of the navigation of the aircraft is retained by the person from whom the right to make use of the aircraft is derived, whether directly or indirectly, that person shall be considered the operator. A person shall be considered to be making use of an aircraft when he or she is using it personally or when his or her servants or agents are using the aircraft in the course of their employment, whether or not within the scope of their authority;

(g) "person" means any natural or legal person, including a State;

(h) "State Party" means a State for which this Convention is in force; and

(i) "third party" means a person other than the operator, passenger or consignor or consignee of cargo.

Article 2 — Scope

1. This Convention applies to damage to third parties which occurs in the territory of a State Party caused by an aircraft in flight on an international flight, other than as a result of an act of unlawful interference.

2. If a State Party so declares to the Depositary, this Convention shall also apply where an aircraft in flight other than on an international flight causes damage in the territory of that State, other than as a result of an act of unlawful interference.

3. For the purposes of this Convention:

(a) damage to a ship in or an aircraft above the High Seas or the Exclusive Economic Zone shall be regarded as damage occurring in the territory of the State in which it is registered; however, if the operator of the aircraft has its principal place of business in the territory of a State other than the State of Registry, the damage to the aircraft shall be regarded as having occurred in the territory of the State in which it has its principal place of business; and

(b) damage to a drilling platform or other installation permanently fixed to the soil in the Exclusive Economic Zone or the Continental Shelf shall be regarded as having occurred in the territory of the State which has jurisdiction over such platform or installation in accordance with international law including the *United Nations Convention on the Law of the Sea*, done at Montego Bay on 10 December 1982.

4. This Convention shall not apply to damage caused by State aircraft. Aircraft used in military, customs and police services shall be deemed to be State aircraft.

Chapter II

Liability of the operator and related issues

Article 3 — Liability of the operator

1. The operator shall be liable for damage sustained by third parties upon condition only that the damage was caused by an aircraft in flight.

2. There shall be no right to compensation under this Convention if the damage is not a direct consequence of the event giving rise thereto, or if the damage results from the mere fact of passage of the aircraft through the airspace in conformity with existing air traffic regulations.

3. Damages due to death, bodily injury and mental injury shall be compensable. Damages due to mental injury shall be compensable only if caused by a recognizable psychiatric illness resulting either from bodily injury or from direct exposure to the likelihood of imminent death or bodily injury.

4. Damage to property shall be compensable.

5. Environmental damage shall be compensable, in so far as such compensation is provided for under the law of the State Party in the territory of which the damage occurred.

6. No liability shall arise under this Convention for damage caused by a nuclear incident as defined in the *Paris Convention on Third Party Liability in the Field of Nuclear Energy* (29 July 1960) or for nuclear damage as defined in the *Vienna Convention on Civil Liability for Nuclear Damage* (21 May 1963), and any amendment or supplements to these Conventions in force at the time of the event.

7. Punitive, exemplary or any other non-compensatory damages shall not be recoverable.

8. An operator who would otherwise be liable under the provisions of this Convention shall not be liable if the damage is the direct consequence of armed conflict or civil disturbance.

Article 4 — Limit of the operator's liability

1. The liability of the operator arising under Article 3 shall not exceed for an event the following limit based on the mass of the aircraft involved:

(a) 750 000 Special Drawing Rights for aircraft having a maximum mass of 500 kilogrammes or less;

(b) 1 500 000 Special Drawing Rights for aircraft having a maximum mass of more than 500 kilogrammes but not exceeding 1 000 kilogrammes;

(c) 3 000 000 Special Drawing Rights for aircraft having a maximum mass of more than 1 000 kilogrammes but not exceeding 2 700 kilogrammes;

(d) 7 000 000 Special Drawing Rights for aircraft having a maximum mass of more than 2 700 kilogrammes but not exceeding 6 000 kilogrammes;

(e) 18 000 000 Special Drawing Rights for aircraft having a maximum mass of more than 6 000 kilogrammes but not exceeding 12 000 kilogrammes;

(f) 80 000 000 Special Drawing Rights for aircraft having a maximum mass of more than 12 000 kilogrammes but not exceeding 25 000 kilogrammes;

(g) 150 000 000 Special Drawing Rights for aircraft having a maximum mass of more than 25 000 kilogrammes but not exceeding 50 000 kilogrammes;

(h) 300 000 000 Special Drawing Rights for aircraft having a maximum mass of more than 50 000 kilogrammes but not exceeding 200 000 kilogrammes;

(i) 500 000 000 Special Drawing Rights for aircraft having a maximum mass of more than 200 000 kilogrammes but not exceeding 500 000 kilogrammes;

(j) 700 000 000 Special Drawing Rights for aircraft having a maximum mass of more than 500 000 kilogrammes.

2. If an event involves two or more aircraft operated by the same operator, the limit of liability in respect of the aircraft with the highest maximum mass shall apply.

3. The limits in this Article shall only apply if the operator proves that the damage:

(a) was not due to its negligence or other wrongful act or omission or that of its servants or agents; or

(b) was solely due to the negligence or other wrongful act or omission of another person.

Article 5 — Priority of compensation

If the total amount of the damages to be paid exceeds the amounts available according to Article 4, paragraph 1, the total amount shall be awarded preferentially to meet proportionately the claims in respect of death, bodily injury and mental injury, in the first instance. The remainder, if any, of the total amount payable shall be awarded proportionately among the claims in respect of other damage.

Article 6 — Events involving two or more operators

1. Where two or more aircraft have been involved in an event causing damage to which this Convention applies, the operators of those aircraft are jointly and severally liable for any damage suffered by a third party.

2. If two or more operators are so liable, the recourse between them shall depend on their respective limits of liability and their contribution to the damage.

3. No operator shall be liable for a sum in excess of the limit, if any, applicable to its liability.

Article 7 — Court costs and other expenses

1. The court may award, in accordance with its own law, the whole or part of the court costs and of the other expenses of the litigation incurred by the claimant, including interest.

2. Paragraph 1 shall not apply if the amount of the damages awarded, excluding court costs and other expenses of the litigation, does not exceed the sum which the operator has offered in writing to the claimant within a period of six months from the date of the event causing the damage, or before the commencement of the action, whichever is the later.

Article 8 — Advance payments

If required by the law of the State where the damage occurred, the operator shall make advance payments without delay to natural persons who may be entitled to claim compensation under this Convention, in order to meet their immediate economic needs. Such advance payments shall not constitute a recognition of liability and may be offset against any amount subsequently payable as damages by the operator.

Article 9 — Insurance

1. Having regard to Article 4, States Parties shall require their operators to maintain adequate insurance or guarantee covering their liability under this Convention.

2. An operator may be required by the State Party in or into which it operates to furnish evidence that it maintains adequate insurance or guarantee. In doing so, the State Party shall apply the same criteria to operators of other States Parties as it applies to its own operators.

Chapter III

Exoneration and recourse

Article 10 — Exoneration

If the operator proves that the damage was caused, or contributed to, by the negligence or other wrongful act or omission of a claimant, or the person from whom he or she derives his or her rights, the operator shall be wholly or partly exonerated from its liability to that claimant to the extent that such negligence or wrongful act or omission caused or contributed to the damage.

Article 11 — Right of recourse

Subject to Article 13, nothing in this Convention shall prejudice the question whether a person liable for damage in accordance with its provisions has a right of recourse against any person.

Chapter IV

Exercise of remedies and related provisions

Article 12 — Exclusive remedy

1. Any action for compensation for damage to third parties caused by an aircraft in flight brought against the operator, or its servants or agents, however founded, whether under this Convention or in tort or otherwise, can only be brought subject to the conditions set out in this Convention without prejudice to the question as to who are the persons who have the right to bring suit and what are their respective rights.

2. Article 3, paragraphs 6, 7 and 8, shall apply to any other person from whom the damages specified in those paragraphs would otherwise be recoverable or compensable, whether under this Convention or in tort or otherwise.

Article 13 — Exclusion of liability

Neither the owner, lessor or financier retaining title or holding security of an aircraft, not being an operator, nor their servants or agents, shall be liable for damages under this Convention or the law of any State Party relating to third party damage.

Article 14 — Conversion of Special Drawing Rights

The sums mentioned in terms of Special Drawing Right in this Convention shall be deemed to refer to the Special Drawing Right as defined by the International Monetary Fund. Conversion of the sums into national currencies shall, in case of judicial proceedings, be made according to the value of such currencies in terms of the Special Drawing Right at the date of the judgement. The value in a national currency shall be calculated in accordance with the method of valuation applied by the International Monetary Fund for its operations and transactions. The value in a national currency, of a State Party which is not a Member of the International Monetary Fund, shall be calculated in a manner determined by that State to express in the national currency of the State Party as far as possible the same real value as the amounts in Article 4, paragraph 1.

Article 15 — Review of limits

1. Subject to paragraph 2 of this Article, the sums prescribed in Article 4, paragraph 1, shall be reviewed by the Depositary by reference to an inflation factor which corresponds to the accumulated rate of inflation since the previous revision or in the first instance since the date of entry into force of this Convention. The measure of the rate of inflation to be used in determining the inflation factor shall be the weighted average of the annual rates of increase or decrease in the Consumer Price Indices of the States whose currencies comprise the Special Drawing Right mentioned in Article 14.

2. If the review referred to in the preceding paragraph concludes that the inflation factor has exceeded 10 per cent, the Depositary shall notify the States Parties of a revision of the limits of liability. Any such revision shall become effective six months after the notification to the States Parties, unless a majority of the States Parties register their disapproval. The Depositary shall immediately notify all States Parties of the coming into force of any revision.

Article 16 — Forum

1. Subject to paragraph 2 of this Article, actions for compensation under the provisions of this Convention may be brought only before the courts of the State Party in whose territory the damage occurred.

2. Where damage occurs in more than one State Party, actions under the provisions of this Convention may be brought only before the courts of the State Party the territory of which the aircraft was in or about to leave when the event occurred.

3. Without prejudice to paragraphs 1 and 2 of this Article, application may be made in any State Party for such provisional measures, including protective measures, as may be available under the law of that State.

Article 17 — Recognition and enforcement of judgements

1. Subject to the provisions of this Article, judgements entered by a competent court under Article 16 after trial, or by default, shall when they are enforceable in the State Party of that court be enforceable in any other State Party as soon as the formalities required by that State Party have been complied with.

2. The merits of the case shall not be reopened in any application for recognition or enforcement under this Article.

3. Recognition and enforcement of a judgement may be refused if:

(a) its recognition or enforcement would be manifestly contrary to public policy in the State Party where recognition or enforcement is sought;

(b) the defendant was not served with notice of the proceedings in such time and manner as to allow him or her to prepare and submit a defence;

(c) it is in respect of a cause of action which had already, as between the same parties, formed the subject of a judgement or an arbitral award which is recognized as final and conclusive under the law of the State Party where recognition or enforcement is sought;

(d) the judgement has been obtained by fraud of any of the parties; or

(e) the right to enforce the judgement is not vested in the person by whom the application is made.

4. Recognition and enforcement of a judgement may also be refused to the extent that the judgement awards damages, including exemplary or punitive damages, that do not compensate a third party for actual harm suffered.

5. Where a judgement is enforceable, payment of any court costs and other expenses incurred by the plaintiff, including interest recoverable under the judgement, shall also be enforceable.

Article 18 — Regional and multilateral agreements on the recognition and enforcement of judgements

1. States Parties may enter into regional and multilateral agreements regarding the recognition and enforcement of judgements consistent with the objectives of this Convention, provided that such agreements do not result in a lower level of protection for any third party or defendant than that provided for in this Convention.

2. States Parties shall inform each other, through the Depositary, of any such regional or multilateral agreements that they have entered into before or after the date of entry into force of this Convention.

3. The provisions of this Chapter shall not affect the recognition or enforcement of any judgement pursuant to such agreements.

Article 19 — Period of limitation

1. The right to compensation under Article 3 shall be extinguished if an action is not brought within two years from the date of the event which caused the damage.

2. The method of calculating such two-year period shall be determined in accordance with the law of the court seised of the case.

Article 20 — Death of person liable

In the event of the death of the person liable, an action for damages lies against those legally representing his or her estate and is subject to the provisions of this Convention.

CHAPTER V

Final clauses

Article 21 – Signature, ratification, acceptance, approval or accession

1. This Convention shall be open for signature in Montréal on 2 May 2009 by States participating in the International Conference on Air Law held at Montréal from 20 April to 2 May 2009. After 2 May 2009, the Convention shall be open to all States for signature at the Headquarters of the

International Civil Aviation Organization in Montréal until it enters into force in accordance with Article 23.

2. This Convention shall be subject to ratification by States which have signed it.

3. Any State which does not sign this Convention may accept, approve or accede to it at any time.

4. Instruments of ratification, acceptance, approval or accession shall be deposited with the International Civil Aviation Organization, which is hereby designated the Depositary.

Article 22 – Regional Economic Integration Organizations

1. A Regional Economic Integration Organization which is constituted by sovereign States and has competence over certain matters governed by this Convention may similarly sign, ratify, accept, approve or accede to this Convention. The Regional Economic Integration Organization shall in that case have the rights and obligations of a State Party to the extent that that Organization has competence over matters governed by this Convention.

2. The Regional Economic Integration Organization shall, at the time of signature, ratification, acceptance, approval or accession, make a declaration to the Depositary specifying the matters governed by this Convention in respect of which competence has been transferred to that Organization by its Member States. The Regional Economic Integration Organization shall promptly notify the Depositary of any changes to the distribution of competence, including new transfers of competence, specified in the declaration under this paragraph.

3. Any reference to a "State Party" or "States Parties" in this Convention applies equally to a Regional Economic Integration Organization where the context so requires.

Article 23 – Entry into force

1. This Convention shall enter into force on the sixtieth day following the date of deposit of the thirty-fifth instrument of ratification, acceptance, approval or accession with the Depositary between the States which have deposited such instruments. An instrument deposited by a Regional Economic Integration Organization shall not be counted for the purpose of this paragraph.

2. For other States and for other Regional Economic Integration Organizations, this Convention shall take effect sixty days following the date of deposit of the instrument of ratification, acceptance, approval or accession.

Article 24 – Denunciation

1. Any State Party may denounce this Convention by written notification to the Depositary.

2. Denunciation shall take effect one hundred and eighty days following the date on which notification is received by the Depositary; in respect of damage contemplated in Article 3 arising from an event which occurred before the expiration of the one hundred and eighty day period, the Convention shall continue to apply as if the denunciation had not been made.

Article 25 – Relationship to other treaties

The rules of this Convention shall prevail over any rules in the following instruments which would otherwise be applicable to damage covered by this Convention:

(a) the *Convention on Damage Caused by Foreign Aircraft to Third Parties on the Surface,* Signed at Rome on 7 October 1952; or

(b) the *Protocol to Amend the Convention on Damage Caused by Foreign Aircraft to Third Parties on the Surface, Signed at Rome on 7 October 1952,* Signed at Montréal on 23 September 1978.

Article 26 – States with more than one system of law

1. If a State has two or more territorial units in which different systems of law are applicable in relation to matters dealt with in this Convention, it may at the time of signature, ratification, acceptance, approval or accession declare that this Convention shall extend to all its territorial units or only to one or more of them and may modify this declaration by submitting another declaration at any time.

2. Any such declaration shall be notified to the Depositary and shall state expressly the territorial units to which this Convention applies.

3. For a declaration made under Article 2, paragraph 2, by a State Party having two or more territorial units in which different systems of law are applicable, it may declare that this Convention shall apply to damage to third parties that occurs in all its territorial units or in one or more of them and may modify this declaration by submitting another declaration at any time.

4. In relation to a State Party which has made a declaration under this Article:

(a) the reference in Article 8 to "the law of the State" shall be construed as referring to the law of the relevant territorial unit of that State; and

(b) references in Article 14 to "national currency" shall be construed as referring to the currency of the relevant territorial unit of that State.

Article 27 – Reservations and declarations

1. No reservation may be made to this Convention but declarations authorized by Article 2, paragraph 2, Article 22, paragraph 2, and Article 26 may be made in accordance with these provisions.

2. Any declaration or any withdrawal of a declaration made under this Convention shall be notified in writing to the Depositary.

Article 28 – Functions of the Depositary

The Depositary shall promptly notify all signatories and States Parties of:

(a) each new signature of this Convention and the date thereof;

(b) each deposit of an instrument of ratification, acceptance, approval or accession and the date thereof;

(c) each declaration and the date thereof;

(d) the modification or withdrawal of any declaration and the date thereof;

(e) the date of entry into force of this Convention;

(f) the date of the coming into force of any revision of the limits of liability established under this Convention; and

(g) any denunciation with the date thereof and the date on which it takes effect.

IN WITNESS WHEREOF the undersigned Plenipotentiaries, having been duly authorized, have signed this Convention.

DONE at Montréal on the 2nd day of May of the year two thousand and nine in the English, Arabic, Chinese, French, Russian and Spanish languages, all texts being equally authentic, such authenticity to take effect upon verification by the Secretariat of the Conference under the authority of the President of the Conference within ninety days hereof as to the conformity of the texts with one another. This Convention shall remain deposited in the archives of the International Civil Aviation Organization, and certified copies thereof shall be transmitted by the Depositary to all Contracting States to this Convention, as well as to all States Parties to the Conventions and Protocol referred to in Article 25.

CONVENTION ON COMPENSATION FOR DAMAGE TO THIRD PARTIES, RESULTING FROM ACTS OF UNLAWFUL INTERFERENCE INVOLVING AIRCRAFT

THE STATES PARTIES TO THIS CONVENTION,

RECOGNIZING the serious consequences of acts of unlawful interference with aircraft which cause damage to third parties and to property;

RECOGNIZING that there are currently no harmonized rules relating to such consequences;

RECOGNIZING the importance of ensuring protection of the interests of third-party victims and the need for equitable compensation, as well as the need to protect the aviation industry from the consequences of damage caused by unlawful interference with aircraft;

CONSIDERING the need for a coordinated and concerted approach to providing compensation to third-party victims, based on cooperation between all affected parties;

REAFFIRMING the desirability of the orderly development of international air transport operations and the smooth flow of passengers, baggage and cargo in accordance with the principles and objectives of the *Convention on International Civil Aviation*, done at Chicago on 7 December 1944; and

CONVINCED that collective State action for harmonization and codification of certain rules governing compensation for the consequences of an event of unlawful interference with aircraft in flight through a new Convention is the most desirable and effective means of achieving an equitable balance of interests;

HAVE AGREED AS FOLLOWS:

Chapter I

Principles

Article 1 — Definitions

For the purposes of this Convention:

(a) an "act of unlawful interference" means an act which is defined as an offence in the *Convention for the Suppression of Unlawful Seizure of Aircraft*, Signed at The Hague on 16 December 1970, or the *Convention for the Suppression of Unlawful Acts Against the Safety of Civil Aviation*, Signed at Montréal on 23 September 1971, and any amendment in force at the time of the event;

(b) an "event" occurs when damage results from an act of unlawful interference involving an aircraft in flight;

(c) an aircraft is considered to be "in flight" at any time from the moment when all its external doors are closed following embarkation or loading until the moment when any such door is opened for disembarkation or unloading;

(d) "international flight" means any flight whose place of departure and whose intended destination are situated within the territories of two States, whether or not there is a break in the flight, or within the territory of one State if there is an intended stopping place in the territory of another State;

(e) "maximum mass" means the maximum certificated take-off mass of the aircraft, excluding the effect of lifting gas when used;

(f) "operator" means the person who makes use of the aircraft, provided that if control of the navigation of the aircraft is retained by the person from whom the right to make use of the aircraft is derived, whether directly or indirectly, that person shall be considered the operator. A person shall be considered to be making use of an aircraft when he or she is using it personally or when his or her servants or agents are using the aircraft in the course of their employment, whether or not within the scope of their authority. The operator shall not lose its status as operator by virtue of the fact that another person commits an act of unlawful interference;

(g) "person" means any natural or legal person, including a State;

(h) "senior management" means members of an operator's supervisory board, members of its board of directors, or other senior officers of the operator who have the authority to make and have significant roles in making binding decisions about how the whole of or a substantial part of the operator's activities are to be managed or organized;

(i) "State Party" means a State for which this Convention is in force; and

(j) "third party" means a person other than the operator, passenger or consignor or consignee of cargo.

Article 2 — Scope

1. This Convention applies to damage to third parties which occurs in the territory of a State Party caused by an aircraft in flight on an international flight, as a result of an act of unlawful interference. This Convention shall also apply to such damage that occurs in a State non-Party as provided for in Article 28.

2. If a State Party so declares to the Depositary, this Convention shall also apply to damage to third parties that occurs in the territory of that State Party which is caused by an aircraft in flight other than on an international flight, as a result of an act of unlawful interference.

3. For the purposes of this Convention:

(a) damage to a ship in or an aircraft above the High Seas or the Exclusive Economic Zone shall be regarded as damage occurring in the territory of the State in which it is registered; however, if the operator of the aircraft has its principal place of business in the territory of a State other than the State of Registry, the damage to the aircraft shall be regarded as having occurred in the territory of the State in which it has its principal place of business; and

(b) damage to a drilling platform or other installation permanently fixed to the soil in the Exclusive Economic Zone or the Continental Shelf shall be regarded as having occurred in the territory of the State Party which has jurisdiction over such platform or installation in accordance with international law, including the *United Nations Convention on the Law of the Sea*, done at Montego Bay on 10 December 1982.

4. This Convention shall not apply to damage caused by State aircraft. Aircraft used in military, customs and police services shall be deemed to be State aircraft.

Chapter II

Liability of the operator and related issues

Article 3 — Liability of the operator

1. The operator shall be liable to compensate for damage within the scope of this Convention upon condition only that the damage was caused by an aircraft in flight.

2. There shall be no right to compensation under this Convention if the damage is not a direct consequence of the event giving rise thereto.

3. Damages due to death, bodily injury and mental injury shall be compensable. Damages due to mental injury shall be compensable only if caused by a recognizable psychiatric illness resulting either from bodily injury or from direct exposure to the likelihood of imminent death or bodily injury.

4. Damage to property shall be compensable.

5. Environmental damage shall be compensable, in so far as such compensation is provided for under the law of the State in the territory of which the damage occurred.

6. No liability shall arise under this Convention for damage caused by a nuclear incident as defined in the *Paris Convention on Third Party Liability in the Field of Nuclear Energy* (29 July 1960) or for nuclear damage as defined in the *Vienna Convention on Civil Liability for Nuclear Damage* (21 May 1963), and any amendment or supplements to these Conventions in force at the time of the event.

7. Punitive, exemplary or any other non-compensatory damages shall not be recoverable.

Article 4 — Limit of the operator's liability

1. The liability of the operator arising under Article 3 shall not exceed for an event the following limit based on the mass of the aircraft involved:

(a) 750 000 Special Drawing Rights for aircraft having a maximum mass of 500 kilogrammes or less;

(b) 1 500 000 Special Drawing Rights for aircraft having a maximum mass of more than 500 kilogrammes but not exceeding 1 000 kilogrammes;

(c) 3 000 000 Special Drawing Rights for aircraft having a maximum mass of more than 1 000 kilogrammes but not exceeding 2 700 kilogrammes;

(d) 7 000 000 Special Drawing Rights for aircraft having a maximum mass of more than 2 700 kilogrammes but not exceeding 6 000 kilogrammes;

(e) 18 000 000 Special Drawing Rights for aircraft having a maximum mass of more than 6 000 kilogrammes but not exceeding 12 000 kilogrammes;

(f) 80 000 000 Special Drawing Rights for aircraft having a maximum mass of more than 12 000 kilogrammes but not exceeding 25 000 kilogrammes;

(g) 150 000 000 Special Drawing Rights for aircraft having a maximum mass of more than 25 000 kilogrammes but not exceeding 50 000 kilogrammes;

(h) 300 000 000 Special Drawing Rights for aircraft having a maximum mass of more than 50 000 kilogrammes but not exceeding 200 000 kilogrammes;

(i) 500 000 000 Special Drawing Rights for aircraft having a maximum mass of more than 200 000 kilogrammes but not exceeding 500 000 kilogrammes;

(j) 700 000 000 Special Drawing Rights for aircraft having a maximum mass of more than 500 000 kilogrammes.

2. If an event involves two or more aircraft operated by the same operator, the limit of liability in respect of the aircraft with the highest maximum mass shall apply.

Article 5 — Events involving two or more operators

1. Where two or more aircraft have been involved in an event causing damage to which this Convention applies, the operators of those aircraft are jointly and severally liable for any damage suffered by a third party.

2. If two or more operators are so liable, the recourse between them shall depend on their respective limits of liability and their contribution to the damage.

3. No operator shall be liable for a sum in excess of the limit, if any, applicable to its liability.

Article 6 — Advance payments

If required by the law of the State where the damage occurred, the operator shall make advance payments without delay to natural persons who may be entitled to claim compensation under this Convention, in order to meet their immediate economic needs. Such advance payments shall not constitute a recognition of liability and may be offset against any amount subsequently payable as damages by the operator.

Article 7 — Insurance

1. Having regard to Article 4, States Parties shall require their operators to maintain adequate insurance or guarantee covering their liability under this Convention. If such insurance or guarantee is not

available to an operator on a per event basis, the operator may satisfy this obligation by insuring on an aggregate basis. States Parties shall not require their operators to maintain such insurance or guarantee to the extent that they are covered by a decision made pursuant to Article 11, paragraph 1(e) or Article 18, paragraph 3.

2. An operator may be required by the State Party in or into which it operates to furnish evidence that it maintains adequate insurance or guarantee. In doing so, the State Party shall apply the same criteria to operators of other States Parties as it applies to its own operators. Proof that an operator is covered by a decision made pursuant to Article 11, paragraph 1(e) or Article 18, paragraph 3, shall be sufficient evidence for the purpose of this paragraph.

Chapter III

The International Civil Aviation Compensation Fund

Article 8 — The constitution and objectives of the International Civil Aviation Compensation Fund

1. An organization named the International Civil Aviation Compensation Fund, hereinafter referred to as "the International Fund", is established by this Convention. The International Fund shall be made up of a Conference of Parties, consisting of the States Parties, and a Secretariat headed by a Director.

2. The International Fund shall have the following purposes:

(a) to provide compensation for damage according to Article 18, paragraph 1, pay damages according to Article 18, paragraph 3, and provide financial support under Article 28;

(b) to decide whether to provide supplementary compensation to passengers on board an aircraft involved in an event, according to Article 9, paragraph (j);

(c) to make advance payments under Article 19, paragraph 1, and to take reasonable measures after an event to minimize or mitigate damage caused by an event, according to Article 19, paragraph 2; and

(d) to perform other functions compatible with these purposes.

3. The International Fund shall have its seat at the same place as the International Civil Aviation Organization.

4. The International Fund shall have international legal personality.

5. In each State Party, the International Fund shall be recognized as a legal person capable under the laws of that State of assuming rights and obligations, entering into contracts, acquiring and disposing of movable and immovable property and of being a party in legal proceedings before the courts of that State. Each State Party shall recognize the Director of the International Fund as the legal representative of the International Fund.

6. The International Fund shall enjoy tax exemption and such other privileges as are agreed with the

host State. Contributions to the International Fund and its funds, and any proceeds from them, shall be exempted from tax in all States Parties.

7. The International Fund shall be immune from legal process, except in respect of actions relating to credits obtained in accordance with Article 17 or to compensation payable in accordance with Article 18. The Director of the International Fund shall be immune from legal process in relation to acts performed by him or her in his or her official capacity. The immunity of the Director may be waived by the Conference of Parties. The other personnel of the International Fund shall be immune from legal process in relation to acts performed by them in their official capacity. The immunity of the other personnel may be waived by the Director.

8. Neither a State Party nor the International Civil Aviation Organization shall be liable for acts, omissions or obligations of the International Fund.

Article 9 — The Conference of Parties

The Conference of Parties shall:

(a) determine its own rules of procedure and, at each meeting, elect its officers;

(b) establish the Regulations of the International Fund and the Guidelines for Compensation;

(c) appoint the Director and determine the terms of his or her employment and, to the extent this is not delegated to the Director, the terms of employment of the other employees of the International Fund;

(d) delegate to the Director, in addition to powers given in Article 11, such powers and authority as may be necessary or desirable for the discharge of the duties of the International Fund and revoke or modify such delegations of powers and authority at any time;

(e) decide the period for, and the amount of, initial contributions and fix the contributions to be made to the International Fund for each year until the next meeting of the Conference of Parties;

(f) in the case where the aggregate limit on contributions under Article 14, paragraph 3, has been applied, determine the global amount to be disbursed to the victims of all events occurring during the time period with regard to which Article 14, paragraph 3, was applied;

(g) appoint the auditors;

(h) vote budgets and determine the financial arrangements of the International Fund including the Guidelines on Investment, review expenditures, approve the accounts of the International Fund, and consider the reports of the auditors and the comments of the Director thereon;

(i) examine and take appropriate action on the reports of the Director, including reports on claims for compensation, and decide on any matter referred to it by the Director;

(j) decide whether and in what circumstances supplementary compensation may be payable by the International Fund to passengers on board an aircraft involved in an event in circumstances where the damages recovered by passengers according to applicable law did not result in the recovery of compensation commensurate with that available to third parties under this Convention. In exercising this discretion, the Conference of Parties shall seek to ensure that passengers and third parties are treated equally;

(k) establish the Guidelines for the application of Article 28, decide whether to apply Article 28 and set the maximum amount of such assistance;

(l) determine which States non-Party and which intergovernmental and international non-governmental organizations shall be admitted to take part, without voting rights, in meetings of the Conference of Parties and subsidiary bodies;

(m) establish any body necessary to assist it in its functions, including, if appropriate, an Executive Committee consisting of representatives of States Parties, and define the powers of such body;

(n) decide whether to obtain credits and grant security for credits obtained pursuant to Article 17, paragraph 4;

(o) make such determinations as it sees fit under Article 18, paragraph 3;

(p) enter into arrangements on behalf of the International Fund with the International Civil Aviation Organization;

(q) request the International Civil Aviation Organization to assume an assistance, guidance and supervisory role with respect to the International Fund as far as the principles and objectives of the *Convention on International Civil Aviation*, done at Chicago on 7 December 1944, are concerned. ICAO may assume these tasks in accordance with pertinent decisions of its Council;

(r) as appropriate, enter into arrangements on behalf of the International Fund with other international bodies; and

(s) consider any matter relating to this Convention that a State Party or the International Civil Aviation Organization has referred to it.

Article 10 — The meetings of the Conference of Parties

1. The Conference of Parties shall meet once a year, unless a Conference of Parties decides to hold its next meeting at another interval. The Director shall convene the meeting at a suitable time and place.

2. An extraordinary meeting of the Conference of Parties shall be convened by the Director:

(a) at the request of no less than one-fifth of the total number of States Parties;

(b) if an aircraft has caused damage falling within the scope of this Convention, and the damages are likely to exceed the applicable limit of liability according to Article 4 by more than 50 per cent of the available funds of the International Fund;

(c) if the aggregate limit on contributions according to Article 14, paragraph 3, has been reached; or

(d) if the Director has exercised the authority according to Article 11, paragraph 1 (d) or (e).

3. All States Parties shall have an equal right to be represented at the meetings of the Conference of Parties and each State Party shall be entitled to one vote. The International Civil Aviation Organization shall have the right to be represented, without voting rights, at the meetings of the Conference of Parties.

4. A majority of the States Parties is required to constitute a quorum for the meetings of the Conference of Parties. Decisions of the Conference of Parties shall be taken by a majority vote of the States Parties present and voting. Decisions under Article 9, subparagraphs (a), (b), (c), (d), (e), (k), (m), (n) and (o) shall be taken by a two-thirds majority of the States Parties present and voting.

5. Any State Party may, within ninety days after the deposit of an instrument of denunciation the result of which it considers will significantly impair the ability of the International Fund to perform its functions, request the Director to convene an extraordinary meeting of the Conference of Parties. The Director may convene the Conference of Parties to meet not later than sixty days after receipt of the request.

6. The Director may convene, on his or her own initiative, an extraordinary meeting of the Conference of Parties to meet within sixty days after the deposit of any instrument of denunciation, if he or she considers that such denunciation will significantly impair the ability of the International Fund to perform its functions.

7. If the Conference of Parties at an extraordinary meeting convened in accordance with paragraph 5 or 6 decides by a two-thirds majority of the States Parties present and voting that the denunciation will significantly impair the ability of the International Fund to perform its functions, any State Party may, not later than one hundred and twenty days before the date on which the denunciation takes effect, denounce this Convention with effect from that same date.

Article 11 — The Secretariat and the Director

1. The International Fund shall have a Secretariat led by a Director. The Director shall hire personnel, supervise the Secretariat and direct the day-to-day activities of the International Fund. In addition, the Director:

(a) shall report to the Conference of Parties on the functioning of the International Fund and present its accounts and a budget;

(b) shall collect all contributions payable under this Convention, administer and invest the funds of the International Fund in accordance with the Guidelines on Investment, maintain accounts for the funds, and assist in the auditing of the accounts and the funds in accordance with Article 17;

(c) shall handle claims for compensation in accordance with the Guidelines for Compensation, and prepare a report for the Conference of Parties on how each has been handled;

(d) may decide to temporarily take action under Article 19 until the next meeting of the Conference of Parties;

(e) shall decide to temporarily take action under Article 18, paragraph 3, until the next meeting of the Conference of Parties called in accordance with Article 10, paragraph 2 (d);

(f) shall review the sums prescribed under Articles 4 and 18 and inform the Conference of Parties of any revision to the limits of liability in accordance with Article 31; and

(g) shall discharge any other duties assigned to him or her by or under this Convention and decide any other matter delegated by the Conference of Parties.

2. The Director and the other personnel of the Secretariat shall not seek or receive instructions in regard to the discharge of their responsibilities from any authority external to the International Fund. Each State Party undertakes to fully respect the international character of the responsibilities of the personnel and not seek to influence any of its nationals in the discharge of their responsibilities.

Article 12 — Contributions to the International Fund

1. The contributions to the International Fund shall be:

(a) the mandatory amounts collected in respect of each passenger and each tonne of cargo departing on an international commercial flight from an airport in a State Party. Where a State Party has made a declaration under Article 2, paragraph 2, such amounts shall also be collected in respect of each passenger and each tonne of cargo departing on a commercial flight between two airports in that State Party; and

(b) such amounts as the Conference of Parties may specify in respect of general aviation or any sector thereof.

The operator shall collect these amounts and remit them to the International Fund.

2. Contributions collected in respect of each passenger and each tonne of cargo shall not be collected more than once in respect of each journey, whether or not that journey includes one or more stops or transfers.

Article 13 — Basis for fixing the contributions

1. Contributions shall be fixed having regard to the following principles:

(a) the objectives of the International Fund should be efficiently achieved;

(b) competition within the air transport sector should not be distorted;

(c) the competitiveness of the air transport sector in relation to other modes of transportation should not be adversely affected; and

(d) in relation to general aviation, the costs of collecting contributions shall not be excessive in relation to the amount of such contributions, taking into account the diversity that exists in this sector.

2. The Conference of Parties shall fix contributions in a manner that does not discriminate between States, operators, passengers and consignors or consignees of cargo.

3. On the basis of the budget drawn up according to Article 11, paragraph 1 (a), the contributions shall be fixed having regard to:

(a) the upper limit for compensation set out in Article 18, paragraph 2;

(b) the need for reserves where Article 18, paragraph 3, is applied;

(c) claims for compensation, measures to minimize or mitigate damages and financial assistance under this Convention;

(d) the costs and expenses of administration, including the costs and expenses incurred by meetings of the Conference of Parties;

(e) the income of the International Fund; and

(f) the availability of additional funds for compensation pursuant to Article 17, paragraph 4.

Article 14 — Period and rate of contributions

1. At its first meeting, the Conference of Parties shall decide the period and the rate of contributions in respect of passengers and cargo departing from a State Party to be made from the time of entry into force of this Convention for that State Party. If a State Party makes a declaration under Article 2, paragraph 2, initial contributions shall be paid in respect of passengers and cargo departing on flights covered by such declaration from the time it takes effect. The period and the rate shall be equal for all States Parties.

2. Contributions shall be fixed in accordance with paragraph 1 so that the funds available amount to 100 per cent of the limit of compensation set out in Article 18, paragraph 2, within four years. If the funds available are deemed sufficient in relation to the likely compensation or financial assistance to be provided in the foreseeable future and amount to 100 per cent of that limit, the Conference of Parties may decide that no further contributions shall be made until the next meeting of the Conference of Parties, provided that both the period and rate of contributions shall be applied in respect of passengers and cargo departing from a State in respect of which this Convention subsequently enters into force.

3. The total amount of contributions collected by the International Fund within any period of two consecutive calendar years shall not exceed three times the maximum amount of compensation according to Article 18, paragraph 2.

4. Subject to Article 28, the contributions collected by an operator in respect of a State Party may not be used to provide compensation for an event which occurred in its territory prior to the entry into force of this Convention for that State Party.

Article 15 — Collection of the contributions

1. The Conference of Parties shall establish in the Regulations of the International Fund a transparent, accountable and cost-effective mechanism supporting the collection, remittal and recovery of contributions. When establishing the mechanism, the Conference of Parties shall endeavour not to impose undue burdens on operators and contributors to the funds of the International Fund. Contributions which are in arrears shall bear interest as provided for in the Regulations.

2. Where an operator does not collect or does not remit contributions it has collected to the International Fund, the International Fund shall take appropriate measures against such operator with a view to the recovery of the amount due. Each State Party shall ensure that an action to recover the amount due may be taken within its jurisdiction, notwithstanding in which State Party the debt actually accrued.

Article 16 — Duties of States Parties

1. Each State Party shall take appropriate measures, including imposing such sanctions as it may deem necessary, to ensure that an operator fulfils its obligations to collect and remit contributions to the International Fund.

2. Each State Party shall ensure that the following information is provided to the International Fund:

(a) the number of passengers and quantity of cargo departing on international commercial flights from that State Party;

(b) such information on general aviation flights as the Conference of Parties may decide; and

(c) the identity of the operators performing such flights.

3. Where a State Party has made a declaration under Article 2, paragraph 2, it shall ensure that information detailing the number of passengers and quantity of cargo departing on commercial flights between two airports in that State Party, such information on general aviation flights as the Conference of Parties may decide, and the identity of the operators performing such flights, are also provided. In each case, such statistics shall be *prima facie* evidence of the facts stated therein.

4. Where a State Party does not fulfil its obligations under paragraphs 2 and 3 of this Article and this results in a shortfall in contributions for the International Fund, the State Party shall be liable for such shortfall. The Conference of Parties shall, on recommendation by the Director, decide whether the State Party shall pay for such shortfall.

Article 17 — The funds of the International Fund

1. The funds of the International Fund may only be used for the purposes set out in Article 8, paragraph 2.

2. The International Fund shall exercise the highest degree of prudence in the management and preservation of its funds. The funds shall be preserved in accordance with the Guidelines on Investment determined by the Conference of Parties under Article 9, subparagraph (h). Investments may only be made in States Parties.

3. Accounts shall be maintained for the funds of the International Fund. The auditors of the International Fund shall review the accounts and report on them to the Conference of Parties.

4. Where the International Fund is not able to meet valid compensation claims because insufficient contributions have been collected, it may obtain credits from financial institutions for the payment of compensation and may grant security for such credits.

Chapter IV

Compensation from the International Fund

Article 18 — Compensation

1. The International Fund shall, under the same conditions as are applicable to the liability of the operator, provide compensation to persons suffering damage in the territory of a State Party. Where the damage is caused by an aircraft in flight on a flight other than an international flight, compensation shall only be provided if that State Party has made a declaration according to Article 2, paragraph 2. Compensation shall only be paid to the extent that the total amount of damages exceeds the limits according to Article 4.

2. The maximum amount of compensation available from the International Fund shall be 3 000 000 000 Special Drawing Rights for each event. Payments made according to paragraph 3 of this Article and distribution of amounts recovered according to Article 25 shall be in addition to the maximum amount for compensation.

3. If and to the extent that the Conference of Parties determines and for the period that it so determines that insurance in respect of the damage covered by this Convention is wholly or partially unavailable with respect to amounts of coverage or the risks covered, or is only available at a cost incompatible with the continued operation of air transport generally, the International Fund may, at its discretion, in respect of future events causing damage compensable under this Convention, pay the damages for which the operators are liable under Articles 3 and 4 and such payment shall discharge such liability of the operators. The Conference of Parties shall decide on a fee, the payment of which by the operators, for the period covered, shall be a condition for the International Fund taking the action specified in this paragraph.

Article 19 — Advance payments and other measures

1. Subject to the decision of the Conference of Parties and in accordance with the Guidelines for Compensation, the International Fund may make advance payments without delay to natural persons who may be entitled to claim compensation under this Convention, in order to meet their immediate economic needs. Such advance payments shall not constitute recognition of a right to compensation and may be offset against any amount subsequently payable by the International Fund.

2. Subject to the decision of the Conference of Parties and in accordance with the Guidelines for Compensation, the International Fund may also take other measures to minimize or mitigate damage caused by an event.

Chapter V

Special provisions on compensation and recourse

Article 20 — Exoneration

If the operator or the International Fund proves that the damage was caused, or contributed to, by an act or omission of a claimant, or the person from whom he or she derives his or her rights, done with intent or recklessly and with knowledge that damage would probably result, the operator or the International Fund shall be wholly or partly exonerated from its liability to that claimant to the extent that such act or omission caused or contributed to the damage.

Article 21 – Court costs and other expenses

1. The limits prescribed in Articles 4 and 18, paragraph 2, shall not prevent the court from awarding, in accordance with its own law, in addition, the whole or part of the court costs and of the other expenses of the litigation incurred by the claimant, including interest.

2. Paragraph 1 shall not apply if the amount of the damages awarded, excluding court costs and other expenses of the litigation, does not exceed the sum which the operator has offered in writing to the claimant within a period of six months from the date of the event causing the damage, or before the commencement of the action, whichever is the later.

Article 22 — Priority of compensation

If the total amount of the damages to be paid exceeds the amounts available according to Articles 4 and 18, paragraph 2, the total amount shall be awarded preferentially to meet proportionately the claims in respect of death, bodily injury and mental injury, in the first instance. The remainder, if any, of the total amount payable shall be awarded proportionately among the claims in respect of other damage.

Article 23 – Additional compensation

1. To the extent the total amount of damages exceeds the aggregate amount payable under Articles 4 and 18, paragraph 2, a person who has suffered damage may claim additional compensation from the operator.

2. The operator shall be liable for such additional compensation to the extent the person claiming compensation proves that the operator or its employees have contributed to the occurrence of the event by an act or omission done with intent to cause damage or recklessly and with knowledge that damage would probably result.

3. Where an employee has contributed to the damage, the operator shall not be liable for any additional compensation under this Article if it proves that an appropriate system for the selection and monitoring of its employees has been established and implemented.

4. An operator or, if it is a legal person, its senior management shall be presumed not to have been reckless if it proves that it has established and implemented a system to comply with the security requirements specified pursuant to Annex 17 to the *Convention on International Civil Aviation* (Chicago, 1944) in accordance with the law of the State Party in which the operator has its principal place of business, or if it has no such place of business, its permanent residence.

Article 24 — Right of recourse of the operator

The operator shall have a right of recourse against:

(a) any person who has committed, organized or financed the act of unlawful interference; and

(b) any other person.

Article 25 — Right of recourse of the International Fund

The International Fund shall have a right of recourse against:

(a) any person who has committed, organized or financed the act of unlawful interference;

(b) the operator subject to the conditions set out in Article 23; and

(c) any other person.

Article 26 - Restrictions on rights of recourse

1. The rights of recourse under Article 24, subparagraph (b), and Article 25, subparagraph (c), shall only arise to the extent that the person against whom recourse is sought could have been covered by insurance available on a commercially reasonable basis.

2. Paragraph 1 shall not apply if the person against whom recourse is sought under Article 25, subparagraph (c) has contributed to the occurrence of the event by an act or omission done recklessly and with knowledge that damage would probably result.

3. The International Fund shall not pursue any claim under Article 25, subparagraph (c) if the Conference of Parties determines that to do so would give rise to the application of Article 18, paragraph 3.

Article 27 – Exoneration from recourse

No right of recourse shall lie against an owner, lessor, or financier retaining title of or holding security in an aircraft, not being an operator, or against a manufacturer if that manufacturer proves that it has complied with the mandatory requirements in respect of the design of the aircraft, its engines or components.

Chapter VI

Assistance in case of events in States non-Party

Article 28 — Assistance in case of events in States non-Party

Where an operator, which has its principal place of business, or if it has no such place of business, its permanent residence, in a State Party, is liable for damage occurring in a State non-Party, the Conference of Parties may decide, on a case by case basis, that the International Fund shall provide financial support to that operator. Such support may only be provided:

(a) in respect of damage that would have fallen under the Convention if the State non-Party had been a State Party;

(b) if the State non-Party agrees in a form acceptable to the Conference of Parties to be bound by the provisions of this Convention in respect of the event giving rise to such damage;

(c) up to the maximum amount for compensation set out in Article 18, paragraph 2; and

(d) if the solvency of the operator liable is threatened even if support is given, where the Conference of Parties determines that the operator has sufficient arrangements protecting its solvency.

Chapter VII

Exercise of remedies and related provisions

Article 29 — Exclusive remedy

1. Without prejudice to the question as to who are the persons who have the right to bring suit and what are their respective rights, any action for compensation for damage to a third party due to an act of unlawful interference, however founded, whether under this Convention or in tort or in contract or otherwise, can only be brought against the operator and, if need be, against the International Fund and shall be subject to the conditions and limits of liability set out in this Convention. No claims by a third party shall lie against any other person for compensation for such damage.

2. Paragraph 1 shall not apply to an action against a person who has committed, organized or financed an act of unlawful interference.

Article 30 — Conversion of Special Drawing Rights

The sums mentioned in terms of Special Drawing Right in this Convention shall be deemed to refer to the Special Drawing Right as defined by the International Monetary Fund. Conversion of the sums into national currencies shall, in case of judicial proceedings, be made according to the value of such currencies in terms of the Special Drawing Right at the date of the judgement. The value in a national currency shall be calculated in accordance with the method of valuation applied by the International Monetary Fund for its operations and transactions. The value in a national currency, of a State Party which is not a Member of the International Monetary Fund, shall be calculated in a manner determined by that State to express in the national currency of the State Party as far as possible the same real value as the amounts in Article 4.

Article 31 — Review of limits

1. Subject to paragraph 2 of this Article, the sums prescribed in Articles 4 and 18, paragraph 2, shall be reviewed by the Director of the International Fund, by reference to an inflation factor which corresponds to the accumulated rate of inflation since the previous revision or in the first instance since the date of entry into force of this Convention. The measure of the rate of inflation to be used in determining the inflation factor shall be the weighted average of the annual rates of increase or decrease in the Consumer Price Indices of the States whose currencies comprise the Special Drawing Right mentioned in Article 30.

2. If the review referred to in the preceding paragraph concludes that the inflation factor has exceeded 10 per cent, the Director shall inform the Conference of Parties of a revision of the limits of liability. Any such revision shall become effective six months after the meeting of the Conference of Parties, unless a majority of the States Parties register their disapproval. The Director shall immediately notify all States Parties of the coming into force of any revision.

Article 32 — Forum

1. Subject to paragraph 2 of this Article, actions for compensation under the provisions of this Convention may be brought only before the courts of the State Party in whose territory the damage occurred.

2. Where damage occurs in more than one State Party, actions under the provisions of this Convention may be brought only before the courts of the State Party the territory of which the aircraft was in or about to leave when the event occurred.

3. Without prejudice to paragraphs 1 and 2 of this Article, application may be made in any State Party for such provisional measures, including protective measures, as may be available under the law of that State.

Article 33 — Intervention by the International Fund

1. Each State Party shall ensure that the International Fund has the right to intervene in proceedings brought against the operator in its courts.

2. Except as provided in paragraph 3 of this Article, the International Fund shall not be bound by any judgement or decision in proceedings to which it has not been a party or in which it has not intervened.

3. If an action is brought against the operator in a State Party, each party to such proceedings shall be entitled to notify the International Fund of the proceedings. Where such notification has been made in accordance with the law of the court seised and in such time that the International Fund had time to intervene in the proceedings, the International Fund shall be bound by a judgement or decision in proceedings even if it has not intervened.

Article 34 — Recognition and enforcement of judgements

1. Subject to the provisions of this Article, judgements entered by a competent court under Article 32 after trial, or by default, shall when they are enforceable in the State Party of that court be enforceable in any other State Party as soon as the formalities required by that State Party have been complied with.

2. The merits of the case shall not be reopened in any application for recognition or enforcement under this Article.

3. Recognition and enforcement of a judgement may be refused if:

(a) its recognition or enforcement would be manifestly contrary to public policy in the State Party where recognition or enforcement is sought;

(b) the defendant was not served with notice of the proceedings in such time and manner as to allow him or her to prepare and submit a defence;

(c) it is in respect of a cause of action which had already, as between the same parties, formed the subject of a judgement or an arbitral award which is recognized as final and conclusive under the law of the State Party where recognition or enforcement is sought;

(d) the judgement has been obtained by fraud of any of the parties; or

(e) the right to enforce the judgement is not vested in the person by whom the application is made.

4. Recognition and enforcement of a judgement may also be refused to the extent that the judgement awards damages, including exemplary or punitive damages, that do not compensate a third party for actual harm suffered.

5. Where a judgement is enforceable, payment of any court costs and other expenses incurred by the plaintiff, including interest recoverable under the judgement, shall also be enforceable.

Article 35 — Regional and multilateral agreements on the recognition and enforcement of judgements

1. States Parties may enter into regional and multilateral agreements regarding the recognition and enforcement of judgements consistent with the objectives of this Convention, provided that such agreements do not result in a lower level of protection for any third party or defendant than that provided for in this Convention.

2. States Parties shall inform each other, through the Depositary, of any such regional or multilateral agreements that they have entered into before or after the date of entry into force of this Convention.

3. The provisions of this Chapter shall not affect the recognition or enforcement of any judgement pursuant to such agreements.

Article 36 — Period of limitation

1. The right to compensation under Article 3 shall be extinguished if an action is not brought within two years from the date of the event which caused the damage.

2. The right to compensation under Article 18 shall be extinguished if an action is not brought, or a notification pursuant to Article 33, paragraph 3, is not made, within two years from the date of the event which caused the damage.

3. The method of calculating such two-year period shall be determined in accordance with the law of the court seised of the case.

Article 37 — Death of person liable

In the event of the death of the person liable, an action for damages lies against those legally representing his or her estate and is subject to the provisions of this Convention.

Chapter VIII

Final clauses

Article 38 – Signature, ratification, acceptance, approval or accession

1. This Convention shall be open for signature in Montréal on 2 May 2009 by States participating in the International Conference on Air Law held at Montréal from 20 April to 2 May 2009. After 2 May 2009, the Convention shall be open to all States for signature at the headquarters of the International Civil Aviation Organization in Montréal until it enters into force in accordance with Article 40.

2. This Convention shall be subject to ratification by States which have signed it.

3. Any State which does not sign this Convention may accept, approve or accede to it at any time.

4. Instruments of ratification, acceptance, approval or accession shall be deposited with the International Civil Aviation Organization, which is hereby designated the Depositary.

Article 39 – Regional Economic Integration Organizations

1. A Regional Economic Integration Organization which is constituted by sovereign States and has competence over certain matters governed by this Convention may similarly sign, ratify, accept, approve or accede to this Convention. The Regional Economic Integration Organization shall in that case have the rights and obligations of a State Party, to the extent that the Organization has competence over matters governed by this Convention. Where the number of States Parties is relevant in this Convention,

including in respect of Article 10, the Regional Economic Integration Organization shall not count as a State Party in addition to its Member States which are States Parties.

2. The Regional Economic Integration Organization shall, at the time of signature, ratification, acceptance, approval or accession, make a declaration to the Depositary specifying the matters governed by this Convention in respect of which competence has been transferred to that Organization by its Member States. The Regional Economic Integration Organization shall promptly notify the Depositary of any changes to the distribution of competence, including new transfers of competence, specified in the declaration under this paragraph.

3. Any reference to a "State Party" or "States Parties" in this Convention applies equally to a Regional Economic Integration Organization where the context so requires.

Article 40 – Entry into force

1. This Convention shall enter into force on the one hundred and eightieth day after the deposit of the thirty-fifth instrument of ratification, acceptance, approval or accession on condition, however, that the total number of passengers departing in the previous year from airports in the States that have ratified, accepted, approved or acceded is at least 750 000 000 as appears from the declarations made by ratifying, accepting, approving or acceding States. If, at the time of deposit of the thirty-fifth instrument of ratification, acceptance, approval or accession this condition has not been fulfilled, the Convention shall not come into force until the one hundred and eightieth day after this condition shall have been satisfied. An instrument deposited by a Regional Economic Integration Organization shall not be counted for the purpose of this paragraph.

2. This Convention shall come into force for each State ratifying, accepting, approving or acceding after the deposit of the last instrument of ratification, acceptance, approval or accession necessary for entry into force of this Convention on the ninetieth day after the deposit of its instrument of ratification, acceptance, approval or accession.

3. At the time of deposit of its instrument of ratification, acceptance, approval or accession a State shall declare the total number of passengers that departed on international commercial flights from airports in its territory in the previous year. The declaration at Article 2, paragraph 2, shall include the number of domestic passengers in the previous year and that number shall be counted for the purposes of determining the total number of passengers required under paragraph 1.

4. In making such declarations a State shall endeavour not to count a passenger that has already departed from an airport in a State Party on a journey including one or more stops or transfers. Such declarations may be amended from time to time to reflect passenger numbers in subsequent years. If a declaration is not amended, the number of passengers shall be presumed to be constant.

Article 41 – Denunciation

1. Any State Party may denounce this Convention by written notification to the Depositary.

2. Denunciation shall take effect one year following the date on which notification is received by the Depositary; in respect of damage contemplated in Article 3 arising from events which occurred before the expiration of the one year period and the contributions required to cover such damage, the Convention shall continue to apply as if the denunciation had not been made.

Article 42 – Termination

1. This Convention shall cease to be in force on the date when the number of States Parties falls below eight or on such earlier date as the Conference of Parties shall decide by a two-thirds majority of States that have not denounced the Convention.

2. States which are bound by this Convention on the day before the date it ceases to be in force shall enable the International Fund to exercise its functions as described under Article 43 of this Convention and shall, for that purpose only, remain bound by this Convention.

Article 43 – Winding up of the International Fund

1. If this Convention ceases to be in force, the International Fund shall nevertheless:

(a) meet its obligations in respect of any event occurring before the Convention ceased to be in force and of any credits obtained pursuant to paragraph 4 of Article 17 while the Convention was still in force; and

(b) be entitled to exercise its rights to contributions to the extent that these contributions are necessary to meet the obligations under subparagraph (a), including expenses for the administration of the International Fund necessary for this purpose.

2. The Conference of Parties shall take all appropriate measures to complete the winding up of the International Fund including the distribution in an equitable manner of any remaining assets for a purpose consonant with the aims of this Convention or for the benefit of those persons who have contributed to the International Fund.

3. For the purposes of this Article the International Fund shall remain a legal person.

Article 44 – Relationship to other treaties

1. The rules of this Convention shall prevail over any rules in the following instruments which would otherwise be applicable to damage covered by this Convention:

(a) the *Convention on Damage Caused by Foreign Aircraft to Third Parties on the Surface,* Signed at Rome on 7 October 1952; or

(b) the *Protocol to Amend the Convention on Damage Caused by Foreign Aircraft to Third Parties on the Surface, Signed at Rome on 7 October 1952,* Signed at Montréal on 23 September 1978.

Article 45 – States with more than one system of law

1. If a State has two or more territorial units in which different systems of law are applicable in relation to matters dealt with in this Convention, it may at the time of signature, ratification, acceptance, approval or accession declare that this Convention shall extend to all its territorial units or only to one or more of them and may modify this declaration by submitting another declaration at any time.

2. Any such declaration shall be notified to the Depositary and shall state expressly the territorial units to which the Convention applies.

3. For a declaration made under Article 2, paragraph 2, by a State Party having two or more territorial units in which different systems of law are applicable, it may declare that this Convention shall apply to damage to third parties that occurs in all its territorial units or in one or more of them and may modify this declaration by submitting another declaration at any time.

4. In relation to a State Party which has made a declaration under this Article:

(a) the reference in Article 6 to "the law of the State" shall be construed as referring to the law of the relevant territorial unit of that State; and

(b) references in Article 30 to "national currency" shall be construed as referring to the currency of the relevant territorial unit of that State.

Article 46 – Reservations and declarations

1. No reservation may be made to this Convention but declarations authorized by Article 2, paragraph 2, Article 39, paragraph 2, Article 40, paragraph 3, and Article 45 may be made in accordance with these provisions.

2. Any declaration or any withdrawal of a declaration made under this Convention shall be notified in writing to the Depositary.

Article 47 – Functions of the Depositary

The Depositary shall promptly notify all signatories and States Parties of:

(a) each new signature of this Convention and the date thereof;

(b) each deposit of an instrument of ratification, acceptance, approval or accession and the date thereof;

(c) the date of entry into force of this Convention;

(d) the date of the coming into force of any revision of the limits of liability established under this Convention;

(e) each declaration or modification thereto, together with the date thereof;

(f) the withdrawal of any declaration and the date thereof;

(g) any denunciation together with the date thereof and the date on which it takes effect; and

(h) the termination of the Convention.

IN WITNESS WHEREOF the undersigned Plenipotentiaries, having been duly authorized, have signed this Convention.

DONE at Montréal on the 2nd day of May of the year two thousand and nine in the English, Arabic, Chinese, French, Russian and Spanish languages, all texts being equally authentic, such authenticity to take effect upon verification by the Secretariat of the Conference under the authority of the President of the Conference within ninety days hereof as to the conformity of the texts with one another. This Convention shall remain deposited in the archives of the International Civil Aviation Organization, and certified copies thereof shall be transmitted by the Depositary to all Contracting States to this Convention, as well as to all States Parties to the Convention and Protocol referred to in Article 44.

상법 제6편 항공운송<신설 2011.5.23.>

[시행 2012.6.11.] [법률 제10366호, 2010.6.10. 타법개정]

[시행 2014.5.20.] [법률 제12591호, 2014.5.20. 일부개정]

제1장 통칙 <신설 2011.5.23.>

제896조(항공기의 의의) 이 법에서 "항공기"란 상행위나 그 밖의 영리를 목적으로 운항에 사용하는 항공기를 말한다. 다만, 대통령령으로 정하는 초경량 비행장치(超輕量 飛行裝置)는 제외한다.

[본조신설 2011.5.23.]

제897조(적용범위) 운항용 항공기에 대하여는 상행위나 그 밖의 영리를 목적으로 하지 아니하더라도 이 편의 규정을 준용한다. 다만, 국유(國有) 또는 공유(公有) 항공기에 대하여는 운항의 목적·성질 등을 고려하여 이 편의 규정을 준용하는 것이 적합하지 아니한 경우로서 대통령령으로 정하는 경우에는 그러하지 아니하다.

[본조신설 2011.5.23.]

제898조(운송인 등의 책임감면) 제905조제1항을 포함하여 이 편에서 정한 운송인이나 항공기 운항자의 손해배상책임과 관련하여 운송인이나 항공기 운항자가 손해배상청구권자의 과실 또는 그 밖의 불법한 작위나 부작위가 손해를 발생시켰거나 손해에 기여하였다는 것을 증명한 경우에는, 그 과실 또는 그 밖의 불법한 작위나 부작위가 손해를 발생시켰거나 손해에 기여한 정도에 따라 운송인이나 항공기 운항자의 책임을 감경하거나 면제할 수 있다.

[본조신설 2011.5.23.]

제2장 운송 <신설 2011.5.23.>

제1절 통칙 <신설 2011.5.23.>

제899조(비계약적 청구에 대한 적용 등) ① 이 장의 운송인의 책임에 관한 규정은 운송인의 불법행위로 인한 손해배상의 책임에도 적용한다.

② 여객, 수하물 또는 운송물에 관한 손해배상청구가 운송인의 사용인이나 대리인에 대하여 제기된 경우에 그 손해가 그 사용인이나 대리인의 직무집행에 관하여 생겼을 때에는 그 사용인

이나 대리인은 운송인이 주장할 수 있는 항변과 책임제한을 원용할 수 있다.

③ 제2항에도 불구하고 여객 또는 수하물의 손해가 운송인의 사용인이나 대리인의 고의로 인하여 발생하였거나 또는 여객의 사망·상해·연착(수하물의 경우 멸실·훼손·연착)이 생길 염려가 있음을 인식하면서 무모하게 한 작위 또는 부작위로 인하여 발생하였을 때에는 그 사용인이나 대리인은 운송인이 주장할 수 있는 항변과 책임제한을 원용할 수 없다.

④ 제2항의 경우에 운송인과 그 사용인이나 대리인의 여객, 수하물 또는 운송물에 대한 책임제한금액의 총액은 각각 제905조·제907조·제910조 및 제915조에 따른 한도를 초과하지 못한다.

[본조신설 2011.5.23.]

제900조(실제운송인에 대한 청구) ① 운송계약을 체결한 운송인(이하 "계약운송인"이라 한다)의 위임을 받아 운송의 전부 또는 일부를 수행한 운송인(이하 "실제운송인"이라 한다)이 있을 경우 실제운송인이 수행한 운송에 관하여는 실제운송인에 대하여도 이 장의 운송인의 책임에 관한 규정을 적용한다. 다만, 제901조의 순차운송에 해당하는 경우는 그러하지 아니하다.

② 실제운송인이 여객·수하물 또는 운송물에 대한 손해배상책임을 지는 경우 계약운송인과 실제운송인은 연대하여 그 책임을 진다.

③ 제1항의 경우 제899조제2항부터 제4항까지를 준용한다. 이 경우 제899조제2항·제3항 중 "운송인"은 "실제운송인"으로, 같은 조 제4항 중 "운송인"은 "계약운송인과 실제운송인"으로 본다.

④ 이 장에서 정한 운송인의 책임과 의무 외에 운송인이 책임과 의무를 부담하기로 하는 특약 또는 이 장에서 정한 운송인의 권리나 항변의 포기는 실제운송인이 동의하지 아니하는 한 실제운송인에게 영향을 미치지 아니한다.

[본조신설 2011.5.23.]

제901조(순차운송) ① 둘 이상이 순차(順次)로 운송할 경우에는 각 운송인의 운송구간에 관하여 그 운송인도 운송계약의 당사자로 본다.

② 순차운송에서 여객의 사망, 상해 또는 연착으로 인한 손해배상은 그 사실이 발생한 구간의 운송인에게만 청구할 수 있다. 다만, 최초 운송인이 명시적으로 전 구간에 대한 책임을 인수하기로 약정한 경우에는 최초 운송인과 그 사실이 발생한 구간의 운송인이 연대하여 그 손해를 배상할 책임이 있다.

③ 순차운송에서 수하물의 멸실, 훼손 또는 연착으로 인한 손해배상은 최초 운송인, 최종 운송

인 및 그 사실이 발생한 구간의 운송인에게 각각 청구할 수 있다.

④ 순차운송에서 운송물의 멸실, 훼손 또는 연착으로 인한 손해배상은 송하인이 최초 운송인 및 그 사실이 발생한 구간의 운송인에게 각각 청구할 수 있다. 다만, 제918조제1항에 따라 수하인이 운송물의 인도를 청구할 권리를 가지는 경우에는 수하인이 최종 운송인 및 그 사실이 발생한 구간의 운송인에게 그 손해배상을 각각 청구할 수 있다.

⑤ 제3항과 제4항의 경우 각 운송인은 연대하여 그 손해를 배상할 책임이 있다.

⑥ 최초 운송인 또는 최종 운송인이 제2항부터 제5항까지의 규정에 따라 손해를 배상한 경우에는 여객의 사망, 상해 또는 연착이나 수하물·운송물의 멸실, 훼손 또는 연착이 발생한 구간의 운송인에 대하여 구상권을 가진다.

[본조신설 2011.5.23.]

제902조(운송인 책임의 소멸) 운송인의 여객, 송하인 또는 수하인에 대한 책임은 그 청구원인에 관계없이 여객 또는 운송물이 도착지에 도착한 날, 항공기가 도착할 날 또는 운송이 중지된 날 가운데 가장 늦게 도래한 날부터 2년 이내에 재판상 청구가 없으면 소멸한다.

[본조신설 2011.5.23.]

제903조(계약조항의 무효) 이 장의 규정에 반하여 운송인의 책임을 감면하거나 책임한도액을 낮게 정하는 특약은 효력이 없다.

[본조신설 2011.5.23.]

제2절 여객운송 <신설 2011.5.23.>

제904조(운송인의 책임) 운송인은 여객의 사망 또는 신체의 상해로 인한 손해에 관하여는 그 손해의 원인이 된 사고가 항공기상에서 또는 승강(乘降)을 위한 작업 중에 발생한 경우에만 책임을 진다.

[본조신설 2011.5.23.]

제905조(운송인의 책임한도액) ① 제904조의 손해 중 여객 1명당 11만3천100 계산단위의 금액까지는 운송인의 배상책임을 면제하거나 제한할 수 없다. <개정 2014.5.20.>

② 운송인은 제904조의 손해 중 여객 1명당 11만3천100 계산단위의 금액을 초과하는 부분에 대하여는 다음 각 호의 어느 하나를 증명하면 배상책임을 지지 아니한다.<개정 2014.5.20.>

1. 그 손해가 운송인 또는 그 사용인이나 대리인의 과실 또는 그 밖의 불법한 작위나 부작위에 의하여 발생하지 아니하였다는 것

2. 그 손해가 오로지 제3자의 과실 또는 그 밖의 불법한 작위나 부작위에 의하여만 발생하였다는 것

[본조신설 2011.5.23.]

제906조(선급금의 지급) ① 여객의 사망 또는 신체의 상해가 발생한 항공기사고의 경우에 운송인은 손해배상청구권자가 청구하면 지체 없이 선급금(先給金)을 지급하여야 한다. 이 경우 선급금의 지급만으로 운송인의 책임이 있는 것으로 보지 아니한다.

② 지급한 선급금은 운송인이 손해배상으로 지급하여야 할 금액에 충당할 수 있다.

③ 선급금의 지급액, 지급 절차 및 방법 등에 관하여는 대통령령으로 정한다.

[본조신설 2011.5.23.]

제907조(연착에 대한 책임) ① 운송인은 여객의 연착으로 인한 손해에 대하여 책임을 진다. 다만, 운송인이 자신과 그 사용인 및 대리인이 손해를 방지하기 위하여 합리적으로 요구되는 모든 조치를 하였다는 것 또는 그 조치를 하는 것이 불가능하였다는 것을 증명한 경우에는 그 책임을 면한다.

② 제1항에 따른 운송인의 책임은 여객 1명당 4천694 계산단위의 금액을 한도로 한다. 다만, 여객과의 운송계약상 그 출발지, 도착지 및 중간 착륙지가 대한민국 영토 내에 있는 운송의 경우에는 여객 1명당 1천 계산단위의 금액을 한도로 한다.<개정 2014.5.20.>

③ 제2항은 운송인 또는 그 사용인이나 대리인의 고의로 또는 연착이 생길 염려가 있음을 인식하면서 무모하게 한 작위 또는 부작위에 의하여 손해가 발생한 것이 증명된 경우에는 적용하지 아니한다.

[본조신설 2011.5.23.]

제908조(수하물의 멸실·훼손에 대한 책임) ① 운송인은 위탁수하물의 멸실 또는 훼손으로 인한 손해에 대하여는 그 손해의 원인이 된 사실이 항공기상에서 또는 위탁수하물이 운송인의 관리하에 있는 기간 중에 발생한 경우에만 책임을 진다. 다만, 그 손해가 위탁수하물의 고유한 결함, 특수한 성질 또는 숨은 하자로 인하여 발생한 경우에는 그 범위에서 책임을 지지 아니한다.

② 운송인은 휴대수하물의 멸실 또는 훼손으로 인한 손해에 대하여는 그 손해가 자신 또는 그 사용인이나 대리인의 고의 또는 과실에 의하여 발생한 경우에만 책임을 진다.

[본조신설 2011.5.23.]

제909조(수하물의 연착에 대한 책임) 운송인은 수하물의 연착으로 인한 손해에 대하여 책임을 진다. 다만, 운송인이 자신과 그 사용인 및 대리인이 손해를 방지하기 위하여 합리적으로 요구되

는 모든 조치를 하였다는 것 또는 그 조치를 하는 것이 불가능하였다는 것을 증명한 경우에는 그 책임을 면한다.

[본조신설 2011.5.23.]

제910조(수하물에 대한 책임한도액) ① 제908조와 제909조에 따른 운송인의 손해배상책임은 여객 1명당 1천131 계산단위의 금액을 한도로 한다. 다만, 여객이 운송인에게 위탁수하물을 인도할 때에 도착지에서 인도받을 때의 예정가액을 미리 신고한 경우에는 운송인은 신고 가액이 위탁수하물을 도착지에서 인도할 때의 실제가액을 초과한다는 것을 증명하지 아니하는 한 신고가액을 한도로 책임을 진다. <개정 2014.5.20.>

② 제1항은 운송인 또는 그 사용인이나 대리인의 고의로 또는 수하물의 멸실, 훼손 또는 연착이 생길 염려가 있음을 인식하면서 무모하게 한 작위 또는 부작위에 의하여 손해가 발생한 것이 증명된 경우에는 적용하지 아니한다.

[본조신설 2011.5.23.]

제911조(위탁수하물의 일부 멸실 · 훼손 등에 관한 통지) ① 여객이 위탁수하물의 일부 멸실 또는 훼손을 발견하였을 때에는 위탁수하물을 수령한 후 지체 없이 그 개요에 관하여 운송인에게 서면 또는 전자문서로 통지를 발송하여야 한다. 다만, 그 멸실 또는 훼손이 즉시 발견할 수 없는 것일 경우에는 위탁수하물을 수령한 날부터 7일 이내에 그 통지를 발송하여야 한다.

② 위탁수하물이 연착된 경우 여객은 위탁수하물을 처분할 수 있는 날부터 21일 이내에 이의를 제기하여야 한다.

③ 위탁수하물이 일부 멸실, 훼손 또는 연착된 경우에는 제916조제3항부터 제6항까지를 준용한다.

[본조신설 2011.5.23.]

제912조(휴대수하물의 무임운송의무) 운송인은 휴대수하물에 대하여는 다른 약정이 없으면 별도로 운임을 청구하지 못한다.

[본조신설 2011.5.23.]

제3절 물건운송 <신설 2011.5.23.>

제913조(운송물의 멸실 · 훼손에 대한 책임) ① 운송인은 운송물의 멸실 또는 훼손으로 인한 손해에 대하여 그 손해가 항공운송 중(운송인이 운송물을 관리하고 있는 기간을 포함한다. 이하 이 조에서 같다)에 발생한 경우에만 책임을 진다. 다만, 운송인이 운송물의 멸실 또는 훼손이 다

음 각 호의 사유로 인하여 발생하였음을 증명하였을 경우에는 그 책임을 면한다.

1. 운송물의 고유한 결함, 특수한 성질 또는 숨은 하자
2. 운송인 또는 그 사용인이나 대리인 외의 자가 수행한 운송물의 부적절한 포장 또는 불완전한 기호 표시
3. 전쟁, 폭동, 내란 또는 무력충돌
4. 운송물의 출입국, 검역 또는 통관과 관련된 공공기관의 행위
5. 불가항력

② 제1항에 따른 항공운송 중에는 공항 외부에서 한 육상, 해상 운송 또는 내륙 수로운송은 포함되지 아니한다. 다만, 그러한 운송이 운송계약을 이행하면서 운송물의 적재(積載), 인도 또는 환적(換積)할 목적으로 이루어졌을 경우에는 항공운송 중인 것으로 추정한다.

③ 운송인이 송하인과의 합의에 따라 항공운송하기로 예정된 운송의 전부 또는 일부를 송하인의 동의 없이 다른 운송수단에 의한 운송으로 대체하였을 경우에는 그 다른 운송수단에 의한 운송은 항공운송으로 본다.

[본조신설 2011.5.23.]

제914조(운송물 연착에 대한 책임) 운송인은 운송물의 연착으로 인한 손해에 대하여 책임을 진다. 다만, 운송인이 자신과 그 사용인 및 대리인이 손해를 방지하기 위하여 합리적으로 요구되는 모든 조치를 하였다는 것 또는 그 조치를 하는 것이 불가능하였다는 것을 증명한 경우에는 그 책임을 면한다.

[본조신설 2011.5.23.]

제915조(운송물에 대한 책임한도액) ① 제913조와 제914조에 따른 운송인의 손해배상책임은 손해가 발생한 해당 운송물의 1킬로그램당 19 계산단위의 금액을 한도로 하되, 송하인과의 운송계약상 그 출발지, 도착지 및 중간 착륙지가 대한민국 영토 내에 있는 운송의 경우에는 손해가 발생한 해당 운송물의 1킬로그램당 15 계산단위의 금액을 한도로 한다. 다만, 송하인이 운송물을 운송인에게 인도할 때에 도착지에서 인도받을 때의 예정가액을 미리 신고한 경우에는 운송인은 신고 가액이 도착지에서 인도할 때의 실제가액을 초과한다는 것을 증명하지 아니하는 한 신고 가액을 한도로 책임을 진다. <개정 2014.5.20.>

② 제1항의 항공운송인의 책임한도를 결정할 때 고려하여야 할 중량은 해당 손해가 발생된 운송물의 중량을 말한다. 다만, 운송물의 일부 또는 운송물에 포함된 물건의 멸실, 훼손 또는 연착이 동일한 항공화물운송장(제924조에 따라 항공화물운송장의 교부에 대체되는 경우를 포함한

다) 또는 화물수령증에 적힌 다른 운송물의 가치에 영향을 미칠 때에는 운송인의 책임한도를 결정할 때 그 다른 운송물의 중량도 고려하여야 한다.

[본조신설 2011.5.23.]

제916조(운송물의 일부 멸실·훼손 등에 관한 통지) ① 수하인은 운송물의 일부 멸실 또는 훼손을 발견하면 운송물을 수령한 후 지체 없이 그 개요에 관하여 운송인에게 서면 또는 전자문서로 통지를 발송하여야 한다. 다만, 그 멸실 또는 훼손이 즉시 발견할 수 없는 것일 경우에는 수령일부터 14일 이내에 그 통지를 발송하여야 한다.

② 운송물이 연착된 경우 수하인은 운송물을 처분할 수 있는 날부터 21일 이내에 이의를 제기하여야 한다.

③ 제1항의 통지가 없는 경우에는 운송물이 멸실 또는 훼손 없이 수하인에게 인도된 것으로 추정한다.

④ 운송물에 멸실 또는 훼손이 발생하였거나 그런 것으로 의심되는 경우에는 운송인과 수하인은 서로 운송물의 검사를 위하여 필요한 편의를 제공하여야 한다.

⑤ 제1항과 제2항의 기간 내에 통지나 이의제기가 없을 경우에는 수하인은 운송인에 대하여 제소할 수 없다. 다만, 운송인 또는 그 사용인이나 대리인이 악의인 경우에는 그러하지 아니하다.

⑥ 제1항부터 제5항까지의 규정에 반하여 수하인에게 불리한 당사자 사이의 특약은 효력이 없다.

[본조신설 2011.5.23.]

제917조(운송물의 처분청구권) ① 송하인은 운송인에게 운송의 중지, 운송물의 반환, 그 밖의 처분을 청구(이하 이 조에서 "처분청구권"이라 한다)할 수 있다. 이 경우에 운송인은 운송계약에서 정한 바에 따라 운임, 체당금과 처분으로 인한 비용의 지급을 청구할 수 있다.

② 송하인은 운송인 또는 다른 송하인의 권리를 침해하는 방법으로 처분청구권을 행사하여서는 아니 되며, 운송인이 송하인의 청구에 따르지 못할 경우에는 지체 없이 그 뜻을 송하인에게 통지하여야 한다.

③ 운송인이 송하인에게 교부한 항공화물운송장 또는 화물수령증을 확인하지 아니하고 송하인의 처분청구에 따른 경우, 운송인은 그로 인하여 항공화물운송장 또는 화물수령증의 소지인이 입은 손해를 배상할 책임을 진다.

④ 제918조제1항에 따라 수하인이 운송물의 인도를 청구할 권리를 취득하였을 때에는 송하인

의 처분청구권은 소멸한다. 다만, 수하인이 운송물의 수령을 거부하거나 수하인을 알 수 없을 경우에는 그러하지 아니하다.

[본조신설 2011.5.23.]

제918조(운송물의 인도) ① 운송물이 도착지에 도착한 때에는 수하인은 운송인에게 운송물의 인도를 청구할 수 있다. 다만, 송하인이 제917조제1항에 따라 처분청구권을 행사한 경우에는 그러하지 아니하다.

② 운송물이 도착지에 도착하면 다른 약정이 없는 한 운송인은 지체 없이 수하인에게 통지하여야 한다.

[본조신설 2011.5.23.]

제919조(운송인의 채권의 시효) 운송인의 송하인 또는 수하인에 대한 채권은 2년간 행사하지 아니하면 소멸시효가 완성한다.

[본조신설 2011.5.23.]

제920조(준용규정) 항공화물 운송에 관하여는 제120조, 제134조, 제141조부터 제143조까지, 제792조, 제793조, 제801조, 제802조, 제811조 및 제812조를 준용한다. 이 경우 "선적항"은 "출발지 공항"으로, "선장"은 "운송인"으로, "양륙항"은 "도착지 공항"으로 본다.

[본조신설 2011.5.23.]

제4절 운송증서 <신설 2011.5.23.>

제921조(여객항공권) ① 운송인이 여객운송을 인수하면 여객에게 다음 각 호의 사항을 적은 개인용 또는 단체용 여객항공권을 교부하여야 한다.

1. 여객의 성명 또는 단체의 명칭
2. 출발지와 도착지
3. 출발일시
4. 운항할 항공편
5. 발행지와 발행연월일
6. 운송인의 성명 또는 상호

② 운송인은 제1항 각 호의 정보를 전산정보처리조직에 의하여 전자적 형태로 저장하거나 그 밖의 다른 방식으로 보존함으로써 제1항의 여객항공권 교부를 갈음할 수 있다. 이 경우 운송인은 여객이 청구하면 제1항 각 호의 정보를 적은 서면을 교부하여야 한다.

[본조신설 2011.5.23.]

제922조(수하물표) 운송인은 여객에게 개개의 위탁수하물마다 수하물표를 교부하여야 한다.

[본조신설 2011.5.23.]

제923조(항공화물운송장의 발행) ① 송하인은 운송인의 청구를 받아 다음 각 호의 사항을 적은 항공화물운송장 3부를 작성하여 운송인에게 교부하여야 한다.

1. 송하인의 성명 또는 상호
2. 수하인의 성명 또는 상호
3. 출발지와 도착지
4. 운송물의 종류, 중량, 포장의 종별・개수와 기호
5. 출발일시
6. 운송할 항공편
7. 발행지와 발행연월일
8. 운송인의 성명 또는 상호

② 운송인이 송하인의 청구에 따라 항공화물운송장을 작성한 경우에는 송하인을 대신하여 작성한 것으로 추정한다.

③ 제1항의 항공화물운송장 중 제1원본에는 "운송인용"이라고 적고 송하인이 기명날인 또는 서명하여야 하고, 제2원본에는 "수하인용"이라고 적고 송하인과 운송인이 기명날인 또는 서명하여야 하며, 제3원본에는 "송하인용"이라고 적고 운송인이 기명날인 또는 서명하여야 한다.

④ 제3항의 서명은 인쇄 또는 그 밖의 다른 적절한 방법으로 할 수 있다.

⑤ 운송인은 송하인으로부터 운송물을 수령한 후 송하인에게 항공화물운송장 제3원본을 교부하여야 한다.

[본조신설 2011.5.23.]

제924조(항공화물운송장의 대체) ① 운송인은 제923조제1항 각 호의 정보를 전산정보처리조직에 의하여 전자적 형태로 저장하거나 그 밖의 다른 방식으로 보존함으로써 항공화물운송장의 교부에 대체할 수 있다.

② 제1항의 경우 운송인은 송하인의 청구에 따라 송하인에게 제923조제1항 각 호의 정보를 적은 화물수령증을 교부하여야 한다.

[본조신설 2011.5.23.]

제925조(복수의 운송물) ① 2개 이상의 운송물이 있는 경우에는 운송인은 송하인에 대하여 각

운송물마다 항공화물운송장의 교부를 청구할 수 있다.

② 항공화물운송장의 교부가 제924조제1항에 따른 저장·보존으로 대체되는 경우에는 송하인은 운송인에게 각 운송물마다 화물수령증의 교부를 청구할 수 있다.

[본조신설 2011.5.23.]

제926조(운송물의 성질에 관한 서류) ① 송하인은 세관, 경찰 등 행정기관이나 그 밖의 공공기관의 절차를 이행하기 위하여 필요한 경우 운송인의 요청을 받아 운송물의 성질을 명시한 서류를 운송인에게 교부하여야 한다.

② 운송인은 제1항과 관련하여 어떠한 의무나 책임을 부담하지 아니한다.

[본조신설 2011.5.23.]

제927조(항공운송증서에 관한 규정 위반의 효과) 운송인 또는 송하인이 제921조부터 제926조까지를 위반하는 경우에도 운송계약의 효력 및 이 법의 다른 규정의 적용에 영향을 미치지 아니한다.

[본조신설 2011.5.23.]

제928조(항공운송증서 등의 기재사항에 관한 책임) ① 송하인은 항공화물운송장에 적었거나 운송인에게 통지한 운송물의 명세 또는 운송물에 관한 진술이 정확하고 충분함을 운송인에게 담보한 것으로 본다.

② 송하인은 제1항의 운송물의 명세 또는 운송물에 관한 진술이 정확하지 아니하거나 불충분하여 운송인이 손해를 입은 경우에는 운송인에게 배상할 책임이 있다.

③ 운송인은 제924조제1항에 따라 저장·보존되는 운송에 관한 기록이나 화물수령증에 적은 운송물의 명세 또는 운송물에 관한 진술이 정확하지 아니하거나 불충분하여 송하인이 손해를 입은 경우 송하인에게 배상할 책임이 있다. 다만, 제1항에 따라 송하인이 그 정확하고 충분함을 담보한 것으로 보는 경우에는 그러하지 아니하다.

[본조신설 2011.5.23.]

제929조(항공운송증서 기재의 효력) ① 항공화물운송장 또는 화물수령증이 교부된 경우 그 운송증서에 적힌 대로 운송계약이 체결된 것으로 추정한다.

② 운송인은 항공화물운송장 또는 화물수령증에 적힌 운송물의 중량, 크기, 포장의 종별·개수·기호 및 외관상태대로 운송물을 수령한 것으로 추정한다.

③ 운송물의 종류, 외관상태 외의 상태, 포장 내부의 수량 및 부피에 관한 항공화물운송장 또는 화물수령증의 기재 내용은 송하인이 참여한 가운데 운송인이 그 기재 내용의 정확함을 확인

하고 그 사실을 항공화물운송장이나 화물수령증에 적은 경우에만 그 기재 내용대로 운송물을 수령한 것으로 추정한다.

[본조신설 2011.5.23.]

제3장 지상 제3자의 손해에 대한 책임 <신설 2011.5.23.>

제930조(항공기 운항자의 배상책임) ① 항공기 운항자는 비행 중인 항공기 또는 항공기로부터 떨어진 사람이나 물건으로 인하여 사망하거나 상해 또는 재산상 손해를 입은 지상(지하, 수면 또는 수중을 포함한다)의 제3자에 대하여 손해배상책임을 진다.

② 이 편에서 "항공기 운항자"란 사고 발생 당시 항공기를 사용하는 자를 말한다. 다만, 항공기의 운항을 지배하는 자(이하 "운항지배자"라 한다)가 타인에게 항공기를 사용하게 한 경우에는 운항지배자를 항공기 운항자로 본다.

③ 이 편을 적용할 때에 항공기등록원부에 기재된 항공기 소유자는 항공기 운항자로 추정한다.

④ 제1항에서 "비행 중"이란 이륙을 목적으로 항공기에 동력이 켜지는 때부터 착륙이 끝나는 때까지를 말한다.

⑤ 2대 이상의 항공기가 관여하여 제1항의 사고가 발생한 경우 각 항공기 운항자는 연대하여 제1항의 책임을 진다.

⑥ 운항지배자의 승낙 없이 항공기가 사용된 경우 운항지배자는 이를 막기 위하여 상당한 주의를 하였음을 증명하지 못하는 한 승낙 없이 항공기를 사용한 자와 연대하여 제932조에서 정한 한도 내의 책임을 진다.

[본조신설 2011.5.23.]

제931조(면책사유) 항공기 운항자는 제930조제1항에 따른 사망, 상해 또는 재산상 손해의 발생이 다음 각 호의 어느 하나에 해당함을 증명하면 책임을 지지 아니한다.

1. 전쟁, 폭동, 내란 또는 무력충돌의 직접적인 결과로 발생하였다는 것
2. 항공기 운항자가 공권력에 의하여 항공기 사용권을 박탈당한 중에 발생하였다는 것
3. 오로지 피해자 또는 피해자의 사용인이나 대리인의 과실 또는 그 밖의 불법한 작위나 부작위에 의하여서만 발생하였다는 것
4. 불가항력

[본조신설 2011.5.23.]

제932조(항공기 운항자의 유한책임) ① 항공기 운항자의 제930조에 따른 책임은 하나의 항공기가 관련된 하나의 사고에 대하여 항공기의 이륙을 위하여 법으로 허용된 최대중량(이하 이 조에서 "최대중량"이라 한다)에 따라 다음 각 호에서 정한 금액을 한도로 한다.

1. 최대중량이 2천킬로그램 이하의 항공기의 경우 30만 계산단위의 금액
2. 최대중량이 2천킬로그램을 초과하는 항공기의 경우 2천킬로그램까지는 30만 계산단위, 2천킬로그램 초과 6천킬로그램까지는 매 킬로그램당 175 계산단위, 6천킬로그램 초과 3만킬로그램까지는 매 킬로그램당 62.5 계산단위, 3만킬로그램을 초과하는 부분에는 매 킬로그램당 65 계산단위를 각각 곱하여 얻은 금액을 순차로 더한 금액

② 하나의 항공기가 관련된 하나의 사고로 인하여 사망 또는 상해가 발생한 경우 항공기 운항자의 제930조에 따른 책임은 제1항의 금액의 범위에서 사망하거나 상해를 입은 사람 1명당 12만5천 계산단위의 금액을 한도로 한다.

③ 하나의 항공기가 관련된 하나의 사고로 인하여 여러 사람에게 생긴 손해의 합계가 제1항의 한도액을 초과하는 경우, 각각의 손해는 제1항의 한도액에 대한 비율에 따라 배상한다.

④ 하나의 항공기가 관련된 하나의 사고로 인하여 사망, 상해 또는 재산상의 손해가 발생한 경우 제1항에서 정한 금액의 한도에서 사망 또는 상해로 인한 손해를 먼저 배상하고, 남는 금액이 있으면 재산상의 손해를 배상한다.

[본조신설 2011.5.23.]

제933조(유한책임의 배제) ① 항공기 운항자 또는 그 사용인이나 대리인이 손해를 발생시킬 의도로 제930조제1항의 사고를 발생시킨 경우에는 제932조를 적용하지 아니한다. 이 경우 항공기 운항자의 사용인이나 대리인의 행위로 인하여 사고가 발생한 경우에는 그가 권한 범위에서 행위하고 있었다는 사실이 증명되어야 한다.

② 항공기를 사용할 권한을 가진 자의 동의 없이 불법으로 항공기를 탈취(奪取)하여 사용하는 중 제930조제1항의 사고를 발생시킨 자에 대하여는 제932조를 적용하지 아니한다.

[본조신설 2011.5.23.]

제934조(항공기 운항자의 책임의 소멸) 항공기 운항자의 제930조의 책임은 사고가 발생한 날부터 3년 이내에 재판상 청구가 없으면 소멸한다.

[본조신설 2011.5.23.]

제935조(책임제한의 절차) ① 이 장의 규정에 따라 책임을 제한하려는 자는 채권자로부터 책

임한도액을 초과하는 청구금액을 명시한 서면에 의한 청구를 받은 날부터 1년 이내에 법원에 책임제한절차 개시의 신청을 하여야 한다.

② 책임제한절차 개시의 신청, 책임제한 기금의 형성·공고·참가·배당, 그 밖에 필요한 사항에 관하여는 성질에 반하지 아니하는 범위에서 「선박소유자 등의 책임제한절차에 관한 법률」의 예를 따른다.

[본조신설 2011.5.23.]

부칙 <제12591호,2014.5.20.>

이 법은 공포한 날부터 시행한다.

판례 색인(INDEX OF CASES)

(S)

(T)

(U)

(V)

(W)

(Z)

박원화

고려대학교(신문방송, 국제법, 항공법)
프랑스 국제행정학원(국제정치학)
캐나다 맥길대학교(항공우주법)

제8회 외무고시합격, 외교부 근무 시작
외교부 국제기구과장, 정책기획국장
기후변화협약 실천 1997년 교토의정서 채택 교섭 한국수석대표
주(駐) 남아프리카 공화국, 스위스 한국대사

INTELSAT 법률전문가(1990~1994년)
한국항공대학교 항공우주법 교수(2009년3월-2015년 2월)
KAVO (F1 Korean Grand Prix 국제자동차경주대회 운영법인) 사장(2011년)
한국항공대학교 초빙교수(현)
국제우주분쟁 중재재판관(현. 2012년 10월 이후)

『항공법 제3판』(2009)
『항공사법』(2012)
『항공우주법개론』(2013)
『항공운송법』(2013)
『우주법 제5판』(2014)
『국제항공법제3판』(2014)
『항공우주법』(2015)
기타 국내 외 저널 논문 다수

국제항공법

제4판

초판인쇄 2016년 1월 29일
초판발행 2016년 1월 29일

지은이 박원화
펴낸이 채종준
펴낸곳 한국학술정보㈜
주소 경기도 파주시 회동길 230(문발동)
전화 031) 908-3181(대표)
팩스 031) 908-3189
홈페이지 http://ebook.kstudy.com
전자우편 출판사업부 publish@kstudy.com
등록 제일산-115호(2000. 6. 19)

ISBN 978-89-268-7148-5 93360

책에 대한 더 나은 생각, 끊임없는 고민, 독자를 생각하는 마음으로 보다 좋은 책을 만들어갑니다.